Restrukturierungsvereinbarungen mit Distressed Hedge Funds

Schriftenreihe zum deutschen und europäischen Gesellschafts- und Wirtschaftsrecht

Herausgegeben von Christoph Teichmann und Florian Bien

Begründet von Günter Christian Schwarz †

Band 21

PETER LANG

Jan-Philipp Heinzmann

Restrukturierungsvereinbarungen mit Distressed Hedge Funds

Eine aktienrechtliche Analyse

PETER LANG

Bibliografische Information der Deutschen Nationalbibliothek
Die Deutsche Nationalbibliothek verzeichnet diese Publikation in der Deutschen Nationalbibliografie; detaillierte bibliografische Daten sind im Internet über http://dnb.d-nb.de abrufbar.

Zugl.: Bielefeld, Univ., Diss., 2018

Gedruckt auf alterungsbeständigem, säurefreiem Papier.
Druck und Bindung: CPI books GmbH, Leck

D 361
ISSN 1614-239X
ISBN 978-3-631-79248-3 (Print)
E-ISBN 978-3-631-79738-9 (E-PDF)
E-ISBN 978-3-631-79739-6 (EPUB)
E-ISBN 978-3-631-79740-2 (MOBI)
DOI 10.3726/b15955

Peter Lang – Berlin · Bern · Bruxelles · New York · Oxford · Warszawa · Wien

Diese Publikation wurde begutachtet.

www.peterlang.com

Vorwort

Die vorliegende Untersuchung wurde von der Fakultät für Rechtswissenschaft der Universität Bielefeld im Juli 2018 als Dissertation angenommen. Der Tag der mündlichen Prüfung war der 11. Juli 2018.

Unternehmertum und Kapitalmärkte begeistern mich seit meiner Schulzeit. Dieser Enthusiasmus hat sich während meines juristischen Studiums in München, Genf und London noch um ein Vielfaches gesteigert. Zu dieser Zeit erlebten nicht nur Leveraged Buy-outs mit immer noch größeren Transaktionsvolumina – man denke hier insbesondere an die USD 45 Mrd.-Übernahme des texanischen Stromversorgers TXU durch den legendären New Yorker Finanzinvestor Kohlberg Kravis Roberts – eine neue Blütezeit, sondern es floss auch immer mehr Kapital in andere sog. Alternative Capital Provider, vornehmlich in Hedge Funds. Nicht nur ehemalige Corporate Raider aus den 80er Jahren, wie etwa der berüchtigte New Yorker Investor Carl Icahn, sondern auch neue, aufstrebende Investoren, wie etwa Bill Ackman, Dan Loeb und Paul Singer nutzten dieses Momentum und konnten als Activist Hedge Fund-Manager und moderne Value Investoren äußerst erfolgreich unterbewertete Unternehmen aufspüren und über ihren Einfluss auf das Management wieder leistungsfähig machen. Einige dieser Hedge Fund-Manager versuchen, ihre Deep Value-Strategie dadurch umzusetzen, dass sie auf den internationalen Sekundärmärkten Forderungen und sonstige Schuldinstrumente gegen krisenbefangene Unternehmen unter par, d.h. unterhalb des Nominalbetrages des jeweiligen Instruments, aufkaufen, um so über einen Debt to Equity Swap an der Wertaufholung des Unternehmens zu partizipieren. Diese Distressed Hedge Fund-Manager, wie etwa David Tepper, Dan Loeb, Marc Lasry und John Paulson, haben mich seit jeher in besonderem Maße fasziniert, da sie als Deep Value-Investoren den von Benjamin Graham entwickelten und von Warren Buffet perfektionierten Investmentansatz in seiner möglicherweise reinsten Ausformung praktizieren. Da Distressed Hedge Funds gerade auch deutsche Unternehmen ins Visier nehmen und die Übernahme einer deutschen Aktiengesellschaft durch einen Debt to Equity Swap Komplikationen mit deren Organisationsverfassung hervorrufen kann, lag es für mich auf der Hand, dieses Thema einer eingehenden juristischen Untersuchung zu unterziehen. Im Übrigen scheint das vorliegende Werk das erste zu sein, das sich mit dieser äußerst spannenden und zugleich hochkomplexen Materie intensiv auseinandersetzt.

Bei der Entstehung dieser Arbeit haben mich einige Menschen begleitet, denen ich an dieser Stelle aufrichtig danken möchte:

Mein verehrter Doktorvater Herr Prof. Dr. Martin Schwab hat mich bei meinem Promotionsvorhaben herausragend betreut. Er war es, der meine Faszination und Begeisterung für internationale Finanzinvestoren gleich bei unserem ersten Zusammentreffen erkannt und gefördert hat. Hierfür und für seine uneingeschränkte Unterstützung bin ich ihm sehr dankbar. Ebenso danke ich Herrn Prof. Dr. Florian

Jacoby für die hervorragende Zusammenarbeit und die Erstellung des freundlichen Zweitgutachtens.

Zutiefst dankbar bin ich natürlich auch meinen lieben Eltern Helgard und Sieger Heinzmann, die mich auf meinem langen Bildungsweg vorbehaltlos und unermüdlich unterstützt haben. Die vorliegende Arbeit bildet gleichsam den Abschluss dieser langen und aufregenden Bildungsreise. Diese Arbeit ist ihnen gewidmet. Insbesondere die zahlreichen und äußerst fruchtbaren Gespräche mit meiner Mutter waren es, die zum erfolgreichen Abschluss dieser Arbeit beigetragen haben. Sie musste dabei die eine oder andere meiner Launen ertragen. Ich weiß, dass sie für mein Glück so manche Entbehrung auf sich genommen hat. Hierfür bin ich ihr unendlich dankbar.

Jan-Philipp Heinzmann
München, im Februar 2019

Meinen Eltern

Inhaltsverzeichnis

Kapitel 1: Grundlagen und Problemeinführung

A. Der deutsche und internationale Markt für (finanzielle) Restrukturierungen

Der Markt für Restrukturierungen hat sich in der letzten Dekade nicht nur international, sondern vor allem auch in Deutschland grundlegend verändert. Dies ist zum einen auf die immer komplexer werdenden Konzern- und Finanzierungsstrukturen der Unternehmen zurückzuführen, die in finanziellen und wirtschaftlichen Krisensituationen zu restrukturieren sind, zum anderen darauf, dass traditionelle Kreditgeber, wie etwa Banken, häufig nicht mehr bereit sind, den (gesamten) Sanierungsprozess ihres Kreditnehmers zu begleiten, sondern vielmehr ihre Kreditengagements auf dem internationalen Sekundärmarkt – regelmäßig mit einem Abschlag zum Nominalwert – an sog. *Alternative Capital Provider*, wie etwa *Distressed Hedge Funds*, veräußern.

Sowohl große internationale Unternehmensgruppen als auch global agierende Mittelständler finanzieren sich heutzutage über die verschiedensten Finanzierungsinstrumente. Für moderne Unternehmensfinanzierungen ist kennzeichnend, dass sie neben den klassischen Konsortialkrediten, die sich ihrerseits aus einer Vielzahl gebündelter Einzelkredittranchen, wie etwa *Term Loans*, *Second-lien Loans*, *Mezzanine Loans* sowie einer revolvierenden Kreditlinie (*Revolving Credit Facility*) zusammensetzen, auch Kapitalmarktprodukte, wie etwa hochverzinsliche Anleihen (*High Yield Bonds*), beinhalten. Überdies kommt es aufgrund der personalen und dinglichen Überkreuzbesicherungen dieser Schuldinstrumente regelmäßig zu komplizierten Haftungsverflechtungen der einzelnen Gruppengesellschaften. Finanzierungsstrukturen, die sowohl aus klassischen (Konsortial-)Krediten als auch aus Kapitalmarktinstrumenten bestehen, sind insbesondere bei Unternehmen anzutreffen, die ursprünglich im Wege eines *Leveraged Buy-outs* (LBO) von einer *Private Equity*-Gesellschaft übernommen wurden, denen es jedoch zum Teil gelungen ist, die auslaufenden Akquisitionskredite über den Kapitalmarkt durch die Emission hochverzinslicher Anleihen zu refinanzieren. Durch die Refinanzierungen (und ggf. auch durch gewährte Laufzeitverlängerungen ("*Amend and Extend*")) sind allerdings die dringend notwendigen Restrukturierungen regelmäßig nur aufgeschoben worden ("*Kicking the can down the road*"). Da in den vergangenen Jahren, insbesondere vor der Finanzkrise, vielen Unternehmen im Zuge solcher LBOs zu viel Fremdkapital aufgebürdet wurde, die bestehenden Refinanzierungsmöglichkeiten teilweise bereits (vollständig) ausgeschöpft sind und die Endfälligkeitszeitpunkte der ursprünglichen Akquisitionsdarlehen bzw. der refinanzierenden Anleihen näher rücken, ist künftig vermehrt damit zu rechnen, dass LBO-finanzierte Unternehmen restrukturiert werden müssen.[1] Insbesondere auf den Erwerb notleidender Schuldinstrumente spezialisierte, aus dem angloamerikanischen Rechts- und Kulturraum stammende *Distressed Hedge* und *Private Equity Funds* sitzen bereits in den Startlöchern, um von diesem – sich schon länger abzeichnenden und erwarteten – Einbruch der sog. *Wall of Debt*[2] in Europa profitieren zu können.[3]

---

1 Als Beispiel für die Restrukturierung einer bereits durch die Emission hochverzinslicher Anleihen refinanzierten LBO-Struktur ist etwa die Restrukturierung der A.T.U-Gruppe zu nennen, die ursprünglich im Rahmen eines LBOs von der Private Equity-Gesellschaft Kohlberg Kravis Roberts (KKR) für 1.45 Mrd. Euro übernommen und im Zuge eines (internationalen) Debt to Equity Swap unter Teilnahme des Distressed Hedge und Private Equity Funds Centerbridge entschuldet wurde. Siehe hierzu insbesondere Juve vom 27. Januar 2014: „Refinanzierung: ATU gelingt Schuldenschnitt mit großem Berateraufgebot"; Global Turnaround December 2013 issue 167, 4: "ATU is Europe's first big high yield bond restructuring"; Financial Times vom 5. Dezember 2013, 6:35 pm: "KKR faces €500m loss as lenders take control of Germany's ATU"; Financial Times vom 29. Dezember 2013, 5.55 pm: "Distress specialists eye value in Europe"; Bloomberg Brief vom 23. Oktober 2013, S. 4: "ATU Gets Preliminary Agreement for Debt Restructuring"; Debtwire Pressemitteilung vom 18. September 2014 "Germany Forum 2014: An outlook on German restructuring"; Reuters vom 7. August 2013, 9:35 am: "KKR in talks to restructure German car repair chain ATU: sources"; Handelsblatt vom 6. Februar 2014, 15:10 Uhr: „ATU-Sanierung – Christophorus hilf!"; Handelsblatt vom 5. Dezember 2013, 10:40 Uhr: „ATU gehört künftig seinen Gläubigern"; Finance vom 10. Oktober 2013: „A.T.U verkündet Durchbruch bei Restrukturierung"; Finance vom 4. November 2013: „A.T.U: Details zum Hair Cut werden bekannt"; Manager Magazin August 2013, 64; Handelsblatt vom 25. Oktober 2013, 18; Finance Oktober/November 2013, S. 74; Finance Dezember 2013/Januar 2014, 16: „Centerbridge im Kaufrausch".

2 Mitunter auch als *Maturity Wall* bezeichnet. Siehe zum Ausmaß der (voraussichtlich) bevorstehenden *Wall of Debt* insbesondere die Studie der Rechtsanwaltskanzlei Linklaters "Off piste. Negotiating Europe's LBO debt mountain".

3 Zu den enormen Investitionsgelegenheiten, die Distressed Hedge Funds künftig in Europa, insbesondere in Deutschland sehen vgl. etwa Barron's vom 22. Februar 2014: "Why Victor Khosla Sees a Major Opportunity in Europe – Global distressed debt specialist is putting about 60 % of his firm's assets in northern Europe"; Interview mit Victor Khosla auf Bloomberg Television's "Market Makers" vom 6. November 2013: "Khosla: Distressed Opportunity in Northern Europe"; Financial News vom 13. Januar 2014: "Investors pile into European distressed debt."; European Distressed Debt Market Outlook 2014 (Debtwire/Rothschild/Bingham), S. 8 ff.; European Distressed Debt Market Outlook 2015 (Debtwire/Rothschild/Orrick), S. 3, 9 ff.; Debtwire vom 30. Januar 2014: "Funds ready to bet billions on European distressed opportunities as liquidity floods markets"; Bloomberg Markets vom 7. Oktober 2014, 11:54 am: "Buyers Clamor for European Distressed Debt Nobody Wanted."; Financial Times vom 29. Dezember 2013, 5.55 pm: "Distress specialists eye value in Europe"; DealBook vom 3. April 2014: "Investcorp Joins Rush to Invest in European Distressed Debt"; ValueWalk vom 19. November 2013, 2:26

Komplexe Konzern- und Kapitalstrukturen sind allerdings nicht nur bei LBO-finanzierten Unternehmen anzutreffen. Charakteristisch für viele (international agierende) gehobene Mittelständler ist, dass sie sich neben „gewöhnlichen" bilateralen Bankkrediten bisweilen auch mit (zum Teil großvolumigen) Konsortialkrediten, (typisch deutschen) Schuldscheindarlehen sowie mit (hybriden) Kapitalmarktprodukten, wie etwa Wandelanleihen (*Convertible Bonds*) und Hybridanleihen finanzieren.[4] Hinzu kommt, dass diese Schuldinstrumente auf unterschiedlichen Konzernebenen ausgegeben werden, nicht einheitlich besichert sind und daher in aller Regel auch einer gerade in Restrukturierungsituationen

pm: "European Distressed Debt Drives Up Credit Hedge Funds"; hedgeweek vom 31. Januar 2014: "Funds to bet billions on European distressed opportunities as liquidity floods markets"; Fortune vom 10. Januar 2012, 10:00 am: "Looking for profits in Europe's woes"; Bloomberg Markets Magazine vom 14. Februar 2012: "Lasry Sees Europe Bankruptcy Bonanza as Bad Debts Obscure Assets"; Bloomberg Markets vom 8. April 2011: "Europe's $2 Trillion of Distressed Debt to Outstrip U.S."; Financial News vom 12. Juli 2010: "European Companies get in on the distressed act"; the hedgefund journal vom 15. April 2010: "GLG Distressed Targets Multi-Year European Opportunity – Focus is in leveraged loans and hybrid capital in financials"; FTSEGlobalMarkets vom 16. April 2012: "Will Europe's distressed debt offer rich pickings for investors?"; Institutional Investor vom 1. November 2010: "Banking on the wall of debt – Distressed managers say $1Trillion of outstanding debt will spark a wave of defaults, but there is plenty to do until then"; Financial Times vom 18. Mai 2012; "Europe: US distressed debt funds scent an opportunity"; Institutional Investor's alpha vom 6. Januar 2014: "Roxanne Martino of Aurora Investments on the Hot Strategies for 2014"; Distressed Debt Investing/*David Karp* (Schulte Roth & Zabel) vom 16. September 2012: "Prospecting for European Distressed Loans"; Global Turnaround October 2014, issue 177, S. 2, 11; Debtwire Germany Forum Pressemitteilung vom 4. September 2013; Finance Dezember 2013/Januar 2014, S. 16: "Centerbridge im Kaufrausch". US-amerikanische Distressed Hedge Funds haben dementsprechend vor allem in London Büros eröffnet, um den europäischen Distressed Debt-Markt zu sondieren. Siehe hierzu etwa Financial Times vom 16. Februar 2014: "Hedge Funds vie for distressed debt pros in Europe".

4 Eine äußerst heterogene und komplexe Finanzierungsstruktur, die aus syndizierten Krediten, bilateralen Krediten sowie Kapitalmarktprodukten besteht, war etwa bei der durch ein Insolvenzplanverfahren restrukturierten IVG-Gruppe anzutreffen. Vgl. hierzu etwa Juve vom 24. Mai 2013: „Milliardenschwere Refinanzierung: „Beraterlandschaft um IVG formiert sich"; Juve vom 22. August 2013: „IVG-Insolvenz: Sanierung mit Piepenburg und Ziems, Pfleiderer liefert die Vorlage; Juve vom 25. April 2014: „Insolvenzplan angenommen: Freshfields und Görg führen IVG-Konzern durch Entschuldung". Global Turnaround June 2013 issue 161, 1, 3; Debtwire vom 13. Mai 2013: "IVG to seek up to EUR 1bn debt reduction in jumbo equitisation; converts and hybrids under water – sources"; Debtwire vom 19. April 2013: "Distressed investors dive into real estate with IVG trades galore; Punch Taverns back in the limelight – Distressed Briefing"; Manager Magazin Juli 2013, 70, 72.

zu beachtenden strukturellen[5] Vor- bzw. Nachrangigkeit unterliegen. Die außergerichtliche Restrukturierung solcher Finanzstrukturen, die in ein ganzheitliches Restrukturierungskonzept, bestehend aus finanziellen, operativen, bisweilen auch strategischen Restrukturierungsmaßnahmen, einzubetten ist, stellt die an ihr beteiligten Akteure[6] – nicht zuletzt aufgrund der vielen verschiedenen Interessen, die in Einklang zu bringen sind – vor eine anspruchsvolle und komplexe Aufgabe, die aufgrund der stets latent vorhandenen Insolvenzgefahr regelmäßig auch unter hohem Zeitdruck zu bewältigen ist.

Die Komplexität wird in aller Regel noch dadurch gesteigert, dass spätestens mit Beginn der außergerichtlichen Restrukturierungsverhandlungen ein reger Handel in den notleidenden Schuldinstrumenten der Unternehmensgruppe stattfindet (sog. *Debt Trading*).[7] Zum einen sehen sich traditionelle Kreditgeber, wie etwa Banken, – nicht zuletzt aufgrund der strengeren Eigenkapitalanforderungen gemäß Basel III[8] sowie aufgrund der *Asset Quality Reviews* (AQR)[9] und sog. Stresstests der

---

5 Die Rangfolge kann allerdings nicht nur strukturell, sondern auch vertraglich hergestellt werden, etwa mithilfe eines sog. Intercreditor Agreements oder Equity Subordination Agreements. Vgl. zur strukturellen und vertraglichen Subordination etwa *Diem* Akquisitionsfinanzierungen § 40 Rn. 7 ff., Rn. 14 ff.; *Schrell/Kirchner* BKR 2004, 212.

6 In der Praxis werden die verschiedenen Stakeholder regelmäßig von auf (Finanz-) Restrukturierungen spezialisierten Rechtsanwaltskanzleien und Investmentbanken beraten. Vgl. Juve vom 27. Januar 2014: „Refinanzierung: ATU gelingt Schuldenschnitt mit großem Berateraufgebot"; Global Turnaround December 2013 issue 167, 4 (A.T.U); Global Turnaround June 2013 issue 161, 1, 3 (IVG); Debtwire vom 17. April 2013: "ATU bondholders circled by advisors as sale process hits stalemate"; Debtwire vom 29. April 2013: "ATU sponsor KKR brings Goldman Sachs on board to explore refinancing alternatives".

7 Bemerkenswert ist vor allen Dingen, mit welcher Geschwindigkeit die Schuldtitel zum Teil ihre Inhaber wechseln. Bei Bekanntwerden der finanziellen Schieflage der IVG-Gruppe wurden innerhalb weniger Tage Papiere im Milliardenbereich an Distressed Hedge Funds veräußert. Debtwire vom 19. April 2013: "Distressed investors dive into real estate with IVG trades galore; Punch Taverns back in the limelight – Distressed Briefing"; Finance vom 19. April 2013: „IVG im Visier der Hedgefonds"; Manager Magazin Juli 2013, 70, 73.

8 Am 12. September 2010 haben die Vertreter der Notenbanken und Aufsichtsbehörden von 27 Staaten im Baseler Ausschuss für Bankenaufsicht neue Kapital- und Liquiditätsvorschriften für Bankeninstitute beschlossen. Diese neuen Eigenkapitalregeln (= Basel III) ziehen die Lehren aus der Finanzmarktkrise und sollen dazu führen, dass Banken sich im Krisenfall aus eigener Kraft stabilisieren und retten können. Siehe hierzu etwa die Internetseiten des Bundesfinanzministeriums (Internationales/ Finanzmarkt/Finanzmarktpolitik).

9 Prüfung der Aktiva-Qualität zur Steigerung der Transparenz in Bezug auf die Engagements von Banken.

Europäischen Zentralbank (EZB)[10] – zunehmend gezwungen, ihre notleidenden Kredittranchen auf dem Sekundärmarkt an die eingangs bereits angesprochenen *Distressed Hedge Funds* unter par zu veräußern (*European Sell Off*).[11] Zum anderen dürfen bestimmte Investoren und Marktteilnehmer aufgrund eigener, interner Vorgaben keine *Sub-Investment Grade*-Kapitalmarktprodukte handeln, so dass sie ebenso gezwungen sind, ihre notleidenden Anleihen und sonstigen Instrumente mit Abschlag zu veräußern. Ferner können manche (Fremdkapital-)Investoren auch einfach nicht die nötigen (Personal-)Ressourcen sowie das nötige Knowhow aufbringen, um einen komplexen und zeitintensiven außergerichtlichen Sanierungsprozess zu begleiten. Aus ökonomischer Perspektive kann daher eine Veräußerung sinnvoll sein. Im Ergebnis finden sich in Restrukturierungssituationen unter den verschiedenen *Stakeholdern* folglich auf der einen Seite sog. *Par Lender*, d.h. diejenigen Fremdkapitalinvestoren, die die Instrumente zum vollen Nominalbetrag ursprünglich ausgereicht haben, auf der anderen Seite sog. *Non-Par Lender*, d.h. diejenigen Fremdkapitalinvestoren, die die Instrumente derivativ auf dem Sekundärmarkt mit Abschlag zum Nominalwert erworben haben. Es liegt auf der Hand, dass *Par* und *Non-Par Lender* aufgrund ihres unterschiedlichen „Einstiegspreises" zum Teil stark divergierende Interessen und Vorstellungen haben können, was die Restrukturierung der Unternehmensgruppe anbetrifft. Hinzu kommt, dass *Non-Par Lender* zum Teil auch untereinander verschiedene Investmentstrategien verfolgen.[12] Im Ergebnis ist bei außergerichtlichen Restrukturierungen daher eine mitunter äußerst heterogene Gläubigerschaft anzutreffen.

Gemein ist *Non-Par Lendern* allerdings, dass sie in aller Regel außergerichtliche Restrukturierungen solchen vorziehen, die innerhalb eines Insolvenzverfahrens implementiert werden.[13] Dies mag damit zu tun haben, dass vor allem *Distressed Hedge Funds* stets Herr über den Restrukturierungsprozess, mithin im *Driver's Seat* bleiben wollen. Dies kann bei einer Restrukturierung innerhalb eines Insolvenzverfahrens nicht immer gewährleistet werden. In jedem Fall wird jedoch eine Rolle

10 Vgl. hierzu The Economist vom 26. Oktober 2014: "The ECB's Asset Quality Review – Stressful tests"; vgl. ferner auch die Pressemitteilung der Europäischen Zentralbank vom 23. Oktober 2013: „EZB beginnt vor Übernahme der Aufsichtsfunktion mit umfassender Bewertung".

11 Siehe hierzu etwa Global Turnaround August 2012 issue 151, 9: „Basel III to drive European bank debt sales in 2013"; European Distressed Debt Market Outlook 2015 (Debtwire/Rothschild/Orrick), S. 3, 9 ff.

12 Hierzu siehe eingehend unten Kapitel 1 B. III.

13 Dies trifft allerdings regelmäßig auf solche Non-Par Lender nicht zu, die Credit Default Swaps oder Total Return Swaps erworben haben und auf einen Wertverfall derjenigen Papiere setzen, die ihren Schuldinstrumenten als sog. Underlying zugrunde liegen.

spielen, dass auch nach Einführung des ESUG[14] aufgrund des einem Insolvenzverfahren noch immer anhaftenden Stigmas des Scheiterns die Gefahr besteht, dass mit Insolvenzantragstellung eine (massive) Verringerung des Unternehmenswertes, mithin eine Vernichtung von wirtschaftlichen Werten einhergeht (sog. indirekte Insolvenzkosten).[15] Eine Restrukturierung innerhalb eines Insolvenzverfahrens ist daher in den Augen von *Distressed Hedge Funds* im Vergleich zu einer außergerichtlichen Restrukturierung meist nur eine nachrangig zu verfolgende Alternative.[16] Sie werden deshalb regelmäßig auch geräuschlose, außergerichtliche Restrukturierungen im Ausland, etwa mithilfe eines englischen *Scheme of Arrangement* (SoA), in Erwägung ziehen.[17] Nichtsdestotrotz ist durchaus zu beobachten, dass komplexe außergerichtliche Restrukturierungen unter Teilnahme von *Distressed Hedge Funds* auch in Deutschland erfolgreich umgesetzt werden können.[18] Hierzu

---

14 Gesetz zur weiteren Erleichterung der Sanierung von Unternehmen vom 7. Dezember 2011 verkündet am 13. Dezember 2011 im Bundesgesetzblatt, vgl. BGBl. 2011, Teil 1 Nr. 64, 2582.

15 Aus diesen Gründen sollte bei der Restrukturierung der A.T.U-Gruppe unbedingt ein Insolvenzplanverfahren, auch in Verbindung mit einem sog. „Schutzschirmverfahren", vermieden werden. Vgl. etwa Finance Oktober/November 2013, 74, 75. Die A.T.U-Restrukturierung wurde gerade auch deshalb außergerichtlich vollzogen (zumindest in Deutschland), weil die Beteiligten das (auch nach Einführung des ESUG) einem Insolvenzverfahren noch immer anhaftende Stigma des Scheiterns und die damit einhergehenden indirekten Insolvenzkosten als wesentliche Risikofaktoren für die Transaktion angesehen haben. Siehe hierzu das Interview mit A.T.U-CFO Christian Sailer auf Finance TV vom 19. November 2014: „A.T.U-CFO Christian Sailer: „Wir können jetzt wieder investieren"".

16 Beispielsweise war beabsichtigt, die IVG-Gruppe, unter deren heterogener Gläubigerschaft sich zahlreiche Distressed Hedge Funds befanden, primär außergerichtlich zu restrukturieren, vgl. etwa Finance vom 21. August 2013: „Alternative Route: Auch IVG schlüpft unter den Schutzschirm".

17 Siehe etwa zuletzt die außergerichtliche Restrukturierung der Apcoa-Gruppe mithilfe eines englischen Scheme of Arrangement mit einer Reichweite über fünf Gruppengesellschaften, vgl. insbesondere Juve vom 17. Dezember 2014: „Apcoa: Centerbridge übernimmt mit Kirkland, Clifford und Linklaters handeln Refinanzierung aus"; Global Turnaround November 2014 issue 178, 1, 3: "Apcoa: The largest Scheme challenge in English legal history"; Debtwire vom 30. Oktober 2014: "Apcoa amended scheme sanctioned; FMS refused permission to appeal, granted 15 % cost consolation".

18 Als Beispiel für eine erfolgreiche außergerichtliche Restrukturierung unter Teilnahme verschiedener Distressed Hedge Funds ist diejenige der SolarWorld AG zu nennen. Die Verbindlichkeiten der SolarWorld AG, die sich auf etwa 1 Mrd. Euro beliefen und sowohl aus privat platzierten Schuldscheindarlehen als auch aus der Emission hochverzinslicher Anleihen resultierten, konnten im Rahmen eines außergerichtlichen Debt to Equity Swap erheblich reduziert werden. Siehe hierzu etwa Juve August 2013, 75: „SolarWorld will Schuldenschnitt"; Manager Magazin April 2014, 53 ff.: „Wolf und Rotkäppchen"; Debtwire vom

ist dann allerdings erforderlich, dass die heterogenen Interessen der *Stakeholder*, die in Bezug auf die außergerichtliche Restrukturierung der Unternehmensgruppe bestehen, zum Ausgleich gebracht werden können. In Anbetracht der Insolvenznähe, in der sich außergerichtliche Restrukturierungen regelmäßig abspielen, ist eine informelle Abstimmung hinsichtlich der von den einzelnen *Stakeholdern* zu leistenden Restrukturierungs- und Sanierungsbeiträge (*Restructuring Contributions*) grundsätzlich nicht ausreichend.[19] Vielmehr ist erforderlich, dass das zwischen den *Stakeholdern* und der zu restrukturierenden Gesellschaft bzw. Unternehmensgruppe ausgehandelte Restrukturierungskonzept sowie die einzelnen, von den restrukturierungswilligen Parteien zu leistenden Sanierungsbeiträge in einer sog. Restrukturierungsvereinbarung (*Restructuring Agreement*)[20] rechtsverbindlich fixiert werden.

---

13. Mai 2013: "SolarWorld restructuring plan to reinstate EUR 300m debt, creditors to receive EUR 120m in cash payment in three instalments"; Global Turnaround March 2014 issue 170, 6, 7; Finance vom 13. Januar 2014: „SolarWorld kann Restrukturierungsbeschlüsse umsetzen"; Finance vom 29. November 2013: „Trotz Klagen: SolarWorld-Restrukturierung wohl nicht in Gefahr"; Finance vom 5. August 2013: „Showdown: Bei SolarWorld geht es jetzt um alles"; Finance vom 18. Juni 2013: „SolarWorld-Schuldscheingläubiger stimmen Debt to Equity Swap zu – SolarWorld präsentiert Rettungsplan"; Finance vom 18. April 2013: „Finanzinvestor SVP greift nach SolarWorld-Schuldscheinen"; Wirtschaftswoche vom 8. Juli 2013, 50, 51; Handelsblatt vom 13. Januar 2014: „Gerichtsurteil – Weg zur SolarWorld-Sanierung frei"; Handelsblatt vom 16. September 2013: „Klagen gegen SolarWorld-Sanierung"; Handelsblatt vom 7. August 2013: „Zustimmung für Sanierungsplan – Aktionäre bluten für SolarWorld-Rettung"; Handelsblatt vom 7. August 2013: „Hauptversammlung – Aktionäre entscheiden über SolarWorld"; Handelsblatt vom 6. August 2013: „Gläubigerversammlung – SolarWorld nimmt zweite Hürde"; Die Einzelheiten der außergerichtlichen Restrukturierung sind auch unter http://www.solarworld.de/konzern/investor-relations/finanzrestrukturierung öffentlich zugänglich, vgl. ferner *Florstedt* ZIP 2014, 1513, 1514; *Thole* ZIP 2014, 2366, 2367; OLG Köln ZIP 2014, 263, dazu EWIR 2014, 515 (*Niesse*); OLG Köln ZIP 2014, 268.

19 Dies insbesondere deshalb nicht, weil bei lediglich unverbindlicher, informeller Abstimmung in aller Regel weder eine handelsrechtliche Fortführungsprognose i.S.d. § 252 Abs. 1 Nr. 2 HGB noch eine insolvenzrechtliche Fortbestehensprognose i.S.d § 19 Abs. 2 InsO gewährt werden kann, was die Insolvenzreife der Gesellschaft zur Folge haben wird.

20 So hat etwa die börsennotierte SolarWorld AG im Januar 2014 mit sämtlichen Gläubigergruppen, Gläubigervertretern sowie dem neuen Investor Qatar Solar S.P.C. eine Restrukturierungsvereinbarung abgeschlossen. Dieser Vertrag umfasst dabei die einzelnen Schritte der finanziellen Restrukturierung und macht diese rechtlich für alle Vertragspartner bindend. Die Restrukturierungsvereinbarung konkretisiert die Einigung mit den Gläubigern vom 18. Juni 2013 (Term Sheet),

so ausdrücklich die Ad-hoc-Mitteilung der SolarWorld AG vom 13. Januar 2014. Das vereinbarte Restrukturierungskonzept beinhaltet gemäß der dort (Ad-hoc-Mitteilung vom 13. Januar 2014) in Bezug genommenen Ad-hoc-Mitteilung der SolarWorld AG vom 18. Juni 2013 im Einzelnen ausdrücklich folgende Eckpunkte: „Im Rahmen einer für den 7. August 2013 vorgesehenen außerordentlichen Hauptversammlung soll zunächst das Grundkapital der SolarWorld AG von derzeit 111.720.000 Aktien im Verhältnis von 150:1 auf 744.800 Aktien im Wege einer vereinfachten Kapitalherabsetzung durch Zusammenlegung von Aktien herabgesetzt werden. Das Grundkapital soll entsprechend von derzeit EUR 111.720.000 um EUR 110.975.200 auf EUR 744.800 reduziert werden. Danach ist eine Sachkapitalerhöhung um EUR 14.151.200 (und die Ausgabe von 14.151.200 neuen Stammaktien) unter Ausschluss des Bezugsrechts der Aktionäre vorgesehen. Nach Durchführung der Sachkapitalerhöhung bleiben die (Alt-)Aktionäre mit 5 % an der Gesellschaft beteiligt. (Sach-)Einlagegenstand sind (i) die ausstehenden Teilschuldverschreibungen der 6,125 %-Schuldverschreibung 2010/2017 mit einem Gesamtnennbetrag von EUR 400 Mio. (ISIN XS0478864225 – die ‚Anleihe 2017'), (ii) die ausstehenden Teilschuldverschreibungen der 6,375-Schuldverschreibung 2011/2016 mit einem Gesamtnennbetrag von EUR 150 Mio. (ISINXS0641270045 – die ‚Anleihe 2016') – (beide vorgenannten Schuldverschreibungen gemeinsam auch ‚Anleihen' genannt) – sowie (iii) ein Teil in Höhe von ca. 55 % der ausstehenden Schuldscheindarlehen sowie ein Teil in Höhe von 40 % des gesicherten Darlehens (diese letztgenannten, einzubringenden Teilforderungen belaufen sich auf insgesamt rd. EUR 213,9 Mio.). Die Restforderungen der Schuldscheindarlehen (ca. 45 %) und des gesicherten Darlehens (ca. 60 %) bleiben bestehen und sollen in einem neuen Darlehensvertrag (nachfolgend ‚Darlehensvertrag') geregelt werden. Die Anleihen sollen im selben Umfang reduziert werden wie die Schuldscheindarlehen. Bei den Anleihen ist Gegenstand der Sacheinlage allerdings aus technischen Gründen die gesamte Anleiheforderung. Gleichzeitig wird die Gesellschaft daher zwei neue Anleihen in Höhe von ca. 45 % des derzeitigen Anleihenennbetrags begeben, zu deren Bezug allein die jeweiligen Gläubiger der Anleihen berechtigt sind und die selbst zur Börsennotierung zugelassen werden sollen. Somit bringen die Anleihegläubiger ihre Forderungen im (wirtschaftlichen) Ergebnis ebenfalls nur im Umfang von rd. 55 % ein. Im Zuge dessen sollen die Anleihegläubiger einen Erlös aus der Veräußerung von Aktien an einen Investor und den derzeitigen Vorstandsvorsitzenden erhalten (vgl. lit. g)). Die Beschlussvorschläge der – parallel erforderlichen – Versammlungen der Anleihegläubiger werden vorsehen, dass jede Teilschuldverschreibung der vorgenannten Anleihen – ohne weitere Gegenleistung – umgetauscht werden kann, und zwar (i) in ein Recht zum Erwerb des auf sie entfallenden Teils der neuen Aktien an der Gesellschaft unter Berücksichtigung der Veräußerung von Aktien an den Investor und den derzeitigen Vorstandsvorsitzenden (vgl. lit. g)) und – ergänzend – (ii) in ein Recht zum Erwerb einer Teilschuldverschreibung aus der betreffenden neuen Anleihe der Gesellschaft mit einem Nennwert von EUR 451,73 für die Anleihe 2017, respektive EUR 439,39 für die Anleihe 2016. Dies bedeutet im Falle der beabsichtigten Veräußerung von Aktien an den Investor und den derzeitigen Vorstandsvorsitzenden (vgl. lit. g)) konkret, dass die Anleihegläubiger der 6,125 %-Schuldverschreibung 2010/2017 (ISIN XS0478864225 – Anleihe 2017) mit einem Nennwert von EUR 1.000,00 bei vollständiger Ausübung ihrer jeweiligen Erwerbsrechte jeweils einen Betrag in Höhe von EUR 53,52 sowie 6,77 (gerundet) neue Aktien der Gesellschaft und – ergänzend – jeweils eine neue Teilschuldverschreibung der Gesellschaft im Nennwert von je EUR 451,73 erhalten sollen. Anleihegläubiger der 6,375 %-Schuldverschreibung 2011/2016 (ISIN XS0641270045 – Anleihe 2016) mit einem Nennwert von EUR 1.000,00 sollen in diesem Fall bei vollständiger Ausübung ihrer Erwerbsrechte jeweils einen Betrag in Höhe von EUR 57,84 sowie 7.31 (gerundet) neue Aktien der Gesellschaft und – ergänzend – jeweils eine neue Teilschuldverschreibung der Gesellschaft im Nennwert von je EUR 439,39 erhalten. Sofern einzelne Anleihegläubiger ihre Erwerbsrechte teilweise oder vollständig nicht ausüben, soll ein Kreditinstitut als Abwicklungsstelle die nichtbezogenen Aktien bzw. die nicht bezogenen neuen Teilschuldverschreibungen börslich oder außerbörslich verkaufen und den Netto-Verkaufserlös den entsprechenden Anleihegläubigern als Barausgleich auszahlen Die neuen Teilschuldverschreibungen – und die Forderungen aus dem neuen Darlehensvertrag – werden zu marktüblichen Konditionen verzinst und durch alle wesentlichen Vermögensgegenstände des Konzerns der SolarWorld AG besichert. Die Tilgung der neuen Teilschuldverschreibungen erfolgt dabei wie folgt: Durch eine sog. Barkomponente nach Vollzug der Restrukturierung in Höhe von ca. 12 % der Nominalwerte der Altforderung (entsprechend ca. 27 % der Nominalwerte der neuen Teilschuldverschreibungen), welche in vier Tranchen nach Vollzug der Restrukturierung gezahlt wird. Durch eine Endfälligkeitstilgung spätestens in 5 Jahren nach Vollzug der Restrukturierung in Höhe von ca. 33 % der Nominalwerte der Altforderung (entsprechend ca. 73 % der Nominalwerte der neuen Teilschuldverschreibungen). f) Im Hinblick auf die Umsetzung des Restrukturierungskonzeptes ist beabsichtigt und erforderlich, die in Bezug auf die 6,375-Schuldverschreibung 2011/2016 (ISIN XS0641270045 – Anleihe 2016) am 13. Juli 2013 fälligen Zinsen erst nach der Beschlussfassung der Gläubigerversammlung, innerhalb einer Nachfrist von 30 Tagen nach dem Zinszahlungstermin zu zahlen. Die finale Zahlung soll im Rahmen der Restrukturierung auf die Tilgung der neuen Teilschuldverschreibungen angerechnet werden. g) Es ist beabsichtigt, dass aus dem durch die Sachkapitalerhöhung neu geschaffenen Aktienbestand ein neuer Investor in Höhe von 29 % sowie der Gründer und Vorstandsvorsitzende in Höhe von 19,5 % des neuen Grundkapitals an der SolarWorld AG entgeltlich beteiligt werden; davon unberührt bleibt die 5 %-ige Beteiligung der (Alt-)Aktionäre nach Durchführung der Sachkapitalerhöhung. Die diesbezüglichen Vertragswerke sind noch nicht geschlossen; als Investor ist die Qatar Solar S.P.C, Doha/Qatar, vorgesehen. Daraus resultierende Veräußerungserlöse in Höhe von insgesamt 46,0 Mio. EUR sollen an die Finanzgläubiger (einschließlich der Anleihegläubiger) fließen; dies ist in den unter lit e) genannten Beträgen berücksichtigt. h) Der Vollzug der Restrukturierung (Closing) – und die vorstehenden Zahlungs- bzw. Leistungsverpflichtungen – stehen unter dem Vorbehalt von bestimmten rechtlichen und wirtschaftlichen Bedingungen. Der Vorstand geht

Inhalt einer Restrukturierungsvereinbarung ist demzufolge grundsätzlich das zwischen den *Stakeholdern* und der Gesellschaft ausverhandelte Restrukturierungskonzept. Da eine ganzheitliche und nachhaltige Restrukturierung in aller Regel voraussetzt, dass neben finanziellen auch operative und ggf. auch strategische Restrukturierungsmaßnahmen implementiert werden, haben sich die Gesellschaft und die *Stakeholder*, insbesondere die (Alt-)Gesellschafter und Gläubiger, in der Restrukturierungsvereinbarung idealerweise zur Leistung von finanziellen, operativen und strategischen Restrukturierungsbeiträgen zu verpflichten. In der hier zu untersuchenden Konstellation, der Verabredung von Restrukturierungsvereinbarungen mit *Distressed Hedge Funds*, wird ebenso die eine oder andere Art einer *Debt to Equity Conversion* Teil des finanziellen

aktuell davon aus, dass das Closing im Zeitraum von November 2013 bis zum Februar 2014 eintritt. Das Management der SolarWorld AG geht davon aus, dass bis Anfang August 2013 die erforderlichen Zustimmungen der Gläubigerversammlungen und der Hauptversammlung erreicht werden können. Bonn, den 18. Juni 2013 – SolarWorld AG – Der Vorstand."; Ebenso hat die börsennotierte Pfleiderer AG im Jahre 2011 mit ihren wesentlichen Finanzgläubigern eine Restrukturierungsvereinbarung über die (letztlich gescheiterte) außergerichtliche finanzielle Restrukturierung der Pfleiderer-Gruppe abgeschlossen. Diese sah neben einem Forderungsverzicht in einem Volumen von rund 380 Mio. € einen zusätzlichen Kreditrahmen auf der Basis eines Super Senior-Darlehens in Höhe von 100 Mio. € vor. Verabredet war ferner eine Kapitalherabsetzung auf rund 1 % des damaligen Grundkapitals kombiniert mit einer Kapitalerhöhung gegen Bareinlage von bis zu 100 Mio. €. Gläubiger, die sich am Forderungsverzicht beteiligen, aber nicht an der Kapitalerhöhung teilnehmen, sollten eine Optionsanleihe zeichnen können. Außerdem war vorgesehen, die in 2007 begebene Hybridanleihe im Nennbetrag von 275 Mio. € in Aktien der Pfleiderer AG umzutauschen. Der Umtausch der Hybridanleihe sollte auf der Grundlage eines Opt-in-Beschlusses in den Anwendungsbereich des neuen Schuldverschreibungsgesetzes (SchVG [2009]) erfolgen. Vgl. hierzu etwa die Pressemitteilung der Rechtsanwaltskanzlei Hengeler Mueller vom 7. Juni 2011. Ferner haben im Dezember 2013 die A.T.U-Gruppe, ihr Gesellschafter KKR und über 80 % ihrer vorrangigen Anleihegläubiger, u.a. Centerbridge, Goldman Sachs Investment Partners (GSIP) und Babson Capital, eine rechtsverbindliche Vereinbarung (Lock-up Agreement), d.h. eine Restrukturierungsvereinbarung, unterzeichnet, mit der die Schulden von A.T.U um über € 600 Millionen gesenkt und das Unternehmen mit frischem Kapital in Höhe von etwa € 100 Millionen ausgestattet wird. Von HayFin Capital Management hat das Unternehmen darüber hinaus die Zusage für eine 2018 fällige, vorrangig besicherte Kreditlinie über € 75 Millionen erhalten. Siehe hierzu die Pressemitteilung der A.T.U-Gruppe vom 5. Dezember 2013. Zu den Einzelheiten des im Lock-up Agreement verabredeten Restrukturierungskonzepts, das einen Debt to Equity Swap vorsieht, vgl. die Investor Relations-Mitteilung der A.T.U-Gruppe vom 18. Dezember 2013.

Restrukturierungskonzepts sein, da einerseits meist nur dadurch eine nachhaltige Entschuldung der Gesellschaft erreicht werden kann, andererseits auf diese Weise die Gläubiger an der potentiellen Wertsteigerung des restrukturierten Unternehmens teilhaben können (sog. *Equity Upside*). Darüber hinaus besteht üblicherweise nur über eine Partizipation an einer Wertsteigerung des Eigenkapitals der restrukturierten Gesellschaft für die *Par Lender* die Möglichkeit, vollständig ihr eingesetztes Kapital zurückzuerhalten (sog. *Recovery*). Eine Restrukturierungsvereinbarung qualifiziert daher als mindestens dreiseitig verpflichtender Vertrag zwischen Gesellschaft, Altgesellschaftern und Gläubigern/ Neugesellschaftern.

Aus der Perspektive des *Distressed Hedge Funds* stellt die Vereinbarung eines *Debt to Equity Swap*[21] zugleich die Festlegung seiner Einstiegs- und Beteiligungsmodalitäten in die Gesellschaft dar. Denn durch dessen Umsetzung wird er Gesellschafter. Eine Restrukturierungsvereinbarung mit einem *Distressed Hedge Fund*, die rechtsverbindlich einen *Debt to Equity Swap* festlegt, stellt also zugleich eine Vereinbarung zwischen Gesellschaft und künftigem Gesellschafter dar. Daher liegt es nahe, auch dort das künftige Verhältnis zwischen beiden in Bezug auf die Umsetzung der (weiteren[22]) operativen und strategischen Restrukturierungsschritte sowie auch in Bezug auf die Implementierung der darüber hinausgehenden Unternehmensstrategie zu regeln. Gleichsam wird die Gesellschaft ein Interesse daran haben, den Einfluss des Investors nach dessen Beteiligungsübernahme zu begrenzen, indem es ihm etwa untersagt wird, die Gesellschaft zur kurzfristigen Wertsteigerung zu zerschlagen. Im Gegenzug wird es dem Investor insbesondere dann darauf ankommen, dass sein Einfluss auf die Geschicke der Gesellschaft bereits vorab rechtsgeschäftlich fixiert wird, um so das Risiko seiner Eigenkapitalinvestition optimieren und ihren Wert steigern zu können, wenn er – wie für *Hedge Funds* üblich – keine Mehrheitsbeteiligung im Zuge des *Debt to Equity Swap* erwirbt. Ist das Unternehmen in Form einer Aktiengesellschaft organisiert, ist eine rechtsgeschäftliche Vorabfestlegung seines Einflusses für ihn besonders wichtig, weil die Leitung einer Aktiengesellschaft zwingend in die Hände des Vorstands gelegt ist, vgl. §§ 23 Abs. 5, 76 Abs. 1, 119 Abs. 1 AktG. Dies wirft aber zugleich die Frage auf, ob eine Restrukturierungsvereinbarung mit derartigem Inhalt, also mit Festlegung eines ganzheitlichen Restrukturierungskonzepts, das das künftige Verhalten des die Gesellschaft vertretenden Vorstands

21 Zu den einzelnen in einer Restrukturierungsvereinbarung festzulegenden Teilschritten eines Debt to Equity Swap siehe unten Kapitel 1 C. II. 1.

22 Mit „Einstieg" des Investors, d.h. mit Umsetzung des Debt to Equity Swap, ist regelmäßig die Restrukturierung der finanziellen Passivseite der Gesellschaft beendet (sog. Closing der Restrukturierung), so dass nun die weiteren, idealerweise schon begonnenen operativen und strategischen Restrukturierungsmaßnahmen zu implementieren sind.

auf der einen Seite und dasjenige des (künftigen) Aktionärs auf der anderen auf rechtsgeschäftlichem Wege rechtsverbindlich vorab festlegt, überhaupt mit der zwingenden aktienrechtlichen Kompetenzordnung in Einklang gebracht werden kann.[23]

Angesichts der zunehmenden Komplexität von Unternehmensfinanzierungen, der Präsenz von *Distressed Hedge Funds*, die sich in Sanierungssituationen auf verschiedenen Konzernebenen in die emittierten Schuldinstrumente einer Unternehmensgruppe „einkaufen“ sowie der damit verbundenen, bei außergerichtlichen Restrukturierungen stets latent vorhandenen Gefahr, dass diese aufgrund des Obstruktionsverhaltens einzelner *Stakeholder* und fehlender außergerichtlicher Majorisierungsmechanismen[24] scheitern, fragt sich weiterhin, ob es – vor allem in Anbetracht der mit einer Restrukturierung innerhalb eines Insolvenzverfahrens verbundenen indirekten Insolvenzkosten – nicht sinnvoll wäre, auch in Deutschland ein außergerichtliches Sanierungsverfahren *de lege ferenda* zu schaffen oder ob nicht unter gewissen Voraussetzungen bereits *de lege lata* eine Zustimmungspflicht der einzelnen *Stakeholder* zu einer ein ganzheitliches Restrukturierungskonzept beinhaltenden Restrukturierungsvereinbarung besteht.[25] Beide Frage- und Problemkomplexe sollen im Folgenden analysiert und beantwortet werden. Zunächst sollen jedoch die aus der europäischen und vor allem auch deutschen Restrukturierungslandschaft nicht mehr wegzudenkenden *Distressed Hedge Funds* und ihre verschiedenartigen Strategien und Motive vorgestellt sowie die Rolle, die sie insbesondere bei außergerichtlichen Restrukturierungen spielen, beleuchtet werden.

B. Distressed (Debt) Hedge Funds als aktive Investoren in Restrukturierungssituationen

I. Distressed Hedge Funds als Value Investoren

Distressed Hedge Funds sind in erster Linie *Value Investoren. Value Investoren* versuchen, Preisineffizienzen am Markt auszunutzen, indem sie Wertpapiere oder sonstige Vermögensgegenstände erwerben, deren Marktpreis nicht ihren eigentlichen, inneren Wert (*Intrinsic Value*) widerspiegelt, die mithin unterbewertet (*undervalued*) sind. Gleicht sich der Preis dem intrinsischen Wert an, erwirtschaften sie bei Veräußerung einen Gewinn in Höhe der Differenz von gezahltem Preis und innerem Wert. Preisineffizienzen, d.h. Abweichungen zwischen Preis und intrinsischem Wert (*mispricings*), können vor allem dadurch

---

23 Sub Kapitel 2.

24 Vorbehaltlich der Möglichkeit des § 5 Abs. 3 SchVG [2009].

25 Sub Kapitel 3.

entstehen, dass sich die Marktteilnehmer bei ihren Kauf- und Verkaufsentscheidungen weniger von rationalen, auf fundamentaler Analyse beruhenden als vielmehr von irrationalen, emotionalen Motiven leiten lassen, wie etwa Angst und Verwirrung. Zu (Deinvestitions-)Entscheidungen, die mehr auf Grundlage solcher asthenischer Affekte basieren, kann es insbesondere in komplexen, unüberschaubaren Situationen kommen. Ferner dann, wenn die Entscheidungen nicht aus freien Stücken heraus, sondern aufgrund faktischen Zwangs getroffen werden müssen (sog. *forced selling*). Beides ist häufig in Sanierungs- und Restrukturierungssituationen sowie in Insolvenzen international agierender Unternehmensgruppen, die sich sowohl über Banken als auch über den Kapitalmarkt finanzieren, der Fall.

In diesen Situationen besteht nämlich einerseits die Gefahr, dass es aufgrund der rechtlichen und betriebswirtschaftlichen Komplexität zu Fehlbewertungen der einzelnen Unternehmenseinheiten (*entities*) sowie der von den einzelnen Einheiten emittierten Schuldinstrumente kommt. Andererseits sehen sich Banken und auch institutionelle Investoren aufgrund interner *Compliance*-Regeln nur bedingt in der Lage, die Schuldinstrumente notleidender Unternehmen zu halten, so dass sie (faktisch) gezwungen sind, diese Papiere (regelmäßig mit Abschlag) auf dem Sekundärmarkt – üblicherweise an darauf spezialisierte *Distressed Hedge Funds* – zu veräußern. Hinzu kommt, dass oftmals aufgrund mangelnder oder fehlender Restrukturierungs- und Insolvenzexpertise in den Reihen der Banken und *Investment Grade*-Investoren[26] ein Restrukturierungsprozess nicht angemessen begleitet werden kann. Ferner kann auch schon die (vermeintlich) fehlende Planungssicherheit hinsichtlich eines (drohenden) Insolvenzverfahrens und die damit verbundene Angst und Ungewissheit ausschlaggebend für einen Verkauf der jeweiligen Instrumente sein. Solche Notverkäufe erfolgen dann meist, ohne sich zuvor den wahren, inneren Wert des zu verkaufenden Instruments veranschaulicht zu haben. Bewertungssschwierigkeiten (und damit Preisineffizienzen) können allerdings auch bei nicht börsennotierten mittelständischen (Familien-)Unternehmen auftreten. Diese werden zum einen nicht laufend von den Analysten der Investmentbanken beobachtet und bewertet, zum anderen besteht aufgrund der fehlenden Fungibilität von GmbH-Geschäftsanteilen und solchen von Personengesellschaften kein Markt, der eine effiziente Preisbildung ermöglichen würde. Dies gilt umso mehr für Anteile an GmbHs oder Personengesellschaften, die sich in einer wirtschaftlichen und finanziellen Krise befinden.

Weitere Konstellationen, in denen es zu Preisineffizienzen kommen kann, sind etwa Unternehmenszusammenschlüsse und -übernahmen (*Mergers & Acquisitions*),

26 Distressed Hedge Funds gehören im Gegensatz zu Mutual Funds i.d.R. der Gruppe sog. Non-Investment Grade-Investoren an. Zu Schuldinstrumenten, die dem Non-Investment Grade-Bereich zugeordnet werden, zählen insbesondere High Yield Bonds sowie Leveraged Loans.

Konzernabspaltungen (*Spin Offs*), personelle Wechsel auf Vorstands- und Managementebene sowie sonstige *Corporate Events*[27]. *Hedge Funds*, die in Unternehmen, die sich in solchen besonderen Situationen (*Special Situations*) befinden, investieren, werden daher auch als *Event Driven Hedge Funds* bezeichnet. Das oben beschriebene *forced selling* wird weiterhin dadurch gefördert, dass sich Banken bedingt durch die strengeren Eigenkapitalanforderungen aufgrund Basel III[28] (sowie auch aufgrund der zum Teil von der Europäischen Zentralbank (EZB) bereits durchgeführten Stresstests) zunehmend von notleidenden Kreditengagements trennen müssen. Auf diese Investitionschance (*Investment Opportunity*[29]) setzen (und warten) insbesondere US-amerikanische *Distressed Hedge Funds*[30], die vor allem in London (zum Teil auch in Frankfurt[31] und München[32]) Büros eröffnet haben, um von dort aus den europäischen (und auch deutschen) Markt für notleidende Schuldinstrumente zu beobachten.

---

27 Sonstige Corporate Events können etwa Umsatzeinbrüche, Gewinnwarnungen etc. sein.

28 Am 12. September 2010 haben die Vertreter der Notenbanken und Aufsichtsbehörden von 27 Staaten im Baseler Ausschuss für Bankenaufsicht neue Kapital- und Liquiditätsvorschriften für Bankeninstitute beschlossen. Diese neuen Eigenkapitalregeln (= Basel III) ziehen die Lehren aus der Finanzmarktkrise und sollen dazu führen, dass Banken sich im Krisenfall aus eigener Kraft stabilisieren und retten können. Siehe hierzu etwa die Internetseiten des Bundesfinanzministeriums (Internationales/Finanzmarkt/Finanzmarktpolitik). Weiterhin ist eine Prüfung der Aktiva-Qualität zur Steigerung der Transparenz in Bezug auf die Engagements von Banken durch die EZB beabsichtigt (sog. Asset Quality Reviews). Vgl. hierzu The Economist vom 26. Oktober 2014: "The ECB's Asset Quality Review – Stressful tests"; vgl. ferner auch die Pressemitteilung der Europäischen Zentralbank vom 23. Oktober 2013: „EZB beginnt vor Übernahme der Aufsichtsfunktion mit umfassender Bewertung".

29 Distressed Hedge Funds werden daher auch als Opportunity Funds (mitunter fälschlicherweise auch als Vulture Funds) bezeichnet. Sie investieren im Gegensatz zu Mutual Funds in aller Regel nur, wenn sich im Markt entsprechende Gelegenheiten (opportunities und bargains) ergeben. Nötigenfalls halten sie daher einen Großteil des zu investierenden Vermögens, das ihnen von Pensionskassen, Versicherungen, Universitätsstiftungen sowie vermögenden Privatpersonen anvertraut wurde, in cash. Insbesondere die von Seth Klarman gegründete Baupost Group verfährt nach diesem Prinzip, vgl. etwa Bloomberg Business vom 9. Juni 2013 7:34 pm: "Klarman's Baupost to Gain More Than $900 Million on Deal".

30 Vgl. etwa Barron's vom 22. Februar 2014: "Why Victor Khosla Sees a Major Opportunity in Europe – Global distressed debt specialist is putting about 60 % of his firms assets in northern Europe."

31 Etwa Strategic Value Partners (SVP) oder Fortress Investment Group.

32 Etwa Avenue Capital Group.

Distressed Hedge Funds sind als *Value Investoren* besonders darauf bedacht, das ihnen anvertraute Kapital möglichst risikoarm zu investieren und zu erhalten (*Capital Preservation*). Sie halten daher insbesondere nach solchen Investitionsgelegenheiten Ausschau, die ein asymmetrisches Verhältnis zwischen Chance und Risiko aufweisen. Fündig können sie dabei vor allem in Restrukturierungs- und Insolvenzsituationen (*Distressed Situations*) werden. Diesen Situationen ist nämlich gemein, dass aufgrund der oben dargestellten Effekte der Marktpreis sowohl der Eigen- als auch der Fremdkapitalinstrumente einer Unternehmensgruppe regelmäßig signifikant fällt. Die Diskrepanz zwischen Marktpreis und intrinsischem Wert kann daher – im Vergleich zu anderen Situationen, in denen es zu Unterbewertungen kommt (*Value Plays*) – überdurchschnittlich groß sein. Je größer die Diskrepanz, desto größer die Sicherheistmarge ("*Margin of Safety*").[33] Mit anderen Worten: Je billiger ein bestimmtes Instrument auf dem Markt angeboten wird, desto größer ist zum einen die Gewinnchance im Falle, dass der intrinsische Wert positiv vom Marktpreis abweicht, desto niedriger ist zum anderen allerdings auch das Verlustrisiko im Falle, dass sich der *Distressed Investor* verkalkuliert und einen zu hohen intrinsischen Wert angenommen hat. *Distressed Hedge Funds* können daher auch als *Deep Value Investoren* bezeichnet werden.

Überdies bieten Restrukturierungssituationen den Investoren auch eine sog. *Downside Protection*, die darin besteht, dass die Investoren im schlechtesten Fall (*worst case scenario*), d.h. bei einer Einzelliquidation des Unternehmens in einer Regelinsolvenz, eine bestimmte Insolvenzquote erhalten, vorausgesetzt sie sind – wie üblicherweise – in die ausgegebenen Fremdkapitalinstrumente der von der Insolvenz betroffenen Einzelgesellschaft investiert. *Distressed Hedge Funds* investieren daher auch gerne in sog. *Liquidation Claims*, d.h. in Forderungen gegen Gesellschaften, die im Rahmen eines Insolvenzverfahrens liquidiert werden. Denn zum einen ist die Verwirrung und Angst vieler Marktteilnehmer in solche Situationen relativ groß, so dass diese Papiere teilweise mit hohem Abschlag zum Nominalbetrag und idealerweise auch zu ihrem inneren Wert handeln. Zum anderen besteht aufgrund des hohen Abschlags, der *Downside Protection* sowie aufgrund der Tatsache, dass das Unternehmen nicht fortgeführt wird und daher keine weiteren Verluste anhäufen kann, die Möglichkeit eines asymmetrischen Verhältnisses zwischen Chance und Risiko.[34] Ähnliche Investitionsgelegenheiten können sich

---

33 Prominente Vertreter dieses Ansatzes, der auf die Lehren von Benjamin Graham und David Dodd zurückzuführen ist, sind insbesondere Warren Buffet und Seth Klarman.

34 Eine solche Asymmetrie besteht offensichtlich bei der Liquidation der Lehman Brothers-Gruppe, vgl. hierzu etwa The Wall Street Journal vom 10. Mai 2011 10:01 am: "Paulson Plays the Lehman Bust – Hedge Fund Poised to Score Big on Doomed Bank's Bonds; a 78 % Return?"; CNBC vom 28. März 2014 3:08 pm: "Hedge Fund vultures feast on Lehman corpse"; Telegraph vom 5. Februar 2012 8:30 pm: „US hedge funds capitalise on Lehman collapse"; Bloomberg Business vom 13. Mai 2014 2:35

für *Distressed Hedge Funds* auch im Rahmen von *Litigation*-Szenarien (*Litigation Claims*) ergeben.

II. Catalyst und Fulcrum Securities

Ist die *Downside* der beabsichtigten Investition analysiert, versuchen *Value Investoren* im Rahmen ihres *Bottom-up* Analyseansatzes[35] sodann deren *Upside* zu bestimmen, d.h. die potentielle Wertsteigerung des jeweiligen Instruments, in das investiert werden soll. Mit anderen Worten: Sobald das Risiko der Investition eingegrenzt wurde, wird das Augenmerk auf deren Gewinnchancen gelegt. Die Wertsteigerung des Investments (*Upside*), d.h. die Angleichung des Marktpreises an den intrinsischen Wert, geschieht in aller Regel nicht von selbst, sondern wird durch einen sog. *Catalyst*, d.h. ein besonderes Unternehmensereignis oder ein besonderes Ereignis im Markt, ausgelöst. *Distressed Hedge Funds* suchen daher vor jeder beabsichtigten Investition nach solchen sich abzeichnenden Ereignissen, die Auslöser für das „Schließen" der sog. *Value Gap* zwischen zu zahlendem Marktpreis und wahrem, inneren Wert sein können (*Trigger Events*). Ein solcher *Catalyst* kann beispielsweise ganz einfach schon darin bestehen, dass dem Unternehmen wider Erwarten der anderen Marktteilnehmer genügend liquide Mittel bzw. ausreichend freier *Cash Flow* zur Verfügung stehen, um die Verbindlichkeiten aus den begebenen Fremdkapitalinstrumenten, die der *Distressed Hedge Fund* zu einem Marktpreis unter par erworben hat, vollumfänglich, d.h. samt Zinsen, zum Fälligkeitszeitpunkt begleichen zu können.[36] Der *Distressed Hedge Fund* „wettet"[37] dabei – meist

---

pm: „Lehman a Gift That Keeps Giving for Paulson to King Street"; The Wall Street Journal vom 13. September 2013 1:03 am: „Hedge Funds Are Among the Winners of the Lehman Spoils – Investors Profit Via Claims on Bankrupt Bank's Assets; Paulson Up $1 Billion-Plus".

35 Bei der bottom up-Fundamentalanalyse nehmen Investoren die mikroökonomischen Daten des Unternehmens, in dessen Kapitalinstrumente sie investieren wollen, unter die Lupe und leiten daraus ihre Investmententscheidungen ab. Der Bottom up-Analyse geht bei Distressed Investments meist eine sog. top down-Analyse (makroökonomische Analyse) voraus (eigentlich eher untypisch für Value Investoren), durch die die Investoren zu bestimmen versuchen, in welcher Phase des sog. Credit Cycle sie sich befinden, mithin wann der beste Einstiegszeitpunkt (Timing) für die beabsichtigte Investition ist.

36 Distressed Hedge Funds sprechen dabei dann von sog. Built-in Events, da die Leistungszeitpunkte bei Fremdkapitalinstrumenten in aller Regel fest fixiert sind (diese werden daher auch als Fixed Income-Instrumente bezeichnet).

37 Distressed Hedge Funds „bet" auf bestimmte Marktentwicklungen. Bei der wörtlichen Übersetzung in die deutsche Sprache geht verloren, dass den Investitionsentscheidungen meist eine genaue Analyse und eine eingehende Abwägung der mit der jeweiligen Investition verbundenen Chancen und Risiken vorangehen. Die „Wetten" eines Distressed Hedge Funds sind daher eher fundierte Annahmen des Eintritts bestimmter Ereignisse.

entgegen der Annahmen der übrigen Marktteilnehmer[38] – dann darauf, dass sich die Liquiditätssituation des Unternehmens bis zu den in den Kreditverträgen oder Anleihebedingungen (*Indenture*) fixierten Leistungszeitpunkten erholt. Der Investitionsentscheidung des *Distressed Hedge Funds* liegt dabei etwa die Annahme zugrunde, dass das Unternehmen zeitnah eine Veräußerung wesentlicher Vermögensgegenstände oder Beteiligungen an Tochtergesellschaften beabsichtigt oder dass es ihm gelingt, seine Bankkredite (in die sich der Investor mit Abschlag „eingekauft" hat) in Gänze am Kapitalmarkt, etwa durch die Emission hochverzinslicher Anleihen (*High Yield Bonds*), zu refinanzieren. Möglicherweise geht der *Distressed Hedge Fund* auch schlicht davon aus, dass ein strategischer Investor oder ein Finanzinvestor das Unternehmen unter Ablösung seiner Schulden übernehmen wird. Aus Sicht des *Distressed Hedge Funds* stellt die (antizipierte) Übernahme dann den erforderlichen *Catalyst* dar, der für die Wertangleichung sorgt und den „versteckten" Wert freisetzt (*Unlocking Value*).

Der *Catalyst* kann aber auch darin liegen, dass die finanzielle Passivseite der Gesellschaft restrukturiert wird und der *Distressed Hedge Fund* im Zuge dieser finanziellen Restrukturierung Anteile an ihr erhält, indem er seine unter par erworbenen, notleidenden Forderungen im Wege einer Sachkapitalerhöhung in sie einbringt (*Debt to Equity Swap*). Gleichzeitig wird die Gesellschaft durch den *Debt to Equity Swap* entschuldet, ihr zu leistender Kapitaldienst verringert und die Eigenkapitalquote erhöht. Allein dadurch kann der Wert der Anteile, die der *Distressed Hedge Fund* für seine Forderungen erhält, den Preis, den er für die notleidenden Forderungen entrichtet hat, übertreffen. Mit anderen Worten: Der *Distressed Hedge Fund* erhält für das billig erworbene *„Debt"* im Rahmen des *Debt to Equity Swap „Equity"*, das nach der finanziellen Restrukturierung bereits mehr wert ist als das zum *discount* erworbene *„Debt"*. Schafft die Gesellschaft darüber hinaus zeitnah den operativen *Turnaround*[39], bedeutet dies eine weitere Steigerung des Anteilswertes.

Wird bei der finanziellen Restrukturierung nur der nicht mehr werthaltige Teil der Forderungen in Anteile an der Gesellschaft „umgewandelt", d.h. die notleidenden Forderungen im Rahmen der Sachkapitalerhöhung nur insoweit in die Gesellschaft eingebracht, als sie nicht mehr vom Unternehmenswert (*Enterprise Value*) gedeckt sind[40] und der noch werthaltige Teil refinanziert bzw. neu vereinbart (*Reinstated Debt*), dann kann der *Distressed Hedge Fund* seinen „Einsatz"

---

38 Die Investitionsstrategie bzw. -perspektive von Distressed Hedge Funds wird daher häufig auch als contrarian bezeichnet. Vgl. hierzu etwa auch die Firma des Distressed Hedge Funds "Contrarian Capital Management L.L.C."

39 Gemeinhin als das (Wieder-)Erreichen eines positiven operativen Ergebnisses, mithin eines positven EBITs (Earnings Before Interest and Taxes) oder positiven EBITDAs (Earnings Before Interest, Taxes, Depreciation and Amortization) verstanden.

40 Mit dem nicht mehr vom Unternehmenswert gedeckten Teil der Forderungen ist der Distressed Hedge Fund „out of the money", mit dem gedeckten „in the money".

bereits durch die Refinanzierung bzw. Neuvereinbarung des noch werthaltigen Teils seiner unter par erworbenen Kredite oder Anleihen voll zurückerhalten. Das Unternehmen bzw. die Anteile am Unternehmensträger erhält er dann als Dreingabe (*Add-on*). Das bedeutet, dass der *Distressed Hedge Fund* selbst dann, wenn das Unternehmen nicht nach seinen Vorstellungen saniert werden kann, einen – wenn auch geringeren – Gewinn erwirtschaftet. Diejenigen Schuldinstrumente, die nicht mehr vom Unternehmenswert gedeckt sind, jedoch dennoch bei einer finanziellen Restrukturierung in Eigenkapital „gewandelt" werden (*Fulcrum Securities*), weisen daher ein asymmetrisches Verhältnis von Chance und Risiko auf. *Distressed Hedge Funds* verwenden daher bereits vor dem Tätigen der eigentlichen Investition einen Großteil ihrer Zeit- und Personalressourcen darauf, den Wert der notleidenden Unternehmensgruppe zu bestimmen und das *Fulcrum Security* in der Kapitalstruktur auszumachen. Der *Catalyst* kann dabei auch bereits in der Verletzung der *Financial Covenants*, also in der Verletzung der Auflagen hinsichtlich der einzuhaltenden Finanzkennzahlen liegen. Deren Verletzung berechtigt nämlich die Kreditgeber (bzw. den *Facility Agent*) nach Ablauf einer gewissen „Heilungsfrist" (*Grace Period*) zur außerordentlichen Kündigung des (Konsortial-)Kredits.[41] Mit der außerordentlichen Kündigung sind regelmäßig sämtliche Zins- und Tilgungsansprüche der Kreditgeber zur Rückzahlung fällig. Eine finanzielle Restrukturierung (oder eine Insolvenz) ist dann in aller Regel unausweichlich.

III. Die verschiedenen Strategien von Distressed Hedge Funds

Distressed Hedge Funds warten entweder passiv ab, bis der von ihnen anvisierte *Catalyst* von selbst eintritt oder sie führen ihn aktiv herbei. Dementsprechend verfolgen *Distressed Hedge Funds* zum einen eine passive, eher kurzfristig orientierte *Trading*-Strategie, zum anderen eine aktive, mittel- bis langfristig orientierte Strategie, indem sie versuchen, einen finanziellen Restrukturierungsprozess auszulösen sowie Einfluss auf dessen Verlauf und Ergebnis zu nehmen[42]. Anders gewendet

41 Bei einem Konsortialkredit setzt eine außerordentliche Kündigung regelmäßig einen qualifizierten Mehrheitsbeschluss der Konsortialkreditgeber voraus, *Hinsch/Horn*, Das Vertragsrecht der internationalen Konsortialkredite und Projektfinanzierungen, S. 94; *Diem* Akquisitionsfinanzierungen § 23 Rn. 58.

42 Vgl. zur aktiven Einflussnahme von Distressed Hedge Funds auf die Unternehmenspolitik etwa *Harner*, Activist Distressed Debtholders: The New Barbarians at the Gate? (2011), 89 WASH. U.L. REV. 155; *Harner/Griffin/Crickenberger*, Activist Investors, Distressed Companies, and Value Uncertainty (2014), American Bankruptcy Institute Law Review, Vol. 22, 2014, p. 167–194, University of Maryland Legal Studies Research Paper No. 2013-62; ferner *Lim*, The Role of Activist Hedge Funds in Financially Distressed Firms (2013), Trulaske College of Business University of Missouri – Columbia; zu den verschiedenen Investmentstrategien, die Distressed Hedge Funds verfolgen, vgl. etwa die Studie des Research-, Analyse- und Strategieteams der Man Group *DellaCasa/Rechsteiner/Lehman*, Hedge Fund investing in distressed securities (2008).

versuchen sie bei Verfolgung der aktiven Strategie, Werte zu generieren, indem sie aktiv die Angleichung des Marktpreises des zum *discount* erworbenen Schuldinstruments an den von ihnen hierfür durch Fundamentalanalyse ermittelten intrinsischen Wert fördern. Dieser intrinsische Wert kann dabei zum einen derjenige innere Wert sein, den die anderen Marktteilnehmer aufgrund der aktuellen Unternehmensdaten verkannt haben[43], zum anderen derjenige, den das Unternehmen bzw. die Unternehmensgruppe nach den Vorstellungen des *Distressed Hedge Funds* idealerweise (d.h. hypothetisch) hätte, wenn es bzw. sie vollständig finanziell, operativ und strategisch saniert wäre. Der *Distressed Hedge Fund* kann also „zweifach" profitieren[44], wenn es ihm gelingt, nicht nur den verkannten, „versteckten" Wert zu finden (*Value Finding*) und aufzudecken (*Unlocking Value*), sondern auch denjenigen Wert des Unternehmens zu generieren, den es idealerweise im sanierten Zustand hätte (*Value Creating*). Letzteres setzt allerdings voraus, dass der *Distressed Hedge Fund* nicht nur aktiv auf die finanzielle Restrukturierung Einfluss nimmt, sondern darüber hinaus auch das notleidende Unternehmen durch aktive Einflussnahme bei der für eine ganzheitliche Sanierung erforderlichen, sich an die finanzielle Restrukturierung anschließenden[45] operativen und strategischen Restrukturierung unterstützt.[46] Eine solche Einflussnahme, die sich idealerweise auch auf das operative Tagesgeschäft des Unternehmens zu erstrecken hat, kann dabei grundsätzlich[47] nur gewährleistet werden, wenn es dem *Distressed Hedge Fund* gelingt, im Rahmen des *Debt to Equity Swap* eine Mehrheitsbeteiligung am Unternehmensträger zu erwerben. *Distressed Hedge Funds*, die dies beabsichtigen, verfolgen daher eine sog. *active control*-Strategie bzw. eine *loan to own*-Strategie, die auch als *Private Equity*-Strategie bezeichnet werden kann, weil es insoweit zu einer Überlappung mit derjenigen Strategie kommt, die *Distressed Private Equity Funds* verfolgen.

Distressed Hedge Funds sind im Hinblick auf die *active control*-Strategie gegenüber *Distressed Private Equity Funds* allerdings insoweit im Nachteil bzw.

---

43 D.h. Misunderstood Securities führen i.d.R. zu Mispriced Securities.

44 D.h. er ist in der Lage, zwei Discounts „mitzunehmen"; zum einen denjenigen in Relation zum tatsächlichen, intrinsischen Wert, zum anderen denjenigen zum ideellen, intrinsischen Wert. Diese Möglichkeit/Fähigkeit ist einer der wesentlichen Vorteile, die Hedge Funds gegenüber Private Equity Funds haben, die regelmäßig aufgrund von Bieterwettkämpfen untereinander den zu zahlenden Preis für das Zielunternehmen in die Höhe treiben. Vgl. hierzu das Interview mit Bill Ackman (Pershing Square Capital Management) in Value Investor Insight vom 28. Februar 2013, S. 2.

45 Eine operative Restrukturierung kann ggf. auch schon vor einer finanziellen implementiert werden.

46 Durch die Unterstützung der operativen und strategischen Restrukturierung deckt er mithin nicht nur aktiv den „versteckten" inneren Wert auf – dies geschieht bereits idealerweise mit Umsetzung der finanziellen Restrukturierung –, sondern schafft darüber hinaus aktiv den von ihm antizipierten, idealen intrinsischen Wert.

47 Zur Ausnahme siehe sogleich.

„gehandicapt", als sie bisweilen die ihnen anvertrauten Gelder nicht für die gesamte Zeitdauer eines Restrukturierungsprozesses (an sich) binden können.[48] Unter Umständen sehen sie sich daher gezwungen, ihre durch den *Debt to Equity* Swap erworbene Mehrheitsbeteiligung während des noch nicht abgeschlossenen Restrukturierungsprozesses zu veräußern, etwa weil einer ihrer Investoren von seinem Recht Gebrauch macht, das von ihm gewährte Kapital zurückzuverlangen. Hierbei geraten sie dann in Konflikt mit den bei Restrukturierungen typischerweise vereinbarten *Lock up*-Klauseln, die es den am Restrukturierungsprozess Beteiligten untersagen, für einen gewissen Zeitraum[49] ihre Forderungen bzw. Schuldinstrumente zu veräußern.[50] *Distressed Hedge Funds*, die nicht nur Werte aufdecken, sondern auch schaffen möchten, gehen daher zunehmend dazu über, *Private Equity*-Vehikel oder sog. *Side Pockets* neben ihren „liquideren" Fondsstrukturen zu errichten, um auch eine *active control*-Strategie verfolgen zu können. Die Verfolgung einer *active control*-Strategie hat allerdings auch weitere, entscheidende Nachteile:

Bei Verfolgung dieser Strategie laufen *Distressed Hedge Funds* nämlich Gefahr, (zumindest teilweise) ihre sog. *Trading Flexibility* einzubüßen.[51] Dies deshalb, weil Mehrheitspositionen im Vergleich zu Minderheitspositionen in aller Regel nicht angemessen schnell wieder geschlossen, d.h. veräußert, werden können, um entweder (Sanierungs-)Gewinne „mitzunehmen" oder auf negative Marktentwicklungen angemessen schnell zu reagieren und Verluste zu begrenzen.[52] Eine erworbene

48 In der Regel haben Distressed Hedge Funds Lock-up-Periods von 1 bis 3 Jahren, mithin deutlich längere als Hedge Funds, die eine long/short-Strategie verfolgen, vgl. etwa European Distressed Debt Market Outlook 2015 (Debtwire/Rothschild/Orrick), S. 23; Prequin vom 28. Februar 2011: "Distressed Hedge Funds Increase in Popularity."; Pension&Investments vom 10. Dezember 2012 1:26 pm: "Average maximum hedge fund lockup remains relatively stable from 2011"; ferner The Economist vom 2. August 2007: „Hedge Funds – All locked-up". Ganzheitliche Restrukturierungen können mitunter jedoch länger dauern.

49 In aller Regel bis zum Closing der finanziellen Restrukturierung. Siehe hierzu unten Kapitel 1 C. II. 4. a).

50 Werden die Papiere an einer Börse gehandelt, bestehen auch insoweit Restriktionen hinsichtlich einer Veräußerung, als die Distressed Hedge Funds bei den Verhandlungen zur Restrukturierung mit Insiderinformationen i.S.d. § 13 WpHG in Berührung kommen und bei einer (vorzeitigen) Veräußerung ihrer Schuldinstrumente daher ggf. gegen das Insiderhandelsverbot des § 14 WpHG verstoßen würden.

51 Darüber hinaus ist zu berücksichtigen, dass bei Verfolgung der active control-Strategie signifikante Zeit- und Personalressourcen für operative und strategische Aspekte aufgewandt werden müssen; diese Ressourcen könnten ggf. ökonomischer für die finanzielle Analyse anderer potentieller (Distressed) Investments verwendet werden.

52 Dies kann insbesondere dann der Fall sein, wenn sich ein Investment nicht nach Vorstellung entwickelt. Ein Private Equity Fund bzw. ein Distressed Hedge Fund, der eine active control-Strategie verfolgt, müsste dann zunächst einen Käufer für „das ganze Unternehmen" finden.

Minderheitsbeteiligung kann in aller Regel am Markt schneller platziert werden als eine Mehrheitsbeteiligung[53], insbesondere dann, wenn es sich um eine Minderheitsbeteiligung an einer börsennotierten Aktiengesellschaft handelt. Eine solche kann nämlich grundsätzlich relativ rasch im Rahmen eines *Block Trades* an ausgewählte Investoren veräußert werden. Ebenso kann der *Distressed Hedge Fund* sein Risiko hinsichtlich der (Gesamt-)Zusammensetzung seines Portfolios besser diversifizieren, wenn er lediglich Minderheitsbeteiligungen eingeht. Er kann dann schlicht mehr Positionen gleichzeitig eingehen, als dies bei Mehrheitsbeteiligungen der Fall wäre.[54]

Um sowohl den idealen intrinsischen Wert generieren zu können als sich auch die *Trading Flexibility* zu bewahren[55], können *Distressed Hedge Funds* auch lediglich den Erwerb von Minderheitsbeteiligungen im Rahmen eines *Debt to Equity Swap* anstreben, mithin eine sog. *active non-control*-Strategie verfolgen und die fehlende, aber notwendige Einflussnahme auf die Geschicke der Gesellschaft, die ihnen nicht über eine Kontrollbeteiligung vermittelt wird, dadurch ausgleichen, dass sie sie auf rechtsgeschäftlichem Wege in einer Restrukturierungsvereinbarung herstellen. In Restrukturierungsvereinbarungen, die mit *Distressed Hedge Funds* geschlossen werden, können sich daher Regelungsgegenstände wiederfinden, die dem *Distressed Hedge Fund* als (künftigem) (Minderheits-)Aktionär einen gewissen Einfluss auf die Umsetzung der operativen und strategischen Restrukturierung garantieren.

---

53 Weiterhin ist zu berücksichtigen, dass für eine Kontrollbeteiligung in aller Regel auch eine Kontrollprämie gezahlt werden muss. Im Rahmen von Distressed Investments dürfte es dazu aber dann nicht kommen, wenn nicht direkt Anteile an der Gesellschaft erworben werden, sondern Schuldinstrumente, die sodann im Rahmen eines Debt to Equity Swap in Anteile „getauscht" werden.

54 Einige (Deep) Value Investoren, beispielsweise etwa Strategic Value Partners mit ihrem Strategic Value Restructuring Fund (Victor Khosla), konzentrieren ihre Positionen allerdings derart, dass sie etwa die Hälfte ihrer Assets in 10 – 12 Großpositionen allokieren, während die andere Hälfte auf 40 weitere Positionen verteilt wird, vgl. hierzu Barron's vom 22. Februar 2014: "Why Victor Khosla Sees a Major Opportunity in Europe – Global distressed debt specialist is putting about 60 % of his firm's assets in northern Europe"; Ähnlich oder gar noch konzentrierter allokiert sind beispielsweise die Portfolios der Equity Manager The Childrens' Investment Fund Management (TCI) (Chris Hohn) und Cevian Capital (Christer Gardell, Lars Förberg), vgl. etwa Bloomberg Markets – The Hedge Fund Issue February 2014, S. 45: „Big Bets, Big Returns" sowie S. 25 ff. Eine Konzentration (Big Bets) ihres Portfolios präferieren diese Manager deshalb, weil sie nur in ausgewählte Investitionsgelegenheiten (Market Opportunities) investieren, die ein asymmetrisches Verhältnis von Risiko und Chance (Risk-Reward) aufweisen. Ergibt sich eine solche Gelegenheit, versuchen sie, optimal von ihr zu profitieren, indem sie einen Großteil ihres Kapitals einsetzen. Vergliche man sie mit Pokerspielern, würden sie nur „gute Hände" spielen. Dabei dann allerdings auch entsprechend viel setzen.

55 ...sowie das sog. Risk Exposure aufrechtzuerhalten, um den Fonds- und Vergütungsstrukturen, die bei Hedge Funds üblich sind, gerecht zu werden...

Zugleich hat die zu restrukturierende Gesellschaft ein Interesse daran, dass der Einfluss des *Distressed Hedge Funds*, insbesondere dann, wenn er im Rahmen eines *Debt to Equity Swap* eine Mehrheitsbeteiligung an ihr erwirbt, beschränkt wird. Überdies möchten *Distressed Hedge Funds* – auch dann, wenn sie lediglich Werte aufdecken und daher nur auf die finanzielle Restrukturierung Einfluss nehmen – regelmäßig die Einzelheiten ihres „Einstiegs ins Eigenkapital", d.h. die Details des *Debt to Equity Swap* rechtsverbindlich vor dem Erwerb der Beteiligung durch entsprechende Abreden in der Restrukturierungsvereinbarung absichern. Restrukturierungsvereinbarungen in der hier untersuchten Art können daher sowohl mit *Distressed Hedge Funds* geschlossen werden, die eine *active control*- als auch eine *active non-control*-Strategie verfolgen.

Distressed Hedge Funds, die eine *active non-control*-Strategie verfolgen und dennoch auf die operativen und strategischen Geschicke der Gesellschaft, an der sie sich beteiligen, Einfluss nehmen, mithin nicht nur Werte freisetzen, sondern auch schaffen wollen, ähneln daher *Activist Hedge Funds*, die unterbewertete Aktien (großer) börsennotierter Aktiengesellschaften erwerben und als Minderheitsaktionäre versuchen, aktiv Veränderungen hinsichtlich der Unternehmensstrategie herbeizuführen.[56] *Activist Hedge Funds* sind ebenso den *Value Investoren* zuzuordnen. Denn auch sie versuchen, Kapital aus Preisineffizienzen auf den Märkten zu schlagen, die durch besondere, außergewöhnliche Unternehmens- oder Marktereignisse ausgelöst werden. Gleichzeitig versuchen sie allerdings auch, eine Werte schaffende *Private Equity*-Strategie bei ihren Investitionen in *Public Equity* zu adaptieren, indem sie aktiv auf die Geschäftspolitik des Unternehmens Einfluss nehmen und nötigenfalls Druck auf das bestehende Management ausüben. Nur so können sie den idealen intrinsischen Wert generieren. Da sie typischerweise nur Minderheitsbeteiligungen erwerben, müssen sie im Gegensatz zu *Private Equity Funds* keine Kontrollprämie zahlen.[57] Um ihren (künftigen) Einfluss abzusichern, schließen sie mit der Zielgesellschaft üblicherweise sog. *Proxy Contest Settlement Agreements*.[58] Darin werden Abreden hinsichtlich der (künftigen) Besetzung der Gremien der Gesellschaft getroffen. Insoweit sind *Proxy Contest Settlement Agreements* mit Restrukturierungsvereinbarungen vergleichbar.[59] *Activist Hedge Funds* bewahren sich ebenso wie *active non-control Distressed Hedge Funds* ihre *Trading*

---

56 Einige Hedge Funds verfolgen daher gleichzeitig Distressed- und Activist-Strategien, beispielsweise etwa Dan Loeb's Third Point sowie Paul Singer's Elliot Management.

57 Vgl. hierzu etwa die Gegenüberstellung des „Constructivist"-Models, das der Activist Hedge Fund Trian Fund Management (Nelson Peltz) verfolgt, mit einem traditionellen Private Equity-Ansatz auf dem von Trian Fund Management herausgegebenen Fact Sheet, abrufbar unter http://www.trianpartners.com/content/uplo-ads/2015/01/Trian_Partners_Fact_Sheet-Website_January_20151.pdf.

58 Vgl. etwa *Rosewater/Tomasetti*, Proxy Contest Settlement Agreements: An Overview, activist investing developments, winter 2009, Schulte Roth & Zabel; *Landaw/Genkin/Gottfried*, The Ten Elements of a Proxy Contest Settlement, 2008, Blank Rome.

59 Siehe hierzu unten Kapitel 2 C. VI.

Flexibility, indem sie nur Minderheitsbeteiligungen eingehen, die rasch wieder veräußert werden können. Weiterhin kommt ihnen zu Gute, dass sie vor allem in Unternehmen investieren, deren Aktien an öffentlichen Märkten handeln. Trotz der damit verbundenen Volatilität profitieren sie von der Fungibilität der dort gehandelten Instrumente und daher auch von der auf diesen Märkten vorhandenen Liquidität. Charakteristisch für *Distressed Investments* ist hingegen ihre Illiquidität.

Distressed Hedge Funds, die lediglich eine *active non-control*-Strategie verfolgen, können kontrollähnlichen Einfluss auch dadurch ausüben, dass sie mit anderen *Distressed Hedge Funds* im Konsortium auftreten. Erwerben mehrere *Distressed Hedge Funds* allerdings Minderheitsbeteiligungen an börsennotierten Gesellschaften, sind ihnen ihre Beteiligungen möglicherweise gegenseitig zuzurechnen, so dass sie einerseits verpflichtet sein können, bei Überschreiten der Meldeschwellen nach §§ 21 ff. WpHG entsprechende Mitteilungen an die Gesellschaft und die BaFin abzugeben. Andererseits kann sie bei einem derartigen *Acting in Concert* allerdings auch die Pflicht nach § 35 Abs. 2 Satz 1, 29 Abs. 2 WpÜG treffen, allen Aktionären ein (teures) Übernahmeangebot zu unterbreiten, vgl. § 30 Abs. 2 WpÜG. Bei rechtsgeschäftlichen Absprachen liegt in der Regel gemäß §§ 22 Abs. 2 Satz 1 WpHG, 30 Abs. 2 Satz 1 WpÜG ein Zusammenwirken vor. Gleiches gilt im Grundsatz auch bei einem tatsächlichen Zusammenwirken, vgl. §§ 22 Abs. 2 Satz 2 WpHG, 30 Abs. 2 Satz 1 WpÜG. Schließen sich mehrere *active non-control Distressed Hedge Funds* zusammen, gerade um *Private Equity*-ähnlich Werte zu schaffen und nicht nur freizusetzen, wird in aller Regel ein Zusammenwirken in diesem Sinne anzunehmen sein, weil – wie oben dargestellt – der hypothetische intrinsische Wert nur geschaffen werden kann, wenn zusätzlich zu der finanziellen Restrukturierung auch eine operative und strategische Restrukturierung umgesetzt wird. Ohne dass die *Distressed Hedge Funds* dabei mit dem Ziel einer dauerhaften und erheblichen Änderung der unternehmerischen Ausrichtung der Gesellschaft zusammenwirken, vgl. §§ 22 Abs. 2 Satz 2 WpHG, 30 Abs. 2 Satz 1 WpÜG, dürfte dies kaum möglich sein.

Es sei noch darauf hingewiesen, dass viele *Distressed Hedge Funds* heutzutage nicht nur eine der drei Strategien alleine verfolgen, sondern abhängig von den Marktgegebenheiten flexibel von der einen zur anderen „wechseln". Ihre interne Struktur, die häufig – wie bereits oben erwähnt – auch sog. *Side Pockets* vorsieht, erlaubt dies regelmäßig. Ihre *long*-Positionen, d.h. diejenigen Positionen, mit denen sie auf Wertsteigerungen setzen, sichern sie meist dadurch ab, dass sie bestimmte *short*-Positionen eingehen (*Hedging*). Im *Distressed* Bereich wird eine *short*-Position in aller Regel dadurch umgesetzt, dass in Bezug auf ein bestimmtes Wertpapier, das der *Distressed Hedge Fund-Manager* für überbewertet hält, sog. *Credit Default Swaps* (CDS) (gegebenenfalls auch *Total Return Swaps* (TRS)) erworben werden. Dies sind Derivate, bei denen der Gegenpart (*Counterpart*) bei Eintritt des Sicherungsfalls, meist das „Reißen" der *Financial Covenants*, bisweilen auch die Insolvenzantragsstellung der betreffenden Gesellschaft, dem Inhaber des CDS einen Barbetrag in einer Höhe ausbezahlen muss, die derjenigen entspricht, mit der das in Bezug genommene (*underlying*) Schuldinstrument ausfällt.

Sinkt der Wert des Schuldinstruments, etwa weil die Gesellschaft in wirtschaftliche Schwierigkeiten gerät, steigt regelmäßig der Preis des CDS. Darüber hinaus „gehen" *Distressed Hedge Funds* "*short*", indem sie Derivate auf bestimmte Indices erwerben. *Short*-Positionen erwerben sie meist in Bezug auf Unternehmen, die in der gleichen Branche tätig sind. Dadurch, dass sie beispielsweise bestimmte notleidende Schuldinstrumente eines Unternehmens der Solarbranche erwerben, um diese im Zuge eines *Debt to Equity Swap* in Anteile „zu tauschen", setzen sie auf die Wertsteigerung dieser Anteile, haben mithin eine *long*-Position erworben. Diese können sie nun etwa dadurch absichern, dass sie CDS von Unternehmen erwerben, die der Branche der klassischen und nicht der erneuerbaren Energien angehören.[60] Denn erholen sich die Unternehmen aus der Branche der erneuerbaren Energien, ist es plausibel, dass darunter die klassischen Energieunternehmen, wie etwa Kohle- und Gaslieferanten leiden. Ferner erwerben *Distressed Hedge Funds* mitunter auch sog. *outright short*-Positionen, wenn sie überzeugt sind, dass das betreffende Unternehmen (massiv) überbewertet ist. *Outright short*-Positionen dienen – wie der Name schon vermuten lässt – im Gegensatz zu *Hedges* nicht der Absicherung von *long*-Positionen.

Überdies betreiben *Distressed Hedge Funds* auch sog. *Capital Structure Arbitrage.* Dabei erwerben sie *short*- und *long*-Positionen in Bezug auf das gleiche Unternehmen, jedoch an unterschiedlicher Stelle seiner Kapitalstruktur. Beispielsweise setzen sie etwa darauf, dass die Aktien einer notleidenden Gesellschaft an Wert verlieren, während sie sich gleichzeitig versprechen, dass etwa die Anleihen im Wert steigen. Oder sie setzen darauf, dass die besicherten Kredite im Wert steigen, während sie gleichzeitig annehmen, dass die unbesicherten Anleihen an Wert einbüßen. *Catalyst* ist hinsichtlich beider Positionen jeweils das gleiche Ereignis, etwa eine bevorstehende Refinanzierung oder Restrukturierung. Der Wertunterschied beider Positionen (*Spread*), etwa im Zeitpunkt des Abschlusses der finanziellen Restrukturierung, stellt dann ihren Gewinn dar.

Im Übrigen können „moderne" *Distressed Hedge Funds* regelmäßig alle Kapitalinstrumente erwerben, die ein Unternehmen ausgibt. Dazu zählen etwa sämtliche Tranchen eines Konsortialkredits (insbesondere eines solchen, der im Rahmen eines *Leveraged Buy-outs* (LBOs) eingesetzt wurde), namentlich *Term Loans*, *Second lien Loans* (ggf. auch *Third lien Loans*), *Revolving Credit Facilities*, *Mezzanine Loans*, hochverzinsliche Anleihen (*High Yield Bonds*), Schuldscheindarlehen, Wandelschuldverschreibungen (*Convertible Bonds*), Hybridanleihen, Genussrechte, *Profit Participation Loans* (PPLs), *Equity-linked Notes* sowie weitere hybride Kapitalinstrumente und auch bisweilen *Trade Claims.*[61] Seltener erwerben sie die Anteile

60 Ggf. erwerben sie auch CDS von direkten Wettbewerbern.

61 Distressed Hedge Funds investieren vor allem in Kapitalinstrumente, die sich im Non-Investment Grade bewegen, wie etwa High Yield Bonds und Leveraged Loans. Investment-Grade-„Produkte" werden als Anlageklasse eher von Mutual Funds präferiert, deren „Performance" im Gegensatz zu Hedge Funds nicht absolut bestimmt wird, sondern in Relation zu bestimmten Benchmarks, wie etwa dem S&P 500. Je weniger

(*Equity*) an einer notleidenden Gesellschaft direkt. Dies hängt damit zusammen, dass in Sanierungssituationen zumindest in faktischer Hinsicht[62] der Einfluss weg von den Eigenkapitalgebern hin zu den Fremdkapitalgebern verlagert wird.[63] Bei einer finanziellen Restrukturierung sitzen die *Distressed Hedge Funds* somit mit am Verhandlungstisch. Häufig investieren sie jedoch direkt in die Anteile an Gesellschaften, die gerade eine außergerichtliche Restrukturierung oder ein Insolvenzverfahren erfolgreich abgeschlossen haben (*Post Bankruptcy oder Post Reorganisation Equity*[64]). Dies hängt damit zusammen, dass diese Papiere von den anderen Marktteilnehmern vernachlässigt oder falsch bewertet, d.h. unterbewertet, werden. Nach erfolgreichem Abschluss einer außergerichtlichen Restrukturierung oder einer Insolvenz hat sich ein Unternehmen aber regelmäßig von seinen „Altlasten" befreit. Eine niedrige Bewertung ist daher nicht immer gerechtfertigt. Dies machen sich *Distressed Hedge Funds* zunutze.

Als „*distressed*" wird ein Schuldinstrument in der Regel dann bezeichnet, wenn es mit einem Abschlag von 20 % oder mehr zum Nominalbetrag handelt.[65] *Leveraged Loans* und bilaterale Kredite erwerben *Distressed Hedge Funds* als sog. *Non-Par Lender* entweder direkt von den *Par Lendern*[66], etwa Banken oder auch *Collateral Loan Obligation-Manager* (CLOs)[67], oder über hierauf spezialisierte *Distressed*

---

ein bestimmtes Investment mit den gegenwärtigen Markttrends korreliert, desto attraktiver ist es für einen Hedge Fund. Siehe hierzu etwa die Studie des Research-, Analyse- und Strategieteams der Man Group *DellaCasa/Rechsteiner/Lehman*, Hedge Fund investing in distressed securities (2008), S. 17 ff.; Hedge Funds erheben den Anspruch, in jeder Marktlage, ein positives Ergebnis zu erzielen (alpha). Daher investieren insbesondere Event Driven Hedge Funds in Situationen, die unabhängig von der allgemeinen Marktlage auftreten können, wie etwa Mergers & Acquisitions, Spin Offs oder eben Rekapitalisierungen, Restrukturierungen und Insolvenzen.

62 Nach hier vertretener Auffassung auch in rechtlicher Hinsicht. Dazu siehe eingehend unten Kapitel 3.

63 Letztlich wird dies schon durch die Tatsache belegt, dass Distressed Hedge Funds in Sanierungssituationen nahezu ausschließlich Fremdkapitalinstrumente erwerben.

64 Junge Aktien (bzw. Gesellschaftsanteile) einer Gesellschaft, die gerade einen finanziellen Sanierungsprozess beendet hat, werden auch als Orphan Equities bezeichnet.

65 Vgl. etwa die Studie des Research-, Analyse- und Strategieteams der Man Group *DellaCasa/Rechsteiner/Lehman*, Hedge Fund investing in distressed securities (2008), S. 9.

66 Zu einem solchen Deal Sourcing ist in aller Regel ein extensives Kontaktnetzwerk des Distressed Hedge Funds nötig. Auch um den direkten Kontakt mit Banken pflegen zu können, eröffnen Distressed Hedge Funds zunehmend – z.T. haben sie dies schon vor geraumer Zeit getan – Büros in Deutschland (vornehmlich in Frankfurt und München). Distressed Hedge Funds sind allerdings darauf bedacht, „ihre" Distressed Debt-Broker „bei Laune zu halten", um auch bei künftigen Transaktionen berücksichtigt zu werden. Häufig erwerben sie daher die notleidenden Titel über sie, obgleich sie dies auch direkt über ihre Kontakte zu den Banken tun könnten.

67 Vgl. etwa die Studie der Rechtsanwaltskanzlei Linklaters „Off piste. Negotiating Europe's LBO debt mountain"; *L. Bowman* in Euromoney: „How CLO managers muscled

Debt-Broker, etwa die *Trading Desks* internationaler Investmentbanken.[68] *Distressed Hedge Funds* setzen im Gegensatz zu klassischen *Private Equity Funds* nahezu kein Fremdkapital (*Leverage*) bei ihren Investitionen ein.[69]

C. Die Restrukturierungsvereinbarung als zentrales Rechtsgeschäft im außergerichtlichen Restrukturierungsprozess

I. Außergerichtliche Restrukturierungen

Außergerichtliche Restrukturierungen (*Out of Court Restructurings*) sind dadurch gekennzeichnet, dass sie im Gegensatz zu Restrukturierungen innerhalb eines Insolvenzverfahrens (*In Court Restructurings*) dem normalen zivilrechtlichen Haftungsregime unterliegen. Die insolvenzrechtlichen Majorisierungsmechanismen,

---

in on the LBO market"; Financial Times vom 6. Februar 2013, 6:53 pm: „Investors call for leveraged buyout wave".

68 Diese agieren jedoch nicht nur als Zwischenintermediäre, sondern investieren im Rahmen des sog. Proprietary Tradings auch „eigenes Geld", als Beispiel ist hier etwa die Teilnahme von Goldman Sachs Investment Partners (GSIP) am Debt to Equity Swap der A.T.U-Gruppe zu nennen, vgl. Juve vom 27. Januar 2014: „Refinanzierung: ATU gelingt Schuldenschnitt mit großem Berateraufgebot", vgl. ferner die Pressemitteilung der A.T.U-Gruppe vom 5. Dezember 2013. In den USA dürften aufgrund des Dodd-Frank-Acts (sog. Volcker Rule) im Nachgang der Finanzkrise in dieser Hinsicht künftig Investitionen in eingeschränkterem Maße zu erwarten sein, obgleich die Investmentbanken Wege suchen, diese Regelungen zu umschiffen, vgl. etwa Bloomberg Business vom 8. Januar 2013, 6:00 am: „Secret Goldman Team Sidesteps Volcker After Blankfein Vow"; Bloomberg Business vom 31. März 2011: "Goldman Sachs's SSG: Lending or Trading?" The Wall Street Journal vom 5. August 2014 10:16 am: "Goldman Sachs Cuts Cash in GSIP Hedge Fund – Move Comes as Volcker Rule Forces Banks to Wind Down Some Investments".

69 Schließlich ist auch noch anzumerken, dass aufgrund der verschiedenen Investmentstrategien gerade im Distressed Bereich die Grenzen zwischen Hedge Fund- und Private Equity-Investitionen verschwimmen. Insbesondere Distressed Hedge Funds gehen immer häufiger dazu über, eine loan to own-Strategie zu verfolgen, um nach Beteiligungsübernahme – in der Regel mittels eines Debt to Equity Swap – eng mit dem Management der Gesellschaft die operativen und strategischen Restrukturierungsschritte implementieren zu können, vgl. hierzu insbesondere European Distressed Debt Market Outlook 2015 (Debtwire/Rothschild/Orrick), S. 32, 33; Ebenso sind Fälle denkbar, in denen Distressed Hedge Funds eine aktivistische Strategie verfolgen ohne Anteile an der Gesellschaft zu erwerben, indem sie etwa versuchen, allein über den Gläubigerausschuss im Insolvenzverfahren Einfluss auf die Geschicke der Gesellschaft zu nehmen. Da in einem deutschen Insolvenzverfahren dem Insolvenzverwalter allerdings regelmäßig eine starke Stellung zukommt, dürfte ihnen dies nicht immer zu ihrer Zufriedenheit gelingen.

vgl. etwa § 245 InsO, sind bei außergerichtlichen Restrukturierungen nicht anwendbar. Grundsätzlich ist daher erforderlich, dass sämtliche *Stakeholder* die außergerichtliche Restrukturierung unterstützen und ihr zustimmen. Eine Ausnahme ist nur dort zu machen, wo das Gesetz auch außerhalb eines Insolvenzverfahrens vorsieht, dass einzelne Restrukturierungmaßnahmen mit (qualifizierten) Mehrheitsentscheidungen umgesetzt werden können. Dies gilt etwa für die im Rahmen der Restrukturierung von Anleihen im Katalog des § 5 Abs. 3 SchVG [2009] enthaltenen Gegenstände sowie für die einzelnen Teilschritte eines (klassischen) *Debt to Equity Swap*, namentlich die hierzu notwendige Kapitalherabsetzung, die sich daran anschließende Kapitalerhöhung sowie der ggf. vollständige Ausschluss des Bezugsrechts der Altgesellschafter, §§ 222 Abs. 1 Satz 1, 229, 182 Abs. 1 Satz 1, 186 Abs. 3 Satz 1 AktG, 53 Abs. 2 Satz 1, 58, 58a, 55 GmbHG. Zwar ist es bei Konsortialkrediten üblich, dass zur Änderung bestimmter Kreditbedingungen eine Zweidrittelmehrheit ausreichend ist, die für eine effektive Entschuldung einer Gesellschaft erforderlichen Maßnahmen bedürfen jedoch auch dort in aller Regel der Zustimmung aller Konsorten.[70]

Ferner ist insbesondere für außergerichtliche Bilanzrestrukturierungen charakteristisch, dass sie in Insolvenznähe durchgeführt werden, d.h., dass bei Scheitern derselben regelmäßig Zahlungsunfähigkeit i.S.d. § 17 InsO und/oder Überschuldung i.S.d. 19 InsO vorliegt und die betroffene Geschäftsleitung Insolvenzantrag beim zuständigen Insolvenzgericht zu stellen hat. Im Übrigen ist festzustellen, dass eine außergerichtliche Restrukturierung typischerweise immer von derjenigen Gruppe der *Stakeholder* vorangetrieben wird, die (noch) ein ökonomisches Interesse an ihr hat, die mithin entweder noch *in the money* ist, d.h. deren Schuldinstrumente oder Anteile noch (teilweise) vom Unternehmenswert (*Enterprise Value*) gedeckt sind oder deren Eigen- oder Fremdkapitalinstrumente mithilfe einer außergerichtlichen Restrukturierung kurz- bis mittelfristig wieder werthaltig werden können. Mit anderen Worten: Ein ökonomisches Interesse an einer außergerichtlichen Restrukturierung besteht für *Stakeholder* grundsätzlich immer dann, wenn der durch eine Restrukturierung wieder hergestellte prognostizierte Unternehmenswert bei einer Bewertung zu Fortführungswerten (*Going Concern*), vgl. § 252 Abs. 1 Nr. 2 HGB, (zumindest teilweise) ihre Forderungen bzw. Anteile wertmäßig (wieder) abdeckt.

---

70 *Diem* Akquisitionsfinanzierungen § 36 Rn. 3, vgl. etwa die Beispielsklausel in Ziff. 31.7(a) i.V.m. der Definition von Majority Lenders in Ziff. 1.1 (Definitions) sowie die Beispielsklausel in Ziff. 41.3 (Exceptions) des LMA Leveraged Finance Facility Agreements.

II. Inhalt von Restrukturierungsvereinbarungen/ Regelungsgegenstände

Eine Restrukturierungsvereinbarung ist das zentrale Rechtsgeschäft einer außergerichtlichen Restrukturierung. Durch sie werden die einzelnen, von den jeweiligen *Stakeholdern* und der Gesellschaft zur Überwindung ihrer finanziellen, operativen und ggf. auch strategischen Krise zu leistenden Sanierungsbeiträge gebündelt und zu einem Ganzen zusammengefügt, mithin das zur Erlangung einer positiven Sanierungsaussage in einem IDW S6-Gutachten[71] ermittelte, ganzheitliche, idealerweise sich aus finanziellen, operativen und strategischen Restrukturierungsmaßnahmen zusammensetzende Restrukturierungskonzept auf eine vertragliche Grundlage gestellt. In einer Restrukturierungsvereinbarung werden demnach in rechtsverbindlicher Weise diejenigen Sanierungsbeiträge der einzelnen *Stakeholder* und der Gesellschaft festgelegt, die zur Wiedererlangung ihrer Wettbewerbsfähigkeit, d.h. zur Wiederherstellung von branchenüblichem Eigenkapital sowie zur Wiederherstellung ihrer Rendite- und Kreditfähigkeit notwendig sind. Inhalt einer Restrukturierungsvereinbarung können folglich sowohl finanzielle als auch operative und strategische Restrukturierungsmaßnahmen sein. Durch eine Restrukturierungsvereinbarung verpflichten sich die *Stakeholder* und die Gesellschaft zur Umsetzung der jeweils erforderlichen Restrukturierungsmaßnahmen.

1. Finanzielle Restrukturierungsmaßnahmen

Ziel finanzieller Restrukturierungsmaßnahmen ist die Überwindung einer Liquiditätskrise. Durch die Implementierung finanzieller Restrukturierungsmaßnahmen soll insbesondere die im IDW S6-Gutachten ermittelte Zielkapitalstruktur, die zur Gewährung einer positiven Sanierungsaussage erforderlich ist, umgesetzt werden.

Eine Liquiditätskrise ist typischerweise dadurch geprägt, dass ein Unternehmen nicht mehr die zur (mittelfristigen) Aufrechterhaltung seines laufenden Geschäftsbetriebes sowie nicht mehr die nach seiner Liquiditätsplanung zur Erfüllung seiner mittelfristig fälligen Verbindlichkeiten notwendige Liquidität generieren kann, mithin eine Liquiditätsunterdeckung vorliegt. In einer Liquiditätskrise sind die

71 IDW (Institut der Wirtschaftsprüfer), Anforderungen an die Erstellung von Sanierungskonzepten (IDW S 6) (Stand: 20.08.2012). Mithilfe eines IDW S6-Gutachtens soll zum einen geprüft werden, ob das Unternehmen überhaupt sanierungsfähig ist, zum anderen welche Instrumente für die Sanierung des Unternehmens geeignet sind. Die Sanierungsfähigkeit eines Unternehmens ist zu bejahen, wenn die Durchführung von zweckmäßigen Sanierungsmaßnahmen die Zahlungsschwierigkeiten beseitigt und eine angemessene Rentabilität erreicht werden kann, *Groß*, Sanierung durch Fortführungsgesellschaften, II. Kapitel Rn. 5; eingehend zu Verfahren und Kriterien einer Sanierungsprüfung *Buth/Herrmanns*, Restrukturierung, Sanierung, Insolvenz, § 7 Rn. 14 ff., vgl. ferner Theiselmann/*deBra*, Praxishandbuch des Restrukturierungsrechts, Kapitel 14 Rn. 210.

in den Kreditverträgen verabredeten *Financial Covenants*[72] in aller Regel bereits verletzt. Ohne finanzielle Unterstützung von außen mündet eine Liquiditätskrise kurz- bis mittelfristig regelmäßig in der Zahlungsunfähigkeit der Gesellschaft gemäß § 17 InsO, d.h. in einer (materiellen) Insolvenz. Finanzielle Restrukturierungsmaßnahmen zur Überwindung der Liquiditätsunterdeckung können dabei – insbesondere seitens der Fremdkapitalgeber – in der Stundung einzelner Zins- und

72 Hierbei handelt es sich um Bilanzrelationen oder Finanzkennzahlen, zu deren Erhaltung sich ein Kreditnehmer regelmäßig im (Konsortial-)Kreditvertrag verpflichten muss, Theiselmann/*Diem/Grell/Schormair*, Praxishandbuch des Restrukturierungsrechts, Kapitel 11 Rn. 3. Financial Covenants werden seit Mitte der neunziger Jahre auch bei inländischen Akquisitionsfinanzierungen vereinbart, *Wittig* WM 1996, 1381 ff.; Schmidt/Uhlenbruck/*Wittig*, Die GmbH in Krise, Sanierung und Insolvenz, Rn. 1.142; *Diem* Akquisitionsfinanzierungen § 22 Rn. 8. Financial Covenants werden in der Regel auf der Grundlage der Planung für die Zielgruppe festgelegt und definieren für die gesamte Laufzeit des Kredits Zielvorgaben („Leitplanken") für die von der Gruppe zu erfüllenden Bilanzrelationen und Finanzkennzahlen, *Wittig* WM 1996, 1381, 1382; *Diem* Akquisitionsfinanzierungen § 22 Rn. 9; Vgl. die Beispielsklausel in Ziff. 26 (Financial Covenants) LMA Leveraged Finance Facility Agreement. Hält die Unternehmensgruppe die Financial Covenants nicht ein, so ist daraus zu schließen, dass die wirtschaftliche und finanzielle Lage der Gruppe nicht der Planung entspricht, auf deren Grundlage die Kredite gewährt wurden, *Diem* Akquisitionsfinanzierungen § 22 Rn. 9. Solange allerdings die Financial Covenants eingehalten werden, können die Kreditgeber in aller Regel davon ausgehen, dass die Kreditnehmer ihre Verpflichtungen aus dem Kreditvertrag erfüllen können, *Diem* Akquisitionsfinanzierungen § 22 Rn. 9. Financial Covenants werden daher gerne als Frühwarnsystem bezeichnet, so (allerdings nicht unkritisch) *Diem* Akquisitionsfinanzierungen § 22 Rn. 9. Abhängig von der Art der Finanzierung – beispielsweise etwa LBO Finanzierungen oder Asset-Finanzierungen, wie etwa Immobilien-, Schiff- oder Flugzeugfinanzierungen – werden regelmäßig bis zu vier verschiedene Financial Covenants vereinbart, Theiselmann/*Diem/Grell/Schormair*, Praxishandbuch des Restrukturierungsrechts, Kapitel 11 Rn. 3; *Diem* Akquisitionsfinanzierungen § 22 Rn. 13, 14. Bei LBO-Finanzierungen werden typischerweise die sog. „fantastischen Vier" verabredet: Leverage Ratio (bezeichnet das Verhältnis der zinstragenden Verbindlichkeiten zum EBITDA), Cashflow Cover Ratio (bezeichnet das Verhältnis von Cashflow zum Netto-Schuldendienst), Interest Cover Ratio (Zinsdeckungsgrad) (bezeichnet das Verhältnis von EBITDA zu den Netto-Zinsaufwendungen), Capital Expenditure (erfasst den Aufwand für die Anschaffung von aktivierungsfähigem Anlagevermögen; i.d.R. wird für jedes Geschäftsjahr während der Laufzeit des Kredits eine Obergrenze für die Capex der Gruppe vereinbart, siehe hierzu eingehend *Diem* Akquisitionsfinanzierungen § 22 Rn. 15 ff. (Konsortial-)Kreditverträge werden mitunter als Covenant Lite- oder Covenant Zero-Kreditverträge bezeichnet (gelegentlich ist auch von Covenant Holidays die Rede), wenn sie – wie in den Private Equity-Boomjahren 2006/07 vor der Finanzkrise durchaus geschehen – mit äußerst kreditnehmerfreundlichen (oder faktisch keinen) Financial Covenants ausgestattet werden.

Tilgungsleistungen, im Verzicht auf Kündigungsrechte (*Waiver*), die durch die (mehrmalige) Verletzung von *Financial Covenants* entstanden sind, in der schlichten Nichtausübung von Kündigungsrechten (sog. faktisches Stillhalten[73]), in der Suspendierung von Kündigungsrechten durch den Abschluss einer Stillhaltevereinbarung, in der Anpassung der *Financial Covenants*, in der Kapitalisierung von Zinsen (*Payment in Kind*, PIK), in der Prolongation von Krediten[74], in einer Neuvereinbarung der „alten“ bilateralen Kredite bzw. in einer Überführung verschiedener bilateraler Kredite in einen vereinheitlichenden Konsortialkredit (*Reinstated Debt*) sowie in der Bereitstellung und Ausreichung von Überbrückungs- und Sanierungskrediten liegen.

Insbesondere *Distressed Hedge Funds* reichen immer häufiger auch „frisches“ Fremdkapital in Form von Überbrückungs- und Sanierungskrediten an Gesellschaften aus, die sich in wirtschaftlichen Schwierigkeiten befinden. Sie erwerben also nicht nur auf den Sekundärmärkten die notleidenden Schuldinstrumente anderer Fremdkapitalgeber, sondern betreiben mitunter auch sog. *Direct Lending* auf dem Primärmarkt. Dadurch versuchen sie, die Lücke zu schließen, die traditionelle Kreditgeber, wie etwa Banken, u.a. aufgrund der Basel III-Regelungen hinterlassen.[75] Zu beobachten ist auch, dass als Krisenkreditgeber neben den *Distressed Hedge Funds* auch reine sog. *Debt Funds* am Markt in Erscheinung treten.[76] Diese bieten nicht nur *Rescue Financing* an, sondern beteiligen sich etwa auch bei Akquisitionskrediten, indem sie u.a. sog. *Unitranche*-Kreditlinien[77]

---

73 Hierzu ausführlich Theiselmann/*Diem/Grell/Schormair*, Praxishandbuch des Restrukturierungsrechts, Kapitel 11 Rn. 8 ff.

74 Siehe zu den ganzen Maßnahmen ausführlich Theiselmann/*Diem/Grell/Schormair*, Praxishandbuch des Restrukturierungsrechts, Kapitel 11 Rn. 4 ff.

75 Siehe hierzu insbesondere European Distressed Debt Market Outlook 2015 (Debtwire/Rothschild/Orrick), S. 21; Bloomberg Markets July/August 2014, S. 34 ff.: “KKR’s New Deal – Buyout King Henry Kravis is pushing his firm into areas banks are fleeing.” KKR sind der Ansicht, dass das sog. Deleveraging in Europa noch lange nicht vorbei sei, siehe hierzu etwa Bloomberg Business vom 9. Januar 2014, 6:00 am: “KKR Raises $2 Billion Credit Fund to Invest in Distressed Debt”.

76 Vgl. hierzu etwa Finance Februar/März 2014, S. 30 ff.: „Debt Fonds entdecken Deutschland“. So hat etwa die A.T.U-Gruppe im Rahmen ihrer finanziellen Restrukturierung von HayFin Capital Management die Zusage für eine 2018 fällige, vorrangig besicherte Kreditlinie über € 75 Millionen erhalten. Siehe hierzu die Pressemitteilung der A.T.U-Gruppe vom 5. Dezember 2013 sowie zu den Einzelheiten des im Lock-up Agreement verabredeten Restrukturierungskonzepts die Investor Relations-Mitteilung der A.T.U-Gruppe vom 18. Dezember 2013 sowie ferner Juve vom 27. Januar 2014: „Refinanzierung: ATU gelingt Schuldenschnitt mit großem Berateraufgebot“.

77 Eine Unitranche-Finanzierung ist in der Regel eine Kreditfinanzierung, eine Schuldverschreibung oder ein Schuldscheindarlehen, bei der sowohl Senior- als auch nachrangige Fremdkapitalkomponenten in einer Tranche kombiniert werden, siehe hierzu etwa Finance vom 12. August 2013: „Unitranche – Alternative zur traditionellen

bereitstellen.[78] Während die gewährten Überbrückungskredite (sog. *Interim Financing*) häufig ebenso im Rahmen der verabredeten *Debt to Equity Conversion* in Eigenkapital „umgewandelt" werden, bilden die ausgereichten Sanierungskredite regelmäßig einen Teil der *Reinstated Debt*, mithin einen Teil der neuen, restrukturierten Passivseite der Gesellschaft. Die Investoren verlangen jedoch neben einer Verzinsung der Kredite häufig auch eine vorrangige, sog. *Super Senior*-Behandlung ihrer Forderungen aus dem Sanierungskredit gegenüber den Forderungen aus dem (neu vereinbarten) Konsortialkredit bzw. aus sonstigen stehengelassenen bilateralen Krediten (*Senior*-Kredite). Diese *Super Senior*-Behandlung wird regelmäßig auch eine vorrangige Besicherung der Forderungen aus dem Sanierungskredit beinhalten.

Ferner sind in einer Liquiditätskrise typischerweise die Passiva nicht mehr durch die Aktiva gedeckt, so dass eine handelsbilanzielle Überschuldung vorliegt, die gemäß § 268 Abs. 3 HGB als „nicht durch Eigenkapital gedeckter Fehlbetrag" gesondert auf der Aktivseite der Bilanz auszuweisen ist.[79] Die handelsbilanzielle Überschuldung allein stellt jedoch noch keinen Insolvenzeröffnungsgrund i.S.d. § 19 Abs. 2 Satz 1 InsO dar.[80] Überschuldung setzt gemäß § 19 Abs. 2 Satz 1 InsO vielmehr voraus, dass (i) die Aufstellung einer stichtagsbezogenen Überschuldungsbilanz (sog. Überschuldungsstatus) eine rechnerische Überschuldung ergibt und (ii) keine positive Fortführungsprognose gestellt werden kann (sog. modifizierter zweistufiger Überschuldungsbegriff[81]).[82] Die oben genannten finanziellen

---

Bankenfinanzierung". In Deutschland aktive Debt Funds sind etwa Hayfin Capital, Bluebay, Ares, Ardian, Babson, ICG und Avenue Europe Capital Solutions. Avenue Capital betreibt allerdings in erster Linie Distressed Hedge Funds. Marc Lasry, der Gründer von Avenue Capital, kann zu den Pionieren des Distressed Investings gezählt werden.

78 Allerdings reichen die Debt Funds nicht nur Unitranche-Kredite aus, sondern investieren regelmäßig in ein breites Spektrum von langfristigen Finanzierungslösungen: Seniortranchen, Mezzanine- und PIK-Finanzierungen gehören ebenso dazu, vgl. Finance Februar/März 2014, S. 30 ff.: „Debt Fonds entdecken Deutschland".

79 Theiselmann/*Diem/Grell/Schormair*, Praxishandbuch des Restrukturierungsrechts, Kapitel 11 Rn. 77.

80 BGH, Urteil v. 08.01.2001 – II ZR 88/99, BGHZ 146, 264, 267; *Uhlenbruck* InsO § 19 Rn. 10; Theiselmann/*Diem/Grell/Schormair*, Praxishandbuch des Restrukturierungsrechts, Kapitel 11 Rn. 77.

81 *Uhlenbruck* InsO § 19 Rn. 29; Graf-Schlicker/*Bremen* InsO § 19 Rn. 6; Theiselmann/*Diem/Grell/Schormair*, Praxishandbuch des Restrukturierungsrechts, Kapitel 11 Rn. 77.

82 BGH, Urteil v. 13.07.1992 – II ZR 292/91, BGHZ 119, 201, 214; Graf-Schlicker/*Bremen* InsO § 19 Rn. 9. Dabei ist das Vermögen im Überschuldungsstatus zu Liquidationswerten anzusetzen, wobei stille Reserven aufzudecken sind, BGH, Urteil v. 13.07.1992 – II ZR 292/91, BGHZ 119, 201, 214; *Uhlenbruck* InsO § 19 Rn. 29; Kübler/Prütting/Bork/*Pape* InsO § 19 Rn. 56; Graf-Schlicker/*Bremen* InsO § 19 Rn. 19 ff.; Die Fortführungsprognose ist eine Zahlungsfähigkeitsprognose, die den Zeitraum bis zum

Restrukturierungsmaßnahmen zur Beseitigung einer Liquiditätsunterdeckung eignen sich nicht gleichermaßen zur Beseitigung einer eingetretenen rechnerischen Überschuldung. Bei einer Stundung der Zins- und Tilgungsleistungen bleiben die bestehenden Verbindlichkeiten voll passiviert. Bei der Kapitalisierung von Zinsen sowie bei der Gewährung von Überbrückungs- und Sanierungskrediten werden die Passiva gar erhöht, so dass die Fremdkapitalgeber zur Überwindung einer rechnerischen Überschuldung andere Sanierungsbeiträge leisten müssen. Derartige geeignete Restrukturierungsbeiträge können etwa ein Rangrücktritt der Kreditgeber mit ihren Forderungen aus dem Kreditverhältnis gegenüber allen Forderungen der Insolvenzgläubiger nach § 39 Abs. 1 Nr. 1 bis 5 InsO, die Zustimmung zur Übertragung von Verbindlichkeiten auf einen Dritten, ein *Debt to Equity Swap*, ein *Debt Hive-up*[83] (bzw. *Debt Push-up*), ein *Debt Push-down*[84], ein

Ende des nächsten Geschäftsjahrs umfassen muss, *Uhlenbruck* InsO § 19 Rn. 43 ff.; Kübler/Prütting/Bork/*Pape* InsO § 19 Rn. 37 ff.; Graf-Schlicker/*Bremen* InsO § 19 Rn. 11. Grundvoraussetzung ist der Fortführungswille der Organe des betroffenen Unternehmens. Die Zahlungsfähigkeitsprognose selbst ist aus einem Finanz- und Ertragsplan abzuleiten, der Ausfluss eines aussagekräftigen Unternehmenskonzepts sein muss, BGH Beschl. v. 09.10. 2006 – II ZR 303/05 = WM 2006, 2254; *Uhlenbruck* InsO § 19 Rn. 45, 50.; Kübler/Prütting/Bork/*Pape* InsO § 19 Rn. 37, 42; Graf-Schlicker/*Bremen* InsO § 19 Rn. 12 f.. Es bestehen allerdings erhebliche Zweifel, ob ein positiver Liquiditätsplan in jedem Fall genügt, um das Vorliegen einer insolvenzrechtlichen Überschuldung auszuschließen, Theiselmann/*Diem/Grell/Schormair*, Praxishandbuch des Restrukturierungsrechts, Kapitel 11 Rn. 78.

83 Bei einem Debt Hive-up werden die Verbindlichkeiten des Kreditnehmers dadurch reduziert, dass sie auf einen Dritten, z.B. die Muttergesellschaft des Kreditnehmers (HoldCo) übertragen werden. Die Übertragung der Kreditverbindlichkeiten auf eine HoldCo kann dabei durch befreiende Schuldübernahme gem. den §§ 414 ff. BGB erreicht werden, Theiselmann/*Diem/Grell/Schormair*, Praxishandbuch des Restrukturierungsrechts, Kapitel 11 Rn. 87, 88. In steuerlicher Hinsicht ist dabei allerdings zu bedenken, dass die Schuldübernahme nur dann steuerneutral ist, wenn der Gesellschafter die Schuldübernahme von Anfang an unter Verzicht auf den Befreiungsanspruch vereinbart, der ihm ansonsten gem. §§ 670, 257 BGB wegen der Schuldübernahme gegen den Kreditnehmer zustehen würde, BFH, Beschl. v. 20.12.2001 – I B 74/01 = DStRE 2002, 257, 258; *Schmidt/Hagebücke* DStR 2002, 2150, 2151; *Fox/Scheidle* GWR 2009, 51 Ziff. IV; Theiselmann/*Diem/Grell/Schormair*, Praxishandbuch des Restrukturierungsrechts, Kapitel 11 Rn. 90. Siehe ferner auch *Bogenschütz* Die Unternehmensbesteuerung Ubg 2010, 407, 409.

84 Im Gegensatz zu einem Debt Hive-up werden bei einem Debt Push-down nicht die Verbindlichkeiten des Kreditnehmers, sondern das operative Geschäft, einschließlich der Verbindlichkeiten, die nicht gegenüber den Kreditgebern bestehen, und aller für den übertragenen Betrieb wesentlichen Betriebsgrundlagen (ansonsten entfällt die steuerliche Privilegierung gem. § 20 Abs. 1 UmwStG, vgl. dazu im Einzelnen *Widmann/Mayer* UmwR § 20 Rn. 6, 13 ff.; BMF Schreiben v. 11.11.2001 – IV C 2 – S 1978 – b/08/10001, BStBl. I 2011, 1314, Rz. 20.06) auf eine andere Gesellschaft (NewCo)

Forderungsverzicht mit Besserungsschein[85] oder einfach der Erlass von Forderungen sein.[86]

Die Eigenkapitalgeber können zur Überwindung einer Liquiditätskrise zum einen durch Leistungen ohne Auswirkungen auf das gezeichnete Kapital, zum anderen mit Auswirkungen auf das gezeichnete Kapital beitragen. Zu ersteren zählen beispielsweise Gesellschafterdarlehen, Patronatserklärungen, Forderungsverzichte, Rangrücktritte, Einzahlungen in die Kapitalrücklage sowie ebenfalls Zahlungsaufschübe, Stundungen und Standstill-Vereinbarungen. Letztere umfassen hingegen etwa effektive Kapitalerhöhungen, Kapitalerhöhungen aus Gesellschaftsmitteln sowie Kapitalherabsetzungen.[87] Zu erwähnen ist an dieser Stelle auch, dass in einer Liquiditätskrise die Gesellschafter auf Verlangen der Banken häufig ihre Gesellschaftsanteile einer sog. doppelnützigen Treuhand(-Gesellschaft) übertragen, die die Anteile sowohl zugunsten der (ehemaligen) Gesellschafter als auch zugunsten der Banken (ggf. auch zugunsten der Lieferanten) nach Maßgabe des Sicherheitentreuhandvertrages verwaltet sowie im dort festgelegten Sicherungsfall verwertet und den Verwertungserlös – ebenso nach Maßgabe des Treuhandvertrages – an die Sicherungsgläubiger auskehrt. Finanzielle Restrukturierungsmaßnahmen, die von der Gesellschaft zur Überwindung einer Liquiditätskrise selbst (jedoch nicht zwingend von ihr alleine) vorzunehmen sind, können etwa in der Auslagerung von Aktiva sowie im Factoring und in der Forfaitierung[88], im Rückkauf von Verbindlichkeiten (*Debt Buy Backs*)[89], in der Vereinbarung neuer Kredite sowie in der Neuvereinbarung der alten Kredite (*Reinstated Debt*), im sog. *Asset Stripping*, d.h. in M&A-Transaktionen zu Restrukturierungszwecken[90], in der Emission von (neuen) Anleihen, von Wandelanleihen (*Convertible Bonds*), Hybridanleihen sowie Pflichtanleihen (*Contingent Convertible (CoCo) Bonds*) bestehen.

---

verlagert. Beim Kreditnehmer verbleiben dann lediglich die Kreditverbindlichkeiten. Die Übertragung des operativen Geschäfts auf die NewCo erfolgt dabei regelmäßig durch eine Ausgliederung gem. § 123 Abs. 3 UmwG, Lutter/*Winter/Teichmann* UmwG § 131 Rn. 1 f.; Theiselmann/*Diem/Grell/Schormair*, Praxishandbuch des Restrukturierungsrechts, Kapitel 11 Rn. 102.

85 Zum Erlass bzw. Forderungsverzicht mit Besserungsschein siehe im Einzelnen Theiselmann/*Diem/Grell/Schormair*, Praxishandbuch des Restrukturierungsrechts, Kapitel 11 Rn. 108 ff.

86 Zum Erlass siehe im Einzelnen Theiselmann/*Diem/Grell/Schormair*, Praxishandbuch des Restrukturierungsrechts, Kapitel 11 Rn. 111 ff.

87 Siehe zu Gesellschafterleistungen mit und ohne Auswirkungen auf das gezeichnete Kapital Theiselmann/*Arnold/Spahlinger/Maske-Reiche*, Praxishandbuch des Restrukturierungsrechts, Kapitel 1 Rn. 7 ff.

88 Zum Factoring und zur Forfaitierung ausführlich Theiselmann/*Litten*, Praxishandbuch des Restrukturierungsrechts, Kapitel 3 Rn. 1 ff.

89 Zu Debt Buy Backs ausführlich Theiselmann/ *Weiß*, Praxishandbuch des Restrukturierungsrechts, Kapitel 4 Rn. 1 ff.

90 Zum Asset Stripping ausführlich Theiselmann/*Laufersweiler/Taupitz*, Praxishandbuch des Restrukturierungsrechts, Kapitel 8 Rn. 1 ff.

Häufig wird Teil des in der Restrukturierungsvereinbarung festzulegenden finanziellen Restrukturierungskonzepts eine Mixtur aus den oben genannten Maßnahmen sein. Ferner wird es regelmäßig nötig sein, dass während der Verhandlungen zur Restrukturierungsvereinbarung zwischen der Gesellschaft und vor allem den Fremdkapitalgebern eine Stillhaltevereinbarung abgeschlossen wird oder dass diese für einen gewissen Zeitraum auf die Ausübung ihrer Kündigungsrechte verzichten. Andernfalls bestünde stets die Gefahr, dass ein Insolvenzgrund i.S.d. §§ 17, 19 InsO vorliegt und die Geschäftsleitung Insolvenzantrag zu stellen hätte, möchte sie sich nicht haftbar machen. Zeitintensive, außergerichtliche Verhandlungen wären unter diesen Vorzeichen nicht möglich. Ist ein aktivistischer *Distressed Hedge Fund* unter den Fremdkapitalgebern, ist regelmäßig davon auszugehen, dass dieser sowohl die Vereinbarung eines *Debt to Equity Swap* oder eines *Debt to Asset Swap* als auch die Neuvereinbarung der alten Kredite (*Reinstated Debt*) forcieren wird[91], so dass im Folgenden besonderes Augenmerk auf diese finanziellen Restrukturierungsmaßnahmen gelegt wird. Besteht ein Teil der Finanzverbindlichkeiten aus Anleihen, sind auch diese in das zu vereinbarende finanzielle Restrukturierungskonzept bestehend aus *Debt to Equity Swap* und *Reinstated Debt* mit einzubeziehen.[92] Im Hinblick auf die zu vereinbarenden, erforderlichen Maßnahmen zum Erreichen der ermittelten Zielkapitalstruktur ist es im Falle der Restrukturierung einer typischen LBO-Finanzierung[93]

---

91 Zu seinen Motiven siehe bereits oben Kapitel 1 B. sowie auch noch eingehend unten.

92 Hierzu siehe eingehend unten Kapitel 2 C. IV. 3. a) cc)(2).

93 Eine Unternehmensakquisition, bei der neben Eigenkapital auch in erheblichem Umfang Fremdkapital eingesetzt wird, wird als Leveraged Buy-out (LBO) bezeichnet, wobei *Mittendorfer* dafür einen Leverage von mindestens 3,0 bis 3,5 und einen Zinsdeckungsgrad von weniger als 3,5 bis 4,0 voraussetzt, *Diem* Akquisitionsfinanzierungen § 1 Rn. 6; *Mittendorfer*, Praxishandbuch Akquisitionsfinanzierung, S. 13. Im Grundmodell einer Akquisitionsfinanzierung gründet der Finanzinvestor, in der Regel eine Private Equity-Gesellschaft (PE-Sponsor), eine neue Gesellschaft (NewCo), die die Zielgesellschaft erwerben soll. Zusätzlich nimmt die NewCo Fremdkapital in Form von Krediten auf. Sodann erwirbt die NewCo mit dem Eigen- und Fremdkapital die Anteile an der Zielgesellschaft (OpCo). Die von der NewCo benötigten Mittel für die Tilgungs- und Zinszahlungen werden dabei von der Zielgesellschaft erwirtschaftet, die – im Gegensatz zu der NewCo – regelmäßig über operatives Geschäft verfügt. Sämtliche Risiken sind in der NewCo als Käuferin der Zielgesellschaft und Kreditnehmerin der Kredite konzentriert. Bei einem LBO erhalten die Kreditgeber vom Private Equity-Investor üblicherweise weder Garantien noch dingliche Sicherheiten. Die Besicherung der Kredite erfolgt ausschließlich durch die Erwerbsgesellschaft (regelmäßig durch Verpfändung der Anteile an der operativ tätigen Zielgesellschaft sowie ggf. durch Verpfändung der Anteile an einer dazwischengeschalteten HoldCo bzw. an einer dazwischengeschalteten Gesellschaft nach Luxemburger Recht (LuxCo)) und durch die Zielgesellschaft (regelmäßig durch Übertragung derjenigen Gegenstände, die das operative Geschäft ausmachen), so (teilweise ausdrücklich) dargestellt bei *Diem* Akquisitionsfinanzierungen § 1 Rn. 10

in aller Regel nicht notwendig, dass sich auch die Gesellschafter in der Restrukturierungsvereinbarung zu Beiträgen verpflichten. Denn regelmäßig werden deren Anteile, d.h. diejenigen der *HoldCo* an den operativen Gruppengesellschaften (*OpCos*), bereits im Rahmen der ursprünglichen Akquisitionskreditgewährung den Kreditgebern verpfändet. Die Vollstreckung in das Pfandrecht[94] ist regelmäßig ohne den Willen der Anteilseigner möglich. In der Restrukturierungsvereinbarung sind daher nur die einzelnen Umsetzungsschritte festzulegen, die die Konsortialkreditgeber – vertreten durch den Facility Agent[95] – und der Security

---

bis 12. Durch folgendes Rechenbeispiel (entnommen aus *Diem* Akquisitionsfinanzierungen § 1 Rn. 14), soll der Leverage-Effekt eines LBO veranschaulicht werden: „Der Käufer erwirbt die Zielgesellschaft zum Kaufpreis von 100. Das eingesetzte Eigenkapital beträgt 30, das Fremdkapital 70. Der Zins wird aus dem Cashflow bezahlt. Der Käufer tilgt im ersten Jahr aus dem Cashflow der Zielgesellschaft 10. Veräußert der Käufer die Zielgesellschaft nach einem Jahr schuldenfrei zum Preis von 100, so muss er zur Tilgung der Kredite 60 an die Kreditgeber abführen, und ihm verbleiben noch 40. Seine Eigenkapitalrendite beträgt 33,3 %." Je höher die Fremdverschuldung der Zielgesellschaft ist, desto stärker wird auch deren Cashflow durch den Schuldendienst belastet, *Diem* Akquisitionsfinanzierungen § 1 Rn. 18. Eine zu hohe Fremdverschuldung, zu laxe Financial Covenants (Covenant-lites), ein rückläufiges operatives Geschäft, makroökonomische Besonderheiten und fehlende Refinanzierungskanäle (etwa fehlender Zugang zu den High Yield Bond-Märkten) führen dann dazu, dass ehemalige Rekord-LBOs, wie etwa derjenige des texanischen Stromversorgers TXU durch KKR (USD 45 Mrd.), zu Restrukturierungsfällen, mithin zu Investitionsgelegenheiten für Distressed Hedge Funds werden, vgl. etwa Pensions & Investments vom 13. Mai 2013: "Will giant TXU LBO become a distressed debt deal?"; DealBook vom 8. April 2013 5:11 pm: "Battle Heats Up Over Fate of Troubled Energy Buyout"; Bloomberg Business vom 5. Mai 2014 11:36 pm: "Lasry's Credit Cabal Gets Top Energy Future Gem: Distressed Debt" Als Beispiel in diesem Zusammenhang ist auch die – bereits zitierte – Restrukturierung der A.T.U-Gruppe zu nennen. Angesichts der aktuell wieder eher zunehmenden Fremdverschuldung bei LBOs ist davon auszugehen, dass diese als Quelle für Restrukturierungsfälle erhalten bleiben.

94 Die Vollstreckung in verpfändete Gesellschaftsanteile hat grundsätzlich nach den §§ 1273 Abs. 2, 1235 BGB durch öffentliche Versteigerung zu erfolgen, sofern nicht § 1221 BGB einschlägig ist. Dies ist in aller Regel mit einem Wertverlust der Anteile verbunden. Um einen solchen zu vermeiden, wird daher eine LBO-Struktur typischerweise dahingehend optimiert, dass eine Gesellschaft nach Luxemburger Recht (LuxCo) über die HoldCo bzw. NewCo, die wiederum die Anteile an den operativ tätigen Gruppengesellschaften hält (OpCos), geschaltet wird. In der Folge werden die Anteile an der LuxCo an die Kreditgeber verpfändet, so dass eine etwaige (zwangsweise) Verwertung der Anteile in Form eines werteschonenderen privaten Verkaufs nach Luxemburger Recht durchgeführt werden kann.

95 Dem Facility Agent obliegt die laufende Verwaltung der einzelnen Kredite eines Konsortialkredits, MünchHdbGbR-*Eyles/Schaffelhuber* § 31 Rn. 34; *Diem*

Agent[96] zur Verwertung des Pfandrechts an den Anteilen (*Enforcement Sale*) vorzunehmen haben.[97]

Die Implementierung eines *Debt to Equity Swap* erfolgt dadurch, dass zunächst eine Kapitalherabsetzung (auf Null) durchgeführt wird, sodann eine Sachkapitalerhöhung, regelmäßig unter (vollständigem) Ausschluss des gesetzlichen Bezugsrechts der Altgesellschafter, §§ 182, 186 Abs. 3 Satz 2 AktG (analog), 55 GmbHG, wobei die zeitlich vorgelagerte Kapitalherabsetzung in aller Regel als vereinfachte Kapitalherabsetzung beschlossen wird (sog. Kapitalschnitt[98] gem. §§ 229 ff. AktG,

---

Akquisitionsfinanzierungen § 2 Rn. 64. Ausführlich zum Facility Agent *Diem* Akquisitionsfinanzierungen § 2 Rn. 64, § 32 Rn. 1 ff.

96 Dem Security Agent obliegt das treuhänderische Halten, Verwalten und ggf. Verwerten der ihm teilweise treuhänderisch übertragenen Sicherheiten zugunsten der Mitglieder des Sicherheitenpools. Ausführlich zum Security Agent *Diem* Akquisitionsfinanzierungen § 54 Rn 1 ff.. Der Unterschied eines Security Agents nach angloamerikanischem Vorbild und einem deutschen Sicherheitentreuhänder besteht darin, dass Letzterem hinsichtlich seiner Aufgaben und Befugnisse im Sicherheitentreuhandvertrag ein (relativ weitreichendes) Ermessen eingeräumt wird, wohingegen der Security Agent meist auf Weisung der Kreditgeber- bzw. Poolmehrheit (i.d.R. eine Zweidrittelmehrheit) handelt.

97 In einigen anzutreffenden Intercreditor Agreements (ICAs) ist festgelegt, dass der Security Agent auf Anweisung der Kreditgebermehrheit (Majority Lenders) befugt ist, bei Verwertung (Enforcement Sale) der im Rahmen eines LBOs an die Kreditgeber verpfändeten Anteile an den über operatives Geschäft verfügenden Gruppengesellschaften (OpCos) – ggf. durch Veräußerung an die Kreditgeber selbst im Gegenzug für deren Forderungsverzicht (Debt to Equity Swap) – die Gruppengesellschaften von bestimmten, meist nachrangigen Forderungen zu befreien sowie die für diese Forderungen ggf. bestellten Sicherheiten (einschließlich Garantien) freizugeben. Ist ein solcher Release-Mechanismus im ICA vorgesehen, sind in der Restrukturierungsvereinbarung die einzelnen Schritte zu verabreden, die für die Implementierung eines derartigen Debt to Equity Swap, der sowohl unter Ausschluss der Altgesellschafter als auch unter Ausschluss der nachrangigen Kreditgeber (Junior Creditors) erfolgen kann, nötig sind. Im Übrigen ist streitig, wie weit die Release-Befugnisse des Security Agents reichen, d.h. ob sie auch Forderungen auf unterschiedlichen Konzernebenen umfassen. Letzten Endes herrscht also Streit darüber, wie die entsprechenden Release-Klauseln im Intercreditor Agreement, sofern überhaupt vorhanden, auszulegen sind. Vgl. hierzu etwa *Asimacopoulos/Kar/Powles,* Financier Worldwide Januar 2011, S. 50, 51: "Court of Appeal in European Directories restructuring clarifies intercreditor release powers."; Ferner Asimacopoulos/Bickle/*Asimacopoulos/Kar/Nolan/Powles*, European Debt Restructuring Handbook, S. 181.

98 Zum Kapitalschnitt vgl. Theiselmann/Arnold/*Spahlinger/Maske-Reiche*, Praxishandbuch des Restrukturierungsrechts, Kapitel 1 Rn. 236 bis 238; Jesch/Striegel/Boxberger/*Halasz/Vogelmann/Körner*, Rechtshandbuch Private Equity, § 24, 2.3.1.3; *Weber/Schneider* ZInsO 2012, 374, 374.

58a ff. GmbHG).[99] Die Gläubiger bringen im Rahmen der Sachkapitalerhöhung ihre notleidenden Forderungen zum Zeitwert[100] in die Gesellschaft ein, § 398 BGB. Die Sachkapitalerhöhung kann von einer weiteren effektiven Kapitalerhöhung und der Begebung von Wandelschuldverschreibungen flankiert werden.[101] Von Letzterem wird insbesondere bei der Restrukturierung von Anleihen Gebrauch gemacht. Die eingebrachten Forderungen der Gläubiger gehen durch Konfusion unter. Alternativ können die Altgesellschafter ihre Anteile auch direkt auf die Gläubiger übertragen, die im Gegenzug nach § 397 Abs. 1 BGB auf ihre Forderungen verzichten.[102] Zur Abfederung des Differenzhaftungsrisikos kann ein *Debt to Equity Swap* auch dadurch implementiert werden, dass die Gläubiger ihre Forderungen auf einen Dritten, etwa eine neu zu gründende *HoldCo* oder eine Treuhandgesellschaft, übertragen, die die Forderungen im Rahmen der Sachkapitalerhöhung in die Gesellschaft einbringt, die neuen Gesellschaftsanteile zeichnet bzw. übernimmt und sodann den Gläubigern überträgt. Diese Restrukturierungsalternative wird typischerweise als RIVA-Lösung bezeichnet (*Rescue Investment Alternative Vehicle*).

Ferner kann die Geschäftsleitung auch von der Ausübung eines etwaig genehmigten Kapitals nach den §§ 202 Abs. 1 AktG, 55a GmbHG Gebrauch machen, um einen *Debt to Equity Swap* umzusetzen. Die Ausnutzung eines genehmigten Kapitals stellt zur Implementierung eines *Debt to Equity Swap* häufig den eleganteren Weg dar.[103] Denn mangels Anfechtungsmöglichkeit ist das Störpotential der Minderheit zwar nicht völlig ausgeschlossen[104], jedoch erheblich abgesenkt, so dass wegen des fehlenden Vorlaufs einer Einberufung der Haupt- bzw. Gesellschafterversammlung

---

99 *Schmidt/Schlitt* Der Konzern 2009, 279, 283; *Eidenmüller/Engert* ZIP 2009, 541, 542; Theiselmann/*Schlitt/Ries*, Praxishandbuch des Restrukturierungsrechts, Kapitel 9 Rn. 27.

100 Die Bewertung der einzubringenden Forderung des Gläubigers richtet sich nach h.M. nicht nach dem Nennwert, sondern nach dem Zeitwert der Forderung, BGH, Urt. v. 15.01.1990 – II ZR 164/88, BGHZ 110, 47, 61; *Brinkmann* WM 2011, 97, 101; *Schmidt/Schlitt* Der Konzern 2009, 279, 282; KölnKommAktG-*Lutter* § 183 Rn. 30; Theiselmann/*Schlitt/Ries*, Praxishandbuch des Restrukturierungsrechts, Kapitel 9 Rn. 26.

101 *Schmidt/Schlitt* Der Konzern 2009, 279, 279; *Hofert/Möller* GmbHR 2009, 527, 527; *Rusch/Brocker* ZIP 2012, 2193, 2193; *Meyer/Degener* BB 2011, 846, 847; *Oelke/Wöhlert/Degen* BB 2010, 299, 299; Theiselmann/*Schlitt/Ries*, Praxishandbuch des Restrukturierungsrechts, Kapitel 9 Rn. 2.

102 *Hofert/Möller* GmbHR 2009, 527, 527; *Rusch/Brocker* ZIP 2012, 2193, 2193; *Wansleben* WM 2012, 2083, 2084; Theiselmann/*Schlitt/Ries*, Praxishandbuch des Restrukturierungsrechts, Kapitel 9 Rn. 2.

103 *Schmidt/Schlitt* Der Konzern 2009, 279, 280 f.; Theiselmann/*Schlitt/Ries*, Praxishandbuch des Restrukturierungsrechts, Kapitel 9 Rn. 16.

104 Zur Möglichkeit, die Ausnutzung eines genehmigten Kapitals bei einer AG durch eine einstweilige Verfügung zu untersagen, *Schlitt/Seiler* ZHR 166, 2002, 544, 559 ff.; zu den Klagemöglichkeiten gegen die Ausnutzung des genehmigten Kapitals bei einer GmbH, Baumbach/Hueck/*Zöllner* GmbHG § 55a Rn. 23.

grundsätzlich eine schnellere Umsetzung möglich ist.[105] Hierbei ist aber zum einen zu berücksichtigen, dass nach den §§ 202 Abs. 3 Satz 1 AktG, 55a Abs. 1 Satz 2 GmbHG der Nennbetrag des genehmigten Kapitals die Hälfte des Grundkapitals, das zur Zeit der Ermächtigung vorhanden ist, nicht übersteigen darf. Dieses Volumen wird im Rahmen eines *Debt to Equity Swap* allerdings regelmäßig nicht ausreichen, um die erforderliche Zahl neuer Aktien bzw. Geschäftsanteile zu schaffen.[106] Zum anderen kommt es im Falle, dass sich eine Aktiengesellschaft in der Restrukturierungsvereinbarung zur Implementierung eines *Debt to Equity Swap* unter Ausnutzung eines genehmigten Kapitals verpflichtet, zu einer Vorfestlegung im Hinblick auf das künftige Verhalten ihres Vorstands. Auf die Frage, ob eine solche Vorwegbindung mit den §§ 76, 93 AktG zu vereinbaren ist, wird zurückzukommen sein.[107]

Bei einem *Debt to Asset Swap*, der vor allem dann in Erwägung gezogen wird, wenn für die Sanierung der Gesellschaft nur ein sehr kurzer Zeitraum zur Verfügung steht – ein *Debt to Asset Swap* kann innerhalb relativ kurzer Zeit realisiert werden, da er keiner Eintragung im Handelsregister bedarf[108] – erwirbt der Gläubiger alle oder einzelne Vermögensgüter unmittelbar von der Gesellschaft selbst und verzichtet dafür im Gegenzug (teilweise) auf seine gegen die Gesellschaft bestehenden Forderungen.[109] Bei diesen Vermögensgütern kann es sich um Anteile an anderen Gesellschaften oder um sonstige (betriebliche) Vermögensgüter der schuldenden Gesellschaft handeln.[110] Zur Implementierung eines *Debt to Asset Swap* ist der Abschluss eines Vertrages zwischen dem Gläubiger und der Gesellschaft erforderlich, wobei darin im Einzelnen zu regeln ist, welche Vermögensgüter die Gesellschaft an den Gläubiger zu übertragen hat.[111] Ferner bedarf es zur Implementierung eines Erlassvertrages nach § 397 Abs. 1 BGB.[112] Wird in der Restrukturierungsvereinbarung ein *Debt to Asset Swap* festgelegt, stellt diese einen Vorvertrag dar, der zum Abschluss der entsprechenden Umsetzungsverträge

---

105 *Schmidt/Schlitt* Der Konzern 2009, 279, 280 f.; Theiselmann/*Schlitt/Ries*, Praxishandbuch des Restrukturierungsrechts, Kapitel 9 Rn. 16.

106 Theiselmann/*Schlitt/Ries*, Praxishandbuch des Restrukturierungsrechts, Kapitel 9 Rn. 17.

107 Siehe hierzu eingehend Kapitel 2 C. I.

108 Eilers/Koffka/Mackensen/ *Westpfahl* Private Equity III.2. Rn. 35; Theiselmann/*Schlitt/Ries*, Praxishandbuch des Restrukturierungsrechts, Kapitel 9 Rn. 8.

109 Eilers/Koffka/Mackensen/ *Westpfahl* Private Equity III.2. Rn. 35 f.; Theiselmann/*Schlitt/Ries*, Praxishandbuch des Restrukturierungsrechts, Kapitel 9 Rn. 8.

110 Eilers/Koffka/Mackensen/ *Westpfahl* Private Equity III.2. Rn. 36; Theiselmann/*Schlitt/Ries*, Praxishandbuch des Restrukturierungsrechts, Kapitel 9 Rn. 8.

111 Eilers/Koffka/Mackensen/ *Westpfahl* Private Equity III.2. Rn. 37; Theiselmann/*Schlitt/Ries*, Praxishandbuch des Restrukturierungsrechts, Kapitel 9 Rn. 47.

112 Eilers/Koffka/Mackensen/ *Westpfahl* Private Equity III.2. Rn. 37; Theiselmann/*Schlitt/Ries*, Praxishandbuch des Restrukturierungsrechts, Kapitel 9 Rn. 47.

verpflichtet. Gleichwohl sind in die Restrukturierungsvereinbarung bereits die wesentlichen Bedingungen der Umsetzungsverträge mit aufzunehmen.

Ähnlich verhält es sich bei der *Reinstated Debt* (und auch bei den bereits in der Restrukturierungsvereinbarung im Grundsatz vereinbarten Überbrückungs- und Sanierungskrediten). Auch hier werden in der Restrukturierungsvereinbarung nur die wesentlichen Bedingungen der neu zu vereinbarenden Kredite und Anleihebedingungen festgelegt. Der Abschluss der einzelnen Verträge, wie etwa der neue Konsortialkreditvertrag (*Facilities Agreement*) sowie das diesen flankierende *Intercreditor Agreement*, erfolgt erst nach *Signing* der Restrukturierungsvereinbarung im Rahmen der Implementierungsphase.[113]

2. *Operative Restrukturierungsmaßnahmen*

Neben finanziellen Restrukturierungsmaßnahmen hat ein ganzheitliches Restrukturierungskonzept idealerweise auch operative Restrukturierungsmaßnahmen zu beinhalten. Solche sind – insbesondere dann, wenn sie zur Gewährung einer positiven Sanierungsaussage im Sinne eines IDW S6-Gutachtens, mithin zur Wiederherstellung der Wettbewerbsfähigkeit der Gesellschaft dringend erforderlich sind – daher regelmäßig wesentlicher Teil des in einer Restrukturierungsvereinbarung rechtsgeschäftlich zu verankernden Restrukturierungskonzepts. Operative Restrukturierungsmaßnahmen haben in der Regel zum Ziel, eine operative Krise, d.h. eine Produkt- und Absatzkrise sowie eine Erfolgskrise, zu überwinden.

Eine Produkt- und Absatzkrise ist dadurch gekennzeichnet, dass die angebotenen Produkte und Dienstleistungen eines Unternehmens nicht mehr genügend am Markt nachgefragt werden. Der Grund hierfür kann entweder im Produkt oder der Dienstleistung selbst liegen oder auf Schwächen im Marketing und/oder Vertrieb zurückzuführen sein. Eine Produkt- und Absatzkrise ist meist unmittelbare Folge einer strategischen Krise[114] und mündet in aller Regel ohne die Vornahme der gebotenen operativen Restrukturierungsmaßnahmen direkt in eine Ertrags- oder Erfolgskrise. Dies insbesondere deshalb, weil durch den Nachfragerückgang die Vorratsbestände regelmäßig steigen, was wiederum zu einer Zunahme der Kapitalbindung und zu Unterauslastungen der Produktionskapazitäten, mithin zu Ergebnisrückgängen führt.[115] Die Ursachen einer Produkt- und Absatzkrise können vielfältig sein, vor allem auch durch eine *Corporate Governance*- und strategische Krise bedingt sein, wobei sie in der Regel auf ein qualitativ nicht ausreichendes Marketing- und Vertriebskonzept, Sortimentsschwächen, Qualitätsprobleme bei Produkten, Dienstleistungen und im Service, auf eine falsch eingeschätzte Preisentwicklung und Fehler in der Preispolitik, auf Schwächen in der Liefertreue und

113 Hierzu siehe unten Kapitel 1 V.
114 Hierzu sogleich Kapitel 1 C. II. 3.
115 IDW Standard: Anforderungen an die Erstellung von Sanierungskonzepten (IDW S 6), Stand: 20.08.2012, Rn. 73.

Fehler in der Vertriebssteuerung sowie auf falsche Anreizsysteme im Vertrieb zurückzuführen sind.[116]

Eine Erfolgskrise liegt hingegen in aller Regel dann vor, wenn sich die unterlassenen, in den vorherigen Krisenstadien eigentlich vorzunehmenden Restrukturierungsmaßnahmen konkret im EBITDA[117] des Unternehmens niederschlagen, jedoch noch keine negativen Auswirkungen auf die verfügbare Liquidität haben. Vielmehr wird es dem Unternehmen in einer Erfolgskrise noch gelingen können, vorübergehende Liquiditätsschwierigkeiten geschickt zu umgehen.[118] Dennoch wird der drastische Renditerückgang in mittel- bis langfristiger Hinsicht nicht aufgefangen werden können, das Eigenkapital zunehmend aufzehren und in der Folge das Unternehmen aufgrund der verschlechterten Eigenkapitalquote kreditunwürdig werden lassen, was die Kapitalkosten erhöht und dringend erforderliche Investitionen erschwert bzw. unmöglich macht.[119]

Als mögliche operative Restrukturierungsmaßnahmen kommen demnach in erster Linie operative Effizienzsteigerungsprogramme für den Bereich des Einkaufs, des Vertriebs, der Produktion sowie des Personalwesens in Betracht. In die Restrukturierungsvereinbarung sind daher insbesondere zulasten der Gesellschaft Verpflichtungen aufzunehmen, solche Effizienzsteigerungs- und Kostensenkungsprogramme in den jeweiligen Bereichen zu initiieren, umzusetzen und zu fördern. Dabei können sog. *Milestones*, d.h. bestimmte zu erreichende Umsatzgrößen sowie ggf. auch die konkreten prognostizierten Auswirkungen, die die Programme im Rahmen einer integrierten Planrechnung entfalten, im Einzelnen festgelegt werden. Mögliche zu vereinbarende Rechtsfolge des Nichterreichens der Zielfestsetzungen bzw. der nicht ausreichenden Umsetzung der Effizienzmaßnahmen ist, den (Finanz-)Gläubigern ein außerordentliches Kündigungsrecht hinsichtlich der Restrukturierungsvereinbarung bzw. hinsichtlich des im Rahmen der finanziellen Restrukturierung neu verhandelten und vereinbarten (Konsortial-)Kreditvertrages (*Reinstated Debt)* einzuräumen.

Neben der Festlegung von Förderpflichten zur Umsetzung solcher operativer Effizienzsteigerungsprogramme sowie zur Einführung eines effektiven Kostenmanagements kann in der Restrukturierungsvereinbarung auch die Pflicht der Gesellschaft zur Nachverhandlung wesentlicher Lieferverträge festgelegt werden. Im Falle, dass auch Lieferanten bzw. ihre Warenkreditversicherer Vertragspartei der Restrukturierungsvereinbarung werden[120], ist idealerweise die Grobstruktur

116 IDW Standard: Anforderungen an die Erstellung von Sanierungskonzepten (IDW S 6), Stand: 20.08.2012, Rn. 73.

117 Earnings Before Interest, Taxes, Depreciation and Amortization.

118 IDW Standard: Anforderungen an die Erstellung von Sanierungskonzepten (IDW S 6), Stand: 20.08.2012, Rn. 75.

119 IDW Standard: Anforderungen an die Erstellung von Sanierungskonzepten (IDW S 6), Stand: 20.08.2012, Rn. 75.

120 Hierzu siehe unten Kapitel 1 C. IV.

des neu zu verhandelnden Lieferantenvertrages bereits in der Restrukturierungsvereinbarung festzulegen. Der Abschluss des eigentlichen Lieferantenvertrages erfolgt allerdings erst während der Implementierungsphase. Die Neuverhandlung der wesentlichen Lieferantenverträge, die primär eine an die aktuellen Produktions- und Vertriebskapazitäten des Unternehmens angepasste Abnahmemenge zum Inhalt haben sollte, kann deshalb der Überwindung einer Erfolgskrise dienen, weil damit regelmäßig die operativen Fixkosten gesenkt und flexibilisiert werden, mithin eine bessere Kapazitätsauslastung erreicht wird.[121]

In gleicher Weise können die operativen Fixkosten durch Anpassung bzw. Nachverhandlung der bestehenden Mietverträge gesenkt werden. In der Praxis ist häufig zu beobachten, dass eine Erfolgskrise durch ungünstig vereinbarte Mietverträge verursacht wird.[122] Gleiches gilt für eingegangene Dauerschuldverhältnisse hinsichtlich sonstiger Gegenstände, wie etwa Maschinen, Kraftfahrzeuge und Bürogeräte. Eine Neuanpassung der wichtigsten Dauerschuldverhältnisse kann daher wesentlich zur Überwindung der Erfolgskrise beitragen. Diesbezügliche Förder- und Umsetzungsverpflichtungen der Gesellschaft sind daher in eine Restrukturierungsvereinbarung mit aufzunehmen. Derartige operative Restrukturierungsmaßnahmen werden regelmäßig wesentlicher Teil eines ganzheitlichen Sanierungskonzepts sein und folglich auch unabdingbare Voraussetzung für eine positive Aussage zur Sanierungsfähigkeit. Im Falle, dass das zu restrukturierende Unternehmen die Betriebsimmobilien sowie die wesentlichen dem Betrieb dienenden Gegenstände selbst im Anlagevermögen hält, können jene zur Freisetzung dieses gebundenen Kapitals auch im Rahmen von *Sale and Lease Back*-Transaktionen[123] veräußert und anschließend direkt vom Erwerber zurückgemietet bzw. -geleast werden. Das durch die *Sale and Lease Back*-Transaktionen frei werdende Kapital kann für dringend erforderliche Investitionen verwendet werden, die idealerweise neues Umsatzwachstum generieren und so die Erfolgskrise nachhaltig beseitigen. Die Verpflichtung der Gesellschaft, zur Überwindung der Erfolgskrise bestimmte

---

121 IDW Standard: Anforderungen an die Erstellung von Sanierungskonzepten (IDW S 6), Stand: 20.08.2012, Rn. 115.

122 Insbesondere durch zu lange Laufzeiten und durch einen zu hohen Mietzins. Bei der Restrukturierung der A.T.U-Gruppe sind etwa 650 Mietverträge neu verhandelt worden, vgl. etwa Wirtschaftswoche vom 12. Februar 2014: „A.T.U – Nach der Rettung kommen die Einschnitte"; Wirtschaftswoche vom 28. Januar 2014: „Umfassende Restrukturierung – Neuer ATU-Chef droht Vermietern mit Schließung von Werkstätten".

123 Ausführlich zu Sale and Lease Back-Transaktionen Buth/Herrmanns/*Jünger*, Restrukturierung, Sanierung, Insolvenz, § 14 Rn. 27; Schimansky/Bunte/Lwowski/*Martinek/Oechsle* Bankrechts-Handbuch § 101 Rn. 19; MünchKommBGB-*Koch* Finanzierungsleasing Rn. 13; *Nerlich/Kreplin*, Münchener Anwaltshandbuch Sanierung und Insolvenz, § 6 Rn. 83; Theiselmann/*Arnold/Spahlinger/Maske-Reiche*, Praxishandbuch des Restrukturierungsrechts, Kapitel 1 Rn. 217.

Sale and Lease Back-Transaktionen durchzuführen, ist daher ebenso in der Restrukturierungsvereinbarung zu fixieren.

Zur Überwindung der operativen Krise und zur Senkung der Kapitalkosten können weiterhin auch der Rückkauf von Verbindlichkeiten (*Debt Buy Backs*[124]) sowie *Working Capital Management*-Maßnahmen, wie etwa Forderungsverkäufe und -übertragungen im Rahmen eines *Factoring*-Programmes, in Erwägung gezogen werden. Konzerninterne umwandlungsrechtliche Maßnahmen[125] zur Zusammenlegung bzw. Ausgliederung von in verschiedenen Tochtergesellschaften organisierten Geschäftsbereichen können ebenso zur Überwindung einer Erfolgskrise geeignet sein und daher Eingang in die Restrukturierungsvereinbarung finden. Darüber hinaus können auch im Rahmen von operativen Restrukturierungsmaßnahmen kleinere M&A-Transaktionen durchzuführen sein, insbesondere dann, wenn bestimmte Geschäftseinheiten aufgegeben werden sollen, diese jedoch in eigenen Rechtsträgern zusammengefasst sind.

3. Strategische Restrukturierungsmaßnahmen

Ferner sollte ein ganzheitliches Restrukturierungskonzept auch Maßnahmen enthalten, die geeignet sind, eine strategische Krise sowie eine sog. *Corporate Governance*-Krise zu überwinden. Zwar werden Restrukturierungsvereinbarungen grundsätzlich weder während einer strategischen noch während einer operativen Krise abgeschlossen, sondern vielmehr in der oben dargestellten Liquiditätskrise, also in insolvenznahen Sanierungssituationen. Gleichwohl muss Ziel einer jeden Sanierung die Wiederherstellung der Wettbewerbsfähigkeit des Unternehmens sein. Hierzu kann es jedoch mitunter erforderlich sein, dass sich das zu restrukturierende Unternehmen auch strategisch neu aufzustellen hat. Befindet sich das Unternehmen in einer Liquiditätskrise, wird häufig auch zugleich eine operative und strategische Krise vorliegen.

Befindet sich eine Gesellschaft oder ein Konzern in einer *Corporate Governance*-Krise, dann ist das Vertrauensverhältnis der einzelnen *Stakeholder* zu den in die Führungs- und Kontrollorgane eines Unternehmens bestellten Personen nachhaltig gestört und zerrüttet. Gesellschafter, Kapitalgeber, Lieferanten, Arbeitnehmer und auch Kunden trauen der Geschäftsleitung sowie einem gegebenenfalls bestellten Aufsichtsrat die Führung und Kontrolle des Unternehmens nicht mehr ohne weiteres zu. Ein solcher Vertrauensverlust in die Unternehmensführung kann eine Vielzahl von Gründen haben, findet seine Ursache jedoch häufig in einer unterschiedlichen Ansicht, was die grundlegende, strategische (Neu-)Ausrichtung des

---

124 Zu Debt Buy Backs ausführlich Theiselmann/ *Weiß*, Praxishandbuch des Restrukturierungsrechts, Kapitel 4 Rn. 1 ff; zum Rückkauf von Anleihen siehe ferner *Bredow/ Sickinger/Weinand-Härer/Liebscher* BB 2012, 2134 ff.

125 Siehe zu Umwandlungen im Konzern zum Zwecke der Restrukturierung Theiselmann/*Simon*, Praxishandbuch des Restrukturierungsrechts, Kapitel 7 Rn. 47 ff.

Unternehmens anbelangt. Charakteristisch für eine strategische Krise, die sich häufig an die *Corporate Governance*-Krise anschließen bzw. mit dieser überlappen wird, ist der Verlust von Marktanteilen, der wiederum eine reduzierte Wettbewerbsfähigkeit indiziert und sich damit unmittelbar auf die Markt- und Wettbewerbsposition des Unternehmens in seinem jeweiligen Wettbewerbsumfeld bzw. in der Branche, in der es tätig ist, auswirkt.[126]

Inhalt von strategischen Restrukturierungsmaßnahmen sind daher insbesondere unternehmensstrategische Entscheidungen, wie etwa die Übernahme eines Konkurrenten sowie die damit einhergehende Konstruktion und Sicherstellung der Finanzierung, die Abspaltung (unrentabler) Unternehmenssparten, die Erschließung neuer Märkte sowie das Eingehen strategischer Allianzen und Partnerschaften, die Aufnahme von Ankeraktionären, die Abwehr (feindlicher) Übernahmen aber auch die Durchführung von Aktienrückkaufprogrammen zur Steigerung des Aktienkurses (*Share Buy Backs*) sowie Dividendenausschüttungen an die Aktionäre. Ebenso kann hierzu auch die Veräußerung wesentlicher Beteiligungen an Tochtergesellschaften sowie die Veräußerung wesentlichen Vermögens zählen. Zur Überwindung einer *Corporate Governance*-Krise liegt es auf der Hand, die einzelnen Personen in den Gremien auszuwechseln. Inhalt von Restrukturierungvereinbarungen sind daher mitunter Abreden zur Gremienbesetzung.[127]

Wird ein *Distressed Hedge Fund* durch einen *Debt to Equity Swap* Gesellschafter, bietet es sich an, zur Überwindung der strategischen Krise mit ihm neben der Besetzung der Gremien auch die künftige Unternehmensstrategie zu vereinbaren. Dies kann zum einen dadurch erfolgen, dass sich die Gesellschaft und der (künftige) Gesellschafter lediglich abstrakt verpflichten, die festgelegte Unternehmensstrategie zu fördern und alles zu unterlassen, was dem entgegenlaufen könnte. Denkbar ist aber auch, dass sich beide in der Restrukturierungsvereinbarung bereits zur Umsetzung konkreter Einzelschritte in Bezug auf die dort im Einzelnen bestimmte Unternehmensstrategie verpflichten. Ebenso kann dort zur Förderung der gemeinsamen Strategie vereinbart werden, dass es dem *Distressed Hedge Fund* (ggf. nur für einen gewissen Zeitraum) untersagt sein soll, Veränderungen hinsichtlich des Markt- und Markenauftritts der Gesellschaft vorzunehmen, ihren Sitz (ins Ausland) zu verlegen, betriebsbedingte Kündigungen zu veranlassen, wesentliche Unternehmensbeteiligungen zu veräußern sowie die Unternehmensgruppe zu zerschlagen. Flankiert werden könnten diese Verpflichtungen dadurch, dass der *Distressed Hedge Fund* als (künftiger) Gesellschafter seine Beteiligung für einen gewissen Zeitraum nicht veräußern darf (sog. *Lock-up*-Vereinbarung). Er könnte so zum verlässlichen und ggf. vor (feindlichen) Übernahmen schützenden Ankeraktionär werden (sog. *White Knight*). Ferner können in die Restrukturierungsvereinbarung zulasten des *Distressed Hedge Funds* auch (weitere) entherrschende

---

126 Vgl. IDW Standard: Anforderungen an die Erstellung von Sanierungskonzepten (IDW S 6), Stand: 20.08.2012, Rn. 70, 72.

127 Hierzu siehe eingehend unten Kapitel 2 C. VI.

Elemente aufgenommen werden. Zu denken ist hierbei etwa daran, dass es ihm für einen gewissen Zeitraum untersagt sein soll, seine Beteiligung über eine bestimmte Beteiligungsobergrenze hinaus weiter aufzustocken (sog. *Standstill*-Vereinbarung).[128]

4. *Sonstige Abreden*

a) *Lock-up-Vereinbarung*

Angesichts des oben dargestellten *Debt Tradings*, das typischerweise mit Beginn der Sanierungsverhandlungen einsetzt, ist es außerdem sinnvoll, dass sich die Fremdkapitalgeber in der Restrukturierungsvereinbarung (bzw. im vorgelagerten *Term Sheet*) verpflichten, bis zum wirksamen Abschluss derselben (*Signing*[129]) ihre Schuldinstrumente nicht bzw. nur innerhalb bestimmter Zeitfenster[130] zu veräußern und nach Abschluss nur dann, wenn sichergestellt ist, dass der Erwerber Partei der Restrukturierungsvereinbarung sowie der weiteren umzusetzenden bzw. zu

---

128 In dieser Hinsicht gleichen Restrukturierungsvereinbarungen Investorenvereinbarungen, die vornehmlich bei öffentlichen Übernahmen abgeschlossen werden. Zu Investorenvereinbarungen siehe etwa *Kiem* AG 2009, 301; *Seibt/Wunsch* Der Konzern 2009, 105; *Reichert/Ott*, FS Goette, S. 397; *Kiefner* ZHR 178 (2014) 547; *Weber-Rey/Reps* ZGR 2013, 597; *Otto* NZG 2013, 930; *Steinert*, Sicherung der Interessen der Zielgesellschaft mittels einer Investorenvereinbarung, 2013; *Heß*, Investorenvereinbarungen, 2014; Kämmerer/Veil/*Schall*, Übernahme- und Kapitalmarktrecht in der Reformdiskussion 2013, S. 75; Kämmerer/Veil/*Seibt*, Übernahme- und Kapitalmarktrecht in der Reformdiskussion 2013, S. 105; ferner *Otto* AG 1991, 369; *Maidl/Kreifels* NZG 2003, 1091; *Paschos* NZG 2012, 1142; *König* NZG 2013; *Bungert/Wansleben* ZIP 2013, 1841; *Kessler* BB 2012, 412; *Krause* CFL 2013, 192; *Decher*, FS Hüffer, S. 145; *Schiessl* AG 2009, 385.

129 Hierzu sogleich Kapitel 1 C. III.

130 Während oder nach Erstellung des Restrukturierungskonzepts sollte ein erstes (kurzes) Trading-Fenster geöffnet werden und zwar nur innerhalb der bestehenden Kreditgebergruppe. Ausnahmsweise könnte eine Kreditunterbeteiligung (= Subparticipation; eine Kreditunterbeteiligung ist eine schuldrechtliche Vereinbarung zwischen einem Kreditgeber (Hauptbeteiligter) und einem Dritten (Unterbeteiligter), den Unterbeteiligten in bestimmtem Umfang am wirtschaftlichen Ergebnis des Kredits des Hauptbeteiligten zu beteiligen, ebenso BGH v. 11.07.1968 = WM 1968, 1083, 1084 (zur gesellschaftsrechtlichen Unterbeteiligung), *Diem* Akquisitionsfinanzierungen § 33 Rn. 31) zugelassen werden, sofern der Unterbeteiligte dem Restrukturierungskonzept zugestimmt hat. Idealerweise sollte nach Umsetzung des grundsätzlichen Restrukturierungskonzepts ein zweites (kurzes) Trading-Fenster angeboten werden. Nach Abschluss sämtlicher Restrukturierungsverträge (zu dem sich die Beteiligten in der Restrukturierungsvereinbarung verpflichtet haben) kann der Lock-up wieder entfallen und es greifen die üblichen, ggf. vereinbarten vertraglichen Zustimmungsvorbehalte, so (teilweise) ausdrücklich *Hoegen* auf der 9. Handelsblatt Jahrestagung Restrukturierung 2013.

diesem Zeitpunkt zum Teil schon abgeschlossenen Verträge, z.B. des neu vereinbarten Konsortialkredits, wird (*Lock-up*-Vereinbarung[131]).[132] Denkbar ist auch, eine Übertragung der Schuldinstrumente auf einen Dritten nur zuzulassen, wenn die veräußerungswillige Partei zunächst den anderen Restrukturierungsparteien ihre Schuldinstrumente zum Erwerb anbietet und diese innerhalb einer bestimmten Frist das Angebot ablehnen. Eine Abtretung der Ansprüche aus der Restrukturierungsvereinbarung selbst sollte ausgeschlossen werden. Ferner sind die Gläubiger in der Restrukturierungsvereinbarung zu verpflichten, bis zum Vollzug der finanziellen Restrukturierung (*Closing*[133]) keine Rechte aufgrund oder im Zusammenhang mit ihren ursprünglichen (Zahlungs-)Forderungen (*Pre-Restructuring Debt*) geltend zu machen.

---

131 Diese Lock-up-Vereinbarung ist nicht zu verwechseln mit der oben (Kapitel 1 C. II. 3.) bei den strategischen Maßnahmen angeführten Lock-up-Verpflichtung des Investors hinsichtlich der Veräußerung von Gesellschaftsanteilen nach erfolgtem Debt to Equity Swap.

132 Grundsätzlich erfolgt die Übertragung eines Kredit-Engagements durch Vertragsübernahme, ausnahmsweise durch Novation. Nach h.M. ist die Vertragsübernahme ein einheitliches Rechtsgeschäft (BGH v. 29.20.1957 = LM § 581 Nr. 16; BAG v. 24.10.1072 = DB 1973, 924, 925; Palandt/*Grüneberg* § 398 Rn. 42), nicht eine Kombination aus Abtretung und Schuldübernahme (so aber noch BGH v. 10.11.1960 = NJW 1991, 453, 454), weil neben der Abtretung von Forderungen und der Übernahme von Schulden auch alle sonstigen vertraglichen Rechte und Pflichten, z.B. Gestaltungsrechte, mit übergehen sollen, *Diem* Akquisitionsfinanzierungen § 33 Rn. 8. Zur Übertragung des Kredit-Engagements ist daher grundsätzlich die Zustimmung des Kreditnehmers notwendig, so dass eigentlich gar keine Lock-up-Vereinbarung vonnöten wäre. Im Rahmen von Konsortialfinanzierungen erteilt der Kreditnehmer seine Zustimmung zur Übertragung jedoch schon vorab im Konsortialkreditvertrag. Mitunter werden auch sog. Positiv- und Negativlisten festgelegt, d.h. Listen mit Personen, an die übertragen bzw. nicht übertragen werden darf, vgl. *Diem* Akquisitionsfinanzierungen § 33 Rn. 13. Der Zustimmungsvorbehalt bzw. die Übertragungsbeschränkung aufgrund der Listen entfällt jedoch in aller Regel bei Vorliegen eines Kündigungsgrundes (Event of Default), so dass die Kreditgeber berechtigt sind, ihre Engagements frei zu übertragen, vgl. die Beispielsklausel in Ziff. 29.2(a)(iii) (Conditions of assignment or transfer) LMA Leveraged Finance Facility Agreement. Da ein Kündigungsgrund in einer Sanierungs- und Restrukturierungssituation regelmäßig vorliegen wird, ist dort meist eine in die Restrukturierungsvereinbarung zu integrierende Lock-up-Vereinbarung erforderlich. Darüber hinaus dürfte sich in derartigen Situationen der Druck auf den Kreditnehmer erhöhen, einer Übertragung zuzustimmen, um „restrukturierungsunwillige Kreditgeber gehen zu lassen und neue Lösungen nicht zu blockieren", so *Hoegen* auf der 9. Handelsblatt Jahrestagung Restrukturierung 2013.

133 Hierzu sogleich Kapitel 1 C. III.

b) *Laufzeit*

Desweiteren ist eine bestimmte Laufzeit für die Restrukturierungsvereinbarung vorzusehen. Eine Restrukturierungsvereinbarung sollte so lange gültig sein, bis die letzte Implementierungsmaßnahme, zu deren Umsetzung sich die Parteien verpflichtet haben, erfolgt ist.

c) *Kündigungsgründe*

Darüber hinaus sind in einer Restrukturierungsvereinbarung Kündigungsgründe festzulegen. Ein Kündigungsgrund sollte insbesondere dann vorliegen, wenn eine Pflicht aus der Restrukturierungsvereinbarung verletzt wird und auch nach Ablauf einer bestimmten Heilungsfrist (*Grace Period*) der Verletzung nicht abgeholfen wird. Kündbar sollte eine Restrukturierungsvereinbarung insbesondere auch dann sein, wenn nach Abschluss der finanziellen Restrukturierung (*Closing*) die in ihr festgelegten *Milestones* hinsichtlich der operativen Restrukturierungsmaßnahmen nicht erreicht werden. Ferner sollte eine Restrukturierungsvereinbarung kündbar sein, wenn die Verträge, zu deren Umsetzung die Restrukturierungsvereinbarung verpflichtet[134], gekündigt werden können (sog. *Cross Default*-Klausel). Die Restrukturierungsvereinbarung sollte nur beendet werden können, wenn etwa eine Zweidrittelmehrheit der *Stakeholder* der Kündigung zustimmt.

d) *Gewährleistungen, Zusicherungen und Garantien*

Hier ist auf die Ausführungen in Kapitel 2 unter C. V. zu verweisen.

e) *Sonstiges*

Ebenso sollte ein Gerichtsstand für Streitigkeiten aus und im Zusammenhang mit der Restrukturierungsvereinbarung festgelegt werden, wobei hier im Hinblick auf eine erneute Sanierung ein Gericht gewählt werden sollte, das gemeinhin als sanierungsfreundlich gilt.[135] Überdies kann eine Restrukturierungsvereinbarung auch die Form eines sog. *Plan Support Agreements* annehmen, wenn sich die *Stakeholder* in ihr zur Umsetzung eines Insolvenzplans verpflichten.[136] Im Übrigen ist in der Restrukturierungsvereinbarung festzulegen, welche Partei die Kosten der Restrukturierung trägt, insbesondere Rechtsanwaltskosten, Kosten für hinzugezogene Unternehmens- und Finanzberater sowie ggf. die Kosten eines gemeinsamen

---

134 Wie etwa zu einem Konsortialkreditvertrag.

135 Seit der BGH der Pfleiderer-Rechtsprechung, OLG Frankfurt, ZIP 2012, 725; LG Frankfurt, ZIP 2012, 474, wonach Alt-Anleihen nicht nach dem neuen Schuldverschreibungsgesetz restrukturiert werden durften, eine Absage erteilt hat, BGH Urteil v. 01.07.2014 – II ZR 381/13 = BB 2014, 2572 (mit Anm. *Kessler*), dürfte es wohl nicht mehr nötig sein, Frankfurt a.M. bei der Wahl des Gerichtsstands außen vor zu lassen.

136 Hierzu siehe unten Kapitel 3 A. VII. 3.

Vertreters der Anleihegläubiger nach dem SchVG [2009].[137] In aller Regel wird dies die Gesellschaft sein, schließlich ist sie es, die in einer Sanierungssituation mit ihren Forderungen gegenüber den Gläubigern in Verzug gerät.

III. Signing und Closing der Restrukturierungsvereinbarung

Bei finanziellen Restrukturierungen wird ebenso wie bei M&A-Transaktionen zwischen *Signing* und *Closing* unterschieden. *Signing* liegt üblicherweise dann vor, wenn die Restrukturierungsvereinbarung unterzeichnet ist, *Closing* hingegen erst dann, wenn alle finanziellen Restrukturierungsmaßnahmen, zu deren Umsetzung sich die Parteien in der Restrukturierungsvereinbarung verpflichtet haben, vollzogen sind, z.B. wenn die für einen *Debt to Equity Swap* erforderlichen Kapitalmaßnahmen wirksam beschlossen und die Beschlüsse im Handelsregister eingetragen wurden. Ebenso müssen sämtliche Verträge, zu denen sich die Parteien in der Restrukturierungsvereinbarung verpflichtet haben und die zur Umsetzung der finanziellen Restrukturierungsmaßnahmen erforderlich sind, unterzeichnet sein.

1. Signing-Bedingungen

Desweiteren können sowohl *Signing* als auch *Closing* bestimmten (aufschiebenden) Bedingungen unterliegen. *Signing*-Bedingungen stellen grundsätzlich die Wirksamkeit der Restrukturierungsvereinbarung aufschiebende Bedingungen nach § 158 Abs. 1 BGB dar. Solche Wirksamkeitsbedingungen können etwa die Beschaffung bestimmter Informationen durch die Gesellschaft, die Durchführung einer zufriedenstellenden *Due Diligence* durch die Gläubiger sowie die Einholung bestimmter Gutachten, z.B. hinsichtlich der Bewertung der einzubringenden Forderungen im Rahmen des *Debt to Equity Swap* und hinsichtlich eines angemessenen Ausgabebetrages der im Rahmen des *Debt to Equity Swap* neu geschaffenen Aktien i.S.d. § 255 Abs. 2 AktG, sein. Ferner kann die Wirksamkeit der Restrukturierungsvereinbarung unter der aufschiebenden Bedingung stehen, dass ihr bestimmte Gremien auf Seiten der *Par Lender*[138], der Aufsichtsrat und/oder die Hauptversammlung zustimmen.

2. Closing-Bedingungen

Closing-Bedingungen sind hingegen reine Vollzugsbedingungen. Das bedeutet, dass die in der Restrukturierungsvereinbarung festgelegten Verpflichtungen der Parteien zum Vollzug ihrer jeweiligen Restrukturierungsbeiträge aufschiebend

137 Daneben ist in der Restrukturierungsvereinbarung auch eine Regelung hinsichtlich einer etwaig entstandenen sog. Restructuring Fee zugunsten der Kreditgeber zu treffen.

138 Dies wird insbesondere dann der Fall sein, wenn es sich bei diesen um traditionelle Bankinstitute handelt.

bedingt sind. Unter diese Vollzugsbedingungen kann etwa die Vorlage eines aktualisierten und ausgefertigten IDW S6-Gutachtens, eines sog. *Bring-down Letters*[139] bezüglich der im Gutachten getroffenen Aussagen sowie eines IDW S1-Gutachtens[140] fallen. Ebenso können hierzu bestimmte sog. *Reliance Letter* zugunsten der Gläubiger hinsichtlich des S6- und S1-Gutachtens sowie sonstige Rechtsgutachten (*Legal Opinions*) zählen. Weiterhin können ggf. erforderliche (ausländische) Kartellfreigaben bzw. -verzichte durch die zuständigen Kartellbehörden Vollzugsbedingungen darstellen, gleichsam der Nachweis über die Zahlung von den Gläubigern durch die Gesellschaft gemäß der Restrukturierungsvereinbarung zu erstattende Kosten. Im Rahmen der Restrukturierung börsennotierter Aktiengesellschaften kann auch die Befreiung durch die BaFin bezüglich einer etwaigen Verpflichtung des *Distressed Hedge Funds* als (künftiger) Aktionär, nach § 35 Abs. 2 WpÜG ein Pflichtangebot abzugeben, eine Bedingung für das *Closing* sein. Regelmäßig ist auch bis zum *Closing* eine verbindliche Auskunft des zuständigen Finanzamts, der zuständigen Gemeinden sowie der zuständigen IHK im Zusammenhang mit etwaigen Sanierungsgewinnen[141] einzuholen.

3. *Term Sheet*

Insbesondere die aufschiebenden Wirksamkeitsbedingungen können zur Folge haben, dass bereits mit der Umsetzung der Restrukturierungsvereinbarung begonnen wird, obwohl diese noch gar nicht wirksam ist. Als Rechtsgrundlage für die Umsetzungsmaßnahmen dient dann in aller Regel das sog. *Term Sheet* zur Restrukturierungsvereinbarung, in dem die Parteien die wesentlichen wirtschaftlichen Eckpunkte insbesondere des finanziellen Restrukturierungskonzepts bereits

---

139 Ein Bring-down (Comfort) Letter im Zusammenhang mit einer Restrukturierung ist ein informelles, meist von Wirtschaftsprüfern erstelltes Dokument, das die bereitgestellten, insbesondere dem IDW S6-Gutachten zugrunde liegenden (Finanz)Informationen als zutreffend ratifiziert.

140 Ein Gutachten nach IDW S1 dient der Ermittlung von objektivierten Unternehmenswerten (siehe hierzu IDW Standard: Grundsätze zur Durchführung von Unternehmensbewertungen (Version 2008) (Stand: 02.04.2008).

141 Die verbindliche Auskunft des zuständigen Finanzamts und der zuständigen Gemeinden sollte zum Inhalt haben, dass (i) die Gewinne aus den Sanierungsmaßnahmen einen Sanierungsgewinn im Sinne der Tz. 3 des BMF-Schreibens vom 27. März 2003, BStBl. I 2003, S. 240 darstellen und (ii) die Steuern auf einen nach Ausschöpfung der ertragssteuerlichen Verlustverrechnungsmöglichkeiten im Sinne der Tz. 8 des BMF-Schreibens vom 27. März 2003, BStBl. I 2003, S. 240 verbleibenden Sanierungsgewinn zunächst zu stunden und nach abschließender Prüfung und nach Feststellung der endgültigen, auf den verbleibenden zu versteuernden Sanierungsgewinn entfallenden Steuern zu erlassen sind (Ermessensreduzierung auf Null). Die Erklärung der zuständigen IHK sollte den Inhalt haben, dass sie auf einen etwaigen Sanierungsgewinn keine unangemessenen Beiträge erhebt.

rechtsverbindlich festgelegt haben. Ein solches *Term Sheet* begründet bereits einklagbare Erfüllungsansprüche hinsichtlich der Umsetzung der einzelnen Maßnahmen. Eine bloße Haftung aufgrund eines vorvertraglichen Verhältnisses nach den Grundsätzen einer *culpa in contrahendo* nach den §§ 280 Abs. 1, 311 Abs. 2, 241 Abs. 2 BGB ist von den Parteien regelmäßig nicht gewollt.

IV. Parteien der Restrukturierungsvereinbarung

In einer Restrukturierungsvereinbarung binden sich typischerweise die restrukturierungswilligen *Stakeholder* auf der einen sowie die Gesellschaft und ggf. weitere Gruppengesellschaften auf der anderen Seite. In aller Regel nehmen an ihr diejenigen *Stakeholder* teil, deren Sanierungsbeiträge (mindestens) benötigt werden, um die durch das Sanierungsgutachten ermittelte und für die Erlangung einer positiven Sanierungsaussage als notwendig erachtete Zielkapitalstruktur zu erreichen. Ist beispielsweise etwa nicht erforderlich, dass auch etwaige Verbindlichkeiten aus emittierten Anleihen restrukturiert werden, um die im Sanierungsgutachten festgelegte Zielkapitalstruktur zu erreichen, ist auch deren Einbindung in die Restrukturierungsvereinbarung nicht vonnöten. Regelmäßig werden jedoch allenfalls die Forderungen bestimmter Lieferanten von einer Restrukturierung „verschont" bleiben können, etwa weil ihr Forderungsvolumen relativ gering ist und zu befürchten ist, dass sie sich künftig neue Abnehmer suchen, wenn sie „gezwungen" werden, an einer Restrukturierung teilzunehmen.[142]

Die Implementierung einer Restrukturierung unter Einbindung nur bestimmter Finanzgläubigern ist meist deshalb nicht möglich, weil diese in aller Regel nur schwer davon überzeugt werden können, dass sie einem Schuldenschnitt (*Hair Cut*) zustimmen, während die Forderungen anderer, (gleichrangiger) Finanzgläubiger (vollständig) abgelöst werden. Regelmäßig sind daher sämtliche Finanzgläubiger eines Unternehmens Partei der Restrukturierungsvereinbarung, also sowohl die meist besicherten[143] Konsortialkreditgeber, bilaterale Kreditgeber, wie etwa Schuldscheindarlehensgläubiger, (*Senior Creditors*), die *Facility Agents* der jeweiligen Konsortien (i.d.R. *Senior Facility Agent* und *Mezzanine Agent*)[144], der *Security Agent* bzw. Sicherheitentreuhänder[145] als auch bestimmte einzelne (Groß-)

142 Ebenso *Westpfahl* ZGR 2010, 385,396.

143 Die Forderungen aus der Mezzanine-Tranche sind regelmäßig nicht besichert, deren Inhaber daher eher den Junior Creditors zuzurechnen. Die Second-lien-Tranche steht zwar mit den Term Loans im selben Rang (z.B. was die Struktur der Fälligkeiten anbetrifft), ist jedoch zweitrangig besichert.

144 Im Rahmen einer Konsortialfinanzierung haben die Senior-Kreditgeber und die Mezzanine-Kreditgeber in aller Regel jeweils einen eigenen Agenten.

145 Ein Security Agent nach angloamerikanischem Vorbild handelt in der Regel auf Weisung der Konsortialkreditgeber, der Sicherheitentreuhänder genießt hingegen regelmäßig weitreichendes Ermessen (allerdings nach Maßgabe des Sicherheitentreuhandvertrages (Security Trust Agreement)).

Gläubiger aus Anleihen, einschließlich Wandelanleihen (*Convertible Bonds*), Pflichtwandelanleihen (*Contingent Convertible Bonds* (*CoCo-Bonds*)) und Hybridanleihen sowie ggf. ein bzw. mehrere für bestimmte Anleihen nach dem SchVG [2009] bestellte(r) gemeinsame(r) Vertreter.[146]

Wird in einer Restrukturierungsvereinbarung die Restrukturierung einer typischen LBO-Finanzstruktur verabredet, wird regelmäßig auch der *Security Agent* eingebunden werden müssen, da dieser für die Freigabe (*Release*) bestimmter Forderungen gegenüber bestimmten operativ tätigen Tochtergesellschaften sowie für die Freigabe der diesen Forderungen unterliegenden Sicherheiten zuständig ist. Soll ein *Debt to Equity Swap* mittels Zwischenschalten einer *HoldCo* oder Treuhandgesellschaft implementiert werden, ist auch diese in der Restrukturierungsvereinbarung zu binden. Ebenso ist erforderlich, die sog. Abwicklungsstelle in der Restrukturierungsvereinbarung zu verpflichten, sofern auch die Verbindlichkeiten aus den Anleihen zu restrukturieren sind.[147] Ist der Einstieg eines neuen Investors, der nicht bereits in den Schuldinstrumenten investiert ist, Teil des Restrukturierungskonzepts, dann ist auch dieser in der Restrukturierungsvereinbarung zu binden. Der neue Investor kann sowohl eine Eigen- als auch eine Fremdkapitalinvestition beabsichtigen, z.B. in Form eines Sanierungskredites. Nicht auszuschließen ist, dass auch einzelne Mitglieder des Vorstands bzw. der Geschäftsleitung sowie des Aufsichtsrats Partei der Restrukturierungsvereinbarung werden.[148]

Schließlich ist bemerkenswert, dass bei Festlegung eines *Debt to Equity Swap* als Teil der finanziellen Restrukturierung bestimmte Parteien im Zeitpunkt des Abschlusses der Restrukturierungsvereinbarung Gläubiger sind und mit *Closing* der finanziellen Restrukturierung zu Gesellschaftern mutieren. Da eine

---

146 Der gemeinsame Vertreter der Anleihegläubiger kann entweder durch die Gläubigerversammlung gewählt (sog. Wahlvertreter) oder bereits in den Anleihebedingungen bestellt werden (sog. Vertragsvertreter), vgl. §§ 7, 8 SchVG [2009]. Da der gemeinsame Vertreter – wie der Systematik des SchVG [2009] sowie der Gesetzesbegründung zu entnehmen ist, vgl. BT-Drucks: 16/12814, S. 20, 21 – als rechtsgeschäftlicher Vertreter i.S.d. §§ 164 ff. BGB qualifiziert, er durch die Wahl bzw. Bestellung also lediglich von den Anleihegläubigern bevollmächtigt wird, wird grundsätzlich nicht er, sondern die durch ihn vertretenen Anleihegläubiger Vertragspartei der Restrukturierungsvereinbarung. Er tritt daher grundsätzlich in fremdem Namen und nicht in eigenem Namen auf. Insoweit unterscheidet er sich hinsichtlich seiner Rechtsnatur vom Indenture Trustee (auch Bond Trustee) nach angloamerikanischem Vorbild. Dennoch wird der gemeinsame Vertreter – der auch eine juristische Person sein kann – aus Gründen der Praktikabilität häufig in eigenem Namen an der Restrukturierungsvereinbarung teilnehmen. Dies insbesondere dann, wenn sich die Anleihen in den Händen von Kleinanlegern befinden und diese nicht alle identifiziert werden können.

147 Zum notwendigen Einsatz einer Abwicklungsstelle bei der Restrukturierung von Anleihen siehe unten Kapitel 2 C. IV. 3. a) cc) (2) sowie Fn. 157.

148 Siehe hierzu unten Kapitel 2 C. IV. 3. a) bb)(2).

Restrukturierungsvereinbarung, die nicht nur ein finanzielles, sondern auch ein operatives und strategisches Restrukturierungskonzept beinhaltet, auch nach *Closing* der finanziellen Restrukturierung noch Bestand hat, ändert sich also während ihrer Laufzeit die Funktion bestimmter Parteien. Dies sollte im Rubrum der Restrukturierungsvereinbarung bei der Parteibezeichnung klargestellt werden. Eine Restrukturierungsvereinbarung, die einen *Debt to Equity Swap* festlegt, qualifiziert daher als mindestens dreiseitig verpflichtender Vertrag zwischen Gesellschaft, Altgesellschaftern und Gläubigern/Neugesellschaftern.

V. Implementierung der Restrukturierungsvereinbarung

Dass die in einer Restrukturierungsvereinbarung festgelegten Regelungskomplexe auch umgesetzt werden müssen, ist eine Selbstverständlichkeit. Nach dem *Signing* derselben kann daher grundsätzlich mit ihrer Vollziehung begonnen werden. Sobald die finanziellen Restrukturierungsmaßnahmen vollständig abgeschlossen sind, liegt das *Closing* der finanziellen Restrukturierung vor.[149] In der Praxis verhält es sich allerdings häufig so, dass mit der Umsetzung der einzelnen Maßnahmen begonnen wird, noch bevor alle Beteiligten die Restrukturierungsvereinbarung unterzeichnet haben. Der Grund hierfür liegt ganz einfach in der Zeitknappheit mit der außergerichtliche (finanzielle) Restrukturierungen in aller Regel implementiert werden müssen. Das bedeutet, dass die für einen *Debt to Equity Swap* erforderlichen Haupt- und Anleihegläubigerversammlungen gegebenenfalls durchgeführt werden, obwohl das *Signing* der Restrukturierungsvereinbarung noch gar nicht stattgefunden hat. In dieser Hinsicht muss vor allem damit gerechnet werden, dass sog. Berufskläger versuchen werden, die Eintragung der Hauptversammlungsbeschlüsse ins Handelsregister bzw. die Vollziehung der Beschlüsse der Anleihegläubiger[150] zeitlich durch Erhebung von Anfechtungs- und Nichtigkeitsklagen gegen die Beschlüsse zu verzögern, um sich den dadurch entstehenden „Lästigkeitswert" teuer im Rahmen eines Vergleichs „abkaufen" zu lassen. Als „Fahrplan" dient den *Stakeholdern* dann anstelle der Restrukturierungsvereinbarung das *Term Sheet*, in dem die wirtschaftlichen Eckpunkte der (finanziellen) Restrukturierung bereits rechtverbindlich festgehalten wurden. Ferner wird oftmals auch schon vor Unterzeichnung der Restrukturierungsvereinbarung mit der Verhandlung und Ausarbeitung der (Konsortial-)Kreditverträge und sonstigen für die Implementierung der finanziellen Restrukturierung erforderlichen Vertragsdokumente begonnen, da auch dies – vor allem bei Beteiligung einer heterogenen Gläubigerschaft, die

149 Siehe oben Kapitel 1 C. III.

150 Beschlüsse der (Anleihe-)Gläubigerversammlung, durch welche der Inhalt der Anleihebedingungen abgeändert oder ergänzt wird, sind nach § 21 Abs. 1 Satz 1 SchVG [2009] in der Weise zu vollziehen, dass die maßgebliche Sammelurkunde ergänzt oder geändert wird.

zugleich aus *Par* und *Non-Par Lendern* besteht, die wiederum Schuldinstrumente unterschiedlicher Rangstufen halten – viel Zeit in Anspruch nehmen kann.

Im Einzelnen können zur Implementierung einer Restrukturierungsvereinbarung, die ein ganzheitliches finanzielles Restrukturierungskonzept bestehend aus *Debt to Equity Swap* und *Reinstated Debt* beinhaltet und nicht nur (Konsortial-) Kreditgläubiger, sondern auch Anleihegläubiger mit einbezieht, bis zum *Closing* folgende Maßnahmen zu unternehmen sein:[151]

- Einberufung und Durchführung der für den *Debt to Equity Swap* erforderlichen Hauptversammlung, Eintragung der Hauptversammlungsbeschlüsse im Handelsregister, Einberufung und Durchführung der Anleihegläubigerversammlungen[152], Errichtung der erforderlichen Treuhand- und Holdinggesellschaft(en) (*HoldCo*) sowie Verhandlung Entwurf und Ausarbeitung der damit in Zusammenhang stehenden Vertragsdokumente[153].
- Verhandlung, Entwurf und Ausarbeitung eines Konsortialkreditvertrags (*Senior Facilities Agreement*) sowie ggf. eines *Amendment Agreements*, das die ursprünglichen bilateralen Kreditverträge (*Pre-Restructuring Debt*) in einen einheitlichen Konsortialkreditvertrag (*Post-Restructuring-Debt*) überführt[154], eines *Intercreditor Agreements* (ICA), eines *Equity Subordination Agreements* (ESA), eines *Recovery Sharing Agreements* (RSA), einer Aktionärsvereinbarung (*Shareholders Agreement*) sowie ggf. einer *Super Senior Facility* (Sanierungskredit)[155].
- Verhandlung, Entwurf und Ausarbeitung eines Sicherheitenpoolvertrages, eines Sicherheitentreuhandvertrages, sowie Bestimmung eines Sicherheitentreuhänders bzw. *Security Agents.*

---

151 Die Aufzählung ist nicht abschließend und erhebt nicht den Anspruch auf Vollständigkeit.

152 Es kann ggf. erforderlich sein, mehrere Anleihegläubigerversammlungen durchzuführen. Zum einen können Anleihegläubigerversammlungen nicht beschlussfähig sein, so dass weitere einzuberufen sind, um das erforderliche Quorum zu erreichen, vgl. § 15 Abs. 3 SchVG [2009]. Zum anderen ist für jede emittierte Anleihe eine eigene Gläubigerversammlung einzuberufen, vgl. §§ 1 Abs. 1, 9 SchVG [2009].

153 Im Falle, dass die Gläubiger nicht direkt ihre Forderungen in die Gesellschaft einbringen, sondern eine Treuhand- oder Holdinggesellschaft dazwischengeschaltet wird.

154 Eine Überführung ist ggf. deshalb einer Neuvereinbarung vorzuziehen, weil Distressed Hedge Funds regelmäßig keine Erlaubnis gemäß § 32 KWG haben werden, um Bankgeschäfte zu betreiben. Eine solche ist jedoch ggf. bei der Neuvereinbarung eines Konsortialkredites und beim (abgeänderten) Stehenlassen bilateraler Kredite erforderlich. Insoweit ist der Begriff „Neuvereinbarung" im Rahmen der Reinstated Debt an anderer Stelle der Dissertation nicht technisch zu verstehen.

155 Die Forderungen eines Super Senior Facility Agreements (SSFA) sind in aller Regel gegenüber denen aus dem Senior Facility Agreement vertraglich vorrangig. Ebenso sind sie regelmäßig vorrangig besichert.

- Verhandlung, Entwurf und Ausarbeitung sämtlicher weiterer Dokumente hinsichtlich der Bestellung von Sicherheiten an den Sicherheitentreuhänder bzw. an den *Security Agent* sowie ggf. Verhandlung, Entwurf und Ausarbeitung einer sog. *Parallel Debt*[156].
- Verhandlung, Entwurf und Ausarbeitung neuer Anleihebedingungen, ggf. eines Emissionsprospektes nach dem WpPG, die (eigentliche) Emission der neuen Anleihen sowie Bestimmung und Errichtung einer Abwicklungsstelle[157].
- Verhandlung, Entwurf und Ausarbeitung eines Zeichnunsgvertrages, von Zeichnungsscheinen, eines Aktienkaufvertrages[158], ggf. eines Begebungsvertrages für die neuen Anleihen, von Einbringungs- sowie Abtretungsverträgen hinsichtlich der Kreditforderungen sowie ggf. einer Vertraulichkeitsvereinbarung.
- Die ständige Fortschreibung des IDW S6-Gutachtens.
- Ggf. Erstellung von *Legal Opinions* zur Rechtsfähigkeit bestimmter Parteien und ggf. auch zur Rechtswirksamkeit der Restrukturierungsvereinbarung.
- Ggf. Erstellung von *Reliance Lettern*[159] zugunsten der Gläubiger hinsichtlich des IDW S6-Gutachtens.

Schließlich ist erforderlich, dass sowohl die aufschiebenden Bedingungen zur Wirksamkeit als auch zum Vollzug der (Verpflichtungen aus der) Restrukturierungsvereinbarung bis zum *Closing* vorliegen.[160]

---

156 Eine solche kann ggf. notwendig sein, wenn akzessorische Sicherheiten dem Security Agent bzw. Sicherheitentreuhänder bestellt werden. Sie qualifiziert in aller Regel als abstraktes Schuldversprechen i.S.d. §§ 780, 781 BGB, ausführlich zur Parallel Debt *Hoffmann* WM 2009, 1452; *Danielewsky/Dettmar* WM 2008, 713; *Förl* RNotZ 2007, 433.

157 Eine solche ist regelmäßig als Intermediär notwendig, um einen Debt to Equity Swap mit Anleihegläubigern durchführen zu können. Die Anleihegläubiger übertragen dabei ihre Forderungen auf die Abwicklungsstelle, die sie wiederum in die Gesellschaft einbringt, die jungen Aktien zeichnet und den (ehemaligen) Anleihegläubigern ein Optionsrecht einräumt, wonach sie entweder den Barerlös aus dem Verkauf der jungen Aktien oder diese selbst erhalten können.

158 Für den Fall, dass sich unmittelbar nach Umsetzung des Debt to Equity Swap bestimmte Neugesellschafter von ihrem Eigenkapitalengagement trennen möchten und der Erwerber schon im Zeitpunkt des Abschlusses der Restrukturierungsvereinbarung feststeht oder das Management der zu restrukturierenden Gesellschaft an derselben beteiligt werden soll (sog. Management Incentive Plan (MIP)).

159 Durch einen Reliance Letter wird einem Dritten gestattet, sich auf Informationen und Aussagen eines Dokumentes zu beziehen, zu dessen Adressatenkreis er grundsätzlich nicht zählt. Gleichzeitig wird durch sog. Non-Reliance Letter die Haftung des Erstellers gegenüber dem Dritten ausgeschlossen oder beschränkt (sog. Liability Caps).

160 Siehe zu den Signing- und Closing-Bedingungen oben Kapitel 1 C. III 1. und 2.

Kapitel 2: Die Restrukturierungsvereinbarung im Lichte der zwingenden aktienrechtlichen Kompetenzordnung

Bevor die einzelnen Regelungskomplexe in Restrukturierungsvereinbarungen auf ihre Vereinbarkeit mit geltendem Aktienrecht hin überprüft werden (*sub* C), soll im Folgenden zunächst auf die grundsätzliche rechtliche Zulässigkeit von Restrukturierungsvereinbarungen eingegangen werden (*sub* A). Ferner ist zu untersuchen, welchem Organ die Entscheidung über den Abschluss einer Restrukturierungsvereinbarung zugeordnet ist (*sub* B).

A. Rechtliche Zulässigkeit im Allgemeinen

I. Problemaufriss

Zunächst ist danach zu fragen, ob eine Restrukturierungsvereinbarung überhaupt mit der zwingenden aktienrechtlichen Kompetenzordnung in Einklang zu bringen ist oder ob sie möglicherweise derart mit ihr in Konflikt gerät, dass ihr schon im Grundsatz die rechtliche Zulässigkeit zu versagen ist. Konfliktpotential könnte sich vor allem daraus ergeben, dass sich durch eine Restrukturierungsvereinbarung die nach der zwingenden aktienrechtlichen Organisationsverfassung grundsätzlich frei und eigenverantwortlich entscheidenden Organe gegenseitigen Verhaltenspflichten unterwerfen.

1. Bindungswirkung der Restrukturierungsvereinbarung

Eine Restrukturierungsvereinbarung ist in aller Regel als ein alle Restrukturierungsparteien bindender Vertrag und nicht nur als bloße informelle Abstimmung gewollt. Durch eine Restrukturierungsvereinbarung werden die von den verschiedenen *Stakeholdern* zu leistenden Sanierungsbeiträge daher in rechtsverbindlicher Weise festgelegt. Ohne eine solche rechtsverbindliche Festlegung, d.h. bei bloßem unverbindlichen Inaussichtstellen der Sanierungsbeiträge, bestünde nämlich die Gefahr, dass der zu restrukturierenden Gesellschaft eine positive Fortführungsprognose i.S.d. § 252 Abs. 1 Nr. 2 HGB sowie gegebenenfalls auch eine positive Fortbestehensprognose i.S.d. § 19 Abs. 2 InsO nicht (länger) gewährt werden könnte, was regelmäßig die Insolvenz der Gesellschaft, einen damit einhergehenden, nicht unwesentlichen Wertverlust des Unternehmens und letztlich eine Schmälerung der Haftungsmasse der Gläubiger nach sich ziehen würde (sog. indirekte Insolvenzkosten). Die Rechtsverbindlichkeit einer Restrukturierungsvereinbarung ist folglich von entscheidender Bedeutung für einen außergerichtlichen Restrukturierungsprozess. Die restrukturierungswilligen Parteien legen sich daher hinsichtlich der Umsetzung ihrer jeweiligen Sanierungsbeiträge in aller Regel gegenseitige, einklagbare Verhaltenspflichten auf.

2. Kompetenzverlagerung durch gegenseitige Bindung der Organe

Der Umstand, dass eine Restrukturierungsvereinbarung als bindender Vertrag einzuordnen ist, stößt jedoch für sich genommen noch auf keine Bedenken hinsichtlich eines Zuwiderlaufens mit dem zwingenden aktienrechtlichen Kompetenzgefüge. Ausschlaggebend für einen potentiellen Konflikt ist vielmehr, dass sich die Organe der Gesellschaft durch die Restrukturierungsvereinbarung gegenseitig Verhaltenspflichten auferlegen und dadurch – möglicherweise entgegen der zwingenden Kompetenzordnung – (zumindest mittelbar) ihre Entscheidungskompetenz auf das jeweils andere Organ übertragen bzw. sich in ihrer Entscheidungs- und Entschließungsfreiheit zugunsten des jeweils anderen Organs einschränken. Dies wird deutlich, wenn man die Parteien, die sich in einer Restrukturierungsvereinbarung gegenseitig verpflichten, sowie die zwischen ihnen vereinbarte Regelungsmaterie einmal näher betrachtet:

Eine Restrukturierungsvereinbarung dient vor allem dem Zweck, ein Restrukturierungskonzept, das geeignet ist, die Gesellschaft nachhaltig zu sanieren, auf eine vertragliche Grundlage zu stellen und die wesentlichen *Stakeholder* der Gesellschaft zur Leistung bestimmter Sanierungsbeiträge zu verpflichten. Da zu einer nachhaltigen Sanierung in aller Regel nicht nur finanzielle, sondern auch operative (und gegebenenfalls auch strategische) Maßnahmen notwendig sind, beinhaltet eine Restrukturierungsvereinbarung konsequenterweise auch die entsprechenden Umsetzungsverpflichtungen der *Stakeholder* hinsichtlich solcher Maßnahmen. Grundsätzlich können jedoch weder finanzielle noch operative und strategische Restrukturierungen allein von den *Stakeholdern* der Gesellschaft umgesetzt werden. Vielmehr wird zur Implementierung eines ganzheitlichen Restrukturierungskonzepts regelmäßig die Einbeziehung der Gesellschaft selbst und damit auch des sie vertretenden Vorstands vonnöten sein.[161] Eine Restrukturierungsvereinbarung, die ein umfassendes, d.h. von allen *Stakeholdern* und auch von der Gesellschaft mitzutragendes Restrukturierungskonzept rechtsverbindlich festlegt, bindet daher auf der einen Seite die restrukturierungswilligen Gläubiger und (Alt-)Aktionäre, auf der anderen Seite die durch den Vorstand vertretene Gesellschaft.

Bemerkenswert ist ferner, dass insbesondere dann, wenn im Rahmen einer finanziellen Restrukturierung eine *Debt to Equity Conversion* Regelungsgegenstand der Restrukturierungsvereinbarung ist, die Gläubiger nicht nur als solche, sondern vor allem auch als künftige Aktionäre gegenüber der Gesellschaft gebunden werden

---

161 Bereits die Zurverfügungstellung der für eine Restrukturierung erforderlichen (Finanz-)Informationen kann regelmäßig nur durch die Gesellschaft selbst erfolgen.

und umgekehrt ebenso die durch den Vorstand vertretene Gesellschaft gegenüber diesen künftigen Aktionären verpflichtet wird. Eine Restrukturierungsvereinbarung stellt sich insoweit also als ein Vertrag zwischen der Gesellschaft und einem bzw. mehreren künftigen Aktionären dar. Werden darüber hinausgehend auch die regelmäßig erforderlichen operativen (und strategischen) Restrukturierungsmaßnahmen verabredet, qualifiziert die Restrukturierungsvereinbarung als mehrseitiger Vertrag, der neben den Beteiligungsmodalitäten bzw. Einstiegsbedingungen des künftigen Aktionärs bzw. Investors auch sein künftiges Verhalten gegenüber der Gesellschaft nach Beteiligungsübernahme zum Gegenstand hat. Denn die Umsetzung eines operativen und strategischen Restrukturierungskonzepts, die grundsätzlich[162] nach *Closing* der finanziellen Restrukturierung erfolgt, mithin nach Beteiligungsübernahme durch die Gläubiger bzw. Neuaktionäre, bedingt ein enges Zusammenwirken von Gesellschaft und eben diesen Neuaktionären (gegebenenfalls auch verbleibender Altaktionäre). Ohne die Unterstützung des jeweils anderen Teils wird eine ganzheitliche Restrukturierung nicht gelingen können. Dies findet seinen Grund vor allem darin, dass sich die erforderlichen Restrukturierungsmaßnahmen mitunter aus Teilschritten zusammensetzen, die ihrerseits jeweils einem anderen Organ der Gesellschaft, namentlich entweder dem Vorstand oder der Hauptversammlung, zur Entscheidung zugewiesen sind. Ist daher für die Umsetzung eines Maßnahmekomplexes sowohl die Mitwirkung des Vorstandes als auch des Aktionärs (innerhalb und außerhalb der Hauptversammlung) erforderlich, besteht ein Bedürfnis, in der Restrukturierungsvereinbarung beiden Teilen entsprechende (Umsetzungs-)Pflichten aufzuerlegen. Da der Vorstand als Gremium selbst nicht rechtsfähig ist, ist eine entsprechende Verpflichtung zulasten der Gesellschaft notwendig, die wiederum durch den Vorstand ausgeführt wird, ihn daher faktisch bindet.

Durch eine Restrukturierungsvereinbarung, die neben finanziellen Restrukturierungsmaßnahmen auch operative und strategische beinhaltet, wird demnach das künftige Verhalten bestimmter (künftiger) Aktionäre sowie dasjenige der zu restrukturierenden Gesellschaft mit gegenseitiger Bindungswirkung im Voraus festgelegt. Das bedeutet einerseits, dass der Vorstand in Vertretung der Gesellschaft durch die Restrukturierungsvereinbarung Einfluss auf eigentlich dem Aktionär allein zustehende, in der Hauptversammlung auszuübende Entscheidungsbefugnisse nimmt, andererseits aber auch, dass die zu Aktionären gewordenen Gläubiger über die Restrukturierungsvereinbarung Einfluss auf die grundsätzlich dem Vorstand zur eigenen und freien Verantwortung übertragenen Entscheidungsgegenstände nehmen. Dies könnte mit der zwingenden, vgl. § 23 Abs. 5 AktG, aktienrechtlichen Kompetenzordnung, nach der die dem Vorstand sowie der Hauptversammlung zustehenden Entscheidungsgegenstände strikt voneinander

162 Die Einleitung und (teilweise) Umsetzung der operativen Restrukturierungsschritte kann auch bereits vor Closing der finanziellen Restrukturierung erfolgen, so auch *Plank* Indat-Report Oktober 2014, S. 19.

zu trennen sind, vgl. § 76 AktG und § 119 Ab. 1 AktG, konfligieren. Darüber hinaus erscheint in dieser Hinsicht auch problematisch, dass in der Regel nicht alle existierenden Aktionäre Partei der Restrukturierungsvereinbarung werden, was entweder dadurch bedingt ist, dass nicht alle Aktionäre vom Restrukturierungskonzept überzeugt werden können oder dass schlicht – wie etwa bei großen Publikumsgesellschaften häufig der Fall – nicht alle Aktionäre identifiziert werden können. Folge ist dann, dass in der Restrukturierungsvereinbarung Regelungsgegenstände zwischen der durch den Vorstand vertretenen Gesellschaft und einzelnen (Groß-) Aktionären festgelegt werden, die nach dem aktienrechtlichen Kompetenzgefüge zum einen nicht dem Vorstand und bestimmten einzelnen Aktionären, sondern allen Aktionären zur Entscheidung zugewiesen und zum anderen im Rahmen einer ordnungsgemäß einzuberufenden Hauptversammlung und nicht im Rahmen einer privaten Vereinbarung außerhalb der Hauptversammlung zu entscheiden sind.

Aber auch dann, wenn lediglich finanzielle Restrukturierungsmaßnahmen und eine Neuordnung des Gesellschafterkreises im Rahmen einer *Debt to Equity Conversion* vereinbart werden, kommt es durch die Restrukturierungsvereinbarung zu einer – möglicherweise kompetenzwidrigen – vertraglichen Festlegung künftigen Verhaltens einerseits der Gesellschaft und andererseits sowohl bestimmter Neu- als auch Altaktionäre. Denn zur Durchführung des für einen *Debt to Equity Swap* erforderlichen Kapitalschnitts bzw. zur Übertragung der bestehenden Altaktien ist die Mitwirkung eben dieser Altaktionäre zwingend.[163] Die schuldrechtliche Festlegung von entsprechenden Verpflichtungen der Altaktionäre zur Durchführung des erforderlichen Kapitalherabsetzungs- und -erhöhungsbeschlusses bzw. von Übertragungsverpflichtungen hinsichtlich der Altaktien ist daher typischer Regelungsgegenstand von Restrukturierungsvereinbarungen. Ebenso kann ohne die Mitwirkung der Gesellschaft die Zuteilung junger Aktien an die Neuaktionäre bzw. Altgläubiger im Rahmen der für einen *Debt to Equity Swap* erforderlichen Kapitalerhöhung nicht erfolgen. Gegen den Willen der Gläubiger wiederum können grundsätzlich deren Forderungen nicht im Rahmen der durchzuführenden Sachkapitalerhöhung in die Gesellschaft eingebracht werden.[164]

---

163 Siehe oben Kapitel 1 C.

164 Nach dem Wortlaut des § 5 Abs. 3 Satz 1 Nr. 5 SchVG [2009] kann allerdings auch gegen den Willen einer Anleihegläubigerminderheit ein Tausch von Anleihen in Gesellschaftsanteile durchgeführt werden. Hiergegen werden jedoch in der Literatur verschiedene Einwände, insbesondere verfassungsrechtliche (Art. 9 GG, negative Vereinigungsfreiheit) hervorgebracht, FK-SchVG/*Friedl/Schmidtbleicher* § 5 Rn. 44 ff.; a.A. *Maier-Reimer* FS Goette, S. 299, 303. Ebenso geht der Gesetzgeber bei der Abstimmung über einen Debt to Equity Swap im Rahmen eines Insolvenzplans wohl mittlerweile von einem Vorrang des Mehrheitsbeschlusses nach § 5 Abs. 3 SchVG [2009] vor § 230 Abs. 2 InsO aus, wonach bei einem mittels Insolvenzplan implementierten Debt to Equity Swap die Zustimmung der betroffenen Gläubiger erforderlich ist, Begr. RegE ESUG, BT Drucks. 17/5712, S. 46, zu § 225a InsO: „Nach Absatz 2 Satz 2 darf kein Gläubiger gegen seinen Willen in eine

3. *Distressed Hedge Fund als künftiger (Anker-)Aktionär*

Betrachtet man das Ganze von der Warte des Investors bzw. *Distressed Hedge Funds* aus, der im Rahmen einer *loan to own*-Strategie die Kreditforderungen (regelmäßig unter par, d.h. mit einem Abschlag zum Nominalbetrag der jeweiligen Forderung) auf dem Sekundärmarkt in der Absicht erworben hat, diese in Anteile an der Gesellschaft „zu tauschen", um so von deren potentiellen Wertsteigerung (*Equity Upside*) zu profitieren, stellt sich die Restrukturierungsvereinbarung als bindende Vereinbarung dar, die zum einen die Art und Weise seines Beteiligungserwerbs regelt[165], zum anderen jedoch auch gewisse Spielregeln hinsichtlich seines künftigen Verhaltens als Aktionär der Gesellschaft sowie hinsichtlich des künftigen Verhaltens der Gesellschaft selbst festlegt. Im Rahmen von Restrukturierungsvereinbarungen mit einem *Distressed Hedge Fund* wird es der Gesellschaft bzw. dem Vorstand insbesondere darauf ankommen, dessen Einfluss auf die Unternehmensstrategie zu begrenzen und ihre unternehmerische Selbständigkeit zu wahren. Daher werden entsprechende Unterlassungsverpflichtungen sowie Beteiligungsobergrenzen zulasten des Investors regelmäßig Gegenstand einer mit ihm abgeschlossenen Restrukturierungsvereinbarung sein. Darüber hinaus wird der Vorstand der Gesellschaft darauf bedacht sein, seinen Verbleib in der Gesellschaft nach erfolgter Beteiligungsübernahme, d.h. nach *Closing* der finanziellen Restrukturierung, sicherzustellen. Entsprechende Verpflichtungen des Investors und (künftigen) Aktionärs, dafür Sorge zu tragen, dass der amtierende Vorstand nicht abberufen wird, können daher ebenso Regelungsgegenstand von Restrukturierungsvereinbarungen sein. Ferner kann der Vorstand daran interessiert sein, den Investor für einen längeren Zeitraum an die Gesellschaft zu binden, um so

---

Gesellschafterposition gedrängt werden. Unberührt hiervon bleibt die Möglichkeit eines Mehrheitsbeschlusses nach § 5 Absatz 3 Nummer 5 des [SchVG]". Siehe ausführlich hierzu Theiselmann/*Lürken*, Praxishandbuch des Restrukturierungsrechts, Kapitel 5 Rn. 82, 128. Darüber hinaus besteht nach hier vertretener Auffassung unter bestimmten Voraussetzungen eine Zustimmungspflicht zu einer einen Debt to Equity Swap festlegenden Restrukturierungsvereinbarung, die insbesondere auch nachrangige Gläubiger, wie etwa Anleihegläubiger, treffen kann. Siehe hierzu ausführlich Kapitel 3 C.

165 Der Einstieg bzw. Beteiligungserwerb des Investors kann beispielsweise durch einen Debt to Equity Swap erfolgen, bei dem neue Aktien ausgegeben werden oder der dadurch implementiert wird, dass die bestehenden Aktien der Altaktionäre auf den Investor übertragen werden. Ebenso kann der Beteiligungserwerb auch dadurch erfolgen, dass der Investor im Rahmen eines Debt to Asset Swaps am Equity einer Tochtergesellschaft beteiligt wird oder ihm Aktien aus dem eigenen Bestand der Gesellschaft übertragen werden. Alle Beteiligungsalternativen werden im Gegenzug jedoch vom Investor einen Forderungsverzicht oder die Einbringung (des wertlosen Teils) seiner notleidenden Forderungen gegen die Gesellschaft verlangen.

mit ihm als verlässlichem Ankeraktionär eine gemeinsame Unternehmensstrategie verfolgen zu können.

Da ein *Distressed Hedge Fund* im Gegensatz zu einem *Distressed Private Equity Fund* zur Erhaltung seiner *Trading*-Flexibilität in aller Regel keine Mehrheitsbeteiligung an der Gesellschaft erwirbt, ist für ihn die Festlegung der künftigen Unternehmensstrategie von großem Interesse. Denn andernfalls wird es ihm ohne eine Mehrheitsbeteiligung nicht gelingen können, auf die grundsätzlich dem Vorstand vorbehaltene Unternehmensstrategie, vgl. § 76 AktG, Einfluss zu nehmen. Ohne Einflussnahme auf die Unternehmensstrategie wird er jedoch die operative Leistungsfähigkeit des Unternehmens nicht steigern können, was sich wiederum negativ auf die Wertsteigerungsmöglichkeit (*Equity Upside*) seiner erworbenen Anteile auswirkt. Um sowohl die *Trading*-Flexibilität aufrecht zu erhalten als auch den aufgrund der Minderheitsbeteiligung ihm nur eingeschränkt zukommenden Einfluss auf das operative Geschäft zu kompensieren, wird er daher versuchen, entsprechende Regelungen in die Restrukturierungsvereinbarung aufzunehmen, die seinen Einfluss auf die Geschäftspolitik der zu restrukturierenden Gesellschaft stärken. Zu denken ist hier etwa an die Verpflichtung der Gesellschaft, dafür Sorge zu tragen bzw. dem Investor zu garantieren, dass die Gesellschaftsgremien nach erfolgter Beteiligungsübernahme (nur) mit Personen besetzt werden, die er selbst ausgewählt hat. Eine mit der Gesellschaft abgeschlossene Restrukturierungsvereinbarung ermöglicht daher dem Investor, auch mit nur einer Minderheitsbeteiligung auf rein schuldrechtlichem Wege den gleichen Einfluss auszuüben, der ihm zustehen würde, hätte er eine Mehrheitsbeteiligung erworben.

4. *Umkehr des aktienrechtlichen Gewaltenflusses durch die Restrukturierungsvereinbarung*

Gerade jedoch bei Abreden über die künftige Besetzung der Gremien der Gesellschaft, insbesondere bei der Besetzung des Aufsichtsrats, steht eine aktienrechtswidrige Verlagerung von Entscheidungskompetenzen im Raum. Denn grundsätzlich wählt die Hauptversammlung den Aufsichtsrat, der wiederum den Vorstand bestellt und überwacht, §§ 119 Abs. 1 Nr. 1, 84 Abs. 1 Satz 1 AktG. Eine Einflussnahme des Vorstands auf die Zusammensetzung des Aufsichtsrats mithilfe einer Restrukturierungsvereinbarung kehrt zumindest auf den ersten Blick den (zwingenden) aktienrechtlichen Gewaltenfluss geradezu um. Der Vorstand könnte entscheidenden Einfluss auf die grundsätzlich der Hauptversammlung vorbehaltene Zusammensetzung seines eigenen Kontrollorgans ausüben. Die Kontroll- und Überwachungsfunktion eines derart ins Amt gekommenen Aufsichtsrats wäre durchaus in Frage gestellt. Darüber hinaus ist bemerkenswert, dass der Investor seinen Einfluss auf die Zusammensetzung des Aufsichtsrats außerhalb einer ansonsten hierfür erforderlichen einzuberufenden Hauptversammlung ausüben könnte. Ebenso ist bei allen anderen in der Restrukturierungsvereinbarung festgelegten Maßnahmen, die der Hauptversammlung zur Entscheidung zugewiesen sind, fraglich, ob nicht durch die schuldrechtliche Festlegung allein zwischen der durch den Vorstand vertretenen Zielgesellschaft und dem durch eine *Debt to Equity Conversion* vom Gläubiger zum Aktionär werdenden *Distressed Hedge Fund* der Hauptversammlung in rechtswidriger, weil der zwingenden aktienrechtlichen Kompetenzordnung zuwiderlaufenden Weise, vorweggegriffen wird. Dies könnte umso mehr dann gelten, wenn der Investor sowie der Vorstand der Gesellschaft bewusst und gewollt bei Verhandlung und Abschluss der Restrukturierungsvereinbarung zusammenwirken. Es bestünde dann die Gefahr, dass Investor und Vorstand zum Nachteil der übrigen Aktionäre ihr künftiges Verhalten in der Restrukturierungsvereinbarung aufeinander abstimmen und damit den durch das Aktienrecht vorgegebenen Gewaltenfluss umkehren bzw. umverteilen. Die nach dem ausdifferenzierten System des AktG auf Vorstand, Hauptversammlung und Aufsichtsrat verteilten Gewalten würden durch die Restrukturierungsvereinbarung hin zu einem bestimmten (Groß-)Aktionär und dem die Gesellschaft vertretenden Vorstand verlagert werden. Das ausbalancierte, zwingende Machtgefüge der betreffenden Aktiengesellschaft wäre gestört.

Eine Restrukturierungsvereinbarung stellt sich mithin vor allem bei Teilnahme eines bzw. mehrerer *Distressed Hedge Funds*, die durch eine *Debt to Equity Conversion* von Gläubigern zu Aktionären der Gesellschaft mutieren, als eine rechtsverbindliche Vereinbarung zwischen diesen (künftigen) Aktionären und der Gesellschaft dar, die das künftige korporationsrechtliche Verhältnis (*Corporate Governance*) der Gesellschaft und des Aktionärskonsortiums zum Inhalt hat. Problematisch ist dabei, dass die typischen Regelungsgegenstände der Restrukturierungsvereinbarung grundsätzlich entweder dem Vorstand oder der Hauptversammlung alleine zur freien Entscheidung zugewiesen sind und nun durch die Restrukturierungsvereinbarung die Entscheidungsfindung zum einen außerhalb der Hauptversammlung mit nur einem bzw. mehreren bestimmten Aktionären stattfindet, zum anderen auf sie durch das jeweils andere Organ Einfluss genommen wird. Beispielsweise fällt die Besetzung des Aufsichtsrats in die alleinige Entscheidungskompetenz der Hauptversammlung, vgl. § 119 Abs. 1 Nr. 1 AktG, wohingegen die im Rahmen des operativen Tagesgeschäfts zu treffenden Entscheidungen, wozu auch im Wesentlichen die Umsetzung der operativen Restrukturierungsmaßnahmen gehört, nach § 76 AktG dem Vorstand zugeordnet sind. Problematisch ist dabei vor allem, dass durch die Restrukturierungsvereinbarung die Bindung nicht wie bei Aktionärs- und Konsortialvereinbarungen innerhalb eines Organs geschaffen wird, sondern zwischen den Organen. Durch diese gegenseitige „Einmischung“ und Einflussnahme der Organe könnte daher eine Kompetenzverschiebung bzw. -verlagerung stattfinden, die nicht mit der zwingenden aktienrechtlichen Kompetenzordnung, die in den §§ 23 Abs. 5 Satz 1, 76, 78, 84, 101, 111, 118 Abs. 1, 119 AktG ihre gesetzlichen Grundlagen findet[166], vereinbar ist. Einer Restrukturierungsvereinbarung, durch die eine Aktiengesellschaft reorganisiert werden soll, wäre dann schon im Grundsatz die rechtliche Wirksamkeit zu versagen.

---

166 *Kiem* AG 2009, 301, 305.

5. Konflikt mit der Neutralitätspflicht des Vorstands?

Reibungen können indes nicht nur mit der zwingenden aktienrechtlichen Kompetenzordnung entstehen. Ebenso kann eine Restrukturierungsvereinbarung mit einer – in ihrer Existenz jedoch äußerst umstrittenen[167] – gesellschaftsrechtlichen Neutralitätspflicht des Vorstands in Konflikt geraten. Nach dieser (vermeintlichen) gesellschaftsrechtlichen Neutralitätspflicht sei es dem Vorstand einer Aktiengesellschaft verwehrt, auf die Zusammensetzung des Aktionariats Einfluss zu nehmen.[168] Er habe sich jedweder Einflussnahme hinsichtlich der Struktur des Gesellschafterkreises zu enthalten, dürfe sich seine Aktionäre also nicht aussuchen. Da mit einer Restrukturierungsvereinbarung typischerweise neben einer operativen auch eine finanzielle Restrukturierung festgelegt wird, geschieht jedoch gerade das: Der Vorstand wirkt maßgeblich an der Neuordnung des Aktionärskreises mit. Wesentlicher Inhalt einer finanziellen Restrukturierung ist nämlich die Neuordnung bzw. Reorganisation der bestehenden, nicht mehr mit der Schuldentragfähigkeit der Gesellschaft in Einklang zu bringenden Finanz- und Kapitalstruktur. In der Restrukturierungsvereinbarung wird dabei diejenige Zielkapitalstruktur festgelegt, die im Rahmen eines IDW S6-Sanierungsgutachtens für die Erteilung einer positiven Fortführungsprognose i.S.d. § 252 Abs. 1 Nr. 2 HGB (*going concern*) sowie für die Erteilung einer darüber hinausgehenden positiven Sanierungsaussage für geeignet und erforderlich bestimmt worden ist.

Wesentliche Instrumente zum Erreichen bzw. zur Umsetzung dieser Zielkapitalstruktur sind zum einen die Neuvereinbarung des Kreditverhältnisses, im Rahmen einer Finanzierung durch Anleihen ggf. auch die Emission einer neuen Anleihe im Gegenzug für einen Verzicht auf die Forderungen aus der „alten" Anleihe (*Reinstated Debt*), zum anderen eine *Debt to Equity Conversion*. Ohne eine solche vertragliche, rechtsverbindliche Festlegung der Neuordnung des Aktionärskreises sowie der bestehenden, nicht mehr von der Schuldentragfähigkeit gedeckten Finanzverbindlichkeiten kann – wie oben ausgeführt – häufig auch eine rein liquiditätsbezogene Fortbestehensprognose i.S.d. § 19 Abs. 2 InsO nicht mehr erteilt werden, was regelmäßig die Insolvenzreife der Gesellschaft zur Folge hat. Bei der Neuordnung und Festlegung der Finanz- und Kapitalstruktur, die idealerweise

---

167 Eine gesellschaftsrechtliche Neutralitätspflicht befürwortend GroßkommAktG-*Hopt* § 93 Rn. 122 ff.; KölnKommAktG-*Mertens* § 76 Rn. 26; eine Neutralitätspflicht ablehnend GroßkommAktG-*Kort* § 76 Rn. 100 ff.; *Hüffer* Aktiengesetz § 76 Rn. 15d; MünchKommAktG-*Schlitt* § 33 WpÜG Rn. 53; Geibel/Süßmann/*Schwennicke* § 33 WpÜG Rn. 12; *Krause* AG 2002, 133, 136; wohl auch *Kiem* AG 301, 305; differenzierend: K. Schmidt/Lutter/*Seibt* § 76 AktG Rn. 15 m.w.N.; *Seibt/Wunsch* Der Konzern 2009, 195, 199; unentschieden: KölnKommWpÜG-*Hirte* § 33 Rn. 28; zum Verhältnis zwischen gesellschaftsrechtlicher Neutralitätspflicht und § 33 Abs. 1 WpÜG Emmerich/Habersack/*Habersack*, Aktien- und GmbH-Konzernrecht, Vor § 311 AktG Rn. 15; Assmann/Pötzsch/Uwe H. Schneider/*Krause/Pötzsch* § 33 Rn. 50 f.

168 GroßkommAktG-*Hopt* § 93 Rn. 122; KölnKommAktG-*Mertens* § 76 Rn. 26.

durch eine Kombination aus *Reinstated Debt* und einer *Debt to Equity Conversion* implementiert wird, ist allerdings sowohl die Mitwirkung der Altgläubiger/Neuaktionäre und Altaktionäre auf der einen Seite als auch diejenige der durch den Vorstand vertretenen Gesellschaft auf der anderen Seite notwendig. So müssen die Altgesellschafter mit der erforderlichen Mehrheit die für die *Debt to Equity Conversion* notwendigen Kapitalmaßnahmen (Kapitalherabsetzung mit anschließender Kapitalerhöhung = Kapitalschnitt) und ggf. auch einen Bezugsrechtsausschluss beschließen, die Gläubiger müssen ihre (notleidenden) Forderungen als Sacheinlage im Rahmen der Kapitalerhöhung einbringen und die Gesellschaft muss durch den Vorstand die aufgrund der Kapitalerhöhung entstehenden jungen Aktien den angehenden Neuaktionären zuteilen. Bisweilen erfolgt die Zuteilung des *Equity* auch aus dem eigenen Bestand der Gesellschaft oder aber aus der Ausübung eines ggf. bestehenden genehmigten Kapitals. In beiden Fällen ist eine Mitwirkung des Vorstands zwingende Voraussetzung. In der Konsequenz bedeutet das, dass zulasten derjenigen Parteien, deren Mitwirkung für eine Umsetzung notwendig ist, in der Restrukturierungsvereinbarung entsprechende Umsetzungsverpflichtungen geregelt werden müssen. Der Vorstand hat also im Rahmen einer *Debt to Equity Conversion* gerade die Neuordnung des Gesellschafterkreises zu organisieren und in Abstimmung mit den (Alt-)Gläubigern/Neuaktionären und Altaktionären die neuen Kapitalverhältnisse zu strukturieren. Eine gesellschaftsrechtliche Neutralitätspflicht in dem Sinne, dass sich der Vorstand bei der Zusammensetzung des Aktionariats strikt zu enthalten habe[169], liefe den die finanzielle Restrukturierung regelnden Komplexen diametral entgegen. Bestünde eine gesellschaftsrechtliche Neutralitätspflicht des Vorstandes einer Aktiengesellschaft und müsste er sie auch in Restrukturierungssituationen befolgen, könnten die entsprechenden Umsetzungsverpflichtungen zulasten der Gesellschaft in einer Restrukturierungsvereinbarung keinen rechtlichen Bestand haben.[170]

II. Keine grundsätzliche Verletzung der aktienrechtlichen Organisationsverfassung durch Restrukturierungsvereinbarungen

1. Grundsätzliche Zulässigkeit einer vertraglichen Bindung zwischen Gesellschaft und (künftigem) Aktionär

Grundsätzlich können sich Gesellschaft und (künftiger) Aktionär ohne weiteres im Rahmen ihrer Privatautonomie gegenseitig vertraglich binden. Es ist keine Vorschrift ersichtlich, die dies verbieten würde. Vielmehr geht der Gesetzgeber

---

169 So aber GroßkommAktG-*Hopt* § 93 Rn. 122.; KölnKommAktG-*Mertens* § 76 Rn. 26.

170 Dies deshalb, weil sich der Vorstand bei ihrer Festlegung stets nach § 93 Abs. 2 AktG einer Schadensersatzpflicht aussetzen würde (Eine vermeintliche (!) Neutralitätspflicht des Vorstands würde sich aus § 93 AktG ergeben).

insbesondere im Konzernrecht wie selbstverständlich davon aus, dass sich eine Aktiengesellschaft mit einem bzw. mehrerer ihrer Aktionäre vertraglich binden kann. So sind gem. § 291 Abs. 1 AktG Unternehmensverträge, durch die eine Aktiengesellschaft die Leitung ihrer Gesellschaft einem anderen Unternehmen unterstellt (Beherrschungsvertrag) oder sich verpflichtet, ihren ganzen Gewinn an ein anderes Unternehmen abzuführen (Gewinnabführungsvertrag) ausdrücklich zulässig. Die §§ 15 ff. AktG, insbesondere § 16 Abs. 1 AktG, setzen weitergehend voraus, dass das Unternehmen, mit dem die Aktiengesellschaft einen Unternehmensvertrag i.S.d. § 291 Abs. 1 AktG abschließt, Aktionär der Gesellschaft sein kann. Ferner bestätigt § 136 Abs. 2 AktG *e contrario* die Zulässigkeit von Verträgen zwischen Aktionär und Gesellschaft.[171] Nach § 136 Abs. 2 Satz 1 AktG ist ein Vertrag nichtig, durch den sich ein Aktionär verpflichtet, nach Weisung der Gesellschaft, des Vorstands oder des Aufsichtsrats der Gesellschaft oder nach Weisung eines abhängigen Unternehmens das Stimmrecht auszuüben. § 136 Abs. 2 AktG setzt also gerade das Bestehen eines Vertrages voraus, verbietet ihn jedoch im Falle der Einflussnahme durch die dort Genannten. Auf § 136 Abs. 2 AktG wird zurückzukommen sein.

Verträge zwischen einer Aktiengesellschaft und einem bzw. mehrerer ihrer Aktionäre erkennt das Gesetz demnach grundsätzlich an. Dass dabei die vertragliche Bindung der Gesellschaft eine Mitwirkung des Vorstandes der Gesellschaft auf den Plan ruft, ist in der Regel unvermeidbar und auch gewünscht, ist es doch gerade der Vorstand, der die Gesellschaft nach außen vertritt, § 78 Abs. 1 AktG. Folglich geht der Gesetzgeber also gerade davon aus, dass es – zumindest in den Fällen der Vereinbarung eines Unternehmensvertrages – zu einer vertraglichen Interaktion und Bindung, mithin einer gegenseitigen Einflussnahme zwischen dem Vorstandsorgan und einem Aktionär als Teil des Organs Hauptversammlung kommen kann.

2. *Zwingendes praktisches Bedürfnis, Restrukturierungskonzepte auf eine vertragliche Grundlage zu stellen*

Für die grundsätzliche rechtliche Zulässigkeit von Restrukturierungsvereinbarungen auch vor dem Hintergrund der Reibungspunkte mit der zwingenden, aktienrechtlichen Kompetenzordnung spricht Folgendes: Würde man einer Restrukturierungsvereinbarung die rechtliche Wirksamkeit bereits im Grundsatz aberkennen, wären strukturierte, außergerichtliche Restrukturierungen von Aktiengesellschaften in der Praxis in aller Regel schlicht nicht möglich. Ohne dass das in einem IDW S6-Gutachten erörterte und für die Erlangung einer

171 Ebenso *Reichert/Ott*, FS Goette, S. 398: „Hierfür spricht zunächst, dass Verträge zwischen Aktionären und der Gesellschaft nach dem Gesetz nicht untersagt sind, wie § 136 Abs. 2 AktG zeigt, der den Bestand entsprechender Vereinbarungen voraussetzt und lediglich für einen Teilausschnitt die Nichtigkeitsfolge anordnet."

positiven Sanierungsaussage für erforderlich erachtete Restrukturierungskonzept (und damit auch die Zielkapitalstruktur) rechtsverbindlich zwischen den *Stakeholdern* bzw. restrukturierungswilligen Parteien festgelegt wird, werden die für eine positive Fortführungsprognose bzw. die für eine rein liquiditätsbezogene positive Fortbestehensprognose zu unterstellenden Prämissen und Annahmen nicht als konkretisiert genug angesehen werden können. Folge wäre eine negative Prognose, die in Anbetracht der Haftungsrisiken des Vorstandes, vgl. §§ 15a InsO, 93 Abs. 3 Nr. 6 i.V.m. 92 Abs. 2 AktG, regelmäßig eine Insolvenzantragsstellung und damit einen nicht unwesentlichen Wertverlust des Unternehmens nach sich ziehen würde. Ohne vertragliche Bindung bestünde darüber hinaus die Gefahr, dass einzelne *Stakeholder* – dies können sowohl die Gläubiger als auch die Altaktionäre sein – während des außergerichtlichen Restrukturierungsprozesses (möglicherweise zur Verfolgung von Partikularinteressen) davon absehen, die außergerichtliche Restrukturierung weiterhin zu fördern und zu begleiten, ihre fälligen Einzelforderungen geltend machen, die Restrukturierung obstruieren und damit am Ende des Tages ein (vorläufiges) Insolvenzverfahren erzwingen. Für den außergerichtlichen Restrukturierungsprozess ist es daher essentiell, dass sich die einzelnen *Stakeholder* dazu verpflichten, fällige Forderungen (zumindest für einen gewissen Zeitraum) nicht geltend zu machen sowie bestimmte, für die Aufrechterhaltung einer positiven Fortführungsprognose erforderliche Sanierungsbeiträge zu leisten. Hierfür ist jedoch dann wiederum unerlässlich, dass zwischen den restrukturierungswilligen Parteien eine rechtsverbindliche Restrukturierungsvereinbarung geschlossen wird, nicht nur eine bloße informelle Abstimmung erfolgt und diese Vereinbarung auch rechtlichen Bestand hat.

3. *Keine völlige Aufgabe der Organkompetenzen, sondern lediglich im Unternehmensinteresse liegende Kompetenzverschiebungen*

a) Bloße Kompetenzverschiebung und Kompensation

Da wie oben bereits ausgeführt die Mitwirkung der Gesellschaft bei einem außergerichtlichen, ganzheitlichen, aus finanziellen, operativen und strategischen Elementen bestehenden Restrukturierungskonzept unabdingbar ist, ist es ebenso unerlässlich, dass die Gesellschaft vertraglich gebunden wird. Dies wiederum setzt faktisch eine Bindung des Vorstands als Vertretungsorgan, §§ 76, 78 AktG, der Gesellschaft voraus. Damit kommt es aber zwangsläufig zu der oben dargestellten gegenseitigen Einflussnahme von Vorstand und Aktionär bei Entscheidungsgegenständen, die entweder ausschließlich dem Vorstand oder ausschließlich der Hauptversammlung zugewiesen sind. Möchte man eine außergerichtliche Restrukturierung also mithilfe einer rechtsverbindlichen Restrukturierungsvereinbarung durchführen – anders wird eine solche faktisch nicht möglich sein – wird man (bzw. der Vorstand im Rahmen der Abwägung, ob eine außergerichtliche Restrukturierungsvereinbarung im Unternehmensinteresse geboten ist, § 93 Abs. 1 AktG) die aktienrechtliche Kompetenzverlagerung bzw. -verschiebung in Kauf zu nehmen haben. Obwohl aufgrund der Satzungsstrenge in der Aktiengesellschaft, § 23 Abs. 5 AktG, grundsätzlich nur dort durch die Satzung von den Vorschriften des AktG abgewichen werden kann, wo dies ausdrücklich durch das Gesetz gestattet ist, erscheint es vertretbar, in der gegenseitigen Einflussnahme von Vorstand und Aktionär keine derart gravierende Kompetenzverletzung zu sehen, als dass sie nicht mehr vom Gesetz gebilligt wäre und daher einer Restrukturierungsvereinbarung den rechtlichen Boden entziehen würde. Dies insbesondere aus zweierlei Gründen:

Zum einen kommt es durch die Festlegungen in einer Restrukturierungsvereinbarung grundsätzlich nicht zu einer völligen Aufgabe der Entscheidungsmacht des einen Organs zugunsten des anderen bzw. zu einer Übertragung derselben auf das andere. Vielmehr bleibt die unmittelbare Entscheidungsgewalt beim Vorstand bzw. bei der Hauptversammlung bestehen. Es findet über die Restrukturierungsvereinbarung lediglich eine Beeinflussung des (künftigen) Aktionärs durch das Vorstandsorgan bzw. des Vorstands durch den (künftigen) Aktionär (als Teil des Hauptversammlungsorgans) statt. Es kommt lediglich zu einer „Einmischung" in die dem jeweils anderen zugewiesenen Belange. Beide Parteien haben es jedoch im Rahmen ihrer Privatautonomie, d.h. im Rahmen der Verhandlungen zu einer Restrukturierungsvereinbarung, in der Hand, die vertragliche Einflussnahme auf ein Minimum zu beschränken. Dies wird letzten Endes von ihrem Verhandlungsgeschick im Einzelfall abhängen. Darüber hinaus muss berücksichtigt werden, dass – unterstellt man, dass Verträge im Wege gegenseitigen Nachgebens zustande kommen – die vertragliche Beschränkung in der Entscheidungskompetenz an der einen Stelle durch die Einräumung von Einflussnahme auf die Entscheidungskompetenz an anderer Stelle kompensiert wird. Hat beispielsweise der Vorstand dem *Distressed Hedge Fund* weitgehende Mitspracherechte bei der künftigen Besetzung der Gremien eingeräumt, kann diese Kompetenzverschiebung möglicherweise dadurch ausgeglichen werden, dass sich der Investor zugunsten der durch den Vorstand vertretenen Gesellschaft verpflichtet, die grundlegende Ausrichtung der Unternehmensstrategie zu unterstützen, die Unternehmensform beizubehalten sowie keine Sonderdividendenzahlungen vorzunehmen. Werden die Kompetenzverlagerungen in einer Restrukturierungsvereinbarung derart gegenseitig kompensiert, dürfte ihr die Rechtswirksamkeit nicht schon im Grundsatz aberkannt werden können.

b) Überlagerung durch das Unternehmensinteresse in Sanierungssituationen

Zum anderen muss man im Rahmen einer Abwägung zu dem Schluss kommen, dass das Interesse sowohl der Gesellschaft als auch der verschiedenen *Stakeholder* an einer Kompetenzverlagerung bzw. -verschiebung dasjenige an einer strikten Einhaltung der zwingenden aktienrechtlichen Kompetenzordnung zumindest in Krisen- und Restrukturierungssituationen überwiegt. Das ausdifferenzierte aktienrechtliche Zuständigkeitsgefüge dient vornehmlich dem Zweck, die Entscheidungsgewalten in einer Aktiengesellschaft derart auf die drei Organe Vorstand, Hauptversammlung und Aufsichtsrat zu verteilen, dass die Unternehmensführung in der Form einer (großen) Publikumsgesellschaft optimal gelingen kann. Kurzum: Die aktienrechtliche Kompetenzordnung dient der bestmöglichen Verwirklichung des Unternehmensinteresses. Dem Unternehmensinteresse im Sinne einer Maximierung des Unternehmenswertes ist jedoch dann nicht gedient, wenn eine außergerichtliche Restrukturierung scheitert, Insolvenzantrag gestellt und dadurch der Unternehmenswert wesentlich reduziert wird. Wie oben gesehen, ist jedoch Voraussetzung für eine erfolgreiche außergerichtliche Restrukturierung, dass ein Restrukturierungskonzept erarbeitet und dieses auf eine wirksame vertragliche Grundlage gestellt wird, mithin eine Restrukturierungsvereinbarung abgeschlossen wird, in der sich die verschiedenen restrukturierungswilligen Parteien rechtsverbindlich zur Förderung und Umsetzung des erörterten (und verhandelten) Restrukturierungskonzepts verpflichten. Da sich ein ganzheitliches Restrukturierungskonzept aus verschiedenen Teilschritten zusammensetzt, deren Umsetzung jeweils unterschiedlichen Organen zugewiesen ist, kann das Konzept nur durch ein Zusammenwirken der verschiedenen Organe implementiert werden. Wird die notwendige Restrukturierungsvereinbarung abgeschlossen, kommt es zwangsläufig zu einer gegenseitigen Bindung von Gesellschaft und Aktionär(en), folglich auch zu einer faktischen gegenseitigen Einflussnahme der verschiedenen, am Konzept mitwirkenden Organe der Gesellschaft. Zur Erhaltung (und ggf. auch Steigerung) des Unternehmenswertes, d.h. zum Wohle der Gesellschaft, ist daher die – ohnehin möglicherweise schon kompensierte[172] – reine Kompetenzverschiebung in Kauf zu nehmen. Eine Verletzung der zwingenden aktienrechtlichen Kompetenzordnung findet daher durch den Abschluss einer Restrukturierungsvereinbarung grundsätzlich nicht statt. Schlechtestenfalls kommt es zu einem Eingriff, der jedoch durch das vom Unternehmensinteresse gedeckte Ziel, den Unternehmenswert zu erhalten, gerechtfertigt sein kann.

4. *Perspektive des Vorstands*

Aus der Perspektive des Vorstands der Gesellschaft betrachtet ergibt sich kein anderes Bild: Der Vorstand einer Aktiengesellschaft ist gem. § 93 Abs. 1 AktG verpflichtet, sein Handeln stets am Wohle der Gesellschaft zu orientieren, d.h. am Unternehmensinteresse auszurichten. Diese generelle Pflicht konkretisiert sich in unternehmerischen Krisensituationen zu einer Sanierungspflicht.[173] Um ihr

172 Siehe soeben Kapitel 2 A. II. 3. a).

173 Bereits sehr früh *K. Schmidt* ZIP 1988, 1497, 1505; ebenso *Seibt* ZIP 2013 1597, 1599; *Seibt* ZHR 171 (2007), 282, 309 f.; *Veil* ZGR 2006, 374, 376 ff.; *Bork* ZIP 2011, 101, 107; Grigoleit/*Grigoleit/Tomasic* AktG § 91 Rn. 9; Nerlich/Kreplin/*Kreplin*, Münchener Anwaltshandbuch InsO, § 9 Rn. 5; *Prütting* ZIP 2013, 203, 205; Müller/Rödder/*Schmidt-Hern*, Beck'sches Handbuch AG, § 17 Rn. 78; Theiselmann/*Redeker*, Praxishandbuch

gerecht zu werden, hat der Vorstand grundsätzlich[174] zunächst zu versuchen, die Gesellschaft außergerichtlich zu sanieren.[175] Eine außergerichtliche Sanierung verspricht jedoch wiederum nur dann Erfolg, wenn sich die restrukturierungswilligen

---

des Restrukturierungsrechts, Kapitel 13 Rn. 101; Gottwald/*Uhlenbruck/Gundlach*, Insolvenzrechts-Handbuch, § 7 Rn. 45; Römermann/*Wellensiek/Schluck-Amend*, Münchener Anwaltshandbuch InsO, § 23 Rn. 25; *Winnefeld*, Bilanz-Handbuch, Kapitel M Rn. 2; Nirk/Ziemons/Binnewies/*Ziemons*, Handbuch AG, Rn. 8.763; *Lutter/Hommelhoff/Timm* BB 1980, 737, 739; zum Vereinsvorstand: Schauhoff/*Gotthard*, Handbuch der Gemeinnützigkeit, § 20 Rn. 4; LG München NZI 2007, 609, 611 (zur unterlassenen Mitwirkung einer die Insolvenz abwendenden Kapitalerhöhung), dazu EWiR 2008, 3 (*von der Linden/Ogorek*); LG Düsseldorf AG 1991, 70, 71 (zur Erstellung von Sanierungsvorschlägen), dazu EWiR 1990, 119 (*Timm*).

174 Im Ausnahmefall kann sich jedoch auch ergeben, dass eine Insolvenz zur Erhaltung des Unternehmenswerts günstiger ist als eine außergerichtliche Restrukturierung. Der Vorstand hätte dann die Pflicht, Insolvenzantrag zu stellen. Da jedoch allenfalls eine geplante Insolvenz eine günstigere Prognose als eine außergerichtliche Restrukturierung zu versprechen vermag, trifft den Vorstand die Pflicht, die Insolvenz zu planen. Das innerinsolvenzliche Konzept, das idealerweise durch einen Insolvenzplan i.S.d. §§ 219 ff. InsO verwirklicht wird (ggf. auch durch ein englisches Scheme of Arrangement), bedarf jedoch seinerseits einer außergerichtlichen Planung, die idealerweise mit einem Restructuring Support Agreement, das ebenfalls als eine Restrukturierungsvereinbarung qualifiziert, auf eine vertragliche Grundlage gestellt wird. Will der Vorstand also seiner Sanierungspflicht nachkommen, hat er auch dann, wenn eine Insolvenz größeren Sanierungserfolg verspricht als eine außergerichtliche Restrukturierung, vor Insolvenzantragsstellung eine außergerichtliche Restrukturierungsvereinbarung in Form eines Restructuring Support Agreements abzuschließen. Siehe hierzu noch eingehend unten Kapitel 3 A. VII. 3.

175 Ebenso *Seibt* ZIP 2013 1597, 1599; Oppenländer/Trölitzsch/*Leinekugel*, GmbH-Geschäftsführung, § 18 Rn. 56; ferner Krieger/Uwe H. Schneider/*Balthasar*, Handbuch Managerhaftung, § 29 Rn. 4; *Bork* ZIP 2010, 101, 106; *Prütting* ZIP 2013, 203, 205. Vor dem Hintergrund, dass die Chancen einer erfolgreichen Sanierung umso größer sind, je früher auf Krisensignale reagiert wird, werde man vom Vorstand verlangen müssen, bereits bei einer sich abzeichnenden Krise, also sobald eine (zukünftige) Bestandsgefährdung in Betracht kommt, geeignet erscheinende Gegenmaßnahmen einzuleiten. Ferner umfasse die Sanierungspflicht des Vorstands – außerhalb (!) eines Insolvenzverfahrens – grundsätzlich die frühzeitige Aufklärung und Analyse der Ursachen der Krise sowie die rechtzeitige Erstellung und Umsetzung eines zur Behebung der Krise geeignet erscheinenden Sanierungskonzepts. Die Zielrichtung der zur Bestandssicherung des Unternehmens geplanten Gegenmaßnahmen müsse sich primär und i.d.R. auf eine Sanierung außerhalb eines Insolvenzverfahrens beziehen, da vermutlich nur dies dem Gewichtsvorsprung der Aktionärsinteressen gerecht werde, so *Seibt* ZIP 2013 1597, 1599. Dem ist zuzustimmen. Allerdings mit der grundlegenden Einschränkung, dass eine außergerichtliche Sanierung nicht zur Befriedigung der (Wertsteigerungs-)Interessen der Aktionäre, sondern zur Befriedigung der vorrangigen (Sicherungs-)Interessen der Gläubiger vom Vorstand zu verfolgen ist. Hierzu siehe eingehend unten Kapitel 3 A.

Stakeholder in einer Restrukturierungsvereinbarung zur Umsetzung und Förderung eines Sanierungskonzepts verpflichten, was – wie gesehen – unvermeidbar eine Kompetenzverschiebung nach sich zieht. Möchte der Vorstand daher seiner Sanierungspflicht nachkommen und nicht nach § 93 Abs. 2 AktG persönlich haften – hier dürfte ihm allerdings die Haftungsprivilegierung des § 93 Abs. 1 Satz 2 AktG zugutekommen – hat er eine Restrukturierungsvereinbarung abzuschließen und daher zwangsläufig auch die Einflussnahme eines bzw. mehrerer Aktionäre auf sein grundsätzlich freies (vgl. § 76 AktG) Handeln als Vorstand in Kauf zu nehmen.

5. Verabredung des Restrukturierungskonzepts in einer reinen Aktionärsvereinbarung als milderes Mittel?

Im Übrigen kann die Kompetenzverschiebung auch nicht dadurch vermieden werden, dass versucht wird, das Restrukturierungskonzept als reine Aktionärsvereinbarung (ggf. auch als gemischte Aktionärs- und Gläubigervereinbarung) festzulegen. Dies hätte zwar den Vorteil, dass die Bindung lediglich innerhalb des Aktionariats, also lediglich innerhalb eines „Organs" und nicht wie bei einer Restrukturierungsvereinbarung zwischen Organen stattfinden würde. Eine Kompetenzverlagerung wäre dann von vornherein ausgeschlossen, da das AktG innerhalb eines Organs keine weiteren Zuständigkeitsanordnungen trifft. Rechtsverbindliche Vereinbarungen unter Aktionären beispielsweise hinsichtlich ihres Stimmverhaltens auf der Hauptversammlung sind daher ohne weiteres rechtlich zulässig und von der Rechtsprechung anerkannt.[176] Dennoch wird es in aller Regel, insbesondere zur Insolvenzvermeidung nicht genügen, ein ganzheitliches Restrukturierungskonzept einer rechtsverbindlichen Vereinbarung zuzuführen, an der allein die Neu- und Altaktionäre teilnehmen. Dies deshalb nicht, weil – wie bereits dargestellt – die Implementierung der einzelnen Teilschritte, aus denen sich ein ganzheitliches Restrukturierungskonzept zusammensetzt, nur durch die

176 RGZ 133, 90; BGHZ 48, 163, 166 ff.; BGH NJW 1983, 1910, 1911; BGH NJW 1987, 1890, 1892; BGH WM 2009, 231; OLG Hamm OLGR 1095, 245; OLG Karlsruhe OLGR 1999, 358; OLG Köln WM 1988, 974; OLG Oldenburg AG 2006, 724, 725; MünchKommAktG-*Schröer* § 136 Rn. 64; KölnKommAktG-*Zöllner* § 136 Rn. 84; *Hüffer* Aktiengesetz § 133 Rn. 27; *Lübbert*, Abstimmungsvereinbarungen in den Aktien- und GmbH-Rechten der EWG-Staaten, der Schweiz und Großbritanniens, 1971, S. 95 ff.; *F.J. Semler*, Münchener Handbuch AG, § 38 Rn. 42; *Lutter/Grunewald* AG 1989, 109, 111; *Noack*, Gesellschaftervereinbarungen bei Kapitalgesellschaften, 1994, S. 66 ff.; *Rodemann*, Stimmbindungsvereinbarungen in den Aktien- und GmbH-Rechten Deutschlands, Englands, Frankreichs und Belgiens, 1998, S. 25 m.w.N.; *K. Schmidt* Gesellschaftsrecht § 21 II 4a; a.A. in der zum Teil älteren Literatur *C.E. Fischer* AcP 154 (1955), 224; *C.E. Fischer* AG 1959, 123, 127 ff.; *Müller-Erzbach*, Das private Recht der Mitgliedschaft als Prüfstein eines kausalen Rechtsdenkens, 1948, S. 213, 248 ff.; *Püttner*, Das Depotstimmrecht der Banken, 1963, S. 94 ff.

Mitwirkung auch der Gesellschaft selbst erfolgen kann. Darüber hinaus werden bei großen Publikumsgesellschaften in der Regel nicht alle Inhaber der Aktien ohne weiteres identifiziert werden können. Insbesondere wenn sich die Mehrzahl der Aktien in sog. Streubesitz befindet, wird den restrukturierungswilligen Gläubigern und (im Falle einer *Debt to Equity Conversion*) künftigen Aktionären, d.h. vor allem den *Distressed Hedge Funds*, nur die durch den Vorstand vertretene Gesellschaft als adäquater Verhandlungs- und Vertragspartner gegenüberstehen. Soll das Schicksal der Gesellschaft daher nicht den freien Kräften des Marktes überlassen, sondern in geordnete Bahnen gelenkt werden, ist eine mit der Gesellschaft abzuschließende Restrukturierungsvereinbarung der einzig gangbare Weg.[177]

6. *Kein Verstoß des Vorstands gegen eine (vermeintliche) Neutralitätspflicht durch den Abschluss einer Restrukturierungsvereinbarung*

Schließlich verletzt der Vorstand durch den Abschluss einer Restrukturierungsvereinbarung, die einen *Debt to Equity Swap* festlegt und damit die Kapitalstruktur der Gesellschaft, d.h. den Gesellschafterkreis neu ordnet, auch nicht eine – ohnehin streitige[178] – gesellschaftsrechtliche Neutralitätspflicht. Selbst bei Bestehen einer solchen gesellschaftsrechtlichen Neutralitätspflicht in dem Sinne, dass es dem Vorstand verwehrt ist, auf die Zusammensetzung des Aktionariats Einfluss zu nehmen, tritt diese in Restrukturierungs- und Sanierungssituationen hinter die Pflicht des Vorstandes, die Gesellschaft außergerichtlich zu sanieren und dadurch den Unternehmenswert zu erhalten und ggf. wieder herzustellen, zurück. Die den Vorstand treffende Sanierungspflicht konkretisiert sich im Wesentlichen darin, dass er sich nach besten Kräften zu bemühen hat, eine Insolvenz der Gesellschaft zu vermeiden. Er hat demnach bei den ersten Anzeichen einer Krise, vor allem bei einem nicht unwesentlichen Ertragsrückgang – nicht zuletzt auch aufgrund seiner eigenen persönlichen Haftung nach den §§ 15a InsO, 92 Abs. 2 i.V.m. 93 Abs. 3 Nr. 6 AktG – stets die kurz- bis mittelfristige Zahlungsfähigkeit der Gesellschaft zu überprüfen sowie regelmäßig einen handelsbilanziellen und auch insolvenzrechtlichen Überschuldungsstatus zu erstellen. Geht aus seinen Analysen, zu deren Erstellung er nötigenfalls die erforderliche rechtliche und finanzielle Fachkompetenz extern hinzuzuziehen hat, hervor, dass die Gesellschaft nicht in der Lage sein wird, alsbald fälligen Verbindlichkeiten nachzukommen, dass der Schuldendienst nicht (mehr) von der Schuldentragfähigkeit (*Debt Capacity*) gedeckt ist oder dass der Unternehmenswert (*Enterprise Value*) hinter den ausstehenden Verbindlichkeiten zurückbleibt, dann hat er insbesondere mit den Gläubigern der Gesellschaft, aber auch mit ihren sonstigen *Stakeholdern*, wie etwa den Altaktionären, das Gespräch

177 So auch *Kiem* AG 2009, 301, 305, hinsichtlich des Abschlusses von Investorenvereinbarungen.
178 Siehe oben Kapitel 2 A. I. 5. sowie Fn. 167.

zu suchen. Ausgehend von diesem Gespräch hat er in der Folge mit den Gläubigern sowie deren rechtlichen und finanziellen Beratern Refinanzierungs- und/oder Restrukturierungsalternativen sowie idealerweise auch eine Stillhaltevereinbarung zu erarbeiten und zu verhandeln. Können die ausstehenden Verbindlichkeiten nicht in überschaubarer Zeit zu angemessenen Konditionen an den Kredit- und/ oder Kapitalmärkten refinanziert werden, hat der Vorstand aufgrund seiner Sanierungspflicht die Verbindlichkeiten gemeinsam mit den Gläubigern zu restrukturieren.

Damit die Gesellschaft eine positive Sanierungsaussage i.S. eines IDW S6-Gutachtens erlangen kann, das regelmäßig in Anbetracht der eigenen Haftung zwingende Voraussetzung für die Gewährung eines Sanierungskredites seitens bestehender Gläubiger (ggf. auch seitens außenstehender Dritter wie etwa *Debt Funds*) sein wird, ist ein sog. Schuldenschnitt (*Hair Cut*) in aller Regel unumgänglich. Das bedeutet, dass die Gläubiger auf einen unter Umständen erheblichen Teil ihrer Forderungen verzichten müssen. Dies werden sie jedoch nicht ohne Gegenleistung tun. In Sanierungssituationen werden der Gesellschaft jedoch meist weder die nötigen Barreserven noch sonstiges freies, d.h. nicht besichertes, Vermögen zur Verfügung stehen, das verwertet werden könnte, um sowohl die Zins- als auch Tilgungsforderungen der Gläubiger in voller Höhe auszugleichen. Bleibt der Unternehmenswert hinter den Verbindlichkeiten zurück, ist eine Liquidation sämtlichen Aktivvermögens der Gesellschaft in der Regel auch keine Alternative, um eine Vollbefriedigung der Gläubiger zu erreichen. Daher verbleibt in Restrukturierungssituationen meist nur die Möglichkeit, die Gläubiger dadurch zu befriedigen, dass sie ihre sog. *Recovery* aus einer potentiellen Wertsteigerung des restrukturierten Unternehmens schöpfen (sog. *Equity Upside*). Hierzu ist jedoch dann erforderlich, dass die Gläubiger Aktionäre der Gesellschaft werden, da nur Aktien (oder sonstige eigenkapitalähnlich ausgestaltete Instrumente) die besagte Wertaufholungsmöglichkeit bieten.

In der Konsequenz hat der Vorstand daher – möchte er seiner Sanierungspflicht genügen – zur (finanziellen) Restrukturierung der Gesellschaft die eine oder andere Form einer *Debt to Equity Conversion* zu vereinbaren und mithilfe der anderen *Stakeholder* umzusetzen. Dies wiederum geht jedoch zwingend mit der Neuordnung des Aktionariats einher. Denn die Gläubiger werden auch dann, wenn ein *Debt to Equity Swap* ohne vollständige Kapitalherabsetzung auf Null durchgeführt wird und die Altaktionäre (zumindest zu einem Teil) an der restrukturierten Gesellschaft beteiligt bleiben, einen wesentlichen Teil der Aktien (ggf. auch über eine *HoldCo* oder Treuhandgesellschaft) an der restrukturierten Gesellschaft halten. Aufgrund seiner Sanierungspflicht und mangels alternativer Refinanzierungs- und Restrukturierungsmöglichkeiten wird der Vorstand in Sanierungssituationen gar keine andere Wahl haben, als Teil der finanziellen Restrukturierung eine *Debt to Equity Conversion* mit den Gläubigern, die in Sanierungssituationen regelmäßig sowohl aus *Par* als auch *Non-Par Lendern* bestehen, zu vereinbaren und zu implementieren. Sein grundsätzlich freies unternehmerisches Ermessen i.S. der *Business Judgement Rule* des § 93 Abs. 1 Satz 2 AktG wird daher in Restrukturierungssituationen auf

Null reduziert sein, da alle anderen Handlungsalternativen als die Gesellschaft außergerichtlich durch eine Umwandlung von Fremd- in Eigenkapital finanziell zu restrukturieren und damit die Kapitalstruktur und das Aktionariat neu zu ordnen, ermessensfehlerhaft wären. Da die Gläubiger ohne Gegenleistung grundsätzlich nicht auf ihre Forderungen verzichten und sie daher fällig stellen werden, würden andere Handlungsalternativen als die Neustrukturierung des Gesellschafter- und Gläubigerkreises in der Regel die Eröffnung eines Insolvenzverfahrens über das Vermögen der Gesellschaft nach sich ziehen, mithin Werte vernichten und daher dem Unternehmensinteresse, auf das der Vorstand nach § 93 Abs. 1 AktG verpflichtet ist, zuwiderlaufen.

In Sanierungssituationen ist der Vorstand einer AG daher nicht zur Neutralität in dem Sinne, dass er sich jedweder Einflussnahme hinsichtlich der Zusammensetzung des Aktionariats zu enthalten habe, verpflichtet. Vielmehr kann er aufgrund seiner Pflicht, zunächst außergerichtliche Sanierungsversuche zu unternehmen, gerade dazu angehalten sein, die Fremd- und Eigenkapitalstruktur der Gesellschaft (bzw. der ganzen Unternehmensgruppe) zu restrukturieren. Dies geht dann aber denknotwendig mit einer Änderung der bestehenden Zusammensetzung des Aktionärskreises einher. Der Vorstand hat sich hinsichtlich der künftigen Zusammensetzung des Aktionariats nicht neutral zu verhalten, sondern ist verpflichtet, aktiv auf die Gläubiger zuzugehen, um mit ihnen gemeinsam ihre künftige Rolle als Aktionäre zu erörtern, zu verhandeln und schließlich rechtsverbindlich in einer Restrukturierungsvereinbarung festzulegen. Dabei müssen insbesondere auch noch zwei weitere Aspekte berücksichtigt werden: Zum einen sind die Gläubiger, die im Rahmen der finanziellen Restrukturierung zu Aktionären werden sollen, bereits Investoren der Gesellschaft. Es wäre verfehlt, nur die Eigenkapitalgeber und nicht auch die Fremdkapitalgeber als Investoren anzusehen. Zum anderen umfasst das Unternehmensinteresse – entgegen der wohl h.M. – nicht nur die Interessen der Aktionäre an einer Wertsteigerung ihrer Aktien, sondern auch diejenigen der Gläubiger am Rückerhalt ihres eingesetzten Kapitals. Das Unternehmensinteresse, zu dessen Verfolgung der Vorstand verpflichtet ist, ist das aggregierte Gesamtinteresse aller Kapitalgeber, einschließlich der Fremdkapitalgeber. Darüber hinaus verdichtet es sich aufgrund der Chancen- und Risikoverteilung, für die sich der jeweilige Kapitalgeber bei Kapitalgewährung entschieden hat, in wirtschaftlichen Krisensituationen zum alleinigen Interesse der Fremdkapitalgeber bzw. Gläubiger. Deren Sicherungsinteressen hat der Vorstand daher gem. § 93 Abs. 1 AktG vorrangig vor den Wertsteigerungsinteressen der Eigenkapitalgeber bzw. Aktionäre zu verfolgen.[179]

Das bedeutet folglich, dass der Vorstand im Rahmen der (finanziellen) Restrukturierung, die er im Rahmen seiner Sanierungspflicht ohnehin voranzutreiben hat, sein Handeln an den Interessen der Gläubiger (und künftigen) Aktionäre auszurichten hat. Denn bei der Ansprache der Gläubiger geht es weniger um die Ansprache

179 Siehe zu dieser Thematik insbesondere Kapitel 3 A.

künftiger, potentieller Investoren als vielmehr um eine solche bereits bestehender (Fremdkapital-)Investoren. Der Vorstand ist also zum einen aufgrund seiner Sanierungspflicht dazu angehalten, einen außergerichtlichen Restrukturierungsversuch zu unternehmen. Faktisch bzw. mittelbar ist er schon daraus verpflichtet, die Interessen der Gläubiger vorrangig wahrzunehmen, da diese aufgrund der ihnen regelmäßig in Sanierungssituationen zustehenden Kündigungsrechte meist die Möglichkeit haben, die gesamten Kredite zur Rückzahlung fällig zu stellen und dadurch ein Insolvenzverfahren zu erzwingen. Handelt er daher nicht vorrangig im Interesse der Kreditgeber bzw. Gläubiger, ist das Gelingen einer außergerichtlichen Restrukturierung eher unwahrscheinlich. Da sich das Wohl der Gesellschaft aufgrund der unterschiedlichen Risikoallokation, die Eigen- und Fremdkapitalinstrumenten anhaftet, wie bereits oben dargestellt, in Sanierungssituationen, also insbesondere dann, wenn der Unternehmenswert nicht mehr durch die Verbindlichkeiten gedeckt ist, im Sicherungsinteresse der Gläubiger erschöpft (*Debtholder Value),* ist der Vorstand zum anderen allerdings auch unmittelbar aus § 93 Abs. 1 AktG verpflichtet, vorrangig die Interessen der Gläubiger zu berücksichtigen.

Maßgebend für das vorrangige Gläubigerinteresse ist dabei die Höhe der ausstehenden Forderungen des jeweiligen Gläubigers. Kann daher die Gesellschaft das vorrangige Gläubigerinteresse nicht vollständig durch sofortige Barzahlungen und auch nicht durch künftige, zu versprechende (und zu diskontierende) Barzahlungen (*Reinstated Debt*) befriedigen, weil zum einen der Gesellschaft zur Erhaltung des *going concern* (§ 252 Abs. 1 Nr. 2 HGB) auch nach der Restrukturierung eine gewisse Minimumliquidität zur Verfügung stehen muss und weil zum anderen zu versprechende, künftige Barzahlungen von der Schuldentragfähigkeit gedeckt sein müssen, verbleibt oftmals nur die Möglichkeit, die Gläubigerinteressen vollständig dadurch zu befriedigen, dass ihnen Aktien zugeteilt werden, damit sie an einer künftigen, potentiellen Wertaufholung der restrukturierten Gesellschaft partizipieren können. Der Vorstand ist also in einer Krisensituation in aller Regel im Unternehmensinteresse verpflichtet, eine bestimmte Spielart einer *Debt to Equity Conversion* zu vereinbaren und mithilfe der Gläubiger und Aktionäre umzusetzen, mithin die Zusammensetzung des Aktionariats aktiv mitzugestalten. Bestünde eine gesellschaftsrechtliche Neutralitätspflicht, hätte sie der Vorstand zumindest in den dargestellten Sanierungssituationen nicht zu befolgen. Sie würde vielmehr hinter die allgemein bestehende Sanierungspflicht sowie hinter die Pflicht, in Krisensituationen vornehmlich die Sicherungsinteressen der Gläubiger zu berücksichtigen, zurücktreten. Im Kontext von Restrukturierungen steht nicht die Selektion von dem Vorstand genehmen Aktionären in Rede, vielmehr geht es darum, die Restrukturierung und Rettung des Unternehmens mit einer Restrukturierungsvereinbarung auf eine rechtssichere, vertragliche Grundlage zu stellen.

Der Abschluss einer Restrukturierungsvereinbarung mit einem *Distressed Hedge Fund* sowie seine sich daran anschließende Beteiligung im Rahmen einer *Debt to Equity Conversion* wird daher regelmäßig im Unternehmensinteresse liegen, da sich jenes in Krisensituationen zum Gläubigerinteresse verdichtet, der *Hedge Fund* zu diesem Zeitpunkt bereits Schuldtitel der Gesellschaft auf dem Sekundärmarkt erworben hat und daher Gläubiger, d.h. bereits Investor der Gesellschaft ist. Obwohl ein *Distressed Hedge Fund* die Schuldtitel regelmäßig unter par erwirbt und ihn daher ein Schuldenschnitt nicht so hart trifft wie die beteiligten *Par Lender*, wird er nur dann zu einem solchen bereit sein, wenn er im Gegenzug Aktien an der zu restrukturierenden Gesellschaft erhält und ihm gegenüber ggf. weitere Zugeständnisse gemacht werden. Es ergibt sich daher bereits aus der Sanierungspflicht, dass der Vorstand auf den *Hedge Fund* zugehen und mit ihm insbesondere dann über die künftige Kapitalstruktur bzw. seine künftige Beteiligung an der Gesellschaft verhandeln muss, wenn außer der Beteiligung an der restrukturierten Gesellschaft keine Möglichkeiten bestehen, um seine ausstehenden (sowie ggf. bereits fälligen) Forderungen zu befriedigen. Eine möglicherweise existierende gesellschaftsrechtliche Neutralitätspflicht ist daher im Kontext eines *Debt to Equity Swap*, durch den ein *Distressed Hedge Fund* eine Beteiligung an der Gesellschaft erwerben soll, der Pflicht des Vorstandes, sich stets am Wohle der Gesellschaft zu orientieren, nachgeordnet.

Vielmehr würde in derartigen Situationen die Verfolgung einer etwaigen Neutralitätspflicht dem Unternehmensinteresse eklatant zuwiderlaufen. Denn kann die durch den Vorstand vertretene Gesellschaft entgegen den ursprünglichen Kreditvereinbarungen bzw. Anleihebedingungen schon keine Barzahlungen in voller Höhe der ausstehenden Forderungen an den Investor leisten, dann muss der Vorstand der Gesellschaft wenigstens darauf hinwirken (und in der Restrukturierungsvereinbarung rechtsverbindlich festlegen), dass der Investor ersatzweise Anteile an der Gesellschaft erhält, damit er seine *Recovery* (zumindest teilweise) aus der potentiellen Wertsteigerung der Aktien schöpfen kann. Unter Umständen ist der Vorstand sogar darüber hinausgehend verpflichtet, auf einen Kapitalschnitt in Kombination mit einem vollständigen Ausschluss des Bezugsrechts der Altaktionäre hinzuwirken, mit der Folge des vollständigen Untergangs ihrer Aktionärsstellung. Dies findet seinen Grund vor allem darin, dass durch die Wertaufholungsmöglichkeit, die die Anteile gewähren (*Equity Upside*), dem Investor lediglich die Chance auf zukünftige Erträge zu Teil wird. Der Investor wird daher in aller Regel nicht bereit sein, diese bloße Gewinnchance, die er anstatt seiner eigentlich durch den Kreditvertrag vereinbarten Barzahlung erhält, mit den Altaktionären, die die Krise und damit auch die Nichtleistung der Barzahlung mit zu verantworten haben, zu teilen.

Ferner kann durch die Restrukturierungsvereinbarung die Wertaufholungs- bzw. die Wertsteigerungsmöglichkeit dadurch zwischen dem Investor und Neuaktionär einerseits sowie der Gesellschaft andererseits auf eine vertragliche Grundlage gestellt werden, dass beide Parteien in der Restrukturierungsvereinbarung die Förderung einer gemeinsamen Unternehmensstrategie festlegen, die das Unternehmen operativ wieder leistungs- und wettbewerbsfähig macht. Im Erfolgsfall werden das Eigenkapital und damit auch die dem Investor zugeteilten Aktien wieder werthaltig und die erhoffte Wertsteigerung kann realisiert werden. Auch unter diesem Gesichtspunkt liegt die Regelung des künftigen Verhältnisses zwischen Investor und Gesellschaft, d.h. der Abschluss der Restrukturierungsvereinbarung im Unternehmensinteresse. Dies gilt insbesondere dann, wenn der *Distressed Investor* in der Restrukturierungsvereinbarung verpflichtet wird, seine Aktien für einen gewissen Zeitraum nicht wieder zu veräußern (sog. *Lock-up*-Vereinbarung) und er somit als (mittelfristiger[180]) Ankeraktionär an die Gesellschaft gebunden wird, er sich quasi zu einem solchen aufschwingt. Im Übrigen würde die Befolgung der Neutralitätspflicht bedeuten, dass der Vorstand einer Aktiengesellschaft nur solange mit den Kreditgebern der Gesellschaft verhandeln dürfte, solange diese nicht die Absicht äußern, Aktionäre der Gesellschaft zu werden. Der Vorstand müsste in diesem Fall dann konsequenterweise die Verhandlungen abbrechen. Dies erscheint angesichts einer im Grundsatz unbestrittenen Sanierungspflicht, die den Vorstand trifft, nicht sehr sinnvoll.

7. Zwischenergebnis

Es bestehen daher sowohl in Anbetracht einer möglichen Kompetenzverlagerung bzw. Kompetenzverschiebung als auch vor dem Hintergrund einer etwaigen gesellschaftsrechtlichen Neutralitätspflicht keine Bedenken[181] gegen die grundsätzliche rechtliche Zulässigkeit einer Restrukturierungsvereinbarung, die mit einer zu restrukturierenden Aktiengesellschaft geschlossen wird. Dies impliziert jedoch auch, dass einzelnen Klauseln der Restrukturierungsvereinbarung aufgrund entgegenstehender Rechtssätze, vor allem aufgrund § 136 Abs. 2 AktG, im Besonderen die rechtliche Zulässigkeit verwehrt werden kann.

B. Abschlusszuständigkeit

I. Abschlusszuständigkeit der Hauptversammlung

Fraglich ist desweiteren, ob der Abschluss einer Restrukturierungsvereinbarung in die Geschäftsführungs- bzw. (herausgehobene) Leitungskompetenz des Vorstandes fällt oder ob er der Zustimmung der Hauptversammlung bedarf. Nach § 76 AktG hat der Vorstand die Gesellschaft unter eigener Verantwortung zu leiten, so dass

180 Ein Distressed Investor wird sich hierauf höchstens für einen Zeitraum von bis zu drei Jahren einlassen, da er im Gegensatz zu einem Private Equity Fund eher „tradingorientiert“ ist und daher seine Beteiligung bzw. Portfolio-Position maximal drei Jahre halten wird. In der Regel halten Distressed Hedge Funds, die u.a. eine loan to own-Strategie verfolgen, ihre im Rahmen einer Restrukturierung erlangten Equity-Beteiligungen 1 – 3 Jahre, vgl. etwa Barron's vom 22. Februar 2014: "Why Victor Khosla Sees a Major Opportunity in Europe – Global distressed debt specialist is putting about 60 % of his firm's assets in northern Europe"; European Distressed Debt Market Outlook 2015 (Debtwire/Rothschild/Orrick), S. 23.

181 Sich im Grundsatz ebenso gegen eine gesellschaftsrechtliche Neutralitätspflicht aussprechend allerdings im Zusammenhang mit Investorenvereinbarungen *Seibt/Wunsch* Der Konzern 2009, 195, 199; K. Schmidt/Lutter/*Seibt* § 76 Rn. 15 m.w.N.

grundsätzlich auch der Abschluss einer Restrukturierungsvereinbarung in seinen alleinigen Zuständigkeitsbereich fällt. Der Abschluss einer Restrukturierungsvereinbarung stellt ferner keine im Katalog des § 119 Abs. 1 AktG aufgeführte Maßnahme dar, so dass eine etwaige Kompetenz der Hauptversammlung auch nicht auf diese Norm gestützt werden kann. Die Entscheidung über den Abschluss könnte jedoch dennoch der Hauptversammlung zugewiesen sein. Dies wäre zum einen dann der Fall, wenn die Restrukturierungsvereinbarung als Unternehmensvertrag i.S.d. § 291 Abs. 1 Satz 1 AktG qualifizieren würde, zum anderen dann, wenn durch die Entscheidung über den Abschluss der Restrukturierungsvereinbarung derart in die Rechtsstellung der (Alt-)Aktionäre eingegriffen werden würde, dass der Vorstand vernünftigerweise nicht annehmen kann, er dürfe sie in ausschließlich eigener Verantwortung treffen, ohne die Hauptversammlung zu beteiligen (sog. Holzmüller/Gelatine-Doktrin[182]).

Hervorzuheben ist an dieser Stelle, dass es bei der Frage einer möglichen Abschlusszuständigkeit der Hauptversammlung um die Einbindung der Altaktionäre als Willensbildungsorgan der Gesellschaft geht und nicht um die Bindung der Altaktionäre als Partei der Restrukturierungsvereinbarung. Hier soll alleiniger Untersuchungsgegenstand sein, ob dem Gesellschaftsorgan Hauptversammlung, das sich aus den Altaktionären zusammensetzt, oder dem Gesellschaftsorgan Vorstand die Entscheidung über den Abschluss einer Restrukturierungsvereinbarung zugewiesen ist. In beiden Fällen wird – im Falle einer Zuständigkeit der Hauptversammlung allerdings erst nach entsprechendem Ausführungshandeln des Vorstandes – nur die Gesellschaft gebunden und nicht die Altaktionäre. Zu untersuchen ist demnach, welches Organ intern für den Abschluss entscheidungskompetent ist, damit sich die Gesellschaft wirksam durch die Restrukturierungsvereinbarung verpflichten kann. Ob auch die Altaktionäre als eigene Rechtssubjekte untereinander, gegenüber den (künftigen) Neuaktionären und Gläubigern sowie gegenüber der durch den Vorstand vertretenen Gesellschaft vertraglich in rechtlich zulässiger Weise durch die Restrukturierungsvereinbarung gebunden werden und Implementierungsverpflichtungen übernehmen können – etwa hinsichtlich eines bestimmten Stimmverhaltens in der Hauptversammlung – steht auf einem anderen Blatt und wird an entsprechender Stelle untersucht werden.[183]

1. Qualifizierung der Restrukturierungsvereinbarung als Unternehmensvertrag i.S.d §§ 291 AktG

a) Gewinnabführungsvertrag

Zunächst stellt sich also die Frage, ob eine Restrukturierungsvereinbarung als Unternehmensvertrag i.S.d. § 291 Abs. 1 Satz 1 AktG qualifiziert und daher die

182 BGH, Urteil v. 25.02.1982 – II ZR 174/80 = NJW 1982, 1703, 1705.

183 Hierzu siehe unten Kapitel 2 C. IV.

Zustimmung der Hauptversammlung nach § 293 Abs. 1 AktG zu ihrer Wirksamkeit notwendig ist. Nach § 291 Abs. 1 Satz 1 sind Unternehmensverträge Verträge, durch die eine Aktiengesellschaft oder Kommanditgesellschaft auf Aktien die Leitung ihrer Gesellschaft einem anderen Unternehmen unterstellt (Beherrschungsvertrag) oder sich verpflichtet, ihren ganzen Gewinn an ein anderes Unternehmen abzuführen (Gewinnabführungsvertrag). Allenfalls dann, wenn ein *Distressed Investor* sich in der Restrukturierungsvereinbarung das Recht einräumen lässt, nach Beteiligungsübernahme, d.h. nach Implementierung einer *Debt to Equity Conversion*, jederzeit mit Unterstützung der Gesellschaft eine Sonderdividende an sich auszahlen zu lassen, könnte man in Betracht ziehen, die Restrukturierungsvereinbarung als Gewinnabführungsvertrag zwischen Investor und Gesellschaft anzusehen. Die Auszahlung einer Sonderdividende erfolgt jedoch in aller Regel durch die Auflösung von Rücklagen, durch eine (effektive) Kapitalherabsetzung oder durch die Aufnahme entsprechenden Fremdkapitals durch die Gesellschaft (*Leveraged Recap*), ist also gewinnunabhängig. Die Verpflichtung zur Abführung des ganzen Gewinns im Rahmen eines Gewinnabführungsvertrages i.S.d. § 291 Abs. 1 Satz 1 Alt. 2 AktG ist hingegen davon abhängig, ob ein entsprechender Gewinn durch die abhängige Gesellschaft erwirtschaftet bzw. ausgewiesen wurde. Darüber hinaus ist unabdingbare Rechtsfolge eines Gewinnabführungsvertrages das Entstehen eines Verlustausgleichsanspruches der abhängigen Gesellschaft gemäß § 302 AktG. Ein *Distressed Hedge Fund*, der sich in einer Restrukturierungsvereinbarung das Recht auf Zahlung einer Sonderdividende einräumen lässt, wird in aller Regel erkennbar nicht für einen etwaigen Jahresfehlbetrag der Gesellschaft einstehen wollen. Darüber hinaus wird die Gesellschaft typischerweise darauf drängen, dass in der Restrukturierungsvereinbarung festgelegt wird, dass der Investor für einen bestimmten Zeitraum keine Dividendenzahlungen erhält. Die Einordnung einer Restrukturierungsvereinbarung als Gewinnabführungsvertrag i.S.d. § 291 Abs. 1 Satz 1 Alt. 2 AktG kommt daher grundsätzlich nicht in Betracht.

b) Beherrschungsvertrag

Zu prüfen bleibt daher, ob eine Restrukturierungsvereinbarung im Einzelfall einen Beherrschungsvertrag i.S.d. § 291 Abs. 1 Satz 1 Alt. 1 AktG darstellt. Dies könnte vor allem dann der Fall sein, wenn ein *Distressed Investor* eine (wesentliche) Beteiligung an der Gesellschaft erwirbt und in der Restrukturierungsvereinbarung festgelegt wird, dass er nach Beteiligungserwerb berechtigt ist, auf die operative und strategische Unternehmensführung der Gesellschaft Einfluss zu nehmen. Die Einflussnahme kann beispielsweise dadurch erfolgen, dass bestimmte, grundsätzlich in die alleinige Entscheidungskompetenz des Vorstands fallende Maßnahmen – zumindest im Innenverhältnis – nur mit vorheriger Zustimmung des Investors wirksam sind oder dass dem Investor eine entsprechende Repräsentanz im Aufsichtsrats- oder Vorstandsorgan zugesichert wird. Derartige Regelungen hinsichtlich der Gremienbesetzung sind vor allem auch in Investorenvereinbarungen zu finden, die im Rahmen von (öffentlichen) Übernahmen außerhalb von Sanierungssituationen zwischen Investor und Zielgesellschaft geschlossen werden.[184] Mit einer Investorenvereinbarung soll jedoch gerade der Einfluss des Investors, der bei öffentlichen Übernahmen in der Regel den Erwerb einer Mehrheitsbeteiligung an der Zielgesellschaft anstrebt, begrenzt werden. Daher sind neben den Gremienabreden, die den Einfluss des Investors stärken, vor allem solche Regelungsgegenstände Inhalt einer Investorenvereinbarung, die die korporationsrechtliche Geltung des Investors, die ihm aufgrund seiner Mehrheitsbeteiligung vermittelt wird, einschränken. Eine Investorenvereinbarung qualifiziert daher typischerweise auch nicht als Beherrschungsvertrag, sondern eher als Spezialform eines Entherrschungsvertrages, dessen wirksamer Abschluss aber anerkanntermaßen gerade keines Hauptversammlungsbeschlusses auf der Ebene der „entherrschten" Zielgesellschaft bedarf, da der Entherrschungsvertrag für die Gesellschaft lediglich vorteilhaft ist und es daher an einem Eingriff in die Rechtsstellung der Aktionäre der Zielgesellschaft fehlt.[185]

Anders verhält sich dies jedoch in (außergerichtlichen) Sanierungssituationen, in denen ein *Distressed Hedge Fund* beabsichtigt, seine mit Abschlag erworbenen Schuldtitel im Rahmen der finanziellen Restrukturierung in Aktien der Gesellschaft „zu tauschen". *Distressed Hedge Funds* ist gemein, dass sie aufgrund ihres kurzfristigeren Investmenthorizonts grundsätzlich[186] keine Mehrheitsbeteiligungen erwerben, die nur mit größerem Zeit- und Kostenaufwand wieder veräußert werden können. Sie konzentrieren sich daher vor allem auf Minderheitsbeteiligungen[187], die unter Berücksichtigung der Illiquidität von *Distressed Investments* im Allgemeinen relativ schnell wieder an den Markt abgegeben werden können. Dadurch erhalten sie sich zum einen ihre Flexibilität, zum anderen können sie ihr Risiko diversifizieren, da ihnen der Erwerb von Minderheitspositionen erlaubt, viele Engagements gleichzeitig einzugehen.[188] Nichtsdestotrotz sind sie

---

184 Vgl. etwa *Kiem* AG 2009, 301, 303, 309; *Seibt/Wunsch* Der Konzern 2009, 195, 204.

185 *Kiem* AG 2009, 301, 306 f.; *Seibt/Wunsch* Der Konzern 2009, 195, 200; KölnKommAktG-*Koppensteiner* § 17 Rn. 114; MünchKommAktG-*Bayer* § 17 Rn. 108; *Hüttemann* ZHR 156 (1992), 314, 328; *Götz*, Der Entherrschungsvertrag im Aktienrecht, 1991, S. 106; differenzierend: *Hentzen* ZHR 157 (1993), 65, 70.

186 Zusammen mit anderen Distressed Investoren erwerben sie jedoch häufig im Konsortium Mehrheitsbeteiligungen. Siehe hierzu sogleich sowie oben Kapitel 1 B. III.

187 Bei der IVG-Restrukturierung hat im Rahmen des Debt to Equity Swap kein Distressed Hedge Fund mehr als 10 % am Grundkapital der Gesellschaft erworben, vgl. Manager Magazin vom 24. Februar 2014 15:32 Uhr: „Gläubiger übernehmen die IVG".

188 Ein Distressed Hedge Fund mit etwa 1.5 Mrd. Assets under Management (AuM) kann etwa 50 Positionen (gleichzeitig) halten. Die Hälfte des Kapitals kann dabei auf lediglich 10 Positionen verteilt sein. Regelmäßig wird der Hedge Fund Manager auch nur mit diesen Positionen eine loan to own-Strategie verfolgen. Siehe hierzu Barron's vom 22. Februar 2014: "Why Victor Khosla Sees a Major Opportunity in Europe – Global distressed debt specialist is putting about 60 % of his firm's assets in northern Europe".

zunehmend darauf angewiesen, den Wert der von ihnen erworbenen (Portfolio-) Beteiligungen nicht nur durch finanzielles, sondern auch durch operatives Handanlegen zu steigern.[189] Um eine Verbesserung der operativen Leistungsfähigkeit des Unternehmens zu erreichen, ist jedoch auch ein gewisses Maß an unternehmerischem Einfluss auf das operative, grundsätzlich dem Vorstand nach § 76 AktG zugewiesene Tagesgeschäft vonnöten. Da sie über die erworbenen Minderheitsbeteiligungen keinen korporationsrechtlichen Einfluss auf die Gesellschaft ausüben können, indem sie etwa nach Beteiligungsübernahme nach Belieben Mitglieder des Aufsichtsrats auswechseln, die sich wiederum für die Bestellung der Vorstandsmitglieder verantwortlich zeichnen, oder die AG in eine GmbH umwandeln, um dem Geschäftsführer Weisungen zu erteilen, vgl. § 37 Abs. 1 a.E. GmbHG, haben sie großes Interesse daran, dass der fehlende korporationsrechtliche Einfluss auf schuldrechtlichem Wege mithilfe entsprechender Klauseln in der Restrukturierungsvereinbarung hergestellt wird. Restrukturierungsvereinbarungen, die mit *Distressed Hedge Funds* abgeschlossen werden, können daher durchaus den Einfluss des Fonds und (künftigen) Aktionärs gegenüber der Gesellschaft stärken und stehen daher im Gegensatz zu Investorenvereinbarungen, die mit Mehrheitsaktionären abgeschlossen werden, im Verdacht, die Gesellschaft nicht zu ent-, sondern zu beherrschen.

Um eine unternehmensvertragliche Beherrschung der Untergesellschaft[190] durch den *Distressed Hedge Fund* annehmen zu können, ist erforderlich, dass er auf Grundlage der Restrukturierungsvereinbarung in die Lage versetzt wird, eine auf das Gesamtinteresse der verbundenen Unternehmen ausgerichtete Zielkonzeption zu entwickeln und gegenüber dem Vorstand der Gesellschaft durchzusetzen.[191] Dies wird insbesondere dann der Fall sein, wenn ihm teilweise[192] oder in Gänze Leitungsfunktionen übertragen werden.[193] Obwohl der *Distressed*

---

189 Sowohl unter Hedge Funds im Allgemeinen als auch unter Distressed Hedge Funds im Besonderen herrscht ein intensiver Wettbewerb. Um sich von ihren Konkurrenten abzuheben, verfolgen Distressed Hedge Funds zunehmend loan to own-Strategien. Vgl. etwa European Distressed Debt Market Outlook 2015 (Debtwire/Rothschild/Orrick), S. 30, 32 f.

190 Siehe zu den Anforderungen, die an eine unternehmensvertragliche Beherrschung zu stellen sind, den Überblick über den Meinungsstand bei *Hüffer* Aktiengesetz § 291 Rn. 9 ff. m.w.N.; siehe zu dieser Thematik auch noch eingehend unten Kapitel 2 C. I. 1. a) bb) (3) (aa), (bb) sowie (cc).

191 So die Anforderungen an den Mindestgehalt eines Beherrschungsvertrags gemäß *Hüffer* Aktiengesetz § 291 Rn. 10; ebenso *Kiem* AG 2009 301, 306, im Zusammenhang mit Investorenvereinbarungen.

192 Nach h.M. fallen auch Teilbeherrschungsverträge unter § 291 AktG. Vgl. etwa Spindler/Stilz/*Veil* § 291 Rn. 24; *Hüffer* Aktiengesetz § 291 Rn. 10; K. Schmidt/Lutter/*Langenbucher* § 291 Rn. 30. Siehe hierzu noch eingehend unten Kapitel 2 C. I. 1. a) bb) (3) (bb).

193 So die Anforderungen an einen Beherrschungsvertrag gemäß KölnKommAktG-*Koppensteiner* § 291 Rn. 45 ff., 49.

Hedge Fund – wie eingangs dargestellt – ein großes Interesse daran hat, vertraglich seinen fehlenden korporationsrechtlichen Einfluss zu kompensieren, werden ihm die Regelungskomplexe in einer Restrukturierungsvereinbarung nicht derart weitreichende Befugnisse einräumen, die es ihm gestatten würden, den Vorstand der Gesellschaft ähnlich wie den Geschäftsführer einer GmbH „an die kurze Leine" zu nehmen. Eine Übertragung von Leitungsfunktionen im obigen Sinne auf den Investor findet daher grundsätzlich nicht statt. Wird im Einzelfall der Vorstand der Gesellschaft jedoch durch die Restrukturierungsvereinbarung – zumindest teilweise – zum reinen Ausführungsorgan des Investors degradiert, steht ihm mithin kein eigenes Entscheidungsermessen mehr zu, qualifiziert die Restrukturierungsvereinbarung hinsichtlich dieses Teilkomplexes als Beherrschungsvertrag i.S.d. § 291 Abs. 1 Satz 1 Alt. 1 AktG mit der Folge, dass ihr Abschluss nach § 293 Abs. 1 AktG der Zustimmung der Hauptversammlung (der Untergesellschaft) bedarf.

Häufig werden die Schuldtitel einer krisenbefangenen Gesellschaft auf dem Sekundärmarkt nicht von einem einzigen *Distressed Hedge Fund* erworben. Gerade dann, wenn die Gesellschaft (bzw. Unternehmensgruppe) eine Vielzahl verschiedener Schuldinstrumente begeben hat, stehen ihr in der Krise auch eine Vielzahl verschiedener *Distressed Hedge Funds* gegenüber, die möglicherweise auch unterschiedliche Investmentstrategien verfolgen. Diejenigen unter ihnen, die im Rahmen einer *loan to own*-Strategie Aktien an der Gesellschaft erwerben wollen, bündeln häufig ihre Interessen und treten der Gesellschaft gegenüber als Konsortium auf. Ihnen kommt dann nach dem Aktienerwerb unter Umständen vergleichbare Entscheidungsgewalt zu wie einem Mehrheitsaktionär. Die Gesellschaft wird daher bestrebt sein, dass in die Restrukturierungsvereinbarung Unterlassungsverpflichtungen (und ggf. flankierende *Standstill*-Vereinbarungen) zulasten der Investoren Eingang finden, die es ihnen untersagen, innerhalb eines bestimmten Zeitraums bestimmte Maßnahmen hinsichtlich der operativen und strategischen Ausrichtung der Gesellschaft vorzunehmen. Die Durchsetzung einer bestimmten, von den *Distressed Hedge Funds* entwickelten Zielkonzeption gegenüber dem Vorstand soll dadurch dann gerade unterbunden werden. Die ihnen aufgrund ihrer Mehrheitsbeteiligung zukommende Möglichkeit der Einflussnahme sowie eine etwaige Leitungsfunktion werden aufgrund der Restrukturierungsvereinbarung begrenzt und abgeschwächt, so dass die Gesellschaft mithilfe der Restrukturierungsvereinbarung weniger beherrscht als vielmehr entherrscht wird. Folglich kommen in derartigen Konstellationen die Einordnung der Restrukturierungsvereinbarung als Beherrschungsvertrag sowie eine verdrängende Abschlusskompetenz der Hauptversammlung grundsätzlich nicht in Betracht.

2. *Zuständigkeit der Hauptversammlung aufgrund der „Holzmüller/ Gelatine"-Doktrin?*

a) Grundsätze der „Holzmüller/Gelatine"-Doktrin

Ein Zustimmungserfordernis der Hauptversammlung könnte sich ferner aus der sog. Holzmüller/Gelatine-Doktrin ergeben. Neben den gesetzlich ausdrücklich geregelten Fällen, in denen der Vorstand einer Aktiengesellschaft die Zustimmung der Hauptversammlung einholen muss[194] und die vornehmlich den Fortbestand und die Struktur der Aktiengesellschaft betreffen, geht die herrschende Rechtsprechung seit der sog. „Holzmüller"-Entscheidung des BGH[195] in bestimmten Fällen von einer ungeschriebenen Hauptversammlungszuständigkeit aus. In der „Holzmüller"-Entscheidung hat der BGH festgelegt, dass für Maßnahmen der Geschäftsführung, die zu Strukturänderungen von herausragender Bedeutung führen, eine Zuständigkeit der Hauptversammlung begründet ist. Konkret soll der Vorstand einer Aktiengesellschaft insbesondere dann verpflichtet sein, der Hauptversammlung Maßnahmen zur Entscheidung vorzulegen (vgl. § 119 Abs. 2 AktG), wenn diese „durch die Außenvertretungsmacht des Vorstandes, seine gemäß § 83 [AktG] begrenzte Geschäftsführungsbefugnis wie auch durch den Wortlaut der Satzung formal noch gedeckt sind, gleichwohl so tief in die Mitgliedsrechte der Aktionäre und deren im Anteilseigentum verkörpertes Vermögensinteresse eingreifen, dass der Vorstand vernünftigerweise nicht annehmen kann, er dürfe sie in ausschließlich eigener Verantwortung treffen, ohne die Hauptversammlung zu beteiligen."[196] Das Vorlageermessen des Vorstandes i.S.d. § 119 Abs. 2 AktG sei in solchen Fällen auf Null reduziert.[197]

Der BGH konkretisiert diese Grundsätze in seiner Entscheidung vom 26. April 2004 (sog. „Gelatine"-Urteil)[198] dahingehend, dass zum einen „ungeschriebene Mitwirkungsbefugnisse der Hauptversammlung nur ausnahmsweise und in engen Grenzen anzuerkennen sind", zum anderen, dass sie allein dann in Betracht kommen, „wenn eine vom Vorstand in Aussicht genommene Umstrukturierung

---

194 Siehe beispielsweise etwa §§ 119 Abs. 1 Nr. 5, 179 f. AktG (Satzungsänderung); §§ 119 Abs. 1 Nr. 6, 182 ff., 222 ff. AktG (Änderung des Grundkapitals); §§ 119 Abs. 1 Nr. 8, 262 Abs. 1 Nr. 2 AktG (Auflösung der AG); § 179a AktG (Verpflichtung zur Übertragung des ganzen Gesellschaftsvermögens; zu § 179a AktG siehe sogleich Kapitel 2 B. I. 2. b) aa)); § 293 AktG (Abschluss von Unternehmensverträgen, siehe soeben Kapitel 2 B. I. 1.), § 295 AktG (Änderung von Unternehmensverträgen), §§ 13, 65, 73, 174 ff., 226 ff. UmwG (Umwandlungen); §§ 319, 320 AktG (Eingliederung).

195 BGH, Urteil v. 25.02.1982 – II ZR 174/80 = NJW 1982, 1703 ff.

196 BGH, Urteil v. 25.02.1982 – II ZR 174/80 = NJW 1982, 1703, 1705.

197 BGH, Urteil v. 25.02.1982 – II ZR 174/80 = NJW 1982, 1703, 1705; *Hüffer* Aktiengesetz § 119 Rn. 16; *Hirte* Kapitalgesellschaftsrecht Rn. 368 kommt zum gleichen Ergebnis, jedoch über eine Analogie zu den Vorschriften über Satzungsänderungen (§ 119 Abs. 1 Nr. 5 AktG).

198 BGH, Urteil v. 26.04.2004 – II ZR 155/02 = DStR 2004, 922, 926 (*Goette*).

der Gesellschaft an die Kernkompetenz der Hauptversammlung, über die Verfassung der Aktiengesellschaft zu bestimmen, rührt, weil sie Veränderungen nach sich zieht, die denjenigen zumindest nahe kommen, welche alleine durch eine Satzungsänderung herbeigeführt werden können". In der Gelatine-Entscheidung verfolgt der BGH darüber hinaus einen anderen Begründungsansatz als in der Holzmüller-Entscheidung. Die ungeschriebene Hauptversammlungskompetenz sei nicht aus einer Ermessensreduzierung des § 119 Abs. 2 AktG herzuleiten, sondern Ergebnis offener Rechtsfortbildung. Kann eine Zuständigkeit der Hauptversammlung nach diesen Grundsätzen begründet werden, bedarf ihre Zustimmung wegen der Bedeutung für die Aktionäre der Mehrheit von Dreivierteln des bei der Beschlussfassung vertretenen Grundkapitals.[199] Das ungeschriebene Zustimmungserfordernis der Hauptversammlung stellt lediglich eine interne Kompetenzzuweisung dar, die die Außenwirkung der betreffenden Maßnahme unberührt lässt.[200] Verstößt der Vorstand allerdings gegen die Pflicht, die Zustimmung der Hauptversammlung einzuholen, begründet er gemäß § 93 Abs. 2 AktG eine eigene Schadensersatzpflicht gegenüber der Gesellschaft.

Die Frage, wann genau eine solche ungeschriebene Hauptversammlungszuständigkeit angenommen werden kann, hat der BGH in der „Gelatine"-Entscheidung dahingehend beantwortet, dass mindestens 80 % des Gesellschaftsvermögens betroffen sein müssen.[201] Der Vorstand hat insbesondere dann die Zustimmung der Hauptversammlung einzuholen[202], wenn die Ausgliederung von Unternehmensteilen bzw. Betrieben auf Tochtergesellschaften im Wege der Einzelrechtsnachfolge[203], die Konzernleitung bzw. eine konzerninterne Umstrukturierung (beispielsweise etwa die Einbringung einer zunächst von der Aktiengesellschaft selbst gehaltenen Beteiligung in eine Tochtergesellschaft), Kapitalerhöhungen in Tochtergesellschaften, der Erwerb von Beteiligungen[204] oder ein *Initial Public Offering* (IPO) betroffen sind. Im Falle der Veräußerung von Beteiligungen soll hingegen – zumindest soweit § 179a AktG nicht berührt ist – ein Hauptversammlungsbeschluss nicht notwendig sein, da – anders als im Falle der Ausgliederung von Unternehmensteilen oder der Einbringung von Beteiligungen in Tochtergesellschaften – mit der Veräußerung kein Mediatisierungseffekt verbunden sei.[205]

---

199 BGH, Urteil v. 26.04.2004 – II ZR 155/02 = DStR 2004, 922, 926 (*Goette*).
200 Hölters/*Drinhausen* Aktiengesetz § 119 Rn. 16.
201 BGH, Urteil v. 26.04.2004 – II ZR 155/02 = DStR 2004, 922, 926 (*Goette*).
202 Darstellung bei Hölters/*Drinhausen*, Aktiengesetz § 119 Rn. 21, teilweise streitig.
203 Bei Ausgliederungen nach dem UmwG bleibt für die Anwendung der „Holzmüller/Gelatine"-Doktrin kein Raum, da für diese Maßnahmen ein Beschluss der Hauptversammlung bereits nach den Vorschriften des UmwG erforderlich ist.
204 Streitig, nicht entschieden durch BGH, Beschluss v. 07.02.2012 – II ZR 253/10 = NZG 2012, 347.
205 BGH, Beschluss v. 20.11. 2006 – II ZR 226/05 = DStR 2007, 586.

b) Anwendbarkeit der „Holzmüller/Gelatine"-Doktrin auf Restrukturierungsvereinbarungen

Zu untersuchen ist nun, ob der Abschluss einer Restrukturierungsvereinbarung aufgrund der „Holzmüller/Gelatine"-Doktrin in die ungeschriebene Kompetenz der Hauptversammlung fällt und deshalb der Vorstand zunächst deren Zustimmung einholen muss, möchte er sich nicht im Innenverhältnis gegenüber der Gesellschaft nach § 93 Abs. 2 AktG einer möglichen Schadensersatzpflicht aussetzen. Der Abschluss einer Restrukturierungsvereinbarung bedarf nach dem oben Gesagten dann der Zustimmung der Hauptversammlung, wenn er zwar formal noch von der Geschäftsführungsbefugnis und Vertretungsmacht des Vorstands sowie der Satzung gedeckt ist, gleichwohl so tief in die Mitgliedsrechte der Aktionäre und deren im Anteilseigentum verkörpertes Vermögensinteresse eingreift, dass der Vorstand vernünftigerweise nicht annehmen kann, er dürfe ihn in ausschließlich eigener Verantwortung treffen, ohne die Hauptversammlung zu beteiligen. Zugleich müsste der Abschluss der Restrukturierungsvereinbarung, der die rechtsverbindliche Bindung der Gesellschaft zur Folge hat, an die Kernkompetenz der Hauptversammlung, über die Verfassung der Aktiengesellschaft zu bestimmen, rühren, weil der Abschluss Veränderungen nach sich zieht, die denjenigen zumindest nahe kommen, welche alleine durch eine Satzungsänderung herbeigeführt werden können. Da die Vornahme der unter a) genannten Maßnahmen, wie etwa die Ausgliederung von Unternehmensteilen auf Tochtergesellschaften, anerkanntermaßen in die ungeschriebene Kompetenz der Hauptversammlung fallen, könnte man zu dem Schluss kommen, dass der Vorstand die Zustimmung der Hauptversammlung immer dann einzuholen hat, wenn die Gesellschaft durch die Restrukturierungsvereinbarung zur Umsetzung derartiger Maßnahmen verpflichtet wird. Doch so einfach liegen die Dinge indes nicht. Die Verpflichtung zur Umsetzung einer Restrukturierungsmaßnahme ist nämlich nicht ohne weiteres mit der eigentlichen, der Hauptversammlung aufgrund der „Holzmüller/Gelatine"-Doktrin zur Entscheidung zugewiesenen Umsetzung gleichzusetzen. Eine Gleichsetzung wäre nur dann gerechtfertigt, wenn die Umsetzungsverpflichtung der Gesellschaft ähnlich in die Verwaltungs- und Vermögensinteressen der Aktionäre eingreifen würde wie die Umsetzung selbst.

Ein Eingriff in die Stellung der Aktionäre durch eine entsprechende Verpflichtungsübernahme der Gesellschaft ist im Ergebnis allerdings grundsätzlich zu bejahen. Bereits die Verpflichtung der Gesellschaft zu einer Maßnahme, deren Umsetzung der (ungeschriebenen) Entscheidungskompetenz der Hauptversammlung unterliegt, bedarf der Zustimmung der Hauptversammlung. Dies findet seinen Grund darin, dass durch die Übernahme der Verpflichtung durch die Gesellschaft das Organ der Hauptversammlung aufgrund mangelnder Rechtssubjektsqualität zwar nicht rechtlich jedoch faktisch zur Umsetzung der vereinbarten Maßnahme gebunden wird. Hat sich daher die Gesellschaft in der Restrukturierungsvereinbarung zur Umsetzung einer (Sanierungs-)Maßnahme verpflichtet, die in den (ungeschriebenen) Zuständigkeitsbereich der Hauptversammlung fällt, und diese bei Übernahme der Verpflichtung, d.h. bei Abschluss der Restrukturierungsvereinbarung, nicht beteiligt, dann ist die Hauptversammlung in ihrer freien Entscheidungskompetenz beeinträchtigt. Sie wäre aufgrund der bestehenden Bindung der Gesellschaft faktisch verpflichtet, der Maßnahme zuzustimmen. Denn würde sie trotz der Bindung der Gesellschaft der Maßnahme nicht zustimmen, wäre die Gesellschaft nicht in der Lage, die eingegangene Verpflichtung zu erfüllen.[206] Dies könnte Schadensersatzansprüche gegen die Gesellschaft nach sich ziehen, was sich mittelbar auch auf die Vermögensinteressen der Aktionäre auswirken würde. Besteht daher im Zeitpunkt, in dem die Hauptversammlung über eine bestimmte Maßnahme zu entscheiden hat, bereits eine rechtsverbindliche Pflicht der Gesellschaft zur Umsetzung dieser Maßnahme, dann ist sie angesichts der (finanziellen) Nachteile, denen sich die Aktionäre bei Nichtzustimmung möglicherweise gegenübersähen, faktisch gezwungen, der Maßnahme zuzustimmen.

Die Zustimmung der Hauptversammlung ist daher bereits bei Eingehung der Umsetzungsverpflichtung, d.h. bei Abschluss der Restrukturierungsvereinbarung einzuholen, sofern die Umsetzungsmaßnahme in die (ungeschriebene) Kompetenz der Hauptversammlung fällt. Dieses Ergebnis ist letztlich Ausfluss des Grundsatzes, dass eine Aktiengesellschaft keine Bindung zu Lasten eines Organs ohne dessen Zustimmung eingehen darf.[207] Gesetzlich normiert ist dieser Grundsatz in § 187 Abs. 2 AktG[208], wonach Zusicherungen von Rechten auf den Bezug neuer Aktien vor dem Beschluss über die Erhöhung des Grundkapitals der Gesellschaft gegenüber unwirksam sind. Auf § 187 Abs. 2 AktG, der den Schutz der Entscheidungsfreiheit der Hauptversammlung bezweckt, wird zurückzukommen sein.[209] Bestätigt wird das hier gefundene Ergebnis, dass nicht erst die Umsetzung selbst, sondern bereits die Verpflichtung dazu zustimmungsbedürftig ist, durch die Wertung des § 179a Abs. 1 Satz 1 AktG. Danach bedarf ein Vertrag, durch den sich eine Aktiengesellschaft zur Übertragung des ganzen Gesellschaftsvermögens verpflichtet, ohne dass die Übertragung unter die Vorschriften des Umwandlungsgesetzes fällt, eines Beschlusses der Hauptversammlung nach § 179a AktG. § 179a Abs. 1

---

206 Da es sich bei den ungeschriebenen Hauptversammlungskompetenzen lediglich um interne Kompetenzzuweisungen handelt (siehe bereits oben Kapitel 2 B. I. 2. a)), könnte der Vorstand die Maßnahme zwar vornehmen, würde dadurch jedoch gegen seine Pflichten gegenüber der Gesellschaft (§ 93 Abs. 1 AktG) verstoßen, was ggf. eine Schadensersatzpflicht nach § 93 Abs. 2 AktG ihr gegenüber nach sich zöge. In der Regel ist daher davon auszugehen, dass der Vorstand ohne Zustimmung der Hauptversammlung die bestehende (durch ihn selbst in Vertretung der Gesellschaft begründete) Umsetzungsverpflichtung der Gesellschaft nicht erfüllen, d.h. die Maßnahme nicht umsetzen wird.

207 Hierzu siehe eingehend unten Kapitel 2 C. II. Siehe ferner dazu im Zusammenhang mit Investorenvereinbarungen *Kiem* AG 2009 301, 307.

208 Anders gewendet ist § 187 Abs. 2 AktG Ausfluss des Grundsatzes, dass keine Bindung der Gesellschaft zulasten eines Organs ohne dessen Zustimmung erfolgen darf.

209 Siehe unten Kapitel 2 C. III.

Satz 1 AktG unterstellt also nicht erst das bzw. die dinglichen Vollzugsgeschäft(e) der Zuständigkeit der Hauptversammlung, sondern bereits das zugrundeliegende Verpflichtungsgeschäft. Durch § 179a Abs. 1 Satz 1 AktG wird ebenso verhindert, dass sich die Hauptversammlung im Zeitpunkt der Beschlussfassung dadurch vor vollendete Tatsachen gestellt sieht, dass sich die Gesellschaft bereits rechtsverbindlich zur Übertragung des ganzen Gesellschaftsvermögens verpflichtet hat und die Hauptversammlung unter Zugzwang gesetzt wird, indem sie ihre Zustimmung zur Vornahme der entsprechenden Erfüllungsgeschäfte erteilen soll.

Damit ist jedoch noch nicht geklärt, ob die Verpflichtungserklärungen der Gesellschaft, die typischerweise in Restrukturierungsvereinbarungen festgelegt werden, eines Hauptversammlungsbeschlusses bedürfen. Die Pflicht zur Vorlage der Restrukturierungsvereinbarung an die Hauptversammlung kann konsequenterweise nur dann bestehen, wenn auch die Umsetzungsmaßnahmen, zu denen sich die Gesellschaft in der Restrukturierungsvereinbarung verpflichtet, der (ungeschriebenen) Kompetenz der Hauptversammlung bedürfen. Dies ist bei den oben aufgeführten Maßnahmen, wie beispielsweise etwa bei der Ausgliederung von wesentlichen Unternehmensteilen auf Tochtergesellschaften, der Einbringung von Beteiligungen in Tochtergesellschaften oder bei sonstigen konzerninternen Umstrukturierungen der Fall, wenn dadurch mindestens 80 % des Gesellschaftsvermögens betroffen sind. Sieht eine Restrukturierungsvereinbarung daher vor, dass sich die Gesellschaft zur Umsetzung und Förderung derartiger Sanierungsmaßnahmen verpflichtet, wendet der Vorstand bei Abschluss der Restrukturierungsvereinbarung nur dann die Sorgfalt eines ordentlichen und gewissenhaften Geschäftsleiters i.S.d. § 93 Abs. 1 AktG an, wenn er die Vereinbarung der Hauptversammlung zur Beschlussfassung vorlegt.

aa) Debt to Equity Swap

Fraglich ist insbesondere, ob der Abschluss einer Restrukturierungsvereinbarung mit einem *Distressed Hedge Fund*, die die Gesellschaft rechtsverbindlich verpflichtet, einen *Debt to Equity Swap* zu fördern und mithilfe von Gläubigern und Altaktionären zu implementieren, der Zustimmung der Hauptversammlung bedarf. Dies ist nach eben Gesagtem davon abhängig, ob die eigentliche Vornahme eines *Debt to Equity Swap* in die Kompetenz der Hauptversammlung fällt. Ein *Debt to Equity Swap* setzt sich aus unterschiedlichen Teilschritten zusammen. Typischerweise wird zunächst entweder eine ordentliche Kapitalherabsetzung nach § 222 AktG oder – wie in Sanierungssachverhalten die Regel – eine vereinfachte Kapitalherabsetzung nach § 229 AktG zu den dort genannten Zwecken, insbesondere zum Ausgleich von Wertminderungen durchgeführt. Ist das Eigenkapital der Gesellschaft (vollständig) verbraucht, ist grundsätzlich eine Kapitalherabsetzung auf Null möglich, sofern gemäß § 228 AktG der in § 7 AktG bestimmte Mindestnennbetrag (€ 50.000,00) durch eine sich an die Kapitalherabsetzung anschließende Barkapitalerhöhung wieder erreicht wird. Neben dieser Barkapitalerhöhung wird üblicherweise auch eine Sachkapitalerhöhung nach den §§ 182, 183 AktG beschlossen, wobei die Gläubiger ihre notleidenden Forderungen gegen die Gesellschaft als Sacheinlage einbringen. Die sich an die Kapitalherabsetzung anschließende Kapitalerhöhung geht in aller Regel mit einem ggf. vollständigen Ausschluss des gesetzlichen Bezugsrechts der Altaktionäre gemäß § 186 Abs. 3 AktG einher, so dass idealerweise allein die Gläubiger, die durch Zeichnung der jungen Aktien, die durch die Eintragung der Kapitalerhöhung entstehen, zu Aktionären der Gesellschaft werden, an einer möglichen Wertsteigerung des Unternehmens und damit auch an einer Wertsteigerung der Aktien teilnehmen. Machen die Gläubiger ihren Sanierungsbeitrag, der in der Einbringung ihrer Forderungen gegen die Gesellschaft besteht[210], vom (vollständigen) Ausschluss des Bezugsrechts der Altaktionäre abhängig, ist dieser grundsätzlich gerechtfertigt. Eine Kapitalherabsetzung auf Null in Kombination mit einem (vollständigen) Bezugsrechtsausschluss hat zur Folge, dass faktisch die Aktien der Altaktionäre (vollständig) vernichtet werden.

Das bedeutet also, dass die drei wesentlichen Teilschritte eines *Debt to Equity Swap*, namentlich die Kapitalherabsetzung, die Kapitalerhöhung sowie der Bezugsrechtsausschluss, nach den §§ 222 bzw. 229, 182, 183, 186 Abs. 3 AktG in die Kompetenz der Hauptversammlung fallen. Aus dem oben dargelegten Grundsatz, dass kein Organ einer Aktiengesellschaft ohne dessen Zustimmung durch die Eingehung einer Verpflichtung der Gesellschaft (faktisch) gebunden werden darf, ergibt sich demnach, dass der Abschluss einer Restrukturierungsvereinbarung unter dem Vorbehalt der Zustimmung der Hauptversammlung steht, soweit in der Restrukturierungsvereinbarung die Verpflichtung der Gesellschaft zur Förderung und Umsetzung eines *Debt to Equity Swap* rechtsverbindlich festgelegt wird. Denn durch die rechtsverbindliche Festlegung der Einzelheiten des *Debt to Equity Swap*, wie etwa die Höhe der zu beschließenden Kapitalerhöhung, die Bewertung der einzubringenden Forderungen sowie die Anzahl der zuzuteilenden Aktien, zu deren Einhaltung, Förderung und Umsetzung sich die Gesellschaft in der Restrukturierungsvereinbarung verpflichtet hat, ist die Entscheidung über das „Ob" und „Wie" des *Debt to Equity Swap* bereits so weit fortgeschritten, dass den Aktionären vor dem Hintergrund einer drohenden Insolvenz, in der ihre Aktien in aller Regel wirtschaftlich wertlos sind, vgl. § 199 Satz 2 InsO, von einer ökonomischen Warte aus betrachtet nichts anderes übrig bleibt, als dem von der Gesellschaft mit den Gläubigern ausgehandelten *Debt to Equity Swap* zuzustimmen, indem sie die Umsetzung der einzelnen Teilschritte beschließen. Ihnen wird sprichwörtlich die Pistole auf die Brust gesetzt.

Der eigentliche Entscheidungsprozess über den *Debt to Equity Swap* ist vielmehr demjenigen der Hauptversammlung vorgelagert und findet in den Verhandlungen

210 Sobald die Forderungen in die Gesellschaft durch Abtretung gemäß § 398 BGB eingebracht sind, gehen sie durch Konfusion unter, *Eilers* GWR 2009, 3, 3; Schmidt/*Schlitt* Der Konzern 2009, 279, 282; Michalski/*Zeidler* GmbHG § 5 Rn. 90; *Hüffer* Aktiengesetz § 27 Rn. 25; *Hofert/Möller* GmbHR 2009, 527, 527; *Meyer/Degener* BB 2011, 846, 847.

zur Restrukturierungsvereinbarung zwischen Gesellschaft und Gläubigern statt. Der Mediatisierungseffekt, d.h. die Änderung des Einflusses der Aktionäre in ihrem Organ[211], entsteht nicht erst durch die Umsetzung der einzelnen Teilschritte, sondern bereits durch die entsprechende Verpflichtung der Gesellschaft in der Restrukturierungsvereinbarung. Bereits durch die schuldrechtliche Fixierung des *Debt to Equity Swap* wird in die Stellung der Aktionäre eingegriffen, da dadurch der Prozess der Umstrukturierung der Kapital- und Gesellschafterstruktur längst seinen Lauf genommen hat. Die wegweisenden Entscheidungen sind mit rechtsverbindlicher Niederlegung der Transaktionsdetails in der Restrukturierungsvereinbarung bereits getroffen. Wird die verpflichtende Restrukturierungsvereinbarung der Hauptversammlung nicht zur Entscheidungsfindung vorgelegt, wird die Entscheidungskompetenz der Hauptversammlung darauf verkürzt, dass sie die bereits erörterte, ausverhandelte und verbindlich zwischen der Gesellschaft sowie den Gläubigern und künftigen Aktionären festgelegte neue Finanz- und Kapitalstruktur und damit auch die neue Aktionärsstruktur, die durch den *Debt to Equity Swap* (und die anderen Restrukturierungsmaßnahmen) realisiert werden soll, nur noch abzusegnen hat.

Insbesondere dann, wenn der *Debt to Equity Swap* einen nahezu vollständigen Kapitalschnitt auf Null[212] sowie den Ausschluss des Bezugsrechts der Altaktionäre vorsieht, mithin ein erheblicher Teil der Altaktien als Folge der eintretenden Verwässerung (faktisch) vernichtet wird, und der Detailgrad der in der Restrukturierungsvereinbarung festgelegten Transaktion derart hoch ist, dass die Hauptversammlung im Rahmen der Beschlussfassung über die Teilschritte nur zwischen dem bereits ausverhandelten sowie rechtsverbindlich festgelegten Restrukturierungskonzept und faktisch einem Insolvenzverfahren über das Vermögen der Gesellschaft zu entscheiden hat, mithin nur eine „Ja-oder-Nein"-Entscheidung trifft, ist der Eingriff in die Mitgliedsrechte der Aktionäre und deren im Anteilseigentum verkörpertes Vermögensinteresse bereits so weit fortgeschritten, dass der Vorstand vernünftigerweise nicht annehmen kann, er dürfe die Restrukturierungsvereinbarung in ausschließlich eigener Verantwortung abschließen, ohne die Hauptversammlung zu beteiligen. Im Ergebnis lässt sich die Abschlusszuständigkeit der Hauptversammlung daher nicht nur aus dem Grundsatz, dass keinem Organ ohne dessen Willen (faktische) Pflichten auferlegt werden dürfen, herleiten, sondern auch originär mit den „Holzmüller/Gelatine"-Grundsätzen über ungeschriebene Hauptversammlungskompetenzen begründen.

Darüber hinaus kann die Abschlusszuständigkeit der Hauptversammlung auch auf eine Analogie zu § 179a AktG gestützt werden. Nach § 179a Abs. 1 Satz 1 AktG

---

211 OLG Köln ZIP 2014, 263, 267.

212 Handelt es sich um eine börsennotierte Aktiengesellschaft, dürfte eine Kapitalherabsetzung auf Null außerhalb eines Insolvenz(plan)verfahrens eher die Ausnahme darstellen, weil dadurch die Börsennotierung der Aktien erlischt, vgl. *Brünkmanns* ZIP 2014 1857, 1863.

bedarf bekanntlich ein Vertrag, durch den sich eine Aktiengesellschaft verpflichtet, ihr ganzes Vermögen zu übertragen, der Zustimmung der Hauptversammlung.

Die planwidrige Regelungslücke ergibt sich daraus, dass es der Gesetzgeber versäumt hat, auch die den Vollzugsmaßnahmen[213] (ggf.) zu Grunde liegenden Verpflichtungsgeschäfte[214] ebenso wie die Vollzugsmaßnahmen selbst der Kompetenz der Hauptversammlung zu unterwerfen. Dabei hat er insbesondere übersehen, dass diese Verpflichtungsgeschäfte bereits derart konkretisiert sein können, dass sie die Entscheidungsfreiheit der Hauptversammlung verkürzen, indem sie diese vor eine reine „Ja-oder-Nein"-Wahl stellen, mithin ihr eine faktische Bindung auferlegen, ohne dass sie einer solchen zugestimmt hat. Durch die Vorverlagerung des Entscheidungsprozesses kann auf diese Weise die (ungeschriebene) Zuständigkeit der Hauptversammlung, wenn nicht gänzlich umgangen, so doch qualitativ erheblich eingeschränkt werden.

Die für eine Analogie erforderliche vergleichbare Interessenlage liegt dann vor, wenn die Aktionäre durch die rechtsverbindlich festgelegten Regelungskomplexe in der Restrukturierungsvereinbarung vergleichbar nachteilig betroffen sind wie bei der Verpflichtung der Gesellschaft, ihr ganzes Gesellschaftsvermögen zu übertragen. Verpflichtet sich die Gesellschaft in der Restrukturierungsvereinbarung zur Umsetzung und Förderung eines *Debt to Equity Swap*, der einen Kapitalschnitt auf (nahezu) Null unter (nahezu) vollständigem Bezugsrechtsausschluss der Altaktionäre vorsieht, besteht eine solche mit dem Tatbestand des § 179a Abs. 1 Satz 1 AktG vergleichbare Interessenlage. Dies deshalb, weil durch den Kapitalschnitt auf Null in Kombination mit dem Bezugsrechtsausschluss die Aktien der Altaktionäre ggf. vollständig vernichtet werden, sie mithin ihr eingesetztes Kapital (gänzlich) verlieren. Überträgt die Gesellschaft ihr ganzes Gesellschaftsvermögen, ggf. auf eine (Schwester-)Gesellschaft, auf die die Aktionäre (nahezu) keinen Einfluss haben, wird die wirtschaftliche Position der Aktionäre vergleichbar mit einem Kapitalschnitt auf (nahezu) Null unter Ausschluss des Bezugsrechts wesentlich ausgehöhlt. Die Interessenlage, die bei der Verpflichtung der Gesellschaft zur Umsetzung eines *Debt to Equity Swap* in der Restrukturierungsvereinbarung besteht, ist daher zumindest aus ökonomischer Perspektive der Aktionäre[215] – letztlich geht es ja um die Entscheidungsfreiheit der Aktionäre in der Hauptversammlung, mithin um Aktionärsbelange – mit derjenigen, die bei einer vertraglichen Verpflichtung der Gesellschaft, ihr ganzes Vermögen zu übertragen, besteht, vergleichbar. Eine Analogie zu § 179a AktG kann daher bejaht werden, sofern durch den festgelegten

213 Wie sie etwa im Katalog des § 119 Abs. 1 AktG, insbesondere unter Ziffer 6, aufgelistet sind.

214 Wie etwa eine rein schuldrechtlich verpflichtende Restrukturierungsvereinbarung.

215 In rechtsdogmatischer Hinsicht stellen ein Debt to Equity Swap, der die Struktur auf Ebene der Gesellschafter ändert, und die Übertragung des (ganzen) Gesellschaftsvermögens, die auf Ebene der Gesellschaft stattfindet, natürlich zwei völlig unterschiedliche Sachverhalte dar.

Debt to Equity Swap die Aktionäre derart aus der Gesellschaft gedrängt werden, dass dies in wirtschaftlicher Hinsicht die gleichen (oder auch nachteiligere) Auswirkungen auf die Position der Aktionäre hat wie (als) die Übertragung des Gesellschaftsvermögens im Ganzen. Die Abschlusszuständigkeit der Hauptversammlung ergibt sich daher auch aus § 179a Abs. 1 Satz 1 AktG analog.

Die vergleichbare Interessenlage, die bei Abschluss eines Verpflichtungsvertrages besteht, der die Übertragung des ganzen[216] Gesellschaftsvermögens vorsieht, und einer Restrukturierungsvereinbarung, die die Gesellschaft zur Umsetzung eines *Debt to Equity Swap* verpflichtet, lässt sich auch aus dem Normzweck des § 179a AktG herleiten. Zweck des § 179a AktG ist insbesondere der Bestandsschutz der Aktiengesellschaft sowie der Mitgliedschaftsrechte der Aktionäre.[217] Es besteht nämlich die Gefahr, dass das gesamte Vermögen der Gesellschaft im Wege einer übertragenden Auflösung auf den Mehrheitsaktionär übertragen, sodann die Gesellschaft aufgelöst und der Liquidationserlös nach Befriedigung der Gläubiger an die Aktionäre ausgeschüttet wird. Der im Gegenzug für die Übertragung zu leistende Kaufpreis bestimmt dabei mittelbar den an die Aktionäre auszuschüttenden Liquidationserlös. Der Kaufpreis wird jedoch typischerweise bereits im der Übertragung zugrunde liegenden Verpflichtungsvertrag festgelegt. Die Zustimmung der Hauptversammlung ist daher bereits zu diesem notwendig. Andernfalls könnte die durch den Vorstand vertretene Gesellschaft ohne Beteiligung der Hauptversammlung zusammen mit dem Erwerber einen unangemessen niedrigen Kaufpreis festlegen, mithin mittelbar auch den auszuschüttenden Liquidationserlös und daher auch – vor dem Hintergrund einer übertragenden Auflösung – den an die Aktionäre zu leistenden wirtschaftlichen Wert für den Verlust ihrer Aktien. Die Aktionäre müssen also bereits dann eingebunden werden, wenn es um die Festlegung dieses wirtschaftlichen Wertes geht, den sie im Gegenzug für den Verlust ihrer im Aktieneigentum verkörperten Vermögensinteressen erhalten. § 179a AktG stellt daher sicher, dass sie bereits dann involviert werden, wenn es um die (wirtschaftliche) Beeinträchtigung dieser Vermögensinteressen geht, namentlich bei Abschluss des der Übertragung zugrunde liegenden Verpflichtungsvertrages.

Da in der Restrukturierungsvereinbarung analog zu dieser Situation die wirtschaftlichen Parameter für den *Debt to Equity Swap* rechtsverbindlich festgelegt

---

216 Nach h.M. ist anerkannt, dass auch dann die Übertragung des ganzen Vermögens in diesem Sinne erfolgt, wenn ein unwesentlicher Teil bei der Gesellschaft zurückbleibt, mit dem sie ihr Unternehmen nicht weiter betreiben kann, RGZ 124, 279, 294 f; BGHZ 83, 122, 128 = NJW 1982, 1703, 1704 – Holzmüller; OLGR Düsseldorf 1994, 34 = WM 1994, 337, 343; OLG Stuttgart NZG 2007, 234; KölnKommAktG-*Kraft* § 361 a.F. Rn 9; MünchKommAktG-*Stein* Rn. 18; Spindler/Stilz/*Holzborn* § 179a Rn. 19; *Feldhaus* BB 2009, 562; kritisch *Bredthauer* NZG 2008, 816, 817 ff., der darin entgegen der h.M. einen Verstoß gegen Art. 9 Publizitätsrichtlinie (68/151/EWG) sieht.

217 Spindler/Stilz/*Holzborn* § 179a Rn. 19. Darüber hinaus bezweckt die Norm einen Schutz vor unangemessener Vertragsgestaltung, MünchKommAktG-*Stein* § 179a Rn. 5.

werden, mithin – vor dem Hintergrund, dass die (Alt-)Aktionäre durch diesen im Falle eines Kapitalschnitts in ihren Vermögensinteressen stark beeinträchtigt werden – ebenso die wirtschaftlichen Werte ausverhandelt und festgelegt werden, die den (Alt-)Aktionären verbleiben sollen, bestehen vergleichbare, wenn nicht gar identische Interessenlagen. Die Aktionäre sind daher auch in dieser Konstellation bereits bei der Festlegung dieser ihnen verbleibenden wirtschaftlichen Werte, d.h. bei Abschluss der Restrukturierungsvereinbarung, zu beteiligen. Andernfalls bestünde die Gefahr, dass die durch den Vorstand vertretene Gesellschaft allein mit den Gläubigern und Neuaktionären ohne Beteiligung der Altaktionäre über den diesen verbleibenden Restwert entscheidet. Die wirtschaftliche Stellung der Altaktionäre wird darüber hinaus nicht nur durch die eigentliche Umsetzung der Kapitalmaßnahmen bestimmt, sondern durch das in der Restrukturierungsvereinbarung festgelegte Restrukturierungskonzept im Ganzen. Die einzelnen Teilmaßnahmen sind Teil des *Debt to Equity Swap.* Dieser wiederum ist in ein ganzheitliches Sanierungskonzept eingebettet, das in der Regel ein komplexes Zusammenspiel verschiedener Restrukturierungsmaßnahmen darstellt, die sich gegenseitig bedingen und beeinflussen. Die Stellung der Aktionäre wird daher nicht nur durch die einzelnen Maßnahmen, sondern durch das gesamte in der Restrukturierungsvereinbarung niedergelegte Sanierungskonzept beeinflusst. Dieses bedarf daher bereits ihrer Zustimmung. Ansonsten besteht wie bei der von § 179a AktG geregelten übertragenden Auflösung die Gefahr, dass sie bereits bei der Vertragsgestaltung unangemessen in ihren Vermögens- und auch Verwaltungsinteressen benachteiligt werden.

Der Auffassung des OLG Köln[218], wonach im Falle eines rechtsverbindlich in einem *Term Sheet* vereinbarten Sanierungskonzepts, das einen *Debt to Equity Swap* beinhaltet, die (ungeschriebene) Kompetenz der Hauptversammlung allein schon deshalb ausreichend beachtet wird, wenn ihr die vereinbarten Vollzugsmaßnahmen, namentlich die Kapitalherabsetzung, die Kapitalerhöhung sowie der Bezugsrechtsausschluss, zur Entscheidung vorgelegt werden, kann daher nicht gefolgt werden. Das OLG Köln verkennt die oben dargelegten Ausführungen, insbesondere den Grundsatz, dass kein Organ einer Aktiengesellschaft ohne dessen Zustimmung durch die Gesellschaft gebunden werden darf, sowie den Umstand, dass bei rechtsverbindlicher Festlegung eines ausgereiften und endverhandelten *Debt to Equity Swap* zum einen die Entscheidungsfreiheit der Aktionäre erheblich verkürzt wird, wenn ihnen allein die Umsetzungsmaßnahmen und nicht auch die verpflichtende Restrukturierungsvereinbarung zur Entscheidung vorgelegt werden, zum anderen durch die Vorverlagerung des Entscheidungsprozesses bereits derart in die Stellung der Aktionäre eingegriffen wird, dass der Vorstand vernünftigerweise nicht annehmen kann, er dürfe die Restrukturierungsvereinbarung in ausschließlich eigener Verantwortung abschließen, ohne die Hauptversammlung zu beteiligen.

218 OLG Köln ZIP 2014, 263, 267.

Im Übrigen ist auch § 179a Abs. 2 AktG analog anzuwenden, sofern die oben dargelegten Voraussetzungen erfüllt sind und bereits die verpflichtende Restrukturierungsvereinbarung der Hauptversammlung zur Entscheidung vorzulegen ist. Ist dies der Fall, ist die Restrukturierungsvereinbarung gemäß § 179 Abs. 2 Satz 1 – 3 AktG analog von der Einberufung der Hauptversammlung an, die über die Zustimmung beschließen soll, in dem Geschäftsraum der Gesellschaft zur Einsicht der Aktionäre auszulegen sowie auf Verlangen jedem Aktionär unverzüglich eine Abschrift zu erteilen, es sei denn, die Restrukturierungsvereinbarung ist für denselben Zeitraum über die Internetseite der Gesellschaft zugänglich. Dort wird sie insbesondere dann zur Verfügung stehen, wenn die Gesellschaft ihren Inhalt ohnehin in Gestalt einer Ad hoc-Mitteilung nach § 15 Abs. 1 WpHG veröffentlichen muss, weil sowohl die Verhandlungen als auch der Abschluss der Restrukturierungsvereinbarung als Insiderinformationen i.S.d. § 14 WpHG qualifizieren und ferner auch die Voraussetzungen des Befreiungstatbestandes des § 15 Abs. 3 WpHG nicht vorliegen. Darüber hinaus ist das Vertragsdokument der Restrukturierungsvereinbarung nach § 179a Abs. 2 Satz 4 – 6 AktG analog auch der Hauptversammlung zugänglich zu machen, wobei der Vorstand den Inhalt zu Beginn der Verhandlung zu erläutern sowie der Verhandlungsniederschrift als Anlage beizufügen hat.

bb) Debt to Asset Swap

Es stellt sich ferner die Frage, ob auch eine Restrukturierungsvereinbarung, die einen *Debt to Asset Swap* festlegt und die Gesellschaft zu seiner Umsetzung[219] und Förderung verpflichtet, in die (ungeschriebene) Kompetenz der Hauptversammlung fällt. Nach den oben aufgezeigten Grundsätzen und Voraussetzungen ist dies dann zu bejahen, wenn durch die Verpflichtung der Gesellschaft die Hauptversammlung faktisch gebunden wird, den *Debt to Asset Swap* umzusetzen. Eine faktische Bindung der Hauptversammlung kann jedoch nur dann eintreten, wenn die

219 Die Umsetzung eines Debt to Asset Swaps erfolgt regelmäßig durch einen von der Restrukturierungsvereinbarung separat abzuschließenden Vertrag (vgl. Eilers/Koffka/Mackensen/*Westpfahl* Private Equity III.2 Rn. 37; siehe auch oben Kapitel 1 C. II. 1.), namentlich eine Art Sale and Purchase Agreement (SPA), das die Transaktionsdetails regelt. Die Restrukturierungsvereinbarung stellt zum SPA daher lediglich einen Vorvertrag dar, in dem die wirtschaftlichen Eckpunkte der Transaktion geregelt sind. Sofern der verpflichtende Teil des SPAs, das den dinglichen Rechtsübergang im Rahmen des Debt to Asset Swaps festlegt, der Zustimmung der Hauptversammlung bedarf (hierzu sogleich), bedarf auch die Restrukturierungsvereinbarung ihrer Zustimmung, da sie zum Abschluss des SPAs verpflichtet. Beide Verträge liegen der dinglichen Vermögensübertragung des Debt to Asset Swaps als schuldrechtliches Verpflichtungsgeschäft zugrunde und werden im Zusammenhang mit den folgenden Ausführungen einheitlich behandelt.

Umsetzung des *Debt to Asset Swap* überhaupt der Hauptversammlung zur Entscheidung zugewiesen ist.

Unter einem *Debt to Asset Swap* versteht man im Gegensatz zu einem *Debt to Equity Swap* nicht die Übertragung der Anteile der Gesellschafter auf die Gläubiger, die im Gegenzug (teilweise) auf ihre Forderungen gegenüber der Gesellschaft verzichten, sondern die Übertragung des Vermögens der Gesellschaft auf jene. Beim zu übertragenden Vermögen kann es sich sowohl um das ganze Vermögen der Gesellschaft, nur um einzelne Vermögensgüter und Betriebsteile als auch um Beteiligungen an anderen Gesellschaften handeln. Fungiert die zu restrukturierende Aktiengesellschaft als reine Holdinggesellschaft, deren Zweck allein darin besteht, Beteiligungen an anderen Gesellschaften, insbesondere an Tochter-, Enkel- und sonstigen Gruppengesellschaften zu halten, kann im Rahmen eines *Debt to Asset Swap* auf relativ einfache Weise die Entschuldung und Sanierung des gesamten „Konzerns" erreicht werden, indem die an den Tochtergesellschaften gehaltenen Anteile auf die Gläubiger bzw. auf ein zu diesem Zweck gegründetes Vehikel (*HoldCo* oder *BidCo*), an dem die Gläubiger beteiligt werden, oder auf eine Treuhandgesellschaft, die die Beteiligungen zugunsten der Gläubiger hält, im Gegenzug für deren (teilweisen) Forderungsverzicht übertragen werden. Möglich ist allerdings auch ein sog. *Cherry Picking*. Dabei werden nur bestimmte Vermögensgüter, Betriebsteile oder Beteiligungen auf die Gläubiger übertragen.[220] Zu prüfen ist daher, welche dieser Übertragungstatbestände in die Kompetenz der Hauptversammlung fallen, so dass aufgrund der oben dargestellten Grundsätze, möglicherweise jedoch auch direkt aufgrund des § 179a Abs. 1 Satz 1 AktG[221] bereits die Restrukturierungsvereinbarung selbst der Hauptversammlung zur Entscheidung vorzulegen ist.

Werden sämtliche Beteiligungen, die die Gesellschaft an Tochtergesellschaften hält, oder sämtliche Vermögensgüter im Rahmen eines *Debt to Asset Swap* auf die Gläubiger bzw. auf eine zu diesem Zweck gegründete (Zwischen-)Holdinggesellschaft oder auf eine Treuhandgesellschaft übertragen, bedarf bereits die Restrukturierungsvereinbarung, die die Verpflichtung der Gesellschaft zur Umsetzung des *Debt to Asset Swap*, d.h. zur Übertragung der Beteiligungen bzw. des sonstigen Vermögens beinhaltet, eines zustimmenden Beschlusses der Hauptversammlung. Dies folgt direkt aus § 179a Abs. 1 Satz 1 AktG. Ein Rückgriff auf die „Holzmüller-Gelatine"-Doktrin ist bei einer Übertragung des ganzen Gesellschaftsvermögens nicht erforderlich. Die Restrukturierungsvereinbarung wird zwar in aller Regel nicht den eigentlichen Kauf- und Übernahmevertrag (*Sale and Purchase Agreement* (SPA)) beinhalten[222], in dem die weiteren Transaktionsdetails, wie etwa bestimmte Garantien und Haftungsausschlüsse, geregelt sind, dennoch die Gesellschaft

---

220 Eilers/Koffka/Mackensen/*Westpfahl* Private Equity III.2. Rn. 36; Theiselmann/*Schlitt/Ries*, Praxishandbuch des Restrukturierungsrechts, Kapitel 9 Rn. 9.

221 Hierzu siehe sogleich sowie Fn. 226.

222 Vgl. Eilers/Koffka/Mackensen/*Westpfahl* Private Equity III.2. Rn. 37.

bereits rechtsverbindlich zur dinglichen Übertragung verpflichten. Die Restrukturierungsvereinbarung qualifiziert dann als Vertrag i.S.d. § 179a Abs. 1 Satz 1 AktG. Selbst wenn jedoch die Gesellschaft durch die Restrukturierungsvereinbarung lediglich verpflichtet wird, das SPA abzuschließen, wird sie zumindest mittelbar auch zur dinglichen Übertragung gebunden. In einem solchen Fall stellt die Restrukturierungsvereinbarung – zumindest hinsichtlich der Vermögensübertragung – einen Vorvertrag dar, der ebenso als zustimmungsbedürftiger Vertrag i.S.d. § 179a Abs. 1 Satz 1 AktG qualifiziert. Dies deshalb, weil die faktische Bindung der Hauptversammlung bereits dann entsteht, wenn sich die Gesellschaft in einem Vorvertrag verpflichtet, den eigentlichen sowohl das Verpflichtungs- als auch das Verfügungsgeschäft umfassenden Kauf- und Übernahmevertrag abzuschließen. Zweck des in der Restrukturierungsvereinbarung verankerten Vorvertrages ist, die Transaktion dem Grunde nach rechtsverbindlich festzulegen sowie die wesentlichen wirtschaftlichen Eckpunkte und Parameter unwiderruflich zu vereinbaren. Durch die Restrukturierungsvereinbarung entsteht daher bereits eine unwiderrufliche Bindung zur Umsetzung der Transaktion.

Gemäß § 133 Abs. 1 AktG ist die einfache Stimmenmehrheit und gem. § 179a Abs. 1 Satz 1 AktG mindestens eine Dreiviertel-Kapitalmehrheit erforderlich, soweit nicht die Satzung eine höhere Mehrheit vorschreibt. Werden die Mehrheiten nicht erreicht, ist die durch die Gesellschaft in Vertretung des Vorstands abgeschlossene Restrukturierungsvereinbarung unwirksam, da die Zustimmung der Hauptversammlung Wirksamkeitsvoraussetzung für den der Vermögensübertragung zugrunde liegenden Verpflichtungsvertrag ist. Die Vertretungsmacht des Vorstands nach § 78 Abs. 1 AktG ist insoweit eingeschränkt, dem Zustimmungserfordernis kommt Außenwirkung zu.[223] Verpflichtet sich demzufolge die Gesellschaft in der Restrukturierungsvereinbarung zur Umsetzung eines *Debt to Asset Swap*, der die Übertragung sämtlicher Beteiligungen an den Tochtergesellschaften bzw. sämtlichen sonstigen Gesellschaftsvermögens auf die Gläubiger, eine von diesen eingerichtete (Zwischen-)Holdinggesellschaft oder auf eine Treuhandgesellschaft vorsieht, bedarf die Restrukturierungsvereinbarung als schuldrechtlicher Verpflichtungsvertrag, aus dem mittel- oder unmittelbar die Pflicht zur Übertragung folgt, eines zustimmenden Hauptversammlungsbeschlusses. Ferner ist eine derartige Restrukturierungsvereinbarung nach § 311b Abs. 3 BGB notariell zu beurkunden. Eine dingliche Übertragung, die ohne einen zustimmenden oder gegen einen ablehnenden Beschluss erfolgt, ist rechtsgrundlos und kann nach § 812 Abs. 1 Satz 1 Alt. 1 BGB rückabgewickelt werden. Der Vorstand, der die Gesellschaft ohne einen zustimmenden Hauptversammlungsbeschluss durch den Abschluss der Restrukturierungsvereinbarung verpflichtet, verletzt seine Pflichten gegenüber der Gesellschaft nach § 93 Abs. 1 AktG und macht sich ihr gegenüber nach § 93 Abs. 2 AktG schadensersatzpflichtig. Im Übrigen ist die Restrukturierungsvereinbarung nach § 179a Abs. 2 Satz 1 AktG von der Einberufung der Hauptversammlung an,

223 Henssler/Strohn/*Strohn* Gesellschaftsrecht § 179a AktG Rn. 10.

die über die Zustimmung beschließen soll, in dem Geschäftsraum der Gesellschaft zur Einsicht der Aktionäre auszulegen. Die Sätze 2 – 6 der Norm finden ebenso direkte Anwendung.

Überträgt die Gesellschaft jedoch nicht ihr ganzes Vermögen, ist § 179a AktG nicht einschlägig. Der Abschluss einer Restrukturierungsvereinbarung, in der nur eine teilweise Übertragung des Gesellschaftsvermögens rechtsverbindlich festgelegt wird, bedarf jedoch möglicherweise aufgrund der „Holzmüller/Gelatine"-Grundsätze dennoch eines zustimmenden Beschlusses der Hauptversammlung. Dass bei Vorliegen der Voraussetzungen dieser Grundsätze nicht nur die Umsetzungsmaßnahmen, d.h. die dingliche Übertragung des Vermögens, sondern bereits die hierzu verpflichtende Restrukturierungsvereinbarung deshalb zustimmungsbedürftig ist, weil der Hauptversammlung ansonsten ohne deren Zustimmung durch die Gesellschaft eine faktische Bindung auferlegt werden würde, ist oben ausführlich begründet worden. Eine (ungeschriebene) Hauptversammlungskompetenz wird allerdings nach BGH auch dann nicht begründet, wenn von der Vermögensübertragung zwar nicht das ganze Vermögen, jedoch mehr als 80 % des Gesamtvermögens betroffen ist. Der BGH begründet seine Auffassung damit, dass anders als im Falle der Ausgliederung von Unternehmensteilen oder der Einbringung von Beteiligungen in Tochtergesellschaften mit der Veräußerung kein Mediatisierungseffekt verbunden sei.[224]

Erfolgt jedoch die Übertragung im Rahmen des vereinbarten *Debt to Asset Swap* oder auch im Rahmen eines vereinbarten M&A-Prozesses mit einem außenstehenden Investor zunächst auf eine Zwischenholding, um sie dann anschließend bei Eintritt bestimmter Voraussetzungen, wie etwa bei Nichteinhaltung von Finanzkennzahlen (*Financial Covenants*) in den (neu-)vereinbarten Kreditverträgen oder bei Nichteinhaltung der im IDW S6-Gutachten erörterten sowie in der Restrukturierungsvereinbarung festgelegten operativen Restrukturierungsschritte, an die Gläubiger oder den Dritten zu veräußern, kann die Zustimmung der Hauptversammlung erforderlich sein. Grundvoraussetzung für eine ungeschriebene Hauptversammlungskompetenz ist aber auch hier, dass die auf die Zwischenholding zu übertragende Beteiligung bzw. die sonstigen Vermögensgüter nicht das ganze Vermögen der Gesellschaft, so doch mindestens 80 % ihres Gesamtvermögens ausmachen. Ist diese Voraussetzung der „Wesentlichkeitsschwelle" erfüllt, dann stellt die Übertragung auf eine Zwischenholding eine Maßnahme dar, die einen Mediatisierungseffekt zulasten der Aktionäre zur Folge hat. Dies ergibt sich für den Fall der Übertragung einer wesentlichen Beteiligung daraus, dass mit der Übertragung auf die Zwischenholding eine weitere hierarchische Ebene geschaffen wird. Der Einfluss der herrschenden, übertragenden Gesellschaft auf die Führung der Geschäfte der nunmehr zu Enkelgesellschaften gewordenen Tochtergesellschaften aber auch etwa beispielsweise auf die Entscheidung über die Gewinnverwendung sowie andere Maßnahmen wird durch das Zwischenschalten der Holdinggesellschaft, an

224 BGH, Beschluss v. 20.11.2006 – II ZR 226/05 = DStR 2007, 586.

der die Gläubiger bzw. der neue Investor ggf. auch schon beteiligt werden, erheblich eingeschränkt.

Dies führt dann in der Folge dazu, dass sich auch der Einfluss der Aktionäre in ihrem Organ der herrschenden, nun zur Großmutter gewordenen Aktiengesellschaft ändert. Über die Hauptversammlung dieser Gesellschaft können sie nur über die Leitungsorgane der Zwischengesellschaft auf die nun zu Enkelgesellschaften mutierten, ehemaligen Tochtergesellschaften Einfluss nehmen. Der Gewaltenfluss hat sich durch das Zwischenschalten der Holding zulasten der Aktionäre der Gesellschaft geändert. Die Leitungsorgane dieser Gesellschaften erhalten den Rahmen für ihr Handeln nämlich nicht mehr durch den von der Hauptversammlung über den Aufsichtsrat kontrollierten Vorstand der Gesellschaft, sondern von dem organschaftlichen Vertreter der Zwischenholding vorgegeben, der seine Berufung einer nach § 76 AktG getroffenen Entscheidung des Vorstandes der Gesellschaft und eben nicht der Hauptversammlung verdankt. Darüber hinaus handelt der organschaftliche Vertreter der Zwischenholding – die Zwischenholding wird in der Regel eine GmbH, ggf. auch eine vergleichbare Gesellschaft nach Luxemburger Recht (*LuxCo*) sein – möglicherweise auch nach den Vorgaben eines zwischen den Gläubigern, mithin den Banken und *Distressed Hedge Funds*, der Gesellschaft und der Zwischenholding geschlossenen Treuhandvertrages.

Fraglich ist allerdings, ob sich am gefundenen Ergebnis deshalb etwas ändert, weil die Einrichtung der Zwischenholding darauf angelegt ist, die Beteiligung nicht auf Dauer zu halten, sondern mittelfristig an die Gläubiger oder einen außenstehenden Dritten zu veräußern. Die Übertragung der Beteiligung auf die Holding könnte zum einen lediglich als strukturierte Vorbereitungsmaßnahme eines mehrstufigen Veräußerungsprozesses einzuordnen sein, zum anderen jedoch auch als unmittelbare Veräußerung, bei der nach der Rechtsprechung des BGH gerade kein Mediatisierungseffekt eintritt[225]. Die Zustimmung der Hauptversammlung wäre dann nicht notwendig. Bei einer (unmittelbaren) Veräußerung, die nicht das ganze Vermögen der Gesellschaft i.S.d § 179a Abs. 1 Satz 1 AktG umfasst, sind die Aktionäre – wie oben bereits dargelegt – nämlich nicht schutzbedürftig, weil zum einen der veräußernden Gesellschaft grundsätzlich der Verkaufserlös zufließt, der mittelbar auch den Aktionären zugutekommt, ihr zum anderen auch noch genügend Vermögen verbleibt, um ihr Unternehmen weiter zu betreiben. Ist letzteres ausgeschlossen, d.h. könnte nach der Übertragung das Unternehmen nicht fortgeführt werden, liegen ohnehin die Voraussetzungen des § 179a Abs. 1 Satz 1 AktG vor und die Hauptversammlung muss ihre Zustimmung erteilen.[226]

---

225 Siehe soeben sowie Fn. 224.

226 Das Tatbestandsmerkmal „Übertragung des ganzen Vermögens" i.S.d. § 179a AktG ist nach h.M. auch dann erfüllt, wenn ein geringfügiges Vermögen bei der Gesellschaft verbleibt, mit dem sie ihr Unternehmen jedoch nicht fortführen kann, RGZ 124, 279, 294 f; BGHZ 83, 122, 128 = NJW 1982, 1703, 1704 – Holzmüller; OLGR Düsseldorf 1994, 34 = WM 1994, 337, 343; OLG Stuttgart NZG 2007, 234; KölnKommAktG-*Kraft* § 361 a.F. Rn. 9; MünchKommAktG-*Stein* Rn. 18; Spindler/

Dass die Übertragung auf die Zwischenholding als eine nicht in die (ungeschriebene) Kompetenz der Hauptversammlung fallende Veräußerung einzustufen ist, könnte insbesondere dann der Fall sein, wenn schon im Zeitpunkt der Schaffung einer Zwischenholdingstruktur beabsichtigt wird, die Unternehmensbeteiligung mittelfristig endgültig zu veräußern. Zu einer endgültigen Veräußerung kann es jedoch nur dann kommen, wenn weitere Bedingungen eintreten, die im Zeitpunkt der Übertragung auf die Zwischenholding zwar möglicherweise schon vorhersehbar sind, jedoch noch nicht mit letzter Sicherheit bestimmt werden können. Denn grundsätzlich wird bei einer treuhandähnlichen[227] Zwischenholdingstruktur zwischen der Muttergesellschaft, der Zwischenholdinggesellschaft und den Gläubigern[228] vereinbart, dass die Geschäftsleitung der Holdinggesellschaft nur bei Eintritt bestimmter Voraussetzungen – entweder auf Mehrheitsanweisung der Gläubiger oder nach eigenem Ermessen – die Beteiligung auf die Gläubiger (weiter) zu übertragen hat (*Debt to Asset Swap*) oder dass sie einen professionellen M&A-Berater zu beauftragen hat, um einen Verkaufs- und Veräußerungsprozess einzuleiten. Dieser sog. Sicherungsfall ist in der Regel dann erfüllt, wenn entweder die im Sanierungsgutachten festgelegten und in der Restrukturierungsvereinbarung rechtsverbindlich vereinbarten operativen Restrukturierungsmaßnahmen (*Milestones*) nicht oder nicht in der hierfür bestimmten Frist umgesetzt werden oder die Gesellschaft, die im Rahmen einer *Reinstated Debt* in den neu vereinbarten Kreditverträgen (oder ggf. auch in den Anleihebedingungen) festgelegten Finanzkennzahlen (*Financial Covenants)* oder sonstige Auflagen nicht einhält. Solange also der Sicherungsfall nicht eingetreten ist, kommt es jedenfalls nicht zu einer endgültigen Veräußerung der Beteiligung. Das bedeutet, dass mindestens bis zu diesem Zeitpunkt der Mediatisierungseffekt zulasten der Aktionäre der Obergesellschaft erhalten bleibt. Die Übertragung auf die Zwischenholding stellt sich daher lediglich als eine strukturelle Vorbereitungsmaßnahme einer (mittelfristigen) nicht in die ungeschriebene Hauptversammlungskompetenz fallenden,

---

Stilz/*Holzborn* § 179a Rn. 19; *Feldhaus* BB 2009, 562. Im Umkehrschluss bedeutet dies allerdings auch, dass immer dann, wenn das Unternehmen der AG nach Veräußerung des Vermögens noch betrieben werden kann, die Aktionäre nicht bzw. weniger schutzwürdig sind und § 179a AktG nicht anwendbar ist.

227 Treuhandähnlich deshalb, weil die Gesellschaft an der Zwischenholding beteiligt bleibt und nicht wie bei einer echten Treuhandstruktur ihre Anteile an einen von der Unternehmensgruppe unabhängigen Treuhänder überträgt.

228 Ggf. sind die Gläubiger auch nur Begünstigte aus einer Vereinbarung zwischen der Muttergesellschaft und der Zwischenholdinggesellschaft, also nicht Vertragspartei. Eine derartige Vereinbarung stellt dann einen (echten) Vertrag zugunsten Dritter dar. Die Zwischenholding hält bei einer Qualifikation als (echter) Vertrag zugunsten Dritter treuhandähnlich die Beteiligung sowohl für die Muttergesellschaft als auch für die Gläubiger. Tritt der in der (Treuhand-)Vereinbarung festgelegte Sicherungsfall nicht ein, ist die Beteiligung von der Zwischenholding wieder zurück auf die Muttergesellschaft zu übertragen.

möglichen Veräußerung dar. Ein Mediatisierungseffekt tritt mit der Übertragung auf die Zwischenholding daher zunächst ein, so dass hierzu die Zustimmung der Hauptversammlung erforderlich ist. Wie lange der Mediatisierungseffekt andauern wird, ist im Zeitpunkt der Übertragung für die Aktionäre noch nicht absehbar. Diese sind daher ebenso schützwürdig wie bei einer von vornherein auf Dauer angelegten Übertragung. Dies gilt umso mehr, je größer der in der (Treuhand-)vereinbarung festgelegte Einfluss der Gläubiger auf die (Geschäftsführung der) Zwischenholdinggesellschaft ist, je eingeschränkter also der Einfluss des Vorstands der Muttergesellschaft auf die Zwischenholding und damit auch auf die zu Enkelgesellschaften gewordenen Tochtergesellschaften ist.

Werden die Beteiligungen[229] an den Tochtergesellschaften nicht auf eine Zwischenholding, an der die Muttergesellschaft beteiligt bleibt, sondern auf eine unabhängige Treuhandgesellschaft übertragen, gilt im Ergebnis nichts anderes. Die Übertragung auf eine Treuhandgesellschaft bewirkt ebenso einen Mediatisierungseffekt zulasten der Aktionäre und bedarf daher der Zustimmung der Hauptversammlung. Die Beteiligungen verbleiben auch in diesem Szenario wirtschaftlich bei der Muttergesellschaft. Denn im Treuhandvertrag ist typischerweise vereinbart, dass die Beteiligungen bei Nichteintritt des Sicherungsfalles[230] an die Muttergesellschaft zurückfallen. Darüber hinaus hat die Treuhandgesellschaft vor Eintritt des Sicherungsfalles die Beteiligungen nach Maßgabe des schuldrechtlichen Treuhandvertrages zugunsten der Muttergesellschaft zu halten, zu koordinieren und zu verwalten. Eine Veräußerung, die nach der Rechtsprechung des BGH nicht in die (ungeschriebene) Kompetenz der Hauptversammlung fällt, liegt daher auch in dieser Konstellation nicht vor. Vielmehr ist auch bei der Übertragung auf eine Treuhandgesellschaft aufgrund des eintretenden Mediatisierungseffekts zulasten der Aktionäre die Zustimmung der Hauptversammlung erforderlich. Ein Mediatisierungseffekt tritt vor allem deshalb ein, weil der Einfluss der Aktionäre der Muttergesellschaft auf die Tochtergesellschaften noch weiter eingeschränkt wird als bei Übertragung auf eine Zwischenholding. Zwischen der Mutter- und der verwaltenden Treuhandgesellschaft besteht nämlich keine korporationsrechtliche Bindung mehr, sondern nur noch eine schuldrechtliche, die durch die Treuhandvereinbarung vermittelt wird. Der Einfluss auf die Leitungsorgane der Tochtergesellschaften wird mithin von der Geschäftsführung der Treuhandgesellschaft nach Maßgabe des von der Mutter- mit der Treuhandgesellschaft abgeschlossenen Treuhandvertrags ausgeübt. Möchte die Muttergesellschaft über die Treuhandgesellschaft Einfluss auf die Leitungsorgane der Tochtergesellschaften nehmen,

229 Es können durchaus auch mehrere Beteiligungen an Tochtergesellschaften Gegenstand der Übertragung sein. Bei der Restrukturierung von LBO-Finanzierungen sind die Tochtergesellschaften allerdings häufig in einer operativen Holdinggesellschaft gebündelt („Holding"-OpCo); es wird dann lediglich eine Beteiligung, nämlich diejenige an der „Holding"-OpCo übertragen.

230 Dazu, wann dieser vorliegt, siehe soeben.

kann sie dies nur tun, wenn dies im Treuhandvertrag festgelegt ist oder dieser unter Mitwirkung der Treuhandgesellschaft – und regelmäßig auch der begünstigten Gläubiger[231] – entsprechend abgeändert wird. Eine Einflussnahme auf die Leitungsorgane durch die Muttergesellschaft ist daher nur noch äußerst eingeschränkt möglich.

II. Zustimmung des Aufsichtsrats

Steht damit fest, dass eine Restrukturierungsvereinbarung, die eine *Debt to Equity Conversion* oder einen *Debt to Asset Swap* festlegt, grundsätzlich der Hauptversammlung zur Entscheidung vorzulegen ist, stellt sich sodann die Frage, ob daneben die Zustimmung des Aufsichtsrats erforderlich ist.

1. Zustimmungserfordernis im Allgemeinen

Die Zustimmung des Aufsichtsrats könnte dann notwendig sein, wenn es sich beim Abschluss der Restrukturierungsvereinbarung für die Aktiengesellschaft um ein Geschäft von grundlegender Bedeutung handelt. Nach der Empfehlung aus Ziffer 3.3 Deutscher Corporate Governance Kodex (DCGK) legen die Satzung und der Aufsichtsrat für Geschäfte von grundlegender Bedeutung Zustimmungsvorbehalte zugunsten des Aufsichtsrats fest. Hierzu gehören Entscheidungen oder Maßnahmen, die zu einer grundlegenden Veränderung der Vermögens-, Finanz- oder Ertragslage des Unternehmens führen können. Seine zusätzlich zur Satzung geforderten Zustimmungsvorbehalte muss der Aufsichtsrat in einer Geschäftsanweisung für die Geschäftsleitung regeln. Aktiengesellschaften, die sich dem DCGK unterworfen haben[232], kommen diesen Soll-Vorschriften[233] im Allgemeinen dadurch

---

231 Der Treuhandvertrag qualifiziert regelmäßig als (echter) Vertrag zugunsten Dritter, wobei die Gläubiger die begünstigten Dritten sind. Da die Treuhandgesellschaft sowohl bis zum Sicherungsfall die Beteiligungen zugunsten der Muttergesellschaft hält als auch bei Eintritt des Sicherungsfalles diese auf die Gläubiger überträgt (Debt to Asset Swap) bzw. an einen außenstehenden Dritten veräußert und die Erlöse dann nach Maßgabe einer im Treuhandvertrag festgelegten Befriedigungsrangfolge (sog. Waterfall) an die Gläubiger (und ggf. auch an die Aktionäre) verteilt (M&A-Transaktion), handelt es sich bei der Konstruktion um eine sog. doppelnützige Treuhandschaft.

232 Nach § 161 Abs. 1 Satz 1 AktG haben Vorstand und Aufsichtsrat einer börsennotierten Gesellschaft jährlich zu erklären, dass den vom Bundesministerium der Justiz im amtlichen Teil des Bundesanzeigers bekannt gemachten Empfehlungen der „Regierungskommission Deutscher Corporate Governance Kodex" entsprochen wurde und wird oder welche Empfehlungen nicht angewendet wurden oder werden und warum nicht (comply or complain-Prinzip).

233 Der DCGK enthält drei Kategorien von Regelungen: Erstens, die informative Wiedergabe geltenden (Aktien-)Rechts (insbesondere im Hinblick auf (potentielle) ausländische Investoren, die nicht mit den Besonderheiten des deutschen Aktienrechts

nach, dass nach § 111 Abs. 4 Satz 2 AktG durch Satzung oder durch den Aufsichtsrat selbst festgelegt wird, dass solche die Vermögens-, Finanz- und Ertragsstruktur verändernden Geschäfte nur mit Zustimmung des Aufsichtsrats vorgenommen werden dürfen. Die Festlegung durch den Aufsichtsrat selbst kann entweder generell durch seine eigene Geschäftsordnung gem. Ziff. 5.1.3. DCGK oder durch eine von ihm gem. § 76 Abs. 2 Satz 1 HS 2 AktG für den Vorstand erlassene Geschäftsordnung erfolgen[234]. Weiterhin besteht auch die Möglichkeit des Aufsichtsrats, *ad hoc* einzelne Geschäfte seiner Zustimmung zu unterwerfen (und ggf. zugleich die Zustimmung zu verweigern).[235] Darüber hinaus kann sich für den Vorstand aus § 93 Abs. 1 AktG die Pflicht ergeben, für derartige in die Finanz- und Kapitalstruktur eingreifende Geschäfte die Zustimmung des Aufsichtsrats einzuholen.[236] Umgekehrt kann auch das einzelne Aufsichtsratsmitglied gem. den §§ 116, 93 Abs. 1 AktG verpflichtet sein, vor Abschluss des Geschäfts den Vertragsabschluss zu prüfen und zusammen mit den anderen Aufsichtsratsmitgliedern darüber Beschluss zu fassen.[237]

Stellt die Restrukturierungsvereinbarung daher ein Geschäft von grundlegender Bedeutung dar, ist die Entscheidungskompetenz des Aufsichtsrats vorgezeichnet. Einer Restrukturierungsvereinbarung, die ein umfassendes Sanierungskonzept festlegt, das finanzielle, operative und ggf. auch strategische Restrukturierungsmaßnahmen enthält, ist in aller Regel diese grundlegende Bedeutung zuzumessen. Denn allein schon durch die Festlegung der finanziellen Restrukturierungsmaßnahmen, die typischerweise neben der teilweisen Neuvereinbarung der bestehenden (Finanz-)Verbindlichkeiten (*Reinstated Debt*) auch Umsetzungspflichten hinsichtlich einer *Debt to Equity Conversion* beinhalten, wird grundlegend in die Vermögens-, Finanz- und Kapitalstruktur der Gesellschaft eingegriffen, mithin diese nachhaltig verändert. Eine solche (positive) Veränderung ist gerade Sinn und Zweck einer Restrukturierungsvereinbarung. In ihr werden üblicherweise sowohl die zur Erreichung einer positiven Sanierungsaussage erforderliche

---

vertraut sind), zweitens die Empfehlungen i.S.d. § 161 AktG, die mit „sollen" kenntlich gemacht sind, und drittens bloße Anregungen („soll" oder „kann"), hierzu ausführlich MünchKommAktG-*Goette* § 161 Rn. 23. Die Entsprechenserklärung des § 161 AktG hat sich allein auf die Empfehlungen zu erstrecken, MünchKommAktG-*Goette* § 161 Rn. 32.

234 Etwa durch seine Geschäftsordnung gem. Ziff. 5.1.3. DCGK oder durch eine von ihm gem. § 76 Abs. 2 Satz 1 HS 2 AktG für den Vorstand erlassene Geschäftsordnung, vgl. MünchKomm-AktG-*Habersack* § 111 Rn. 105 ff., *Kiem* AG 2009, 301, 307.

235 Zur Möglichkeit des Aufsichtsrats, einzelne Geschäfte seiner Zustimmung zu unterwerfen und ggf. zugleich die Zustimmung zu verweigern siehe MünchKomm-AktG-*Habersack* § 111 Rn. 115 ff., *Kiem* AG 2009, 301, 307.

236 Ähnlich *Seibt/Wunsch* Der Konzern 2009, 195, 200, im Zusammenhang mit Investorenvereinbarungen.

237 Ähnlich *Seibt/Wunsch* Der Konzern 2009, 195, 200, im Zusammenhang mit Investorenvereinbarungen.

Zielkapitalstruktur als auch die zu ihrer Umsetzung notwendigen Schritte rechtsverbindlich festgelegt. Die grundlegende und nachhaltige Veränderung der Vermögens- und Finanzstruktur der Gesellschaft ist in aller Regel einer der wesentlichen Regelungsgegenstände einer Restrukturierungsvereinbarung. Die Neuregelung der Vermögens- und Finanzstruktur in der Restrukturierungsvereinbarung ist häufig unabdingbare Voraussetzung für die Fortführung des Unternehmens der Gesellschaft. Einer Restrukturierungsvereinbarung als die verschiedenen Sanierungsmaßnahmen bündelnder Regelungskomplex kommt daher häufig eine existenzerhaltende Funktion zu. Sowohl für die Gesellschaft als auch für die (Alt-) Aktionäre stellt sie daher ein Geschäft von grundlegender Bedeutung dar und bedarf der Zustimmung des Aufsichtsrats.

Darüber hinaus wirkt sich der Abschluss einer Restrukturierungsvereinbarung, die ein ganzheitliches Sanierungskonzept beinhaltet, mithin die Parteien zugleich zur Umsetzung operativer Restrukturierungsmaßnahmen verpflichtet, grundsätzlich auch auf die (künftige) Ertragslage der Gesellschaft aus, so dass ihr auch unter diesem Gesichtspunkt grundlegende Bedeutung im Sinne der Empfehlungen des DCGK beizumessen ist. Um den Informationsfluss in der Gesellschaft – dem vor allem im Sanierungskontext eine übergeordnete Bedeutung zukommt – zu optimieren, hat der Vorstand den Vorsitzenden des Aufsichtsrats zu informieren, wenn die Verhandlungen über die Restrukturierungsvereinbarung einen hinreichend konkreten Stand erreicht haben.[238]

2. Zustimmungserfordernis im Besonderen

Daneben kann sich ein Zustimmungserfordernis auch aufgrund der speziellen, in der Restrukturierungsvereinbarung festgelegten Regelungsgegenstände ergeben. Dies ist insbesondere dann der Fall, wenn die Umsetzungsmaßnahmen selbst aufgrund statutarischer oder aktienrechtlicher Einzelbestimmungen einer Zustimmung des Aufsichtsrats bedürfen. Die rechtsverbindlichen Festlegungen in der Restrukturierungsvereinbarung stellen sich dann als vorgelagerter Entscheidungsprozess dar. Bedingt durch den Grundsatz, dass keinem Organ Bindungen ohne dessen Zustimmung auferlegt werden dürfen, steht dann bereits der Abschluss der Restrukturierungsvereinbarung unter dem Vorbehalt der Zustimmung des Aufsichtsrats.

a) Genehmigtes Kapital

Das genehmigte Kapital i.S.d. § 202 Abs. 1 AktG kann in Sanierungssituationen eine durchaus wichtige Rolle spielen: Zum einen kann eine *Debt to Equity Conversion* auch ohne Mitwirkung der Hauptversammlung durchgeführt werden, wenn der

---

238 Hommelhoff/vonWerder/Hopt/*Seibt*, Handbuch Corporate Governance, S 391 ff.; *Seibt/Wunsch* Der Konzern 2009, 195, 200, im Zusammenhang mit Investorenvereinbarungen.

Vorstand entweder bereits durch die Satzung nach § 202 Abs. 1 AktG oder durch einen Vorratsbeschluss der Hauptversammlung nach § 202 Abs. 2 AktG ermächtigt wurde, das Grundkapital bis zu einem bestimmten Nennbetrag durch Ausgabe neuer Aktien gegen Einlagen zu erhöhen.[239] Ist der Vorstand entsprechend ermächtigt, können die jungen Aktien, die den Gläubigern im Rahmen eines *Debt to Equity Swap* im Gegenzug für ihren (teilweisen) Forderungsverzicht geliefert werden sollen, auch ohne Mitwirkung der Hauptversammlung geschaffen werden. Da jedoch nach § 202 Abs. 3 Satz 1 AktG der Nennbetrag des genehmigten Kapitals die Hälfte des Grundkapitals, das zur Zeit der Ermächtigung vorhanden ist, nicht übersteigen darf, eignet sich das genehmigte Kapital nur dann für die Umsetzung eines *Debt to Equity Swap*, wenn entweder auch mit der Erhöhungsgrenze den Gläubigern genügend Aktien verschafft werden können, die Gesellschaft den Gläubigern zusätzlich Aktien aus ihrem eigenen Bestand liefert oder die Altaktionäre bereit sind, zugleich ihre Altaktien auf die Gläubiger zu übertragen. Zum anderen kann durch das genehmigte Kapital der Gesellschaft in allen Krisenphasen auf relativ einfache Weise – es ist keine (weitere) Hauptversammlung notwendig – frisches Kapital zur Verfügung gestellt werden. Das bedeutet, dass nicht nur eine finanzielle, sondern vor allem auch eine operative Restrukturierung mithilfe des genehmigten Kapitals umgesetzt werden kann. Die Verpflichtung des Vorstands unter bestimmten Voraussetzungen von seiner Ermächtigung Gebrauch zu machen, ist dann ebenso wie der Inhalt der neuen Aktienrechte sowie die Bedingungen, zu denen die Ausgabe zu erfolgen hat, in der Restrukturierungsvereinbarung rechtsverbindlich zu fixieren.

Die Ausübung des genehmigten Kapitals durch den Vorstand, d.h. die Erfüllung der Umsetzungsverpflichtung der Gesellschaft aus der Restrukturierungsvereinbarung, hat dabei jedoch nach den §§ 202 Abs. 3 Satz 2, 204 Abs. 1 Satz 2 AktG mit der Zustimmung des Aufsichtsrats zu erfolgen. Insbesondere bedarf auch der im Rahmen einer *Debt to Equity Conversion* in der Praxis zusammen mit der Kapitalerhöhung häufig durchgeführte Ausschluss des Bezugsrechts der Altaktionäre nach § 204 Abs. 2 Satz 2 HS 2 AktG zwingend der Zustimmung des Aufsichtsrats. Die Zustimmung kann dabei nicht allgemein vorab, sondern nur für den konkreten Einzelfall wirksam erteilt werden.[240] Soll die Ausübung des genehmigten Kapitals Teil eines ganzheitlichen, in der Restrukturierungsvereinbarung festgelegten Sanierungskonzepts sein, sind daher bereits dort die konkreten Ausübungsvoraussetzungen sowie die konkreten Ausübungsbedingungen abzustimmen. Ferner

---

239 Zur Umsetzung eines Debt to Equity Swap mithilfe von genehmigtem Kapital siehe Theiselmann/*Arnold/Spahlinger/Maske-Reiche*, Praxishandbuch des Restrukturierungsrechts, Kapitel 1 Rn. 251 bis 253; Theiselmann/*Schlitt/Ries*, Praxishandbuch des Restrukturierungsrechts, Kapitel 9 Rn. 16 f.

240 MünchKommAktG-*Bayer* § 202 Rn. 92; K. Schmidt/Lutter/*Veil* § 202 Rn. 22; *Hüffer* Aktiengesetz § 202 Rn. 21; KölnKommAktG-*Lutter* § 202 Rn. 23 a.E.; *Kiem* AG 2009, 301, 307.

bedarf bei rechtsverbindlicher Festlegung der Ausübung des genehmigten Kapitals bereits der Abschluss der Restrukturierungsvereinbarung der Zustimmung des Aufsichtsrats. Dies deshalb, weil der Aufsichtsrat schon an dem der Aktienausgabe vorgelagerten Entscheidungsprozess zu beteiligen ist.[241] Dies folgt aus dem Grundsatz, dass keinem Organ ohne dessen Zustimmung Bindungen auferlegt werden dürfen.[242] Würde sich die Gesellschaft in der Restrukturierungsvereinbarung gegenüber den anderen *Stakeholdern*, insbesondere gegenüber den Gläubigern und künftigen Aktionären zur Ausübung des genehmigten Kapitals verpflichten, ohne dass der Aufsichtsrat bereits in den Entscheidungsfindungsprozess hinsichtlich der festzulegenden Verpflichtung einbezogen würde, d.h. ohne dass er dem Abschluss der Restrukturierungsvereinbarung zustimmen würde, dann würde in seine nicht disponible Entscheidungsfreiheit in unzulässiger Weise eingegriffen werden. Denn er sähe sich dann damit konfrontiert, dass im Zeitpunkt der eigentlichen Ausübung des genehmigten Kapitals die Gesellschaft aus der Restrukturierungsvereinbarung zur Ausübung verpflichtet wäre, was ihn mittelbar bzw. in faktischer Hinsicht ebenso binden würde. Denn eine Verweigerung der Ausübung könnte Haftungsansprüche der Gesellschaft wegen Nichterfüllung der Leistungspflichten aus der Restrukturierungsvereinbarung nach sich ziehen, die indirekt auch ihm zum Nachteil gereichen könnten. Der Aufsichtsrat würde daher seiner Entscheidungsfreiheit beraubt. Er ist folglich bereits in den Entscheidungsprozess, der die Verpflichtung der Gesellschaft zur Ausübung des genehmigten Kapitals zum Gegenstand hat, mit einzubeziehen.

b) Übertragung vinkulierter Aktien

Desweiteren kann die Restrukturierungsvereinbarung der Zustimmung des Aufsichtsrats bedürfen, wenn in ihr etwa die Umsetzung einer *Debt to Equity Conversion* in der Weise festgelegt wird, dass die Gläubiger keine jungen Aktien aus einer Kapitalerhöhung, sondern Aktienpakete bestimmter Altaktionäre im Gegenzug für ihren Forderungsverzicht erhalten sollen[243], deren Übertragung jedoch nach § 68 Abs. 2 Satz 1 AktG durch die Satzung an die Zustimmung der Gesellschaft gebunden ist und der Aufsichtsrat nach § 68 Abs. 2 Satz 3 Alt. 1 AktG diese Zustimmung zu erteilen hat. Seine Zustimmung hat der Aufsichtsrat dann bereits zum Abschluss der Restrukturierungsvereinbarung zu erteilen, in der die Übertragung der Aktienpakete sowie die Verpflichtung der Gesellschaft, dieser Übertragung zuzustimmen, rechtsverbindlich festgelegt werden. Dies ergibt sich auch

---

241 K. Schmidt/Lutter/*Veil* § 202 AktG Rn. 22; *Kiem* AG 2009, 301, 307.

242 Siehe hierzu *Kiem* AG 2009, 301, 307, im Zusammenhang mit Investorenvereinbarungen; siehe bereits oben Kapitel 2 B. I. 2. und insbesondere auch noch eingehend unten Kapitel 2 C. II.

243 Dies stellt dann eine Unterform eines Debt to Asset Swap dar. Die Übertragung der Anteile findet jedoch auf Ebene der Gesellschafter und nicht auf Ebene der Gesellschaft statt.

in dieser Konstellation aus dem Grundsatz, dass die Entscheidungsfreiheit der einzelnen Organe einer Aktiengesellschaft nicht beschnitten werden darf, d.h., dass ihnen keine (faktische) Bindung auferlegt werden darf, ohne dass sie dieser Bindung zustimmen. Andernfalls käme es zu einer analogen Konfliktsituation wie beim genehmigten Kapital. Die Gesellschaft wäre aus der Restrukturierungsvereinbarung schuldrechtlich gegenüber den erwerbenden Gläubigern bzw. Kreditgebern verpflichtet, ihre Zustimmung nach § 68 Abs. 2 Satz 1 AktG zu erteilen. Dem Aufsichtsrat würde durch diese Vorabverpflichtung im Zeitpunkt seiner Entscheidung über die Erteilung der Zustimmung eine faktische Bindung auferlegt werden. Gleiches gilt, wenn die Übertragung der Aktien nicht nach § 68 Abs. 2 Satz 1 AktG, sondern schuldrechtlich im Rahmen einer *Lock up*-Vereinbarung an die Zustimmung des Aufsichtsrats gebunden ist.[244]

3. Zustimmungserfordernis aufgrund der zwingenden aktienrechtlichen Kompetenzordnung

Da wie oben bereits ausgeführt dem Aufsichtsrat ohne dessen Zustimmung keine (faktische) Bindung aufgebürdet werden darf, kann der Abschluss der Restrukturierungsvereinbarung auch in anderen Fällen seiner Zustimmung bedürfen. Die Restrukturierungsvereinbarung ist dem Aufsichtsrat immer dann zur Entscheidung vorzulegen, wenn in ihr Verpflichtungen der Gesellschaft festgelegt werden, zu deren Umsetzung die Zustimmung des Aufsichtsrats aufgrund einer aktienrechtlichen oder statutarischen Einzelbestimmung zwingend erforderlich ist. Schließt der Vorstand die Restrukturierungsvereinbarung ohne die erforderliche Zustimmung des Aufsichtsrats ab, beschneidet er unzulässigerweise die Entscheidungsfreiheit des Aufsichtsrats und verletzt die zwingende aktienrechtliche Kompetenzordnung. Eine Restrukturierungsvereinbarung, die ohne die erforderliche Zustimmung abgeschlossen wird, ist im Außenverhältnis dennoch wirksam. Es handelt sich lediglich um eine interne Kompetenzzuweisung. Der Vorstand verletzt allerdings seine Pflichten gegenüber der Gesellschaft und setzt sich möglicherweise einer Schadensersatzpflicht ihr gegenüber nach § 93 Abs. 2 AktG aus.

C. Rechtliche Zulässigkeit im Besonderen

I. Kollision mit den §§ 76, 93 AktG

Die in einer Restrukturierungsvereinbarung festgelegten Verpflichtungen zulasten der Gesellschaft könnten mit dem sog. Verbot der Vorwegbindung des Vorstands konfligieren. Danach sollen Vereinbarungen, mit denen sich der Vorstand in Bezug auf sein zukünftiges Leitungsverhalten bindet, nach § 76 Abs. 1 AktG

---

244 Zu Lock up-Vereinbarungen in Restrukturierungsvereinbarungen zur Stabilisierung des Aktionärskreises siehe oben Kapitel 2 A. II. 6.

unzulässig sein.[245] Da ein ganzheitliches Restrukturierungskonzept bekanntlich[246] nicht ohne die Mitwirkung der Gesellschaft implementiert werden kann, finden sich in Restrukturierungsvereinbarungen typischerweise Vereinbarungen wieder, die die Gesellschaft zur Umsetzung sowohl finanzieller als auch operativer Restrukturierungsmaßnahmen verpflichtet. Die Erfüllung der Pflichten der Gesellschaft gegenüber Dritten obliegt in erster Linie dem Vorstand.[247] Durch die vertragliche Festlegung solcher Gesellschaftspflichten wird demnach auch der Vorstand in Bezug auf sein zukünftiges Leitungsverhalten gebunden. Restrukturierungsvereinbarungen sind daher insbesondere dahingehend zu überprüfen, ob sie den Vorstand in unzulässiger Weise vorwegbinden.

Besonderes Augenmerk ist dabei auf die Vorschriften der §§ 76 Abs. 1 AktG und 93 Abs. 2 AktG zu legen. Nach § 76 Abs. 1 AktG hat der Vorstand die Gesellschaft unter eigener Verantwortung zu leiten. Die Kardinalnorm des § 76 Abs. 1 AktG begründet ein sog. Pflichtrecht[248] zum selbständigen und weisungsfreien Handeln nach eigenem Ermessen.[249] Das ihm bei seinen unternehmerischen Leitentscheidungen zukommende Ermessen (Leitungsermessen) hat der Vorstand am Unternehmensinteresse auszurichten.[250] Das Unternehmensinteresse umfasst dabei – nach hier vertretener Auffassung – die Interessen aller *Stakeholder* der Gesellschaft, also nicht nur diejenigen der Aktionäre als Eigenkapitalgeber, sondern vor allem auch

---

245 Fleischer/*Fleischer*, Handbuch des Vorstandrechts § 1 Rn. 60; KölnKommAktG-*Mertens* § 76 Rn. 45; *Fleischer* ZHR 172 (2008) 538, 559; *Bedkowski*, Die Geschäftsleiterpflichten, 2006, S. 343; sich deshalb für eine Unzulässigkeit von sog. Board Recommendation-Klauseln aussprechend: *Fleischer* ZHR 172 (2008) 538, 559; *Banerjea* DB 2003, 1489, 1494; Beisel/Klumpp/*Beisel*, Der Unternehmenskauf, § 14 Rn. 11; *Kuhn*, Exklusivvereinbarungen bei Unternehmenszusammenschlüssen, 2007, S. 230; *Möslein*, Grenzen unternehmerischer Leitungsmacht im marktoffenen Verband, 2007, S. 605; *Herrmann*, Zivilrechtliche Abwehrmaßnahmen gegen unfreundliche Übernahmeversuche in Deutschland und Großbritannien, 1993, S. 138.

246 Siehe hierzu bereits oben Kapitel 2 A. I. 2.

247 Dies ergibt sich ebenso aus § 76 AktG.

248 *Fleischer* ZIP 2003, 1, 2; *Seibt*, FS K. Schmidt 2009, S. 1463, 1466 ff.; *Seibt* ZIP 2013, 1597, 1597.

249 Spindler/Stilz/*Fleischer* § 76 Rn. 57; K. Schmidt/Lutter/*Seibt* § 76 Rn. 10; *Hüffer* Aktiengesetz § 76 Rn. 10; GroßkommAktG-*Kort* § 76 Rn. 11; MünchKommAktG-*Spindler* § 76 Rn. 22; *Seibt* ZIP 2013, 1597, 1597 f.

250 Spindler/Stilz/*Fleischer* § 76 Rn. 21 ff.; K. Schmidt/Lutter/*Seibt* § 76 Rn. 12; *Hüffer* Aktiengesetz § 76 Rn. 12; Henssler/Strohn/*Dauner-Lieb* Gesellschaftsrecht § 76 AktG Rn. 10; *Seibt* ZIP 2013, 1597, 1598; *Henze* BB 2000, 209, 212; *Klöhn* ZGR 2008, 110, 118 f.; BGH, Urteil v. 21.12.2005 – 3 StR 470/04 = ZIP 2006, 72, 73 (mit Besprechung *Peltzer*, S. 205 u. *Spindler*, S. 349) – Mannesmann, dazu EWiR 2006, 187 (*Reiner/Geuter*); BGH, Urteil v. 07.03.1994 – II ZR 52/93 = ZIP 1994, 529, 530 (mit Besprechung *Martens*, S. 669) – Deutsche Bank, dazu EWiR 1994, 45 (*Wiedemann*). Siehe ferner Ziff. 3.1 und 4.1.1 Satz 2 DCGK.

diejenigen der Gläubiger als Fremdkapitalgeber.[251] Ferner sind auch die Interessen der Arbeitnehmer, der wesentlichen Vertragspartner sowie der Öffentlichkeit (Gemeinwohl) zu berücksichtigen.[252]

§ 76 Abs. 1 AktG wahrt mithin die Entscheidungsautonomie des Vorstands. Die Leitung der Gesellschaft steht allein ihm zu. Darüber hinaus ist er in der Ausübung der ihm zustehenden Entscheidungsbefugnisse im Grundsatz frei. Die Norm des § 76 Abs. 1 AktG regelt demnach zwei grundlegende Fragen: Zum einen überträgt sie zwingend und unveräußerlich dem Vorstand die Kompetenz hinsichtlich der Leitung der Gesellschaft, zum anderen legt sie fest, dass der Vorstand die ihm zustehende Leitungsbefugnis frei und in eigener Verantwortung auszuüben hat. Das sich aus § 76 Abs. 1 AktG ergebende Ermessen wird jedoch dadurch eingeschränkt, dass sich der Vorstand bei seiner Ausübung nach § 93 Abs. 1 Satz 1 AktG am Wohle der Gesellschaft bzw. am Unternehmensinteresse zu orientieren hat. Verletzt er diese Pflicht zur selbständigen treuhänderischen Wahrnehmung fremder Vermögensinteressen[253], haftet er der Gesellschaft gegenüber nach § 93 Abs. 2 AktG. Hierbei kann ihm jedoch die Haftungsprivilegierung aus § 93 Abs. 1 Satz 2 AktG (*Business Judgement Rule*) zugutekommen.

Zu prüfen sind die entsprechenden Klauseln in der Restrukturierungsvereinbarung, die die Gesellschaft und damit auch den Vorstand hinsichtlich seines künftigen Leitungsverhaltens binden, daher vor allem unter zwei Gesichtspunkten: Zum einen ist zu untersuchen, ob durch die festgelegten vertraglichen Pflichten der Gesellschaft die in § 76 Abs. 1 AktG niedergelegte, unveräußerliche Leitungsmacht des Vorstandes eingeengt wird, d.h. ob der Vorstand durch die Restrukturierungsvereinbarung derart gebunden wird, dass in unzulässiger Weise in seine ihm zwingend zugewiesene Kompetenz eingegriffen wird. Zum anderen soll der Frage nachgegangen werden, ob durch die vertragliche Bindung nicht nur die Kompetenz des Vorstandes beschnitten wird, sondern ihm dadurch auch in unzulässiger Weise eine potentielle Haftung aus § 93 Abs. 2 AktG auferlegt wird. Denn

---

251 Ebenso Spindler/Stilz/*Fleischer* § 76 Rn. 27; K. Schmidt/Lutter/*Seibt* § 76 Rn. 12; MünchKommAktG-*Spindler* § 76 Rn. 69; Grigoleit/*Vedder* Aktiengesetz § 76 Rn. 16; *Seibt* ZIP 2013, 1597, 1598; ebenso Ziff. 4.1.1 DCGK, welcher sich für die Berücksichtigung der Interessen sämtlicher Stakeholder ausspricht; a.A. gegen die selbständige Berücksichtigung der Gläubigerinteressen *Hüffer* Aktiengesetz § 76 Rn. 12; *Klöhn* ZGR 2008, 110, 134 ff.; *Wiedemann* ZGR 2011, 183, 193 ff. Zur Pflicht der Geschäftsleitung, in Sanierungssituationen vorrangig die Interessen der Gläubiger zu berücksichtigen, siehe eingehend Kapitel 3 A.

252 BGH ZIP 2006 72, 75 – Mannesmann; OLG Hamm ZIP 1995, 1263, 1268 – Harpener/Omni; K. Schmidt/Lutter/*Seibt* § 76 Rn. 12; Henssler/Strohn/*Dauner-Lieb* Gesellschaftsrecht § 76 AktG Rn. 10; *Hüffer* Aktiengesetz § 76 Rn. 12. Vgl. ferner Ziff. 4.1.1 DCGK.

253 Vgl. BGHZ 129, 30, 34 („bei selbständiger treuhänderischer Wahrnehmung fremder Vermögensinteressen"); Fleischer/*Fleischer*, Handbuch des Vorstandrechts, § 93 AktG Rn. 103; *Fleischer* ZHR 172 (2008) 538, 559.

aufgrund der vertraglichen Bindung könnte er in eine Pflichtenkollision geraten und sich nach § 93 Abs. 2 AktG gegenüber der Gesellschaft haftbar machen. Zu einer solchen Pflichtenkollision kann es insbesondere dann kommen, wenn der Vorstand auf der einen Seite die Pflichten der Gesellschaft aus der Restrukturierungsvereinbarung zur Vornahme und Umsetzung bestimmter Sanierungsmaßnahmen zu erfüllen hat, auf der anderen Seite die Vornahme dieser Maßnahmen im Erfüllungszeitpunkt nicht mehr dem Unternehmensinteresse entspricht. Der Vorstand liefe dann Gefahr, die sich aus § 93 Abs. 1 Satz AktG ergebende Pflicht, stets sein Handeln am Unternehmensinteresse auszurichten, zu verletzen. Zu prüfen ist daher, ob schon die Vereinbarung einer solchen Pflicht, die den Vorstand in eine Kollisionsgefahr bringen könnte, unzulässig ist und nur durch gleichzeitige Festlegung einer vertraglichen „Ausstiegsmöglichkeit“[254] (*Fiduciary out*-Klausel) wirksam erfolgen kann.

1. Vereinbarkeit der Vorwegbindung mit § 76 Abs. 1 AktG

§ 76 Abs. 1 AktG legt die Leitung des Unternehmens in die Hände des Vorstands. Die Norm ist Ausfluss einer horizontalen Organstruktur, für die sich der deutsche Gesetzgeber entschieden hat.[255] Im Gegensatz zur vor allem in angloamerikanischen Aktienrechtsordnungen vorherrschenden hierarchischen Organstruktur, bei der die Gesellschafter- bzw. Hauptversammlung oberstes Organ ist und die Geschäftsführungskompetenzen des Vorstands abändern kann (sog. Kompetenz-Kompetenz)[256], sind bei der horizontalen Organstruktur die grundlegenden strategischen Leitungsaufgaben gemäß § 76 Abs. 1 AktG dem Vorstand übertragen. Diese Zuweisung ist gemäß § 23 Abs. 5 AktG zwingend. Der Vorstand kann sich seiner Leitungsmacht nicht zugunsten Dritter oder eines anderen Organs entäußern.[257] Er kann daher auch nicht zugunsten der Hauptversammlung auf seine Leitungskompetenz verzichten.[258] Gem. § 119 Abs. 2 AktG steht es jedoch in seinem Ermessen, eine Entscheidung der Hauptversammlung über Geschäftsführungsangelegenheiten zu verlangen. § 76 Abs. 1 AktG enthält folglich zwei Kernaussagen. Zum einen wird festgelegt, dass die Unternehmensleitung in die Organkompetenz des Vorstands fällt, zum anderen, dass der Vorstand bei Ausübung der ihm übertragenen Leitungsaufgaben frei und eigenverantwortlich handelt. Eine Einschränkung findet dieses Ermessen nur dort, wo es dem Unternehmensinteresse zuwiderläuft. Die Einflussnahme durch Dritte auf die Entscheidungen des Vorstands, insbesondere durch andere Organe, verstößt daher – vorbehaltlich des Vorliegens eines

---

254 Vgl. Assmann/Pötzsch/Schneider/*Krause* WpÜG § 22§ 22 Rn. 6Rn. 8 ff.68 ff.; *Fleischer* ZHR 172 (2008) 538, 559.
255 Vgl. *Otto* NZG 2013, 930, 933.
256 Vgl. *Otto* NZG 2013, 930, 933.
257 *Otto* NZG 2013, 930, 933, 935.
258 *Otto* NZG 2013, 930, 933.

wirksamen Beherrschungsvertrages i.S.d. § 291 Abs. 1 AktG – grundsätzlich gegen die zwingende aktienrechtliche Kompetenzordnung. Ebenso steht dort ein Verstoß gegen § 76 Abs. 1 AktG im Raum, wo der Vorstand seiner Freiheit und Eigenverantwortung beraubt wird. Das Gebot der freien und eigenverantwortlichen Unternehmensleitung aus § 76 Abs. 1 AktG konkretisiert sich nach h.M. daher zum einen im Verbot der Selbstbindung des Vorstands, zum anderen im Verbot der Entäußerung seiner Leitungsmacht.[259]

Beide Verbotstatbestände könnten durch die in der Restrukturierungsvereinbarung festgelegten Verpflichtungen der Gesellschaft verletzt sein. Denn die dort fixierten Implementierungsverpflichtungen könnten einerseits eine mit der abschließenden Kompetenzordnung unvereinbare Übertragung von Leitungsmacht und andererseits eine unzulässige Selbstbindung des Vorstands begründen[260], mithin einen Verstoß gegen § 76 Abs. 1 AktG in doppelter Hinsicht darstellen.[261] Zwar wird durch die Restrukturierungsvereinbarung typischerweise nicht das einzelne Vorstandsmitglied und aufgrund mangelnder Rechtsfähigkeit auch nicht das Vorstandsorgan als solches gebunden, sondern vielmehr die Gesellschaft selbst. Die einzelnen Vorstandsmitglieder sind jedoch gegenüber der Gesellschaft verpflichtet, deren Pflichten gegenüber Dritten im Außenverhältnis zu erfüllen. Rechtsgeschäftlich festgelegte Verpflichtungen der Gesellschaft binden daher mittelbar auch die einzelnen Vorstandsmitglieder, so dass durch die vereinbarten Umsetzungsverpflichtungen zulasten der Gesellschaft der Verlust der unternehmerischen Entscheidungsfreiheit des Vorstands sowie der Einfluss Dritter auf seine Geschäftsführung zu besorgen sind. Bindungen zulasten der Gesellschaft sind daher grundsätzlich geeignet, die Freiheit und Kompetenz des Vorstandes in unzulässiger Weise einzuschränken, mithin die Verbotstatbestände des § 76 Abs. 1 AktG zu verwirklichen. Da sowohl die Einschränkung des Leitungsermessens als auch dessen Entäußerung auf Dritte bzw. auf ein anderes Organ nach der Rechtsprechung Verbotstatbestände i.S.d. § 134 BGB darstellen[262], ist naheliegende Rechtsfolge[263] der Verbotswidrigkeit die Nichtigkeit der entsprechenden Verpflichtungsklausel nach § 134 BGB, die sich gemäß § 139 BGB auf die gesamte

259 KölnKommAktG-*Mertens/Cahn* § 76 Rn. 42 ff.; Spindler/Stilz/*Fleischer* § 76 Rn. 56 ff.; *König* NZG 2013, 452, 453.

260 Vgl. LG München I NZG 2012, 1152 = GWR 2012, 274 (*Nordhues*).

261 Vgl. *König* NZG 2013, 452, 453 im Zusammenhang mit Business Combination Agreements.

262 OLG München NZG 2012, 261 = ZIP 2012, 773 = EWiR 2012, 333 (*Peitsmeyer/Theusinger*); OLG München NZG 2013, 460, 462; LG München I NZG 2012, 1152 = GWR 2012, 274 (*Nordhues*).

263 Eingehend zur Rechtsfolge eines unzulässigen Eingriffs in § 76 AktG siehe unten Kapitel 2 C. I. c).

Restrukturierungsvereinbarung und möglicherweise auch auf die umgesetzten Implementierungsmaßnahmen durchschlagen kann.[264]

Im Folgenden soll nun zunächst der Frage nachgegangen werden, ob durch vertragliche Abreden der Gesellschaft tatbestandlich überhaupt in die Norm des § 76 Abs. 1 AktG eingegriffen wird, d.h. ob sich der Vorstand dadurch, dass er die Gesellschaft durch die Restrukturierungsvereinbarung vertraglich bindet, einerseits seines Leitungsermessens beraubt und andererseits dem Einfluss Dritter bzw. der Vertragspartner unterwirft und diesen Kompetenzen überträgt. Scheidet nämlich bereits auf Tatbestandsebene ein Eingriff aus, kommt es nicht mehr darauf an, ob der Eingriff bzw. die vertragliche Bindung möglicherweise als im übergeordneten Unternehmensinteresse liegend gerechtfertigt ist. Werden jedoch durch die vertraglichen Bindungen der Gesellschaft sowohl das Leitungsermessen als auch die Organkompetenz des Vorstands eingeschränkt, ist in einem weiteren Schritt zu prüfen, ob solche Einschränkungen unter gewissen Umständen – insbesondere im Kontext von Sanierungssituationen – zu rechtfertigen sind und welche Anforderungen an eine Legitimationsgrundlage zu stellen sind. Inzident werden dabei

---

264 Den Entscheidungen der Münchener Gerichte (OLG München NZG 2012, 261 = ZIP 2012, 773 = EWiR 2012, 333 (*Peitsmeyer/Theusinger*); OLG München NZG 2013, 460, 462; LG München I NZG 2012, 1152 = GWR 2012, 274 (*Nordhues*) – W.E.T.) lag ein Business Combination Agreement zugrunde, in dem sich der Vorstand der Zielgesellschaft im Vorfeld eines freiwilligen öffentlichen Übernahmeangebots für eine maximale Dauer von 18 Monaten verpflichtete, ohne die Zustimmung der künftigen Bieterin weder ein bestehendes genehmigtes Kapital auszunutzen noch eigene Aktien zu erwerben oder zu veräußern, um nicht die Übernahme zu vereiteln (sog. Deal Protection-Klauseln). Darüber hinaus standen die Verpflichtungen unter dem Vorbehalt der Erfüllung der Pflichten und Verantwortlichkeiten des Vorstands nach deutschem Recht, insbesondere seiner Treue- und Sorgfaltspflichten. Ferner enthielt das Business Combination Agreement Regelungen zur künftigen Unternehmensstruktur der Zielgesellschaft nach Abschluss des Übernahmeverfahrens, insbesondere dem Abschluss eines Beherrschungs- und Gewinnabführungsvertrages (Paschos NZG 2012, 1142, 1142). In Übereinstimmung mit dem LG München I (LG München I NZG 2012, 1152) erklärte das OLG München in einem zweiten Freigabeverfahren (OLG München NZG 2013, 460, vgl. hierzu auch König NZG 2013, 452, 452) das Business Combination Agreement nach den §§ 76 AktG, 134 BGB aufgrund eines Verstoßes gegen die zwingende aktienrechtliche Zuständigkeitsordnung für nichtig. Zugleich bestätigte das OLG das LG dahingehend, dass es auch den aufgrund des verpflichtenden Business Combination Agreements implementierten, d.h. abgeschlossenen, Beherrschungs- und Gewinnabführungsvertrag als nichtig bewertete, weil beide eine Einheit gemäß § 139 BGB bilden. Parallelen des entschiedenen Sachverhalts mit einer verpflichtenden Restrukturierungsvereinbarung sowie den auf ihrer Grundlage umzusetzenden Beschlüssen und Vereinbarungen sind unverkennbar, so dass eine etwaige Nichtigkeit einer Restrukturierungsvereinbarung aufgrund eines Verstoßes gegen § 76 AktG in gleicher Weise auf die umgesetzten Maßnahmen durchschlagen könnte.

nicht nur die einzelnen, typischerweise in Restrukturierungsvereinbarungen festgelegten, sondern auch die sinnvollerweise dort festzulegenden Verpflichtungs- bzw. Implementierungsklauseln auf ihre Vereinbarkeit mit § 76 Abs. 1 AktG hin überprüft.

a) Eingriff auf Tatbestandsebene

aa) Eingriff in das unternehmerische Leitungsermessen

Zunächst ist schon fraglich, ob durch die eingegangenen Bindungen der Gesellschaft in der Restrukturierungsvereinbarung die unternehmerische Entscheidungsfreiheit des Vorstands überhaupt berührt wird. Denn insoweit ist zu berücksichtigen, dass dem Vorstand sowohl bei den Verhandlungen zur Restrukturierungsvereinbarung als auch bei ihrem Abschluss unternehmerisches Ermessen zusteht. Die Regelungsgegenstände, die Eingang in eine Restrukturierungsvereinbarung finden, werden von den verschiedenen Parteien im Rahmen ihrer Vertragsfreiheit vereinbart. Das „Ob" und „Wie" einer Restrukturierungsvereinbarung steht also zur freien Disposition der potentiellen Vertragsparteien.[265] Da zur Umsetzung einer ganzheitlichen Restrukturierung in aller Regel die Mitwirkung der Gesellschaft vonnöten ist, sind nicht nur die *Stakeholder* der Gesellschaft, wie etwa Gläubiger und Aktionäre, sondern auch die Gesellschaft selbst vom Kreis dieser potentiellen Vertragsparteien, die über das „Ob" und insbesondere auch das „Wie" der Restrukturierungsvereinbarung aus freien Stücken heraus entscheiden, umfasst. Der Gesellschaft wird daher ebenso wie den *Stakeholdern* beim Abschluss der Restrukturierungsvereinbarung unternehmerisches Ermessen hinsichtlich der in ihr festzulegenden Regelungsgegenstände zu Teil. Das unternehmerische Ermessen wird dabei vom Vorstand, der die Gesellschaft beim Abschluss der Restrukturierungsvereinbarung vertritt, ausgeübt. In der Konsequenz steht dem Vorstand daher auch unternehmerisches Ermessen hinsichtlich derjenigen Regelungsgegenstände zu, die die Gesellschaft zur Umsetzung von Restrukturierungsmaßnahmen verpflichten, mithin sein eigenes künftiges Leitungsverhalten rechtsverbindlich festlegen.

Der Vorstand legt sich also seine Fesseln selbst an, indem er die Gesellschaft – und damit mittelbar auch sich selbst[266] – in der Restrukturierungsvereinbarung rechtsverbindlich verpflichtet. Das Anlegen der eigenen Fesseln, d.h. die rechtsverbindliche Festlegung seines künftigen Leitungsverhaltens, erfolgt jedoch in Ausübung seines eigenen unternehmerischen Ermessens in der Gegenwart. Im Zeitpunkt der Festlegung ist seine unternehmerische Entscheidungsfreiheit daher gerade nicht eingeschränkt. Die Erfüllung der entsprechenden Verpflichtung der Gesellschaft aus der Restrukturierungsvereinbarung durch den Vorstand,

---

265 Dies jedoch nur vorbehaltlich einer etwaigen Zustimmungspflicht zur Restrukturierungsvereinbarung, siehe hierzu Kapitel 3.

266 Siehe oben Kapitel 2 A. I. und II.; Kapitel 2 C. I. 1.

mithin die Umsetzung der jeweiligen Implementierungsmaßnahme, zu der sich die Gesellschaft verpflichtet hat, stellt sich folglich lediglich als Vollzug des eigenen, bereits zuvor ausgeübten unternehmerischen Leitungsermessens des Vorstands dar.[267] Die Ausübung dieses Leitungsermessens wird daher durch die Bindungen der Gesellschaft in der Restrukturierungsvereinbarung nicht eingeschränkt, sondern nur vorverlagert. Die vermeintliche Einschränkung des Leitungsermessens des Vorstands im Zeitpunkt der Erfüllung der Verpflichtungen der Gesellschaft stellt sich vielmehr als zeitliche Verlängerung seiner zuvor bei den Verhandlungen sowie beim Abschluss der Restrukturierungsvereinbarung ihm in vollem Umfang unstreitig zugewiesenen und idealerweise auch ausgeübten unternehmerischen Entscheidungsfreiheit dar.

Betrachtet man das unternehmerische Ermessen des Vorstands als ein begrenztes Gut, das sich bei jeder Ausübung verringert, steht dem Vorstand im Falle der Bindung der Gesellschaft, d.h. im Falle seiner Selbstbindung, letztlich nicht weniger davon zu als ihm ohne die Bindung zustünde. Denn würde eine Restrukturierungsvereinbarung nicht abgeschlossen werden, mithin keine Bindung erfolgen, käme dem Vorstand zwar im Zeitpunkt der vorzunehmenden (Restrukturierungs-) Maßnahme volle Entscheidungsfreiheit zu. Er würde von ihr allerdings auch zum ersten Mal Gebrauch machen[268], da eine vorangegangene Ermessensausübung ja gerade nicht stattgefunden hat, mithin keine vorrangegangene vertragliche Bindung erfolgt ist. Im Ergebnis steht dem Vorstand bei einer vertraglichen Bindung daher nicht weniger vom Gut „unternehmerisches Ermessen“ zu. Der „Verbrauch“ dieses Guts, d.h. die Ausübung des Ermessens, erfolgt in diesem Fall lediglich an anderer Stelle bzw. zu einem anderen Zeitpunkt. Die in einer Restrukturierungsvereinbarung typischerweise festgelegten Verpflichtungen der Gesellschaft, die vom Vorstand umzusetzen sind, greifen demnach grundsätzlich schon von vornherein nicht in den Tatbestand der eigenverantwortlichen, freien Unternehmensleitung des Vorstands aus § 76 Abs. 1 AktG ein, da sie dessen Leitungsermessen nicht reduzieren, sondern nur vorverlagern. Ob hingegen die Vorwegbindung des eigenen unternehmerischen Ermessens des Vorstands im Unternehmensinteresse liegt, steht auf einem anderen Blatt und ist keine Frage des tatbestandlichen Eingriffs in die unternehmerische Entscheidungsfreiheit i.S.d. § 76 Abs. 1 AktG, sondern auf Rechtfertigungsebene sowie im Rahmen von möglichen Schadensersatzansprüchen der Gesellschaft gegenüber dem einzelnen Vorstandsmitglied aus § 93 Abs. 2 AktG zu prüfen.[269]

Darüber hinaus sprechen auch Zweckmäßigkeitserwägungen gegen die Annahme eines tatbestandlichen Eingriffs in die eigenverantwortliche Unternehmensleitung

---

267 Wohl auch *Paschos* NZG 2012, 1142, 1143 im Rahmen von Vereinbarungen über künftige Leitungsmaßnahmen des Vorstands in einem Business Combination Agreement.

268 Zumindest was die jeweils umzusetzende Restrukturierungsmaßnahme anbetrifft.

269 Hierzu siehe unten Kapitel 2 C. I. 1. b) sowie Kapitel 2 C. I. 2.

des Vorstands im Falle vertraglich festgelegter Verpflichtungen der Gesellschaft. Wollte man nämlich einen solchen Eingriff annehmen, wäre es dem Vorstand einer AG faktisch unmöglich, die Gesellschaft mittel- bis langfristig vertraglich zu binden. Dies deshalb, weil bei längerfristigen vertraglichen Bindungen der Gesellschaft zwangsläufig auch das künftige Leitungsverhalten des Vorstands (mittelbar) mit festgelegt wird. Bei längerfristigen schuldrechtlichen Rechtsbeziehungen fallen nämlich grundsätzlich die Eingehung und die Erfüllung der vertraglichen Pflichten in zeitlicher Hinsicht auseinander, so dass die Entscheidungsautonomie des Vorstands bezüglich der Erfüllung derjenigen der vertraglichen Eingehung zeitlich nachgeschaltet ist. Geht der Vorstand in Vertretung der Gesellschaft eine mittel- bis langfristige schuldrechtliche Bindung mit einem Geschäftspartner ein, obliegt es ihm auch, die von ihm im Namen der Gesellschaft eingegangenen Verpflichtungen zu erfüllen, sofern die Erfüllung seinem herausgehobenen Kompetenzbereich zuzuordnen ist, mithin der sachliche Anwendungsbereich des § 76 Abs. 1 AktG eröffnet ist.[270] Das bedeutet, dass er seinen „eigenen", von ihm im Namen der Gesellschaft begründeten Verpflichtungen nachzukommen hat. Fällt die Erfüllung daher in seinen herausgehobenen Kompetenzbereich, bindet er notwendigerweise durch die Eingehung der entsprechenden, zugrunde liegenden vertraglichen Verpflichtung auch sein künftiges Leitungsverhalten. Eine Selbstbindung des Vorstands ist daher bei schuldrechtlichen Dauerbindungen unabwendbar. Die rechtliche Einordnung solcher Selbstbindungen als Eingriff in die autonome Entscheidungskompetenz des Vorstands wäre daher nicht sachgerecht. Die Wahrnehmung von der Gesellschaft sich bietenden Geschäftschancen und eine nachhaltig profitable Unternehmensführung wären ohne die Möglichkeit der Selbstbindung des Vorstands nicht denkbar.[271] Insbesondere wäre es dem Vorstand verwehrt, langfristige Beziehungen mit Lieferanten einzugehen, großvolumige Mietverträge abzuschließen sowie Kooperationen mit Wettbewerbern und anderen Marktakteuren zu vereinbaren. Denn die Erfüllung dieser Verpflichtungen ist in aller Regel jeweils seinem herausgehobenen Kompetenzbereich i.S.d. § 76 Abs. 1 AktG zuzuordnen. Ebenso wäre die rechtsverbindliche Festlegung der Einhaltung bestimmter Finanzkennzahlen und sonstiger Auflagen (*Financial Covenants*) in den wesentlichen Kreditverträgen der Gesellschaft unter diesen Voraussetzungen nicht möglich.[272]

Dem Einwand, dass Selbstbindungen im Grundsatz stets einen tatbestandlichen Eingriff in die Leitungsautonomie des Vorstands darstellen und die Rechtswidrigkeit des Eingriffs allenfalls ausnahmsweise durch das Unternehmensinteresse gerechtfertigt sein kann, sofern die vertragliche Bindung in zeitlicher

270 Hierzu siehe unten Kapitel 2 C. I. 1. a) bb) (3) (ff).
271 So auch *Paschos* NZG 2012, 1142, 1144.
272 So auch *Paschos* NZG 2012, 1142, 1144.

und sachlicher Hinsicht beschränkt ist[273], ist entgegenzutreten. Denn wie eingangs dargelegt, ist schon das Leitungsermessen des Vorstands nicht verkürzt, sondern seine Ausübung lediglich vorverlagert. Ein Weniger an Ermessen erfährt der Vorstand durch die Vorwegbindung gerade nicht. Darüber hinaus bestünde im Falle der Annahme eines tatbestandlichen Eingriffs die Gefahr, dass der Eingriff im Einzelfall nicht gerechtfertigt ist, weil die Eingehung der vertraglichen Bindung durch den Vorstand nicht im Unternehmensinteresse liegt. Dies hätte dann zur Folge, dass durch die vertragliche Vereinbarung ein rechtswidriger Eingriff in das autonome Leitungsermessen des Vorstands vorliegen würde, mithin die zwingende Norm des § 76 Abs. 1 AktG verletzt wäre. Da diese nach wohl h.M. ein Verbotsgesetz darstellt[274], wäre Rechtsfolge der unzulässigen Bindung die Nichtigkeit der entsprechenden Vereinbarung im Außenverhältnis[275] und möglicherweise nach § 139 BGB auch die Nichtigkeit der entsprechenden, ggf. bereits vorgenommenen Umsetzungsmaßnahme. An dieser Stelle ist allerdings anzumerken, dass nach § 139 BGB nur solche Umsetzungsmaßnahmen nichtig sein können, die keinen Beschluss der Hauptversammlung darstellen. Ein Beschluss der Hauptversammlung ist nur in den in § 241 AktG aufgeführten Fällen nichtig. Eine Nichtigkeit im Außenverhältnis hätte unter Umständen weitreichende und für alle Beteiligten nachteilige Rechtsfolgen. Zu denken ist hierbei mit Blick auf die Nichtigkeit von Restrukturierungsvereinbarungen und deren Umsetzungsmaßnahmen an die praktisch nicht durchführbare Rückabwicklung eines bereits vollzogenen Restrukturierungskonzepts mit der Folge der unausweichlichen Insolvenz der Gesellschaft. Erfahrungsgemäß ist dann nicht anzunehmen, dass ein derart gescheitertes außergerichtliches Restrukturierungskonzept in einem Insolvenzplan wieder „zum Leben erweckt“ werden kann. Wahrscheinlicher ist eine unternehmenswertmindernde, um nicht zu sagen wertvernichtende Gesamt- oder auch Einzelverwertung des Unternehmens der Gesellschaft. Es erscheint daher sachgerechter, das Risiko einer nicht im Unternehmensinteresse liegenden, jedoch dennoch eingegangenen Verpflichtung allein dem jeweils handelnden Vorstandsmitglied aufzuerlegen und die Rechtsfolgen lediglich im Innenverhältnis zwischen Gesellschaft und dem

---

273 K. Schmidt/Lutter/*Seibt* § 76 Rn. 10; *Seibt*, Tagungsband zum Sechsten Hamburger Forum zum Übernahme- und Kapitalmarktrecht; *Fleischer*, FS Schwark 2009, S. 137, 152; *Paschos* NZG 2012 1142, 1143.

274 OLG München NZG 2012, 261 = ZIP 2012, 773 = EWiR 2012, 333 (*Peitsmeyer/Theusinger*); OLG München NZG 2013, 460, 462; LG München I NZG 2012, 1152 = GWR 2012, 274 (*Nordhues*).

275 Hinsichtlich der Rechtsfolge wird hier zwar eine andere Auffassung vertreten, nämlich nicht die endgültige Nichtigkeit der Klausel, sondern lediglich ihre schwebende Unwirksamkeit, hierzu siehe eingehend unten Kapitel 2 C. I. 1. c). Die h.M. in der Rechtsprechung geht allerdings von einer endgültigen Nichtigkeit aus. Von einer solchen ist daher auch im Zusammenhang mit den Überlegungen an dieser Stelle auszugehen.

betroffenen Vorstandsmitglied über § 93 Abs. 2 AktG auszugleichen.[276] Das Haftungsrisiko, das dabei dem einzelnen Vorstandsmitglied aufgelastet wird, erweist sich auch als zumutbar, da ihm eine Berufung auf die Haftungsprivilegierung der *Business Judgement Rule* aus § 93 Abs. 1 Satz 2 ermöglicht wird.

bb) Eingriff in die Organkompetenz

In einem nächsten Schritt ist zu prüfen, ob mit den in der Restrukturierungsvereinbarung festgelegten Implementierungspflichten zulasten der Gesellschaft eine mit der abschließenden Kompetenzordnung unvereinbare Übertragung der Leitungsmacht des Vorstands einhergeht. Nach h.M. wird das Verbot der Entäußerung von Leitungsmacht neben dem oben erörterten Verbot der Selbstbindung als Konkretisierung der nach § 76 Abs. 1 AktG gebotenen, eigenverantwortlichen Unternehmensleitung des Vorstands verstanden.[277] Da die vom Vorstand umzusetzenden Implementierungspflichten der Gesellschaft typischerweise zugunsten der Gläubiger und künftigen Aktionäre festgelegt werden, besteht die Gefahr, dass durch diese verpflichtenden Regelungen eine unzulässige Einflussnahme Dritter (bzw. (künftiger) Mitglieder eines anderen Organs) auf die Geschäftsführung des Vorstands begründet wird. Es ist zu besorgen, dass die Einflussnahme der Gläubiger und (künftigen) Aktionäre als unzulässige Übertragung von Organkompetenzen des Vorstands qualifiziert und daher in den Tatbestand des § 76 Abs. 1 AktG eingreift. Ist der Eingriff nicht gerechtfertigt[278] ist die entsprechende Verpflichtungsklausel in der Restrukturierungsvereinbarung nach h.M. nach § 134 BGB nichtig, da das Verbot der Entäußerung von Leitungsmacht des § 76 Abs. 1 AktG ein Verbotsgesetz i.S.d. § 134 BGB darstellt. Die Nichtigkeit einzelner Klauseln kann nach § 139 BGB die Nichtigkeit der gesamten schuldrechtlichen Restrukturierungsvereinbarung sowie die Nichtigkeit der auf ihrer Grundlage bereits vollzogenen Umsetzungsmaßnahmen nach sich ziehen, wie etwa die neuverhandelten und neu abgeschlossenen Kreditverträge (*Reinstated Debt*). Die Beschlüsse zu den Kapitalmaßnahmen im Rahmen einer *Debt to Equity Conversion* können hingegen nur in den in § 241 AktG aufgeführten Fällen nichtig sein. Ob die in einer Restrukturierungsvereinbarung festgelegten Bindungen als der zwingenden Aktienrechtsordnung zuwiderlaufende Kompetenzübertragungen einzuordnen sind, ist daher im Folgenden sorgfältig zu untersuchen.

---

276 Im Ergebnis ähnlich *Paschos* NZG 2012, 1142, 1144.

277 Beispielsweise KölnKommAktG-*Mertens/Cahn* § 76 Rn. 42 ff.; Spindler/Stilz/*Fleischer* § 76 Rn. 56 ff.

278 Zur Rechtfertigung eines Eingriffs in § 76 AktG siehe unten Kapitel 2 C. I. 1. b). Dort wird zu sehen sein, dass sowohl eine Übertragung von Organkompetenzen als auch eine Selbstbindung (sofern man entgegen der hier vertretenen Auffassung annimmt, dass es durch die Selbstbindung zu einem tatbestandlichen Eingriff in § 76 AktG kommt) im Unternehmensinteresse liegen und daher gerechtfertigt sein können.

(1) Horizontale Organisationsverfassung

Wie oben bereits angerissen, hat sich der Gesetzgeber des deutschen Aktienrechts für eine horizontale Organstruktur entschieden. Das bedeutet, dass die Entscheidungsgewalten in der Aktiengesellschaft auf deren Organe Vorstand, Hauptversammlung und Aufsichtsrat verteilt sind. Die horizontale Organstruktur weist der Hauptversammlung im Gegensatz zur hierarchischen Organstruktur keinen übergeordneten Rang zu.[279] Nach § 119 Abs. 1 AktG kann die Hauptversammlung nur in den dort genannten Fällen entscheiden. Ihr ist es nicht gestattet, „von sich aus Entscheidungen an sich zu ziehen oder in die Kompetenzen anderer Organe einzugreifen".[280] Umgekehrt ist es dem Vorstand bzw. dem Aufsichtsrat untersagt, in die autonomen Entscheidungskompetenzen der Hauptversammlung einzugreifen, was insbesondere in den §§ 136 Abs. 2, 71 b AktG zum Ausdruck kommt.[281] Darüber hinaus kann das jeweilige Organ ebenso wenig auf die ihm zugewiesenen Aufgaben und Befugnisse verzichten.[282] Nach § 23 Abs. 5 AktG kann nur dort von dieser Kompetenzordnung durch die Satzung abgewichen werden, wo dies ausdrücklich durch Gesetz zugelassen ist. Wäre die Kompetenzordnung nicht zwingend, stünde zu befürchten, „dass die künstliche und kunstvoll geschaffene Balance unter den Organen schnell aus dem Lot geraten bzw. in die alte hierarchische Struktur[283] zurückfallen würde".[284] Der Hauptversammlung ist es demnach grundsätzlich untersagt, auf die eigenverantwortliche Geschäftsführung des Vorstands Einfluss zu nehmen. Da dieses zwingende, vgl. § 23 Abs. 5 AktG, Einflussnahmeverbot nicht einmal durch die Satzung abgeändert werden kann, wird in der Literatur die Auffassung vertreten, dass dann erst recht eine vertragliche Einflussnahme ausgeschlossen sein muss.[285]

(2) Verlagerung der zentralen Machtausübung durch Restrukturierungsvereinbarungen?

Für die in der Restrukturierungsvereinbarung einerseits zulasten der Gesellschaft, andererseits zugunsten der Gläubiger und (künftigen) Aktionäre festgelegten Umsetzungspflichten könnte dies bedeuten, dass sie gegen die zwingende, in § 76

279 *Otto* NZG 2013, 930, 933.
280 *Otto* NZG 2013, 930, 933.
281 *Otto* NZG 2013, 930, 933.
282 *Otto* NZG 2013, 930, 933.
283 D.h. diejenige, die zu Zeiten der Weimarer Republik bestand und erst durch das Aktiengesetz von 1965 durch eine horizontale Organstruktur ersetzt wurde, vgl. hierzu Schneider/Hommelhoff/*Lutter*, Marcus Lutter. Gesammelte Schriften, 2010, S. 149, 160.
284 Schneider/Hommelhoff/*Lutter*, Marcus Lutter. Gesammelte Schriften, 2010, S. 1S. 149, 160 m160 m.w.N.
285 So wohl *Otto* NZG 2013, 930, 935.

Abs. 1 AktG normierte Entscheidungsautonomie des Vorstands verstoßen. Denn die Gesellschaft wird in der Restrukturierungsvereinbarung typischerweise gegenüber den Gläubigern, die im Falle der gleichzeitigen Vereinbarung einer *Debt to Equity Conversion* auch künftige Aktionäre der Gesellschaft sind, zur Implementierung bestimmter (Restrukturierungs-)Maßnahmen verpflichtet, die regelmäßig vom Vorstand zu vollziehen sind. Die Gläubiger und künftigen Aktionäre können daher aufgrund der Restrukturierungsvereinbarung von der durch den Vorstand vertretenen Gesellschaft die Umsetzung (bzw. die Nichtvornahme) von Maßnahmen verlangen, die in die originäre und zwingende Organkompetenz des Vorstands fallen. Sie entscheiden daher in erster Linie über das „Ob" und – abhängig davon, wieviel Ermessensspielraum dem Vorstand in der Restrukturierungsvereinbarung eingeräumt bzw. belassen wird – auch über das „Wie" der Umsetzung der Maßnahmen, üben mithin faktischen[286] Einfluss auf das Vorstandsorgan aus.

Erschwerend kommt hinzu, dass die (künftigen) Aktionäre diesen Einfluss auch außerhalb der Hauptversammlung und ohne die sonst notwendige Hauptversammlungsmehrheit geltend machen können. Ihr Einfluss auf die eigentlich zwingend autonome Leitungsmacht des Vorstands, der ihnen über die Restrukturierungsvereinbarung vermittelt wird, ist daher weitaus größer, als wenn die entsprechende Maßnahme, deren Umsetzung bzw. Nichtvornahme[287] sie vom Vorstand verlangen können, – rein hypothetisch gesehen – Beschlussgegenstand eines Hauptversammlungsbeschlusses wäre. Aufgrund entsprechender Regelungen in der Restrukturierungsvereinbarung wäre es demnach möglich, dass die zentrale Machtausübung in der Aktiengesellschaft weg vom Vorstand hin zu einem (bzw. mehreren) einzelnen (künftigen) Aktionären verlagert wird. Die Übernahme von Implementierungspflichten seitens der Gesellschaft in Restrukturierungsvereinbarungen ist daher grundsätzlich geeignet, tatbestandlich in die zwingend dem Vorstand zugewiesene Organkompetenz einzugreifen. Dabei macht es keinen Unterschied, ob die Übertragung der Leitungskompetenz auf einen künftigen Aktionär oder auf einen sonstigen Gläubiger bzw. *Stakeholder*, der nicht an einer etwaigen *Debt to Equity Conversion* teilnimmt, erfolgt. Denn es ist hinsichtlich eines tatbestandlichen Eingriffs in § 76 Abs. 1 AktG gleichgültig, ob ein Dritter oder ein (künftiger) Aktionär Einfluss auf das autonome Vorstandsorgan nimmt. Da in die Kompetenzen des Vorstands eingegriffen wird, ist allein seine Perspektive maßgebend. Es kann für die Frage, ob ein tatbestandlicher Eingriff in die Autonomie des Vorstands vorliegt, nicht darauf ankommen, von wem die Eingriffshandlung ausgeht.

---

286 Faktisch deshalb, weil sie primär gegenüber der Gesellschaft berechtigt sind. Da der Vorstand die Verpflichtungen der Gesellschaft umzusetzen hat, haben sie auch mittelbaren bzw. faktischen Einfluss auf den Vorstand.

287 In Restrukturierungsvereinbarungen werden üblicherweise sowohl positive Handlungspflichten als auch negative Unterlassungspflichten zulasten der Gesellschaft vereinbart.

(3) Weitere Voraussetzungen eines tatbestandlichen Eingriffs

Ein (unzulässiger) tatbestandlicher Eingriff in die Organkompetenz des Vorstands aus § 76 Abs. 1 AktG kommt jedoch nur dann in Betracht, wenn weitere Voraussetzungen erfüllt sind: Erstens muss sich die Einflussnahme unterhalb der Schwelle eines (verdeckten) (Teil-)Beherrschungsvertrages i.S.d. § 291 AktG bewegen. Zweitens muss der Einflussnehmende auch eine originäre eigene Entscheidung treffen, damit der Tatbestand der Übertragung von Leitungskompetenzen erfüllt ist. Schließlich muss die Maßnahme, zu deren Umsetzung sich die Gesellschaft in der Restrukturierungsvereinbarung verpflichtet hat, überhaupt in die herausgehobene Leitungskompetenz des Vorstands fallen. Ferner liegt ein rechtswidriger, unzulässiger Eingriff mit der Folge der Nichtigkeit bzw. schwebenden Unwirksamkeit[288] der entsprechenden Klausel nur dann vor, wenn die Übertragung der Leitungsmacht nicht vom übergeordneten Unternehmensinteresse gedeckt ist.

(aa) Beherrschungsvertragliche Durchbrechung des § 76 Abs. 1 AktG

Grundsätzlich sind Kompetenzübertragungen im Aktienrecht nach dem Maßstab der §§ 291 ff. AktG zu beurteilen. Qualifiziert die Restrukturierungsvereinbarung daher als Beherrschungsvertrag i.S.d. § 291 Abs. 1 Satz 1 Alt. 1 AktG ist nach § 293 Abs. 1 Satz 1 AktG ein zustimmender Beschluss der Hauptversammlung mit einer Dreiviertelmehrheit notwendig.[289] Ebenso sind die erforderlichen Handelsregistereintragungen vorzunehmen, da andernfalls der Beherrschungsvertrag nicht wirksam wird, vgl. § 294 Abs. 2 AktG. Besteht ein Beherrschungsvertrag, so ist das herrschende Unternehmen nach § 308 Abs. 1 Satz 1 AktG berechtigt, dem Vorstand der Gesellschaft hinsichtlich der Leitung der Gesellschaft (§ 76 AktG) Weisungen zu erteilen. Ein unzulässiger Eingriff in die Leitungsautonomie des Vorstands, mithin eine Verletzung des § 76 Abs. 1 AktG ist daher bei Vorliegen eines wirksamen (!) Beherrschungsvertrages auszuschließen. Zwar wird durch einen Beherrschungsvertrag, der die Leitung der abhängigen Gesellschaft durch den Vorstand vollständig dem herrschenden Unternehmen unterstellt, freilich massiv in die freie Leitungsautonomie des Vorstands der abhängigen Gesellschaft eingegriffen.[290] Dieser Kompetenzverlust des Vorstands ist jedoch vom Gesetzgeber zur Ermöglichung einer Konzernierung, d.h. zur Ermöglichung der Zusammenfassung verbundener Unternehmen unter einheitlicher Leitung, vgl. § 18 Abs. 1 Satz 2 AktG, gerade

---

288 Hierzu siehe unten Kapitel 2 C. I. 1. c).

289 Hierzu siehe bereits oben Kapitel 2 B. I. 1. b).

290 Emmerich/Habersack/*Emmerich* Aktien- und GmbH-Konzernrecht § 291 AktG Rn. 26 zufolge und ihm in dieser Hinsicht zustimmend „zeigen die Vorschriften des § 57 Abs. 1 Satz 3 AktG, des § 71a Abs. 1 Satz 3 AktG, des § 291 Abs. 1 und 3 AktG sowie des § 308 Abs. 1 AktG, dass durch den Abschluss eines Beherrschungsvertrages tiefgreifend in die Verfassung der abhängigen Gesellschaft eingegriffen wird, vor allem im Wege der Durchbrechung der §§ 57 ff. AktG und des § 76 AktG."

gewollt und bei Vorliegen eines zustimmenden Hauptversammlungsbeschlusses nach § 293 Abs. 1 Satz 1 AktG sowie der nötigen Handelsregistereintragungen nach § 294 AktG und der sonstigen allgemein-konzernrechtlichen Voraussetzungen[291] auch gerechtfertigt.

Eine Restrukturierungsvereinbarung ist dann als Beherrschungsvertrag in diesem Sinne einzuordnen, wenn der *Distressed Hedge Fund* als (künftiger) Aktionär auf ihrer Grundlage berechtigt ist, dem Vorstand der Gesellschaft hinsichtlich deren Leitung Weisungen zu erteilen, vgl. § 308 Abs. 1 Satz 1 AktG. Das Weisungsrecht muss sich dabei nach den §§ 308 Abs. 1 Satz 1 AktG und 323 Abs. 1 Satz 1 AktG auf die „Leitung der (abhängigen) Gesellschaft" durch ihren Vorstand erstrecken.[292] Die „Leitung der Gesellschaft" durch den Vorstand i.S.d § 308 Abs. 1 AktG und des § 323 Abs. 1 S. 1 AktG muss dabei grundsätzlich den gesamten Bereich der Geschäftsführung und Vertretung der Gesellschaft umfassen, und zwar einschließlich der zentralen Leitungsfunktionen wie der Zielplanung, der Unternehmenskoordination und -kontrolle sowie der Besetzung der Führungspositionen.[293] Der (künftige) Aktionär als herrschendes Unternehmen muss folglich dem Vorstand der (abhängigen) Gesellschaft Weisungen hinsichtlich aller Fragen der Geschäftsführung und der Vertretung seiner Gesellschaft erteilen können, mag es sich um grundsätzliche Fragen oder Einzelfragen des laufenden Tagesgeschäfts handeln.[294] Die Qualifikation einer Restrukturierungsvereinbarung als Beherrschungsvertrag i.S.d. § 291 Abs. 1 Satz 1 AktG kommt folglich prinzipiell nur in Betracht, wenn die Gesellschaft durch sie jedenfalls auch hinsichtlich der genannten zentralen

291 Vgl. insbesondere die §§ 17 ff. AktG. Durch einen Beherrschungsvertrag soll insbesondere die einheitliche Leitung verbundener Unternehmen i.S.d. § 18 Abs. 1 Satz 1 AktG ermöglicht werden. Siehe hierzu Emmerich/Habersack/*Emmerich* Aktien- und GmbH-Konzernrecht § 291 AktG Rn. 21, wonach Voraussetzung für einen Teilbeherrschungsvertrag ist, dass „immer noch eine einheitliche Leitung der verbundenen Unternehmen i.S.d § 18 Abs. 1 S. 1 möglich bleibt." Das einflussnehmende Unternehmen muss – um einen (Teil-)Beherrschungsvertrag i.S.d. § 291 Abs. 1 Satz 1 AktG annehmen zu können – also grundsätzlich an der Gesellschaft beteiligt sein, darf also nicht lediglich außenstehender Dritter sein. Ob auch ausnahmsweise ein Vertrag als (Teil-)Beherrschungsvertrag eingeordnet werden kann, der mit nicht an der Gesellschaft beteiligten Unternehmen abgeschlossen wird, spielt allerdings dann keine Rolle, wenn die Gläubiger – wie für die hier interessierenden Distressed Hedge Funds üblich – im Rahmen des Debt to Equity Swap zu Aktionären werden.

292 Emmerich/Habersack/*Emmerich* Aktien- und GmbH-Konzernrecht § 308 Rn. 38 f.

293 GroßkommAktG-*Hirte* § 308 Rn. 31 ff.; K. Schmidt/Lutter/*Langenbucher* § 308 Rn. 21; Hölters/*Leuering/Goertz* § 308 Rn. 26; Spindler/Stilz/*Veil* § 308 Rn. 20; *Voigt*, Haftung aus Einfluss, S. 289 f.; Emmerich/Habersack/*Emmerich* Aktien- und GmbH-Konzernrecht § 308 Rn. 38 f.

294 Emmerich/Habersack/*Emmerich* Aktien- und GmbH-Konzernrecht § 308 Rn. 38 f.

Leitungsfunktionen dem anderen Vertragsteil, d.h. dessen Weisungsrecht, unterstellt wird.[295]

Da in Restrukturierungsvereinbarungen vornehmlich einzelne Implementierungspflichten der Gesellschaft hinsichtlich konkret vorzunehmender finanzieller und operativer Restrukturierungsmaßnahmen festgelegt werden, der Vorstand jedoch seine Entscheidungsautonomie hinsichtlich grundlegender strategischer Maßnahmen meist behält, wird in aller Regel ein derart weitreichendes, die zentralen Leitungsfunktionen umfassendes Weisungsrecht zugunsten der Gläubiger bzw. (künftigen) Aktionäre nicht Gegenstand der Vereinbarung sein. Die Einflussnahme, die auf die Leitungsautonomie des Vorstands mittels einer Restrukturierungsvereinbarung ausgeübt wird, ist daher regelmäßig nicht so stark ausgeprägt, dass die Restrukturierungsvereinbarung die Schwelle zum Beherrschungsvertrag i.S.d. § 291 Abs. 1 Satz 1 Alt. 1 AktG überschreiten würde, mithin die dort vereinbarte Kompetenzübertragung auf die (künftigen) Aktionäre mit einem zustimmenden Hauptversammlungsbeschluss und der Eintragung ins Handelsregister (§ 294 AktG) „geheilt" werden könnte.

(bb) Restrukturierungsvereinbarung als Teilbeherrschungsvertrag

Ein unzulässiger tatbestandlicher Eingriff in die Organkompetenz des Vorstands aus § 76 Abs. 1 AktG scheidet jedoch auch dann aus, wenn die Restrukturierungsvereinbarung einen sog. Teilbeherrschungsvertrag darstellt, die Hauptversammlung ihrem Abschluss zustimmt (§ 293 Abs. 1 Satz 1 AktG) und die erforderlichen Eintragungen im Handelsregister erfolgt sind (§ 294 AktG), mithin die teilweise Leitungsübertragung auf den (künftigen) Aktionär aufgrund einer konzernvertraglichen Rechtsgrundlage erfolgt. Teilbeherrschungsverträge sind dadurch gekennzeichnet, dass das Weisungsrecht des herrschenden Unternehmens gegenüber der gesetzlichen Regel des § 308 AktG vertraglich reduziert ist, z.B. durch seine Beschränkung auf einzelne Leitungsfunktionen unter Ausschluss der anderen oder durch Konzentration auf einzelne Betriebe von mehreren der abhängigen Gesellschaft.[296] Nach h.M. sind Teilbeherrschungsverträge unbedenklich.[297] Dies wird mit

---

295 *Hüffer* Aktiengesetz § 291 Rn. 10; Hölters/*Deilmann* § 291 Rn. 17; Emmerich/Habersack/*Emmerich* Aktien- und GmbH-Konzernrecht § 291 Rn. 14; *Kort* NZG 2009, 364, 365; *Schürnbrand* ZHR 169 (2005) 35, 41 f.; Spindler/Stilz/*Veil* § 291 Rn. 11 bis 19; viel enger dagegen *Ederle* AG 2010, 273, 275 ff.; *Ederle*, Verdeckte Beherrschungsverträge, 2010, 77 ff.

296 Emmerich/Habersack/*Emmerich* Aktien- und GmbH-Konzernrecht § 291 Rn. 20.

297 OLG München AG 2008, 672 = NZG 2008, 753; MünchKommAktG-*Altmeppen* § 291 Rn. 86, 102 ff.; Emmerich/Habersack/*Emmerich* Aktien- und GmbH-Konzernrecht § 291 Rn. 21; *Bachmann/Veil* ZIP 1999, 348, 353 f.; *Exner* Beherrschungsvertrag S. 109 ff.; *Grobecker* DStR 2002, 1953, 1954 f.; Hölters/*Deilmann* § 291 Rn. 30; *Hüffer* Aktiengesetz § 291 Rn. 15; *Kienzle,* Verdeckte Beherrschungsverträge im Aktienrecht, 2010, 37 ff.; MünchHdbAG/*Krieger* § 70 Rn. 5; Beck AG-HdB-*Liebscher* § 14 Rn. 103 (S. 1187); *Schürnbrand* ZHR 169 (2005) 35, 45; *R. Veil* Unternehmensverträge

einem Umkehrschluss zu § 308 Abs. 1 Satz 2 AktG begründet. In einem Beherrschungsvertrag könne das Weisungsrecht auch in anderer Hinsicht als gerade durch den Ausschluss nachteiliger Weisungen beschränkt werden.[298] Dem ist zuzustimmen. Letztlich muss es den Parteien im Rahmen ihrer Vertragsfreiheit möglich sein, auch eine weniger stark in die Leitungsautonomie des Vorstands eingreifende Konzernierung vorzunehmen. Da auch ein Teilbeherrschungsvertrag den strengen Wirksamkeitsvoraussetzungen der §§ 293, 294 AktG unterliegt, ist eine Benachteiligung außenstehender Aktionäre und Gläubiger nicht zu befürchten.

In Restrukturierungsvereinbarungen verpflichtet sich die Gesellschaft gegenüber dem (künftigen) Aktionär regelmäßig zur Umsetzung sowohl finanzieller als auch operativer Restrukturierungsmaßnahmen. Die Übertragung der Leitungsautonomie des Vorstands könnte daher in Bezug auf diese Implementierungsmaßnahmen beschränkt sein, d.h. diese Maßnahmen könnten von seiner Leitungsautonomie ausgenommen sein.

Im Ergebnis reicht die Übertragung von Leitungsmacht auf den (künftigen) Aktionär grundsätzlich nur soweit, als es die jeweils umzusetzende Restrukturierungsmaßnahme anbetrifft. Anders gewendet: Das (mögliche) Weisungsrecht des (künftigen) Aktionärs umfasst regelmäßig nur die vereinbarten und umzusetzenden Restrukturierungsmaßnahmen, nicht jedoch sämtliche zentrale Leitungsfunktionen der Gesellschaft. Eine Restrukturierungsvereinbarung kann also grundsätzlich als Teilbeherrschungsvertrag qualifizieren. Der (künftige) Aktionär ist aufgrund der Verpflichtungen der Gesellschaft in der Restrukturierungsvereinbarung nämlich berechtigt, von dieser die Umsetzung der entsprechenden Maßnahmen zu verlangen. Das „Ob" der Umsetzung ist daher grundsätzlich nicht mehr (allein) vom Willen des Vorstands der Gesellschaft, sondern ebenso vom Willen des (künftigen) Aktionärs abhängig. Kommt beispielsweise etwa der Vorstand nach *Closing* der finanziellen Restrukturierung zu dem Schluss, dass die Umstrukturierung der Produktion und des Vertriebs unternehmerisch nicht mehr zweckmäßig ist, sind jedoch in der Restrukturierungsvereinbarung konkrete operative Restrukturierungsmaßnahmen hinsichtlich der Produktions- und Vertriebseinheiten festgelegt, kann der Aktionär von der Gesellschaft verlangen, dass der Vorstand die Maßnahmen entsprechend den Festlegungen in der Restrukturierungsvereinbarung vornimmt. Hinsichtlich dieser konkreten unternehmerischen Maßnahmen kann der Aktionär daher über die Restrukturierungsvereinbarung Einfluss auf die Geschäftsführung des Vorstands nehmen. Insoweit ist die Leitungsautonomie des Vorstands eingeschränkt bzw. auf den Aktionär übertragen, insoweit kann daher grundsätzlich auch das Vorliegen eines Teilbeherrschungsvertrages angenommen werden.

S. 17, 224, 284, 297 ff.; Spindler/Stilz/*Veil* § 291 Rn. 24 f.; enger K. Schmidt/Lutter/*Langenbucher* § 291 Rn. 30 f.

298 Emmerich/Habersack/*Emmerich* Aktien- und GmbH-Konzernrecht § 291 Rn. 21.

Fraglich ist allerdings in der Tat, ob die Erfüllung einzelner konkreter Umsetzungspflichten durch den Vorstand die Befolgung eines Weisungsrechts im Sinne eines Teilbeherrschungsvertrages darstellt, d.h. ob sich die Gesellschaft dadurch, dass sie sich in der Restrukturierungsvereinbarung zur Umsetzung bestimmter finanzieller, operativer und ggf. auch strategischer Restrukturierungsmaßnahmen verpflichtet, der teilweisen Weisung des Aktionärs unterwirft.

Unter einer Weisung[299] i.S.d. § 308 Abs. 1 AktG wird im Allgemeinen jede Maßnahme des herrschenden Unternehmens verstanden, durch die dieses über den Vorstand der abhängigen Gesellschaft Einfluss auf deren Leitung nehmen will.[300] Die Rechtsprechung versteht unter einem Weisungsrecht i.S.d. § 308 Abs. 1 AktG die rechtlich gesicherte Möglichkeit zur Durchsetzung des Willens des herrschenden Unternehmens in den fraglichen Bereichen bei der abhängigen Gesellschaft, ggf. auch gegen den Widerstand deren Organe.[301] Entscheidend sei, ob sich nach den §§ 133, 157 BGB „bei wirtschaftlicher Betrachtungsweise" aus der Gesamtheit der Abreden der Parteien, aus ihren Interessen und aus den von ihnen verfolgten Zwecken ein rechtlich gesichertes Weisungsrecht der einen Partei gegenüber der anderen ergibt.[302] Obwohl im Grundsatz bei der Festlegung rechtsverbindlicher Umsetzungspflichten eine solche rechtlich gesicherte Möglichkeit besteht, auch gegen den Willen bzw. Widerstand des Vorstands der Gesellschaft die entsprechende Restrukturierungsmaßnahme durchzusetzen, ist im Ergebnis eine Weisung dennoch zu verneinen. Eine Weisung im Sinne des § 308 AktG ist nach der hier vertretenen Auffassung nämlich nur dann anzunehmen, wenn der Vorstand die Leitung des Unternehmens bzw. die Leitung eines unternehmerischen Teilbereichs pauschal in die Hände des herrschenden Unternehmens bzw. des Aktionärs legt, so dass dieser eigene, originäre Entscheidungen hinsichtlich der festgelegten Teilbereiche treffen kann. Dies ist ihm dann nicht möglich, wenn er lediglich eine festgelegte konkrete (Restrukturierungs)Maßnahme einfordern kann, mithin nur das „Ob" der Umsetzung in seine Hände gelegt wird. Um von einer Weisung i.S. eines Teilbeherrschungsvertrages bzw. i.S.d. § 308 AktG sprechen zu können, ist erforderlich, dass auch das „Wie" der Umsetzung der bestimmten

---

299 Sofern eine Weisung in diesem Sinne vorliegt kann zwar einerseits eine unwirksame, weil gegen § 76 AktG verstoßende Restrukturierungsvereinbarung durch die Zustimmung der Hauptversammlung und die Eintragung ins Handelsregister geheilt werden. Andererseits müssen bei Vorliegen einer Weisung dann auch diese Anforderungen erfüllt sein. Andernfalls kommt es zu einer Verletzung des § 76 AktG.

300 Emmerich/Habersack/*Emmerich* Aktien- und GmbH-Konzernrecht § 308 Rn. 23.

301 OLG Schleswig NZG 2008, 868, 869 ff. = ZIP 2009, 124 = AG 2009, 374 – MobilCom; NZG 2008, 876; Emmerich/Habersack/*Emmerich* Aktien- und GmbH-Konzernrecht § 291 Rn. 14; zustimmend *Kort* NZG 2009, 364; ebenso im Ergebnis *Koppensteiner*, FS Canaris, Bd. II 2007, 209, 210 ff.

302 OLG Schleswig NZG 2008, 868, 869 ff. = ZIP 2009, 124 = AG 2009, 374 – MobilCom.; Emmerich/Habersack/*Emmerich* Aktien- und GmbH-Konzernrecht § 291 Rn. 15.

Restrukturierungsmaßnahme der Entscheidungshoheit des Aktionärs unterliegt, ihm mithin ein gewisser unternehmerischer Ermessenspielraum eingeräumt wird, weil nur dann der Wille des Aktionärs denjenigen des Vorstands ersetzt. Ist dies der Fall, kann eine Restrukturierungsvereinbarung durchaus als Teilbeherrschungsvertrag qualifizieren. Grundsätzlich qualifizieren die konkret festgelegten Implementierungspflichten zulasten der Gesellschaft jedoch nicht als (teilweise) Unterwerfung unter die Leitung eines anderen Unternehmens, mithin nicht als Einräumung eines teilweisen, reduzierten Weisungsrechts i.S. eines Teilbeherrschungsvertrages.

Eine Ausnahme von diesem Grundsatz ist nur dort zu machen, wo in einer Restrukturierungsvereinbarung derart viele konkrete Implementierungspflichten hinsichtlich eines unternehmerischen Teilbereichs festgelegt werden, dass die einzelnen Verpflichtungen einer pauschalen Unterwerfung unter die Weisung bzw. die Leitungsmacht des Aktionärs gleichkommen. Nur in einem solchen Fall ist die Einordnung der Restrukturierungsvereinbarung als Teilbeherrschungsvertrag gerechtfertigt. Liegen dann die weiteren Wirksamkeitsvoraussetzungen eines Teilbeherrschungsvertrages vor (§§ 18, 293, 294 AktG), stellt die teilweise Entäußerung von Leitungsmacht des Vorstandes, d.h. die Einflussnahme des Gläubigers bzw. (künftigen) Aktionärs auf die Umsetzung der finanziellen und operativen Restrukturierungsmaßnahmen keinen § 76 Abs. 1 AktG verletzenden Eingriff dar.

Qualifiziert die Restrukturierungsvereinbarung als Teilbeherrschungsvertrag i.S.d. § 291 Abs. 1 Satz 1 AktG und liegen auch die sonstigen Wirksamkeitsvoraussetzungen für einen solchen Vertrag vor, werden die einzelnen Vorstandsmitglieder der Gesellschaft direkt verpflichtet. Zwischen ihnen und dem Aktionär entsteht unmittelbar ein Schuldverhältnis.[303] Das einzelne Vorstandsmitglied wird Partei der Restrukturierungsvereinbarung. Das hat zur Folge, dass der Aktionär auch unmittelbar vom einzelnen Vorstandsmitglied die Umsetzung der entsprechenden, in der Restrukturierungsvereinbarung konkret festgelegten Maßnahme bzw. die Befolgung seiner konkret erteilten Weisung verlangen und bei Nichterfüllung das einzelne Vorstandsmitglied in Anspruch nehmen kann.

Festzuhalten bleibt, dass eine Weisung i.S.d. § 308 AktG nur dann vorliegt, wenn dem (künftigen) Aktionär in der Restrukturierungsvereinbarung das Recht eingeräumt wird, nicht nur das „Ob", sondern auch das „Wie" der Umsetzung der konkreten finanziellen, operativen oder strategischen Restrukturierungsmaßnahme zu bestimmen. Von einer Weisung in diesem Sinne und damit auch von einem (Teil-)Beherrschungsvertrag kann also nur dann gesprochen werden, wenn dem (künftigen) Aktionär hinsichtlich der umzusetzenden Maßnahmen ein gewisser Ermessensspielraum zukommt. Verpflichtet sich die Gesellschaft zur Umsetzung von Maßnahmen, die sich eng und zwingend an den Vorgaben in der Restrukturierungsvereinbarung orientiert, fehlt es an einer solchen inhaltlichen

---

303 Hölters/*Leuering/Goertz* § 308 Rn. 45; Emmerich/Habersack/*Emmerich* Aktien- und GmbH-Konzernrecht § 308 Rn. 18; dagegen GroßkommAktG-*Hirte* § 308 Rn. 27.

Ermessensentscheidung. Die Umsetzung erfolgt dann nicht aufgrund einer Weisung i.S.d. § 308 AktG und eine Einordnung der Restrukturierungsvereinbarung als (Teil)Beherrschungsvertrag scheidet zumindest hinsichtlich dieser Implementierungsverpflichtung aus. Eine Weisung i.S.d. § 308 AktG liegt hingegen vor, wenn der (künftige) Aktionär nicht nur das „Ob“, sondern vor allem auch das „Wie“, d.h. den konkreten Inhalt der Implementierungsmaßnahme im Zeitpunkt der vorzunehmenden Umsetzung verlangen bzw. zum ersten Mal (einseitig) verbindlich festlegen kann und dieser nicht bereits vorab in der Restrukturierungsvereinbarung im Einzelnen fixiert worden ist. Bei konkret im Voraus festgelegten Umsetzungsverpflichtungen ist vielmehr schon fraglich, inwieweit der (künftige) Aktionär über das „Ob“ der Umsetzung frei entscheiden kann.

Denn insoweit muss berücksichtigt werden, dass bei konkret festgelegten Umsetzungsmaßnahmen in einer Restrukturierungsvereinbarung nicht nur der Gesellschaft die Pflicht zur Implementierung auferlegt wird, sondern auch der (künftige) Aktionär verpflichtet wird, die Umsetzung „anzunehmen“ bzw. nicht zu verhindern. Dies ergibt sich letztlich aus der generellen, in Restrukturierungsvereinbarungen üblicherweise festgelegten Pflicht der Parteien, die Restrukturierung im Allgemeinen zu fördern und jedwede Maßnahmen zu unterlassen, die die Implementierung der Restrukturierung verhindern könnten. Streng genommen ist daher nicht einmal das „Ob“ der Umsetzung der jeweiligen Maßnahme in die Hände des (künftigen) Aktionärs gelegt. Er kann nur dann über das „Ob“ der Vornahme entscheiden, wenn die Gesellschaft der Umsetzung nicht nachkommt. Es steht dann im Ermessen des (künftigen) Aktionärs, darüber zu entscheiden, ob er die Umsetzung der Maßnahme einfordert oder nicht. Allein in diesem Fall ist er „Herr“ über das „Ob“ der Umsetzung, mithin über das „Ob“ der einzelnen Leitentscheidung des Vorstands i.S.d. § 76 AktG. Wird jedoch in der Restrukturierungsvereinbarung ein Garant eingesetzt, der das Recht bzw. die Pflicht hat, in eigenem Namen die Rechte aus der Restrukturierungsvereinbarung geltend zu machen, sollte eine der Parteien diese nicht mehr verfolgen (wollen), dann scheidet allerdings auch hinsichtlich des „Ob“ eine freie Entscheidung des Aktionärs aus. Denn im Falle, dass ein Garant eingesetzt wird[304], wird in aller Regel die Nichtverfolgung

304 In Restrukturierungsvereinbarungen kann ein Garant eingesetzt werden, der von den übrigen Parteien unabhängig ist und der – unter bestimmten Voraussetzungen (z.B. Nichtgeltendmachung von Ansprüchen nach einer bestimmten Frist) – die Rechte bestimmter Parteien (z.B. der Gesellschaft) aus der Restrukturierungsvereinbarung in eigenem Namen einfordern kann, mithin deren Umsetzung garantiert. Seine Einsetzung kann insbesondere deshalb notwendig sein, weil etwa nach erfolgter Beteiligungsübernahme der Distressed Hedge Fund sich nicht an die Restrukturierungsvereinbarung hält und die Gesellschaft ihn auch nicht in Anspruch nimmt, weil etwa die Organe mit Personen besetzt sind, die in „seinem Lager“ stehen. Ferner könnte der Investor nach erfolgter Beteiligungsübernahme die Aktiengesellschaft in eine GmbH umwandeln – vorausgesetzt er hat die entsprechende Mehrheit inne – und sodann der Geschäftsführung verbindliche Weisungen dergestalt erteilen,

einer unterlassenen Maßnahme durch den Aktionär ersatzweise durch den Garanten geltend gemacht.[305] Konkret im Voraus festgelegte Implementierungsverpflichtungen in einer Restrukturierungsvereinbarung räumen dem (künftigen) Aktionär daher grundsätzlich kein Weisungsrecht i.S.d. § 308 AktG ein. Restrukturierungsvereinbarungen mit derartigen Pflichten erfüllen daher auch nicht den Tatbestand der §§ 291, 308 AktG.

(cc) Restrukturierungsvereinbarung als verdeckter (Teil-)Beherrschungsvertrag

Daher stellt sich die Frage, wie eine Restrukturierungsvereinbarung zu behandeln ist, die dem (künftigen) Aktionär zwar kein Weisungsrecht i.S.d. § 308 AktG einräumt, die Gesellschaft aber im Ergebnis auf andere Weise der Herrschaft des (künftigen) Aktionärs unterstellt, mithin die Schwelle eines (Teil-)Beherrschungsvertrages nicht erreicht. Unterhalb dieser Schwelle kann eine Einflussnahme des (künftigen) Aktionärs auf die Leitungsmacht des Vorstands vor allem in faktischer Hinsicht erfolgen. Das bedeutet, dass dem Aktionär aufgrund der Restrukturierungsvereinbarung zwar kein Recht zur Erteilung verbindlicher Weisungen i.S.d. § 308 AktG zukommt, der Einfluss des Aktionärs sich dennoch faktisch verbindlich für den Vorstand auswirkt, weil sich der Vorstand bzw. die Gesellschaft dem Einfluss des anderen Teils, des herrschenden Unternehmens, im Ergebnis nicht mehr entziehen kann, will er nicht schwere und existenzbedrohende Nachteile in Kauf nehmen.[306] Die Restrukturierungsvereinbarung qualifiziert in diesem Fall als verdeckter Beherrschungsvertrag mit der Folge, dass sie ohne Zustimmung der Hauptversammlung sowie ohne die erforderlichen Handelsregistereintragungen nach den §§ 76, 293, 294 AktG, 125 BGB nichtig ist.[307] Sind diese Wirksamkeitsvoraussetzungen allerdings erfüllt, scheidet ein tatbestandlicher Eingriff in § 76 Abs. 1 Satz 1 AktG auch dann aus, wenn der (künftige) Aktionär, d.h. der *Distressed Hedge Fund*, aufgrund der Restrukturierungsvereinbarung zwar keinen rechtlichen[308], jedoch faktischen Einfluss auf die Leitentscheidungen des Vorstands ausübt. Ob eine Restrukturierungsvereinbarung als verdeckter Beherrschungsvertrag in diesem Sinne einzuordnen ist, ist danach zu beurteilen, ob sich aus der Gesamtheit der Abreden der Beteiligten nach den §§ 133, 157 BGB das Recht des einen Teils ergibt, dem anderen für diesen zumindest faktisch verbindliche Weisungen mit Bezug auf

---

etwaige Pflichtverletzungen seitens des Investors nicht geltend zu machen, vgl. §§ 46 Nr. 6, 37 Abs. 1 GmbHG a.E.

305 Zur Einsetzung eines Garanten in Investorenvereinbarungen siehe *Seibt/Wunsch* Der Konzern 2009 195, 200 f.

306 Emmerich/Habersack/*Emmerich* Aktien- und GmbH-Konzernrecht § 291 Rn. 24b.

307 Vgl. Emmerich/Habersack/*Emmerich* Aktien- und GmbH-Konzernrecht § 291 Rn. 24c.

308 I.S.d. § 308 AktG.

die Leitung der Gesellschaft in dem genannten[309] weiten Sinne zu erteilen.[310] Da auch Teilbeherrschungsverträge unter § 291 AktG fallen[311], reicht es bereits aus, dass sich das faktische Leitungsrecht des *Distressed Investors* als „herrschendes Unternehmen“ wenigstens auf einzelne Leitentscheidungen i.S.d. §§ 76 und 291 AktG bezieht.[312]

Ob die in der Restrukturierungsvereinbarung festgelegten Umsetzungsverpflichtungen der Gesellschaft dem *Distressed Hedge Fund* ein faktisches Weisungsrecht gegenüber dem Vorstand der Gesellschaft einräumen und damit in faktischer Hinsicht in dessen Leitungskompetenz eingreifen, lässt sich nicht pauschal beantworten und ist vielmehr eine Frage des Einzelfalls.[313] Es kann jedoch festgestellt werden, dass grundsätzlich auch in faktischer Hinsicht nur dann von einer Weisung gesprochen werden kann, wenn der *Distressed Hedge Fund* sowohl das „Ob“ als auch das „Wie“ der vom Vorstand vorzunehmenden Maßnahme „kontrolliert“. Denn für die Einordnung einer Restrukturierungsvereinbarung als verdeckter (Teil-)Beherrschungsvertrag muss sich nach den §§ 133, 157 BGB ergeben, dass das „Ob“ und das „Wie“ der jeweiligen Restrukturierungsmaßnahme wenn schon nicht in rechtlicher, dann wenigstens in faktischer Hinsicht vom Willen des *Distressed Investors* abhängig ist. Das bedeutet konsequenterweise, dass für das Vorliegen einer Weisung, die sich lediglich faktisch auf die einzelne Leitentscheidung des Vorstands auswirkt, ebenso wie für das Vorliegen einer rechtlichen Weisung i.S.d. § 308 AktG erforderlich ist, dass die Entscheidung über das „Ob“ und „Wie“ der Vornahme der Restrukturierungsmaßnahme in die Hände des *Distressed Investors* gelegt wird. Denn andernfalls kommt eine beherrschungsvertragsrechtliche Übertragung von Leitungsmacht, sei sie faktischer oder rechtlicher Natur, nicht in Betracht.

Der Grund hierfür liegt darin, dass die eigenverantwortliche Leitungsmacht des Vorstands i.S.d. § 76 Abs. 1 AktG gerade diese beiden Elemente enthält. Der Vorstand kann eigenverantwortlich sowohl über das „Ob“ als auch über das „Wie“ der ihm zugewiesenen[314] Maßnahmen entscheiden. Soll diese Leitungsmacht vollumfänglich übertragen werden, so dass von einer Beherrschung gesprochen werden

309 Siehe oben Kapitel 2 B. I. 1. b) sowie Kapitel 2 C. I. 1. a) bb) (3) (aa) und (bb).

310 Vgl. Emmerich/Habersack/*Emmerich* Aktien- und GmbH-Konzernrecht § 291 Rn. 24b.

311 Siehe oben Kapitel 2 C. I. 1. a) bb) (3) (bb).

312 *Hirte/Schall* Der Konzern 2006, 243, 246 ff.; Emmerich/Habersack/*Emmerich* Aktien- und GmbH-Konzernrecht § 291 Rn. 24b; *Kienzle*, Verdeckte Beherrschungsverträge im Aktienrecht, 2010, 43, 54 ff.; *Liebscher* GmbH-Konzernrecht § 291 AktG Rn. 594 (S. 223).

313 Faktischer Einfluss des Investors kann etwa dann vorliegen, wenn er dem Vorstand bereits vor Abschluss der Restrukturierungsvereinbarung signalisiert hat, ihn nach Beteiligungsübernahme im Amt zu belassen, sofern er seine „Weisungen“ befolgt.

314 Zu dieser Zuweisung und zur herausgehobenen Leitungsmacht des Vorstands siehe unten Kapitel 2 C. I. 1. a) bb) (3) (ff).

kann, müssen daher beide Elemente mit übergehen. Die Einräumung eines Weisungsrechts stellt sich dabei unabhängig davon, ob rechtlicher oder faktischer Einfluss ausgeübt wird, als vollumfängliche[315] Übertragung von Leitungsmacht dar, d.h. bei der (beherrschungsvertragsrechtlichen[316]) Übertragung darf zumindest hinsichtlich der einzelnen Leitentscheidung kein „Entscheidungsrest" beim Veräußerer zurück bleiben. Ein solcher „Rest" bleibt nur dann nicht zurück, wenn sowohl das „Ob" als auch das „Wie" auf den Erwerber, d.h. auf das herrschende Unternehmen, übergehen. Der Zweck des Weisungsrechts bestätigt das gefundene Ergebnis, dass die Einräumung eines Weisungsrechts stets die vollumfängliche Übertragung von Leitungsmacht hinsichtlich einer bestimmten Entscheidung beinhaltet: Durch die Einräumung eines Weisungsrechts i.S.d. § 308 AktG mittels eines Beherrschungsvertrages ist die Unterstellung der Gesellschaft der Herrschaft des anderen (Vertrags-)Teils, mithin die Ermöglichung einer Konzernierung, gewollt und bezweckt[317], d.h. die Unterstellung der Gesellschaft unter fremde Leitung. Der Begriff der Weisung i.S.d. § 308 AktG ist daher teleologisch auszulegen, so dass er diesem Zweck bestmöglich gerecht wird. Dies wird er dann, wenn er sowohl die Einflussnahme auf das „Ob" als auch auf das „Wie" der Entscheidungen des Vorstands der abhängigen Gesellschaft umfasst. Fehlt eines der beiden Elemente, liegt keine Weisung und daher weder ein verdeckter noch ein nicht verdeckter (Teil-)Beherrschungsvertrag vor.

Bei einem verdeckten Beherrschungsvertrag bleiben folglich die Anforderungen, die an eine Weisung zu stellen sind, die gleichen wie bei einem nicht verdeckten. Der Unterschied zu einem nicht verdeckten Beherrschungsvertrag besteht lediglich darin, dass sich die Weisung auf Seiten des Vorstands eben nicht rechtlich verbindlich, sondern nur faktisch verbindlich auswirkt, weil dieser bei Zuwiderhandeln schwere und existenzbedrohende Nachteile in Kauf zu nehmen hätte. Beispielsweise etwa weil er zu befürchten hat, dass er nach erfolgtem *Debt to Equity Swap* auf Initiative des *Distressed Investors*, der dann möglicherweise die (faktische[318]) Aktienmehrheit innehat, vom Aufsichtsrat abberufen wird. Vergegenwärtigt man sich den Hintergrund für die „Schaffung" des Instituts des verdeckten Beherrschungsvertrages, kommt man zu keinem anderen Schluss: Mit der Behandlung von Austauschverträgen als verdeckte Beherrschungsverträge und damit in der Folge auch mit der Anwendung der konzernrechtlichen, die außenstehenden Minderheitsaktionäre und Gläubiger schützenden Normen der §§ 291 ff. AktG auf solche Verträge soll lediglich dem Umstand Rechnung getragen werden, dass

315 D.h. es gehen beide Elemente über.

316 Zur Übertragung von Leitungsmacht unterhalb der Schwelle eines (verdeckten) (Teil-)Beherrschungsvertrages siehe unten Kapitel 2 C. I. 1. a) bb) (3) (dd) und (ee).

317 Vgl. Emmerich/Habersack/*Emmerich* Aktien- und GmbH-Konzernrecht § 291 AktG Rn. 21.

318 Eine faktische Mehrheit hat er i.d.R. dann inne, wenn er (mehr als) 30 Prozent der Stimmrechte auf sich vereinen kann, vgl. auch § 29 Abs. 2 WpÜG.

die Einordnung als Beherrschungsvertrag i.S.d. § 291 Abs. 1 Satz 1 AktG allein daran scheitert, dass der Einflussnehmende bzw. das „herrschende Unternehmen" außenstehender Dritter und nicht Gesellschafter der betreffenden Gesellschaft ist bzw. wird. Dies ist insbesondere bei umfassenden Zustimmungsvorbehalten stiller Gesellschafter in atypischen stillen Gesellschaftsverträgen mit einer AG, bei Zustimmungs- oder Vetorechten von Banken bei der Gewährung von Sanierungskrediten, bei sog. (*Financial*) *Covenants*, die bis zu einer Einflussnahme auf die strategischen Entscheidungen des Kreditnehmers reichen können, weiter bei Vetorechten der öffentlichen Hand bei der Gewährung bestimmter Subventionen oder sonstigen Kapitalhilfen, bei Just-in-Time-Lieferverträgen und Franchiseverträgen sowie bei Gesellschaftervereinbarungen ohne formale Beteiligung der Gesellschaft der Fall.[319] In diesen Verträgen werden bisweilen die Einflussrechte des einen Teils so weit gesteigert, dass sie einem Weisungsrecht gegenüber dem anderen Vertragsteil i.S.d. § 308 AktG nahe kommen können.[320] Diesen Verträgen ist allerdings gemein, dass der Einflussnehmende nicht Gesellschafter bzw. dass die Gesellschaft nicht Vertragspartner wird. Eine solche Konstellation ist im Rahmen von Restrukturierungsvereinbarungen jedoch nicht vorzufinden, soweit der Gläubiger bzw. *Distressed Investor* im Zuge eines *Debt to Equity Swap* Anteile an der Gesellschaft erhält, mithin Gesellschafter wird.

(dd) Zwischenergebnis

Das Augenmerk ist also bei der Frage, ob eine Restrukturierungsvereinbarung dem *Distressed Investor*[321] das Recht zur faktischen Weisungserteilung gewährt und damit einen verdeckten Beherrschungsvertrag darstellt, weniger darauf zu legen, ob der Einfluss rechtlich oder faktisch vermittelt wird als vielmehr darauf, ob überhaupt eine Weisung vorliegt, d.h. ob der Einflussnehmende nicht nur über das „Ob", sondern auch über das „Wie" der vorzunehmenden Restrukturierungsmaßnahme entscheiden kann. Letztlich kommt es für die Einordnung als Beherrschungsvertrag allein darauf an, dass ihm dies möglich ist. Ob das „Herrschen" über das „Ob" bzw. das „Wie" rechtlich oder faktisch vermittelt wird, ist nur dann relevant, wenn zwischen einem nicht verdeckten und einem verdeckten (Teil-)Beherrschungsvertrag unterschieden werden muss, etwa weil der Investor nicht Gesellschafter wird. Anders gewendet: Kann der Einflussnehmende sowohl über das „Ob" als auch über das „Wie" einer bestimmten vorzunehmenden Restrukturierungsmaßnahme entscheiden, liegt in jedem Fall eine bestimmte Art eines Beherrschungsvertrages vor, kann er es nicht, handelt es sich nicht um einen Beherrschungsvertrag. Im

---

319 Emmerich/Habersack/*Emmerich* Aktien- und GmbH-Konzernrecht § 291 AktG Rn. 24.

320 Emmerich/Habersack/*Emmerich* Aktien- und GmbH-Konzernrecht § 291 AktG Rn. 24 m.w.N.

321 Die Begriffe Distressed Hedge Fund und Distressed Investor werden im Folgenden synonym verwendet.

letztgenannten Fall ist die ausgeübte Einflussnahme allein auf ihre Vereinbarkeit mit § 76 Abs. 1 Satz 1 AktG hin zu prüfen. Die konzernrechtlichen Wirksamkeitsvoraussetzungen der §§ 293, 294 AktG für Beherrschungsverträge können dann ausgeblendet werden. Da die fraglichen Abreden in Restrukturierungsvereinbarungen, die die Gesellschaft zur Umsetzung bestimmter Restrukturierungsmaßnahmen verpflichten, den Investor grundsätzlich und vorbehaltlich des Einzelfalls bestenfalls in die Lage versetzen, über das „Ob" der Restrukturierungsmaßnahme zu entscheiden, nicht jedoch über das „Wie", sind sie nicht mit einem Weisungsrecht aufgrund eines Beherrschungsvertrages i.S.d. §§ 291, 318 AktG vergleichbar. Die durch eine Restrukturierungsvereinbarung vermittelte Einflussnahme des *Distressed Investors* bewegt sich daher – vorbehaltlich einer Einzelfallprüfung – regelmäßig unterhalb der Schwelle eines (verdeckten) (Teil-)Beherrschungsvertrages i.S.d. § 291 Abs. 1 Satz 1 AktG.

(ee) Eigene, originäre Entscheidung des Investors

Bei Nichtvorliegen eines (verdeckten) (Teil-)Beherrschungsvertrages steht jedoch weiterhin ein tatbestandlicher Eingriff in § 76 Abs. 1 Satz 1 AktG im Raum. Denn auch und gerade im Fall, dass die durch eine Restrukturierungsvereinbarung vermittelte Möglichkeit der Einflussnahme auf die Leitentscheidungen des Vorstands nicht die Anforderungen erfüllt, die an eine Weisung i.S.d. § 308 AktG und damit an einen (verdeckten) (Teil-)Beherrschungsvertrag i.S.d. § 291 Abs. 1 Satz 1 AktG zu stellen sind, kann die Organkompetenz des Vorstands aus § 76 Abs. 1 Satz 1 AktG zugunsten eines Dritten bzw. anderen Organs eingeschränkt sein. Da die Übertragung von Leitungsmacht voraussetzt, dass dem Erwerber ein Mindestmaß an Entscheidungsfreiheit hinsichtlich der jeweils vorzunehmenden Maßnahme zukommt, ist im Folgenden zu untersuchen, ob der *Distressed Investor* als Einflussnehmender durch die Verpflichtungen der Gesellschaft in der Restrukturierungsvereinbarung in die Lage versetzt wird, auch eine originäre, eigene Entscheidung zu treffen. Denn nur dann ist der Tatbestand der Übertragung von Leitungskompetenzen erfüllt und ein Eingriff in § 76 Abs. 1 Satz 1 AktG liegt vor. Gleichgültig ist dabei, ob sich die Einflussnahme des Investors auf das Handeln des Vorstands in rechtlich oder nur faktisch verbindlicher Weise auswirkt. Es kann nämlich insoweit keinen Unterschied machen, auf welche Art und Weise das Handeln des Vorstands beeinflusst wird. Für eine Einflussnahme ist allein maßgeblich, dass die Willensbildung des Vorstands durch diejenige eines Dritten bzw. eines anderen Organs (zumindest teilweise) ersetzt wird. An das Tatbestandsmerkmal des Treffens einer originären, eigenen Entscheidung sind jedoch geringere Anforderungen zu stellen als an ein rechtliches oder faktisches Weisungsrecht in obigem Sinne, d.h. es ist nicht notwendigerweise erforderlich, dass sowohl das „Ob" als auch das „Wie" der jeweiligen Leitentscheidung in die Hände des *Distressed Investors* gelegt wird. Entscheidend ist, dass dem *Distressed Investor* ein gewisser Entscheidungsspielraum hinsichtlich der vom Vorstand namens der Gesellschaft vorzunehmenden Restrukturierungsmaßnahme zusteht.

Ob ihm ein solcher Entscheidungsspielraum aufgrund der jeweiligen Klauseln in der Restrukturierungsvereinbarung zu Teil wird, lässt sich nicht abstrakt beantworten und ist eine Frage des Einzelfalls. Nach oben im Rahmen der Erörterung des (verdeckten) (Teil-)Beherrschungsvertrages Festgestelltem lassen die typischerweise in Restrukturierungsvereinbarungen festgelegten Implementierungspflichten der Gesellschaft allerdings nur wenig Raum für die Annahme eines Ermessensspielraums auf Seiten des Investors. Denn üblicherweise wird die Gesellschaft zur Vornahme konkreter Restrukturierungsmaßnahmen verpflichtet. Dabei hat sie in aller Regel die im Einzelnen in der Restrukturierungsvereinbarung ausverhandelten und rechtsverbindlich festgelegten Vorgaben umzusetzen. Zudem ist der *Distressed Investor* – wie bereits oben angesprochen – im Rahmen seiner allgemeinen Restrukturierungsförderungspflicht zur Annahme dieser konkreten Implementierungsleistungen der Gesellschaft verpflichtet. Daher besteht im Allgemeinen weder auf Seiten der Gesellschaft noch auf Seiten des Investors nach Abschluss der Restrukturierungsvereinbarung die Möglichkeit, die einzelnen Umsetzungsschritte der (ganzheitlichen) Restrukturierung zu beeinflussen. Eine möglichst konkrete Festlegung der einzelnen Umsetzungsschritte ist auch unerlässlich, um die mit dem Ziel der Erlangung einer positiven Fortführungsprognose sowie einer weitergehenden positiven Sanierungsaussage im IDW S6-Gutachten integrierte Finanz-, Ertrags- und Vermögensplanung zu rechtfertigen. Denn ein etwaiges Entscheidungsermessen, das dem Investor hinsichtlich der Implementierung der einzelnen Maßnahmen eingeräumt wird, ist für die integrierten Planrechnungen eher hinderlich, da es Planungsunsicherheit schafft. Die in der Restrukturierungsvereinbarung festgelegten finanziellen und operativen Implementierungsverpflichtungen werden daher dem *Distressed Investor* grundsätzlich – und vorbehaltlich einer Einzelfallprüfung – kein Ermessen vermitteln, so dass er in Bezug auf die vom Vorstand namens der Gesellschaft umzusetzenden finanziellen und operativen Restrukturierungsmaßnahmen folglich auch keine originäre(n), eigene(n) Entscheidung(en) trifft, mithin schon ein tatbestandlicher Eingriff in die Leitungsmacht des Vorstands i.S.d. § 76 Abs. 1 Satz 1 AktG ausscheidet.

Anders mag sich dies bei der Regelung strategischer Restrukturierungsmaßnahmen darstellen. Insbesondere eher abstrakt umrissene Abreden hinsichtlich der künftigen Unternehmensstrategie eröffnen dem *Distressed Investor* die Möglichkeit, die Willensbildung des Vorstands der Gesellschaft zu beeinflussen, mithin die Leitungsmacht des Vorstands zu seinen Gunsten zu begrenzen. Mit anderen Worten: Je abstrakter und ausfüllungsbedürftiger die verabredeten Verpflichtungen der Gesellschaft sind, desto eher wird man von einer Einflussnahme des Investors und damit von einem tatbestandlichen Eingriff in den Kompetenzgehalt des § 76 Abs. 1 Satz 1 AktG ausgehen können. Denn ist der Vorstand namens der Gesellschaft zur Umsetzung einer nur allgemein gefassten Unternehmens- bzw. „Restrukturierungspolitik" verpflichtet, ist er faktisch gezwungen, die notwendigen Teilschritte jeweils mit dem Investor abzustimmen, weil diese gerade nicht im Einzelnen in der Restrukturierungsvereinbarung festgelegt sind. Ohne Abstimmung liefe er stets Gefahr, die allgemein gehaltene Pflicht zu verletzen. Eine Abstimmung setzt jedoch schon begriffsnotwendig die Einbeziehung des anderen Teils, d.h. des Investors, in die Entscheidungsfindung voraus.

(ff) Herausgehobene Leitungskompetenz des Vorstands

Ein tatbestandlicher Eingriff in den kompetenzrechtlichen Gehalt des § 76 Abs. 1 Satz 1 AktG setzt ferner voraus, dass die Maßnahme, zu deren Umsetzung sich die Gesellschaft in der Restrukturierungsvereinbarung verpflichtet hat, in die herausgehobene Leitungskompetenz des Vorstands fällt. Ein Eingriff kommt daher nur in Betracht, wenn der sachliche Anwendungsbereich der Norm eröffnet ist. Nach § 76 Abs. 1 Satz 1 AktG hat der Vorstand das Recht und die Pflicht, die Gesellschaft unter eigener Verantwortung zu leiten.[322] Der Begriff der Leitung ist dabei von demjenigen der Geschäftsführung zu unterscheiden, dessen Inhalt sich mit dem Begriff der Leitung zwar weitgehend überschneidet, nicht aber identisch ist.[323] Unter dem Begriff der Geschäftsführungsbefugnis ist jedes Handeln des Vorstands für die Gesellschaft, gleichviel, ob es tatsächlicher Natur ist, wie z.B. eine Produktionsumstellung oder eine Bilanzierungsmaßnahme, oder rechtlicher Natur, wie z.B. der Einkauf von Rohstoffen oder die Aufnahme eines Kredits, zu verstehen.[324] Der Begriff der Leitung umfasst hingegen einen nicht veräußerlichen Kernbereich von Geschäftsführungsbefugnissen.[325] Leitung der Gesellschaft in diesem Sinne bedeutet die Führung des Unternehmens der Gesellschaft, insbesondere die Festlegung der Unternehmenspolitik sowie die Entscheidung über die zu übernehmenden geschäftlichen und finanziellen Risiken, ferner die Maßnahmen, die der organisatorischen Durchsetzung der Unternehmenspolitik dienen, wie Planung[326], Steuerung und Ausrichtung des Produktionsprozesses, Koordination, Marktanalyse, Sicherung der Rentabilität, Finanzierung, Sozialgestaltung sowie Vertragsschlüsse.[327] Desweiteren schließt der Begriff der Leitung die Besetzung der oberen

322 MünchKommAktG-*Spindler* § 76 Rn. 14; *Raiser/Veil*, Recht der Kapitalgesellschaften, § 14 Rn. 12; Spindler/Stilz/*Fleischer* § 76 Rn. 10; Hölters/*Weber* § 76 Rn. 8; Wachter/*Eckert* § 76 Rn. 4; Marsch-Barner/Schäfer/*Arnold* § 18 Rn. 8; K. Schmidt/Lutter/*Seibt* § 76 Rn. 8; *Buchner/Schlobach* GmbHR 2004, 1, 5.

323 MünchKommAktG-*Spindler* § 77 Rn. 5.

324 MünchKommAktG-*Spindler* AktG § 77 Rn. 6; KölnKommAktG-*Mertens/Cahn* § 77 Rn. 2; *Hüffer* Aktiengesetz § 77 Rn. 3; GroßkommAktG/*Kort* § 77 Rn. 3; Spindler/Stilz/*Fleischer* § 77 Rn. 3; Semler/Peltzer/*Richter*, Arbeitshandbuch für Vorstandsmitglieder, § 4 Rn. 47; NK-AktG-*Oltmanns* § 77 Rn. 2; Hölters/*Weber* § 77 Rn. 3.

325 MünchKommAktG-*Spindler* AktG § 77 Rn. 5; Ausführlich zum Verhältnis von Leitung und Geschäftsführung: *Lawall*, Die virtuelle Holding nach deutschem Aktienrecht, S. 91 ff., 145 ff.

326 MünchKommAktG-*Spindler* § 76 Rn. 16; *Kallmeyer* ZGR 1993, 104; *Feddersen* ZGR 1993, 114; *Götz* AG 1995, 337, 338 f.; Wachter/*Eckert* § 76 Rn. 6.

327 MünchKommAktG-*Spindler* § 76 Rn. 16; *Lohse*, Unternehmerisches Ermessen, 2005, S. 90 ff.

Führungspositionen und die Vorgabe der Ziele für die einzelnen Unternehmensbereiche ein.[328] Die Leitung des Unternehmens i.S.d. § 76 Abs. 1 Satz 1 AktG stellt daher einen herausgehobenen Teilbereich der Geschäftsführung als tatsächliche oder rechtsgeschäftliche Tätigkeit i.S.d. § 77 AktG dar und ist von dieser abzugrenzen.[329]

Es ist also stets danach zu fragen, ob die jeweilige Restrukturierungsmaßnahme, zu deren Umsetzung sich die Gesellschaft in der Restrukturierungsvereinbarung verpflichtet hat, diesem herausgehobenen Kompetenzbereich zuzuordnen ist. Das Tatbestandsmerkmal der Eigenverantwortlichkeit des § 76 Abs. 1 Satz 1 AktG verdeutlicht dabei, dass dieser Bereich zwingend und ausschließlich in die Hände des Vorstands gelegt ist[330], ihm daher – auch nicht teilweise – entzogen werden darf. Im Umkehrschluss bedeutet das jedoch, dass dem Vorstand derjenige Teilbereich der Geschäftsführung, der nicht zwingend in seine Leitungskompetenz fällt, entzogen werden kann. Der Investor kann daher Einfluss auf Entscheidungen des Vorstands nehmen, die nicht in dessen herausgehobenen Kompetenzbereich fallen. Mit anderen Worten: Der Vorstand kann sich in der Restrukturierungsvereinbarung namens der Gesellschaft zu solchen Implementierungsmaßnahmen verpflichten, die nach der Wertung des Aktienrechts nicht zwingend in seine Hände gelegt sind. Tut er dies, scheidet ein tatbestandlicher Eingriff in den kompetenzrechtlichen Gehalt des § 76 Abs. 1 Satz 1 AktG von vornherein aus.

Die üblicherweise in Restrukturierungsvereinbarungen verabredeten Restrukturierungsmaßnahmen werden gleichwohl in die herausgehobene Leitungskompetenz des Vorstands fallen, da sie regelmäßig nötig sind, um den Fortbestand des Unternehmens zu sichern und eine Insolvenz der Gesellschaft zu verhindern. Sie sind daher meist allein schon deshalb von grundlegender Bedeutung und von unternehmensstrategischer Reichweite, weil von ihnen der (außerinsolvenzliche) Fortbestand des Unternehmens abhängt. Dies ist vor allem dann der Fall, wenn eine positive Fortführungsprognose sowie eine positive Aussage über die Sanierungsfähigkeit des Unternehmens im Rahmen eines IDW S6-Gutachtens nur gewährt werden, wenn die im Gutachten festgelegten finanziellen, operativen und ggf. strategischen Restrukturierungsmaßnahmen zeitnah umgesetzt werden. Die in einem IDW S6-Gutachten (oder in einem vergleichbaren, die BGH-Rechtsprechung

328 MünchKommAktG-*Spindler* § 76 Rn. 16; GroßkommAktG-*Kort* § 76 Rn. 36; Spindler/Stilz/*Fleischer* § 76 Rn. 18; *Semler*, Leitung und Überwachung der Aktiengesellschaft, Rn. 11; *Dreher*, FS Hopt, 2010, S. 517, 522; *Henze* BB 2000, 209, 210.

329 MünchKommAktG-*Spindler* § 76 Rn. 17; *Henze* BB 2000, 209 ff.; *Dreher*, FS Hopt, 2010, S. 517, 519; *Hüffer* Aktiengesetz § 76 Rn. 7; Henssler/Strohn/*Dauner-Lieb* § 76 AktG Rn. 5; Bürgers/Körber/*Bürgers/Israel* § 76 Rn. 7; Wachter/*Eckert* § 76 Rn. 4; Semler/Peltzer/*Richter*, Arbeitshandbuch für Vorstandsmitglieder, § 4 Rn. 3; im Ergebnis auch GroßkommAktG-*Kort* § 76 Rn. 29, 36; Spindler/Stilz/*Fleischer* § 76 Rn. 14; *Wiesner* MünchHdB AG § 19 Rn. 13.

330 *Kiefner* ZHR 178 (2014) 547, 569.

berücksichtigenden Gutachten) festgelegten Maßnahmen werden daher grundsätzlich der herausgehobenen Leitungskompetenz des Vorstands unterliegen, so dass in Bezug auf die entsprechenden, in der Restrukturierungsvereinbarung festzulegenden Umsetzungsverpflichtungen der Gesellschaft in aller Regel ein möglicher Entzug von Leitungsmacht zu besorgen ist und ein tatbestandlicher Eingriff in § 76 AktG im Raum steht. Insbesondere die durch den Vorstand namens der Gesellschaft vorzunehmenden finanziellen Restrukturierungsmaßnahmen sind typischerweise dringend erforderlich, um kurzfristig eine akut drohende Insolvenz der Gesellschaft und eine damit einhergehende (ggf. massive) Wertminderung des Unternehmens zu verhindern. Der Vorstand der Gesellschaft ist daher aufgrund § 76 Abs. 1 Satz 1 AktG verpflichtet, finanzielle Restrukturierungsmaßnahmen selbst („eigenverantwortlich") umzusetzen. Eine Delegationskompetenz besteht insoweit nicht.

Finanzielle Restrukturierungsmaßnahmen, die von der herausgehobenen Leitungskompetenz des Vorstands umfasst sind, sind insbesondere die für die verschiedenen Varianten einer *Debt to Equity Conversion* bzw. eines *Debt to Equity Swap* erforderlichen Mitwirkungshandlungen der Gesellschaft, wie etwa die Einberufung einer Hauptversammlung zur Beschlussfassung über die Kapitalherabsetzung und -erhöhung, die Vorlage bzw. die Erarbeitung einer Beschlussvorlage an die Hauptversammlung, die Anmeldung der Beschlüsse zum Handelsregister, die Zuteilung der neu geschaffenen Aktien an den Investor, die Entgegennahme der vom Investor als Gegenleistung für die neuen Aktien einzubringenden Forderungen sowie ggf. die sachgerechte Einwirkung auf die Altaktionäre, die für die *Debt to Equity Conversion* notwendigen Kapitalbeschlüsse zu fassen. Ferner ist den finanziellen, von der Gesellschaft umzusetzenden Restrukturierungsmaßnahmen der Abschluss eines neuen (Konsortial-)Kreditvertrages mit den bestehenden Gläubigern, der Abschluss von Sanierungskrediten namens der Gesellschaft oder auch die gerade nicht der Hauptversammlung, sondern dem Vorstand zugewiesene Emission neuer Anleihen im Rahmen einer *Reinstated Debt* als Teil eines ganzheitlichen (finanziellen) Restrukturierungskonzepts zuzurechnen. Darüber hinaus zählt hierzu auch die Ausübung eines ggf. bestehenden genehmigten Kapitals zur (teilweisen) Implementierung eines *Debt to Equity Swap* oder auch die Übertragung verschiedener Vermögensgegenstände der Gesellschaft auf die Gläubiger im Rahmen eines *Debt to Asset Swap*. Die für die Durchführung eines außergerichtlichen Restrukturierungsverfahrens in aller Regel zwingend erforderlichen Stillhaltevereinbarungen sowie die Entgegennahme etwaiger Kündigungsverzichts- bzw. *Waiver*-Erklärungen seitens der Gesellschaft sind gleichsam den in die herausgehobene Leitungskompetenz des Vorstands fallenden finanziellen Restrukturierungsmaßnahmen zuzuordnen.

Ebenso werden solche operativen Restrukturierungsmaßnahmen in den herausgehobenen Teilbereich der Unternehmensleitung fallen, die mit finanziellen Restrukturierungsmaßnahmen deshalb vergleichbar sind, weil sie unmittelbare Auswirkungen auf die Liquiditätssituation der Gesellschaft zeitigen und daher geeignet sind, den Insolvenzgrund der Zahlungsunfähigkeit des § 17 InsO zu beseitigen und/oder die Aufrechterhaltung einer positiven, rein liquiditätsorientierten insolvenzrechtlichen Fortbestehensprognose i.S.d. § 19 Abs. 2 InsO zu gewährleisten. Zu denken ist hierbei etwa an die (kurzfristige) Veräußerung von Betriebsvermögen oder an die (kurzfristige) Reduzierung von Personalkosten. Operative Restrukturierungsmaßnahmen, die diese Effekte nicht auslösen, können daher grundsätzlich auch von dem Vorstand untergeordneten Hierarchieebenen umgesetzt werden, fallen daher nach hier vertretener Auffassung zwar in die Geschäftsführungsbefugnis des Vorstands, jedoch nicht in dessen herausgehobenen Leitungsbereich. Strategische Restrukturierungsmaßnahmen sind zwar grundsätzlich nicht geeignet, eine akute Insolvenzgefahr abzuwenden – der Fortbestand des Unternehmens ist daher grundsätzlich auch nicht zwingend von ihnen abhängig – sie sind jedoch in aller Regel schon deshalb vom herausgehobenen Leitungsbereich umfasst, weil sie die Unternehmenspolitik im obigen Sinne bzw. die grundlegende Ausrichtung des Unternehmens schlechthin betreffen oder der organisatorischen Durchsetzung der Unternehmenspolitik dienen. In den herausgehobenen Leitungsbereich des Vorstands fallende strategische Maßnahmen können u.a. Veräußerungen wesentlicher Betriebsteile, umwandlungsrechtliche Maßnahmen sowie den Erwerb bzw. die Veräußerung wesentlicher Beteiligungen an anderen (Gruppen-)Gesellschaften einschließen.

b) Rechtfertigung des Eingriffs

Ein rechtwidriger, unzulässiger Eingriff mit der Folge der schwebenden Unwirksamkeit[331] der entsprechenden Verpflichtungsklausel liegt allerdings nur dann vor, wenn die (teilweise) Übertragung von Leitungsmacht bzw. die Einschränkung der Entscheidungsfreiheit nicht vom übergeordneten Unternehmensinteresse gedeckt ist. Es ist nämlich zu berücksichtigen, dass die eigenverantwortliche und freie Leitungsbefugnis des Vorstands aus § 76 AktG nicht uneingeschränkt gilt. Sie findet vielmehr im übergeordneten Unternehmensinteresse ihre Grenze. Schließlich kann die Kompetenzordnung in der Aktiengesellschaft nur zum Ziel haben, das Unternehmensinteresse als das aggregierte Interesse aller Kapitalgeber zu fördern. Selbstverständlich ist die Auffassung, dass das Unternehmensinteresse eben nur in dem vom Aktienrecht zwingend vorgegebenen Rahmen zu verfolgen sei und dass eine Aufweichung dieses zwingenden Gefüges wieder zur früheren misslichen Situation einer hierarchischen Organisationsstruktur führen könnte, mithin Einfallstor hierfür wäre, beachtenswert.[332] Dabei wird gleichwohl verkannt, dass die

331 Nach hier vertretener Auffassung ist Rechtsfolge einer Verletzung des § 76 AktG nicht die endgültige, sondern lediglich die schwebende Unwirksamkeit der entsprechenden Verpflichtungsklausel. Siehe hierzu unten Kapitel 2 C. I. 1. c).

332 Nach *Otto* NZG 2013, 930, 936 f. bestünde bei einer („vermutlich aufwendigen und langwierigen") gerichtlichen Angemessenheitsprüfung im Einzelfall und bei einer Höhergewichtung der jeweiligen Sachverhaltsbesonderheiten gegenüber der allgemeinverbindlichen Norm „die Gefahr einer schleichenden Auflösung von

Organisationsstruktur der Aktiengesellschaft nur Mittel zum Ziel sein kann und nicht das Ziel selbst. Maxime muss stets das Wohl der Gesellschaft bzw. das Unternehmensinteresse sein. Kann dieses Unternehmensinteresse im Einzelfall nur dadurch erreicht werden, dass in das zwingende Gefüge eingegriffen wird, dann muss die dem Unternehmensinteresse dienende Organisationsstruktur Einbußen erfahren und nicht umgekehrt das Unternehmensinteresse. Andernfalls würde das Mittel höher bewertet werden als das Ziel selbst.

Diese Überlegung wird insbesondere in Sanierungssituationen deutlich: Ohne die rechtsverbindliche Vereinbarung eines Sanierungskonzepts, d.h. ohne eine Restrukturierungsvereinbarung, wird in der Mehrzahl der Fälle dem Unternehmen eine positive Fortbestehensprognose nicht mehr gewährt bzw. die Zahlungsfähigkeit der Gesellschaft nicht mehr aufrecht erhalten werden können, so dass regelmäßig eine wertvernichtende Insolvenz die Folge ist. Da wie oben bereits angesprochen für ein ganzheitliches Restrukturierungskonzept die Mitwirkung der Gesellschaft notwendig ist, ist auch die Verpflichtung dieser und in der Konsequenz damit auch ein tatbestandlicher Eingriff in die Leitungsmacht des Vorstands aus § 76 AktG unabdingbar. Würde man der rechtsverbindlichen Verabredung des Konzepts die Wirksamkeit allein deshalb versagen, weil damit in unzulässiger Weise in das zwingende Organisationskonstrukt der Gesellschaft eingegriffen wird, bestünde die Gefahr, dass letzten Endes die Gesellschaft abgewickelt und aufgelöst wird[333]. Im Ergebnis würde dann damit auch die Organisationsstruktur, die man zu schützen beabsichtigte, untergehen. Darin ist wenig Sinnhaftigkeit zu erblicken. Daher erscheint es angebracht, Eingriffe in die Organisationsstruktur der Aktiengesellschaft zuzulassen, wenn nur so die Existenz der Gesellschaft mitsamt ihrer Struktur gesichert werden kann. Ein solcher Eingriff muss dabei, um der eingangs erwähnten Befürchtung gerecht zu werden, ein einmal zugelassener Eingriff könnte eine Aufweichung der Struktur in künftigen Fällen nach sich ziehen, jedoch *ultima ratio* sein. Daher sind strenge Anforderungen an einen solchen Eingriff, d.h. an die Schranke des § 76 AktG, zu stellen. Ein tatbestandlicher Eingriff in die eigenverantwortliche Leitungskompetenz des Vorstandes, mithin in das zwingende Kompetenzgefüge der Aktiengesellschaft, ist demzufolge nur gerechtfertigt, wenn mit dem Eingriff ein legitimes Ziel verfolgt wird, er ein zur Verfolgung dieses

---

wesentlichen Strukturprinzipien des geltenden Aktienrechts mit entsprechender Erhöhung von Rechtsunsicherheit"; siehe ferner *Boesebeck* NJW 1960, 7, 10, der sich im Zusammenhang mit Stimmbindungsvereinbarungen zwischen AG und Aktionär gegen die damaligen Forderungen nach einer einzelfallorientierten Angemessenheitsprüfung ausspricht: „Gewiss können solche Bindungen wirtschaftlich gerechtfertigt sein und auch im Interesse der Gesellschaft und ihrer Aktionäre liegen. Dem kann aber auch anders sein. Eine verschiedenartige Behandlung desselben Tatbestands nach den Umständen des einzelnen Falls, wie sie dem E II vorschwebte [Referentenentwurf zum Aktiengesetz aus dem Jahre 1960], dürfte praktisch kaum durchführbar sein".

333 Siehe Praktiker AG.

Ziels geeignetes Mittel darstellt, er erforderlich ist, d.h. keine milderen, gleich effektiven Mittel zur Erreichung des Ziels zur Verfügung stehen, und er schließlich unter Berücksichtigung der jeweiligen Interessenlage auch angemessen ist.

aa) Legitimes Ziel

(1) Erhaltung von wirtschaftlichen Werten sowie Risikooptimierung und Wertsteigerung von Eigenkapitalinvestitionen

Das Ziel eines tatbestandlichen Eingriffs in die unveräußerliche Leitungskompetenz des Vorstands liegt auf der Hand: Durch die in einer Restrukturierungsvereinbarung festgelegten Implementierungsverpflichtungen soll nichts weniger als die außerinsolvenzliche Rettung und Sanierung der Gesellschaft erreicht sowie eine unternehmenswertmindernde Insolvenz vermieden werden. Maxime einer in die Kompetenzordnung der Aktiengesellschaft eingreifenden Restrukturierungsvereinbarung ist daher stets die Erhaltung von wirtschaftlichen Werten. Insoweit scheint das Ziel, das hinter den verabredeten Umsetzungsverpflichtungen steht, offenbar eindeutig und legitim zu sein. Gleichwohl liegen die Dinge nicht ganz so einfach. Ist ein *Distressed Investor* im Begriff, im Rahmen einer *Debt to Equity Conversion* Aktien an der Gesellschaft im Gegenzug für die Einbringung seiner Forderungen zu erwerben, ist ihm zwar durchaus daran gelegen, dass die Gesellschaft sowohl finanziell als auch operativ restrukturiert wird. Mit den festgelegten Verpflichtungen der Gesellschaft zur Umsetzung der finanziellen und operativen Restrukturierungsmaßnahmen wird daher in erster Linie[334] ihre Sanierung bezweckt, mithin ein taugliches und legitimes Ziel im Sinne der Rechtfertigungsprüfung verfolgt. Gleichwohl wird der Investor ein ebenso großes Interesse daran haben, das Risiko seines Investments bestmöglich abzusichern sowie darüber hinausgehend dessen Wert zu steigern. Daher wird er versuchen, seinen Einfluss auf die Gesellschaft bzw. auf die Leitentscheidungen des Vorstandes nach Abschluss der finanziellen Restrukturierung, d.h. nach Beteiligungserwerb, auszuweiten.

Dies gilt insbesondere dann, wenn er – wie für *Hedge Funds* üblich – lediglich eine Minderheitsbeteiligung an der Gesellschaft im Zuge der *Debt to Equity Conversion* erwirbt und ihm daher eine Einflussnahme auf die Geschicke der Gesellschaft durch die ihm zur Verfügung stehenden gesellschaftsrechtlichen Mitgliedschaftsrechte nur eingeschränkt möglich ist. Aufgrund seiner Minderheitsbeteiligung wird er insbesondere nicht in der Lage sein, mit der Gesellschaft einen Beherrschungsvertrag i.S.d. § 291 Abs. 1 Satz 1 AktG abzuschließen, da für dessen

---

334 Aus Sicht des Distressed Investors dienen die Verpflichtungen der Gesellschaft auch der Ermöglichung seines „Einstiegs ins Equity" der Gesellschaft; zu berücksichtigen ist dabei allerdings, dass der Distressed Investor bereits „im Debt" der Gesellschaft investiert ist und ihr Gläubiger ist. Er ist also bereits Stakeholder der Gesellschaft und nicht mehr nur außenstehender Dritter.

Wirksamkeit u.a. nach § 293 AktG ein zustimmender Beschluss der Hauptversammlung der abhängigen Gesellschaft notwendig ist, der mindestens drei Viertel des bei der Beschlussfassung vertretenen Grundkapitals umfasst. Er ist daher darauf angewiesen, diese eingeschränkte Möglichkeit zur Einflussnahme privatautonom im Wege (anderweitiger) schuldrechtlicher Abreden auszugleichen. Zu berücksichtigen ist dabei, dass viele *Distressed Hedge Funds* als *Value Investoren* nicht nur passiv abwarten, dass sich die erworbene, in ihren Augen unterbewertete Beteiligung dem wahren, inneren intrinsischen Wert (*Intrinsic Value*) anpasst, sondern aktiv versuchen, diese Differenz bzw. Lücke (*Gap*) zwischen dem gezahlten Preis für die Beteiligung und ihrem inneren Wert zu schließen. Hierfür ist dann in der Regel nicht (mehr) ausreichend, dass sie die unter par erworbenen Schuldinstrumente mittels einer *Debt to Equity Conversion* in Anteile an der Gesellschaft „tauschen" und so allein durch Verhandlungsgeschick und reines *Financial Engineering* Werte freisetzen. Es ist vielmehr erforderlich, dass sie diese wirtschaftlichen Werte nach Beteiligungserwerb, d.h. nach Vollzug der *Debt to Equity Conversion* bzw. nach Vollzug der finanziellen Restrukturierung durch operative und strategische Verbesserungen schaffen. Hierzu ist dann aber eine umfassende Einflussnahme sowohl auf die Unternehmenspolitik als auch auf das operative Tagesgeschäft der Gesellschaft, mithin auf die Leitentscheidungen des Vorstands unerlässlich.

Durch die in die herausgehobene Leitungskompetenz des Vorstands eingreifenden Vorwegbindungen in Restrukturierungsvereinbarungen können daher durchaus auch Ziele verfolgt werden, die über die reine Sanierung der Gesellschaft hinausgehen, wie etwa die oben genannte Risikooptimierung und potentielle Wertsteigerung der vom Investor gehaltenen (Eigenkapital-)Beteiligung. Fraglich ist jedoch, ob solche Ziele noch als legitim angesehen werden können bzw. ein Eingriff in die herausgehobene Leitungskompetenz zu diesem Zwecke gerechtfertigt ist. Dies gilt es insbesondere deshalb zu hinterfragen, weil der Investor als (künftiger) Aktionär diese Ziele grundsätzlich auch über die Instrumente, die das Aktienrecht zur Verfügung stellt[335], wahrnehmen kann. Er könnte also auf dieses ihm bereits zur Verfügung stehende aktien- und konzernrechtliche Instrumentarium zu verweisen sein, möchte er Einfluss auf die Gesellschaft und das Handeln des Vorstands nehmen. Ist ihm dies allein deshalb nicht in Gänze möglich, weil er lediglich eine Minderheitsbeteiligung erworben hat, dann erscheint die Argumentation, zu einer optimalen Einflussnahme auf die Unternehmensstrategie bedürfe es eben einer Mehrheitsbeteiligung, deren Erwerb jedem Marktteilnehmer grundsätzlich freistehe, durchaus vertretbar. Es ist daher danach zu fragen, ob die Möglichkeiten, die das Gesellschaftsrecht zur Absicherung und Wertsteigerung von Eigenkapitalbeteiligungen bereithält, abschließend sind, mithin, ob es einen

335 Als besonders wichtiges und nicht zu unterschätzendes aktienrechtliches Instrument der Einflussnahme ist die Personalkompetenz der Hauptversammlung hinsichtlich der Besetzung des Aufsichtsrats zu nennen. *Kiefner* ZHR 178 (2014) 547, 580 bezeichnet sie richtigerweise als „scharfes Schwert".

gesellschaftsrechtlichen *numerus clausus* hierfür gibt oder ob daneben Raum für privatautonome Vertragsgestaltungen ist, wie etwa die in Restrukturierungsvereinbarungen verabredeten Vorwegbindungen des Vorstands.

(2) Aktien- und konzernrechtlicher numerus clausus zur Absicherung und Wertsteigerung von Eigenkapitalinvestitionen?

Im Ergebnis muss es (künftigen) Aktionären auch auf privatautonomem Wege möglich sein, das (künftige) Handeln des Vorstands zu beeinflussen. Die aktien- und konzernrechtlichen (indirekten) Einflussnahmemöglichkeiten sind für einen optimalen Schutz von Eigenkapitalinvestitionen nicht ausreichend. Vergegenwärtigt man sich die aktuell vorzufindende Ausgangs- und Interessenlage, die bei Eigenkapitalinvestitionen in (börsennotierte) Aktiengesellschaften besteht, wird dies besonders deutlich:

Zunächst ist festzustellen, dass das deutsche Aktienrecht den Phänomenen und Besonderheiten einer international, vornehmlich angloamerikanisch geprägten Investmentkultur nicht mehr gerecht wird. Es ist insoweit defizitär. Der Kreis der Investoren deutscher börsennotierter Aktiengesellschaften ist dadurch gekennzeichnet, dass er sich zunehmend aus internationalen, insbesondere[336] aus dem angloamerikanischen Rechts- und Kulturraum stammenden Investmentfonds zusammensetzt.[337] Unter diesen befinden sich wiederum in zunehmendem Maße Fonds, die nicht gewillt sind, die wertmäßige Entwicklung ihrer Beteiligung passiv abzuwarten und vornehmlich den Entscheidungen des Vorstands zu unterstellen. Dies gilt umso mehr, sollte es sich bei diesen Fonds um *Activist Hedge Funds* handeln, denen gemein ist, dass sie sich in aus ihrer Sicht unterbewertete Unternehmen „einkaufen“ und versuchen, den Wert ihrer Beteiligung durch aktive Einflussnahme auf die Geschäftspolitik des Vorstands zu steigern.[338] Diese Unterart

---

336 Neben angloamerikanischen Investoren sind auch sog. Sovereign Wealth Funds, wie etwa diejenigen von Abu Dhabi (Abu Dhabi Investment Authority (ADIA)) und China (China Investment Corporation (CIC)), in deutsche börsennotierte Aktiengesellschaften investiert, vgl. etwa Wirtschaftswoche vom 27. Dezember 2011, 12:27 Uhr: „China & Arabische Emirate – Zweikampf um deutsche Firmen“.

337 Vgl. etwa Finance vom 31. Januar 2014: „Investoren: Deutscher [börsennotierter] Mittelstand fest in angelsächsischer Hand“.

338 Activist Hedge Funds, die insbesondere auch in deutsche börsennotierte Unternehmen investieren und – nicht notwendigerweise gegen den Willen des Vorstands – auf Veränderungen in der Unternehmenspolitik drängen, sind etwa The Childrens' Investment Fund (TCI) (Christopher Hohn), Cevian Capital (Christer Gardell), Third Point (Daniel Loeb) sowie Knight Vinke Asset Management (Eric Knight), vgl. beispielsweise etwa Manager Magazin vom 4. März 2014: „Cevian baut Macht bei ThyssenKrupp weiter aus“; Manager Magazin vom 17. September 2014: „Milliardenschwere Hedgefonds sondieren Einstieg bei Adidas“; International aktiv sind ferner u.a. Icahn Capital Management (Carl Icahn), Pershing Square Capital (Bill Ackman) und Jana Partners (Barry Rosenstein), vgl. Bloomberg Business

sogenannter *Value Investoren* erwirbt Anteile an Gesellschaften, die aufgrund von Marktineffizienzen bzw. Marktfehlbewertungen nicht den wahren, inneren Wert (*Intrinsic Value*) im den für die Anteile zu zahlenden Preis widerspiegeln. Solche Marktfehlbewertungen treten insbesondere dann auf, wenn die Gesellschaft in eine besondere wirtschaftliche Situation gerät oder sich in einer solchen befindet (*Special Situation*) und die Mehrzahl der Marktteilnehmer aufgrund mangelnden Informationsflusses oder eigener Kompetenz wiederum bedingt durch die Komplexität der besonderen wirtschaftlichen Situation nicht in der Lage ist, die Aktien oder sonstigen Vermögengegenstände der Gesellschaft zutreffend zu bewerten. Besondere wirtschaftliche Situationen, in die eine Gesellschaft geraten oder in denen sie sich befinden kann, sind beispielsweise etwa Restrukturierungs- und Sanierungssituationen, eine Insolvenz, Fusionen und Übernahmen (*Mergers & Acquisitions*), die Veräußerung von Tochtergesellschaften oder Betriebsteilen oder sonstige Situationen, in denen Fehlbewertungen auftreten.

Insbesondere *Event Driven Hedge Funds* haben sich auf derartige Investmentstrategien spezialisiert. Diese können wiederum in *Distressed Hedge Funds* und *Activist Hedge Funds* unterteilt werden, wobei die Grenzen fließend sind und viele Fonds dazu übergegangen sind, abhängig von den jeweiligen Opportunitäten, die sich ihnen im Markt bieten, die eine oder andere Strategie zu verfolgen. Häufig erwerben sie jedoch zur Aufrechterhaltung ihrer (*Trading*-)Flexibilität[339] nur Minderheitsbeteiligungen an den betreffenden Gesellschaften. Nichtsdestoweniger beabsichtigen sie, den *Catalyst,* d.h. das im Markt, im Unternehmen oder in seiner Finanz- und Kapitalstruktur bereits angelegte Ereignis[340], das möglicher Auslöser

---

vom 6. Januar 2015: "Love Him or Hate Him, Ackman Now Runs the World's Top Hedge Fund"; Barron's vom 17. Mai 2014: "Jana Partners' Rosenstein – How Barry Rosenstein rose from Asher Edelman underling to activist leader"; Financial Times vom 21. Februar 2014: "Carl Icahn, obsessive activist investor"; Künftig ist damit zu rechnen, dass sowohl US-amerikanische Activist Hedge Funds (z.B. Elliot Management (Paul Singer) und Sandell Asset Management (Tom Sandell)) als auch solche, die in Europa gegründet wurden (z.B. Cevian Capital und Knight Vinke) vermehrt europäische, insbesondere deutsche Unternehmen ins Visier nehmen, vgl. etwa die Studie der Rechtsanwaltskanzlei Schulte Roth & Zabel "Shareholder Activism Insight 2014", S. 16, Activism in Europe; ferner Activism Monthly June 2014 issue 6, S. 4 ff., Activism in Europe. Siehe zu den rechtlichen Implikationen, die mit dem Phänomen Shareholder Activism in Deutschland einhergehen, *Schockenhoff/Culmann* ZIP 2015, 297 ff.

339 Es ist mitunter schwieriger und aufwändiger, Erwerber für eine Mehrheitsbeteiligung zu finden als für eine Minderheitsbeteiligung. Eine Mehrheitsbeteiligung ist daher in dieser Hinsicht ein illiquideres Investment als eine Minderheitsbeteiligung und schränkt die Investmentflexibilität des Investors deshalb ein, weil er nicht mehr in der nötigen Zeit auf sich verändernde (negative) Marktgegebenheiten reagieren und das Investment wieder „glattstellen" kann.

340 Solche in der Finanzstruktur angelegte Catalysts können beispielsweise anstehende Zins- und Tilgungszahlungen oder eine auslaufende Kreditlinie sein.

für eine Angleichung des Preises des unterbewerteten Wertpapiers und seinem inneren Wert ist, selbst herbeizuführen und nicht passiv abzuwarten bis die anderen Marktteilnehmer die Fehlbewertung von sich aus erkennen. Ferner versuchen *Event Driven Hedge Funds*, den (unterbewerteten) Marktwert des Wertpapiers nicht nur an den gegenwärtigen inneren Wert anzugleichen, sondern darüber hinaus denjenigen (hypothetischen) inneren Wert zu generieren, den das Unternehmen bei – in ihren Augen – optimaler Führung haben müsste. Es liegt auf der Hand, dass die Umsetzung einer solchen Investmentstrategie die Einflussnahme des Investors sowohl auf das operative Tagesgeschäft als auch auf die grundlegende Unternehmensstrategie der Gesellschaft voraussetzt. Beim einfachen Halten einer Minderheitsbeteiligung sind dieser Strategie jedoch aufgrund des im deutschen Aktienrecht geltenden indirekten Systems der Einflussnahme in einer Aktiengesellschaft Grenzen gesetzt. *Value Investoren* haben daher ein großes Interesse daran, auch beim Halten nur einer Minderheitsbeteiligung größtmöglichen Einfluss auf die Gesellschaft auszuüben, um so die aus ihrer Sicht unterbewerteten Aktien ihrem wahren (ggf. auch ihrem über den aktuellen Wert hinausgehenden hypothetischen) Wert zum Vorteil aller Aktionäre zuführen zu können. Ohne das Halten einer Mehrheitsbeteiligung kann eine Einflussnahme effektiv allerdings nur durch schuldrechtliche Abreden zwischen dem (künftigen) Aktionär und der Gesellschaft gewährleistet werden.

Solche Minderheitsaktionäre, die versuchen, aktiv ihr eingegangenes finanzielles Engagement zu schützen und im Wert zu steigern, finden sich zunehmend im Aktionärskreis deutscher Aktiengesellschaften wieder[341]. Ob diese Investoren ihre Aktienpakete entweder über die Börse bzw. direkt von veräußerungswilligen Großaktionären oder dadurch erwerben, dass sie als *Deep Value Investoren* zunächst mit Abschlag die notleidenden Schuldinstrumente der Gesellschaft auf dem Sekundärmarkt aufkaufen und diese sodann im Wege einer *Debt to Equity Conversion* in Aktien der Gesellschaft „eintauschen“, ist für die sich an den Erwerb anschließende Wertsteigerung der Eigenkapitalinvestition nachrangig. Entscheidend ist, dass die Investoren ein legitimes Interesse daran haben, nicht nur die vom Vorstand vorzunehmenden finanziellen und operativen Restrukturierungsmaßnahmen[342],

341 Vgl. beispielsweise etwa Manager Magazin vom 4. März 2014: „Cevian baut Macht bei ThyssenKrupp weiter aus“; Manager Magazin vom 17. September 2014: „Milliardenschwere Hedgefonds sondieren Einstieg bei Adidas“; Verpflichtungen, die die Gesellschaft gegenüber diesen Investoren im Hinblick auf die künftige Unternehmensstrategie eingeht, werden im angloamerikanischen Rechtskreis in sog. Proxy (Contest) Settlement Agreements geregelt, vgl. etwa *Rosewater/Tomasetti*, Proxy Contest Settlement Agreements: An Overview, activist investing developments, winter 2009, Schulte Roth & Zabel; *Landaw/Genkin/Gottfried*, The Ten Elements of a Proxy Contest Settlement, 2008, Blank Rome.

342 Die Festlegung der finanziellen Restrukturierungsmaßnahmen, insbesondere die Festlegung einer Debt to Equity Conversion, stellt sich aus der Perspektive des Investors gleichzeitig auch als Festlegung seiner Einstiegsbedingungen dar. Das

sondern ebenso die nach abgeschlossener Restrukturierung vom Vorstand umzusetzenden strategischen Wertsteigerungsmaßnahmen schuldrechtlich zu verabreden. Würde man diese hier dargestellten Interessen und Ziele von aktivistischen Eigenkapitalinvestoren[343] von vornherein als nicht legitim betrachten und damit in den Tatbestand des § 76 AktG eingreifende Vorwegbindungen des Vorstands als ungerechtfertigt und unzulässig einstufen, würden die Investoren aufgrund der fehlenden Einflussnahmemöglichkeiten Beteiligungen an deutschen Aktiengesellschaften voraussichtlich nicht mehr oder nur noch sehr begrenzt eingehen. Dies wäre letztlich zum Nachteil von Aktionären unterbewerteter deutscher Aktiengesellschaften im Allgemeinen und damit auch abträglich für das erklärte Ziel, stetig die Corporate Governance in deutschen Aktiengesellschaften zu verbessern.[344]

Dass die Risikooptimierung sowie die potentielle Wertsteigerung von Eigenkapitalinvestitionen legitime Ziele im Rahmen der Rechtfertigung eines tatbestandlichen Eingriffs in die herausgehobene Leitungskompetenz des Vorstands aus § 76 AktG sein können, ergibt sich auch aus einem Vergleich mit den Kontroll- und Schutzmechanismen, die anerkanntermaßen bei Fremdkapitalinvestitionen zulässig sind. Im Rahmen von Fremdkapitalinvestitionen werden üblicherweise *Financial Covenants*, also Auflagen hinsichtlich der Einhaltung bestimmter Finanzkennzahlen verabredet[345], bei deren Nichteinhaltung dem Kreditgeber nach Ablauf einer bestimmten Heilungsfrist (*Grace Period*) ein außerordentliches

legitime Interesse einer schuldrechtlichen Verabredung des Vorstandhandelns liegt damit nicht nur in der Hinsicht vor, dass die Verabredungen in Bezug auf die finanziellen Restrukturierungsmaßnahmen dringend erforderlich für eine Gesundung der Gesellschaft sind. Vielmehr sind die festzulegenden Maßnahmen auch von der Warte des Investors aus zu betrachten: Dieser hat ein legitimes Interesse daran, dass sein „Einstieg" in die Gesellschaft, d.h. die Debt to Equity Conversion, rechtssicher in Form einer schuldrechtlichen Verabredung (Restrukturierungsvereinbarung) erfolgt.

343 Hierzu zählen auch Distressed Debt Investoren, die im Rahmen einer loan to own-Strategie Anteile an der Gesellschaft erwerben, mithin von Fremd- zu Eigenkapitalinvestoren mutieren.

344 Vgl. die Erklärung des Bundesministers für Justiz und Verbraucherschutz im Hinblick auf die Einsetzung der Regierungskommission Deutscher Corporate Governance Kodex, abrufbar unter http://www.dcgk.de/de/kommission.html.

345 Häufig in (Konsortial-)Krediten – insbesondere bei LBO-Finanzierungen – anzutreffende Financial Covenants sind die sog. „fantastischen Vier": Leverage Ratio (bezeichnet das Verhältnis der zinstragenden Verbindlichkeiten zum EBITDA), Cashflow Cover Ratio (bezeichnet das Verhältnis von Cashflow zum Netto-Schuldendienst), Interest Cover Ratio (Zinsdeckungsgrad) (bezeichnet das Verhältnis von EBITDA zu den Netto-Zinsaufwendungen), Capital Expenditure (erfasst den Aufwand für die Anschaffung von aktivierungsfähigem Anlagevermögen; i.d.R. wird für jedes Geschäftsjahr während der Laufzeit des Kredits eine Obergrenze für die Capex der Unternehmensgruppe vereinbart), siehe hierzu eingehend *Diem* Akquisitionsfinanzierungen § 22 Rn. 15 ff.

Kündigungsrecht zusteht (*Event of Default*). Die Festlegung von *Financial Covenants* dient den Fremdkapitalgebern als „Frühwarnsystem". Obwohl die Kreditgeber bei Verletzung der *Covenants* die Möglichkeit haben, sämtliche Kredite zur sofortigen Rückzahlung fällig zu stellen, was regelmäßig die Insolvenz der Gesellschaft zur Folge hätte, machen sie hiervon in den seltensten Fällen Gebrauch. In der Praxis kommt es vielmehr zu einer Neuvereinbarung der Kreditkonditionen, meist zu Lasten des Kreditnehmers. *Financial Covenants* geben den Kreditgebern daher in faktischer Hinsicht ein Druckmittel gegen den Kreditnehmer an die Hand, zwingen den Kreditnehmer aber auch in eigenem Interesse zur ständigen Kontrolle seiner Finanz-, Ertrags- und Vermögensplanung. Daneben finden sich in (Konsortial-)Kreditverträgen auch Auflagen der Gesellschaft, die diese in Bezug auf die Unternehmensstrategie zu erfüllen hat.[346] Die Vereinbarung derartiger Auflagen sowie von *Financial Covenants* in (Konsortial-)Kreditverträgen wird allgemeinhin

346 Solche Auflagen (vgl. die Beispielsklausel in Ziff. 27 (General Undertakings) des LMA Leveraged Finance Facility Agreements) können etwa darin liegen, dass der Kreditnehmer dafür zu sorgen hat, dass alle erforderlichen Betriebsgenehmigungen der Gruppengesellschaften vorliegen und keine der Gruppengesellschaften gegen Rechtsvorschriften verstößt, wie etwa Umweltvorschriften, Steuerpflichten etc. Überdies können sie den Kreditnehmer zur Erhaltung von Liquidität verpflichten, damit diese für den Schuldendienst zur Verfügung steht, etwa durch Nichtausschüttung von Dividenden und andere Leistungen an die Gesellschafter, durch Nichterhöhung der Verschuldung sowie dadurch, dass dem Kreditnehmer untersagt wird, Kredite zu vergeben oder Garantien abzugeben. Ferner kann dem Kreditnehmer zur Erhaltung seines Vermögens auch untersagt werden, Vermögen zu veräußern sowie dingliche Sicherheiten zu bestellen (sog. Negative Pledge-Klausel, vgl. die Beispielsklausel in Ziff. 27.15(a), (c) (Negative Pledge) LMA Leveraged Finance Facility Agreement). Im Rahmen der Auflagen werden auch sog. Pari Passu-Klauseln vereinbart, mit denen sich der Kreditnehmer verpflichtet, sicherzustellen, dass seine Zahlungspflichten gegenüber den Banken mindestens den gleichen Rang haben (pari passu) wie seine Zahlungspflichten gegenüber seinen anderen ungesicherten und nicht nachrangigen Gläubigern, vgl. die Beispielsklausel in Ziff. 27.13 (Pari Passu Ranking) LMA Leveraged Finance Facility Agreement. Ferner finden sich in Konsortialkreditverträgen Klauseln wieder, die den Kreditnehmer zur Erhaltung seiner wirtschaftlichen Identität verpflichten, wie etwa keine Verschmelzungen und Spaltungen nach dem UmwG vorzunehmen, keine Beteiligungen an anderen Unternehmen zu erwerben sowie die Geschäftstätigkeit, die die Grundlage für die Erwirtschaftung des Cash Flows ist, der wiederum die Basis für die Kreditvergabe bildet, nicht zu ändern. Schließlich wird der Kreditnehmer regelmäßig verpflichtet, seine rechtlichen Rahmenbedingungen beizubehalten, wie etwa den Mittelpunkt seiner hauptsächlichen Interessen im Sinne der europäischen Insolvenzordnung (EuInsVO, Verordnung (EG) Nr. 1346/2000 des Rates vom 29. Mai 2000 über Insolvenzverfahren) nicht zu verlagern, vgl. die Beispielsklausel in Ziff. 24.28 (Centre of Main Interests and Establishments) LMA Leveraged Finance Facility Agreement. Siehe zum Ganzen ausführlich *Diem* Akquisitionsfinanzierungen § 22 Rn. 42 ff.

für zulässig erachtet.[347] Im Rahmen von Fremdkapitalinvestitionen ist also das Bedürfnis der Kreditgeber, vertragliche Kontrollmechanismen zum Schutze ihrer Investition zu verabreden, grundsätzlich anerkannt.[348]

Man könnte nun die Auffassung vertreten, dass Fremdkapitalgeber im Gegensatz zu Eigenkapitalgebern auf privatautonome, schuldrechtliche Abreden zur Sicherung ihrer Investition angewiesen sind, weil ihnen gerade keine gesellschafsrechtlichen Verwaltungsrechte zufallen, ihnen also außer den schuldrechtlichen Abreden keine weiteren Einwirkungsmöglichkeiten auf das Handeln des Vorstands und auf die Sicherung ihrer Fremdkapitalinvestition zur Verfügung stehen. Dies wäre jedoch zu kurzsichtig. Zum einen muss berücksichtigt werden, dass in der Insolvenz der Gesellschaft Fremdkapitalgeber gegenüber Eigenkapitalgebern vorrangig aus der Insolvenzmasse befriedigt werden, vgl. § 199 Satz 2 InsO, was umso mehr gilt, wenn sie – wie bei Konsortialkrediten durchaus üblich – besichert sind. Zum anderen sind an die Fremdkapitalgeber auch dann regelmäßige Zins- und Tilgungszahlungen zu leisten, wenn kein (Bilanz-)Gewinn ausgewiesen wird. Das Ausfallrisiko der Fremdkapitalgeber ist also schon durch die vertraglich fest fixierten Fälligkeitstermine sowie durch die generelle Vorrangigkeit ihrer Forderungen gegenüber denjenigen von Eigenkapitalgebern gemindert. Hinsichtlich einer Optimierung des mit der Fremdkapitalinvestition verbundenen Risikos mag die Vereinbarung von *Financial Covenants* sowie von Auflagen hinsichtlich der künftigen Geschäftsstrategie, die ein konservatives, weniger riskantes Geschäftsgebaren vom Vorstand fordern, gleichwohl äußerst nützlich sein. Denn Fremdkapitalgeber sind in der Regel lediglich an der Sicherung ihrer Investition interessiert. Eine riskante Wertsteigerung des Eigenkapitals wäre für sie ohne Nutzen, da die vereinbarten Zins- und Tilgungsleistungen unabhängig davon zu erbringen sind.[349] Als Ausgleich für fehlende gesellschaftsrechtliche Mitgliedschaftsrechte sind solche Vereinbarungen aufgrund der systemimmanenten Risikoabsicherung (Vorrangigkeit von nicht gebundenem Fremdkapital gegenüber gebundenem Eigenkapital, vgl. nicht zuletzt § 199 Satz 2 InsO) jedoch keineswegs zwingend erforderlich.

Da der Ausgleich für die fehlenden gesellschaftsrechtlichen Einwirkungsmöglichkeiten von Fremdkapitalgebern demnach vielmehr in der vorrangigen Befriedigung gegenüber Eigenkapitalgebern liegt, können all diejenigen privatautonomen Regelungskomplexe, die über diesen Ausgleich hinausgehen, zwar als äußerst vorteilhaft für die Kreditgeber, jedoch auch als überschießend betrachtet werden. Mit anderen Worten: Ein zwingendes Bedürfnis von Fremdkapitalgebern an einer (zusätzlichen) schuldrechtlichen Absicherung ihrer Investition dahingehend, dass ihnen *Financial Covenants* sowie weitgehende Einwirkungsmöglichkeiten auf die Leitentscheidungen des Vorstands eingeräumt werden, besteht nicht. Gleichwohl wird die (faktische) Einflussnahme auf das Handeln des Vorstands über (*Financial*)

---

347 Vgl. *Kiefner* ZHR 178 (2014) 547, 558 f. m.w.N.

348 Ebenso *Kiefner* ZHR 178 (2014) 547, 558, 562 f.

349 Vgl. *Klöhn* ZGR 2008, 110, 112 f.

Covenants für zulässig und legitim erachtet. Die Risikoabsicherung aufgrund schuldrechtlicher Einflussnahme auf das Vorstandshandeln muss daher erst Recht ein legitimes Ziel für die nachrangigen Eigenkapitalgeber darstellen. Da Eigenkapital im Gegensatz zu Fremdkapital gebundenes Kapital ist, sind Eigenkapitalinvestitionen bei Weitem auch die riskanteren Investitionen. Sie sind dementsprechend auch weit schutzbedürftiger als Fremdkapitalinvestitionen. Dies gilt insbesondere dann, wenn der gewährte gesellschaftsrechtliche Schutz deshalb eingeschränkt ist, weil nur eine Minderheits- und keine Mehrheitsbeteiligung erworben wurde. Wird nun aber bei Fremdkapitalinvestitionen ein zusätzlich schuldrechtlich vereinbarter Schutz als legitimes Interesse von Fremdkapitalgebern anerkannt, muss dies erst Recht für die nachrangigen (Minderheits-)Eigenkapitalgeber gelten.

Betrachtet man das Ganze aus der Perspektive des *Distressed Investors*, ergibt sich kein anderes Bild. *Distressed Investoren* investieren vornehmlich in die notleidenden Forderungen Dritter gegenüber der Gesellschaft. Das bedeutet, dass sie im Zeitpunkt des Abschlusses einer Restrukturierungsvereinbarung, mithin im Zeitpunkt der Vereinbarung der in Frage stehenden Vorwegbindungen des Vorstands Fremdkapitalinvestoren sind. Da sich – wie unten noch ausführlich zu zeigen sein wird – in Krisensituationen das Unternehmensinteresse im Gläubigerinteresse verdichtet, sind ihre Interessen gegenüber denjenigen der Altgesellschafter vorrangig. Das hat zur Folge, dass die wirtschaftlichen Werte, die aufgrund der außergerichtlichen Restrukturierung generiert und an die verschiedenen *Stakeholder* „verteilt" werden, zunächst den Gläubigern zustehen. Kann also die zu sanierende Gesellschaft die ausstehenden Zins- und Tilgungsleistungen der Fremdkapitalgeber, d.h. des *Distressed Investors*, nicht begleichen und sind auch sonst keine Vermögenswerte vorhanden, um den vollen Nominalbetrag der ausstehenden Verbindlichkeiten zu decken, dann ist dem *Distressed Investor* als vorrangigem Gläubiger das Eigenkapital der Gesellschaft, d.h. bereits bestehende Aktien, die sich entweder in den Händen der Altaktionäre befinden oder im Eigenbestand der Gesellschaft, oder aber junge, neu zu schaffende Aktien, zuzuwenden. Unter gewissen Voraussetzungen sind die Altgesellschafter sowie der Vorstand sogar verpflichtet dafür Sorge zu tragen, dass dem *Distressed Investor* als Gläubiger dieses Eigenkapital im Rahmen einer *Debt to Equity Conversion* zu Teil wird.[350] In aller Regel wird aber auch der gegenwärtige Wert der Anteile an der Gesellschaft – selbst unter Zugrundelegung des Unternehmenswertes des bereits (hypothetisch) sanierten Unternehmens – nicht ausreichen, um den vollen ausstehenden Nominalbetrag der Forderungen der Gläubiger abzudecken. Allenfalls die künftige potentielle Wertsteigerungsmöglichkeit der Anteile (*Equity Upside*) vermag eine vollständige Deckung, mithin Befriedigung der vorrangigen Gläubigerinteressen, zu erbringen. Sowohl Vorstand als auch Altgesellschafter haben sich daher im Unternehmensinteresse nach besten Kräften zu bemühen und alles zu tun, damit die potentielle Wertsteigerung auch realisiert werden kann. Das bedeutet, dass sich der Vorstand in

350 Siehe zu diesen Voraussetzungen eingehend unten Kapitel 3.

der Restrukturierung auch zu Maßnahmen verpflichten muss, die dem Schutz der jetzigen Eigenkapital- und ursprünglichen Fremdkapitalinvestition des *Distressed Investors* dient. Das Schutz- und Wertsteigerungsinteresse des *Distressed Investors* an seiner Investition stellt daher nicht nur ein legitimes Ziel dar, um eine mögliche Vorwegbindung des Vorstands zu rechtfertigen, sondern ist unter bestimmten Voraussetzungen sogar im Unternehmensinteresse vorrangig zu verfolgen.

bb) Geeignetheit

Der Eingriff in den Tatbestand des § 76 AktG, d.h. die in Frage stehende Vorwegbindung des Vorstands, muss ferner auch geeignet sein, um die oben dargestellten, legitimen Ziele zu erreichen. Diese sind zum einen die Sanierung der Gesellschaft, zum anderen die Risikooptimierung und Wertsteigerung der Eigenkapitalinvestition.

(1) Beherrschung des außergerichtlichen Sanierungs- und Restrukturierungsprozesses

Wie oben bereits ausgeführt, ist die Sanierung einer Gesellschaft ohne deren Mitwirkung faktisch nicht möglich. Da die Leitung der Aktiengesellschaft vornehmlich in die Hände des Vorstandsorgans gelegt ist, vgl. §§ 76, 119 Abs. 1 AktG, ist gerade seine Mitwirkung für die Sanierung unerlässlich. Mit anderen Worten: Das Gelingen der Sanierung einer Aktiengesellschaft hängt wesentlich vom Willen des Vorstands ab. Die Beherrschung und Steuerung seines Willens bzw. Verhaltens ist daher entscheidend für die Kontrolle des außergerichtlichen Sanierungsprozesses. Denn nur wenn auch sein Verhalten ausreichend konkret vorhersehbar ist, können die anderen *Stakeholder*, insbesondere die vorrangig zu berücksichtigenden Gläubiger die Höhe und das Maß ihrer Sanierungsbeiträge kalkulieren. Nur dann werden sie überhaupt erst bereit sein, eigene Sanierungsbeiträge zu leisten. Durch die rechtsverbindliche Festlegung seines Verhaltens (namens der Gesellschaft) und auch desjenigen der anderen *Stakeholder* in einer Restrukturierungsvereinbarung kann die notwendige Planungssicherheit hinsichtlich des außergerichtlichen Restrukturierungsprozesses erreicht werden. Nur soweit konkret, schriftlich, rechtsverbindlich und damit auch einklagbar fixiert ist, was die durch den Vorstand vertretene Gesellschaft vorzunehmen bzw. zu unterlassen hat, können auch die von den anderen *Stakeholdern* zu erbringenden finanziellen, operativen und ggf. auch strategischen Restrukturierungsbeiträge darauf abgestimmt und ein ganzheitliches, funktionierendes Sanierungskonzept implementiert werden. Da der Vorstand gem. § 76 AktG die Pflicht hat, die Verpflichtungen der Gesellschaft umzusetzen – sofern sie seiner herausgehobenen Leitungskompetenz unterliegen – wird durch die festgelegten Verpflichtungen der Gesellschaft in der Restrukturierungsvereinbarung mittelbar auch auf seine Leitentscheidungen Einfluss genommen, mithin sein Verhalten vorab gebunden. Die Steuerung seines Verhaltens ist – wie oben bereits dargelegt – wiederum ausschlaggebend für die erfolgreiche Umsetzung einer vorinsolvenzlichen Restrukturierung. Die in Restrukturierungsvereinbarungen festgelegten Verpflichtungen der Gesellschaft eignen sich folglich hervorragend, um einen außergerichtlichen Restrukturierungsprozess planungssicher zu steuern und damit eine ganzheitliche Sanierung zu ermöglichen.

(2) Kontrolle des Risikos und der Wertentwicklung der Eigenkapitalinvestition

Die Entwicklung eines Eigenkapitalinvestments ist maßgeblich von der eingeschlagenen Unternehmensstrategie sowie deren Umsetzung abhängig. In einer Aktiengesellschaft ist beides in die Hände des Vorstands gelegt, vgl. § 76 AktG. Lediglich die absolut grundlegenden Entscheidungen sind nach § 119 Abs. 1 Satz 1 AktG der Hauptversammlung zur Entscheidung vorzulegen. Möchte der Eigenkapitalinvestor das Risiko sowie die Wertentwicklung seines Investments kontrollieren, ist es daher erforderlich, dass er Einfluss auf die Leitentscheidungen des Vorstands nimmt. Da der Vorstand einer Aktiengesellschaft nach dem Pflichtrecht des § 76 AktG verpflichtet ist, diejenigen Verpflichtungen der Gesellschaft, die ihm zur Entscheidung zugewiesen sind, zu vollziehen, bewirken vertraglich festgelegte Verpflichtungen der Gesellschaft mittelbar eine persönliche Verpflichtung des einzelnen Vorstandsmitglieds. In der Konsequenz bedeutet dies, dass sich nicht nur hinsichtlich der Vornahme konkreter Restrukturierungsmaßnahmen, sondern auch hinsichtlich sonstiger vorzunehmender Maßnahmen zum Schutz und zur Wertsteigerung von Eigenkapitalinvestitionen eine Verhaltensteuerung des Vorstands über rechtsverbindliche Abreden zwischen Investor und Gesellschaft erreichen lässt.

cc) Erforderlichkeit

Ein tatbestandlicher Eingriff in die eigenverantwortliche Leitungskompetenz des Vorstands, mithin in das zwingende Kompetenzgefüge der Aktiengesellschaft, ist ferner nur gerechtfertigt, wenn keine milderen, gleich effektiven Mittel zur Erreichung des Ziels zur Verfügung stehen.

(1) Informelle Abstimmung als milderes, gleich effektives Mittel zur außergerichtlichen Sanierung?

Ein milderes Mittel zur Umsetzung der Restrukturierungsmaßnahmen könnte darin zu erblicken sein, dass sich die Gesellschaft mit ihren *Stakeholdern*, insbesondere mit dem *Distressed Investor* nicht in einer Restrukturierungsvereinbarung zu einem Sanierungskonzept bindet, sondern dass sie sich lediglich informell mit ihnen abstimmt. Eine solche informelle Abstimmung wäre deshalb ein milderes Mittel zur Umsetzung einer außergerichtlichen Restrukturierung, weil dadurch gerade keine Vorabbindung des Vorstands erfolgen und folglich auch eine Einflussnahme auf seine Leitentscheidungen nicht stattfinden würde. Dies deshalb nicht, weil der Vorstand im Zeitpunkt der vorzunehmenden Restrukturierungsmaßnahme über ihre Vornahme frei entscheiden könnte und grundsätzlich nicht auf unverbindliche, lediglich der Orientierung dienende Abstimmungen mit den *Stakeholdern* Rücksicht nehmen müsste. Dies könnte sich allerdings wiederum dann anders darstellen, wenn in der informellen Absprache eine Vertragsanbahnung zu sehen wäre und der Vorstand sich nach den Grundsätzen der *culpa in contrahendo* nach den §§ 280 Abs. 1, 311 Abs. 2, 241 Abs. 2 BGB schadensersatzpflichtig machen würde. Da allerdings ein vorvertragliches Verhältnis in diesem Sinne gerade keine primären Erfüllungspflichten begründet, sondern nur sekundäre Schadensersatzpflichten auslösen kann, ist ein solches auch nicht geeignet, das Verhalten des Vorstands vorab zu binden und greift folglich auch nicht in den Tatbestand des § 76 AktG ein. Eine rein informelle Absprache zwischen der Gesellschaft und ihren *Stakeholdern* wäre daher in der Tat ein milderes Mittel zur Implementierung einer ganzheitlichen, d.h. sich sowohl aus finanz- und leistungswirtschaftlichen als auch aus strategischen Elementen zusammensetzenden Restrukturierung, als eine rechtsverbindliche Restrukturierungsvereinbarung.

Sie hätte jedoch nicht die gleiche Effektivität wie ein rechtsverbindlich in einer Restrukturierungsvereinbarung verabredetes Sanierungskonzept. Dies allein schon deshalb nicht, weil eine informelle Absprache über die wesentlichen Restrukturierungsschritte im Zweifel nicht geeignet wäre, diejenige Wahrscheinlichkeit hinsichtlich des Zustandekommens der einzelnen Schritte zu gewährleisten, die für die Annahmen und Prämissen der integrierten Finanz-, Ertrags- und Vermögensplanungen im IDW S6-Gutachten jedoch erforderlich wäre. Die Versagung der positiven Sanierungsaussage wäre die mögliche Folge. Traditionelle Kreditgeber, also insbesondere Banken, sind aus Haftungsgründen jedoch nur bereit, Überbrückungs- und Sanierungskredite auszureichen, wenn die Sanierungsfähigkeit der Gesellschaft gewährleistet ist. Sind derartige Kredite daher wesentlicher Teil eines Sanierungskonzeptes, bestünde die Gefahr, dass die Umsetzung des gesamten Konzeptes deshalb scheitert, weil die Kredite auf Basis einer rein informellen Absprache nicht ausgereicht werden können. Aus gleichem Grunde wäre auf Basis einer rein informellen Absprache im Zweifel weder das Vorliegen einer positiven handelsrechtlichen Fortführungsprognose i.S.d. § 252 Abs. 1 Nr. 2 HGB noch einer insolvenzrechtlichen, rein liquiditätsorientierten Fortbestehensprognose i.S.d. § 19 Abs. 2 InsO gewährleistet. Bei einer rein informellen, unverbindlichen Absprache des Restrukturierungskonzepts bestünde daher stets die latente Gefahr, dass die Gesellschaft insolvenzreif wird und durch ihren Vorstand beim zuständigen Amtsgericht Insolvenzantrag zu stellen hätte. Unterließe der Vorstand eine Antragsstellung bei Insolvenzreife, würde er sich erheblichen Haftungsrisiken aussetzen. Unter derartigen Voraussetzungen ist das Gelingen einer komplexen, außergerichtlichen Restrukturierung daher unwahrscheinlich.

(2) Informelle Abstimmung als milderes, gleich effektives Mittel zur Steuerung der Wertentwicklung von Eigenkapitalinvestitionen?

Ebenso wenig stellt eine unverbindliche Absprache ein gleich effektives Mittel wie eine rechtsverbindliche Vereinbarung dar, wenn der Wert der Eigenkapitalinvestition des Investors geschützt und gesteigert werden soll. Denn bei unverbindlichen Absprachen bestünde stets die Gefahr, dass der Vorstand die Absprachen schlicht nicht einhält und sich auf seine unternehmerische Entscheidungsfreiheit beruft. Ist beispielsweise etwa zwischen Investor und Gesellschaft lediglich unverbindlich abgestimmt, dass die Gesellschaft in einem bestimmten Jahr den (risikoreichen) Eintritt in einen neuen Markt umsetzen soll, könnte der Vorstand den Markteintritt mit der Begründung verweigern, die Sicherung der Interessen der Fremdkapitalgeber lasse im momentanen Marktumfeld einen solchen Eintritt nicht zu, er könne ihn daher insbesondere deshalb nicht vollziehen, weil er nicht mehr im Unternehmensinteresse liege, auf das er verpflichtet sei. Gleiches gilt bei einer unverbindlichen Absprache hinsichtlich zu erwerbender unternehmensstrategischer Beteiligungen an anderen Gesellschaften. Auch hier könnte der Vorstand von den zuvor getroffenen Festlegungen abrücken, ohne irgendwelche Konsequenzen für die Gesellschaft oder sich selbst befürchten zu müssen. Der Wert einer rein informellen Abstimmung der Unternehmensstrategie zum Schutze und zur wertmäßigen Steigerung des Eigenkapitals tendiert daher gegen Null. Der Eigenkapitalinvestor kann auf Grundlage informeller Abstimmungen, insbesondere dann, wenn er lediglich eine Minderheitsbeteiligung eingeht, die Entwicklung seiner Investition nicht angemessen sicher kalkulieren. Ohne eine Absprache auf vertraglicher Grundlage können daher die oben dargestellten legitimen Ziele von Eigenkapitalinvestoren nicht bzw. nicht in gleich effektiver Weise wie aufgrund einer rechtsverbindlichen Vereinbarung erreicht werden. Auf Basis rein informeller Absprachen werden insbesondere Eigenkapitalinvestoren, die sich zwar unterhalb der faktischen Kontrollschwelle[351] beteiligen, sich dennoch langfristig als Ankeraktionär bei der Gesellschaft engagieren wollen, eher von einem Investment absehen.

dd) Angemessenheit

Schließlich muss der Eingriff auch angemessen sein. Dies ist er dann, wenn nach einer Einzelfallprüfung unter Abwägung aller relevanten Gesichtspunkte das Eingriffsinteresse höher zu bewerten ist als das Interesse, das an einer Unversehrtheit

---

351 Die faktische und rechtliche Kontrollschwelle liegt bei börsennotierten Aktiengesellschaften bei 30 %, vgl. § 29 Abs. 2 WpÜG, da ein Investor mit einer solchen Beteiligungsquote die faktische Hauptversammlungsmehrheit innehat. Dies deshalb, weil aufgrund von Erfahrungswerten die Hauptversammlungen börsennotierter Aktiengesellschaften jeweils nur von 60 % des vertretenen Gesamtkapitals besucht werden, mit Innehaben eines Kapitalanteils von (knapp über) 30 % folglich Mehrheitsbeschlüsse durchgesetzt werden können.

der Leitungskompetenz des Vorstands besteht. Gegeneinander abzuwägen sind also auf der einen Seite die Rechtsgüter, deren Schutz mit dem Eingriff bei der Verfolgung der oben erörterten legitimen Ziele bezweckt wird, sowie auf der anderen Seite die zwingende Organisationsstruktur der Aktiengesellschaft. Im Rahmen dieser Abwägungsprüfung ist zunächst zu untersuchen, ob in abstrakter Hinsicht einem der Rechtsgüter ein derart hoher Stellenwert zukommt, dass von vornherein ein Eingriff in Gänze abzulehnen oder in vollem Umfang zuzulassen ist. Ist dies zu verneinen, ist in einem nächsten Schritt zu prüfen, wie weit und wie intensiv im konkreten Einzelfall in die Leitungskompetenz des Vorstands eingegriffen wird und ob ihr unantastbarer Kern berührt wird. Würde nämlich der Vorstand lediglich zum Ausführungsorgan des Investors degradiert werden, ihm also nicht einmal mehr ein Rest an Leitungskompetenz verbleiben, wäre der Eingriff nicht angemessen, daher auch nicht gerechtfertigt und letztlich unzulässig. Zu berücksichtigen ist bei der Einzelfallprüfung stets, ob der Eingriff an anderer Stelle einen Ausgleich erfährt. Wird die Einflussnahme des Investors auf das Vorstandshandeln dadurch kompensiert, dass auch der Investor sich zu einem künftigen Verhalten verpflichtet, mithin die Gesellschaft ebenso auf das Handeln des Investors (mittelbar über die Restrukturierungsvereinbarung) Einfluss nehmen kann, kann ein grundsätzlich unangemessener Eingriff ausnahmsweise als angemessen gelten.

(1) Abstrakte Höherwertigkeit

Es stehen sich demnach einerseits die dem Vorstand zugewiesene Leitungskompetenz als zwingendes Element der Organisationsstruktur der Aktiengesellschaft sowie andererseits die außergerichtliche Sanierung der Gesellschaft und das Interesse des Investors am Schutz und einer optimalen Wertentwicklung seines Eigenkapitalinvestments gegenüber. Abstrakt betrachtet überwiegt keines dieser Güter das andere derart, dass von vornherein ein Eingriff zugunsten bzw. zulasten des einen in jedem Falle angemessen oder unangemessen wäre.

(aa) Zwingende Organisationsstruktur der Aktiengesellschaft

Die zwingende Kompetenzordnung ist zwar eines der fundamentalen Prinzipien im Aktienrecht das – gerade auch vor dem Hintergrund der Abkehr des Gesetzgebers von der in der Weimarer Republik vorherrschenden hierarchischen[352] hin zu einer horizontalen Organisationsstruktur – grundsätzlich nicht durch einzelfallbezogene Entscheidungen aufgeweicht werden darf.[353] Dennoch unterliegt es auch Schranken. Diese sind dort anzutreffen, wo im übergeordneten Unternehmensinteresse die Rettung der Gesellschaft sowie die Erhaltung von wirtschaftlichen

352 Eine hierarchische Organisationstruktur, in der die Hauptversammlung die höchste Entscheidungskompetenz ist, herrscht auch im angloamerikanischen Rechtskreis vor, vgl. *Otto* NZG 2013, 930, 933.

353 Hierzu siehe insbesondere *Otto* NZG 2013, 930, 936.

Werten (und auch von Arbeitsplätzen) im Raum stehen. Die Organisationsstruktur einer Gesellschaft unversehrt zu lassen, während das von ihr getragene Unternehmen „in den Abgrund gerissen wird" entbehrt jeglicher ökonomischer Rationalität. (Rechts-)Güter und (Rechts-)Prinzipien, die Schranken unterliegen, können keinen absoluten Schutz genießen. Als einschränkungsfähiges Prinzip ist die zwingende aktienrechtliche Kompetenzordnung daher nicht derart hoch einzustufen, als dass Eingriffe von vornherein ausgeschlossen wären.

(bb) Erhaltung wirtschaftlicher Werte durch außergerichtliche Sanierungen

Die Erhaltung eines Unternehmens ist zwar grundsätzlich von herausgehobener (volkswirtschaftlicher) Wichtigkeit. Die Abwicklung eines nicht marktfähigen Unternehmens jedoch auch. Das bedeutet, dass ein Unternehmen, das kein tragfähiges Geschäftsmodell hat, nicht nachhaltig wettbewerbsfähig ist und daher keine dauerhaften Überlebenschancen am Markt hat, zum Schutze der Marktteilnehmer liquidiert werden muss. Die Restrukturierung und Sanierung einer Gesellschaft bzw. der Erhalt des von ihr getragenen Unternehmens darf daher nicht um der Sanierung bzw. des Erhaltes selbst willen geschehen. Der Prozess der Unternehmenssanierung ist trotz seiner (steigenden[354]) Bedeutung im gesamtwirtschaftlichen Kontext nicht Maxime schlechthin in dem Sinne, dass zugunsten des – oben erörterten – legitimen Ziels der Erhaltung von wirtschaftlichen Werten ein Eingriff stets zulässig sein müsste. Die Sanierung eines Unternehmens ist daher nicht zwingend höher zu bewerten als die anderen hier untersuchten Aspekte. Im Übrigen muss auch berücksichtigt werden, dass vorliegend Gegenstand der Untersuchung nur die außergerichtliche Sanierung ist. Spätestens seit der Stärkung des (vorläufigen) Eigenverwaltungs- sowie Insolvenzplanverfahrens einhergehend mit der Möglichkeit des *Cram Downs* von Altgesellschaftern, vgl. §§ 245, 222 Ab. 1 Satz 2 Nr. 4, 225a Abs. 2 InsO, ist die Restrukturierung innerhalb eines (vorläufigen) Insolvenzverfahrens, insbesondere nach den §§ 270a, 270b InsO, trotz des nach wie vor einem Insolvenzverfahren anhaftenden Stigmas des Scheiterns und der damit verbundenen Wertminderung des Unternehmens eine ernsthaft in Betracht zu ziehende Alternative zu einer außergerichtlichen Restrukturierung. Das heißt, dass nicht nur die Erhaltung eines Unternehmens nicht höchstes Gut im hier verstandenen Sinne ist, sondern insbesondere auch nicht zwingender Weise seine Erhaltung außerhalb eines Insolvenzverfahrens.

(cc) Schutz der Wertentwicklung von Eigenkapitalinvestitionen

Ebenso wenig nimmt das Interesse des Eigenkapitalinvestors an einer Risikooptimierung und Wertentwicklung seiner Investition einen absoluten, übergeordneten

354 Die Unternehmenssanierung ist – wie der Name schon sagt – eines der wesentlichen Ziele des ESUG.

Rang ein. Ein Eingriff in § 76 AktG ist also nicht allein schon deshalb angemessen, weil er dem Schutz der Eigenkapitalinvestition dient und keine milderen, gleich effektiven Mittel zur Verfügung stehen. Es bedarf vielmehr auch in dieser Hinsicht einer umfassenden Abwägung. Zwar hat vor allem ein Minderheitsaktionär aufgrund seiner begrenzten Einflussnahmemöglichkeiten auf der Hauptversammlung ein großes Interesse an einem vertraglich im Voraus definierten Verhalten des Vorstands. Insoweit ist er auch schutzbedürftig. Seine Motive sind – wie oben gesehen – daher durchaus legitim. Gleichwohl wird einem Eigenkapitalinvestor durch das Gesellschafts- und Konzernrecht, insbesondere durch die Möglichkeit der Vereinbarung eines Beherrschungsvertrages mit der abhängigen Gesellschaft nach § 291 Abs. 1 Satz 1 AktG, ein nicht unbeachtliches Instrumentarium zur Einflussnahme auf das Handeln des Vorstands an die Hand gegeben. Dass er dieses Instrumentarium erst in Gänze nutzen kann, wenn er eine (qualifizierte) Mehrheit innehat, d.h. er erst dann seine Investition optimal schützen kann, ist letztlich in seiner eigenen Person begründet bzw. auf seinen Willen oder seine Unfähigkeit zurückzuführen, eine Mehrheitsbeteiligung zu begründen. Einem Minderheitsaktionär steht es zumindest in rechtlicher Hinsicht frei, seine Beteiligung aufzustocken und die bestehenden Gesellschafts- und konzernrechtlichen Einflussnahmemöglichkeiten zum Schutze seiner Eigenkapitalinvestition zu nutzen. Ein Minderheitsaktionär ist daher nicht gänzlich schutzlos gestellt. Sein Interesse an einer Optimierung des Risikos und an einer bestmöglichen Wertentwicklung seiner Eigenkapitalinvestition ist daher durchaus begründet, steht jedoch im Rang keineswegs über der grundsätzlich zwingenden aktienrechtlichen Kompetenzordnung.

(2) Zwischenergebnis

Im Zwischenergebnis bleibt damit festzuhalten, dass keinem der drei Güter bzw. Prinzipien in einer Werterangordnung eine derart hohe, absolute Stellung zukommt, dass ein Eingriff von vornherein als angemessen oder unangemessen einzustufen wäre. Zwar ist sowohl der grundsätzlich zwingenden aktienrechtlichen Organisationsstruktur, insbesondere der Leitungskompetenz des Vorstands, auf der einen Seite als auch der Erhaltung von wirtschaftlichen Werten durch den Prozess einer außergerichtlichen Sanierung sowie der Risikooptimierung und Wertsteigerung einer Eigenkapitalinvestition auf der anderen Seite eine herausragende Bedeutung nicht nur in mikro-, sondern auch in makroökonomischer Hinsicht zuzusprechen. Dennoch scheint keines dieser Prinzipien derart uneingeschränkt zu gelten, als dass es nicht zugunsten bzw. zulasten des anderen im Einzelfall (stückweise) zurückweichen könnte. Eine vollständige Verdrängung eines Prinzips zugunsten des jeweils anderen ist aufgrund der herausragenden ökonomischen Bedeutung, die den einzelnen Prinzipien unabhängig voneinander zukommt, allerdings ausgeschlossen.

(3) Angemessenheit im engeren Sinne

In einem nächsten Schritt ist daher zu untersuchen, wie weit und wie intensiv durch die Vorwegbindungen in die Leitungskompetenz des Vorstands eingegriffen und ob ihr unantastbarer Kern verletzt wird, ob der Eingriff also im engeren Sinne angemessen ist. Dem Vorstand muss in jedem Fall ein nicht unwesentlicher Rest an Leitungskompetenz verbleiben, um einen Eingriff rechtfertigen zu können. Er darf nicht zum reinen Ausführungsorgan des Investors degradiert werden. Hinsichtlich der Bestimmung, wann der zu verbleibende Rest noch wesentlich genug ist, ist zu berücksichtigen, ob und inwieweit die Existenz der Gesellschaft auf dem Spiel steht, d.h. ob die (außergerichtliche) Sanierung allein von der in Frage stehenden Vorwegbindung abhängig ist. Ist sie dies, wird man die Frage der Wesentlichkeit anders zu beurteilen haben als bei Vorliegen alternativer Sanierungsoptionen. Bei einer Abhängigkeit wird der verbleibende Rest an Leitungskompetenz noch als wesentlich anzusehen sein, wenn das künftige Verhalten des Vorstands in Bezug auf die umzusetzenden finanziellen Restrukturierungsmaßnahmen, die der akuten Abwendung der Insolvenz dienen, zwar nahezu vollständig eingeschränkt wird, ihm jedoch bei der Umsetzung der operativen und strategischen Restrukturierungsmaßnahmen die an anderer Stelle „genommene“ Eigenverantwortlichkeit[355] wieder eingeräumt wird bzw. von vornherein bei ihm verbleibt.

In Bezug auf die Bestimmung der Wesentlichkeitsschwelle, mithin der Angemessenheit des Eingriffs im engeren Sinne, wird es also darauf ankommen, welchem Krisenstadium die entsprechende Vorwegbindung zuzuordnen ist, d.h. ob es sich um eine Verpflichtung der Gesellschaft zur Umsetzung einer finanziellen, operativen oder strategischen Restrukturierungsmaßnahme handelt. Grundsätzlich fällt und steht eine außergerichtliche Restrukturierung nämlich nicht mit der Verabredung von strategischen, sondern mit derjenigen von finanziellen, ggf. auch operativen Restrukturierungsmaßnahmen. Dies kann sich jedoch dann wiederum anders darstellen, wenn ein Investor seine Sanierungsbeiträge von einer strategischen Umsetzungsverpflichtung abhängig macht. Darüber hinaus wird bei der Analyse zu berücksichtigen sein, ob die Klausel lediglich im Interesse des Eigenkapitalinvestors liegt, d.h. nur die Wertsteigerung seiner Investition im Blick hat, also nur seinen Partikularinteressen dient und erst einsetzt, nachdem die (finanzielle) Restrukturierung bereits im Grundsatz abgeschlossen ist oder ob sie im Gesamtinteresse aller *Stakeholder* sowie der Gesellschaft selbst liegt. Wie weit sich an den Kernbereich der Leitungskompetenz herangewagt werden darf, ist daher letztlich vom jeweils mit dem Eingriff verfolgten (legitimen) Ziel abhängig.

Für die Angemessenheit des Eingriffs ist daher der folgende Leitsatz aufzustellen: Je akuter eine Insolvenz droht und je wichtiger eine außergerichtliche Restrukturierung für die Erhaltung des Unternehmenswertes ist, desto weiter und

355 Die Eigenverantwortlichkeit, die ihm bei Umsetzung der finanziellen Restrukturierungsmaßnahmen genommen wird.

intensiver kann in die Leitungskompetenz des Vorstands durch Vorwegbindungen eingegriffen werden, desto später wird folglich auch die Wesentlichkeitsschwelle im Sinne eines zu erhaltenden Kerns von Leitungskompetenz überschritten. Für die Bestimmung der Unmittelbarkeit einer Insolvenz ist dabei zwischen drei unterschiedlichen Restrukturierungsstadien, die es mit den Umsetzungsverpflichtungen jeweils zu überwinden gilt, zu unterscheiden: Liquiditätskrise, operative Krise und strategische Krise. Die in einer Restrukturierungsvereinbarung festgelegten Vorwegbindungen haben in aller Regel die Überwindung dieser Phasen zum Ziel, wobei zur Beseitigung einer Liquiditätskrise finanzielle Restrukturierungsmaßnahmen notwendig sind, zur Überwindung der anderen beiden Krisenstadien konsequenterweise operative und strategische Restrukturierungsmaßnahmen.

(aa) Vorwegbindung zur Umsetzung finanzieller Restrukturierungsmaßnahmen

Da eine Liquiditätskrise in unmittelbarer Insolvenznähe stattfindet, mithin hier die Gefahr einer massiven Minderung des Unternehmenswertes am größten ist und dieser Gefahr idealerweise durch die Umsetzung finanzieller Restrukturierungsmaßnahmen begegnet wird, stellen Festlegungen, die die Gesellschaft zur Umsetzung solcher Maßnahmen verpflichten, einen im Grundsatz angemessenen und daher gerechtfertigten Eingriff in § 76 AktG dar.

Denn ohne die Möglichkeit der Gesellschaft, sich gegenüber dem Investor und den anderen *Stakeholdern* zu finanziellen Restrukturierungsbeiträgen verpflichten zu können, wird eine Liquiditätskrise und eine ggf. bereits eingetretene Insolvenzreife der Gesellschaft nicht beseitigt werden können. Dies insbesondere deshalb nicht, weil weder Banken noch institutionelle Investoren wie *Distressed Hedge Funds* vor dem Hintergrund eigener Haftungsrisiken in einer möglichen Folgeinsolvenz bereit sein werden, ein nicht rechtsverbindlich verankertes Sanierungskonzept zu unterstützen und Sanierungsbeiträge auf Grundlage unverbindlicher Absprachen zu leisten. Ferner können ohne die rechtsverbindliche Festlegung zeitnah umzusetzender finanzieller Restrukturierungsmaßnahmen weder eine positive Fortführungs- bzw. Fortbestehensprognose[356] noch eine darüber hinausgehende positive Sanierungsaussage i.S. eines IDW S6-Gutachtens gewährt werden, so dass aufgrund der daraufhin eintretenden Zahlungsunfähigkeit i.S.d. § 17 InsO und/oder der Überschuldung i.S.d. § 19 InsO ein (ggf. wertvernichtendes) Insolvenzverfahren nicht mehr zu vermeiden ist. Ein finanzielles Restrukturierungskonzept ist in aller Regel ohne Mitwirkung der Gesellschaft nicht denkbar, so dass ihre Einbindung stets erforderlich ist. Die Mitwirkung der Gesellschaft ist sowohl bei Eigenkapitalmaßnahmen (*Debt to Equity Swap*) als auch bei Fremdkapitalmaßnahmen (Emission neuer Anleihen im Rahmen eines parallelen *Debt to Equity*

356 Zum Unterschied zwischen Fortführungs- und Fortbestehensprognose siehe oben Kapitel 1 C. II. 1.

Swap unter Einbindung der Anleihegläubiger sowie Neuvereinbarung bestehender Kreditverhältnisse und Anleihebedingungen im Rahmen einer *Reinstated Debt)* vonnöten. Mit anderen Worten: Ohne dass sich die Gesellschaft in einer Restrukturierungsvereinbarung zur Umsetzung finanzieller Restrukturierungmaßnahmen verpflichtet, also ohne einen Eingriff in die Leitungskompetenz des Vorstands, sind außergerichtliche Restrukturierungen grundsätzlich nicht durchführbar. Wollte man daher einen Eingriff in die aktienrechtliche Kompetenzordnung im Stadium einer Liquiditätskrise und akuten Insolvenzgefahr nicht zulassen, wäre eine ggf. massive Vernichtung von wirtschaftlichen Werten die Folge.

Dem Vorstand die Möglichkeit zu versagen, die Gesellschaft in einer Restrukturierungsvereinbarung zur Leistung von Sanierungsbeiträgen zu verpflichten, stünde in eklatantem Widerspruch zu seiner sich aus § 93 Abs. 1 AktG ergebenden Pflicht, im Unternehmensinteresse stets primär die Sanierung der Gesellschaft auf außergerichtlichem Wege zu verfolgen (Sanierungspflicht). Im Ergebnis muss daher die zwingende Organisationsstruktur der Aktiengesellschaft dort eine Aufweichung erfahren, wo die Existenz der Gesellschaft und die Erhaltung des Unternehmenswertes auf dem Spiel stehen. Da jedoch gleichsam nicht in den Kern der Leitungskompetenz eingegriffen werden darf, ist eine vollumfängliche vertragliche Einschränkung des künftigen Vorstandshandelns hinsichtlich der finanziellen Restrukturierungsmaßnahmen nur soweit zulässig, als im Hinblick auf die Umsetzung der operativen und strategischen Maßnahmen sowie auf die Verfolgung der Unternehmensstrategie nach Abschluss der Restrukturierung seine Leitungskompetenz (zumindest teilweise) wieder auflebt.

(bb) Vorwegbindung zur Umsetzung operativer Restrukturierungsmaßnahmen

Vorwegbindungen hinsichtlich der Umsetzung operativer Restrukturierungsmaßnahmen sind allerdings differenziert zu betrachten. Kann ein Insolvenzverfahren nur abgewendet werden, wenn die Gesellschaft zeitnah auch operativ restrukturiert wird, werden Verpflichtungen der Gesellschaft zur Umsetzung operativer Restrukturierungsmaßnamen deshalb einen im Grundsatz angemessenen und daher gerechtfertigten Eingriff in die herausgehobene Leitungskompetenz des Vorstands darstellen, weil diese Maßnahmen ebenso wie die finanziellen für das Überleben der Gesellschaft und für die Erhaltung des Unternehmenswertes unabdingbar sind. Ihnen kommt in diesem Fall daher derselbe Stellenwert zu wie den Vorwegbindungen hinsichtlich finanzieller Restrukturierungsmaßnahmen. Die oben erörterten Grundsätze gelten folglich für sie in gleichem Maße.

Ist die (außergerichtliche) Existenz der Gesellschaft hingegen nicht zwingend von der Vereinbarung und Umsetzung operativer Restrukturierungsbeiträge abhängig, ist ein Eingriff nicht schon im Grundsatz angemessen. Es muss vielmehr positiv festgestellt werden, ob die konkrete Verpflichtungsklausel im Einzelfall geeignet ist, auch mittel- bis langfristig die Existenz der Gesellschaft sowie die Erhaltung wirtschaftlicher Werte zu sichern. Die konkrete Vorwegbindung muss wesentlicher Teil des operativen Sanierungskonzepts sein, das erforderlich und objektiv geeignet ist, eine Ertragskrise nachhaltig zu beseitigen und die Gesellschaft wieder wettbewerbsfähig zu machen. Anders gewendet: Die entsprechende Verpflichtung ist dann angemessen, wenn ein Sanierungsgutachten auf IDW S6-Basis diese Klausel bzw. die durch sie geregelte operative Restrukturierungsmaßnahme als Teil eines (ganzheitlichen) Restrukturierungskonzeptes betrachtet, das die Gesellschaft wieder wettbewerbs- und renditefähig macht. Die durch die Klausel festgelegte operative Maßnahme muss daher den Annahmen und Prämissen der integrierten Planrechnungen des IDW S6-Gutachtens[357] zugrunde liegen, die die Sanierungsfähigkeit der Gesellschaft verplausibilisieren. Dann nämlich ist gewährleistet, dass durch den konkreten Eingriff in die Organisationsstruktur der Aktiengesellschaft ihre nachhaltige Existenz am Markt, mithin ihre Wettbewerbsfähigkeit sichergestellt wird. Verpflichtungen der Gesellschaft zur Umsetzung operativer Restrukturierungsmaßnahmen müssen daher für die Wiederherstellung der Wettbewerbs- und Renditefähigkeit der Gesellschaft dringend erforderlich sein. Nur dann ist der durch sie erfolgende Eingriff angemessen und gerechtfertigt.

(cc) Vorwegbindung zur Umsetzung strategischer Restrukturierungsmaßnahmen

Verpflichtungen der Gesellschaft zur Umsetzung strategischer Restrukturierungsmaßnahmen, wie etwa die Veräußerung wesentlicher Beteiligungen an Tochtergesellschaften oder die Veräußerung sonstigen wesentlichen Betriebsvermögens zu Sanierungszwecken, sind zwar grundsätzlich auch geeignet, um eine Liquiditätskrise zu überwinden. Sie sind jedoch regelmäßig nicht zwingend erforderlich, um eine akute Insolvenzgefahr sowie eine ggf. bereits eingetretene Insolvenzreife der Gesellschaft zu beseitigen. Ein Eingriff in die Organisationsstruktur der Aktiengesellschaft zu diesem Zweck kann daher grundsätzlich nur dann als angemessen betrachtet werden, wenn die Verpflichtung der Gesellschaft zur Umsetzung strategischer Restrukturierungsmaßnahmen zwingende Voraussetzung für die Wiedererlangung ihrer Wettbewerbs- und Renditefähigkeit ist. Das heißt nur dann, wenn ein Sanierungsgutachten auf IDW S6-Grundlage zu dem Schluss kommt, dass Teil des ganzheitlichen Sanierungskonzeptes ausnahmsweise auch strategische Restrukturierungsmaßnahmen sein müssen, damit eine positive Sanierungsaussage ausgesprochen werden kann, erscheint ein Eingriff in die Leitungskompetenz des Vorstands durch die Verpflichtung der Gesellschaft zu strategischen Maßnahmen im Grundsatz als angemessen. Es gilt also der gleiche Maßstab wie für Verpflichtungen zur Umsetzung operativer Restrukturierungsmaßnahmen. Es sind jedoch durchaus Ausnahmen zu diesem Grundsatz denkbar. Ist etwa der *Distressed*

357 Hier kann ebenso ein entsprechender Gutachtenstandard herangezogen werden. Entscheidend ist, dass der Standard den Anforderungen des BGH, die dieser für die Erstellung von Sanierungsgutachten aufgestellt hat, genügt.

Investor nur unter der Bedingung, dass sich die Gesellschaft neben den finanziellen und operativen gleichsam zu strategischen Restrukturierungsbeiträgen verpflichtet, etwa dahingehend, dass sie sich von (unrentablen) Randaktivitäten trennt, zu einer *Debt to Equity Conversion* bereit, dann ist ein Eingriff in die Organisationsstruktur in Kauf zu nehmen, wenn nur so das Überleben der Gesellschaft sichergestellt werden kann. Ein Eingriff wird insbesondere dann vor einem solchen Hintergrund angemessen sein, wenn sich der Investor und auch die anderen Gläubiger im Gegenzug für die Verpflichtungen der Gesellschaft ihrerseits zu wesentlichen finanziellen Sanierungsbeiträgen verpflichten, etwa in dem sie auf einen Großteil des Nominalwertes ihrer Forderungen verzichten, mithin zu einem Schuldenschnitt ("Hair Cut") bereit sind.[358]

(4) Partikularinteressen des (künftigen) Eigenkapitalinvestors

Im Rahmen der Angemessenheitsprüfung ist ferner auch die Sichtweise des (künftigen) Eigenkapitalinvestors[359] zu berücksichtigen, insbesondere eines solchen, der lediglich eine Minderheitsbeteiligung an der Gesellschaft erworben hat bzw. im Begriff ist, eine solche im Rahmen eines ebenso in der Restrukturierungsvereinbarung festzulegenden *Debt to Equity Swap* zu erwerben. Wie bereits oben dargestellt, ist ein derartiger Eigenkapitalinvestor vornehmlich an einer Risikooptimierung und Wertsteigerung seiner (künftigen) Eigenkapitalinvestition interessiert, wobei dieses Interesse – wie ebenso oben gesehen – von nicht untergeordneter (gesamt-) wirtschaftlicher Bedeutung ist. Ist ein *Distressed Investor* also gleichsam künftiger Eigenkapitalinvestor, weil beabsichtigt ist, dass er seine Forderungen im Rahmen eines *Debt to Equity Swap* in Aktien der Gesellschaft „tauscht", dann muss zweierlei berücksichtigt werden: Zum einen ist der Investor im Zeitpunkt der Verabredung der entsprechenden Klausel bereits *Stakeholder* der Gesellschaft. Der Vorstand hat daher (primär[360]) seine Interessen als Gläubiger zu berücksichtigen. Zum anderen wird ohne seine Bereitschaft zu einem *Debt to Equity Swap*, der regelmäßig wesentlicher Teil eines finanziellen Restrukturierungskonzepts ist, die Gesellschaft nicht nachhaltig saniert werden können. In der Konsequenz können daher Eingriffe durch Verpflichtungen der Gesellschaft zu Maßnahmen, die nicht zwingend für die Restrukturierung der Gesellschaft erforderlich sind und vornehmlich den Interessen des Eigenkapitalinvestors an einer optimalen Entwicklung seines Investments dienen, dann angemessen sein, wenn sich der Investor im gleichen Atemzug, d.h. in derselben Restrukturierungsvereinbarung, zu finanziellen

358 Zur Berücksichtigung von Gegenleistungen des Distressed Investors im Rahmen der Angemessenheitsprüfung siehe sogleich.

359 Ein Distressed Investor ist dann ein (künftiger) Eigenkapitalinvestor, wenn die Umsetzung eines Debt to Equity Swap beabsichtigt ist. Er ist daher vorliegend vom Begriff des Eigenkapitalinvestors eingeschlossen.

360 Zur Pflicht des Vorstands, in einer wirtschaftlichen Krise der Gesellschaft primär die Interessen der Gläubiger zu verfolgen, siehe eingehend unten Kapitel 3 A.

Restrukturierungsbeiträgen verpflichtet, ohne die das Überleben der Gesellschaft unwahrscheinlich wäre.

(5) Kompensationsfähige Gegenleistungen des (künftigen) Eigenkapitalinvestors

Ein grundsätzlich unangemessener Eingriff kann also möglicherweise immer dadurch kompensiert bzw. geheilt werden, dass sich der *Distressed Investor* in der Restrukturierungsvereinbarung – im Gegenzug für die Vorwegbindungen des Vorstands – seinerseits zu einem bestimmten (künftigen) Verhalten verpflichtet. Da ein ganzheitliches Restrukturierungskonzept nicht nur die Mitwirkung der Gesellschaft, sondern insbesondere auch diejenige des *Distressed Investors* in seiner Eigenschaft als Gläubiger bzw. als (künftiger) Aktionär der Gesellschaft voraussetzt, verpflichtet sich in einer Restrukturierungsvereinbarung typischerweise auch dieser zur Umsetzung von Restrukturierungsmaßnahmen, mithin zu einem bestimmten (künftigen) Verhalten. Den einzelnen Verpflichtungsklauseln der Gesellschaft stehen folglich Verpflichtungsklauseln des *Distressed Investors* (sowie der Altaktionäre[361]) gegenüber. Stehen diese Verpflichtungen mit jenen der Gesellschaft in einem Gegenseitigkeitsverhältnis im Sinne eines synallagmatischen *do ut des*-Verhältnisses, kommt ihnen mit Blick auf eine mögliche Unangemessenheit des Eingriffs gewissermaßen Kompensationsfunktion zu. Zu einem Ausgleich der Unangemessenheit kommt es allerdings nur bei Vorliegen eines Synallagma. Nur wenn ein solches vorliegt, besteht eine hinreichend enge Verknüpfung der gegenseitigen Pflichten, d.h. nur dann können diese als gleichwertig betrachtet und der Unwertgehalt eines Eingriffs in § 76 AktG ausgeglichen werden. Ob der Investor seine Bindungen von denen der Gesellschaft abhängig macht, also ein Synallagma vorliegt, ist letztlich durch Auslegung nach den §§ 133, 157 BGB zu ermitteln.

Grundsätzlich wird sich der *Distressed Investor*[362] nur dann dazu bereit erklären, sein (künftiges) Verhalten zugunsten der Gesellschaft (und auch zugunsten der anderen an der Restrukturierungsvereinbarung Beteiligten) zu binden, wenn die Mitwirkung der Gesellschaft für die Umsetzung des außergerichtlichen Restrukturierungskonzepts zwingend erforderlich ist. Ist eine Umsetzung auch ohne Mitwirkung der Gesellschaft möglich, besteht kein vernünftiger Grund für den Investor, seine künftige Handlungsfreiheit einzuschränken. Da jedoch regelmäßig ein außergerichtliches Sanierungskonzept ohne Mitwirkung der Gesellschaft nicht umsetzbar ist, insbesondere dann nicht, wenn eine *Debt to Equity Conversion* sowie die Emission neuer Anleihen Teilschritte des Konzepts sind, geht der erkennbare Wille (§§ 133, 157 BGB) des Investors in aller Regel dahin, sein künftiges Verhalten nur deshalb zugunsten der Gesellschaft festzulegen („*do*"), damit („*ut*") diese sich ihrerseits zur Umsetzung der Restrukturierung verpflichtet („*des*"). Der die

361 Hierzu sogleich.
362 Bzw. der Alternative Capital Provider (ACP).

Gesellschaft vertretende Vorstand wird sich hingegen nur deshalb vorab in einer Restrukturierungsvereinbarung binden, weil der Investor einerseits bereit ist, die dringend gebotenen Sanierungsbeiträge zu erbringen, andererseits sich möglicherweise jedoch auch verpflichtet, bestimmte Maßnahmen in Bezug auf die Unternehmensstrategie künftig zu unterlassen.

Soweit den Pflichten der Gesellschaft synallagmatische Pflichten des Investors gegenüberstehen, ist ein grundsätzlich unangemessener Eingriff in § 76 AktG daher ausnahmsweise als angemessen zu beurteilen. Ein Eingriff in die Organisationstruktur der Aktiengesellschaft bzw. in die Leitungskompetenz des Vorstands ist also gerechtfertigt, wenn nur so dringend notwendige Sanierungsbeiträge vom Investor geleistet werden und nur so eine im Gesamtinteresse aller *Stakeholder* und auch im Interesse der Gesellschaft selbst liegende Sanierung ermöglicht werden kann. Umgekehrt betrachtet erhält die Gesellschaft als Ausgleich für den Eingriff in die Leitungskompetenz des Vorstands eine Gegenleistung, die den Eingriff möglicherweise nicht nur aufwiegt, sondern der Gesellschaft letztlich sogar einen „positiven Saldo“ beschert. Dies kann etwa dann der Fall sein, wenn die Restrukturierungsvereinbarung (teilweise) auch die Entherrschung des *Distressed Investors* bzw. (künftigen) Aktionärs bezweckt. Eine Entherrschung kann beispielsweise dadurch erfolgen, dass in der Restrukturierungsvereinbarung Unterlassungspflichten des *Distressed Investors* festgelegt werden, die diesen etwa dazu anhalten, nach Beteiligungsübernahme die Gesellschaft nicht zu zerschlagen, ihre grundlegende Konzernstruktur beizubehalten oder seine Beteiligung an ihr innerhalb eines gewissen Zeitraums nicht weiter aufzustocken. Weiterhin könnte der Investor verpflichtet werden, die personelle Besetzung der Gremien der Gesellschaft nach Beteiligungsübernahme nicht zu ändern. Die Personalkompetenz eines Eigenkapitalinvestors ist ein scharfes Schwert[363], das mithilfe einer Restrukturierungsvereinbarung abgestumpft werden kann. Derartige für die Gesellschaft vorteilhafte Regelungsgegenstände in Restrukturierungsvereinbarungen sind bei der Prüfung der Angemessenheit eines Eingriffs in § 76 AktG stets zu berücksichtigen.

Darüber hinaus werden regelmäßig auch die Altaktionäre in der Restrukturierungsvereinbarung gebunden, so dass auch deren synallagmatischen Gegenleistungspflichten ein gewisser Kompensationscharakter zukommen kann. Dies deshalb, weil die Gesellschaft sich nicht zuletzt auch zu ihren Gunsten in der Restrukturierungsvereinbarung verpflichtet. Im Erfolgsfall kann eine ganzheitliche Restrukturierung, an der die Gesellschaft mitwirkt, gegebenenfalls nämlich auch die Eigenkapitalinvestition der Altaktionäre „retten“. Umgekehrt ist die Mitwirkung der Altaktionäre an der Umsetzung einer außergerichtlichen Restrukturierung insbesondere für die Durchführung der für eine *Debt to Equity Conversion* erforderlichen Kapitalmaßnahmen essentiell. Ein grundsätzlich unangemessener Eingriff kann sich folglich zu einem angemessenen wandeln, wenn den in § 76 AktG eingreifenden Umsetzungsverpflichtungen der Gesellschaft gleichwertige

---

363 *Kiefner* ZHR 178 (2014) 547, 580.

(oder höherwertige[364]) synallagmatische Verpflichtungen des Investors und/oder der Altaktionäre gegenüberstehen.

(6) Ergebnis

Im Ergebnis ist die Angemessenheit eines Eingriffs stets im Rahmen einer Gesamtschau zu beurteilen. In diese Gesamtschau ist insbesondere mit einzubeziehen, ob die Existenz der Gesellschaft auf dem Spiel steht, inwieweit in den Kern der Leitungskompetenz eingegriffen wird und inwieweit der *Distressed Investor* als künftiger Eigenkapitalinvestor und/oder die Altaktionäre zu mit den Verpflichtungen der Gesellschaft im Synallagma stehenden Gegenleistungen bereit sind. Um bestimmen zu können, ob die jeweilige Gegenleistung in einem solchen *do ut des*-Verhältnis steht, ist im Sinne einer *conditio sine qua non* danach zu fragen, ob der Investor bzw. die Altaktionäre aller Voraussicht nach auch dann bereit gewesen wären, die in Frage stehende Verpflichtung einzugehen, wenn sich der Vorstand nicht vorab gebunden hätte. Ist dies der Fall, besteht zwischen den Verpflichtungsklauseln gerade kein synallagmatisches Gegenleistungsverhältnis. Ob der *Distressed Investor* bzw. die Altaktionäre dazu bereit gewesen wären, ist durch Auslegung nach den §§ 133, 157 BGB zu ermitteln.

c) Rechtsfolge

Rechtsfolge eines nicht gerechtfertigten Eingriffs in die herausgehobene Leitungskompetenz des Vorstands aus § 76 AktG ist entgegen der Auffassung der Münchener Gerichte[365] nicht die Nichtigkeit der jeweiligen Klausel nach § 134 BGB, sondern ihre schwebende Unwirksamkeit. Obwohl gute Gründe für die dogmatische Einordnung des § 76 AktG als Verbotsgesetz i.S.d. § 134 BGB sprechen – die Ausgestaltung des § 76 AktG als zwingende Vorschrift, vgl. § 23 Abs. 5 AktG, stellt grundsätzlich ein Indiz für ihren Verbotscharakter dar[366] –, ist die „Alles-oder-Nichts"-Rechtsfolge des § 134 BGB richtigerweise überschießend.[367] Die Anwendung von § 134 BGB würde zu dem (ggf. untragbaren) Ergebnis führen, dass einer Verpflichtungsklausel, die einen nicht gerechtfertigten Eingriff in § 76 AktG darstellt, endgültig die Wirksamkeit zu versagen wäre, ihre Unwirksamkeit also nicht nachträglich geheilt werden könnte. Da die einzelnen Regelungsgegenstände in einer Restrukturierungsvereinbarung üblicherweise einen zusammenhängenden

---

364 Siehe hierzu soeben die einzelnen möglichen Unterlassungsverpflichtungen des Investors mit Blick auf eine Entherrschung der Gesellschaft.

365 OLG München NZG 2012, 261 = ZIP 2012, 773 = EWiR 2012, 333 (*Peitsmeyer/Theusinger*); OLG München NZG 2013, 460, 462; LG München I NZG 2012, 1152 = GWR 2012, 274 (*Nordhues*) – W.E.T.

366 Vgl. MünchKommBGB-*Armbrüster* BGB § 134 Rn. 46.

367 So auch *Kiefner* ZHR 178 (2014) 547, 578.

und sich gegenseitig bedingenden Regelungskomplex bilden[368], hätte die endgültige Unwirksamkeit einer einzelnen Verpflichtungsklausel nach § 134 BGB möglicherweise auch die endgültige Unwirksamkeit der gesamten Restrukturierungsvereinbarung nach § 139 BGB zur Folge.[369] Deren endgültige Unwirksamkeit könnte wiederum das endgültige Scheitern der gesamten außergerichtlichen Restrukturierung nach sich ziehen. Dies deshalb, weil die rechtsverbindliche Festlegung des Sanierungskonzepts in einer Restrukturierungsvereinbarung in aller Regel Grundlage der Prämissen und Annahmen sowohl einer insolvenzrechtlichen Fortbestehensprognose i.S.d § 19 Abs. 2 InsO als auch einer handelsrechtlichen Fortführungsprognose i.S.d. § 252 Abs. 1 Nr. 2 HGB sowie einer darüber hinausgehenden positiven Aussage über die Sanierungsfähigkeit der Gesellschaft ist, die wiederum häufig die Grundlage für die Gewährung von Überbrückungs- und Sanierungskrediten[370] darstellt. Ferner könnte bei Anwendung des § 134 BGB auch die Wirksamkeit der auf Grundlage der Restrukturierungsvereinbarung bereits umgesetzten Restrukturierungsmaßnahmen, wie etwa durchgeführte Hauptversammlungsbeschlüsse zu Kapitalmaßnahmen oder der Abschluss neuer Kreditverträge, aufgrund der Norm des § 139 BGB in Frage zu stellen sein.[371] Eine faktisch nicht durchführbare Rückabwicklung bereits geleisteter Sanierungsbeiträge wäre die Folge.

Es sprechen daher die besseren Gründe gegen eine Anwendung des § 134 BGB und für eine analoge Anwendung des § 293 AktG.[372] Ein nicht gerechtfertigter Eingriff in § 76 AktG hätte bei analoger Anwendung des § 293 AktG lediglich die schwebende Unwirksamkeit der Klausel zur Folge. Mithilfe eines qualifizierten Mehrheitsbeschlusses der Hauptversammlung nach § 293 Abs. 1 Satz 1 und Satz 2 AktG analog könnte – vorbehaltlich der Erfüllung der weiteren Wirksamkeitsvoraussetzungen der Norm wie etwa die Eintragung des Beschlusses im Handelsregister – ein nicht gerechtfertigter Eingriff in § 76 AktG geheilt bzw. die schwebende Unwirksamkeit der entsprechenden Klausel genehmigt werden. Der Hauptversammlung würde damit die Funktion einer letzten Instanz hinsichtlich der Frage, ob eine Kompetenzverlagerung weg vom Vorstand und hin zum Investor im Einzelfall zulässig ist, zukommen. Insoweit wäre sie oberstes Willensbildungsorgan. Die analoge Anwendung des § 293 AktG lässt sich mit einem Erst-recht-Schluss

---

368 Siehe hierzu bereits das oben dargestellte do ut des-Verhältnis einzelner Pflichten der Gesellschaft sowie des Investors und der Altaktionäre.

369 Ein solches Durchschlagen auf die Umsetzungsbeschlüsse befürworteten ja gerade die Münchener Gerichte.

370 Diese sind wiederum häufig wesentliche Teilelemente nicht nur eines finanziellen Sanierungskonzepts.

371 OLG München NZG 2012, 261 = ZIP 2012, 773 = EWiR 2012, 333 (*Peitsmeyer/Theusinger*); OLG München NZG 2013, 460, 462; LG München I NZG 2012, 1152 = GWR 2012, 274 (*Nordhues*) – W.E.T.

372 Ebenso *Kiefner* ZHR 178 (2014) 547, 578.

begründen, d.h. *a maiore ad minus* damit, dass ein (Mehrheits-)Aktionär mit einem (Teil-)Beherrschungsvertrag Einfluss auf die Leitentscheidungen des Vorstands nehmen kann. Grundsätzlich ist zwar dem Vorstand nach § 76 AktG die Leitung der Gesellschaft übertragen und die Hauptversammlung kann nur hinsichtlich derjenigen Gegenstände, die ihr nach § 119 Abs. 1 Satz 1 AktG bzw. aufgrund der Holzmüller/Gelatine-Doktrin zugewiesen sind, entscheiden. Das Aktienrecht sieht jedoch die Möglichkeit einer Konzernierung von Gesellschaften, mithin deren Zusammenfassen unter einheitlicher Leitungsmacht durch die Begründung von Beherrschungsverträgen vor. Der Kompetenzübergriff eines Großaktionärs auf die Entscheidungsfindung des Vorstands ist also unter gewissen Voraussetzungen legitim.

Nichtsdestotrotz stellt das in einem Beherrschungsvertrag zugunsten des herrschenden Unternehmens verabredete Weisungsrecht einen (tiefgreifenden) Eingriff in die Leitungskompetenz des Vorstandes dar. Durch die Erteilung bindender Weisungen wird unstreitig in den Kern der Leitungskompetenz des Vorstands eingegriffen. Soweit jedoch die Voraussetzungen des § 293 Abs. 1 Satz 1 AktG erfüllt sind, soweit also die außenstehenden Aktionäre sowie die Gläubiger ausreichenden Schutz erfahren, nimmt das Aktienrecht diesen Eingriff zum Zwecke einer Konzernierung in Kauf. Das bedeutet, dass selbst bei einem derart tiefgehenden Eingriff wie er durch die Begründung eines Weisungsrechts i.S.d. 308 Abs. 1 Satz 1 AktG stattfindet, der Gesetzgeber die herausgehobene Leitungskompetenz des Vorstands, mithin die Organisationsstruktur der Aktiengesellschaft, nicht derart hoch einstuft, als dass Eingriffe schlechthin nicht erfolgen dürften. Voraussetzung ist eben, dass die Anforderungen, die an die Schranke bzw. Legitimationsgrundlage der §§ 291, 293 AktG zu stellen sind, erfüllt werden. Kann jedoch ein Eingriff in § 76 AktG selbst dann legitimiert werden[373], wenn er das stärkste denkbare Ausmaß annimmt – also bei Begründung eines Weisungsrechts zugunsten des herrschenden Unternehmens – dann muss er erst recht durch einen ins Handelsregister einzutragenden, qualifizierten Hauptversammlungsbeschluss legitimiert werden können, wenn die Einflussnahme nicht die Schwelle des Tatbestands einer Weisung i.S.d. § 308 Abs. 1 Satz 1 AktG erreicht.

2. Vereinbarkeit der Vorwegbindung mit § 93 AktG

Von der Frage, ob durch die Vorwegbindung des Vorstands in seine herausgehobene Leitungskompetenz i.S.d. § 76 AktG in unzulässiger Weise eingegriffen wird, scharf zu trennen ist, ob der Vorstand durch die rechtsverbindliche Festlegung der Vorwegbindung seine Pflicht aus § 93 Abs. 1 AktG verletzt. Die letztgenannte Frage betrifft vor allem sein rechtliches Dürfen. Was die Vorstandsmitglieder in rechtlicher Hinsicht dürfen und welchen Maßstab sie dabei anzulegen haben, regelt § 93 Abs. 1 AktG. Gemäß § 93 Abs. 1 Satz 1 AktG haben die Vorstandsmitglieder

373 Die Legitimation erfolgt durch das Erfüllen der Voraussetzungen des § 293 AktG.

bei ihrer Geschäftsführung die Sorgfalt eines ordentlichen und gewissenhaften Geschäftsleiters anzuwenden. Satz 2 der Norm privilegiert die Vorstandsmitglieder dahingehend, dass eine Pflichtverletzung dann nicht vorliegt, wenn das Vorstandsmitglied bei einer unternehmerischen Entscheidung vernünftigerweise annehmen durfte, auf der Grundlage angemessener Information zum Wohle der Gesellschaft zu handeln (sog. *Business Judgement Rule*). Zu untersuchen ist demnach, ob und inwieweit das einzelne Vorstandsmitglied durch die rechtsverbindliche Festlegung seines künftigen Handelns in der Restrukturierungsvereinbarung seine Sorgfaltspflichten gegenüber der Gesellschaft verletzt. Werden diese Pflichten missachtet, haftet das einzelne Vorstandsmitglied persönlich der Gesellschaft gegenüber nach § 93 Abs. 2 AktG, sofern es die Pflichtverletzung zu vertreten hat.

a) Gegenstand und Zeitpunkt einer möglichen Pflichtverletzung

Auf den ersten Blick mag es etwas irritieren, dass überhaupt eine mögliche Pflichtverletzung des Vorstands ins Auge gefasst wird, ist es doch gerade seine Organkompetenz, in die eingegriffen wird. In der vorliegenden Konstellation der vertraglichen Vorwegbindung von Vorstandshandeln kommt es allerdings zu der Besonderheit, dass der Vorstand durch sein eigenes Handeln, d.h. durch den Abschluss einer Restrukturierungsvereinbarung namens der Gesellschaft, in die ihm durch § 76 AktG zugewiesene Entscheidungszuständigkeit eingreift. Die Verlagerung der Entscheidungskompetenz weg vom Vorstandsorgan hin zum (künftigen) Aktionär findet bereits durch die Festlegung der Verpflichtung in der Restrukturierungsvereinbarung statt, nicht erst durch die Vollziehung der Verpflichtung, d.h. nicht erst durch deren Erfüllung.[374] Für die Frage, ob der Vorstand bei der Verlagerung seiner eigenen Entscheidungskompetenz die Grenzen seines rechtlichen Dürfens eingehalten hat, ist daher ebenso der Zeitpunkt der Festlegung, d.h. derjenige des Vertragsschlusses, maßgeblich. Eine mögliche pflichtverletzende Handlung i.S.d. § 93 Abs. 1 und Abs. 2 AktG liegt folglich nicht erst im Vollzug der Vorwegbindung, sondern vielmehr schon in der Festlegung der Bindung, mithin schon im Abschluss der Restrukturierungsvereinbarung und nicht erst in der Umsetzung der einzelnen festgelegten Restrukturierungsmaßnahmen, zu der sich der Vorstand namens der Gesellschaft verpflichtet hat.

---

374 Dass der Eingriff in § 76 AktG bereits durch die Vereinbarung und nicht erst durch die Vollziehung erfolgt, wird insbesondere dadurch bestätigt, dass ein Beherrschungsvertrag, der nicht die Anforderungen des § 293 AktG erfüllt, (u.a.) gegen § 76 AktG verstößt. Mit anderen Worten: Es wird bereits durch den Abschluss des Vertrages selbst, d.h. durch die Vereinbarung des Weisungsrechts, gegen § 76 AktG verstoßen und nicht erst durch die Ausübung des Weisungsrechts durch das herrschende Unternehmen. Für einen Eingriff, der sich unterhalb der Schwelle eines Beherrschungsvertrages bewegt, kann nichts anderes gelten.

b) *Anforderungen an eine Pflichtverletzung*

Trotz ihrer privilegierenden Tatbestandsmerkmale setzt die Norm des § 93 Abs. 1 Satz 2 AktG voraus, dass der Vorstand zwingend im Unternehmensinteresse bzw. zum Wohle der Gesellschaft handeln muss, möchte er eine Haftung vermeiden. Das bedeutet folglich, dass der Vorstand auch im Zeitpunkt der Festlegung der Vorwegbindung, also bei Abschluss der Restrukturierungsvereinbarung, in jedem Fall im Unternehmensinteresse handeln muss. Dies tut er dann, wenn die Vorwegbindung selbst im Unternehmensinteresse liegt. Die Vorwegbindung liegt wiederum dann im Unternehmensinteresse, wenn zum Zeitpunkt ihrer Vereinbarung aller Voraussicht nach der Vollzug der Vorwegbindung, d.h. die künftige Vornahme der Maßnahme, zu deren Umsetzung sich der Vorstand namens der Gesellschaft verpflichtet hat, im Unternehmensinteresse liegt. Nur wenn aller Voraussicht nach die Vornahme bzw. Umsetzung der Maßnahme, hinsichtlich derer der Vorstand sein Handeln vorab gebunden hat, im Unternehmensinteresse liegt, darf der Vorstand i.S.d. § 93 Abs. 1 Satz 2 AktG im Zeitpunkt der Festlegung der Vornahme- bzw. Umsetzungsverpflichtung vernünftigerweise annehmen, (auf der Grundlage angemessener Information) zum Wohle der Gesellschaft zu handeln. Das Tatbestandsmerkmal „aller Voraussicht nach" ist dabei dann erfüllt, wenn überwiegend wahrscheinlich[375] ist, dass der künftige Vollzug der Klausel im Unternehmensinteresse liegen wird. Eine überwiegende Wahrscheinlichkeit ist bei einer Wahrscheinlichkeit, die mehr als fünfzig Prozent beträgt, anzunehmen. Um also bestimmen zu können, ob die Festlegung des künftigen Verhaltens des Vorstands im gegenwärtigen Zeitpunkt im Unternehmensinteresse liegt, ist auf einen Zeitpunkt in der Zukunft Bezug zu nehmen, nämlich denjenigen der Vollziehung der Verpflichtung. Mit anderen Worten: Der Vorstand hat zur Feststellung, ob eine von ihm im Zeitpunkt des Abschlusses der Restrukturierungsvereinbarung festzulegende Vorwegbindungsklausel im Unternehmensinteresse liegt, eine Prognose zu erstellen, mithin im Zeitpunkt der Verabredung der Vorwegbindung auf der Grundlage angemessener Information zu prognostizieren, ob aller Voraussicht nach durch die künftige Vollziehung der Vorwegbindung das Unternehmensinteresse verletzt wird.

Eine mögliche Pflichtverletzung i.S.d. § 93 Abs. 1 Satz 1 und Satz 2 AktG kann daher darin liegen, dass der Vorstand sich vorab in der Restrukturierungsvereinbarung bindet, obwohl eine erstellte Prognose zum Ergebnis kommt, dass im Vollzugszeitpunkt die Umsetzung der Maßnahme aller Voraussicht nach nicht im Unternehmensinteresse liegt. Der Vorstand wäre dann zu diesem Zeitpunkt aufgrund der vertraglichen Bindung[376] aus der Restrukturierungsvereinbarung verpflichtet, die Maßnahme umzusetzen, mithin faktisch gezwungen, gegen

---

375 Der Begriff orientiert sich an demjenigen des § 18 Abs. 2 InsO. Auch hier ist eine überwiegende Wahrscheinlichkeit erforderlich, vgl. MünchKommInsO-*Drukarczyk* § 18 Rn. 29.

376 Diese Bindung besteht auch dann, wenn eine zunächst durch einen nicht gerechtfertigten Eingriff schwebend unwirksame Bindung durch einen Hauptversammlungsbeschluss geheilt wird.

seine Pflicht aus § 93 Abs. 1 Satz 1 und 2 AktG zu verstoßen, stets das Unternehmensinteresse zu verfolgen. Eine Pflichtverletzung bereits zum Zeitpunkt der Verabredung der Vorwegbindung liegt dabei deshalb vor, weil der Vorstand (ggf. fahrlässig) nicht vorhergesehen hat, dass er durch die Verabredung der Klausel aller Voraussicht nach, d.h. überwiegend wahrscheinlich, in eine Pflichtenkollision gerät, die darin besteht, einerseits aus der Restrukturierungsvereinbarung[377], andererseits aus § 93 Abs. 1 AktG gegenüber der Gesellschaft verpflichtet zu sein. Denn liegt die Vollziehung nicht im Unternehmensinteresse, verstößt er entweder gegen § 93 Abs. 1 AktG, sollte er sie dennoch umsetzen oder er verletzt seine (mittelbare) Pflicht aus der Restrukturierungsvereinbarung, wenn er sich an seine Pflicht aus § 93 Abs. 1 AktG hält. Die Missachtung der Pflichten aus der Restrukturierungsvereinbarung könnte durchaus den Prozess der außergerichtlichen Restrukturierung und den Erhalt des Unternehmens gefährden, da im Falle der Pflichtverletzung der Vertragsgegenseite regelmäßig ein außerordentliches Kündigungsrecht zusteht. Gleiches gilt im Falle, dass die Prognose zwar zum Ergebnis gelangt, dass die Vollziehung aller Voraussicht nach im Unternehmensinteresse liegt, das Ergebnis jedoch auf einer inhaltlich fehlerhaften Prognose bzw. auf einer fehlerhaften Erstellung der Prognose beruht. Im Ergebnis erfolgt die Vollziehung nämlich auch dann nicht zum Wohle der Gesellschaft. Der Vorstand verstößt demnach auch in diesem Fall gegen § 93 Abs. 1 AktG. Ebenso kann es zu einer Pflichtverletzung kommen, weil vor Abschluss der Restrukturierungsvereinbarung überhaupt keine Prognose erstellt wurde. Die Festlegung der einzelnen Vorwegbindung basierend auf den Ergebnissen einer erstellten Prognose sowie der Abschluss der Restrukturierungsvereinbarung insgesamt stellen eine unternehmerische Entscheidung dar, so dass die Haftungsprivilegierung der *Business Judgement Rule* aus § 93 Abs. 1 Satz 2 AktG Anwendung findet.

c) Haftungsentschärfung durch die Verabredung von Fiduciary out-Klauseln

Eine potentielle Haftung des Vorstands wird jedoch nicht nur durch die Anwendung der *Business Judgement Rule* entschärft, sondern kann auch durch die Verabredung von sog. *Fiduciary out*-Klauseln in der Restrukturierungsvereinbarung abgefedert werden. Durch solche Klauseln wird erreicht, dass der Vorstand einer potentiellen Pflichtenkollision entrinnen kann. *Fiduciary out*-Klauseln gewähren dem Vorstand eine „Ausstiegsmöglichkeit" dahingehend, dass die in der

377 Genau genommen ist er nur mittelbar verpflichtet, da unmittelbar immer nur die Gesellschaft aus der Restrukturierungsvereinbarung verpflichtet wird. Der Vorstand hat jedoch die Verpflichtungen der Gesellschaft, sofern sie seiner Leitungskompetenz unterworfen sind, zu erfüllen (Pflichtrecht des § 76 AktG), so dass er mittelbar auch selbst aus der Restrukturierungsvereinbarung verpflichtet wird. Siehe hierzu bereits oben Kapitel 2 C. 1.

Restrukturierungsvereinbarung festgelegten Pflichten zulasten der Gesellschaft nur vorbehaltlich des Nichtvorliegens widerstreitender anderweitiger (Sorgfalts-) Pflichten des Vorstands, wie etwa solchen aus § 93 Abs. 1 AktG, Geltung beanspruchen. Werden einzelne Vorwegbindungen des Vorstands durch *Fiduciary out*-Klauseln (auflösend) bedingt, wirkt sich dies zwar auf denjenigen Teil der Prognose, der allein die Übereinstimmung der Vollziehung mit dem Unternehmensinteresse ermittelt, nicht aus. Denn ob die einzelnen Vornahmen im Unternehmensinteresse liegen oder nicht, ist unabhängig von vertraglichen „Ausstiegsmöglichkeiten" zugunsten des Vorstands. Gleichwohl wird bei Vereinbarung von *Fiduciary out*-Klauseln derjenige Teil der Prognose, der sich darüber hinausgehend darauf fokussiert, ob der Vorstand aller Voraussicht nach, d.h. überwiegend wahrscheinlich, in eine Pflichtenkollision gerät, weil die Vollziehung, zu der er sich namens der Gesellschaft verpflichtet hat, voraussichtlich nicht im Unternehmensinteresse liegt, er diese jedoch aufgrund seiner unbedingten Verpflichtung dem Unternehmensinteresse entgegen dennoch vornimmt, negativ ausfallen.

Setzt der Vorstand namens der Gesellschaft daher durch, dass zusätzlich zu jeder einzelnen Vorwegbindung gleichsam der Passus aufgenommen wird, dass diese Vorwegbindungen ausdrücklich nur unter dem Vorbehalt gelten, dass sie nicht mit Sorgfaltspflichten des Vorstands in Widerspruch stehen, mithin keine Pflichtenkollision begründen, dann ist es grundsätzlich nicht überwiegend wahrscheinlich, dass der Vorstand im Zeitpunkt der Vollziehung seine Pflichten aus § 93 Abs. 1 AktG missachtet. Dies deshalb nicht, weil ihm durch die *Fiduciary out*-Klausel die Möglichkeit eingeräumt wird, sich stets pflichtenkonform zu verhalten. Er wird daher durch die Restrukturierungsvereinbarung nicht gezwungen, seine Pflichten aus § 93 Abs. 1 AktG zu verletzen. Die Gefahr, dass durch die Vollziehung der Vorwegbindung dem Unternehmensinteresse zuwider gehandelt wird, besteht damit nicht. Es ist bei gleichzeitiger Festlegung von *Fiduciary out*-Klauseln daher ebenso wenig zu besorgen, dass der Vorstand mit der Aufnahme von Vorwegbindungen bei Abschluss der Restrukturierungsvereinbarung dem Unternehmensinteresse zuwiderhandelt.[378] Die Gegenseite, d.h. der *Distressed Investor* als Gläubiger und (künftiger) Aktionär sowie die *Par Lender* und übrigen Gläubiger[379], werden in aller Regel jedoch versuchen durchzusetzen, dass die Vorwegbindungen ohne *Fiduciary out*-Klauseln in die Restrukturierungsvereinbarung Eingang finden, da letztlich mit diesen Klauseln die Planungsunsicherheit erhöht wird. Im Hinblick auf die Plausibilität der Annahmen und Prämissen der Planrechnungen, die für eine etwaige Fortbestehens- und Fortführungsprognose im Rahmen einer Überschuldungsprüfung oder einer zu begutachtenden Sanierungsfähigkeit zu erstellen sind, sind *Fiduciary out*-Klauseln aus gleichem Grunde ebenfalls ungünstig.

378 Fiduciary-out-Klauseln empfehlen sich daher insbesondere bei Prognoseunsicherheiten.

379 Die Lieferanten und Warenkreditversicherer können ggf. auch Vertragspartei einer Restrukturierungsvereinbarung werden.

d) *Keine Pflichtverletzung ohne Kompetenzverletzung*

Soweit indes durch die Vorwegbindung ohnehin kein Eingriff in § 76 AktG begründet wird bzw. dieser Eingriff gerechtfertigt ist[380], liegt schon keine Pflichtverletzung i.S.d. § 93 Abs. 1 AktG vor. D.h. eine schadensersatzauslösende Pflichtverletzung kommt nur dann in Betracht, wenn ein ungerechtfertigter Eingriff in § 76 AktG im Raum steht. Dies findet seinen Grund darin, dass der Vorstand die Grenzen seines rechtlichen Dürfens nicht überschreitet, solange sich die in Frage stehende Kompetenzverlagerung im Einklang mit der Rechtsordnung befindet. Der Vorstand kann schlechterdings seine Grenzen im Innenverhältnis überschreiten, wenn dadurch die Organisationsstruktur der Aktiengesellschaft entweder überhaupt nicht angetastet (dann kein tatbestandlicher Eingriff) oder strapaziert, gleichwohl aber nicht überstrapaziert wird (dann gerechtfertigter tatbestandlicher Eingriff).

e) *Verletzung des § 93 Abs. 1 AktG aufgrund der verabredeten (Vor-) Festlegung in Bezug auf die Neuzusammensetzung des Aktionariats?*

Eine besondere Problematik, die es an dieser Stelle ebenso zu erörtern gilt, ergibt sich daraus, dass der Vorstand durch den Abschluss der Restrukturierungsvereinbarung, insbesondere durch die Vorabbindung seines künftigen Verhaltens, regelmäßig eine (Vor-)Festlegung hinsichtlich der Neuzusammensetzung des Aktionärskreises trifft.[381] Dies ist vor allem dann der Fall, wenn im Rahmen der Verabredung der finanziellen Restrukturierungsmaßnahmen ein *Debt to Equity Swap*, ein *Debt to Asset Swap*[382] oder eine andere Form einer *Debt to Equity Conversion* in der Restrukturierungsvereinbarung fixiert wird. Die Neuordnung der Finanz- und Kapitalstruktur der Gesellschaft geht nämlich grundsätzlich mit einer Neuordnung der Gesellschafter- und Gläubigerstruktur einher.[383] Da der Vorstand stets seine Sorgfaltspflichten aus § 93 Abs. 1 AktG zu beachten, sich also stets am Unternehmensinteresse zu orientieren hat, ist fraglich, inwieweit er bereits bei dieser (Vor-)Festlegung des Aktionärskreises in der Restrukturierungsvereinbarung Gefahr läuft, seine Pflichten gegenüber der Gesellschaft zu verletzen und sich nach § 93 Abs. 2 AktG Schadensersatzansprüchen aussetzt. Konsequenterweise hat der Vorstand in seine Prognose, ob die künftige Vollziehung der Vorwegbindung im

---

380 Hierzu siehe ausführlich oben Kapitel 2 C. I. 1. a) und b).

381 Vgl. auch *Kiefner* ZHR 178 (2014) 547, 588 f. im Zusammenhang mit Investorenvereinbarungen.

382 Zu einer Vorfestlegung hinsichtlich einer Neuzusammensetzung des Aktionariats kann es im Rahmen der Verabredung eines Debt to Asset Swaps allerdings nur dann kommen, wenn nicht das Vermögen der Gesellschaft, sondern die Aktien an ihr übertragen werden sollen. Nicht nur die Übertragung der Beteiligungen der Gesellschaft, sondern auch die Anteile an ihr (auf die Gläubiger) werden bisweilen als Debt to Asset Swap bezeichnet.

383 Siehe hierzu oben Kapitel 2 A.

Vollzugszeitpunkt überwiegend wahrscheinlich im Unternehmensinteresse liegt, zugleich miteinzubeziehen, ob auch die Gesamtumsetzung der vorab verabredeten finanziellen Restrukturierung, die gleichzeitig die Neuordnung des Aktionärskreises, mithin den Einstieg des *Distressed Investors* bedeutet, überwiegend wahrscheinlich zum Wohle der Gesellschaft erfolgen wird. Tut sie dies nicht, hat der Vorstand für diejenigen Nachteile einzustehen, die der Gesellschaft durch den Einstieg des *Distressed Investors* entstehen. Bei der (Vor-)Festlegung des Aktionärskreises hat der Vorstand folglich stets zu berücksichtigen bzw. zu prognostizieren, ob der (künftige) Einstieg des Investors das Unternehmensinteresse fördert oder nicht. Fraglich ist insoweit also, ob der Vorstand bei der Verabredung der finanziellen Restrukturierung, d.h. bei der Verabredung des Einstiegs des *Distressed Investors* sein Auswahlermessen, d.h. sein Ermessen hinsichtlich der Auswahl bestimmter (künftiger) Aktionäre, fehlerfrei ausgeübt hat.

Bevor diese Frage beantwortet werden kann, ist zunächst zu klären, ob dem Vorstand überhaupt ein (Auswahl-)Ermessen in Bezug auf die Neuzusammensetzung des Aktionärskreises zusteht oder er vielmehr verpflichtet ist, keinerlei Einfluss auf diese Zusammensetzung zu nehmen, sich also in dieser Hinsicht eher neutral zu verhalten hat. Eine solche Neutralitätspflicht ist jedoch sowohl im Allgemeinen als auch im konkreten Fall des Einstiegs eines *Distressed Investors* abzulehnen.[384] Eine allgemeine Neutralitätspflicht mit dem Inhalt, dass der Vorstand jedwede Einflussnahme auf die Zusammensetzung des Aktionariats zu unterlassen habe, findet schon keine Stütze im Gesetz.[385] Selbst das gesetzlich geregelte übernahmerechtliche Verhinderungsverbot nach § 33 WpÜG, aus der eine Neutralitätspflicht zum Teil abgeleitet wird[386], enthält zahlreiche Ausnahmen, so dass im Ergebnis durch die Vornahme erlaubter Verhinderungsmaßnahmen trotz des Verhinderungsverbots des § 33 WpÜG auf die Zusammensetzung des Aktionariats durch den Vorstand Einfluss genommen werden kann. Ist ein *Distressed Investor* bereit, sich finanziell bei einer sanierungsbedürftigen Gesellschaft zu engagieren, würde eine (vermeintliche) Neutralitätspflicht der unstreitig bestehenden Sanierungspflicht[387]

---

384 Siehe hierzu bereits oben Kapitel 2 A. I. 5. sowie Kapitel 2 A. II. 6.

385 Eine Neutralitätspflicht ablehnend GroßkommAktG-*Kort* § 76 Rn. 100 ff.; *Hüffer* Aktiengesetz § 76 Rn. 15d; MünchKommAktG-*Schlitt* § 33 WpÜG Rn. 53; Geibel/Süßmann/*Schwennicke* § 33 WpÜG Rn. 12; *Krause* AG 2002, 133, 136; wohl auch *Kiem* AG 301, 305; *Kiefner* ZHR 178 (2014) 547, 588 m.w.N.

386 *Kiefner* ZHR 178 (2014) 547, 588 m.w.N.

387 Bereits sehr früh *K. Schmidt* ZIP 1988, 1497, 1505; ebenso *Seibt* ZIP 2013 1597, 1599; *Seibt* ZHR 171 (2007), 282, 309 f.; *Veil* ZGR 2006, 374, 376 ff.; *Bork* ZIP 2011, 101, 107; Grigoleit/*Grigoleit/Tomasic* AktG § 91 Rn. 9; Nerlich/Kreplin/*Kreplin*, Münchener Anwaltshandbuch InsO, § 9 Rn. 5; *Prütting* ZIP 2013, 203, 205; Müller/Rödder/*Schmidt-Hern*, Beck'sches Handbuch AG, § 17 Rn. 78; Theiselmann/*Redeker*, Praxishandbuch des Restrukturierungsrechts, Kapitel 13 Rn. 101; Gottwald/*Uhlenbruck/Gundlach*, Insolvenzrechts-Handbuch, § 7 Rn. 45; Römermann/*Wellensiek/Schluck-Amend*, Münchener Anwaltshandbuch InsO, § 23 Rn. 25;

des Vorstands diametral zuwiderlaufen. Bei Annahme einer Neutralitätspflicht wäre es dem Vorstand untersagt, mit dem (potentiellen) Eigenkapitalinvestor Gespräche zu führen, die Modalitäten seines Einstiegs sowie ggf. eine darüber hinausgehende Gewährung von (zusätzlichem) „frischem" Eigen- und/oder Fremdkapital, das der Investor an seinen Einstieg knüpft, festzulegen. Würde sich der Vorstand in dieser Situation auf eine (vermeintliche) Pflicht zur Neutralität berufen und die Beteiligungsabsicht sowie den Aufbau und die Übernahme der Beteiligung, das sog. *Stakebuilding*, durch den Investor nicht (aktiv) unterstützen, würde er die Existenz der Gesellschaft aufs Spiel setzen und eklatant dem Unternehmensinteresse zuwider handeln. Ein Verstoß gegen § 93 Abs. 1 AktG wäre die Folge. Es muss dem Vorstand daher insbesondere zu Sanierungszwecken nicht nur gestattet sein, mit Investoren, die aktiv auf die Gesellschaft in einer wirtschaftlichen Krisensituation zukommen, ihren Einstieg zu verhandeln und vertraglich zu fixieren, sondern auch eigeninitiativ selbst aktiv nach geeigneten Investoren Ausschau zu halten bzw. sich hierbei durch professionelle M&A-Agenturen vertreten zu lassen.

Hat der *Distressed Investor* bereits auf dem Sekundärmarkt die Schuldinstrumente der Gesellschaft (unter par) erworben, ist er also bereits Gläubiger und damit Fremdkapitalinvestor der Gesellschaft, hat sich der Vorstand erst recht nicht neutral zu verhalten, sondern aktiv den Einstieg des Investors ins Eigenkapital (gegen einen (Teil-)Verzicht seiner Fremdkapitalposition) mittels einer *Debt to Equity Conversion* zu unterstützen. Andernfalls, d.h. bei einem neutralen Verhalten des Vorstands bzw. der Gesellschaft, bestünde die Gefahr, dass von vornherein eine Sanierung der Gesellschaft scheitert. Dies vor allem deshalb, weil in aller Regel zur Umsetzung einer *Debt to Equity Conversion* die Mitwirkung der Gesellschaft vonnöten ist. Dies muss umso mehr gelten, wenn man berücksichtigt, dass sich in Krisensituationen das Unternehmensinteresse im Gläubigerinteresse verdichtet[388], der Vorstand also vorrangig die Interessen eines *Distressed Investors* zu berücksichtigen hat, der bereits Fremdkapitalinvestor der Gesellschaft ist. Der Vorstand hat folglich in einer Krise der Gesellschaft, d.h. bei einer sanierungsbedürftigen Kapitalstruktur[389], nicht die Pflicht zur Neutralität gegenüber Fremdkapitalinvestoren, die beabsichtigen, Eigenkapitalinvestoren zu werden, sondern die Pflicht,

---

Winnefeld, Bilanz-Handbuch, Kapitel M Rn. 2; Nirk/Ziemons/Binnewies/*Ziemons*, Handbuch AG, Rn. 8.763; *Lutter/Hommelhoff/Timm* BB 1980, 737, 739; zum Vereinsvorstand: Schauhoff/*Gotthard*, Handbuch der Gemeinnützigkeit, § 20 Rn. 4; LG München NZI 2007, 609, 611 (zur unterlassenen Mitwirkung einer die Insolvenz abwendenden Kapitalerhöhung), dazu EWiR 2008, 3 (*von der Linden/Ogorek*); LG Düsseldorf AG 1991, 70, 71 (zur Erstellung von Sanierungsvorschlägen), dazu EWiR 1990, 119 (*Timm*).

388 Siehe hierzu eingehend unten Kapitel 3.

389 Eine sanierungsbedürftige Kapitalstruktur liegt dann vor, wenn die Kapitalverhältnisse nicht mehr denjenigen entsprechen, die eine Gesellschaft ausweist, die auf Grundlage eines IDW S6-Gutachtens vollständig saniert wurde. Siehe hierzu eingehend unten Kapitel 3 II. 2.

im Unternehmensinteresse, das sich im Interesse der Fremdkapitalinvestoren verdichtet, deren Einstieg ins Eigenkapital der Gesellschaft optimal zu unterstützen. Ist ein *Distressed Investor* daher bereits als Gläubiger bei der Gesellschaft finanziell engagiert, hat der Vorstand sich nicht einer Neuordnung des Aktionärskreises zu enthalten, sondern diese Neuordnung gerade aktiv im vorrangigen Interesse des Fremdkapitalgebers mitzugestalten. Er ist daher sowohl aufgrund seiner Sanierungspflicht als auch aufgrund seiner Pflicht, sein Handeln stets am Wohle der Gesellschaft zu orientieren, dazu angehalten, die Neuordnung des Aktionärskreises vorab in einer Restrukturierungsvereinbarung festzulegen. Grundsätzlich verstößt der Vorstand daher nicht dadurch gegen seine Pflicht aus § 93 Abs. 1 AktG, dass er Vorabfestlegungen vornimmt, sondern, dass er sie unterlässt.

Von diesem Grundsatz sind jedoch unter Umständen Ausnahmen zu machen. Denn der Einstieg des Eigen- bzw. Fremdkapitalinvestors (genauer: des zum Eigenkapitalinvestor werdenden Fremdkapitalinvestors) kann durch unterschiedliche Arten einer *Debt to Equity Conversion* erfolgen. Denkbar ist zum einen die klassische Variante, dass durch eine Kapitalherabsetzung mit anschließender Kapitalerhöhung unter (vollständigem) Bezugsrechtsausschluss der Altaktionäre der Investor seine Forderungen gegen die Zeichnung junger Aktien aus der Kapitalerhöhung in die Gesellschaft als Sacheinlage einbringt (*Debt to Equity Swap*). Die Altaktionäre können ihm aber auch ihre Altanteile unmittelbar gegen einen Forderungsverzicht übertragen[390]. Ferner ist möglich, dass der Investor im Gegenzug für seine Forderungen keine Anteile an der Gesellschaft, sondern deren Vermögen erhält (*Debt to Asset Swap*). Weiterhin sind auch ein *Debt to Mezzanine Swap*, ein *Debt Hive-up* sowie Mischformen aus den vorgenannten Varianten denkbar. Abhängig von den einzelnen Varianten ist demnach die Rolle der Gesellschaft (bzw. des Vorstands), die dieser bei der Mitwirkung der Umsetzung der jeweiligen Variante zukommt. So ist zur Lieferung junger Aktien an den *Distressed Investor* eine Kapitalerhöhung erforderlich, zu deren Umsetzung regelmäßig die Durchführung einer Hauptversammlung unter Mitwirkung der Gesellschaft notwendig ist. Werden dem Investor junge Aktien aus einer Kapitalerhöhung, die durch ein genehmigtes Kapital implementiert wird, geliefert, dann ist die Umsetzung allein in die Hände der Gesellschaft bzw. des Vorstands gelegt. Werden hingegen Alt- bzw. Bestandsaktien an den Investor übertragen, nimmt die durch den Vorstand vertretene Gesellschaft eher eine Mittlerrolle ein, indem sie etwa die Altaktionäre zur Übertragung ihrer (Alt-)Aktien bewegt, eine erforderliche Zustimmung bei vinkulierten Aktien erteilt, vgl. § 68 AktG, oder allgemein eine Mittlerrolle einnimmt, etwa in Form einer zentralen Ansprechpartnerin sowohl für die Alt- als auch die Neuaktionäre.

Entsprechend sind auch in der Restrukturierungsvereinbarung verschiedene Vorwegbindungen bzw. Verpflichtungen der Gesellschaft zu verankern. Diese

---

390 Bei dieser Variante bestehen jedoch Haftungsrisiken, die insbesondere den Bestand der Altaktien betreffen.

Verankerung wird grundsätzlich stets im Unternehmensinteresse liegen, wenn ein *Distressed Investor* vorhanden ist und dieser seine Mitwirkung von seinem eigenen Restrukturierungskonzept abhängig macht, d.h. von derjenigen Einstiegsvariante, die für ihn am günstigsten ist. Bei einem Nichteinstieg, d.h. bei Ablehnung dieses Konzeptes durch den Vorstand, würde eine außergerichtliche Restrukturierung aller Voraussicht nach scheitern, so dass das Konzept und dessen Verankerung durch den Vorstand in der Restrukturierungsvereinbarung im Unternehmensinteresse sein werden. Anders kann es sich jedoch dann darstellen, wenn sich mehrere *Distressed Investoren* in die Schuldinstrumente der Gesellschaft eingekauft haben und diese unterschiedliche Restrukturierungskonzepte, d.h. unterschiedliche Varianten was die Neuordnung der Finanz- und Kapitalstruktur, mithin die Neuordnung des Aktionärskreises anbetrifft, favorisieren. So werden beispielsweise nachrangige, unbesicherte Anleihegläubiger andere Vorstellungen hinsichtlich einer Neuordnung der Finanz- und Kapitalstruktur haben als vorrangig besicherte Konsortialkreditgeber. Kommt hinzu, dass die Schuldinstrumente sowohl von *Par Lendern* als auch von *Non-Par Lendern* gehalten werden, wird sich dies in zusätzlichen Vorschlägen für ein Restrukturierungskonzept widerspiegeln.[391] In einer solchen Situation muss der Vorstand sehr wohl im Zeitpunkt der Festlegung entscheiden bzw. prognostizieren, welches dieser Konzepte im Zeitpunkt seiner Implementierung das Unternehmensinteresse am besten reflektiert. Aufgrund dieser relativ hohen Prognoseunsicherheit empfiehlt sich zur Abmilderung der Haftungsgefahr in jedem Fall die gleichzeitige Festlegung von *Fiduciary out*-Klauseln in der Restrukturierungsvereinbarung.

391 Ist die Gläubigerschaft sehr heterogen ausgeprägt (so wie z.B. bei der IVG-Restrukturierung), ist regelmäßig mit einer Vielzahl von verschiedenen Vorschlägen für ein Restrukturierungskonzept zu rechnen. Bei der Auswahl und Unterstützung eines bestimmten Konzepts darf der Vorstand dennoch eine gewisse aktienrechtliche Neutralität nicht völlig ausblenden. Je weniger er im Rahmen eines bestimmten Konzeptes die Aktionärsstruktur festlegt, d.h. je weniger er darauf Einfluss nimmt, desto eher wird er einer etwaigen „Neutralitätspflicht" bzw. Pflicht zur Zurückhaltung im Hinblick auf eine Vorfestlegung des Aktionariats genügen. Durch die Festlegung einer Zielkapitalstruktur, die mithilfe eines Debt to Equity Swap umgesetzt wird, ist seine aktienrechtliche Neutralität weniger gewahrt als wenn er lediglich bei der Übertragung von Aktienpaketen bestimmter Altaktionäre an die Gläubiger vermittelt bzw. im Falle der Vinkulierung (vgl. § 68 Abs. 2 AktG) seine Zustimmung zur Übertragung erteilt. Ein von ihm unterstütztes Konzept, das ihm lediglich eine Mittlerrolle in Bezug auf die Zusammensetzung des Aktionärskreises zuschreibt, muss allerdings die gleiche Effektivität aufweisen wie eines, das ihm mehr Einfluss gewährt.

II. Keine Bindung zu Lasten eines Organs (ohne dessen Willen)

1. Kompetenzübergriff

Die Verabredungen in einer Restrukturierungsvereinbarung können jedoch nicht nur in die Kompetenz des Vorstands eingreifen. Ebenso besteht die Gefahr, dass es durch den Abschluss einer Restrukturierungsvereinbarung zu einer unerlaubten (faktischen) Bindung der Hauptversammlung oder des Aufsichtsrats, mithin zu einem unzulässigen Kompetenzübergriff durch den Vorstand kommt. Ein solcher Kompetenzübergriff könnte etwa dann zu besorgen sein, wenn der Vorstand die Gesellschaft in der Restrukturierungsvereinbarung pauschal zur Umsetzung eines *Debt to Equity Swap* verpflichtet, dem *Distressed Investor* Sitze im Aufsichtsrat und/oder im Vorstand nach bzw. auch schon vor *Closing* der finanziellen Restrukturierung zusichert oder ihm garantiert, bestimmte Satzungsänderungen und sonstige, die grundlegende Struktur der Gesellschaft verändernde Maßnahmen vorzunehmen. Denn die Umsetzung dieser Maßnahmen ist nicht (allein) dem Vorstand, sondern (zugleich) der Hauptversammlung oder dem Aufsichtsrat zur Entscheidung zugewiesen. Daher ist insoweit fraglich, ob nicht diese Organe bereits einer Restrukturierungsvereinbarung zustimmen müssen, in der sich der Vorstand namens der Gesellschaft zur Implementierung bestimmter (Restrukturierungs-)Maßnahmen verpflichtet, deren Umsetzung nicht allein in seine Kompetenz, sondern zugleich in diejenige der Hauptversammlung oder des Aufsichtsrats fällt.

a) Kompetenzübergriff auch unterhalb der Schwelle der Holzmüller/ Gelatine-Doktrin

Der Abschluss einer Restrukturierungsvereinbarung unterliegt zwar grundsätzlich der Entscheidungszuständigkeit des Vorstands, vgl. § 76 AktG. Nur in Ausnahmefällen, insbesondere dann, wenn bereits in der Restrukturierungsvereinbarung die Transaktionsdetails eines *Debt to Equity Swap* festgelegt werden, bedarf es daher eines zustimmenden Beschlusses der Hauptversammlung oder des Aufsichtsrats.[392] Verpflichtet jedoch der Vorstand aufgrund seiner Abschlusszuständigkeit die Gesellschaft zu einem bestimmten künftigen Verhalten, das aufgrund fehlender interner Kompetenzzuweisung nicht er, sondern ein anderes Organ ausfüllen muss, dann ist die Frage nach der Zustimmung dieses anderen Organs nicht eine im Sinne der oben erörterten (internen) Abschlusszuständigkeit etwa aufgrund der Holzmüller/Gelatine-Grundsätze, sondern vielmehr eine, die sich aus dem Inhalt der einzelnen Verpflichtung selbst ergibt. Es geht daher an dieser Stelle weniger um die originäre Abschlusszuständigkeit der Hauptversammlung als vielmehr um ihre Zustimmung aufgrund eines Kompetenzübergriffes durch den Vorstand, der ihm nur möglich ist, weil er gerade selbst abschlusszuständig ist. Für die oben

392 Siehe hierzu ausführlich oben Kapitel 2B.

untersuchte Abschlusszuständigkeit der Hauptversammlung ist ein tiefergehender Eingriff in die Rechte der Aktionäre notwendig. Eine faktische Bindung der Hauptversammlung ist nicht ohne weiteres ausreichend. Die in der Restrukturierungsvereinbarung festgelegte Bindung muss vielmehr „so tief in die Mitgliedsrechte der Aktionäre und deren im Anteilseigentum verkörpertes Vermögensinteresse eingreifen, dass der Vorstand vernünftigerweise nicht annehmen kann, er dürfe sie in ausschließlich eigener Verantwortung treffen, ohne die Hauptversammlung zu beteiligen."[393] Wird diese Schwelle nicht erreicht, ist die Hauptversammlung nicht abschlusszuständig. Es kann jedoch auch unterhalb dieser Schwelle zu einem Eingriff in die Kompetenz der Hauptversammlung (oder des Aufsichtsrats), mithin zu einem Kompetenzübergriff durch den Vorstand kommen. Es ist also eine differenzierte Betrachtungsweise geboten. Mit anderen Worten: Verpflichtet der Vorstand die Gesellschaft im Rahmen seiner Abschlusszuständigkeit zu Maßnahmen, deren Umsetzung nicht in seine Kompetenz, sondern in diejenige eines anderen Organs fällt, dann ist zu prüfen, ob nicht die Verpflichtung zu ihrer Wirksamkeit der Zustimmung dieses anderen Organs bedarf, auch wenn die Anforderungen der Holzmüller/Gelatine-Doktrin in Bezug auf die Verpflichtung nicht erfüllt sind (bzw. § 179a AktG nicht analog auf die Verpflichtung anzuwenden ist[394]).

Dies wird man im Ergebnis zu bejahen haben. Andernfalls würde es zum befürchteten unzulässigen Kompetenzübergriff kommen. Dies aus folgenden Gründen: Durch die Restrukturierungsvereinbarung wird aufgrund fehlender Rechtssubjektsfähigkeit nicht das jeweilige Organ, sondern stets die Gesellschaft berechtigt und verpflichtet.[395] Der Vorstand kann daher die Gesellschaft zum einen aufgrund seiner im Außenverhältnis grundsätzlich unbeschränkbaren Vertretungsmacht nach § 78 AktG, zum anderen deshalb, weil der Abschluss auch intern grundsätzlich ihm zur Entscheidung zugewiesen ist, vgl. § 76 AktG, weitgehend zur Umsetzung bestimmter (künftiger) Maßnahmen verpflichten. Im Umsetzungszeitpunkt wäre dann das jeweilige Organ, dem intern die Entscheidungsfindung zugewiesen ist, faktisch gezwungen, die Maßnahmen, zu der der Vorstand die Gesellschaft verpflichtet hat, zu beschließen. Denn andernfalls, d.h. bei Nichtzustimmung zur jeweiligen Maßnahme, würde sich die Gesellschaft Schadensersatzansprüchen insbesondere gegenüber dem *Distressed Investor* wegen Nichterfüllung ihrer Pflichten aus der Restrukturierungsvereinbarung aussetzen. Darüber hinaus würde durch die Nichterfüllung regelmäßig ein Recht zur außerordentlichen Kündigung der Restrukturierungsvereinbarung auf Seiten des *Distressed Investors* entstehen. Würde er hiervon Gebrauch machen, wäre in aller Regel eine außergerichtliche Restrukturierung gescheitert. Eine Insolvenzantragsstellung und eine dadurch ausgelöste Minderung des Unternehmenswertes wären die Folge. Diesen

---

393 BGH, Urteil v. 25.02.1982 – II ZR 174/80, NJW 1982, 1703, 1705.

394 Zur analogen Anwendung des § 179a AktG siehe ausführlich oben Kapitel 2 B. I. 2. b) aa).

395 Hierzu siehe bereits oben Kapitel 2 A. I. 2. und II.

Verlust wirtschaftlicher Werte hätten am Ende die Aktionäre zu tragen, so dass sie in aller Regel der jeweiligen Maßnahme, zu deren Umsetzung der Vorstand die Gesellschaft (kompetenzwidrig) durch die Restrukturierungsvereinbarung verpflichtet hat, zustimmen werden. Sie sind daher insbesondere in Krisen- und Sanierungssituationen faktisch gezwungen, die Verpflichtungen, die der Vorstand namens der Gesellschaft festlegt, zu beschließen. Der Vorstand hätte es damit in der Hand, die Entscheidungsfreiheit anderer Organe einzuschränken, mithin deren Willensbildung zu beeinflussen. Im Ergebnis stellt daher die faktische Bindung eines anderen Organs durch die Restrukturierungsvereinbarung ohne dessen Zustimmung einen unzulässigen Kompetenzübergriff seitens des Vorstands dar. Ob das jeweilige Organ aufgrund seiner Pflicht, stets das Unternehmensinteresse zu verfolgen, die Maßnahme ohnehin umzusetzen hat und darüber hinaus verpflichtet ist, einer Restrukturierungsvereinbarung zuzustimmen, die diese Maßnahmen rechtsverbindlich festlegt, ist eine andere, nachfolgende Frage.[396]

b) *Abfederung des Kompetenzübergriffs durch Bemühensklauseln (best efforts-Klauseln)*

Daher ist es ratsam, in Restrukturierungsvereinbarungen von sog. Bemühensklauseln (*best efforts*-Klauseln) Gebrauch zu machen. Gegenstand solcher Bemühensklauseln ist in diesem Zusammenhang dann[397], dass sich der Vorstand namens der Gesellschaft verpflichtet, sich nach besten Kräften zu bemühen, die Umsetzung der in der Restrukturierungsvereinbarung festgelegten Maßnahme herbeizuführen. Ein Erfolg ist gerade nicht geschuldet. Zu berücksichtigen ist an dieser Stelle erneut, dass nicht das Vorstandsorgan (aufgrund fehlender Rechtssubjektsfähigkeit) und auch nicht das einzelne Vorstandsmitglied Passivlegitimierte der Bemühensverpflichtung sind, sondern die Gesellschaft selbst. Da jedoch der Vorstand die Pflichten der Gesellschaft zu erfüllen hat (Pflichtrecht des § 76 AktG), sofern sie ihm intern nach § 76 AktG zur Entscheidung zugewiesen sind, hat sich mit telbar dieser selbst zu bemühen. Sollte daher in einer Restrukturierungsvereinbarung ausdrücklich festgelegt sein, dass der Vorstand und nicht die Gesellschaft die Bemühensleistung schuldet, dann kommt man im Wege der Auslegung nach den §§ 133, 157 BGB zu einer Passivlegitimation der Gesellschaft. Eine Verpflichtung des Vorstandsorgans selbst würde aufgrund mangelnder Rechtssubjektsqualität und damit fehlender Rechtsfähigkeit ins Leere gehen. Dies ist in aller Regel erkennbar nicht im Interesse der Parteien und entspricht auch nicht ihrem Willen.

Ist die Gesellschaft lediglich verpflichtet, sich nach besten Kräften zu bemühen, eine Restrukturierungsmaßnahme herbeizuführen, wie etwa die für einen *Debt to Equity Swap* erforderliche Kapitalherabsetzung und Kapitalerhöhung, dann kommt

---

396 Siehe hierzu ausführlich unten Kapitel 3.

397 Zu Bemühensklauseln im Zusammenhang mit M&A-Transaktionen siehe *Hoenig/ Sprado* NZG 2014, 688.

es grundsätzlich auch dann nicht zu einem Kompetenzübergriff im obigen Sinne, wenn zur Umsetzung der Maßnahme ausschließlich ein anderes Organ als der Vorstand, etwa die Hauptversammlung, zuständig ist. Dies ganz einfach deshalb nicht, weil die Gesellschaft lediglich ein Bemühen schuldet und keinen rechtlichen oder tatsächlichen Erfolg, so dass es von vornherein zu keiner faktischen Bindung des (intern) für die Umsetzung zuständigen Organs und folglich auch nicht zu einer Einschränkung seiner Entscheidungsfreiheit kommt. Ist die Gesellschaft beispielsweise verpflichtet, sich lediglich nach besten Kräften zu bemühen, dass die Altaktionäre mehrheitlich den für einen *Debt to Equity Swap* erforderlichen Kapitalmaßnahmen zustimmen, dann verletzt sie ihre Erfüllungspflichten aus der Restrukturierungsvereinbarung nicht, sollten die Beschlüsse nicht mit den notwendigen Mehrheiten gefasst werden können und die Kapitalmaßnahmen ausbleiben. Die Gesellschaft hat sich nämlich gerade nicht zu einem erfolgreichen Zustandekommen der Beschlüsse, mithin zu einem (rechtlichen) Erfolg verpflichtet. Schadensersatzansprüche zugunsten des *Distressed Investors* gelangen folglich ebenso wenig zur Entstehung wie außerordentliche Kündigungsrechte. In der Konsequenz kommt es auch nicht zu dem oben dargestellten wirtschaftlichen Druck auf das Hauptversammlungsorgan.

Im Rahmen der Bemühensverpflichtung schuldet die Gesellschaft jedoch im Außenverhältnis gegenüber dem *Distressed Investor*, dass sie sich (in Vertretung des Vorstands) im Innenverhältnis zum für die Umsetzung zuständigen Organ darum bemühen wird, dass das Organ die jeweilige Maßnahme umsetzt. Dies kann etwa dadurch geschehen, dass der Vorstand auf Kernaktionäre zugeht, das Gespräch mit ihnen sucht und sie von der dringenden Notwendigkeit der Umsetzung der Maßnahme, sprich des *Debt to Equity Swap*, versucht zu überzeugen. Befinden sich die Aktien weniger in Händen bestimmter Großaktionäre als vielmehr in Streubesitz, dann kann ein Bemühen etwa dadurch erfolgen, dass der Vorstand (namens der Gesellschaft) öffentlich (durch Printanzeigen, Internet- oder TV-Kampagnen etc.) für die einzelnen zu beschließenden Restrukturierungsmaßnahmen und auch für das gesamte Restrukturierungskonzept wirbt.

c) Verknüpfung der Bemühensklauseln mit Vertragsstrafen

Die Rechtslage kann sich jedoch dann anders darstellen, wenn die Bemühensverpflichtungen der Gesellschaft an Vertragsstrafen, die ein empfindliches Ausmaß für die Gesellschaft annehmen können, geknüpft werden. Das kann etwa dadurch geschehen, dass Vertragsstrafen fällig werden, sobald die Gesellschaft nachweisbar die im Voraus in der Restrukturierungsvereinbarung definierten Bemühens- und Einwirkungsleistungen nicht bzw. mangelhaft erbringt. Dadurch kann es nämlich abermals zur Entstehung eines unzulässigen Entscheidungsdrucks auf das jeweils zuständige Organ kommen. Denn die Mitglieder dieses Organs müssten stets befürchten, dass durch ihre Nichtzustimmung die vertraglich festgelegten Vertragsstrafen zum Nachteil der Gesellschaft und letzten Endes – insbesondere in Restrukturierungssituationen – auch zu ihrem eigenen Nachteil ausgelöst werden.

Es entstünde derselbe wirtschaftliche Druck wie bei Verpflichtungen der Gesellschaft zu einem rechtlichen oder tatsächlichen Erfolg. Aufgrund der (faktischen) Einflussnahme auf die Willensbildung des jeweiligen Organs durch den Vorstand käme es auch in dieser Konstellation zu einem unzulässigen Kompetenzübergriff.

d) Versprechen des Nichtausbleibens eines bestimmten Organverhaltens als Kompetenzübergriff?

Wird die Gesellschaft in der Restrukturierungsvereinbarung allerdings nicht zur Umsetzung bestimmter Maßnahmen verpflichtet und auch nicht dazu, sich nach besten Kräften zu bemühen, auf die anderen Organe in dieser Hinsicht einzuwirken, sondern dort lediglich festgelegt, dass das Ausbleiben eines bestimmten Organverhaltens an einen rechtlichen Erfolg geknüpft wird, dann liegt grundsätzlich kein Kompetenzübergriff durch den Vorstand vor, da dieser sich (bzw. die Gesellschaft) gerade nicht zur Umsetzung bestimmter (Restrukturierungs-)Maßnahmen verpflichtet hat, die nicht in seinen Kompetenzbereich fallen. Dennoch wird die Festlegung einer Rechtsfolge in der Restrukturierungsvereinbarung für das Ausbleiben eines bestimmten Organverhaltens dann einem unerlaubten Kompetenzübergriff gleichzusetzen sein, wenn mit der Festlegung der gleiche wirtschaftliche Druck auf das zur Umsetzung zuständige Organ ausgeübt wird wie bei Festlegung einer positiven Umsetzungsverpflichtung durch den Vorstand. Eine derartige mit einem Kompetenzübergriff gleichgesetzte Handlung ist insbesondere dann anzunehmen, wenn auch das schlichte Ausbleiben eines bestimmten Organverhaltens an (empfindliche) Vertragsstrafen oder andere Rechtsfolgen, wie etwa die Einräumung eines außerordentlichen Kündigungsrechtes, geknüpft wird. Dann nämlich wird das Organ, von dessen (Abstimmungs-)Verhalten die Rechtsfolge abhängig gemacht wird, dem gleichen Entscheidungsdruck ausgesetzt wie bei Festlegung einer positiven Umsetzungspflicht.[398]

e) Kompetenzübergriffe bei der Vereinbarung finanzieller, operativer und strategischer Restrukturierungsmaßnahmen

Kompetenzübergriffe durch den Vorstand sowie diesen Kompetenzübergriffen gleichgesetzte Handlungen des Vorstands, die die Entscheidungsfreiheit eines anderen Organs beschränken, sind – wie gesehen – insbesondere dann zu besorgen, wenn die Umsetzung der jeweiligen Maßnahme, die der Vorstand namens der Gesellschaft dem *Distressed Investor* versprochen hat, intern nicht (allein) ihm, sondern (zugleich) der Hauptversammlung oder dem Aufsichtsrat zugewiesen ist. Unerlaubte Kompetenzübergriffe kommen daher sowohl bei der Festlegung finanzieller und operativer als auch bei der Festlegung strategischer Restrukturierungsmaßnahmen in Betracht. Im Rahmen der Festlegung finanzieller Restrukturierungsmaßnahmen ist

---

398 Vgl. *Kiefner* ZHR 178 (2014) 547, 575 f.

insbesondere an die klassische Variante einer *Debt to Equity Conversion* zu denken, namentlich einen *Debt to Equity Swap*. Zu dessen Implementierung sind bekanntlich sowohl eine Kapitalherabsetzung als auch eine sich daran anschließende Kapitalerhöhung erforderlich, ggf. auch ein Bezugsrechtsausschluss. Hierzu ist wiederum jeweils ein Beschluss der Hauptversammlung mit einer Mehrheit von Dreivierteln des bei der Beschlussfassung vertretenen Grundkapitals notwendig. Die Umsetzung eines klassischen *Debt to Equity Swap*, bei dem den Gläubigern im Gegenzug für die Einbringung ihrer Forderungen junge Aktien aus der Kapitalerhöhung geliefert werden, ist daher regelmäßig ohne die Mitwirkung der Altaktionäre nicht möglich. Soweit diese allerdings *out of the money* sind – dies ist dann der Fall, wenn der Unternehmenswert (*Enterprise Value*) die ausstehenden, verzinslichen Verbindlichkeiten nicht (mehr) abdeckt –, haben sie in aller Regel nur einen geringen (wirtschaftlichen) Anreiz, eine (außergerichtliche) Restrukturierung zu begleiten. Es wäre daher für das Gelingen außergerichtlicher Restrukturierungen, die einen *Debt to Equity Swap* vorsehen, von großem Vorteil, wenn die Gesellschaft sich in der Restrukturierungsvereinbarung zu dessen Umsetzung verpflichten könnte, ohne die Zustimmung der Altaktionäre einzuholen. Ihre Einbindung bereits in die Restrukturierungsvereinbarung ist gleichwohl notwendig, da der Vorstand unerlaubt in deren Kompetenz übergreifen würde, würde er die Gesellschaft zur Umsetzung des *Debt to Equity Swap*, mithin zu einer in die Kompetenz der Altaktionäre fallenden Kapitalherabsetzung sowie Kapitalerhöhung verpflichten, ohne zuvor einen zustimmenden Beschluss der Hauptversammlung zur Restrukturierungsvereinbarung eingeholt zu haben.

Bei der Einbindung der Altaktionäre geht es an dieser Stelle jedoch nur um eine wirksame Bindung der Gesellschaft durch die Restrukturierungsvereinbarung und nicht darum, ob sich die Aktionäre persönlich als Gesellschafter in der Restrukturierungsvereinbarung zu Sanierungsbeiträgen verpflichten, etwa zur Gewährung frischen Kapitals in Form neuer Kredite oder etwa zu einem positiven Stimmverhalten in Bezug auf die für einen *Debt to Equity Swap* erforderlichen Kapitalmaßnahmen.[399] Es ist zur Bindung der Gesellschaft daher nicht ausreichend, wenn die Aktionäre selbst Partei der Restrukturierungsvereinbarung werden. Für eine wirksame Bindung der Gesellschaft ist vielmehr eine (ggf. außerordentliche) Hauptversammlung einzuberufen, auf der die Aktionäre mit einer Dreiviertelmehrheit zumindest denjenigen Verpflichtungen der Gesellschaft in der Restrukturierungsvereinbarung zustimmen müssen, deren Umsetzung in ihre Kompetenz fällt. Sinnvollerweise sollte die Hauptversammlung nicht nur die Verpflichtungen der Gesellschaft legitimieren, sondern gleichzeitig auch die eigentlichen Umsetzungsmaßnahmen beschließen. Hinsichtlich der Zusicherung bestimmter Aufsichtsratssitze in der Restrukturierungsvereinbarung ergibt sich im Übrigen die Besonderheit, dass zwar die Hauptversammlung hier ebenso zustimmen muss, da

---

399 Tun sie dies gegenüber der Gesellschaft, wird die Frage gebundener Aktien i.S.d. §136 Abs. 2 AktG aufgeworfen. Siehe hierzu unten Kapitel 2 C. IV. 3.

die Bestellung der Aufsichtsratsmitglieder ihre ureigenste Kompetenz darstellt, nach erfolgreich umgesetzter finanzieller Restrukturierung – sofern diese einen *Debt to Equity Swap* beinhaltet – nicht mehr die für die Gremienbesetzung verantwortlichen Altaktionäre, sondern der *Distressed Investor* sowie sonstige Gläubiger in aller Regel die Gesellschaft beherrschen. Die (künftigen) Aktionäre haben der Restrukturierungsvereinbarung jedoch schon durch ihren Abschluss zugestimmt und damit eigentlich auch die darin festgelegten (neuen) Mitglieder des Aufsichtsrats legitimiert. Es ist daher fraglich, ob die Altaktionäre überhaupt einer Verpflichtung der Gesellschaft, die dem künftigen Aktionär bestimmte Sitze im Aufsichtsrat zusichert, zustimmen müssen.[400]

2. *Rechtsfolge*

Fraglich ist ferner, welche Rechtsfolge an einen unzulässigen Kompetenzübergriff zu knüpfen ist.

a) Anfängliche Unmöglichkeit nach den §§ 311a Abs. 1, 275 BGB?

Eine durch den Vorstand namens der Gesellschaft verabredete Pflicht, deren Umsetzung nicht ihm, sondern der Hauptversammlung und/oder dem Aufsichtsrat zur Entscheidung zugewiesen ist, mithin kompetenzwidrig vereinbart wurde, könnte von vornherein wegen anfänglicher Unmöglichkeit nach den §§ 311a Abs. 1, 275 BGB schon gar nicht erst zur Entstehung gelangen.[401] Die Annahme einer anfänglichen Unmöglichkeit würde zwar die interessante Frage aufwerfen, welche der Gegenleistungspflichten des *Distressed Investors* mit der betreffenden Umsetzungspflicht in einem Synallagma steht und daher aufgrund der rechtshindernden Einwendung der §§ 326 Abs. 1, 311a Abs. 1, 275 BGB (grundsätzlich) ebenso wenig zur Entstehung gelangt wie diese, ist jedoch nach hier vertretener Auffassung abzulehnen. Dies insbesondere deshalb, weil der Gesellschaft die Erfüllung der Pflicht, die versprochene Maßnahme umzusetzen, gerade nicht (anfänglich) unmöglich ist. Unmöglichkeit ist die Nichterbringbarkeit der geschuldeten Leistung durch eine (Leistungs-)Handlung des Schuldners. Schuldnerin einer in der Restrukturierungsvereinbarung festgelegten Pflicht zur Umsetzung einer bestimmten Maßnahme ist aufgrund fehlender Rechtssubjektsqualität der einzelnen Organe stets die Gesellschaft selbst. Allein sie – und gerade nicht der Vorstand – ist im Außenverhältnis gegenüber dem *Distressed Investor* und (künftigen) Aktionär zur Leistungserbringung verpflichtet. Welchem Organ dabei intern die Kompetenz zur Entscheidung über die Maßnahme zugewiesen ist, ist für das Außenverhältnis ohne Belang. Die Gesellschaft hat die Leistung zu erbringen, gleichgültig durch welches Organ.[402]

400 Siehe hierzu unten Kapitel 2 C. VI.
401 So *Diem* Akquisitionsfinanzierungen § 22 Rn. 73.
402 Ebenso *Kiefner* ZHR 178 (2014) 547, 574 im Zusammenhang mit Investorenvereinbarungen.

Wird die Gesellschaft etwa durch den Vorstand zur Vornahme einer Kapitalerhöhung verpflichtet, dann ist sie zur Leistungserbringung sowohl vor als auch nach Abschluss der Restrukturierungsvereinbarung durchaus in der Lage, da ja die Hauptversammlung stets die Möglichkeit hat, durch einen zustimmenden (Mehrheits-)Beschluss die Pflicht der Gesellschaft aus der Restrukturierungsvereinbarung zu erfüllen. Es liegt daher weder eine anfängliche Unmöglichkeit nach den §§ 311a Abs. 1, 275 BGB noch eine nachträgliche nach § 275 BGB vor.

b) Überschreiten der (organschaftlichen) Geschäftsführungsbefugnisse im Innenverhältnis und Missbrauch der Vertretungsmacht?

Ebenso wenig überschreitet der Vorstand bei einem Kompetenzübergriff im hier erörterten Sinne seine (organschaftlichen) Geschäftsführungsbefugnisse im Innenverhältnis zur Gesellschaft. Er missbraucht nicht sein rechtliches Dürfen; es liegt daher kein Missbrauch der Vertretungsmacht vor.[403] Die Grundsätze eines kollusiven Zusammenwirkens (Kollusion) sowie einer objektiven Evidenz des Missbrauchs (Evidenz), die – so ihre Voraussetzungen vorliegen – ein Durchschlagen auf das Außenverhältnis bewirken mit der Folge, dass der Vertretene (hier: die Gesellschaft) dem Geschäftsgegner (hier: der *Distressed Investor*) bei Inanspruchnahme den Einwand der unzulässigen Rechtsausübung nach § 242 BGB entgegenhalten kann bzw. dass das Rechtsgeschäft (hier: die entsprechende Klausel in der Restrukturierungsvereinbarung) nach § 138 BGB nichtig ist, finden demnach ebenfalls keine Anwendung.[404]

Nach § 78 AktG ist zwar die Vertretungsmacht des Vorstands im Außenverhältnis unbeschränkbar, so dass er bei einem Kompetenzübergriff, der ja – wie oben erörtert – stets das interne Kompetenzzuweisungssystem verletzt, auf den ersten Blick auch seine Vertretungsmacht zu missbrauchen scheint. Dies ist jedoch nicht der Fall. Ein Überschreiten im Innenverhältnis könnte zwar darin zu erblicken sein, dass er die Gesellschaft nach außen wirksam zu einer Maßnahme verpflichtet, vgl. § 78 AktG, deren Umsetzung jedoch nicht ihm, sondern einem anderen Organ zur Entscheidung zugewiesen ist. Dies ist jedoch zu kurzsichtig. Eine solche Sichtweise verkennt, dass Ansatz für einen Missbrauch im Innenverhältnis, d.h. für ein Überschreiten des rechtlichen Dürfens, nicht die Erfüllungs- bzw. Umsetzungshandlung, sondern der Vertragsabschluss selbst ist, d.h. der Abschluss der

403 So aber im Zusammenhang mit Investorenvereinbarungen *Bungert/Wansleben* ZIP 2013, 1841, 1845; *Wansleben* Der Konzern 2014, 29 ff.; *Kiefner* ZHR (2014) 547, 574; ähnlich *Herwig*, Leitungsautonomie und Fremdeinfluss, 2014, S. 158; im Zusammenhang mit Business Combination Agreements vgl. ferner *Arens*, Vertragliche Einflussrechte auf die Geschäftsführung des Vorstands durch ein Business Combination Agreement, 2014, S. 155. Im Zusammenhang mit Break-up Fee-Klauseln vgl. auch *Fleischer* AG 2009, 345, 351; *Fleischer* NZG 2005, 529.

404 Den Grundsatz der Evidenz möchte *Kiefner* ZHR (2014) 547, 574 f. im Zusammenhang mit Investorenvereinbarungen allerdings anwenden.

Restrukturierungsvereinbarung. Die Abschlusszuständigkeit liegt jedoch grundsätzlich beim Vorstand. Nach der internen Kompetenzzuweisungsnorm des § 76 AktG ist die Entscheidung über den Abschluss einer Restrukturierungsvereinbarung – vorbehaltlich einer ausnahmsweisen Zuständigkeit der Hauptversammlung aufgrund der Holzmüller/Gelatine-Grundsätze[405] – ebenso in die Hände des Vorstands gelegt wie das rechtliche Können, diese gemäß § 78 AktG nach außen wirksam abzuschließen.

Dem Vorstand kommt also im Außenverhältnis die Rechtsmacht (d.h. das rechtliche Können) zu, nach § 78 AktG die Gesellschaft weitgehend zu Umsetzungsmaßnahmen zu verpflichten. Dieses weitreichende Können des Vorstands im Außenverhältnis korrespondiert jedoch mit einem ebenso weitreichenden rechtlichen Dürfen im Innenverhältnis, d.h. mit seiner internen Abschlusszuständigkeit aufgrund § 76 AktG. Mit anderen Worten: Der Vorstand kann und darf die Gesellschaft zu Umsetzungsmaßnahmen verpflichten. Ob er die Umsetzungsmaßnahmen, zu denen er die Gesellschaft verpflichtet hat, auch selbst vornehmen bzw. erfüllen darf und vor allem auch kann (!), steht auf einem vollkommen anderen Blatt. Verpflichtet der Vorstand die Gesellschaft in der Restrukturierungsvereinbarung beispielsweise zur Umsetzung einer Kapitalerhöhung oder sonstigen Satzungsänderung ist er durchaus auch im Innenverhältnis befugt, eine solche Verpflichtung vorzunehmen. Zur Erfüllung (!) dieser Pflicht hat er hingegen weder die Rechtsmacht noch die rechtliche Befugnis. Nach den §§ 119 Abs. 1 Nr. 6, 182 AktG ist eine Kapitalerhöhung der Hauptversammlung zur Entscheidung zugewiesen. Vorbehaltlich eines genehmigten Kapitals kann der Vorstand Kapitalerhöhungen daher nicht selbst durchführen. Ein rechtliches Dürfen im Innenverhältnis kann jedoch von vornherein nicht überschritten werden, wenn im Außenverhältnis das rechtliche Können zu einer Überschreitung schon nicht vorliegt.

Hinsichtlich der einen Kompetenzübergriff begründenden Verpflichtung in der Restrukturierungsvereinbarung kommt es folglich nicht zu einem Überschreiten des rechtlichen Dürfens im Innenverhältnis, weil der Vorstand zu Verpflichtungen aufgrund seiner Abschlusszuständigkeit auch rechtlich befugt ist. Hinsichtlich der entsprechenden Erfüllung der Verpflichtung kommt es nicht zu einem Überschreiten im Innenverhältnis, weil das rechtliche Können zu einem solchen Überschreiten schon nicht gegeben ist. Obwohl sich mit dem Institut des Missbrauchs der Vertretungsmacht im Einzelfall interessensgerechte Ergebnisse erzielen lassen, insbesondere durch gleichzeitiges Abstellen auf die Interessen des Vertretenen sowie diejenigen des Vertragspartners – zu denken ist hierbei etwa an die oben bereits erwähnten Rechtsinstitute der Kollusion und Evidenz – und die Suche nach einer Lösung der vorliegenden Problematik, dass der Vorstand ein anderes Organ in unzulässiger Weise faktisch (!) bindet, im Recht der Stellvertretung durchaus ihren Charme hat, ist die Anwendung der §§ 164 ff. BGB nach hier vertretener Auffassung abzulehnen.

---

405 Hierzu siehe ausführlich oben Kapitel 2 B. I. 2.

c) Endgültige Nichtigkeit nach § 134 BGB?

Eine Anwendung von § 134 BGB wegen einer Verletzung des zwingenden aktienrechtlichen Kompetenzgefüges ist ebenso abzulehnen. Sie führt richtigerweise[406] nicht zu interessensgerechten Ergebnissen. Eine endgültige Nichtigkeit der entsprechenden Verpflichtung nach § 134 BGB könnte nach § 139 BGB die endgültige Nichtigkeit der gesamten Restrukturierungsvereinbarung nach sich ziehen und möglicherweise auch die (faktisch nicht umsetzbare) Rückabwicklung bereits geleisteter Sanierungsbeiträge gemäß den §§ 812 ff. BGB bedeuten. Außergerichtliche Restrukturierungen würden bei einer Anwendung des § 134 BGB mit seiner „Alles-oder-Nichts"-Rechtsfolge folglich einer erheblichen Planungsunsicherheit unterliegen. Planungssicherheit und die Kontrolle über den Restrukturierungsprozess sind jedoch nicht nur für einen *Distressed Investor*, sondern auch für alle sonstigen, an einer außergerichtlichen Restrukturierung Beteiligten erfolgsentscheidend. Das Gelingen einer außergerichtlichen Restrukturierung, mithin die Erhaltung wirtschaftlicher Werte, ist regelmäßig davon abhängig. Darüber hinaus würde eine Anwendung des § 134 BGB das Verhalten und das Wissen des Vertragspartners, d.h. vorliegend insbesondere des *Distressed Investors*, nicht ausreichend berücksichtigen. Dieser hat oftmals keine Möglichkeit, interne Kompetenzzuweisungen, beispielsweise etwa durch eine Geschäftsordnung des Aufsichtsrats, zu erkennen.[407] Das Scheitern einer Restrukturierungsvereinbarung kann mithin von Umständen abhängen, die allein aus der Sphäre der Gesellschaft stammen. Eine endgültige Nichtigkeit auch zu Lasten der in dieser Hinsicht „unbescholtenen" Vertragsgegenseite wäre nicht interessengerecht und auch nicht von der *ratio* des § 134 BGB gedeckt. Durch die endgültige Nichtigkeitsfolge des § 134 BGB wäre der Weg für flexible Einzelfalllösungen, die auf beide (bzw. alle) Vertragsparteien abstellen, versperrt.

§ 134 BGB richtet sich nämlich gegen die Geltung rechtsgeschäftlicher Regelungen (hier: die Verpflichtungsklausel in der Restrukturierungsvereinbarung), deren Inhalt von einem Satz des positiven Rechts abgelehnt wird (hier: die zwingende aktienrechtliche Kompetenzordnung, §§ 23 Abs. 5, 76, 119 AktG). „Ein anderes" i.S.d. § 134 BGB ergibt sich aus dem Gesetz allerdings dann, wenn das Ausbleiben der Nichtigkeit dem Sinn und Zweck des Verbotsgesetzes besser gerecht wird.[408] Bei der in dieser Hinsicht anzustellenden Prüfung gehe es um die Frage, ob ein Verbotsgesetz, das keine eigene privatrechtliche Rechtsfolgenanordnung enthält und insoweit lex imperfecta [wie eben §§ 23 Abs. 5, 76, 119 AktG] ist, nach seinem Sinn und Zweck eine andere Sanktion als die Nichtigkeit fordert.[409] Die

406 Ebenso im Zusammenhang mit Investorenvereinbarungen § 134 BGB ablehnend *Kiefner* ZHR (2014) 547, 573 f.

407 So richtigerweise *Kiefner* ZHR (2014) 547, 574 im Zusammenhang mit Investorenvereinbarungen.

408 MünchKommBGB-*Armbrüster* § 134 Rn. 1.

409 MünchKommBGB-*Armbrüster* § 134 Rn. 103.

Sanktion im Rahmen des § 134 BGB ist also vom Verbotszweck abhängig. Neben der ex nunc-Nichtigkeit komme als abweichende Rechtsfolge auch die schwebende Unwirksamkeit des Rechtsgeschäfts in Betracht[410]. Es ist also danach zu fragen, inwieweit die schwebende Unwirksamkeit dem Zweck des Verbots, die aktienrechtliche Kompetenzordnung nicht zu verletzen, besser gerecht wird. Zweck dieses Verbots kann dabei nur das (langfristige) Unternehmensinteresse sein. Gerade in Sanierungssituationen ist dabei die Sanktion der schwebenden Unwirksamkeit mit einer nachträglichen Genehmigungsmöglichkeit die weniger eingreifende und daher zweckmäßigere.

d) Möglichkeit einer (nachträglichen) Legitimation

Ein Kompetenzübergriff durch den Vorstand oder eine mit einem Kompetenzübergriff gleichgesetzte Handlung bzw. Festlegung des Vorstands muss im Ergebnis durch die Zustimmung desjenigen Organs, in dessen Kompetenz durch den Vorstand unerlaubt ein- bzw. übergegriffen wird, (nachträglich) legitimiert werden können. Andernfalls müsste gegebenenfalls einer Restrukturierungsvereinbarung ihre Wirksamkeit versagt werden, obwohl sie vom Willen sämtlicher Organe der Gesellschaft getragen wird. Das Scheitern des außergerichtlichen Restrukturierungsprozesses sowie eine massive Wertevernichtung könnten die Folge sein. Dies entspräche weder den Interessen noch dem Willen der an einem solchen Prozess Beteiligten. Dabei ist zu berücksichtigen, dass ein außergerichtlicher Restrukturierungsprozess vor allem auch ein privatautonomer, d.h. vom Willen der Parteien getragener Prozess, ist. Eine kompetenzverletzende Restrukturierungsvereinbarung muss daher insbesondere dann „geheilt" werden können, wenn die (zunächst) eingeschränkte Entscheidungsfreiheit eines Organs nachträglich wieder auflebt oder die Restrukturierungsvereinbarung bzw. die in ihr durch den Vorstand festgelegten Umsetzungsverpflichtungen der Gesellschaft von vornherein nur unter dem Vorbehalt der Zustimmung des für die Umsetzung zuständigen Organs zustande kommen, so dass erst mit dessen Zustimmung die Klausel endgültig wirksam wird.

Damit wäre zum einen die freie Entscheidungsfindung des jeweils zuständigen Organs gewahrt, dieses mithin nicht unter wirtschaftlichen Druck gesetzt und faktisch gebunden, zum anderen jedoch auch dem Umstand Rechnung getragen, dass gerade in insolvenznahen Restrukturierungssituationen schnelle, dringliche Entscheidungen getroffen werden müssen, um eine stets latent drohende Insolvenz abwenden zu können. Das Einberufen einer Hauptversammlung kann in diesem Zusammenhang zu nicht unerheblichen Verzögerungen führen. Eine schnelle Einigung mit den wesentlichen *Stakeholdern* kann daher mitunter überlebenswichtig sein, so dass eine kompetenzübergreifende Festlegung durch den Vorstand dann hinnehmbar ist, wenn gleichzeitig die Möglichkeit einer nachträglichen Heilung dieser Kompetenzverletzung besteht. Kommt es nicht zu einer Sanktionierung

410 MünchKommBGB-*Armbrüster* § 134 Rn. 104; *Pütz* NJW 2004, 2199, 2200.

durch das zuständige Organ, dann wird man der Verpflichtung allerdings die Wirksamkeit versagen müssen. Zugleich steht eine mögliche Haftung des Vorstandes aus § 93 Abs. 2 AktG wegen Verletzung seiner Sorgfaltspflichten aus § 93 Abs. 1 AktG im Raum. Da es sich jedoch bei der Verpflichtung der Gesellschaft um eine unternehmerische Entscheidung des Vorstands handelt, ist insoweit die Haftungsprivilegierung des § 93 Abs. 1 Satz 2 AktG anzuwenden. Dass eine kompetenzverletzende Verpflichtung der Gesellschaft durch den Vorstand vorbehaltlich der Zustimmung des intern zuständigen Organs wirksam ist bzw. durch seine nachträgliche Zustimmung „geheilt" werden kann, lässt sich möglicherweise aus § 187 Abs. 1 und Abs. 2 AktG herleiten. Bevor jedoch versucht wird, eine Analogie zu § 187 AktG zu begründen bzw. aus der Norm einen allgemeinen Grundsatz herzuleiten, wonach eine (faktische) Bindung zu Lasten eines Organs kompetenzwidrig und daher unzulässig ist, sofern diese Bindung ohne den Willen des Organs erfolgt, soll zunächst die Rolle, die § 187 AktG bei Restrukturierungsvereinbarungen spielt, ausgeleuchtet werden.

III. Vereinbarkeit mit § 187 AktG

Eine Restrukturierungsvereinbarung kann insbesondere dann mit § 187 AktG in Konflikt geraten, wenn in ihr zur Überwindung einer finanziellen Krise ein klassischer *Debt to Equity Swap* verabredet wird. Ein solcher wird bekanntlich dadurch umgesetzt, dass sich an eine Kapitalherabsetzung (auf Null) eine Kapitalerhöhung – möglicherweise unter (vollständigem) Ausschluss des Bezugsrechts der Altaktionäre – anschließt, bei der die Gläubiger ihre notleidenden Forderungen (gegen die Gesellschaft) als Sacheinlage im Gegenzug für die Gewährung junger Aktien, die durch die Kapitalerhöhung geschaffen werden, in die Gesellschaft einbringen. Die rechtsverbindliche Festlegung eines *Debt to Equity Swap* in einer Restrukturierungsvereinbarung kann also nur dadurch erfolgen, dass sich einerseits die *Stakeholder*, insbesondere die Altaktionäre sowie die Gläubiger und Neuaktionäre, andererseits die Gesellschaft selbst zur Vornahme dieser Teilschritte verpflichten. Ein von Seiten der Gesellschaft zu erbringender Teilschritt ist dabei die Zuteilung und Lieferung der jungen Aktien aus der Kapitalerhöhung an die forderungseinbringenden Gläubiger bzw. an den *Distressed Investor*. Wird daher in einer Restrukturierungsvereinbarung rechtsverbindlich die Umsetzung eines *Debt to Equity Swap* festgelegt, wird im Zuge dessen regelmäßig auch gleichzeitig die Gesellschaft verpflichtet, bestimmten Gläubigern bzw. dem *Distressed Investor* die jungen Aktien aus der Kapitalerhöhung zu verschaffen. Durch die Restrukturierungsvereinbarung wird folglich rechtsgeschäftlich die Verpflichtung der Aktiengesellschaft zum Abschluss künftiger Zeichnungsverträge über junge Aktien begründet, mithin dem *Distressed Investor* ein vertragliches Recht auf den Bezug neuer Aktien i.S.d. § 187 Abs. 1 und Abs. 2 AktG zugesichert.[411]

---

411 Vgl. zur Definition der Zusicherung i.S.d. § 187 AktG insbesondere MünchKommAktG-*Peifer* § 187 Rn. 5.

Nach § 187 Abs. 1 AktG können jedoch neue Aktien nur unter dem Vorbehalt des Bezugsrechts der (Alt-)Aktionäre zugesichert werden. § 187 Abs. 2 AktG geht noch einen Schritt weiter, indem dort festgelegt wird, dass Zusicherungen vor dem Beschluss über die Erhöhung des Grundkapitals nicht nur unter einen Vorbehalt zu stellen sind, sondern darüber hinaus – zumindest der Gesellschaft gegenüber – gänzlich unwirksam sind. Ob Abs. 1 oder Abs. 2 der Norm anzuwenden ist, ist also vom Zeitpunkt des Abschlusses der Restrukturierungsvereinbarung abhängig. Idealerweise sind Restrukturierungsvereinbarungen abzuschließen, bevor mit der Umsetzung der einzelnen dort vereinbarten bzw. zu vereinbarenden Restrukturierungsmaßnahmen begonnen wird. Gelingt ein Abschluss vor Implementierung der Restrukturierungsmaßnahmen, wird regelmäßig die vertragliche Zusicherung über den Bezug der neuen Aktien aus der Kapitalerhöhung vor dem Kapitalerhöhungsbeschluss erfolgen, mithin § 187 Abs. 2 AktG einschlägig sein. Es ist jedoch durchaus auch denkbar, dass noch während der Verhandlungen über die Restrukturierungsvereinbarung mit der Umsetzung einzelner Restrukturierungsmaßnahmen begonnen wird. Dies kann insbesondere dann der Fall sein, wenn sich die Parteien über bestimmte, grundsätzliche Maßnahmen der (finanziellen) Restrukturierung einig sind, wie etwa die Umsetzung eines *Debt to Equity Swap*, jedoch hinsichtlich anderer Teilelemente des Restrukturierungskonzepts, wie etwa der Einzelheiten der neu zu vereinbarenden (Konsortial-)Kredite im Rahmen der *Reinstated Debt*, noch kein Konsens erreicht wurde.

Angesichts der Dringlichkeit, mit der Restrukturierungen in Insolvenznähe häufig umgesetzt werden müssen, wäre es in solchen Situationen fatal, zunächst abzuwarten, bis die Restrukturierungsvereinbarung endverhandelt ist und unterschriftsreif vorliegt. Es wird vielmehr oft angebracht sein, schon mit der Umsetzung derjenigen Maßnahmen (zumindest teilweise) zu beginnen, hinsichtlich derer im Grundsatz Einigkeit besteht und die im Falle ihrer zeitlich verzögerten Umsetzung für das Scheitern der gesamten (außergerichtlichen) Restrukturierung ursächlich sein können. Insbesondere die durchzuführenden Hauptversammlungen, auf denen über die für den *Debt to Equity Swap* notwendigen Kapitalmaßnahmen zu entscheiden ist, können solche zeitnah vorzunehmenden Maßnahmen sein.[412] Eine rasche Einberufung ist vor allem deshalb geboten, weil die Kapitalmaßnahmen nicht schon mit einem zustimmenden (qualifizierten) Mehrheitsbeschluss, sondern erst mit der Eintragung ihrer Durchführung im Handelsregister wirksam werden. Bis zum *Closing* der finanziellen Restrukturierung vergeht daher ohnehin schon prozessbedingt wertvolle Zeit. Hinzu kommt, dass sog. Berufskläger mithilfe von Nichtigkeits- und Anfechtungsklagen regelmäßig gegen die Hauptversammlungsbeschlüsse (börsennotierter) Aktiengesellschaften vorgehen, um aus dem Lästigkeitswert, der durch die Klageerhebung generiert wird, meist durch Abschluss eines Vergleichs, Kapital zu schlagen. Auch nach Einführung des ARUG[413] kann

412 Ebenso ggf. durchzuführende Anleihegläubigerversammlungen.

413 Gesetz zur Umsetzung der Aktionärsrechterichtlinie (ARUG) vom 30.07.2009.

es durch Berufskläger nämlich noch zu gefährlichen, weil ggf. die Insolvenzreife der Gesellschaft herbeiführenden Verzögerungen für einen (außergerichtlichen) Restrukturierungsprozess kommen. Ein möglichst frühzeitiges Einleiten derjenigen Restrukturierungsmaßnahmen, deren Umsetzung in die Hände der Hauptversammlung gelegt ist, ist daher geboten. Es ist also durchaus nicht auszuschließen, dass die vertragliche Zusicherung der jungen Aktien an den *Distressed Investor* erst nach dem Kapitalerhöhungsbeschluss erfolgt, weil die Restrukturierungsvereinbarung aus o.g. Gründen erst danach unterzeichnet wird. Dann wäre § 187 Abs. 1 AktG einschlägig.

1. Abschluss der Restrukturierungsvereinbarung nach dem Kapitalerhöhungsbeschluss

Wird die Restrukturierungsvereinbarung erst nach dem Kapitalerhöhungsbeschluss abgeschlossen, ist eine darin zu Gunsten der Gläubiger und (künftigen) Aktionäre festgelegte Zusicherung von (vertraglichen) Rechten auf den Bezug der neuen Aktien aus der Kapitalerhöhung am Maßstab des § 187 Abs. 1 AktG zu messen. Danach können neue Aktien nur unter dem Vorbehalt des Bezugsrechts der (Alt-)Aktionäre zugesichert werden. Eine Zusicherung ist also grundsätzlich möglich. § 187 Abs. 1 AktG schützt insbesondere den Vorrang des gesetzlichen Bezugsrechts i.S.d. § 186 AktG vor vertraglich vereinbarten Bezugsrechten.[414] Reflexartig wird durch § 187 Abs. 1 AktG auch die Gesellschaft vor Schadensersatzansprüchen geschützt, die dadurch entstehen können, dass einem Dritten, der auch Aktionär sein kann (hier: die Gläubiger bzw. der *Distressed Investor*), die vertraglich zugesicherten jungen Aktien nicht zugeteilt werden können, weil etwa die Gesellschaft hierüber anders disponiert hat. Durch § 187 Abs. 1 AktG wird letztlich der (potentielle) Konflikt entschärft, der dadurch entstehen könnte, dass die Gesellschaft neue Aktien vertraglich bestimmten Investoren zusichert, diesen mithin ein Anspruch auf Abschluss eines Zeichnungsvertrages mit der Gesellschaft zustünde, gleichzeitig jedoch ebenso die Altaktionäre aufgrund ihres gesetzlichen Bezugsrechts nach § 186 AktG zur Zeichnung berechtigt wären. Das Gesetz löst diesen Konflikt derart, dass die gesetzlich Bezugsberechtigten stets vorrangig zu befriedigen sind. § 187 Abs. 1 AktG ist daher dort teleologisch zu reduzieren, wo ein solcher Konflikt von vornherein nicht entstehen kann, was insbesondere dann der Fall ist, wenn das gesetzliche Bezugsrecht bereits ausgeschlossen ist.[415] § 187 Abs. 1 AktG kommt dann nicht zur Anwendung.

Es ist folglich nicht möglich, das Bezugsrecht der Altaktionäre dadurch zu „umgehen“, dass in der Restrukturierungsvereinbarung nach erfolgtem

---

414 MünchKommAktG-*Peifer* § 187 Rn. 1.

415 Dies ist möglich, wenn die Hauptversammlung den Vorstand zur Ausübung eines genehmigten Kapitals ermächtigt hat und zuvor bereits das Bezugsrecht für das genehmigte Kapital ausgeschlossen wurde.

Kapitalerhöhungsbeschluss[416] festgelegt wird, dass sämtliche, durch die Kapitalerhöhung neu entstehenden Aktien[417] den Gläubigern bzw. dem *Distressed Investor* und nicht den Altaktionären zugeteilt werden. Eine vertragliche Zusicherung durch die Restrukturierungsvereinbarung ist nach der Vorrangregel des § 187 Abs. 1 AktG vielmehr nur möglich, soweit (i) es nach der Zusicherung auch zu einem Ausschluss des Bezugsrechts der Altaktionäre kommt und/oder soweit (ii) die zum Bezug berechtigten Altaktionäre nicht von ihrem Bezugsrecht Gebrauch machen. § 187 Abs. 1 AktG bewirkt daher, dass eine in der Restrukturierungsvereinbarung festgelegte Zusicherung *ipso iure* dadurch aufschiebend bedingt i.S.d. § 158 Abs. 1 AktG ist, dass es zum Eintritt der oben genannten Voraussetzungen kommt, also (i) zu einem Bezugsrechtsausschluss und (ii) zu einer Nichtzeichnung durch die gesetzlich Bezugsberechtigten. Nur soweit diese Bedingungen eintreten, entsteht auf Seiten der vertraglich zum Bezug Berechtigten, d.h. auf Seiten des *Distressed Investors* und der übrigen Gläubiger, ein Anspruch auf Zeichnung der jungen Aktien. Die Restrukturierungsvereinbarung stellt in dieser Hinsicht daher einen doppelt bedingten Zeichnungsvorvertrag dar.

§ 187 Abs. 1 AktG enthält richtigerweise keinen rechtsgeschäftlichen, sondern einen gesetzlichen Vorbehalt.[418] Das bedeutet, dass der Vorbehalt in der Restrukturierungsvereinbarung nicht ausdrücklich erklärt zu werden braucht, sondern dass die Zusicherung von Gesetzes wegen (*ipso iure*), d.h. automatisch nach § 158 Abs. 1 BGB in obigem Sinne aufschiebend bedingt ist. Der Gegenmeinung, die in § 187 Abs. 1 AktG nur einen vertraglichen Vorbehalt sieht[419], soll hier nicht gefolgt werden. Würde man nämlich lediglich einen vertraglichen Vorbehalt annehmen, müsste dieser zumindest konkludent erklärt werden. Andernfalls wäre die Zusicherung aufgrund § 134 BGB nichtig. Denn bei Annahme eines rechtsgeschäftlichen Vorbehalts würde die Missachtung des § 187 Abs. 1 AktG die Verletzung eines Verbotsgesetzes darstellen.[420] Eine endgültige Nichtigkeit nach § 134 BGB hätte zur Folge, dass den Gläubigern bzw. dem *Distressed Investor* auch dann kein vertragliches Bezugsrecht zustünde, wenn ein Ausschluss des gesetzlichen Bezugsrechts dennoch erfolgte oder die Altaktionäre wider Erwarten davon keinen Gebrauch

---

416 Die Eintragung des Beschlusses im Handelsregister ist für die Anwendung des § 187 Abs. 1 AktG nicht erforderlich, MünchKommAktG-*Peifer* § 187 Rn. 9.

417 Die Aktien entstehen erst mit Eintragung der Durchführung der Kapitalerhöhung im Handelsregister, MünchKommAktG-*Peifer* § 189 Rn. 6.

418 MünchKommAktG-*Peifer* § 187 Rn. 10; *Hüffer* Aktiengesetz § 187 Rn. 4; KölnKommAktG-*Lutter* § 187 Rn. 13; MünchHdB-*Krieger* AG § 56 Rn. 113; Heidel/*Rebmann* § 187 Rn. 8; Klausing/Nipperdey/Nußbaum/*Jacobi*, Beiträge zum Wirtschaftsrecht, S. 970, 973 f. mit dem Hinweis, die Regel würde dann (d.h. bei Annahme eines rechtsgeschäftlichen Vorbehalts) „über das Ziel hinaus(-schießen), also grund- und sinnlos gegen die Verträge der Gesellschaft mit Dritten wüten"; *Fuchs* AG 1995, 433, 443 Fn. 91; *Wieneke* NZG 2004, 61, 62.

419 GroßkommAktG-*Wiedemann* § 187 Rn. 14; Spindler/Stilz/*Servatius* § 187 Rn. 14.

420 GroßkommAktG-*Wiedemann* § 187 Rn. 15.

machten, mithin die gesetzlichen Bezugsrechte nicht mehr bedroht wären.[421] Ein Anspruch auf Abschluss eines Zeichnungsvertrages würde also nicht entstehen, obwohl die jungen Aktien aus der Kapitalerhöhung wieder „frei verfügbar" wären, d.h. nicht mit einem vorrangigen gesetzlichen Bezugsrecht der Altaktionäre „belastet". Weitere Konsequenz einer endgültigen Nichtigkeit des Zeichnungsvorvertrages (der regelmäßig einen integrierten Teil der Restrukturierungsvereinbarung darstellt) wäre, dass auch die üblicherweise im Gegenzug für die Zusicherung festgelegte Pflicht der Gläubiger, die jungen Aktien zu zeichnen[422], entfallen würde bzw. die Gläubiger die Abgabe der Zeichnungserklärung zurückhalten könnten. Ebenso würde die darüber hinausgehende Gegenleistungspflicht der Gläubiger, nämlich ihre Forderungen als Sacheinlage in die Gesellschaft einzubringen, aller Voraussicht nach nicht durchsetzbar sein. Damit wäre einem *Debt to Equity Swap* (zumindest teilweise) die Grundlage entzogen, mithin seine Umsetzung in Gefahr. Da ein *Debt to Equity Swap* jedoch häufig einen Schwerpunkt des finanziellen Restrukturierungskonzeptes darstellen wird, und ohne eine finanzielle Restrukturierung eine insolvenznahe außergerichtliche Restrukturierung praktisch nicht umsetzbar ist, würde diese schließlich scheitern und die Insolvenz der Gesellschaft nach sich ziehen.

Ein möglicher Vertrauenstatbestand, der dadurch geschaffen wird, dass auf die vertragliche Zusicherung in der Restrukturierungsvereinbarung vertraut wird, ist insbesondere deshalb hinnehmbar (bzw. entsteht erst gar nicht), weil Gläubiger, die an einem *Debt to Equity Swap* teilnehmen, üblicherweise ohnehin Kenntnis vom gesetzlichen Bezugsrecht der Altaktionäre (und ggf. auch von seinem Vorrang) haben. Sie sind daher regelmäßig in Bezug auf die Vorrangigkeit eines gesetzlichen Bezugsrechts bösgläubig. Der Ausschluss des Bezugsrechts der Altaktionäre ist nämlich typischerweise wesentliches Element bzw. wesentlicher Verhandlungsgegenstand bei der Festlegung eines *Debt to Equity Swap*. Das Vertrauen hinsichtlich einer Vorrangigkeit des zugesicherten vertraglichen Bezugsrechts ist daher von vornherein nicht so sehr ausgeprägt, als dass eine Zerstörung dieses Vertrauens nicht zumutbar wäre. Wird ein ausdrücklicher Vorbehalt jedoch nicht in die Restrukturierungsvereinbarung aufgenommen, besteht dennoch die Gefahr einer Schadensersatzpflicht nach den Grundsätzen einer *culpa in contrahendo* (§§ 280 Abs. 1, 241 Abs. 2, 311 Abs. 2, 3 BGB). Eine solche kann der Gesellschaft vor allem gegenüber Anleihegläubigern erwachsen, denen ebenfalls vertragliche Bezugsrechte auf die jungen Aktien in der Restrukturierungsvereinbarung eingeräumt werden. Dies insbesondere dann, wenn es sich bei ihnen um Privat- oder Kleinanleger (*Retail Bondholder*) handelt. Diese werden nämlich im Zweifel weniger Detailkenntnis hinsichtlich eines durchzuführenden *Debt to Equity Swap* haben als etwa ein zugleich in die Kreditforderungen und die Anleihen investierter *Distressed*

---

421 MünchKommAktG-*Peifer* § 187 Rn. 13.

422 Sichert umgekehrt der Investor der Gesellschaft zu, die jungen Aktien zu zeichnen, ist § 187 AktG nicht einschlägig.

Hedge Fund und daher auch nicht zwingend von einem vorrangigen gesetzlichen Bezugsrecht i.S.d. § 186 AktG wissen. Eine ggf. schadensersatzauslösende Vertrauenszerstörung ist daher nicht auszuschließen. Daher sollte in der Restrukturierungsvereinbarung in jedem Fall ausdrücklich klargestellt werden, dass die Zusicherung unter dem Vorbehalt des Bezugsrechts der Altaktionäre steht, d.h. der Anspruch auf Zeichnung dadurch bedingt ist, dass (i) das Bezugsrecht ausgeschlossen wird oder (ii) die gesetzlich Bezugsberechtigten nicht von ihrem Bezugsrecht Gebrauch machen.

Im Übrigen können bei Annahme eines gesetzlichen Vorbehalts von vornherein keine Schadensersatzverpflichtungen zulasten der Gesellschaft aufgrund einer Nichtzuteilung der Aktien trotz vertraglicher Zusicherung entstehen. Dies ganz einfach deshalb nicht, weil die Entstehung eines solchen Schadensersatzanspruches als Sekundäranspruch die Nichterfüllung eines Primäranspruches voraussetzt. Soweit jedoch die o.g. aufschiebenden Bedingungen i.S.d. § 158 Abs. 1 BGB nicht eintreten, entsteht schon gar keine Primärpflicht, die verletzt werden könnte.

§ 187 Abs. 1 AktG kommt ferner nur bei einem klassischen *Debt to Equity Swap* zur Anwendung, bei dem den Gläubigern der Bezug junger Aktien aus einer Kapitalerhöhung zugesichert wird. Wird der *Debt to Equity Swap* dadurch umgesetzt, dass die Altaktionäre ihre Altaktien auf die Gläubiger im Gegenzug für deren Forderungsverzicht übertragen, kommt § 187 Abs. 1 AktG nicht zur Anwendung. Denn soweit nur die Altaktien übertragen werden, kommt es nicht zur Entstehung eines gesetzlichen Bezugsrechts, dessen Vorrang gegenüber vertraglichen Bezugsrechten gesichert werden müsste. Aus gleichem Grund ist § 187 Abs. 1 AktG nicht anwendbar, soweit den Gläubigern Aktien, die die Gesellschaft in eigenem Bestand hält (sog. Bestandsaktien), im Rahmen des *Debt to Equity Swap* verschafft werden. Soweit der *Debt to Equity Swap* allerdings durch Ausübung eines genehmigten Kapitals umgesetzt wird, ist § 187 Abs. 1 AktG anwendbar, denn auf das genehmigte Kapital findet § 187 AktG sinngemäß Anwendung (§ 203 Abs. 1 AktG).[423] Wird ein *Debt to Equity Swap* festgelegt, bei dem die Anleihegläubiger im Gegenzug für die Aufgabe ihrer Altanleihen neu auszugebende Wandelanleihen i.S.d. § 221 AktG erhalten sollen, ist zu beachten, dass § 187 AktG keine Anwendung findet, soweit es um den Bezug der Aktien geht, die die Inhaber der Wandelanleihen im Wege des Umtauschs erhalten können. Eine derartige Zusicherung steht also unter keinem (gesetzlichen) Vorbehalt. Da jedoch § 221 Abs. 4 Satz 2 AktG den (Alt-)Aktionären ein gesetzliches Bezugsrecht auf die Schuldverschreibung selbst gibt, spricht vieles dafür auch dieses Bezugsrecht entsprechend § 187 AktG gegen vertragliche Zusicherungen zu schützen.[424]

---

423 MünchKommAktG-*Peifer* § 187 Rn. 2.

424 Allgemeine Meinung, vgl. MünchKommAktG-*Peifer* § 187 Rn. 13 m.w.N.

2. Abschluss der Restrukturierungsvereinbarung vor dem Kapitalerhöhungsbeschluss

Wird die Restrukturierungsvereinbarung vor dem Kapitalerhöhungsbeschluss abgeschlossen, ist § 187 Abs. 2 AktG einschlägig. Danach sind Zusicherungen vor dem Beschluss über die Erhöhung des Grundkapitals der Gesellschaft gegenüber unwirksam. § 187 Abs. 2 AktG schützt die Entscheidungsfreiheit der Hauptversammlung zum einen hinsichtlich eines Bezugsrechtsausschlusses, zum anderen aber auch hinsichtlich der Frage, ob sie überhaupt eine Kapitalerhöhung beschließen möchte.[425] Die Norm schützt also das nach der internen, aktienrechtlichen Kompetenzzuweisung für die Umsetzung der durch den Vorstand festgelegten Verpflichtung zuständige Organ, namentlich die Hauptversammlung, vor faktischen Bindungen und Kompetenzübergriffen durch den Vorstand. Darüber hinaus möchte die Norm die Gesellschaft selbst vor Schadensersatzansprüchen bewahren[426], die durch den Kompetenzübergriff entstehen können, also dadurch, dass der Vorstand namens der Gesellschaft Verpflichtungen eingeht und die Gesellschaft diese nicht erfüllen kann, weil die Hauptversammlung die Kapitalerhöhung nicht beschließt. Ist in der Restrukturierungsvereinbarung ein klassischer *Debt to Equity Swap* festgelegt, wird also den Gläubigern und dem *Distressed Investor* die Lieferung junger Aktien aus der noch durchzuführenden Kapitalerhöhung zugesichert, ist eine solche Verpflichtung der Gesellschaft nach dem Wortlaut des § 187 Abs. 2 AktG *prima facie* unwirksam.

Die entscheidende Frage ist jedoch, ob sie auch endgültig und in vollem Umfang unwirksam ist, d.h. auch im Falle, dass der Kapitalerhöhungsbeschluss zustande kommt. Dafür könnte zum einen der Wortlaut der Norm sprechen. Zum anderen aber auch, dass bei Annahme einer endgültigen Unwirksamkeit jeglicher Entscheidungsdruck von der Hauptversammlung genommen wird[427], § 187 Abs. 2 AktG somit Präventionsfunktion zukommt.[428] Sieht man nämlich die Verpflichtung auch dann als unwirksam an, wenn die Hauptversammlung nach Festlegung der Zusicherung dennoch die erforderliche Kapitalerhöhung beschließt, entnimmt man § 187 Abs. 2 AktG nicht nur ein Abschluss-, sondern auch ein Verhandlungsverbot über künftige Bezugsrechte.[429] Die Hauptversammlung könnte völlig unbeeinflusst und frei entscheiden, da weder bei einem ablehnenden noch bei einem zustimmenden Beschluss die Gesellschaft zur Eingehung eines Zeichnungsvertrages

---

425 MünchKommAktG-*Peifer* § 187 Rn. 12.

426 MünchKommAktG-*Peifer* § 187 Rn. 12.

427 GroßkommAktG-*Wiedemann* § 187 Rn. 8; Klausing/Nipperdey/Nußbaum/*Jacobi*, Beiträge zum Wirtschaftsrecht, S. 970, 981.

428 Spindler/Stilz/*Servatius* § 187 Rn. 11.

429 So GroßkommAktG-*Wiedemann* § 187 Rn. 8; Klausing/Nipperdey/Nußbaum/*Jacobi*, Beiträge zum Wirtschaftsrecht, S. 970, 981; vgl. MünchKommAktG-*Peifer* § 187 Rn. 13.

verpflichtet wäre. Dies würde jedoch über das Schutzziel hinausschießen und insbesondere in Restrukturierungssituationen der Sanierungspflicht des Vorstands aus § 93 Abs. 1 AktG zuwiderlaufen. Der Vorstand ist in der Krise der Gesellschaft primär verpflichtet, diese außergerichtlich zu sanieren.[430] Wäre es ihm verwehrt, mit den Gläubigern über einen Schuldenerlass im Gegenzug für deren Einstieg ins Eigenkapital zu verhandeln und diesen dabei die Verschaffung junger Aktien zuzusichern, könnte er seiner Sanierungspflicht nicht nachkommen. § 187 Abs. 2 AktG soll gerade nicht um jeden Preis verhindern, dass es zu wirksamen Zeichnungen kommen kann.[431] Der Preis einer endgültigen Unwirksamkeit der Zusicherung wäre ggf. das Nichtzustandekommen wirksamer Zeichnungsverträge[432] mit den Gläubigern, was letztlich das Scheitern des *Debt to Equity Swap* und damit auch der gesamten außergerichtlichen Restrukturierung bedeuten könnte. Vor diesem Hintergrund ist ein gewisser Entscheidungsdruck auf die Hauptversammlung hinnehmbar. Überdies ist bei Annahme eines gesetzlichen Vorbehalts auch bei nachträglich beschlossener Kapitalerhöhung die Vorrangigkeit gesetzlicher Bezugsrechte gewahrt. Denn die Bedingungen des § 187 Abs. 1 AktG gelten auch in dieser Konstellation, d.h. ein Anspruch auf Zeichnung besteht nicht bereits dann, wenn der Kapitalerhöhungsbeschluss nachgeholt wird, sondern erst bei Eintritt der (weiteren) Bedingungen, namentlich bei Ausschluss des gesetzlichen Bezugsrechts und/oder dessen Nichtausübung durch die Altaktionäre.

---

430 Bereits sehr früh *K. Schmidt* ZIP 1988, 1497, 1505; ebenso *Seibt* ZIP 2013 1597, 1599; *Seibt* ZHR 171 (2007), 282, 309 f.; *Veil* ZGR 2006, 374, 376 ff.; *Bork* ZIP 2011, 101, 107; Grigoleit/*Grigoleit/Tomasic* AktG § 91 Rn. 9; Nerlich/Kreplin/*Kreplin*, Münchener Anwaltshandbuch InsO, § 9 Rn. 5; *Prütting* ZIP 2013, 203, 205; Müller/Rödder/*Schmidt-Hern*, Beck'sches Handbuch AG, § 17 Rn. 78; Theiselmann/*Redeker*, Praxishandbuch des Restrukturierungsrechts, Kapitel 13 Rn. 101; Gottwald/*Uhlenbruck/Gundlach*, Insolvenzrechts Handbuch, § 7 Rn. 45; Römermann/*Wellensiek/Schluck-Amend*, Münchener Anwaltshandbuch InsO, § 23 Rn. 25; *Winnefeld*, Bilanz-Handbuch, Kapitel M Rn. 2; Nirk/Ziemons/Binnewies/*Ziemons*, Handbuch AG, Rn. 8.763; *Lutter/Hommelhoff/Timm* BB 1980, 737, 739; zum Vereinsvorstand: Schauhoff/*Gotthard*, Handbuch der Gemeinnützigkeit, § 20 Rn. 4; LG München NZI 2007, 609, 611 (zur unterlassenen Mitwirkung einer die Insolvenz abwendenden Kapitalerhöhung), dazu EWiR 2008, 3 (*von der Linden/Ogorek*); LG Düsseldorf AG 1991, 70, 71 (zur Erstellung von Sanierungsvorschlägen), dazu EWiR 1990, 119 (*Timm*).

431 MünchKommAktG-*Peifer* § 187 Rn. 13.

432 Weil eine unwirksame Zusicherung i.d.R. gemäß § 139 BGB auch die Unwirksamkeit der Verpflichtung der Gläubiger in der Restrukturierungsvereinbarung zur Zeichnung der Aktien zur Folge hat. Vgl. hierzu auch die (Rechts-)Folgen bei Annahme eines rechtsgeschäftlichen Vorbehalts: Klausing/Nipperdey/Nußbaum/*Jacobi*, Beiträge zum Wirtschaftsrecht, S. 970, 973 f. mit dem Hinweis, die Regel würde dann (d.h. bei Annahme eines rechtsgeschäftlichen Vorbehalts) „über das Ziel hinaus(-schießen), also grund- und sinnlos gegen die Verträge der Gesellschaft mit Dritten wüten".

Im Ergebnis ist daher derjenigen Auffassung zu folgen, die eine endgültige Unwirksamkeit der Zusicherung ablehnt.[433] Rechtsfolge einer Zusicherung auf den Bezug neuer Aktien in einer Restrukturierungsvereinbarung, die vor dem Kapitalerhöhungsbeschluss geschlossen wird, ist jedoch nicht deren schwebende Unwirksamkeit. Vielmehr ist in § 187 Abs. 2 AktG ein weiterer gesetzlicher Vorbehalt hineinzulesen, nämlich derjenige eines zustimmenden Beschlusses der Hauptversammlung über die Kapitalerhöhung. Der Anspruch der Gläubiger auf Zeichnung der jungen Aktien gelangt daher vor dem Kapitalerhöhungsbeschluss noch gar nicht zur Entstehung. Er entsteht erst dann, wenn bzw. soweit sämtliche, in § 187 Abs. 1 und 2 AktG enthaltenen Bedingungen eingetreten sind, mithin (i) die Hauptversammlung über die Erhöhung des Grundkapitals beschlossen hat, (ii) soweit ein Ausschluss des Bezugsrechts der Altaktionäre erfolgt und (iii) soweit die Altaktionäre nicht von ihrem gesetzlichen Bezugsrecht Gebrauch machen.

Ein Anspruch auf Zeichnung lässt sich auch aus einer teleologischen Reduktion des § 187 Abs. 2 AktG herleiten. Nach einer Ansicht in der Literatur soll § 187 AktG in einer personalistisch geprägten Aktiengesellschaft dann teleologisch zu reduzieren sein, wenn sämtliche Aktionäre der Zusicherung zustimmen.[434] Der durch § 187 Abs. 2 AktG verwirklichte Schutz der Willensentschließungsfreiheit sei bei vorheriger Billigung durch die Gesamtheit der Aktionäre nicht tangiert.[435] Dem ist teilweise zuzustimmen. Gefolgt werden kann der Auffassung insoweit, als dass bei Zustimmung zu der in Frage stehenden Zusicherung durch alle Aktionäre deren Willensentschließungsfreiheit nicht eingeschränkt wird. Eine in der Restrukturierungsvereinbarung festgelegte Zusicherung auf den Bezug neuer Aktien ist daher dann, wenn ihr alle Aktionäre zustimmen, vollumfänglich wirksam. Nicht gefolgt werden kann der Auffassung allerdings insoweit, als dass zu einer umfassenden Wirksamkeit zwingend die Zustimmung aller Aktionäre erforderlich ist. Vielmehr reicht es nach hier vertretener Auffassung aus, wenn ein qualifizierter Mehrheitsbeschluss vorliegt. Dies aus folgenden Gründen: § 187 Abs. 2 AktG soll – neben der Bewahrung der Gesellschaft vor Schadensersatzansprüchen – vornehmlich die Entschließungsfreiheit des Organs Hauptversammlung hinsichtlich einer Kapitalerhöhung sowie hinsichtlich eines Ausschlusses des Bezugsrechts der Altaktionäre schützen. Dieser Schutz kann dabei jedoch nur soweit gehen, als der Hauptversammlung überhaupt ein Ermessen, d.h. Willensentschließungsfreiheit, zukommt. Sowohl ein Kapitalerhöhungsbeschluss als auch ein Beschluss über den Ausschluss des Bezugsrechts bedürfen allerdings nie mehr als einer qualifizierten Mehrheit von Dreivierteln des bei der Beschlussfassung vertretenen Grundkapitals, vgl.

---

433 *Hüffer* Aktiengesetz § 187 Rn. 5; KölnKommAktG-*Lutter* § 187 Rn. 16 bis 18; Heidel/*Rebmann* § 187 Aktien- und Kapitalmarktrecht § 187 AktG Rn. 11; K. Schmidt/Lutter/*Veil* § 187 Rn. 9; ebenso noch GroßkommAktG-*Wiedemann* 3. Aufl. § 187 Anm. 2 b; MünchKommAktG-*Peifer* § 187 Rn. 13.

434 Spindler/Stilz/*Servatius* § 187 Rn. 13.

435 Spindler/Stilz/*Servatius* § 187 Rn. 13.

§ 182 Abs. 1 Satz 1 AktG sowie § 186 Abs. 3 Satz 2 AktG. Das bedeutet, dass das Ermessen bzw. die Willensentschließungsfreiheit des Organs der Hauptversammlung nur nach Maßgabe der §§ 182 Abs. 1 Satz 1, 186 Abs. 3 Satz 2 AktG gilt. Mit anderen Worten: Soll die Zuteilung junger Aktien aus einer Kapitalerhöhung an Neuinvestoren durchgeführt werden, ohne dass zuvor eine vertragliche Zusicherung erfolgt ist, sind jeweils nur Beschlüsse mit einer qualifizierten Mehrheit erforderlich. Stimmt diese qualifizierte Mehrheit daher jeweils zu, sind die Beschlüsse (mit Eintragung im Handelsregister) wirksam und die Entschließungsfreiheit des Organs Hauptversammlung ist gewahrt. Erfolgt nun die Zuteilung dadurch, dass zuvor die Aktien vertraglich zugesichert werden, können für die Wahrung der Entschließungsfreiheit der Hauptversammlung keine höheren Anforderungen gelten. Die Legitimation der vertraglichen Zusicherung, d.h. die Legitimation der Einschränkung der Entschließungsfreiheit, die durch die Zusicherung erfolgen würde, mithin die „Heilung" dieser eingeschränkten Freiheit, kann nicht mehr an Willen des Organs der Hauptversammlung erfordern als es die eigentlichen, ursprünglichen Beschlüsse (der Kapitalerhöhungsbeschluss sowie der Beschluss über den Ausschluss des Bezugsrechts) tun. § 187 Abs. 2 AktG ist daher insoweit teleologisch zu reduzieren, als die Hauptversammlung mit einer qualifizierten Mehrheit von Dreivierteln des bei Beschlussfassung vertretenen Grundkapitals der Zusicherung, d.h. in aller Regel auch der Restrukturierungsvereinbarung, zustimmt.

3. § 187 Abs. 2 AktG analog bei sonstigen Kompetenzübergriffen durch den Vorstand

Der Anwendungsbereich des § 187 Abs. 2 AktG ist allerdings nicht nur auf Sachverhalte beschränkt, in denen der Vorstand durch vertragliche Zusicherungen zugunsten Dritter auf die Kompetenz der Hauptversammlung übergreift. Er ist vielmehr auch auf diejenigen Konstellationen auszudehnen, in denen der Vorstand allgemein die Entschließungsfreiheit der Hauptversammlung dadurch einschränkt, dass er der Gesellschaft vertragliche Pflichten aufbürdet, deren Umsetzung nicht (allein) in seine Kompetenz, sondern (zugleich) in diejenige der Hauptversammlung fällt. Gleiches gilt dann, wenn nicht die Kompetenz der Hauptversammlung, sondern diejenige des Aufsichtsrats beschnitten wird. § 187 Abs. 2 AktG ist bei Kompetenzübergriffen durch den Vorstand und bei diesen gleichgestellten Handlungen analog anzuwenden. Die erforderlichen Voraussetzungen für eine Analogie – eine vergleichbare Interessenlage sowie eine planwidrige Regelungslücke – liegen vor.

Die vergleichbare Interessenlage ergibt sich daraus, dass auch in anderen Konstellationen, in denen ein Kompetenzübergriff durch den Vorstand stattfindet, die gleiche Beeinträchtigung von Organ- sowie Gesellschaftsinteressen zu besorgen ist, vor der § 187 Abs. 2 AktG schützen möchte. Nicht nur bei Kapitalerhöhungen und zeitlich vorgelagerten vertraglichen Zusicherungen durch den Vorstand namens der Gesellschaft kann es zu einem Eingriff in die Willensentschließungsfreiheit der Hauptversammlung kommen. Die Willensentschließungsfreiheit der Hauptversammlung, deren Einschränkung § 187 Abs. 2 AktG ja gerade verhindern möchte, wird auch dann beschränkt, wenn sich der Vorstand namens der Gesellschaft beispielweise zu Satzungsänderungen oder zu sonstigen Maßnahmen verpflichtet, die nach § 119 Abs. 1 Satz 1 AktG oder nach den Grundsätzen der Holzmüller/Gelatine-Doktrin intern (zwingend) der Hauptversammlung zur Entscheidung zugewiesen sind. Die Gefahr eines Eingriffs in die Willensentschließungsfreiheit der Hauptversammlung, vor der § 187 Abs. 2 AktG bewahren möchte, liegt daher nicht nur bei der vertraglichen Zusicherung junger Aktien, sondern auch bei sonstigen Zusicherungen durch die Gesellschaft vor. Ebenso können auch bei sonstigen Zusicherungen Schadensersatzansprüche wegen Nichterfüllung zu Lasten der Gesellschaft entstehen, nämlich auch hier immer dann, wenn sich der Vorstand namens der Gesellschaft zu Maßnahmen verpflichtet, deren Umsetzung intern einem anderen Organ zur Entscheidung zugewiesen ist. Der zweite Schutzzweck des § 187 Abs. 2 AktG – die Bewahrung der Gesellschaft vor Schadensersatzansprüchen – ist daher nicht nur bei der vertraglichen Zusicherung auf den Bezug neuer Aktien, sondern auch bei der Zusicherung sonstiger Maßnahmen betroffen.

Darüber hinaus ist das Aufsichtsratsorgan als Kontroll- und Überwachungsorgan im Vergleich zu den anderen beiden Organen, Vorstand und Hauptversammlung, zwar mit unterschiedlichen Aufgaben betraut, was dessen Willensentschließungsfreiheit angeht, ist es ihnen jedoch gleichgestellt. Dem Aufsichtsrat sind seine Aufgaben ebenso wie dem Vorstand und der Hauptversammlung die ihrigen zur Entscheidung in Eigenverantwortung übertragen, vgl. § 111 Abs. 5 AktG. Es ist daher kein Grund ersichtlich, warum die Willensentschließungsfreiheit des Aufsichtsrats geringeren Schutz erfahren sollte als diejenige der anderen beiden Organe. Der Aufsichtsrat ist daher ebenso wie die Hauptversammlung vor faktischen Bindungen durch den Vorstand zu schützen. Die Gefahr, vor der § 187 Abs. 2 AktG schützen möchte, nämlich diejenige eines Übergriffs auf die Kompetenz eines anderen Organs durch den Vorstand, ist nicht kapitalerhöhungsspezifisch, sondern kann gleichsam in anderen Konstellationen entstehen. Eine mit § 187 Abs. 2 AktG vergleichbare Interessenlage liegt daher immer dann vor, wenn der Vorstand die Gesellschaft vertraglich zur Umsetzung bestimmter Maßnahmen verpflichtet, die nicht (allein) ihm, sondern (zugleich) einem anderen Organ, namentlich der Hauptversammlung und/oder dem Aufsichtsrat, zur Entscheidung zugewiesen sind.

Der Gesetzgeber hat Kompetenzübergriffe nur für den Fall des § 187 Abs. 2 AktG geregelt, obwohl diese auch – wie gesehen – in anderen Konstellationen entstehen können. Eine Regelungslücke liegt somit vor. Da die Abgrenzung der verschiedenen Organkompetenzen sowie die Autonomie der einzelnen Organe zwingendes Prinzip in der Aktiengesellschaft ist, das an verschiedensten Stellen des Gesetzes zum Ausdruck kommt, vgl. nur die §§ 76, 119 Abs. 1, 23 Abs. 5 AktG, ist kein Motiv des Gesetzgebers erkennbar, warum die Hauptversammlung nicht auch in anderen Konstellationen vor einem Kompetenzübergriff durch den Vorstand geschützt werden sollte. Insoweit ist die vorhandene Regelungslücke daher auch planwidrig. Da die Kompetenz des Aufsichtsrats nach der zwingenden Fundamentalordnung des AktG derjenigen der Hauptversammlung und des Vorstands hinsichtlich des Maßes an Autonomie und Willensentschließungsfreiheit gleichgestellt ist, ist auch nicht erkennbar, warum der Gesetzgeber das Aufsichtsratsorgan in dieser Hinsicht weniger schützen wollte als die anderen beiden Organe. Die vorhandene Regelungslücke ist damit auch insoweit planwidrig.

Bei einer analogen Anwendung des § 187 Abs. 2 AktG ist jedoch gleichsam auf die oben herausgearbeiteten Grundsätze zu einer teleologischen Reduktion der Norm zurückzugreifen. § 187 Abs. 2 AktG ist also auch bei analoger Anwendung im Hinblick auf seine Rechtsfolge aus gleichen Gründen wie bei direkter Anwendung teleologisch zu reduzieren. Mit anderen Worten: Kommt es zu einem Kompetenzübergriff durch den Vorstand (bzw. zu gleichgestellten Handlungen[436]) kann dieser Übergriff dadurch geheilt werden, dass das „übergangene" Organ seine Zustimmung zur vertraglichen Zusicherung bzw. zur Verpflichtung der Gesellschaft erteilt. Hierbei ist jedoch ebenso wie bei direkter Anwendung des § 187 Abs. 2 AktG keine Einstimmigkeit innerhalb des betroffenen Organs erforderlich, sondern nur eine solche Mehrheit, die auch ohne die festgelegte Verpflichtung zur Umsetzung der jeweiligen Maßnahme erforderlich wäre.

IV. Die Restrukturierungsvereinbarung als Stimmbindungsvertrag/Vereinbarkeit mit § 136 Abs. 2 AktG

Die Mitwirkung der Altaktionäre nimmt bei der Umsetzung eines klassischen *Debt to Equity Swap* im Rahmen außergerichtlicher Restrukturierungen eine übergeordnete Stellung ein. So bedarf sowohl die hierfür notwendige (vereinfachte) Kapitalherabsetzung als auch die sich daran anschließende Kapitalerhöhung eines qualifizierten Mehrheitsbeschlusses der Hauptversammlung, §§ 222 Abs. 1 Satz 1, 229 Abs. 1, Abs. 3, 182 Abs. 1 Satz 1 AktG. Ferner bedarf auch der (teilweise) Ausschluss des gesetzlichen Bezugsrechts nach § 186 Abs. 3 Satz 1 AktG – ein solcher ist typischerweise wesentlicher Teil der Struktur eines klassischen *Debt to Equity Swap* – einer Mehrheit, die mindestens drei Viertel des bei der Beschlussfassung vertretenen Grundkapitals umfasst. Die Umsetzung eines außergerichtlichen *Debt to Equity Swap* ist daher regelmäßig vom Willen der Hauptversammlung abhängig.[437]

Eine vorhersehbare und verlässliche Willensbildung der Hauptversammlung kann folglich, insbesondere vor dem Hintergrund der Annahmen und Prämissen,

436 Siehe hierzu oben Kapitel 2 C. II. 1. a) und b).

437 Dies kann sich dann anders darstellen, wenn die zu erwerbenden Aktien den Gläubigern bereits im Vorfeld verpfändet wurden. Die Verwertung des Pfandrechts erfolgt dann regelmäßig dadurch, dass der Security Agent / Sicherheitentreuhänder, dem die Aktien zur treuhänderischen Verwaltung übertragen wurden, auf Anweisung der Kreditgebermehrheit (regelmäßig 66 2/3 %) die Anteile an die Kreditgeber im Gegenzug für deren (teilweisen) Forderungsverzicht veräußert. Dies kann dabei ohne den Willen der Altaktionäre geschehen. Derartige Strukturen sind insbesondere bei LBO-finanzierten Unternehmens(gruppen) anzutreffen.

die den Planrechnungen einer positiven Fortbestehens- bzw. Fortführungsprognose, vgl. §§ 19 Abs. 2 InsO, 252 Abs. 1 Nr. 2 HGB, sowie einer positiven Sanierungsaussage i.S. eines IDW S6-Gutachtens zugrunde zu legen sind, für das Gelingen einer außergerichtlichen Restrukturierung entscheidend sein. Die Sicherstellung der Willensbildung der Hauptversammlung erfolgt dabei idealerweise dadurch, dass sich die Altaktionäre in der Restrukturierungsvereinbarung rechtsverbindlich zur Umsetzung des *Debt to Equity Swap* verpflichten. Konkret bedeutet dies, dass sie sich – sofern sie überhaupt identifiziert werden können[438] – verpflichten, in der vom Vorstand einzuberufenden Hauptversammlung sowohl für eine Kapitalherabsetzung (auf Null) als auch für die sich daran anschließende (bezugsrechtsfreie) Kapitalerhöhung zu stimmen, mithin nach den Maßgaben der Restrukturierungsvereinbarung von ihrem Stimmrecht auf der Hauptversammlung Gebrauch zu machen. Insoweit gleicht die Restrukturierungsvereinbarung dann einem Stimmbindungsvertrag.

Aber nicht nur im Rahmen der finanziellen Restrukturierung kann die Sicherstellung des Willens der Hauptversammlung Inhalt einer Restrukturierungsvereinbarung sein. Auch für den Zeitraum nach *Closing* der finanziellen Restrukturierung, d.h. dann, wenn die Gläubiger durch den *Debt to Equity Swap* zu (Neu-)Aktionären geworden sind, kann eine vorhersehbare und verlässliche Willensbildung der (neu zusammengesetzten) Hauptversammlung essentiell für die Planungssicherheit des weiteren Restrukturierungsprozesses, d.h. für die Umsetzung der weiteren operativen und strategischen Restrukturierungsschritte, sein. Vor allem im Hinblick auf umzusetzende unternehmensstrategische Maßnahmen ist die Bindung der Neuaktionäre von großer Bedeutung, da derartige Maßnahmen meist der Hauptversammlung zur Entscheidung zugewiesen sind, vgl. den Katalog des § 119 Abs. 1 Satz 1 AktG. Die Neuaktionäre bzw. der *Distressed Investor* sind dann in der Restrukturierungsvereinbarung zur Unterstützung und Umsetzung dieser Maßnahmen zu verpflichten. Sie haben sich also dahingehend zu binden, dass sie – so es denn zur Beschlussfassung über solche unternehmensstrategischen Maßnahmen kommt – für deren Umsetzung stimmen. Diese Stimmbindungen können ferner dadurch flankiert werden, dass es v.a. dem *Distressed Investor* untersagt wird, die Gesellschaft bzw. Unternehmensgruppe nach Beteiligungsübernahme (d.h. nach erfolgtem *Debt to Equity Swap*) zu zerschlagen, also wesentliche Unternehmensbeteiligungen und Vermögensgegenstände zu veräußern, ihren Markt- und Markenauftritt zu ändern, ihren Unternehmenssitz zu verlegen sowie sonstige Satzungsänderungen in diese Richtung vorzunehmen bzw. auf einer Hauptversammlung hierfür zu stimmen. Der *Distressed Investor* kann sich durch solche Verhaltenspflichten und Stimmbindungen zum verlässlichen Ankeraktionär aufschwingen.[439] In Restrukturierungsvereinbarungen werden daher üblicherweise

---

438 Ggf. befinden sich die Aktien in Streubesitz. Ist dies der Fall, ist eine 100 %ige Identifikation der Aktieninhaber in der Praxis meist unmöglich.

439 Sofern dies im Einklang mit seiner Investmentstrategie ist.

sowohl die Altaktionäre (insbesondere hinsichtlich finanzieller Restrukturierungsmaßnahmen) als auch die Neuaktionäre (insbesondere hinsichtlich strategischer Restrukturierungsmaßnahmen) verpflichtet, von ihrem Stimmrecht auf der jeweiligen Hauptversammlung in einer bestimmten Weise Gebrauch zu machen.

An einer Restrukturierungsvereinbarung nimmt in der Regel allerdings eine Vielzahl von Parteien teil.[440] Üblicherweise sind dies diejenigen, die zur Umsetzung des vereinbarten Restrukturierungskonzepts „benötigt" werden. Dies führt dazu, dass als Begünstigte der jeweiligen Stimmrechtsausübung, zu der sich die Alt- und Neuaktionäre in der Restrukturierungsvereinbarung verpflichten, mehrere Parteien in Betracht kommen. Beispielsweise kann die Pflicht der Altaktionäre zur Zustimmung zu einem Kapitalherabsetzungsbeschluss (i) gegenüber anderen Altaktionären, (ii) gegenüber Gläubigern und künftigen Neuaktionären, d.h. im Zeitpunkt der Festlegung der Verpflichtung gegenüber außenstehenden Dritten als Nichtaktionären oder (iii) gegenüber der Gesellschaft selbst bestehen. Die Neuaktionäre können (i) gegenüber anderen Aktionären, bestehend aus Alt- und Neuaktionären, (ii) gegenüber Gläubigern als Nichtaktionären oder (iii) ebenso gegenüber der Gesellschaft Pflichten zu einer bestimmten Stimmrechtsausübung begründen. Im Zeitpunkt der Unterzeichnung der Restrukturierungsvereinbarung werden sie jedoch regelmäßig als Gläubiger Nichtaktionäre sein. Diese genaue Unterscheidung ist deshalb von Relevanz und daher hier vorzunehmen, weil vom Verpflichtungsgegner bzw. Anspruchsinhaber und Aktivlegitimierten die rechtliche Zulässigkeit der jeweiligen Stimmbindung abhängt.

1. *Restrukturierungsvereinbarung als Stimmbindungsvertrag unter Aktionären (Aktionärsvereinbarung)*

Sind Mehrheits- oder Großaktionäre an der zu restrukturierenden AG beteiligt[441], werden diese sich in der Restrukturierungsvereinbarung vor allem auch untereinander[442] zur Umsetzung der finanziellen Restrukturierung verpflichten. Sofern diese einen *Debt to Equity Swap* beinhaltet, werden sich die Aktionäre daher gegenseitig zu dessen Umsetzung verpflichten, sich also gegenseitig binden, auf der durch den Vorstand einzuberufenden Hauptversammlung für eine Kapitalherabsetzung, für eine sich daran anschließende Kapitalerhöhung sowie ggf. für einen

440 Siehe hierzu oben Kapitel 1 C. IV.

441 Ist nur ein Großaktionär vorhanden und befindet sich der Rest der Aktien in Streubesitz, bleibt nur die Möglichkeit, dass sich der Großaktionär gegenüber der Gesellschaft zur Ausübung seines Stimmrechts in einer bestimmten Weise verpflichtet (Insoweit ist der Sachverhalt mit demjenigen einer Investorenvereinbarung im Zusammenhang mit einer (öffentlichen) Übernahme vergleichbar.). Zu den Implikationen und Friktionen, die dabei insbesondere im Hinblick auf § 136 Abs. 2 AktG hervorgerufen werden, siehe unten Kapitel 2 C. IV. 3.

442 Dies könnte ggf. auch durch eine separate Aktionärsvereinbarung geschehen.

(teilweisen) Ausschluss ihres gesetzlichen Bezugsrechts zu stimmen. Die Restrukturierungsvereinbarung stellt sich insoweit dann als Stimmbindungsvertrag unter Aktionären, mithin als Aktionärsvereinbarung[443] dar. Stimmbindungsverträge unter Aktionären sind nach ganz h.M. grundsätzlich zulässig.[444] Die grundsätzliche Zulässigkeit ist Ausdruck der Abstimmungsfreiheit des Aktionärs[445] und ergibt sich aus einem Umkehrschluss zu § 136 Abs. 2 AktG[446], der Kernregelung zu Stimmbindungsverträgen[447], die zwar eine Stimmbindung gegenüber der Gesellschaft verbietet, jedoch damit prinzipiell von einer Zulässigkeit von Stimmbindungsverträgen ausgeht.

Dass sich Aktionäre untereinander hinsichtlich der Ausübung ihres Stimmrechts frei verpflichten können, ist auch deshalb nicht zu beanstanden, weil bei einer Bindung allein unter Aktionären kein Kompetenzübergriff durch ein anderes Organ zu besorgen ist. Die Willensbildung des Organs Hauptversammlung wird dabei gerade nicht von außen, d.h. von einem anderen Organ (bzw. von Dritten) beeinflusst. Sie beruht vielmehr auf den Willensentschlüssen einzelner Aktionäre, die durch einen Stimmbindungsvertrag lediglich gebündelt und damit zu einem einheitlichen und vorhersehbaren Organwillen zusammengeführt werden. Die Willensbildung des Organs Hauptversammlung erfolgt bei Stimmbindungsverträgen unter Aktionären folglich allein von innen heraus (endogene Willensbildung) und wird nicht von außen durch ein anderes Organ (Vorstand, Aufsichtsrat) oder Dritte „gestört“ (exogene Willensbildung). Bei dieser internen Willensbildung, d.h. bei den jeweiligen Abstimmungen, hat der einzelne Aktionär zwar seine

---

443 Ausführlich zu Aktionärsvereinbarungen siehe Schüppen/Schaub/*Sickinger*, Münchener Anwaltshandbuch Aktienrecht, § 11 Rn. 1 ff.

444 RGZ 133, 90; BGHZ 48, 163, 166 ff.; BGH NJW 1983, 1910, 1911; BGH NJW 1987, 1890, 1892; BGH WM 2009, 231; OLG Hamm OLGR 1095, 245; OLG Karlsruhe OLGR 1999, 358; OLG Köln WM 1988, 974; OLG Oldenburg AG 2006, 724, 725; MünchKommAktG-*Schröer* § 136 Rn. 64; KölnKommAktG-*Zöllner* § 136 Rn. 84; *Hüffer* Aktiengesetz § 133 Rn. 27; *Lübbert*, Abstimmungsvereinbarungen in den Aktien- und GmbH-Rechten der EWG-Staaten, der Schweiz und Großbritanniens, 1971, S. 95 ff.; *F.J. Semler*, Münchener Handbuch AG, § 38 Rn. 42; *Lutter/Grunewald* AG 1989, 109, 111; *Noack*, Gesellschaftervereinbarungen bei Kapitalgesellschaften, 1994, S. 66 ff.; *Rodemann*, Stimmbindungsvereinbarungen in den Aktien- und GmbH-Rechten Deutschlands, Englands, Frankreichs und Belgiens, 1998, S. 25 m.w.N.; *K. Schmidt* Gesellschaftsrecht § 21 II 4a; a.A. in der zum Teil älteren Literatur *C.E. Fischer* AcP 154 (1955), 224; *C.E. Fischer* AG 1959, 123, 127 ff.; *Müller-Erzbach*, Das private Recht der Mitgliedschaft als Prüfstein eines kausalen Rechtsdenkens, 1948, S. 213, 248 ff.; *Püttner*, Das Depotstimmrecht der Banken, 1963, S. 94 ff.

445 BGH AG 2009, 163, 164; *R. Fischer* GmbHR 1953, 65; *Hueck*, FS Nipperdey, 1955, S. 401, 412; *Rodemann*, Stimmbindungsvereinbarungen in den Aktien- und GmbH-Rechten Deutschlands, Englands, Frankreichs und Belgiens, 1998, S. 25 f.; kritisch *Zöllner* ZHR 155 (1991) 168, 170 ff.

446 Hüffer/*Koch* Aktiengesetz § 136 Rn. 25.

447 Spindler/Stilz/*Rieckers* § 136 Rn. 45.

mitgliedschaftlichen (Treue-)Pflichten zu beachten, ist aber im Übrigen weder zu einer unparteiischen noch zu einer unbeeinflussten Stimmrechtsausübung verpflichtet, vielmehr kann er sein Ermessen hier auch dahingehend ausüben, entsprechend dem Willen eines anderen abzustimmen.[448]

Dennoch unterliegen auch Stimmbindungsverträge innerhalb des Aktionariats gewissen Beschränkungen, die sich etwa aus einer Sittenwidrigkeit und entgegenstehenden Treuepflicht des Aktionärs ergeben können.[449] Ferner können Stimmbindungsverträge, die zwischen Aktionären abgeschlossen werden, auch deshalb nichtig sein, weil als Gegenleistung für das Nichtstimmen oder das Stimmen in einem bestimmten Sinn besondere Vorteile gefordert oder angeboten, gewährt oder angenommen werden (sog. Stimmenkauf)[450]. Ebenso sind Stimmbindungsverträge, durch die sich ein Aktionär verpflichtet, nach Weisung eines anderen Aktionärs abzustimmen, insoweit als unwirksam anzusehen, als der andere Aktionär nach § 136 Abs. 1 AktG oder aus anderen Gründen sein Stimmrecht nicht ausüben darf. Weiter sind Stimmbindungsverträge, die vinkulierte Namensaktien zum Gegenstand haben, unwirksam, wenn die Satzung für die Wirksamkeit des Vertrages die Zustimmung der Gesellschaft verlangt und diese nicht erteilt wird.[451] Im Übrigen besteht kein Erfüllungsanspruch, soweit ein Stimmbindungsvertrag auf eine objektiv unmögliche Leistung gerichtet ist[452], z.B. wenn ein Aktionär zur Wahl einer dem *Distressed Investor* geneigten Person in den Vorstand in der Hauptversammlung verpflichtet wird.[453] Der Anspruch ist dann wegen anfänglicher rechtlicher Unmöglichkeit nach den §§ 311 Abs. 1, 275 Abs. 1 BGB erst gar nicht zur Entstehung gelangt.

Die gegenseitige Stimmbindung von Altaktionären (und auch diejenige (künftiger) Aktionäre mit nach Umsetzung der finanziellen Restrukturierung verbleibenden Altaktionären hinsichtlich strategischer Restrukturierungsmaßnahmen[454]) ist in Restrukturierungsvereinbarungen also grundsätzlich zulässig. Ist eine solche

---

448 MünchKommAktG-*Schröer* § 136 Rn. 64; BGH WM 2009, 231; *Podewils* BB 2009, 733, 735.

449 Vgl. hierzu MünchKommAktG-*Schröer* § 136 Rn. 65.

450 Zu den besonderen Vorteilen im Sinne dieser Vorschrift gehöre nicht die Mitgliedschaft im Aufsichtsrat, so dass Vereinbarungen, in denen sich ein Aktionär gegenüber einem anderen verpflichtet, für dessen Wahl in den Aufsichtsrat zu stimmen, nicht den Tatbestand des Stimmenkaufs erfüllen, MünchKommAktG-*Schröer* § 136 Rn. 66. Dies kann insbesondere im Rahmen von Abreden zur Corporate Governance in Restrukturierungsvereinbarungen relevant werden.

451 RGZ 84, 170, 173 ff.; BGHZ 48, 163, 166 ff.; *R. Fischer* GmbHR 1953, 66 ff.; *Hüffer* Aktiengesetz § 133 Rn. 28; K. Schmidt/Lutter/*Spindler* § 136 Rn. 38; MünchKommAktG-*Schröer* § 136 Rn. 67, 68.

452 MünchKommAktG-*Schröer* § 136 Rn. 69.

453 Beispiel angelehnt an *Noack*, Gesellschaftervereinbarungen bei Kapitalgesellschaften, 1994, S. 145; vgl. MünchKommAktG-*Schröer* § 136 Rn. 69.

454 Siehe hierzu unten Kapitel 2 C. IV. 3.

Aktionärsvereinbarung daher Bestandteil einer Restrukturierungsvereinbarung, stellt sich sodann die Frage nach der rechtlichen Qualifikation dieses Teilregelungskomplexes. Dadurch, dass sich die Aktionäre gegenseitig zur Ausübung ihres Stimmrechts auf der Hauptversammlung und damit zur Umsetzung bestimmter Restrukturierungsschritte verpflichtet haben, könnten sie eine Gesellschaft bürgerlichen Rechts nach den §§ 705 ff. BGB bilden und die Restrukturierungsvereinbarung insoweit als Konsortial- und Poolvertrag einzuordnen sein mit der Folge, dass der Umsetzung der Maßnahmen und Beschlüsse nicht alle in der Restrukturierungsvereinbarung gebundenen Aktionäre zustimmen müssten, sondern dass ein Mehrheitsbeschluss (nicht nach Köpfen, sondern nach Kapitalanteilen) i.S.d. § 709 Abs. 2 BGB ausreichen würde. Die für die Beschlussfassung in der Aktiengesellschaft vorgeschriebenen Mehrheitserfordernisse schlagen nämlich nicht auf die vorgelagerte Beschlussfassung in der Poolgesellschaft durch.[455] Das Abstimmungsverhalten aller in der Restrukturierungsvereinbarung bzw. in der Poolgesellschaft gebundenen Aktionäre könnte also auch dann mit einfacher Mehrheit hinsichtlich sämtlicher gepoolter Aktien festgelegt werden, wenn der Beschluss auf Ebene der Aktiengesellschaft einer qualifizierten Mehrheit bedarf.[456] Da insbesondere die zur Umsetzung des *Debt to Equity Swap* erforderlichen Beschlüsse über die Kapitalmaßnahmen sowie über den Ausschluss des gesetzlichen Bezugsrechts einer qualifizierten Mehrheit bedürfen, könnte durch Gründung einer solchen Poolgesellschaft die Implementierung der finanziellen Restrukturierung erleichtert und damit ihre Planungssicherheit erhöht werden. Nach Abschluss der Restrukturierungsvereinbarung könnte ein *Debt to Equity Swap* dann mit einem einfachen Mehrheitsbeschluss der gebundenen Aktionäre umgesetzt werden, sofern die im Pool vertretenen Aktien einer Dreiviertelmehrheit des bei der jeweiligen Beschlussfassung vertretenen Grundkapitals entsprechen.

Fraglich ist daher, welche Voraussetzungen vorliegen müssen, damit die Restrukturierungsvereinbarung als Pool-GbR eingeordnet werden kann. Nach § 705 BGB bedarf es für das Vorliegen einer GbR eines gemeinsamen Zwecks sowie zu erbringender Beitragsleistungen durch die Gesellschafter. Gemeinsamer Zweck, den insbesondere die Altaktionäre verfolgen, ist die Implementierung des *Debt to Equity Swap* und damit im weiteren Sinne die erfolgreiche Umsetzung der finanziellen Restrukturierung. Die zu erbringenden Beiträge sind in der Abgabe der Stimme gemäß der getroffenen Vereinbarung zu sehen. Gehen die Aktionäre darüber hinaus die gegenseitige Bindung für eine gewisse

455 BGH AG 2009, 163; MünchKommAktG-*Schröer* § 136 Rn. 61; *Noack*, Gesellschaftervereinbarungen bei Kapitalgesellschaften, 1994, S. 207; *Zöllner*, FS Ulmer, 2003, S. 725, 737 ff.; *Odersky*, FS Lutter, 2000, S. 557, 559 f.; *König* ZGR 2005, 417, 422; *Podewils* BB 2009, 733, 735 f.; *Goette* DStR 2009, 2602 f.; *K. Schmidt* ZIP 2009, 737, 741 ff.; *Wertenbruch* NZG 2009, 645, 648.

456 So aber *Habersack* ZHR 164 (2000), 1, 15 ff.; MünchKommHGB-*Enzinger* § 119 Rn. 37; MünchKommAktG-*Pentz* § 23 Rn. 195.

Dauer und nicht nur für einzelne Abstimmungen ein, begründen sie eine Gesellschaft bürgerlichen Rechts.[457] Eine ganzheitliche Restrukturierung bestehend aus finanziellen, operativen sowie strategischen Komponenten erfordert in der Regel eine dauerhafte Mitwirkung der Aktionäre. Daher ist grundsätzlich davon auszugehen, dass die gegenseitige Bindungswirkung nicht nur für einzelne Abstimmungen, sondern für den gesamten Restrukturierungsprozess gewollt ist.[458] Der Stimmbindungsvertrag in der Restrukturierungsvereinbarung begründet daher regelmäßig zwischen den beteiligten Aktionären eine Gesellschaft bürgerlichen Rechts nach § 705 BGB. Abhängig davon wie die Restrukturierungsvereinbarung im Einzelfall ausgestaltet ist, liegt eine Innen- oder eine Außengesellschaft vor. Da die sich bindenden Aktionäre als Gesellschafter der GbR ihren Anteilsbesitz üblicherweise nicht in dieselbe einbringen, bilden sie kein Gesamthandsvermögen und es entsteht auch keine Außengesellschaft, sondern eine rein schuldrechtliche Innengesellschaft. Die Stimmrechte der GbR werden dann nicht einheitlich durch einen geschäftsführenden Gesellschafter nach § 714 BGB vertreten[459]. Vielmehr übt jeder Aktionär seine Stimmrechte selbst aus, so dass eine vertragswidrig abgegebene Stimme gültig ist.[460]

Verabreden sich die Aktionäre allerdings kurz vor der jeweiligen Hauptversammlung, um sich spontan über ihr Abstimmverhalten abzustimmen, liegt keine GbR vor, dann fehlt es vielmehr sogar schon am Rechtsbindungswillen für einen Stimmbindungsvertrag.[461] Da dem Abschluss von Restrukturierungsvereinbarungen in aller Regel intensive Verhandlungen vorausgehen, deren Zwischenergebnisse regelmäßig in einem *Term Sheet* rechtsverbindlich festgehalten werden, bevor sie in eine finale Restrukturierungsvereinbarung münden und die (Alt-) Aktionäre üblicherweise von Anfang an in diesen Prozess eingebunden werden, sind *Ad hoc*-Koalitionen mit dem Ziel, sich rein informell über ein bestimmtes Abstimmungsverhalten abzustimmen, bei geplanten und verabredeten außergerichtlichen Restrukturierungen eher selten anzutreffen.

2. Restrukturierungsvereinbarung als Stimmbindungsvertrag zwischen Aktionär und Nichtaktionär

Die Mitwirkung der Gläubiger ist unstreitig wesentliche Voraussetzung für die erfolgreiche Umsetzung einer finanziellen Restrukturierung. Ohne deren Willen kann ein *Debt to Equity Swap* außergerichtlich grundsätzlich[462] nicht durchgeführt

457 Vgl. MünchKommAktG-*Schröer* § 136 Rn. 60.
458 Eine ausdrückliche Regelung in der Restrukturierungsvereinbarung ist hier allerdings ratsam.
459 Vgl. MünchKommAktG-*Schröer* § 136 Rn. 60.
460 Vgl. MünchKommAktG-*Schröer* § 136 Rn. 60.
461 Vgl. Spindler/Stilz/*Rieckers* § 136 Rn. 47.
462 Vorbehaltlich der Kollektivwirkung des § 5 Abs. 3 SchVG.

werden. Die Einbringung ihrer notleidenden Forderungen in die Gesellschaft bzw. ihr Verzicht hierauf ist regelmäßig unabdingbar für die Implementierung eines *Debt to Equity Swap* und die Entschuldung der Gesellschaft. Die Gläubiger, insbesondere auch die Anleihegläubiger, sind daher bereits in der Restrukturierungsvereinbarung zur Vornahme dieser Schritte zu verpflichten.[463] Ohne dass ihnen jedoch rechtsverbindlich eine Gegenleistung für die Einbringung bzw. den Verzicht versprochen wird, werden sie kaum bereit sein, eine Verpflichtung in der Restrukturierungsvereinbarung zu übernehmen. Daher wird üblicherweise dort die Pflicht der Gesellschaft fixiert, den Gläubigern im Gegenzug für den „Schuldenschnitt" (*Hair Cut*) die jungen, neu entstehenden Aktien aus der durchzuführenden Kapitalerhöhung zu liefern. Da wie oben bereits dargestellt sowohl die Vereinbarung dieser Zusicherung als auch der Kapitalerhöhungsbeschluss selbst wiederum maßgeblich vom Willen der Altaktionäre abhängig sind, ist die Vorhersehbarkeit und Sicherstellung ihrer Willensbildung für die Lieferfähigkeit der Gesellschaft und damit letztlich für die Planungssicherheit des gesamten außergerichtlichen Restrukturierungsverfahrens essentiell. Um die Lieferfähigkeit der Gesellschaft zu gewährleisten und die Prozessplanungssicherheit zu optimieren, ist es daher geboten, dass sich die Altaktionäre hinsichtlich der Ausübung ihres Stimmrechts nicht nur untereinander, also nicht nur gegenüber den anderen Altaktionären (sowie gegenüber der Gesellschaft[464]), sondern auch direkt gegenüber den forderungseinbringenden bzw. -verzichtenden Gläubigern dahingehend verpflichten, für die zur Implementierung eines *Debt to Equity Swap* erforderlichen Beschlüsse zu stimmen. Die Gläubiger bzw. der *Distressed Investor* werden zwar regelmäßig durch die Umsetzung des *Debt to Equity Swap* zu Aktionären der Gesellschaft. Im Zeitpunkt des Abschlusses der Restrukturierungsvereinbarung und daher auch im Zeitpunkt der Durchführung des *Debt to Equity Swap*, d.h. im Zeitpunkt der Stimmabgabe der Altaktionäre, sind die Gläubiger jedoch formal gesehen lediglich künftige Aktionäre, mithin Nichtaktionäre bzw. außenstehende Dritte.[465] Ob eine

---

463 Anleihegläubiger sind – soweit möglich – in der Restrukturierungsvereinbarung gegenüber den Altaktionären, gegenüber der Gesellschaft, gegenüber anderen Gläubigern und untereinander zu verpflichten, auf den Anleihegläubigerversammlungen nach dem SchVG [2009] ihr Stimmrecht dahingehend auszuüben, dass ihre Forderungen aus den einzelnen Schuldverschreibungen (Notes) auf die Gesellschaft bzw. eine zu diesem Zweck eingerichtete Abwicklungsstelle im Gegenzug für den Erhalt von Erwerbsrechten auf den Bezug der jungen Aktien aus der Kapitalerhöhung übertragen werden. Fraglich ist, ob bei ihrer Stimmbindung gegenüber der Gesellschaft § 136 Abs. 2 AktG analog anzuwenden ist (hierzu siehe eingehend unten Kapitel 2 C. IV. 3. e)).

464 Zur den Implikationen eines Stimmbindungsvertrages, der zu Gunsten der Gesellschaft abgeschlossen wird, mit § 136 Abs. 2 AktG siehe unten Kapitel 2 C. IV. 3.

465 Dies stellt sich dann anders dar, wenn in der Restrukturierungsvereinbarung Maßnahmen festgelegt werden, die die Gläubiger als künftige Aktionäre nach Closing der finanziellen Restrukturierung umsetzen sollen bzw. zu unterlassen haben, wie etwa eine Zerschlagung der Gesellschaft. Die Stimmabgabe erfolgt dann nämlich zu

solche Einflussnahme von Nichtaktionären auf die Beschlüsse der Aktiengesellschaft vor dem Hintergrund einer damit verbundenen Verlagerung gesellschaftsrechtlicher Zuständigkeiten auf Dritte sowie der Gefahr, dass die Treuepflicht des Aktionärs auf diese Weise von der Stimmrechtsausübung getrennt wird, zulässig ist, ist äußerst fraglich und soll daher im Folgenden eingehend untersucht werden.

Eine Einflussnahme von Nichtaktionären[466] auf Beschlüsse der Aktiengesellschaft durch Stimmbindungsverträge wird aufgrund der genannten Gefahren teilweise in der Tat abgelehnt, insbesondere wenn die Stimmrechtsbindung als klagbarer und vollstreckbarer Erfüllungsanspruch ausgestaltet wird.[467] Es stelle für Kapitalgesellschaften, die auf dem Prinzip kapitalistischer Machtverteilung aufbauen, eine ungewöhnliche Konstellation dar, dass Einfluss und Verantwortung (im Sinne von Haftung und Kapitalrisiko) auseinanderfallen.[468] Einer solchen Argumentation ist, insbesondere im Hinblick auf Stimmbindungsverträge, die mit Nichtaktionären in Sanierungssituationen geschlossen werden, entschieden entgegenzutreten:

Erstens handelt es sich bei denjenigen Gläubigern, die bereit sind, im Rahmen der finanziellen Restrukturierung ihre Forderungen in Aktien der Gesellschaft „umzuwandeln“, also insbesondere beim *Distressed Investor*, nicht um außenstehende

---

einem Zeitpunkt, zu dem sich das Aktionariat aus Neu- und Altaktionären zusammensetzt. Das schuldrechtliche Stimmbindungsverhältnis ist dann eines unter Aktionären, so dass bezüglich der rechtlichen Zulässigkeit auf die obigen Ausführungen verwiesen werden kann. Wiederum anders verhält es sich jedoch dann, wenn ein und derselbe Neuaktionär zugleich auch Gläubiger der Gesellschaft ist. Hinsichtlich desjenigen Teils des Stimmbindungsvertrages, der mit ihm als Gläubiger abgeschlossen wird, sind dann die hier folgenden rechtlichen Aspekte zu beachten, die für Stimmbindungsverträge mit Nichtaktionären gelten.

466 Vgl. hierzu auch *v. Falkenhausen/Bruckner* AG 2009, 732, 737: „Der Verband muss vornehmlich von der Willensbildung seiner Mitglieder getragen werden; es darf kein so großer Fremdeinfluss durch vertragliche Abreden entstehen, dass der Verband praktisch nur noch ein rechtlich verselbständigtes Sondervermögen Dritter darstellt (*K. Schmidt*, Gesellschaftsrecht, § 24 V 2, mit Verweis auf BayObLG v. 23.8.1979 – BReg. 2 Z 14/79 = NJW 1980, 1756).“ Aus diesem Gedanken entstamme die Diskussion, ob Stimmbindungen eines Gesellschafters gegenüber einem Nichtgesellschafter unwirksam sind, vgl. etwa MünchKommAktG-*Schröer* § 136 Rn. 70 ff. m.w.N. zum Meinungsstand.

467 *Hüffer* Aktiengesetz § 133 Rn. 27; *Priester*, FS Werner, 1984, S. 657, 671 ff.; *Habersack* ZHR 164 (2000) 1, 12; *Flume*, Die juristische Person, 1983, § 7 VI (S. 240 ff.); dazu ausführlich *Rodemann*, Stimmbindungsvereinbarungen, S. 27 ff.; zur praktischen Relevanz von Stimmbindungsverträgen mit Nichtaktionären *Zutt* ZHR 155 (1991), 190, 213 ff. Eine solche Ausgestaltung ist bei Restrukturierungsvereinbarungen allerdings üblich.

468 MünchKommAktG-*Schröer* § 136 Rn. 70; In diesem Sinne auch KölnKommAktG-*Zöllner* § 136 Rn. 93; RGZ 69, 134, 137 stufte Stimmbindungsverträge mit Dritten als sittenwidrig ein.

Dritte, sondern um künftige Aktionäre, die gerade gewillt sind, ein Eigenkapitalrisiko zu übernehmen. Die Stimmbindung dient dabei lediglich der Sicherung ihres Einstiegs in die Eigenkapitalposition. Sie dient mithin der Transaktionssicherung (*Deal Protection*)[469] und soll es den Gläubigern gerade ermöglichen, Verantwortung im Sinne von Haftung und Kapitalrisiko zu übernehmen.

Zweitens muss berücksichtigt werden, dass insbesondere die Finanzgläubiger als Fremdkapitalgeber schon Investoren der Gesellschaft sind und daher bereits ein Kapitalrisiko tragen, das sich in einer Krise, also zu einem Zeitpunkt, zu dem der Stimmbindungsvertrag zu ihren Gunsten abgeschlossen wird, längst realisiert hat. Bei ihnen von Dritten zu sprechen wäre daher verfehlt. Sie sind ebenso wie die Altaktionäre *Stakeholder* der Gesellschaft. Es wäre nicht richtig, sie einerseits in die Verantwortung im Sinne von Haftung und Kapitalrisiko – in einer insolvenznahen Krise ist der Wert ihrer Fremdkapitalinvestition in aller Regel erheblich gemindert, was sich in den Preisen ihrer Kredit- und/oder Anleiheforderungen auf den Sekundärmärkten widerspiegelt – zu nehmen, ihnen jedoch andererseits nicht einmal denjenigen Einfluss auf die Gesellschaft zu gewähren, der notwendig ist, um ihren Einstieg ins Eigenkapital, also in „die Verantwortung" zu sichern.

Drittens verdichtet sich in der Krise der Gesellschaft, insbesondere dann, wenn der Unternehmenswert nicht mehr die ausstehenden Verbindlichkeiten deckt, das Unternehmensinteresse im Gläubigerinteresse[470], so dass die nachrangig zu berücksichtigenden Aktionäre als Eigenkapitalgeber, die mit ihrer Eigenkapitalinvestition *out of the money* sind, zugunsten der vorrangig zu berücksichtigenden Gläubiger sich zu transaktionssichernden Maßnahmen verpflichten müssen, wie etwa ihre Stimme im Sinne der vorrangigen Gläubiger auszuüben, wollen sie das Unternehmensinteresse wahren.

Viertens ist eine Stimmbindung der Altaktionäre gegenüber den Gläubigern auch geboten, wenn es sich bei „den Altaktionären" lediglich um einen Großaktionär handelt, dem außer der Gläubigergruppe kein anderer Aktionär als Vertragspartner gegenübersteht, weil sich der „Rest" der Aktien in Streubesitz befindet und die Inhaber der Aktien nicht ausgemacht werden können. Dann nämlich kann die Transaktionssicherung nur durch einen Vertrag zwischen den Gläubigern und dem einen Großaktionär erfolgen. Eine Stimmbindung gegenüber den Gläubigern ist insbesondere auch deshalb geboten, weil eine Verpflichtung des (Groß-)Aktionärs gegenüber der Gesellschaft aufgrund des Stimmbindungsverbots des § 136 Abs. 2 AktG wenn nicht gänzlich unwirksam so doch mit erheblicher Rechtsunsicherheit belastet ist.[471] Einem Stimmbindungsvertrag, der in Insolvenznähe von einem Großaktionär mit Nichtaktionären zur Überwindung der Krise und Vermeidung

469 Vgl. zu Deal-Protection-Klauseln im Zusammenhang mit Investorenvereinbarungen bei öffentlichen Übernahmen *Seibt/Wunsch* Der Konzern 2009, 195, 197 f.

470 Hierzu siehe eingehend unten Kapitel 3.

471 Hierzu siehe sogleich Kapitel 2 C. IV. 3.

der Insolvenz geschlossen wird, die Wirksamkeit streitig zu machen[472] oder ihn gar als sittenwidrig einzustufen[473], wäre daher verfehlt.

Stimmbindungsverträge können daher auch mit Nichtaktionären geschlossen werden und sind als Teil einer ganzheitlichen Restrukturierungsvereinbarung zulässig. Dies insbesondere dann, wenn es sich bei diesen um künftige Aktionäre handelt und Zweck des Stimmbindungsvertrages die Sicherung der Übernahme ihrer künftigen Eigenkapitalbeteiligung im Rahmen eines *Debt to Equity Swap* ist. Dies gilt umso mehr, wenn darüber hinausgehender Zweck des Stimmbindungsvertrages die Herstellung von Planungssicherheit im Hinblick auf einen außergerichtlichen Restrukturierungsprozess sowie die Vermeidung der Insolvenz der Gesellschaft ist.

Im Übrigen verstößt ein Stimmbindungsvertrag mit Nichtaktionären auch nicht gegen das Abspaltungsverbot[474], da den Nichtaktionären, d.h. den Gläubigern, kein eigenes Stimmrecht zuwächst, sondern sie nur Einfluss auf die Ausübung des Stimmrechts durch den gebundenen Altaktionär erlangen.[475] Es kommt daher nicht zu einer Trennung von Stimmrechtsausübung und Treuepflicht.[476] Es ist lediglich in den Blick zu nehmen, ob der Aktionär bei der Stimmabgabe selbst treuwidrig handelt. Ob er dabei seine vermeintlichen Pflichten aus einem nichtigen, weil zu treuwidrigem Verhalten anhaltenden Stimmbindungsvertrag erfüllt, ist gleichgültig. Es ist auch zu berücksichtigen, dass sich – wie oben bereits angerissen – in einer Krise das Unternehmensinteresse im Gläubigerinteresse verdichtet, so dass sowohl der Abschluss eines Stimmbindungsvertrages mit den Gläubigern bzw. Nichtaktionären, der deren Einstieg ins Eigenkapital vorbereitet, als auch die Ausübung des Stimmrechts nach Maßgabe dieses Vertrages gerade im Unternehmensinteresse erfolgen und daher treuepflichtkonform sein werden. Vielmehr wird in Sanierungssituationen der Nichtabschluss eines solchen Vertrages als treuwidrig einzustufen sein.

Die Besorgnis ein weisungsgebundener Aktionär würde zum „steinernen Gast" der Hauptversammlung, der den Beiträgen und Gegenvorstellungen in der Hauptversammlung nicht mehr zugänglich sei[477], ist ebenfalls in der vorliegend untersuchten insolvenznahen Konstellation unbegründet. Eine außergerichtliche Restrukturierung wird in aller Regel nicht in der Hauptversammlung debattiert, verhandelt und dann abgestimmt. Durch die Hauptversammlung

472 So MünchKommAktG-*Schröer* § 136 Rn. 70; KölnKommAktG-*Zöllner* § 136 Rn. 93.

473 RGZ 69, 134, 137.

474 Vgl. MünchKommAktG-*Schröer* § 136 Rn. 71; „Kein Stimmrecht ohne Aktie", *Hüffer* Aktiengesetz § 133 Rn. 27; K. Schmidt/Lutter/*Spindler* § 136 Rn. 37; Bürgers/Körber/*Holzborn* § 136 Rn. 23; siehe auch *Zöllner* ZHR 155 (1991), 168, 181.

475 MünchKommAktG-*Schröer* § 136 Rn. 71.

476 MünchKommAktG-*Schröer* § 136 Rn. 71.

477 Ausdruck von *Max Wolff* JW 1929, 2115, 2116; vgl. MünchKommAktG-*Schröer* § 136 Rn. 72.

wird lediglich ein Teilschritt eines ganzheitlichen außergerichtlichen Restrukturierungskonzeptes implementiert. Die Hauptversammlung handelt insoweit eher als Ausführungsorgan als als Willensbildungsorgan. Ein außergerichtliches Restrukturierungskonzept wird vielmehr effektiv zwischen der Gesellschaft, ihren maßgeblichen Kreditgebern und Großaktionären abseits der Hauptversammlung verhandelt. Vor der Hauptversammlung findet daher die eigentliche Willensbildung in Bezug auf eine außergerichtliche Restrukturierung statt, wobei versucht wird, den kollektiven Willen der maßgeblichen *Stakeholder* in der Restrukturierungsvereinbarung rechtsverbindlich zu fixieren. Durch die Hauptversammlung wird lediglich ein Teil des in der Restrukturierungsvereinbarung weitgehend koordinierten Verhaltens der einzelnen *Stakeholder* umgesetzt. Eine originäre Willensbildung findet dort, zumindest im Rahmen von außergerichtlichen Restrukturierungen, eher nicht statt.

Zum Teil werden Stimmbindungsverträge mit Nichtaktionären als kritisch angesehen, die den Aktionären ihre Satzungsautonomie nehmen, indem sie Nichtaktionären nicht konkretisierte Weisungsrechte hinsichtlich Satzungsänderungen einräumen.[478] Zwar werden in Restrukturierungsvereinbarungen die Altaktionäre gerade verpflichtet, Satzungsänderungen vorzunehmen, wenn sie die für einen *Debt to Equity Swap* erforderlichen Kapitalmaßnahmen beschließen sollen. Das Abstimmungsverhalten wird in der Restrukturierungsvereinbarung allerdings bereits derart konkretisiert sein, so dass eine Weisung schon begrifflich nicht vorliegt.[479] Schließlich kann auch zwischen Aktionären und Gläubigern als Nichtaktionären eine Pool-Innen-GbR gegründet werden, so dass die für den *Debt to Equity Swap* erforderlichen Kapitalmaßnahmen im Vorfeld der Hauptversammlung zwischen den Altaktionären und den Gläubigern als Gesellschaftern der Pool-GbR mehrheitlich entschieden werden können. Es gelten dabei die gleichen Voraussetzungen wie bei einer Gründung allein unter Aktionären. Gemeinsamer Zweck ist ebenso die Umsetzung des *Debt to Equity Swap.* Allerdings liegt die Beitragsleistung der Gläubiger in der Forderungseinbringung bzw. im Forderungsverzicht und nicht (wie bei der Aktionärs-GbR) in der Stimmabgabe gemäß den Vorgaben der Restrukturierungsvereinbarung.

3. Restrukturierungsvereinbarung als Stimmbindungsvertrag zwischen Aktionär und Gesellschaft

Eine Restrukturierungsvereinbarung qualifiziert regelmäßig zugleich als Stimmbindungsvertrag zwischen Aktionär und Gesellschaft. Denn zum einen werden in

---

478 MünchKommAktG-*Schröer* § 136 Rn. 73; *Priester,* FS Werner, 1984, S. 657, 671ff.; KölnKommAktG-*Zöllner* § 179 Rn. 170; zurückhaltender *ders.* ZHR 155 (1991), 168, 182; ein umfassendes Weisungsrecht auch insoweit bejahend Spindler/Stilz/*Rieckers* § 136 Rn. 50; Bürgers/Körber/*Holzborn* § 136 Rn. 23.

479 Siehe hierzu die Ausführungen oben Kapitel 2 C. I. 1. zu § 76 AktG.

ihr nicht nur die Altgesellschafter gegenüber anderen Altaktionären und Nichtaktionären sondern auch gegenüber der Gesellschaft selbst verpflichtet, den für einen *Debt to Equity Swap* erforderlichen Kapitalmaßnahmen zuzustimmen. Zum anderen können Gesellschaft und *Distressed Investor* in der Restrukturierungsvereinbarung rechtsverbindlich Spielregeln für ihr künftiges Miteinander fixieren, etwa dahingehend, dass der *Distressed Investor* als künftiger Aktionär der Gesellschaft eine bestimmte vom Vorstand eingeschlagene Unternehmensstrategie unterstützt und sämtliche der Strategie zuwiderlaufenden Maßnahmen unterlässt, also insbesondere die Unternehmensgruppe nicht zerschlägt. In einem solchen Fall verpflichtet er sich gegenüber der Gesellschaft, auch nach Abschluss der finanziellen Restrukturierung, d.h. nach Umsetzung des *Debt to Equity Swap*, von seinem Stimmrecht in der Hauptversammlung in einer bestimmten Weise Gebrauch zu machen. Im Gegenzug wird der *Distressed Investor* dann allerdings von der Gesellschaft Zugeständnisse verlangen, etwa dass nach Beteiligungsübernahme die Gremien der Gesellschaft mit Personen seiner Wahl besetzt werden.[480]

Eine Verpflichtung gegenüber der Gesellschaft wird insbesondere auch dann sinnvoll sein, wenn außer der Gesellschaft kein Rechtssubjekt (mehr) vorhanden ist, gegenüber dem sich die (Neu-)Aktionäre verpflichten könnten. Dies wird vor allem dann der Fall sein, wenn nach Beteiligungsübernahme durch den *Distressed Investor* nur dieser als Großaktionär übrig bleibt, weil die anderen, ehemaligen Großaktionäre im Zuge des *Debt to Equity Swap* ihre Aktien „einbüßen“ mussten und sich die übrigen Aktien in Streubesitz sowie in den Händen von Kleinanlegern befinden. Soll dann der weitere Restrukturierungsprozess und die Umsetzung der Unternehmensstrategie nicht dem freien Spiel der Kräfte überlassen werden – mit möglicherweise nur schwer vorhersehbaren Ergebnissen – und stattdessen der ordnenden Kraft einer Vereinbarung unterstellt werden, ist dies praktisch nur möglich, wenn sich die Aktionäre gegenüber der Gesellschaft selbst verpflichten.[481] Stimmbindungsverträge zwischen Aktionären einerseits und der Gesellschaft andererseits könnten jedoch nach § 136 Abs. 2 AktG unwirksam sein.

Nach § 136 Abs. 2 Satz 1 AktG ist ein Vertrag, durch den sich ein Aktionär verpflichtet, nach Weisung der Gesellschaft, des Vorstandes oder des Aufsichtsrats der Gesellschaft oder nach Weisung eines abhängigen Unternehmens das Stimmrecht auszuüben, nichtig. Nach Satz 2 der Norm ist ebenso ein Vertrag nichtig, durch den sich ein Aktionär verpflichtet, für die jeweiligen Vorschläge des Vorstands oder des Aufsichtsrats der Gesellschaft zu stimmen. § 136 Abs. 2 AktG kommt eine doppelte Schutzfunktion zu: Zum einen soll die Willensbildung der Hauptversammlung vor einer Einflussnahme durch den Vorstand geschützt werden.[482] Die Norm ist daher Ausdruck der Gewaltenteilung in der Aktiengesellschaft.[483] Zum anderen soll das

480 Hierzu siehe ausführlich unten Kapitel 2 C. VI.

481 So ausdrücklich *Kiem* AG 2009, 301, 305 im Zusammenhang mit Investorenvereinbarungen.

482 Vgl. Spindler/Silz/*Rieckers* AktG § 136 Rn. 4.

483 Vgl. Spindler/Silz/*Rieckers* AktG § 136 Rn. 4.

Gleichgewicht von Einflussnahme und Kapitalrisiko aufrechterhalten werden.[484] Durch die Einflussnahme der kein eigenes Kapitalrisiko tragenden Verwaltung der Gesellschaft auf die Entscheidungen der Aktionäre würde dieses gestört werden.[485] Die Stimmrechtsausübung soll in die Hände dessen gelegt werden, der das wirtschaftliche Risiko trägt.[486] Die in Restrukturierungsvereinbarungen festgelegten Stimmbindungen zu Lasten der Aktionäre und zu Gunsten der Gesellschaft widersprechen daher auf den ersten Blick dem gesetzlichen Konzept der Organverfassung, mithin der zwingenden aktienrechtlichen Kompetenzordnung.[487] Ob dies tatsächlich der Fall ist, gilt es im Folgenden zu untersuchen.

Dabei ist zunächst zu prüfen, ob bei den einzelnen Stimmbindungen überhaupt der Tatbestand des § 136 Abs. 2 AktG erfüllt ist bzw. ein tatbestandlicher Eingriff vorliegt. Kann dies bejaht werden, ist in einem nächsten Schritt zu klären, ob dieser Eingriff gerechtfertigt ist. Ist er es nicht, stellt sich die daran anschließende Frage, welche Rechtsfolgen an einen unwirksamen Stimmbindungsvertrag zu knüpfen sind und wie eine auf seiner Grundlage erfolgte Stimmabgabe zu beurteilen ist. Schließlich soll erforscht werden, inwieweit § 136 Abs. 2 AktG zum einen in bestimmten Sachverhalten teleologisch zu reduzieren, zum anderen auf Stimmbindungsverträge, die zwischen der Gesellschaft und Anleihegläubigern geschlossen werden, auszudehnen, d.h. analog anzuwenden ist.

a) Tatbestandlicher Eingriff

Ein tatbestandlicher Eingriff in die Verbotsnorm[488] des § 136 Abs. 2 AktG liegt nur vor, wenn (i) die Aktionäre den erforderlichen Rechtsbindungswillen für eine Stimmbindung aufbringen, (ii) einer der Fälle des § 136 Abs. 2 AktG vorliegt, (iii) der Gegenstand der Stimmbindung in die Kompetenz der Hauptversammlung fällt und (iv) der Konkretisierungsgrad der Weisung nicht derart hoch ist, dass schlicht nicht mehr von einer Weisung der Gesellschaft und damit auch nicht mehr von einer originären Entscheidung ihrerseits gesprochen werden kann. Eine Einflussnahme auf die Entscheidungsfindung der Hauptversammlung würde nämlich dann nicht vorliegen, wenn der Vorstand namens der Gesellschaft keine eigene, originäre Entscheidung trifft, d.h. nicht sowohl über das „Ob" als auch das „Wie" hinsichtlich der Ausübung des Stimmrechts der Aktionäre entscheiden kann[489].

---

484 Vgl. MünchKommAktG-*Schröer* § 136 Rn. 83.

485 Ähnlich MünchKommAktG-*Schröer* § 136 Rn. 1.

486 K. Schmidt/Lutter/*Spindler* § 136 Rn. 3; *Kiem* AG 2009, 301, 308; *Otto* AG 1991, 369, 376 ff.

487 Vgl. MünchKommAktG-*Schröer* § 136 Rn. 74.

488 § 136 Abs. 2 AktG stellt als eine die zwingende aktienrechtliche Kompetenzordnung schützende Vorschrift einen Verbotstatbestand i.S.d. § 134 BGB dar.

489 Vgl. hierzu die Parallelität zu den obigen Ausführungen im Hinblick auf einen tatbestandlichen Eingriff in § 76 AktG, Kapitel 2 C. I. 1. a) bb)(3).

aa) Rechtsbindungswille

Der erforderliche Rechtsbindungswille auf Seiten der Altaktionäre wäre dann auszuschließen, wenn diese entweder selbst lediglich eine informelle *Ad hoc*-Koalition[490] – ggf. unter Einbeziehung der Gesellschaft – kurz vor der Abstimmung eingingen, oder sich zwar untereinander rechtsverbindlich hinsichtlich ihres Abstimmungsverhaltens binden wollten, die Gesellschaft jedoch nur informell hierüber informierten, ihr aber keinen Erfüllungsanspruch auf ein konkretes Abstimmungsverhalten verschaffen würden. Beides ist jedoch während eines außergerichtlichen Sanierungsprozesses, der mithilfe einer Restrukturierungsvereinbarung in rechts- und planungssichere Bahnen gelenkt wird, regelmäßig nicht der Fall. Gerade in insolvenznahen Restrukturierungssituationen ist zur Vermeidung von Insolvenzgründen neben seiner raschen Umsetzung die Rechts- und Planungssicherheit des Sanierungsprozesses erfolgsentscheidend. Ohne eine rechtsverbindliche Festlegung von Verhaltenspflichten wird die erforderliche Rechts- und Planungssicherheit allerdings nicht gewährleistet sein.

bb) Kasuistik des Einflussnahmeverbots des § 136 Abs. 2 AktG

(1) § 136 Abs. 2 Satz 1, 1. Fall AktG

Das Einflussnahmeverbot des § 136 Abs. 2 AktG erfasst in erster Linie die Bindung der Aktionäre an Weisungen der Gesellschaft (§ 136 Abs. 2 Satz 1, 1. Fall AktG). Dabei ist gleichgültig, ob die Weisungen durch Organe, einen Prokuristen oder andere Vertreter der Gesellschaft erfolgen sollen.[491] Regelmäßig ist die zu restrukturierende Gesellschaft selbst Partei einer Restrukturierungsvereinbarung[492], so dass die Verpflichtung der Aktionäre, ihr Stimmrecht in einer bestimmten Weise auszuüben, vor allem auch zu ihren Gunsten verabredet wird. Typischerweise ist daher im Rahmen von Restrukturierungsvereinbarungen § 136 Abs. 2 Satz 1, 1. Fall AktG einschlägig.

(2) § 136 Abs. 2 Satz 1, 2. Fall AktG

Nach § 136 Abs. 2 Satz 1, 2. Fall AktG wird desweiteren die Bindung der Aktionäre an Weisungen des Vorstands oder des Aufsichtsrats verboten. Nicht auszuschließen ist, dass neben der Gesellschaft selbst auch einzelne Organmitglieder im Rubrum der Restrukturierungsvereinbarung aufgeführt werden und damit ebenso Vertragspartei sind. Dies kann insbesondere dann der Fall sein, wenn die einzelnen Organmitglieder zugleich zu den wesentlichen Eigenkapitalgebern (ggf. auch Fremdkapitalgebern) der Gesellschaft gehören oder solche im Zuge der

---

490 Hierzu siehe oben Kapitel 2 C. IV. 1.

491 MünchKommAktG-*Schröer* § 136 Rn. 76; KölnKommAktG-*Zöllner* § 136 Rn. 98; *Hüffer* Aktiengesetz § 136 Rn. 26; K. Schmidt/Lutter/*Spindler* § 136 Rn. 40.

492 Siehe hierzu ausführlich oben Kapitel 1 C. II. und IV.

Restrukturierung durch das Leisten eigener Sanierungsbeiträge werden sollen. Die Aktionäre binden sich dann auch ihnen gegenüber. Der Tatbestand des § 136 Abs. 2 Satz 1, 2. Fall AktG wäre daher auf den ersten Blick erfüllt. Vorstand und Aufsichtsrat werden mangels eigener Rechtsfähigkeit jedoch üblicherweise nicht Vertragspartner einer Restrukturierungsvereinbarung; gegenüber den Organen selbst binden sich die Aktionäre in einer Restrukturierungsvereinbarung daher gerade nicht. Überdies können bei § 136 Abs. 2 Satz 1, 2. Fall AktG nur diejenigen Fälle gemeint sein, in denen das jeweilige Organ nicht bereits die Gesellschaft vertritt.[493] Aufgrund fehlender Rechtssubjektsqualität der Gremien werden daher nur solche Fälle erfasst, in denen das jeweilige Organ oder einzelne Mitglieder auf Grund besonderer Umstände nicht im Namen der Gesellschaft, sondern im Namen der Gesamtheit (!) ihrer Mitglieder handeln.[494] Die Bindung an die Weisungen einzelner Vorstands- oder Aufsichtsratsmitglieder wird vom Gesetz allerdings nicht untersagt, solange nicht Umgehungsgesichtspunkte hinzutreten.[495] Eine Stimmbindung der Aktionäre gegenüber einzelnen Gremienmitgliedern in Restrukturierungsvereinbarungen stellt daher grundsätzlich keinen tatbestandlichen Eingriff in § 136 Abs. 2 AktG dar. Wie oben bereits erwähnt, ist eine Bindung gegenüber einzelnen Organmitgliedern typischerweise dann begründet, wenn diese deshalb Partei der Restrukturierungsvereinbarung werden, weil sie im Zeitpunkt der Unterzeichnung bereits zum Kreis der wesentlichen Kapitalgeber der zu restrukturierenden Gesellschaft gehören oder in diesen Kreis im Zuge der Implementierung der Restrukturierung durch Leistung eigener Sanierungsbeiträge aufgenommen werden sollen.

(3) § 136 Abs. 2 Satz 1, 3. Fall AktG

Nach § 136 Abs. 2 Satz 1, 3. Fall AktG ist auch die Bindung an Weisungen abhängiger Unternehmen untersagt, wobei für den Begriff des abhängigen Unternehmens § 17 AktG gilt.[496] Durch die Regelung soll die Umgehung der ersten beiden Fälle durch die Einflussnahme auf ein von der Aktiengesellschaft abhängiges Unternehmen verhindert werden.[497] § 136 Abs. 2 Satz 1, 3. Fall AktG kann durchaus auch bei Restrukturierungsvereinbarungen eine Rolle spielen:

---

493 So überzeugend MünchKommAktG-*Schröer* § 136 Rn. 77.

494 MünchKommAktG-*Schröer* § 136 Rn. 77; KölnKommAktG-*Zöllner* § 136 Rn. 99.

495 MünchKommAktG-*Schröer* § 136 Rn. 77; *v. Godin/Wilhelmi* § 136 Anm. 7; KölnKommAktG-*Zöllner* § 136 Rn. 102; GroßkommAktG-*Grundmann* § 136 Rn. 78; Spindler/Stilz/*Rieckers* § 136 Rn. 53; K. Schmidt/Lutter/*Spindler* § 136 Rn. 41; siehe auch OLG Oldenburg AG 2006, 724, 725; kritisch *Otto* AG 1991, 369, 379; Heidel/*Pluta* Aktien- und Kapitalmarktrecht § 136 AktG Rn. 26; Bürgers/Körber/*Holzborn* § 136 Rn. 24 stellt darauf ab, ob die Bindung an die Weisung des einzelnen Organmitglieds der Verwaltungstätigkeit des Organs dienen soll.

496 MünchKommAktG-*Schröer* § 136 Rn. 78.

497 MünchKommAktG-*Schröer* § 136 Rn. 78.

Für die Umsetzung eines ganzheitlichen Restrukturierungskonzepts ist neben der Mitwirkung der Gesellschaft auch häufig diejenige ihrer Tochter- und Enkelgesellschaften erforderlich. Dies deshalb, weil Kreditnehmerin bzw. Schuldnerin der zu restrukturierenden Finanzverbindlichkeiten oftmals nicht nur die Gesellschaft selbst ist, sondern auch ihre Tochter- und Enkelgesellschaften. In Konzernstrukturen sind diese häufig alleinige Trägerinnen des operativen Geschäfts, wohingegen die Muttergesellschaft nicht selten als reine Holdinggesellschaft (*HoldCo*) fungiert. Im Rahmen einer typischen Akquisitions- bzw. *Leveraged Buy-out*-Finanzierung[498] werden deshalb einige Kredittranchen des Konsortialkredits, insbesondere die revolvierende Betriebsmittelkreditlinie (*Revolving Credit Facility*), allein der über operatives Geschäft verfügenden Tochtergesellschaft ausgereicht. Folge ist, dass diese auch unmittelbare Schuldnerin (*Obligor*) aus dem Kreditverhältnis ist. Darüber hinaus fungieren die operativ tätigen Tochtergesellschaften (*OpCos*) auch häufig als Garantiegeber (*Guarantors*) für die Verbindlichkeiten der Muttergesellschaft aus dem Konsortialkredit (*Upstream Guarantees*).

Aufgrund dieser Verflechtungen ist regelmäßig zugleich die Einbindung der Tochtergesellschaften in die finanzielle Restrukturierung der Unternehmensgruppe notwendig. Dies vor allem im Hinblick auf die Freigabe (*Release*) von Sicherheiten und Verbindlichkeiten.[499] Die Tochtergesellschaften, die regelmäßig abhängige Unternehmen i.S.d § 17 AktG sind, werden daher insbesondere bei der Restrukturierung von LBO-Finanzierungen ebenfalls Partei einer Restrukturierungsvereinbarung. Nebenfolge dieser Einbindung in die Restrukturierungsvereinbarung ist dann, dass die Aktionäre der Muttergesellschaft sich auch ihnen gegenüber hinsichtlich der Ausübung ihres Stimmrechts binden. Da die Tochtergesellschaften allerdings regelmäßig in Form einer GmbH (bzw. einer GmbH & Co. KG) organisiert sind, sind die ersten beiden Fälle des § 136 Abs. 2 Satz 1 AktG nicht einschlägig. Die Muttergesellschaft könnte daher ohne weiteres die Geschäftsführer ihrer Tochtergesellschaft anweisen, vgl. §§ 46 Nr. 6, 37 Abs. 1 a.E. GmbHG, ihren eigenen Aktionären (d.h. den Aktionären der Muttergesellschaft) aufgrund der in der Restrukturierungsvereinbarung festgelegten Stimmbindung Weisungen hinsichtlich der Ausübung ihres Stimmrechts zu erteilen. Die Festlegung derartiger Abreden stellt jedoch einen tatbestandlichen Eingriff in § 136 Abs. 2 Satz 1, 3. Fall AktG dar.

(4) § 136 Abs. 2 Satz 2 AktG

In § 136 Abs. 2 Satz 2 AktG wird tatbestandlich eingegriffen, sofern sich die Aktionäre an die Abstimmungsvorschläge der Verwaltung binden. Der Tatbestand der Norm ist nahezu immer erfüllt, wenn sich die Aktionäre gegenüber der Gesellschaft nach Satz 1 binden, denn die in der Restrukturierungsvereinbarung festgelegten

498 Siehe oben Kapitel 1 A. C. II. 1. sowie Fn. 93.

499 Siehe zum Release-Mechanismus oben Kapitel 1 A. C. II. 1. sowie Fn. 97.

Weisungen, die bereits von Satz 1 erfasst sind, werden in der Regel nicht von den in der Hauptversammlung gemachten Vorschlägen der Gremien im Sinne des Satzes 2 abweichen.[500] In § 136 Abs. 2 Satz 2 AktG ist letztlich eine Selbstverständlichkeit kodifiziert.[501]

(5) Umgehung durch Vorschaltgesellschaft

Ein tatbestandlicher Eingriff in § 136 Abs. 2 AktG liegt auch dann vor, wenn sich die Aktionäre ihrer unmittelbaren Aktionärseigenschaft „entledigen", indem sie sich zwar in der Restrukturierungsvereinbarung hinsichtlich der Ausübung ihres Stimmrechts gegenüber der Gesellschaft binden, ihre Aktien jedoch in eine Vorschaltgesellschaft (etwa in Form einer GmbH) einbringen. Dies hätte nämlich zur Folge, dass die Vorschaltgesellschaft Aktionär werden würde, jedoch nicht aus der Restrukturierungsvereinbarung gebunden wäre. Stimmgebundene blieben die ehemaligen Aktionäre, die nun Gesellschafter der Vorschaltgesellschaft wären und deren Geschäftsführer, vgl. nochmals die §§ 46 Nr. 6, 37 Abs. 1 a.E. GmbHG, zur Befolgung der Pflicht aus der Restrukturierungsvereinbarung, d.h. zur Stimmabgabe nach Weisung der Gesellschaft, anweisen könnten. Im Ergebnis würde dies ein unzulässiges, weil § 136 Abs. 2 AktG umgehendes Auseinanderfallen der Tatbestandsmerkmale „Aktionär" und „verpflichtet" darstellen. § 136 Abs. 2 AktG ist insoweit analog auf die Konsortialvereinbarung der Gesellschafter anzuwenden.[502]

cc) Regelungsgegenstand von Hauptversammlungskompetenz umfasst?

Desweiteren muss der Gegenstand der jeweiligen Stimmbindung zwingend in die Kompetenz der Hauptversammlung fallen. Über Gegenstände, die der Hauptversammlung nicht nach § 119 Abs. 1 Satz 1 AktG oder nach den Grundsätzen der Holzmüller/Gelatine-Doktrin zur Entscheidung zugewiesen sind, kann die Hauptversammlung nicht wirksam Beschluss fassen. Pflichten der Aktionäre gegenüber der Gesellschaft aus Stimmbindungsverträgen, die auf die Vornahme nicht

---

500 So allgemein MünchKommAktG-*Schröer* § 136 Rn. 78.

501 MünchKommAktG-*Schröer* § 136 Rn. 78.

502 MünchKommAktG-*Schröer* § 136 Rn. 82; *Otto* AG 1991, 369, 378; K. Schmidt/Lutter/*Spindler* § 136 Rn. 44; Bürgers/Körber/*Holzborn* § 136 Rn. 24. Ferner liegt ein tatbestandlicher Eingriff auch dann vor, wenn die Organmitglieder eigene Aktien in einen Stimmenpool einbringen und gemeinsam die Entscheidungen des Pools bestimmen können. Die Poolvereinbarung verstößt dann gegen § 136 Abs. 2 AktG, es sei denn die Dominanz der Organmitglieder im Pool ist durch eine entsprechende Kapitalbeteiligung unterlegt, weil dann die Willensbildung im Pool risikogemäß erfolge. Weiter wird § 136 Abs. 2 AktG entsprechend auf Bevollmächtigungen der AG oder ihrer Organe zur Ausübung des Stimmrechts in der Hauptversammlung der AG angewendet, siehe hierzu ausführlich MünchKommAktG-*Schröer* § 136 Rn. 83, 84 m.w.N.

in die Zuständigkeit der Hauptversammlung fallender Gegenstände gerichtet sind, gelangen wegen anfänglicher Unmöglichkeit nach den §§ 275 Abs. 1, 311a Abs. 1 BGB gar nicht erst zur Entstehung. Die Anwendung von § 136 Abs. 2 AktG auf derartige Stimmbindungsverträge und ihre Unterbindung ist daher nicht notwendig. Die Gefahr einer Kompetenzverlagerung auf den Vorstand sowie die Störung des wirtschaftlichen Gleichgewichts von Einfluss und Verantwortung im Sinne von Haftung und Kapitalrisiko besteht nicht. § 136 Abs. 2 AktG ist insoweit nicht anwendbar.

(1) Typische Umsetzungspflichten von Alt- und Neuaktionären in Restrukturierungsvereinbarungen

Das bedeutet, dass die typischerweise in Restrukturierungsvereinbarungen festgelegten Umsetzungspflichten der Aktionäre im Hinblick auf ihre Vereinbarkeit mit § 136 Abs. 2 AktG stets danach zu differenzieren sind, ob sie in die Kompetenz der Hauptversammlung fallen. Eine Entscheidungszuständigkeit der Hauptversammlung wird man bei den für einen klassischen *Debt to Equity Swap* erforderlichen Kapitalmaßnahmen, Kapitalherabsetzung und Kapitalerhöhung, sowie den Ausschluss des Bezugsrechts der Altaktionäre unproblematisch bejahen können, vgl. §§ 182, 222, 229, 186 Abs. 3 Satz 1 AktG. Ebenso hat die Hauptversammlung über eine Zerschlagung der Unternehmensgruppe im Sinne einer Veräußerung der wesentlichen Beteiligungen und Vermögensgegenstände der Gesellschaft zu entscheiden.[503] Die wesentlichen Pflichten der Altaktionäre, die die Umsetzung der finanziellen Restrukturierung betreffen, sowie Unterlassungspflichten der Neuaktionäre hinsichtlich einer grundlegenden Umstrukturierung der Gesellschaft nach Beteiligungsübernahme sind daher vom Anwendungsbereich des § 136 Abs. 2 AktG erfasst.

(2) Sonderfall 1: Vereinbarungen hinsichtlich eines Debt to Equity Swap unter Einbeziehung von Anleihegläubigern

Ist hingegen zur finanziellen Restrukturierung ausgegebener Anleihen in der Restrukturierungsvereinbarung die Umsetzung eines *Debt to Equity Swap* verabredet, verhält es sich – zumindest auf den ersten Blick – nicht ganz so einfach. Bei der Implementierung eines *Debt to Equity Swap* im Rahmen von Anleiherestrukturierungen greifen Aktien- und Schuldverschreibungsrecht ineinander. Zunächst bedarf es zwar auch in dieser Konstellation eines Kapitalherabsetzungsbeschlusses, über den die Altaktionäre zu beschließen haben, § 222 AktG bzw. § 229 AktG[504], so dass die sich darauf beziehende Verpflichtung der Altaktionäre an § 136 Abs. 2 AktG

---

503 Sofern ein Fall des § 179a AktG vorliegt oder die Holzmüller/Gelatine-Grundsätze Anwendung finden.

504 Die Kapitalherabsetzung ist auch in dieser Konstellation nötig, damit die Anleihegläubiger als (künftige) Neuaktionäre nicht die Verluste der Altaktionäre tragen.

zu messen ist. Die Umwandlung der Forderungen aus den Schuldverschreibungen in Aktien kann rechtstechnisch allerdings auf verschiedenen Wegen erfolgen: Zum einen können die Altaktionäre im Anschluss an die Kapitalherabsetzung eine Kapitalerhöhung (unter Ausschluss ihres Bezugsrechts) beschließen, mithin junge Aktien schaffen, die sodann den Anleihegläubigern im Gegenzug für die Einbringung ihrer Forderungen aus den Schuldverschreibungen zu liefern sind. Die einzuberufende Anleihegläubigerversammlung beschließt dann nach § 5 Abs. 3 SchVG [2009] die Übertragung der einzelnen Schuldverschreibungen auf die Gesellschaft bzw. auf eine dazwischengeschaltete Abwicklungsstelle, die die jungen Aktien zeichnet und den (ehemaligen) Anleihegläubigern verschafft.[505] Nach § 5 Abs. 3 SchVG [2009] kann der *Debt to Equity Swap* dabei auch gegen den Willen einer Anleihegläubigerminderheit durchgesetzt werden, indem das „Ob“ der Zuteilung der jungen Aktien nach § 5 Abs. 3 SchVG [2009] auch mit Wirkung für und gegen nicht zustimmende Anleihegläubiger erfolgt, d.h. zwangsweise festgesetzt wird. Bei Verabredung dieser Implementierungsvariante wird von § 136 Abs. 2 AktG ebenso wie bei einem *Debt to Equity Swap* ohne Beteiligung von Anleihegläubigern die Verpflichtung der Altaktionäre zur Durchführung der erforderlichen Kapitalmaßnahmen erfasst.

Ein *Debt to Equity Swap* kann jedoch zum anderen auch dadurch implementiert werden, dass das „Ob“ der Zuteilung der jungen Aktien nicht nach § 5 Abs. 3 SchVG [2009] zwangsweise festgesetzt wird, sondern dass den Anleihegläubigern lediglich ein Erwerbsrecht (bzw. Optionsrecht) auf die neuen Aktien eingeräumt wird. Die Anleihegläubiger können dann freiwillig entscheiden, ob sie Aktien der Gesellschaft zeichnen oder den Erlös aus der Verwertung der Aktien durch die Abwicklungsstelle erhalten möchten (“*Tick the box*”-Verfahren[506]). Diese Vorgehensweise ist einerseits im Hinblick auf einen möglichen Konflikt der zwangsweisen Festsetzung nach § 5 Abs. 3 SchVG [2009] mit der negativen Vereinigungsfreiheit aus § 9 Abs. 1 GG, andererseits auch vor dem Hintergrund einer möglichen Prospektpflicht für die neuen Aktien nach § 3 WpPG[507] rechtssicherer. Darüber hinaus sprechen auch Praktikabilitätsgesichtspunkte dafür.[508] Auch bei Verabredung dieser Umsetzungsvariante in der Restrukturierungsvereinbarung

505 Da bei dieser Implementierungsvariante die Mitwirkung der Abwicklungsstelle vonnöten ist, ist es sinnvoll, dass diese ebenfalls Partei der Restrukturierungsvereinbarung wird. Die Abwicklungsstelle – meist eine Bank – bringt die Forderungen aus den Schuldverschreibungen im Rahmen der Sachkapitalerhöhung in die Gesellschaft ein, zeichnet die jungen Aktien und teilt sie den (ehemaligen) Anleihegläubigern nach dem Verhältnis des Nominalbetrags ihrer (ehemaligen) Forderungen aus den Schuldverschreibungen zu.

506 Gelegentlich wird auch der Begriff „Chinese Menu“ verwendet.

507 Nach § 3 WpPG darf ein Anbieter Wertpapiere im Inland erst dann öffentlich anbieten, wenn er zuvor einen Prospekt für diese Wertpapiere veröffentlicht hat, sofern sich aus § 3 Abs. 2 und 3 WpPG oder aus § 4 Absatz 1 WpPG nichts anderes ergibt.

508 *Kessler/Rühle* BB 2014, 907, 912; *Thole* ZIP 2014, 2365, 2366. Regelmäßig wird die Alternative des Erwerbs der Aktien günstiger ausgestaltet sein als diejenige einer

werden von § 136 Abs. 2 AktG lediglich die Stimmbindungen hinsichtlich der Kapitalmaßnahmebeschlüsse erfasst, da die anderen Schritte, insbesondere die Zuteilung der Aktien bzw. deren Verwertung und Erlösverteilung allein in den Zuständigkeitsbereich des Vorstands der Gesellschaft nach § 76 AktG fallen bzw. in denjenigen der Geschäftsleitung der Abwicklungsstelle. Ferner ist wie gesehen auch die Anleihegläubigerversammlung für Teilschritte der Umsetzung zuständig. Auf die Frage, ob der Anwendungsbereich des § 136 Abs. 2 AktG auf Stimmbindungen, die die Anleihegläubiger gegenüber der Gesellschaft in der Restrukturierungsvereinbarung eingehen, auszuweiten ist, wird zurückzukommen sein.

Ein freiwilliger, d.h. ein nicht nach § 5 Abs. 3 SchVG [2009] zwangsweise festgelegter *Debt to Equity Swap*, kann auch dadurch implementiert werden, dass die Gesellschaft den Anleihegläubigern keine jungen Aktien aus einer Kapitalerhöhung zusichert, sondern Wandelanleihen (*Convertible Bonds*) nach § 221 AktG emittiert. Im Ergebnis erhalten die Anleihegläubiger dadurch eine vergleichbare Stellung wie bei einem *Debt to Equity Swap* mit Erwerbsrecht, weil sie zunächst eine Anleihe (ggf. zu anderen Bedingungen), d.h. Fremdkapital erhalten, und diese zu einem vorab (in der Restrukturierungsvereinbarung) festgelegten Bezugspreis in Aktien, d.h. Eigenkapital, der Gesellschaft wandeln können. Die zu liefernden Aktien werden in der Regel durch eine bedingte Kapitalerhöhung geschaffen, vgl. § 192 Abs. 2 Nr. 1 AktG. Nach § 221 Abs. 1 Satz 1 und 2 AktG bedarf die Emission von Wandelanleihen einer Mehrheit, die mindestens drei Viertel des bei der Beschlussfassung vertretenen Grundkapitals umfasst. Stimmbindungen hinsichtlich der Umsetzung eines *Debt to Equity Swap* mittels der Ausgabe von Wandelanleihen sind daher auch an § 136 Abs. 2 AktG zu messen. Gleiches gilt für Stimmbindungen hinsichtlich des Ausschlusses des bei der Emission von Wandelanleihen ebenfalls vorgesehenen gesetzlichen Bezugsrechts, vgl. §§ 221 Abs. 4 Satz 2, 186 Abs. 1, Abs. 3 Satz 2 AktG. Wird der *Debt to Equity Swap* über die Ausgabe von Pflichtwandelanleihen (sog. *CoCo Bonds*)[509] umgesetzt, ist § 136 Abs. 2

Barzahlung. Dieser „Wandlungsincentive" könnte allerdings in rechtlicher Hinsicht nicht ganz unproblematisch sein, siehe hierzu *Thole* ZIP 2014, 2365, 2367.

509 Bei einer Pflichtwandelanleihe ist der Gläubiger, wenn er nicht schon zuvor von seinem Wandlungsrecht Gebrauch gemacht hat, am Ende der Laufzeit zur Ausübung dieses Rechts verpflichtet, so dass es zu einer baren Rückzahlung nicht kommt. Grundlage dieser Wandlungspflicht sei ein schon bei Zeichnung geschlossener Vorvertrag, siehe ausführlich MünchKommAktG-*Habersack* § 221 Rn. 52 m.w.N.; zur Implementierung eines Debt to Equity Swap mittels der Emission von Pflichtwandelanleihen (CoCo Bonds) bei der Restrukturierung von Anleihen, siehe Theiselmann/*Lürken*, Praxishandbuch des Restrukturierungsrechts, Kapitel 5 Rn. 8; vgl. ferner zu Pflichtwandelanleihen *Apfelbacher/Kopp* CFL 2011, 21 ff. Seit Inkrafttreten des Gesetzes zur Änderung des Aktiengesetzes (Aktienrechtsnovelle 2016) am 31. Dezember 2015 kann auch ein Wandlungsrecht der Gesellschaft vorgesehen werden („umgekehrte Wandelanleihe"). Mit diesem Recht kann die Gesellschaft die emittierten Anleihen im Gegenzug für die Gewährung neuer Anteile in Grundkapital umwandeln. Zur Bedienung der umgekehrten Wandelanleihe kann bedingtes

AktG ebenso einschlägig, da § 221 AktG auf die Emission von Pflichtwandelanleihen entsprechend anzuwenden ist.[510]

Charakteristisch für finanzielle Restrukturierungen ist, dass nicht die gesamten ausstehenden Finanzverbindlichkeiten in Aktien der Gesellschaft umgewandelt werden, sondern in aller Regel nur derjenige Teilbetrag, der nicht vom Unternehmenswert (*Enterprise Value*) gedeckt ist. Der vom Unternehmenswert gedeckte Teil der Nominalforderungen, d.h. derjenige Betrag, mit dem die Gläubiger *in the money* sind[511], wird hingegen regelmäßig zwischen den Gläubigern und der Gesellschaft neu vereinbart (sog. *Reinstated Debt*). Ein beteiligter *Distressed Hedge Fund* ist dann nach *Closing* der finanziellen Restrukturierung sowohl Eigen- als auch Fremdkapitalgeber der Gesellschaft. Besteht die Finanzstruktur der Gesellschaft nicht nur aus Konsortialkrediten bzw. bilateralen Krediten, sondern auch aus Kapitalmarktprodukten, wie etwa (hochverzinslichen) Anleihen und stehen diese Anleihen mit den anderen Krediten im gleichen Rang, sowohl was die Rückzahlung als auch die Sicherheiten anbetrifft, dann sind sie auch hinsichtlich der „Verteilung" der wirtschaftlichen Werte gleichrangig (*pari passu*) zu behandeln. Andernfalls ist nicht davon auszugehen, dass die Anleihegläubiger die Restrukturierung unterstützen werden.

Entfällt auf die Anleihen ein wesentlicher Teil der ausstehenden Verbindlichkeiten, kann die Gesellschaft bzw. Unternehmensgruppe nur unter Einbeziehung der Anleihen finanziell saniert werden. Werden die Anleihegläubiger daher im Rahmen der finanziellen Restrukturierung nicht angemessen berücksichtigt, d.h. trotz gleichrangiger Forderungen im Vergleich zu den anderen Finanzgläubigern ungleich behandelt, ist ein Scheitern der außergerichtlichen Restrukturierung vorprogrammiert. In der Konsequenz bedeutet dies, dass die „Verteilung" der wirtschaftlichen Werte sowohl im Hinblick auf den *Debt to Equity Swap* als auch im Hinblick auf die *Reinstated Debt* anteilig-proratarisch zu erfolgen hat. Überdies

---

Kapital geschaffen werden, vgl. § 192 Abs. 1 und 2 Nr. 1 AktG n.F. Die in § 192 Abs. 3 Satz 1 AktG enthaltene Grenze zur Schaffung von bedingtem Kapital in Höhe von 50 % des Nennbetrages des Grundkapitals gilt nun nicht mehr, wenn die bedingte Kapitalerhöhung nur zu dem Zweck beschlossen wird, der Gesellschaft die Erfüllung eines Umtauschs zu ermöglichen, den die Gesellschaft aufgrund eines Umtauschrechts durchführt, das ihr für den Fall ihrer drohenden Zahlungsunfähigkeit zusteht oder zu dem sie zum Zweck der Abwendung einer Überschuldung berechtigt ist, vgl. § 192 Abs. 3 Satz 3–5 AktG n.F. Siehe hierzu den Newsletter der Rechtsanwaltskanzlei Noerr LLP vom 30. Dezember 2015 „Aktienrechtsnovelle 2016 tritt in Kraft" sowie *Möhlenkamp/Harder* ZIP 2016, 1093 ff.

510 MünchKommAktG-*Habersack* § 221 Rn. 52.

511 Distressed Hedge Funds versuchen insbesondere diejenigen Schuldinstrumente zu bestimmen und mit Abschlag zu erwerben, die im Rahmen der finanziellen Restrukturierung in Eigenkapital der Gesellschaft getauscht werden, die sich sozusagen dort befinden, wo der sog. Value Break stattfindet (sog. Fulcrum Securities). Siehe hierzu auch oben Kapitel 1 B. II.

muss die „Verteilung" auch unabhängig davon sein, ob Forderungen aus (Konsortial-)Krediten oder aus Schuldverschreibungen[512] betroffen sind, es sei denn (i) die Forderungen haben nicht den gleichen Rang oder (ii) eine Ungleichbehandlung ist deshalb gerechtfertigt, weil sie in der Rechtsnatur der unterschiedlichen Schuldinstrumente begründet ist.

Wird daher derjenige Teil der ausstehenden Finanzverbindlichkeiten, der nicht im Rahmen eines *Debt to Equity Swap* in Aktien der Gesellschaft „getauscht" wird, neu vereinbart, muss dies sowohl in Bezug auf den (Konsortial-)Kredit als auch die Anleihen gelten. Dabei ergibt sich jedoch die wertpapierrechtliche Besonderheit, dass eine Schuldverschreibung inhaltlich nicht geteilt werden kann. Um wirtschaftlich im Rahmen der *Reinstated Debt* dem *pari passu*-Grundsatz gerecht werden zu können, müssen inhaltlich die neu vereinbarten Bedingungen des (Konsortial-)Kredits bei den Anleihen widergespiegelt werden. Da die einzelnen Inhaberteilschuldverschreibungen i.S.d. § 793 BGB nicht geteilt werden können, sind diese von der Gesellschaft bzw. der Abwicklungsstelle einzuziehen. Im Gegenzug hat die Gesellschaft eine neue Anleihe zu emittieren, die in ihren Anleihebedingungen inhaltlich die Klauseln des neu vereinbarten (Konsortial-)Kredits reflektiert, es sei denn dies ist aufgrund von in der Rechtsnatur der Anleihe selbst liegenden (wertpapierrechtlichen) Besonderheiten nicht möglich. Die Emission von Anleihen ist aber dem Vorstand und nicht der Hauptversammlung zur Entscheidung zugewiesen.[513] Enthält die Restrukturierungsvereinbarung daher eine Pflicht hinsichtlich der Emission neuer Anleihen, die wirtschaftlich dem neu vereinbarten (Konsortial-)Kredit entsprechen sollen, fällt die Umsetzung dieser Pflicht grundsätzlich allein in die herausgehobene Leitungskompetenz des Vorstands nach § 76 AktG, so dass § 136 Abs. 2 AktG auf solche Pflichten nicht anwendbar ist. Pflichten der Altaktionäre aus Stimmbindungsverträgen zur Emission neuer *Reinstated Debt*-Anleihen im Rahmen eines *Debt to Debt Swaps* sind daher nach den §§ 275 Abs. 1, 311 a Abs. 1 BGB anfänglich unmöglich, mithin nicht zur Entstehung gelangt.

(3) Sonderfall 2: Vereinbarungen hinsichtlich eines CoMI-Shiftings und einer Migration

Distressed Debt-Investoren, die vornehmlich aus dem angloamerikanischen Rechts- und Wirtschaftsraum stammen, sehen in den deutschen Vorschriften

---

512 Oder aus sonstigen Fremdkapitalprodukten wie etwa Schuldscheindarlehen.

513 Nicht von § 221 AktG werden nach allgemeiner, zutreffender Ansicht reine Anleihen, d.h. keine Wandelanleihen, und ihnen gleich stehende Schuldtitel, wie etwa solche mit Eigenkapitalelementen wie Unkündbarkeit oder Nachrangigkeit, erfasst. Sie können daher vom Vorstand auch ohne Mitwirkung der Hauptversammlung und ohne Beachtung eines gesetzlichen Bezugsrechts der Altaktionäre ausgegeben werden, § 76 AktG. Sie konkurrieren nicht mit mitgliedschaftlichen Aktionärsrechten. Dies gilt richtigerweise auch für nachrangige Anleihen. Vgl. hierzu MünchKomm-*Habersack* § 221 Rn. 1 u. 20 m.w.N.; *Seibt* ZIP 2014, 1909, 1911 Fn. 15.

des Gesellschafts-, Insolvenz- und Kapitalmarktrechts häufig ein Hindernis fundierter außergerichtlicher Sanierungsverhandlungen.[514] Teilweise versuchen sie daher, sog. Insolvenz-Forum-Shopping zu betreiben. Darunter wird die geplante Schaffung der Voraussetzungen für die Eröffnung des Insolvenzverfahrens über das Vermögen eines deutschen Unternehmens durch ein ausländisches Insolvenzgericht, dessen Wirkungen in Deutschland anzuerkennen sind, verstanden.[515] Voraussetzung für eine Anerkennung, die nach Art. 16 EuInsVO *ipso iure* geschieht, ist, dass der Mittelpunkt der hauptsächlichen Interessen (*Centre of Main Interests* (CoMI)) i.S.d. § 3 EuInsVO sich im Staat der Verfahrenseröffnung befindet. Zu planende und umzusetzende Voraussetzung im obigen Sinne ist daher die Verlagerung des CoMI in den Staat der Verfahrenseröffnung.[516] Die Verlagerung des CoMI kann dabei dadurch erfolgen, dass der Satzungssitz des Unternehmens in die gewünschte Jurisdiktion – meist England – verlegt wird. Denn nach Art. 3 Abs. 1 Satz 2 EuInsVO wird der CoMI am Satzungssitz (widerleglich) vermutet. Der EuGH hat im Jahre 2006 in seiner Eurofood-Entscheidung[517] Kriterien für die Widerlegung der Vermutung des CoMI am Satzungssitz aufgestellt. Maßgeblich sei, dass objektive und für Dritte feststellbare Elemente belegen, dass in Wirklichkeit die Lage nicht derjenigen entspricht, die die Verortung am genannten satzungsmäßigen Sitz widerspiegeln soll.[518]

Um erfolgreich den CoMI eines deutschen Unternehmens im Ausland begründen zu können, ist daher eine Kombination aus rechtlicher Verlegung des Satzungssitzes der Gesellschaft (sog. Migration) sowie faktischer Verlagerung der Geschäftstätigkeit des Unternehmens (sog. CoMI-*Shifting*) notwendig.[519] Migration und CoMI-*Shifting* sind idealerweise jedoch nicht nur informell abzustimmen, sondern auch rechtsverbindlich zu vereinbaren, um die nötige Planungssicherheit für

---

514 Vgl. Theiselmann/*Lürken*, Praxishandbuch des Restrukturierungsrechts, Kapitel 5 Rn. 161.

515 *Weller* ZGR 2008, 835, 836 Fn. 10; Theiselmann/*Lürken*, Praxishandbuch des Restrukturierungsrechts, Kapitel 5 Rn. 161.

516 In aller Regel wird dies das Vereinigte Königreich (UK) sein.

517 EuGH, Urt. v. 02.05.2006 – C-341/04, Slg. 2008, I-03813, Rn. 43 – Eurofood IFSC Ltd.

518 Der EuGH hat folgende Mindestkriterien aufgestellt: 1. Die wesentlichen Funktionen der Geschäftstätigkeiten der Gesellschaft – Planung und Gestaltung der Geschäftspolitik, Einkauf, Finanzen/Controlling, Marketing und Kommunikation sowie Pressearbeit, die Lenkung von Tochtergesellschaften sowie die Ausarbeitung und Umsetzung von Sanierungsmaßnahmen – müssen im Gebiet des Verwaltungssitzes stattfinden. 2. Dies muss für Dritte, z.B. durch Verhandlungen nur im Gebiet des Verwaltungssitzes, Angabe auf geschäftlicher Korrespondenz etc. erkennbar sein. 3. Nicht erforderlich ist jedoch die vollständige Aufgabe der Geschäftstätigkeit am Satzungssitz (AG Köln ZIP 2008, 423 – PIN Group). Siehe hierzu Theiselmann/*Lürken*, Praxishandbuch des Restrukturierungsrechts, Kapitel 5 Rn. 175.

519 Vgl. Theiselmann/*Lürken*, Praxishandbuch des Restrukturierungsrechts, Kapitel 5 Rn. 165.

den Sanierungsprozess herzustellen, der sich dann aus außergerichtlichen (Verhandlung und Vereinbarung) sowie insolvenzrechtlichen (Implementierung) Elementen zusammensetzt. In der außergerichtlichen Restrukturierungsvereinbarung sind daher sowohl die einzelnen Teilschritte für eine Migration als auch für ein CoMI-*Shifting* vorab, d.h. vor deren Umsetzung, rechtsverbindlich festzulegen. Fraglich ist dabei, welche der Teilschritte in die Kompetenz der Hauptversammlung fallen, so dass dahingehende Stimmbindungen in der Restrukturierungsvereinbarung an § 136 Abs. 2 AktG zu messen sind (zumindest soweit sie auch zugunsten der Gesellschaft verabredet wurden), und welche allein dem Vorstand nach § 76 AktG zur Entscheidung zugewiesen sind.

Unter Migration (auch Sanierungsmigration[520] genannt) versteht man die Umwandlung eines Unternehmens einer nationalen Rechtsform in ein Unternehmen einer Rechtsform der ausländischen Jurisdiktion, in der das Insolvenzverfahren eröffnet werden soll.[521] Eine Migration kann entweder in Form des sog. Anwachsungs- oder Umwandlungsmodells erfolgen.[522] Für beide Varianten ist die Zustimmung der Hauptversammlung notwendig, so dass die entsprechenden Regelungskomplexe in der Restrukturierungsvereinbarung auf ihre Vereinbarkeit mit § 136 Abs. 2 AktG hin zu überprüfen sind.

Vor der SEVIC-Entscheidung des EuGH[523], wonach die Beschränkung der Möglichkeiten nationalen Umwandlungsrechts auf nationale Rechtsträger europarechtswidrig ist, bestand keine Möglichkeit der grenzüberschreitenden Umwandlung, so dass zur Verlegung des Satzungssitzes ins Ausland in den bekannt gewordenen Fällen[524] das Anwachsungsmodell angewandt wurde. Beim Anwachsungsmodell (sog. *Collapse Merger*[525]) erfolgt eine Umwandlung des deutschen Schuldnerunternehmens nach den Vorschriften des UmwG über den Rechtsformwechsel in eine GmbH & Co. KG unter Beteiligung der späteren englischen Gesellschaft als Komplementärin, gefolgt von einer Universalsukzession im Wege der Anwachsung gem. den §§ 161 Abs. 2, 105 Abs. 3 HGB, § 738 Abs. 1 Satz 1 BGB.[526] Die Umwandlung einer AG in eine GmbH & Co. KG bedarf dabei als grundlegende

520 *Steffek*, Münchener Handbuch des Gesellschaftsrechts Band 6, Internationales Gesellschaftsrecht, Grenzüberschreitende Umwandlungen, § 37 Rn. 1 ff.

521 Theiselmann/*Lürken*, Praxishandbuch des Restrukturierungsrechts, Kapitel 5 Rn. 166; *Weller* ZGR 2008, 835, 959 verwendet den Begriff „transnationaler Rechtsformwechsel".

522 Theiselmann/*Lürken*, Praxishandbuch des Restrukturierungsrechts, Kapitel 5 Rn. 168 ff.; 172 f.

523 EuGH, Urt. v. 13.12.2005 – C-411/03, Slg. I-10805 – Sevic Systems AG.

524 Beispielsweise etwa Deutsche Nickel AG oder Schefenacker AG, vgl. hierzu Theiselmann/*Lürken*, Praxishandbuch des Restrukturierungsrechts, Kapitel 5 Rn. 191 f.

525 *Steffek*, Münchener Handbuch des Gesellschaftsrechts Band 6, Internationales Gesellschaftsrecht, Grenzüberschreitende Umwandlungen, § 37 Rn. 25.

526 *Steffek*, Münchener Handbuch des Gesellschaftsrechts Band 6, Internationales Gesellschaftsrecht, Grenzüberschreitende Umwandlungen, § 37 Rn. 25.

Strukturmaßnahme gemäß den §§ 193 Abs. 1 Satz 1, 233 Abs. 2 UmwG eines Beschlusses der Hauptversammlung mit einer Mehrheit von mindestens drei Vierteln des bei der Beschlussfassung vertretenen Grundkapitals, sofern die Satzung keine größere Mehrheit oder weitere Erfordernisse bestimmt, § 233 Abs. 2 Satz 2 UmwG. Desweiteren müssen nach § 233 Abs. 2 Satz 3 UmwG dem Formwechsel alle Aktionäre zustimmen, die in der Kommanditgesellschaft die Stellung eines persönlich haftenden Gesellschafters haben sollen. Eine solche Universalsukzession kann nunmehr[527] auch durch eine grenzüberschreitende Verschmelzung gem. den §§ 122a – 122l UmwG auf eine englische Gesellschaft erfolgen.[528] Nach § 122a Abs. 2 UmwG sind auf die Beteiligung einer Kapitalgesellschaft (§ 3 Abs. 1 Nr. 2 UmwG) an einer grenzüberschreitenden Verschmelzung die Vorschriften des Ersten Teils und des Zweiten, Dritten und Vierten Abschnitts des Zweiten Teils entsprechend anzuwenden, so dass auch für die Umsetzung des Umwandlungsmodells mindestens[529] ein Hauptversammlungsbeschluss mit qualifizierter Mehrheit notwendig ist, §§ 193 Abs. 1 Satz 1, 233 Abs. 1 oder Abs. 2 UmwG. Hinsichtlich derjenigen Regelungskomplexe in der Restrukturierungsvereinbarung, die ein CoMI-*Shifting* vorsehen, ist § 136 Abs. 2 AktG dagegen nicht anzuwenden, weil es als rein tatsächlicher Maßnahmekomplex von der Leitungskompetenz (bzw. Geschäftsführungskompetenz) des Vorstands nach den §§ 76, 84 AktG umfasst und daher nicht vom Willen der Hauptversammlung abhängig ist. Bei der Verabredung eines CoMI-*Shiftings* in der Restrukturierungsvereinbarung kann es daher von vornherein nicht zu einem Kompetenzübergriff durch den Vorstand kommen. Wird in der Restrukturierungsvereinbarung festgelegt, dass etwa die Finanzverbindlichkeiten der Gesellschaft mithilfe eines englischen *Scheme of Arrangements* (SoA) restrukturiert werden sollen[530], besteht ebenfalls nicht die Gefahr einer

527 Seit Umsetzung der Verschmelzungsrichtlinie und Einführung der §§ 122a – l UmwG im Jahr 2007.

528 *Steffek*, Münchener Handbuch des Gesellschaftsrechts Band 6, Internationales Gesellschaftsrecht, Grenzüberschreitende Umwandlungen, § 37 Rn. 25.

529 Nach den §§ 193 Abs. 1 Satz 1, 233 Abs. 1 UmwG kann auch die Zustimmung aller Aktionäre erforderlich sein.

530 Zur Restrukturierung von Finanzverbindlichkeiten über fünf (!) Gruppengesellschaften mithilfe eines Scheme of Arrangements siehe etwa den Einstieg von Centerbridge bei Apcoa, Juve vom 17. Dezember 2014: „Apcoa: Centerbridge übernimmt mit Kirkland, Clifford und Linklaters handeln Refinanzierung aus"; Global Turnaround November 2014 issue 178, 1, 3: "Apcoa: The largest Scheme challenge in English legal history"; Debtwire vom 30. Oktober 2014: "Apcoa amended scheme sanctioned; FMS refused permission to appeal, granted 15 % cost consolation". Apcoa hat dabei eine zum SoA parallele Einigung mit seinen Gläubigern und dem Finanzinvestor Eurazeo erreicht. Durch die Einigung wurde ermöglicht, dass formelle und rechtliche Einsprüche eines Hauptgläubigers gegen das Refinanzierungsverfahren zurückgezogen wurden. Einige Gläubiger hatten Einwände gegen die im Rahmen eines Scheme of Arrangement erfolgende Refinanzierung erhoben. Die Vereinbarung sieht vor, die Bilanz des Parkraumbetreibers deutlich zu entschulden

Kompetenzverlagerung zugunsten der Verwaltung, weil die Schaffung der Voraussetzungen für ein SoA, etwa die nachträgliche Änderung der Rechtswahl- (und ggf. Gerichtsstandsklausel) in den Kreditverträgen und/oder Anleihebedingungen, allein in die Entscheidungszuständigkeit des Vorstands fällt.

dd) Konkretisierungsgrad der Weisung

Desweiteren liegt ein tatbestandlicher Eingriff in das Einflussnahmeverbot nur vor, wenn der Konkretisierungsgrad der Weisung nicht derart hoch ist, dass schlicht nicht mehr von einer Weisung der Gesellschaft und damit auch nicht mehr von einer originären Entscheidung ihrerseits gesprochen werden kann. Eine Einflussnahme auf die Entscheidungsfindung der Hauptversammlung liegt nicht vor, wenn der Vorstand namens der Gesellschaft keine eigene, originäre Entscheidung trifft, d.h. nicht sowohl über das „Ob" als auch das „Wie" hinsichtlich der Ausübung des Stimmrechts der Aktionäre entscheiden kann[531]. Mit anderen Worten: Ein Eingriff setzt eine Ermessensentscheidung des Vorstands sowohl hinsichtlich des „Ob" als auch des „Wie" der Stimmrechtsausübung voraus. Andernfalls kommt es nicht zur Kompetenzverlagerung auf den Vorstand, vor der § 136 Abs. 2 AktG schützen möchte.

Ist folglich das Abstimmverhalten in der Restrukturierungsvereinbarung bereits derart konkret festgelegt, dass dem Vorstand kein Spielraum mehr hinsichtlich der Bestimmung der Details der zu beschließenden Maßnahmen verbleibt, fehlt es zwar nicht am „Ob" der Stimmrechtsausübung, jedoch am „Wie". Der Vorstand muss also noch nach Abschluss der Restrukturierungsvereinbarung die Möglichkeit haben, durch entsprechende Beschlussvorschläge seinen Willen anstelle desjenigen der Hauptversammlung zu setzen. Nur dann entscheidet er (namens der Gesellschaft) auch über das „Wie" der Stimmrechtsausübung. Sind hingegen die Einzelheiten der durchzuführenden Maßnahmen bereits derart detailliert in der Restrukturierungsvereinbarung festgelegt, dass die Aktionäre nur zur Zustimmung solcher Beschlussvorschläge verpflichtet sind, die den Wortlaut der Restrukturierungsvereinbarung exakt wiedergeben, erfolgt keine originäre Willensbetätigung durch den Vorstand, mithin keine Einflussnahme durch ihn auf die Willensbildung der Hauptversammlung. Durch die Hauptversammlung wird dann lediglich der Wille der Aktionäre, der bereits in die Regelungen der Restrukturierungsvereinbarung bzw. des Stimmbindungsvertrages eingeflossen ist, umgesetzt. In der Hauptversammlung erfolgt weder eine neuerliche, originäre Willensbetätigung durch die

und die Verbindlichkeiten um mehr als 440 Millionen Euro zu senken. Außerdem konnte Apcoa eine Verlängerung der Laufzeit seiner Kreditlinien um bis zu sechs Jahre erreichen. Der Parkraumbetreiber erhält zudem 80 Millionen Euro zur Finanzierung des geplanten Wachstums. Vgl. hierzu Finance vom 22. Dezember 2014. „Finanzierungen: Apcoa, Penell, HanseYachts".

531 Vgl. hierzu die Parallelität zu den obigen Ausführungen im Hinblick auf einen tatbestandlichen Eingriff in § 76 AktG.

Aktionäre noch eine Einflussnahme des Vorstands hierauf. Die eigentliche, vorgelagerte Willensbetätigung der Aktionäre erfolgt nämlich bereits dadurch, dass sie sich zu einem bestimmten Stimmverhalten verpflichten. Die originäre Willensbetätigung der Aktionäre ist daher schon in der Abgabe der der Restrukturierungsvereinbarung zustimmenden Willenserklärungen zu sehen.

Ein Kompetenzübergriff durch das Vorstandsorgan, vor dem § 136 Abs. 2 AktG die Hauptversammlung bewahren möchte, liegt bei stark konkretisierten Stimmbindungsvereinbarungen gerade nicht vor.[532] § 136 Abs. 2 AktG ist daher in solchen Fällen teleologisch zu reduzieren, in denen es aufgrund zuvor in der Restrukturierungsvereinbarung detailliert festgelegten und konkretisierten Abstimmverhaltens zu keiner Willensersetzung bzw. -stellvertretung und damit auch zu keiner Einflussnahme durch den Vorstand kommt. Dabei wird man den Grundsatz aufstellen können, je höher der Konkretisierungsgrad in Bezug auf das Abstimmverhalten ist, d.h. je detaillierter die von den Aktionären vorzunehmenden Beschlüsse durch die Restrukturierungsvereinbarung vorgegeben sind, desto weniger kommt es zu einer Einflussnahme durch den Vorstand und einer Kompetenzverlagerung auf ihn. Je mehr Spielraum dem Vorstand hinsichtlich der Umsetzung der in der Restrukturierungsvereinbarung zu Lasten der Aktionäre festgelegten Maßnahmen verbleibt, desto eher wird man hingegen von einer eigenen, originären Entscheidung und daher von einer Einflussnahme auf die Willensbildung der Hauptversammlung ausgehen können.

b) Rechtfertigung des Eingriffs

Das Einflussnahmeverbot des § 136 Abs. 2 AktG gilt nicht schrankenlos. Ein Eingriff kann vielmehr im Einzelfall gerechtfertigt sein. Zwar ist die Organisationsstruktur in der Aktiengesellschaft zwingend, vgl. § 23 Abs. 5 AktG, ein schrankenlos gewährter Schutz dieser Kompetenzordnung könnte jedoch im Einzelfall dazu führen, dass einer Restrukturierungsvereinbarung ihre Wirksamkeit zu versagen wäre, was regelmäßig das Scheitern der außergerichtlichen Sanierung und eine Insolvenzantragsstellung zur Folge hätte. Direkte[533] und vor allem auch indirekte Insolvenzkosten, mithin unumkehrbare Nachteile für sämtliche *Stakeholder* wären die weitere Konsequenz. Letztendlich soll die Gewaltenteilung in der Aktiengesellschaft gerade einer Wertminderung des Unternehmens durch einseitige Verfolgung von Partikularinteressen vorbeugen. Davor soll auch und gerade § 136 Abs. 2 AktG bewahren. Unter besonderen Umständen, insbesondere in Sanierungssituationen, kann jedoch eine strikte Befolgung von § 136 Abs. 2 AktG dazu

---

532 A.A. Spindler/Stilz/*Rieckers* § 136 Rn. 51: „Die Nichtigkeitsfolge des 136 Abs. 2 Satz 1 knüpft zwar an eine Weisungsbindung an, gilt jedoch auch dann, wenn der Vertrag selbst das Abstimmverhalten konkret festlegt"; Bürgers/Körber/*Holzborn* § 136 Rn. 24; MünchKommAktG-*Schröer* § 136 Rn. 77; *Otto* AG 1991, 369, 376 f.

533 Wie etwa die Vergütung des Insolvenzverwalters und die Gerichtsgebühren, vgl. § 54 InsO.

führen, dass das Unternehmensinteresse als das aggregierte Interesse aller Eigen- (und auch Fremdkapitalgeber[534]) ggf. stark beeinträchtigt wird. § 136 Abs. 2 AktG erfüllt dann nicht seinen eigentlichen Schutzzweck, die Konservierung des Unternehmenswertes im Interesse aller Kapitalgeber. Ist daher zur außergerichtlichen Sanierung des Unternehmens, d.h. zur Erhaltung von wirtschaftlichen Werten, der Abschluss einer Restrukturierungsvereinbarung, in der sich die Aktionäre auch gegenüber der Gesellschaft zu einem bestimmten Stimmverhalten verpflichten, zwingend geboten, wird im Einzelfall ein vorliegender tatbestandlicher Eingriff in § 136 Abs. 2 AktG gerechtfertigt sein. Da § 136 Abs. 2 AktG als Verbotsnorm i.S.d. § 134 BGB qualifiziert und der Aufrechterhaltung der zwingenden, fundamentalen Struktur in der Aktiengesellschaft dient, sind an die Rechtfertigung eines Eingriffs hohe Anforderungen zu stellen. Ein tatbestandlicher Eingriff ist daher nur dann gerechtfertigt, wenn mit ihm ein legitimes Ziel verfolgt wird und er zur Verfolgung dieses Ziels ein geeignetes, erforderliches und angemessenes Mittel darstellt.

aa) Legitimes Ziel

Ziel eines Eingriffs in § 136 Abs. 2 AktG ist regelmäßig die Umsetzung einer außergerichtlichen (finanziellen) Restrukturierung sowie die Vermeidung einer akut drohenden Insolvenz. Mit Stimmbindungen, die der Ermöglichung, Vorhersehbarkeit und Sicherstellung der Willensbildung der Hauptversammlung in Bezug auf die Implementierung eines außergerichtlichen *Debt to Equity Swap* dienen, wird daher in aller Regel auch ein legitimes Ziel, nämlich die Erhaltung wirtschaftlicher Werte im Interesse aller Stakeholder, verfolgt. Bei Stimmbindungen, die die Neuaktionäre zugunsten der Verwaltung eingehen, ist zu differenzieren. Wenn diese lediglich vereinbart werden, um dem Vorstand ein effektives „Durchregieren" zu ermöglichen, wird man ohne Hinzutreten weiterer Motive darin noch kein legitimes Ziel erblicken können. Sollen sie jedoch den Neuaktionär bzw. den *Distressed Investor* davon abhalten, die Unternehmensgruppe mit dem Ziel der kurzfristigen Gewinnmaximierung zu zerschlagen, dienen sie also gerade seiner Entherrschung, kann dies ein legitimes Ziel darstellen, sofern damit die langfristige Steigerung des Unternehmenswertes unterstützt wird.

bb) Geeignetheit

Da Stimmbindungen – wie bereits mehrfach angesprochen – die Vorhersehbarkeit und Sicherstellung der Willensbildung in der Hauptversammlung ermöglichen, weil durch sie durchsetzbare Rechte gegen die Aktionäre hinsichtlich ihres Stimmverhaltens zugunsten der durch den Vorstand vertretenen Gesellschaft begründet werden, sind sie auch grundsätzlich geeignet, die für eine außergerichtliche Restrukturierung erforderlichen Maßnahmen rechts- und planungssicher

---

534 Das aggregierte Unternehmensinteresse beinhaltet sowohl die Interessen der Eigen- als auch diejenigen der Fremdkapitalgeber, hierzu siehe eingehend unten Kapitel 3.

umzusetzen sowie eine Entherrschung des *Distressed Investors* nach Beteiligungsübernahme zu gewährleisten.

cc) Erforderlichkeit

Eine Stimmbindung zugunsten der Gesellschaft bzw. des Vorstands wird nur dann erforderlich sein, wenn keine sonstigen Vertragspartner vorhanden sind, zu deren Gunsten die Aktionäre ein bestimmtes Stimmverhalten versprechen könnten. Eine solche Konstellation liegt insbesondere dann vor, wenn das Aktionariat der Gesellschaft nur aus einem Großaktionär besteht und sich der Rest der Aktien in Streubesitz befindet. Den Altaktionären stehen dann zwar noch die Gläubiger als Vertragspartner zur Verfügung. Werden diese aber im Rahmen der finanziellen Restrukturierung selbst zu Großaktionären und verdrängen den bisherigen Mehrheitsaktionär, besteht die Gefahr, dass außer der Gesellschaft kein Rechtssubjekt „auf Augenhöhe" zur Verfügung steht, mit dem sinnvollerweise das künftige unternehmensstrategische Verhältnis nach *Closing* der finanziellen Restrukturierung geregelt werden könnte.

dd) Angemessenheit

Angemessen wird der Eingriff nur dann sein, wenn das mit dem Eingriff zu schützende Gut im Einzelfall höher zu bewerten ist als die Unversehrtheit der aktienrechtlichen Organisationsstruktur. In den meisten Fällen können durch erfolgreich umgesetzte außergerichtliche Sanierungen wirtschaftliche Werte konserviert werden, die bei einer Sanierung innerhalb eines Insolvenzverfahrens aufgrund der damit verbundenen direkten und indirekten Insolvenzkosten zu einem (Groß-)Teil vernichtet werden würden. Da die aktienrechtliche Gewaltenteilung letzten Endes ebenso der Erhaltung wirtschaftlicher Werte dient, muss ein Eingriff in dieselbe dort erlaubt sein, wo eine akute Insolvenz droht, also vor allem bei der Umsetzung eines *Debt to Equity Swap* in insolvenznahen Restrukturierungssituationen. Stimmbindungen i.S.d. § 136 Abs. 2 AktG, die die Altaktionäre zur Zustimmung der hierfür erforderlichen Kapitalherabsetzung sowie -erhöhung verpflichten, sind daher grundsätzlich angemessen und stellen einen gerechtfertigten Eingriff in § 136 Abs. 2 AktG dar, wenn nicht ohnehin schon der Detaillierungsrad in der Restrukturierungsvereinbarung derart hoch ist, dass dem Vorstand hinsichtlich der Stimmrechtsausübung der Aktionäre kein Ermessensspielraum mehr zusteht, er mithin keinen Einfluss auf die Willensbildung der Hauptversammlung nimmt. Verspricht der Vorstand namens der Gesellschaft im Gegenzug für die Stimmbindung der Aktionäre, die Restrukturierung vollumfänglich zu unterstützen, wird der Eingriff in die Organisationstruktur also teilweise durch Gegenleistungen der Gesellschaft – die ebenso Eingang in die Restrukturierungsvereinbarung finden – kompensiert, wird man die Angemessenheit eines Eingriffs umso mehr bejahen müssen. Hinsichtlich der Stimmbindungen der Neuaktionäre wird man eine Stimmbindung zu Gunsten des Vorstands bzw. der Gesellschaft nur als angemessen einstufen können, wenn dadurch nachweisbar sichergestellt ist, dass die

Stimmbindung unerlässlich für ein dauerhaftes Überleben der Unternehmensgruppe ist, weil etwa der *Distressed Investor* in vergleichbaren Transaktionen in der Vergangenheit gegenüber kurzfristigen, den langfristigen Unternehmenswert destabilisierenden Maßnahmen in Bezug auf die grundlegende Unternehmensstrategie nicht abgeneigt war.

c) Rechtsfolge unzulässiger Stimmbindungsverträge innerhalb von Restrukturierungsvereinbarungen

Schließlich ist die Frage zu beantworten, welche Rechtsfolgen an einen unwirksamen Stimmbindungsvertrag zu knüpfen sind und wie eine auf seiner Grundlage erfolgte Stimmabgabe zu beurteilen ist. Da § 136 Abs. 2 AktG ein Verbotsgesetz i.S.d. § 134 BGB darstellt[535], ist ein der Norm zuwider laufender Stimmbindungsvertrag nichtig. Abhängig vom jeweiligen Einzelfall kann die Nichtigkeit, sofern die Voraussetzungen nach § 139 BGB vorliegen, auf die gesamte Restrukturierungsvereinbarung durchschlagen.[536] Die einzelne, aufgrund eines nichtigen Stimmbindungsvertrages erfolgte Stimmabgabe bleibt jedoch wirksam, solange ihr nicht selbst ein eigener Mangel anhaftet.[537] Dies deshalb, weil der betroffene Aktionär aufgrund der Nichtigkeit der Stimmbindung (wieder) frei in seiner Abstimmungsentscheidung ist. Die Nichtigkeit des Stimmbindungsvertrages stellt nämlich rechtlich die Freiheit des Abstimmenden wieder her.[538] Dieses Ergebnis lässt sich auch aus dem Abstraktionsprinzip herleiten, wonach die Stimmabgabe allerdings nichtig ist, wenn sog. Fehleridentität vorliegt, was etwa dann der Fall sein kann, wenn ein Stimmbindungsvertrag mit der erklärten Absicht geschlossen wird, der Gesellschaft zu schaden.[539]

d) Teleologische Reduktion von § 136 Abs. 2 AktG

Das Einflussnahmeverbot des § 136 Abs. 2 AktG ist in solchen Fällen teleologisch zu reduzieren, in denen die Aktionäre die Pflicht trifft, einer Restrukturierungsvereinbarung zuzustimmen. Dazu sind sie insbesondere dann verpflichtet, wenn

---

535 Hüffer/*Koch* Aktiengesetz § 136 Rn. 29.

536 Vgl. Hüffer/*Koch* Aktiengesetz § 136 Rn. 29.

537 OLG Nürnberg AG 1996, 228, 229; KölnKommAktG-*Zöllner* § 136 Rn. 108; *Hüffer* Aktiengesetz § 136 Rn. 29; K. Schmidt/Lutter/*Spindler* § 136 Rn. 48; MünchKommAktG-*Schröer* § 136 Rn. 85; *Otto* AG 1991, 369, 379; *Overrath*, Die Stimmrechtsbindung, Diss. Bochum 1973, S. 31 ff.; *F. J. Semler*, Münchener Handbuch des Gesellschaftsrechts, Band 4: Aktiengesellschaft, § 38 Rn. 47; differenzierend *Noack*, Gesellschaftervereinbarungen bei Kapitalgesellschaften, 1994 S. 151 ff.; zum Ganzen ausführlich *Rodemann*, Stimmbindungsvereinbarungen in den Aktien- und GmbH-Rechten Deutschlands, Englands, Frankreichs und Belgiens, 1998 S. 97 ff.

538 MünchKommAktG-*Schröer* § 136 Rn. 85.

539 Zum Ganzen ausführlich MünchKommAktG-*Schröer* § 136 Rn. 85.

der auf Grundlage der Restrukturierungsvereinbarung generierte wirtschaftliche Mehrwert gemäß der *Absolute Priority Rule* an die Sanierungsbeteiligten verteilt wird.[540] Es wäre sinnwidrig, den Aktionären auf der einen Seite zu verbieten, sich zugunsten der Gesellschaft zu einem bestimmten Stimmverhalten zu verpflichten, wenn sie auf der anderen Seite aufgrund ihrer gesellschaftsrechtlichen Treuepflicht verpflichtet sind, einer Restrukturierungsvereinbarung zuzustimmen, die genau eine solche Stimmbindung vorsieht. Der Schutzzweck des § 136 Abs. 2 AktG, die Aufrechterhaltung der aktienrechtlichen Organisationsstruktur zur Erhaltung wirtschaftlicher Werte sowie die Wahrung des Gleichgewichts von Einfluss und Kapitalrisiko, wird dann vom übergeordneten Unternehmensinteresse überlagert. § 136 Abs. 2 AktG ist folglich nicht auf Restrukturierungsvereinbarungen anzuwenden, zu denen eine Zustimmungspflicht seitens der Aktionäre besteht.

e) Analoge Anwendung von § 136 Abs. 2 AktG?

Zu überlegen ist, ob § 136 Abs. 2 AktG nicht auch auf Stimmbindungen, die Anleihegläubiger zu Gunsten der Gesellschaft in der Restrukturierungsvereinbarung eingehen, anzuwenden ist. Dabei ist insbesondere an die Stimmbindungen zu denken, die die Anleihegläubiger verpflichten, nach § 5 Abs. 3 Nr. 5 SchVG [2009] den für einen *Debt to Equity Swap* erforderlichen Beschlüssen auf den entsprechenden Anleihegläubigerversammlungen zuzustimmen. Zwar sind Anleihegläubiger ebenso wie Aktionäre Investoren der Aktiengesellschaft. Sie tragen als Fremdkapitalinvestoren ebenso wie die Aktionäre als Eigenkapitalinvestoren das Risiko ihr eingesetztes Kapital zu verlieren, so dass das Gleichgewicht von Einfluss und Verantwortung auch dann gestört ist, wenn sie sich zu Gunsten der Verwaltung zu einem bestimmten Stimmverhalten auf den Anleihegläubigerversammlungen verpflichten. Im Gegensatz zur Hauptversammlung ist die Anleihegläubigerversammlung jedoch kein Organ der Gesellschaft, so dass die aktienrechtliche Binnenordnung bei einer Stimmbindung der Anleihegläubiger zu Gunsten der Verwaltung nicht aus den Fugen gerät, es mithin zu keinem Kompetenzübergriff durch die Verwaltung auf ein anderes Organ kommt. Davor möchte § 136 Abs. 2 AktG jedoch gerade schützen. Dass der Gesetzgeber diesen Schutz auch auf organähnliche Institute wie eine Anleihegläubigerversammlung ausdehnen wollte, ist nicht zu erkennen. Es fehlt folglich schon an der Planwidrigkeit einer etwaigen Regelungslücke. Im Übrigen liegt auch keine vergleichbare Gefährdungslage vor, weil die Anleihegläubiger im Gegensatz zu den Aktionären eben nicht Teil eines Organs der Gesellschaft sein können. Dies ist deshalb nicht vorgesehen, weil die Anleihegläubiger als Fremdkapitalinvestoren zwar auch ein Kapitalrisiko trifft, dieses jedoch nicht wie eine Eigenkapitalinvestition über die Einflussnahme auf die Geschicke der Gesellschaft abgesichert ist, sondern dadurch, dass die Anleihegläubiger zu in

---

540 Hierzu siehe eingehend unten Kapitel 3.

den Anleihebedingungen fest fixierten Fälligkeitszeitpunkten ihr Kapital verzinst zurückerhalten.

V. Vereinbarkeit mit § 57 AktG

Desweiteren fragt sich, inwieweit die in Restrukturierungsvereinbarungen typischerweise anzutreffenden Gewährleistungen und Garantien (*Representations and Warranties*[541]) gegen das Verbot der Einlagenrückgewähr gemäß § 57 AktG verstoßen. Nach § 57 Abs. 1 Satz 1 AktG dürfen die Einlagen den Aktionären nicht zurückgewährt werden. Im Zusammenhang mit einer Restrukturierungsvereinbarung geben die Gesellschaft (und gegebenenfalls auch ihre Tochtergesellschaften) allerdings regelmäßig umfangreiche Gewährleistungen und Garantien hinsichtlich der wirtschaftlichen, finanziellen und rechtlichen Verhältnisse des Unternehmens ab. Es besteht daher die Gefahr, dass im Haftungsfall die ursprünglich geleistete Einlage ganz oder anteilig an den *Distressed Investor* bzw. (künftigen) Aktionär zurückfließt.[542] Bringt der *Distressed Investor* im Rahmen einer Sachkapitalerhöhung seine notleidenden Forderungen gegen die Gesellschaft im Gegenzug für die Gewährung junger Aktien in diese ein und weichen die tatsächlichen Unternehmensverhältnisse von den in der Restrukturierungsvereinbarung gewährleisteten ab, dann kann die Erfüllung der sich aus der Gewährleistung ergebenden Schadensersatzansprüche als Rückgewähr von Einlagen i.S.d. § 57 Abs. 1 Satz 1 AktG qualifizieren und daher unzulässig sein.[543] Überdies sollen nach h.M. von § 57 Abs. 1 Satz 1 AktG nicht nur tatsächliche Leistungen, sondern bereits die rechtliche Verpflichtung zu verbotenen Leistungen erfasst werden.[544] Folgt man der herrschenden Ansicht, wäre also nicht erst die Leistung auf die mögliche Schadensersatzforderung, sondern bereits die Vereinbarung der entsprechenden Gewährleistungsklausel in der Restrukturierungsvereinbarung nichtig.

Es stellt sich jedoch die Frage, ob § 57 AktG bei der Abgabe von Gewährleistungen und Garantien zugunsten des *Distressed Investors* überhaupt tatbestandlich erfüllt ist. Denn der *Distressed Investor* ist im Zeitpunkt der Verpflichtungsübernahme durch die Gesellschaft, d.h. im Zeitpunkt des Abschlusses der Restrukturierungsvereinbarung, noch kein Aktionär derselben, sondern lediglich bestrebt, ein solcher zu werden. Nach h.M. ist zwar eine zeitliche Vorwirkung der

541 Ansprüche aus Garantien entstehen im Gegensatz zu denjenigen aus Gewährleistungen verschuldensunabhängig.

542 Vgl. *Kiefner* ZHR 178 (2014) 547, 584.

543 Grigoleit/Grigoleit/*Rachlitz* § 57 Rn. 6; Hüffer/*Koch* § 57 Rn. 7; *Maidl/Kreifels* NZG 2003, 1091, 1093; Kämmerer/Veil/*Schall*, Übernahme- und Kapitalmarktrecht in der Reformdiskussion 2013, S. 75, 97; *Krieger/Kraft*, Münchener Handbuch des Gesellschaftsrechts, Band 4: Aktienrecht, § 56 Rn. 126; Wachter/*Servatius* § 57 Rn. 28; *Sieger/Hasselbach* BB 2004, 60, 61; *Technau* AG 1998, 445; *Wieneke* NZG 2004, 61, 68.

544 Statt aller MünchKommAktG-*Bayer* § 57 Rn. 11 mit Hinweis auf RGZ 149, 385, 400.

Aktionärseigenschaft insbesondere im Kontext von § 57 AktG anerkannt.[545] Eine Vorwirkung komme in Betracht, wenn zwischen der Aufgabe bzw. Erlangung der Aktionärsstellung und der Vornahme der Leistung ein enger sachlicher und zeitlicher Zusammenhang bestehe oder die Zuwendung sonst mit Rücksicht auf die ehemalige oder zukünftige Aktionärsstellung erfolge.[546] Ob die Annahme einer solchen Vorwirkung auch im Zusammenhang mit einer Restrukturierungsvereinbarung, die die Umsetzung eines *Debt to Equity Swap* vorsieht und somit zugleich die „Einstiegsbedingungen" des *Distressed Investors* regelt, zutreffend ist, soll im Folgenden untersucht werden.

Zunächst sind die in Restrukturierungsvereinbarungen festgelegten Gewährleistungen und Garantien danach zu unterscheiden, ob sie lediglich den gegenwärtigen Ist-Zustand oder den künftigen Soll-Zustand des Unternehmens zusichern. Nur bei der Zusicherung des künftigen Soll-Zustandes kommt nach hier vertretener Ansicht die Anwendung von § 57 AktG in Betracht. Denn werden bestimmte in der Zukunft liegende Unternehmensverhältnisse zugesichert, beispielsweise etwa das Erreichen bestimmter Umsatzzahlen, dann wird in unzulässiger Weise die eingegangene Eigenkapitalposition des *Distressed Investors* dadurch „auflösend bedingt", dass er bei Nichterreichen der verabredeten Finanzkennzahlen über den Umweg des Schadensersatzes sein Kapital zurückerhält. Die vorrangige Haftung von Eigen- gegenüber Fremdkapital würde dadurch aufgehoben bzw. umgekehrt. Dies widerspräche der Natur von Eigenkapital als gebundenem Kapital, verstieße gegen den Grundsatz der Kapitalerhaltung und ist daher zu unterbinden. Weiterhin zielt die Garantie künftiger Verhältnisse auf die Zusicherung bzw. Herstellung eines Zustands zu einem Zeitpunkt, zu dem der *Distressed Investor* bereits Aktionär der Gesellschaft sein wird. § 57 AktG ist daher uneingeschränkt auf solche Garantien, die sich auf die Herstellung künftiger Zustände beziehen (genau genommen handelt es sich daher bei derartigen Zusicherungen um Auflagen mit garantiertem Ergebnis) uneingeschränkt anwendbar.

Die Gewährleistung bzw. Garantie gegenwärtiger Zustände erfasst hingegen Zusicherungen zu einem Zeitpunkt, zu dem der *Distressed Investor* noch kein Aktionär ist. Die Zusicherungen dienen lediglich dem Zweck, dem *Distressed Investor* die Beteiligungsübernahme, d.h. die Erlangung der Aktionärsstellung, zu erleichtern bzw. abzusichern, indem die Gesellschaft dazu angehalten wird, alle ihr zur Verfügung stehenden Informationen dem Investor zugänglich zu machen, mithin größtmögliche Transparenz und letztlich Vertrauen zu schaffen. Stellen sich die Informationen nämlich als unrichtig heraus oder sind sie lückenhaft, haftet die Gesellschaft gegenüber dem Investor aus der abgegebenen Gewährleistung oder

545 MünchKommAktG-*Bayer* § 57 Rn. 57 m.w.N.; GroßkommAktG-*Henze* § 57 Rn. 80; *Brandi* NZG 2004, 600, 601; zur Frage von Vorwirkungen bei der Treuepflicht im Rahmen von (schädlichen) Beteiligungserwerben vgl. *Mülbert/Kiem* ZHR 177 (2013) 819, 844 mit Nachweisen zum Meinungsstand.

546 MünchKommAktG-*Bayer* § 57 Rn. 57.

Garantie. Dabei besteht jedoch kein sachlicher Zusammenhang zu der angestrebten Eigenkapitalposition des Investors. Denn die Haftung knüpft nicht an die Pflicht zu erfolgreichem unternehmerischen Handeln an, also etwa bestimmte Umsatzzahlen oder sonstige *Milestones* zu erreichen, sondern lediglich an die Pflicht zur richtigen und vollständigen Informationsbeschaffung, die gerade in insolvenznahen Krisensituationen von übergeordneter Wichtigkeit ist. Nur bei der erstgenannten Pflicht besteht die Gefahr, dass die Nachrangigkeit von Eigenkapital umgekehrt und Kapitalerhaltungsgrundsätze verletzt werden. Eigenkapital wird gerade deshalb als gebundenes Kapital bezeichnet, weil es sowohl bei unternehmerischem Erfolg als auch Misserfolg in der Gesellschaft verbleibt, vgl. § 57 AktG. Sind Gewährleistungen und Garantien daher an den Eintritt eines bestimmten unternehmerischen Erfolges geknüpft, läuft dies der vorrangigen Haftung von Eigen- gegenüber Fremdkapital zuwider. Sind die Gewährleistungen und Garantien hingegen an die Zusicherung der Ist-Verhältnisse des Unternehmens geknüpft, besteht nicht die Gefahr der Umkehr der vorrangigen Haftung von Eigen- gegenüber Fremdkapital, vor der § 57 AktG gerade bewahren möchte.[547] Durch die korrekte Zusicherung der Ist-Verhältnisse wird die Gesellschaft lediglich angehalten, alle ihr zur Verfügung stehenden Informationen richtig und vollständig dem *Distressed Investor* zu übermitteln. Die Gefahr der Umkehr der Haftungsrangfolge von Eigen- und Fremdkapital besteht bei einer Missachtung dieser Pflicht und der sich daran anschließenden Leistung auf die aufgrund der übernommenen Garantie möglicherweise entstandene Schadenersatzpflicht nicht. Hinsichtlich der Informationsbeschaffung stehen Eigen- und Fremdkapitalgeber nämlich nicht in einem Vor- bzw. Nachrangverhältnis. Sie stehen vielmehr gleichrangig nebeneinander.

Im Übrigen ist zu berücksichtigen, dass Unternehmen, die sich in insolvenznahen Sanierungssituationen befinden, nur sehr schwer zu bewerten sind. Dies deshalb, weil das Verhalten von Kunden und Lieferanten in solchen Situationen nicht immer ausschließlich von rationalen, sondern häufig auch irrationalen Faktoren und Überreaktionen geprägt ist. Die Annahmen für die Bewertung des gegenwärtigen Vermögens und der künftigen Geschäftsentwicklung, mithin für die Bewertung des Unternehmens schlechthin, basieren daher oftmals auf unsicherer Tatsachengrundlage. Gleichsam verhält es sich mit den Investitionsentscheidungen eines *Distressed Investors*. Dieser trifft seine Entscheidungen häufig ebenso auf unsicherer Tatsachengrundlage. Daher hat er ein ausgeprägtes Interesse daran, dass zumindest die Richtigkeit und Vollständigkeit der ihm zur Verfügung

547 Zum diesem Schutzzweck von § 57 AktG siehe Theiselmann/*Cahn*, Praxishandbuch des Restrukturierungsrechts, Kapitel 7 Rn. 8: „Soll die Vermögensbindung [der §§ 57 AktG, 30 GmbHG] ihre Funktion erfüllen, die Einhaltung der Rangfolge von Eigen- und Fremdkapitalgebern sicherzustellen, […]". Damit wird zugleich zum Ausdruck gebracht, dass eine solche Rangfolge auch außerhalb eines Insolvenzverfahrens existiert. Indem die §§ 57 AktG, 30 GmbHG die Rangfolge sicherstellen, setzen sie sie gerade voraus. Hierzu siehe eingehend unten Kapitel 3 A. II. 1. c) bb) (1) und (2).

stehenden Informationen rechtsverbindlich von der Gesellschaft zugesichert werden. Würde man daher den Ist-Gewährleistungen und Garantien der Gesellschaft in der Restrukturierungsvereinbarung von vornherein die Wirksamkeit versagen, würde aller Voraussicht nach ein professioneller *Distressed Investor* nicht zu einer Investition bereit sein. Außergerichtliche, werterhaltende Restrukturierungen wären dann oft nicht möglich.

VI. Abreden zur Corporate Governance

Restrukturierungsvereinbarungen enthalten regelmäßig Bestimmungen hinsichtlich der personellen Zusammensetzung des Aufsichtsrats sowie des Vorstands nach *Closing* der finanziellen Restrukturierung bzw. nach erfolgter Beteiligungsübernahme durch den *Distressed Investor.* Während es dem amtierenden Vorstand der Gesellschaft vornehmlich darauf ankommen wird, nach erfolgter Beteiligungsübernahme durch den *Distressed Investor* nicht abberufen, sondern weiterbeschäftigt zu werden, wird der *Distressed Investor* vor allem sicherstellen wollen, dass die Gremien der Gesellschaft mit Personen besetzt werden, die ihm geneigt sind. Da der Aufsichtsrat über die personelle Besetzung des Vorstands entscheidet, vgl. 84 Abs. 1 AktG, und die Hauptversammlung über diejenige des Aufsichtsrats, vgl. 119 Abs. 1 Nr. 1 AktG, stehen rechtsgeschäftliche Abreden, wonach der Vorstand namens der Gesellschaft mit einem bzw. mehreren (künftigen) Aktionär(en) die Zusammensetzung der Gremien festlegt, im Verdacht, mit der zwingenden aktienrechtlichen Kompetenzordnung zu konfligieren.

1. Abreden zur Besetzung des Aufsichtsrats

Handelt es sich beim *Distressed Investor* um einen Hedgefonds, der lediglich eine Minderheitsbeteiligung an der Gesellschaft anstrebt, wird er umso mehr an einer rechtsgeschäftlichen Vorfestlegung der einzelnen Aufsichtsratsmandate interessiert sein. Denn ohne Innehaben einer Mehrheitsbeteiligung wird er sich nicht darauf verlassen können, dass die Hauptversammlung (nach Beteiligungsübernahme durch ihn) „seine“ Kandidaten in den Aufsichtsrat wählt. Da der Aufsichtsrat die Personalhoheit über den Vorstand hat, ist die Kontrolle des Aufsichtsrats, d.h. seine Besetzung mit Personen, die in einem Loyalitätsverhältnis zum *Distressed Investor* stehen, entscheidend für dessen Einflussnahme auf die unternehmerischen Geschicke der Gesellschaft. Eine solche Einflussnahme ist wiederum wesentlicher Teil der Investitionsstrategie von aktivistischen Hedgefonds, denen auch *Distressed Hedge Funds* zuzuordnen sind. Diese versuchen, unterbewertete Aktien oder Schuldinstrumente einer Gesellschaft zu erwerben, um durch aktive Einflussnahme auf die Geschäftspolitik, den wahren, intrinsischen Wert (*Intrinsic Value*) des Unternehmens „freizusetzen“. Sie warten also nicht nur passiv ab, bis aufgrund eines besonderen Marktereignisses (*Catalyst*) der Preis, den sie für die Aktie bzw. das Schuldinstrument gezahlt haben, sich dem intrinsischen Wert angleicht, sondern versuchen, den *Catalyst* aktiv herbeizuführen, um so von der

Wertdifferenz (*Value Gap*) profitieren zu können.[548] *Distressed Hedge Funds* als Unterart von *Activist Hedge Funds*[549] versuchen dabei, nicht nur Einfluss auf die finanzielle Restrukturierung und ihren „Einstieg“ ins Eigenkapital zu nehmen, mithin nicht nur Werte durch reines sog. *Financial Engineering* zu generieren, sondern darüber hinaus auch auf die Umsetzung der operativen und strategischen Neuausrichtung der Gesellschaft, die vor allem in die herausgehobene Leitungskompetenz des Vorstands fällt. Die Kontrolle über die Personalkompetenz des Aufsichtsrats ist ein entscheidender Schlüssel hierfür.

Ein *Distressed Hedge Fund* hat daher großes Interesse daran, dass ihm bereits vor dem Beteiligungserwerb in der Restrukturierungsvereinbarung eine bestimmte Anzahl an Aufsichtsratssitzen rechtsverbindlich seitens der Gesellschaft zugesichert wird. Dahingehende Verpflichtungen der Gesellschaft sind allerdings rechtlich nicht unproblematisch. Denn verpflichtet der Vorstand die Gesellschaft, dem Investor nach der Anteilsübernahme bestimmte Sitze im Aufsichtsrat einzuräumen, ist zu berücksichtigen, dass zur Umsetzung dieser Verpflichtung sowohl die Mitwirkung der Hauptversammlung als auch diejenige des Aufsichtsrats erforderlich ist. Nach § 124 Abs. 3 Satz 1 AktG haben der Vorstand und der Aufsichtsrat, zur Wahl von Aufsichtsratsmitgliedern und Prüfern nur der Aufsichtsrat, zu jedem Gegenstand der Tagesordnung, über den die Hauptversammlung beschließen soll, in der Bekanntmachung Vorschläge zur Beschlussfassung zu machen. Die Wahlvorschläge zur Besetzung des Aufsichtsrats hat also allein der Aufsichtsrat der Hauptversammlung zu unterbereiten. Eine Mitwirkung des Vorstands sieht der Gesetzgeber insoweit nicht vor. Schließlich haben die zu wählenden Aufsichtsratsmitglieder in erster Linie die Tätigkeit des Vorstands zu überwachen.[550] Der Vorstand soll deshalb ihre Auswahl nicht beeinflussen können.[551] Die Wahl selbst ist nach § 119 Abs. 1 Nr. 1 AktG der Hauptversammlung zur Entscheidung zugewiesen. Sichert daher der Vorstand namens der Gesellschaft dem Investor eine bestimmte Anzahl an Sitzen im Aufsichtsrat zu – etwa in Form eines Benennungsrechts –, bedarf diese Abrede sowohl der Zustimmung des Aufsichtsrats als auch der Hauptversammlung. Andernfalls würde der Vorstand durch die Vorabverpflichtung die Willensentschließungsfreiheit der beiden Organe einschränken und in deren Kompetenz eingreifen. Die Abrede verstieße gegen den oben hergeleiteten Grundsatz, dass keinem Organ ohne dessen Willen (faktische) Bindungen auferlegt werden dürfen und wäre gem. § 187 Abs. 2 AktG analog schwebend unwirksam.[552]

Verpflichtet der Vorstand hingegen die Gesellschaft, sich lediglich zu bemühen, dass der Investor die zugesicherten Sitze im Aufsichtsrat erhält, bedarf es

548 Siehe hierzu ausführlich oben Kapitel 1 B. II.
549 Und auch als Unterart von Value Investoren im Allgemeinen.
550 *Seibt/Wunsch* Der Konzern 195, 204 im Zusammenhang mit Investorenvereinbarungen.
551 *Seibt/Wunsch* Der Konzern 195, 204; vgl. Begr. RegE § 124, abgedruckt bei *Kropf* Aktiengesetz 1965, S. 174.
552 Hierzu siehe ausführlich oben Kapitel 2 C. III. 3.

grundsätzlich nicht der Zustimmung der Hauptversammlung oder des Aufsichtsrats. Denn die Organe werden dann keinem Entscheidungsdruck dahingehend ausgesetzt, dass sie entweder die in der Restrukturierungsvereinbarung benannten Personen in den Aufsichtsrat wählen oder die Gesellschaft einem Schadensersatzanspruch wegen Nichterfüllung aussetzen. Dies deshalb nicht, weil die Gesellschaft die Bemühensverpflichtungen in der Regel auch dann erfüllt, wenn die in der Restrukturierungsvereinbarung benannten Personen nicht in den Aufsichtsrat gewählt werden, sie sich jedoch nach besten Kräften bemüht hat, dass dies geschieht. Reine Bemühensverpflichtungen in Bezug auf die Besetzung des Aufsichtsrats kann die Gesellschaft etwa dadurch erfüllen, dass der Vorstand das Gespräch mit dem bestehenden Aufsichtsrat sucht und ihm die in der Restrukturierungsvereinbarung festgelegten Personen rein informell vorschlägt. Der intensive Austausch zwischen Vorstand und Aufsichtsrat ist dabei keineswegs gesetzlich untersagt, sondern vielmehr im Sinne einer guten *Corporate Governance* ausdrücklich gewünscht.[553] Selbst die Teilnahme an Aufsichtsratssitzungen ist dem Vorstand nicht verboten. Gleichwohl steht im hierauf kein Anspruch zu.[554] Parallel dazu wird zur Erfüllung der Bemühensverpflichtungen der Gesellschaft erforderlich sein, dass der Vorstand versucht, bestehende (Groß-)Aktionäre davon zu überzeugen, die in der Restrukturierungsvereinbarung zugunsten des Investors festgelegten Personen in den Aufsichtsrat zu wählen. Auch insoweit ist ein reger Austausch zwischen Vorstand und bestehenden Aktionären grundsätzlich im Unternehmensinteresse und entspricht den Grundsätzen einer guten *Corporate Governance*.[555] Insbesondere in Krisensituationen hat der Vorstand im Rahmen seiner Sanierungspflicht alle Optionen in Betracht zu ziehen, die eine außergerichtliche Sanierung der Gesellschaft ermöglichen. Eine Neutralitätspflicht in dem Sinne, nicht einmal das Gespräch mit bestehenden Altaktionären zu suchen, stünde damit in einem krassen Widerspruch und ist daher abzulehnen. Derartige Bemühensverpflichtungen fallen im Übrigen in die herausgehobene Leitungskompetenz des Vorstands, so dass bei der Festlegung derselben in der Restrukturierungsvereinbarung lediglich der Vorstand zustimmen muss. Die Erteilung seiner Zustimmung liegt dabei im Abschluss der Restrukturierungsvereinbarung namens der Gesellschaft. Werden die Bemühensverpflichtungen konkret genug ausgestaltet, so dass dem Investor kein inhaltliches Ermessen hinsichtlich der Umsetzung der jeweiligen Bemühensverpflichtung durch den Vorstand zukommt, bestehen auch keine

553 *Seibt/Wunsch* Der Konzern 195, 205, vgl. auch Ziff. 3.5 Abs. 1 Satz 1 DCGK, der zum Ausdruck bringt, dass eine gute Unternehmensführung eine offene Diskussion zwischen Vorstand und Aufsichtsrat sowie in Vorstand und Aufsichtsrat voraussetzt, *Seibt/Wunsch* Der Konzern 195, 205 Fn. 83.

554 Vgl. KölnKommAktG-*Mertens* § 109 Rn. 13; Spindler/Stilz/*Spindler* § 109 Rn. 16; *Seibt/Wunsch* Der Konzern 195, 205.

555 *Seibt/Wunsch* Der Konzern 195, 205.

Bedenken im Hinblick auf § 76 AktG, das Verbot der Vorabbindung und einen Kompetenzübergriff durch den Investor.[556]

Bemühensverpflichtungen der Gesellschaft dergestalt, dass der Vorstand in Bezug auf die Zusammensetzung des Aufsichtsrats auf die Hauptversammlung und den Aufsichtsrat einwirkt, können jedoch wegen rechtswidriger Verhaltenssteuerung und Ausübung unzulässigen Entscheidungsdrucks mit „harten" Umsetzungsverpflichtungen der Gesellschaft gleichzusetzen und nach § 187 Abs. 2 AktG analog schwebend unwirksam sein. Dies ist insbesondere dann der Fall, wenn mit der entsprechenden Bemühensverpflichtung der gleiche Entscheidungsdruck auf die beiden Organe (Aufsichtsrat und Hauptversammlung) erzeugt wird wie mit einer Verpflichtung der Gesellschaft, die eine konkrete Besetzung des Aufsichtsrats zum Inhalt hat („harte" Umsetzungsverpflichtung). Die Gefahr der Erzeugung unzulässigen Entscheidungsdrucks besteht wiederum vor allem dann, wenn die jeweilige Bemühensverpflichtung dergestalt mit einer Vertragsstrafe verknüpft wird, dass diese fällig wird, wenn das Bemühen keinen Erfolg verspricht. Es ist dann zu besorgen, dass sich sowohl die Mitglieder des Aufsichtsrats als auch die einzelnen Aktionäre genötigt fühlen nur deshalb die benannten Personen in den Aufsichtsrat zu wählen bzw. diese vorzuschlagen, weil sie die festgelegte Vertragsstrafe nicht auslösen wollen. Die Verbindung erfolgsabhängiger Bemühensverpflichtungen mit Vertragsstrafen führt daher regelmäßig zu einer unzulässigen Verhaltenssteuerung durch den Vorstand und ist deshalb schwebend unwirksam. Wird hingegen die Vertragsstrafe nicht an den Erfolg, sondern allein an die Vornahme der Bemühenshandlung geknüpft, ist sie zulässig, weil gerade kein Entscheidungsdruck erzeugt wird. Dies ganz einfach deshalb nicht, weil der Vorstand bereits durch die schlichte Vornahme der Einwirkungshandlung die Zahlung der Vertragsstrafe abwenden kann.[557]

Die Besetzung des Aufsichtsrats kann allerdings auch unter Mitwirkung des Vorstands erfolgen, so dass in der Restrukturierungsvereinbarung auch dieser (genauer: die Gesellschaft) zu entsprechenden Vornahmehandlungen zu verpflichten ist. Nach § 104 AktG kann der Aufsichtsrat gerichtlich bestellt werden. Gehört dem Aufsichtsrat die zur Beschlussfähigkeit nötige Zahl von Mitgliedern nicht an, so hat ihn das Gericht auf Antrag des Vorstands, eines Aufsichtsratsmitglieds oder eines Aktionärs auf diese Zahl zu ergänzen, § 104 Abs. 1 Satz 1 AktG. In der Praxis wird üblicherweise so vorgegangen, dass der Aufsichtsratsvorsitzende im Kreis der Anteilseignervertreter sondiert, ob gewählte Aufsichtsratsmitglieder zum Verzicht auf ihr Amt bereit sind, um Platz zu machen für vom Investor präferierte Kandidaten.[558] Im Anschluss daran wird dann in aller Regel die entstandene Vakanz durch die vorstandsseitig beantragte gerichtliche Bestellung beseitigt.[559] Im Zuge

556 Siehe hierzu ausführlich oben Kapitel 2 C. I. 1.
557 *Reichert/Ott*, FS Goette, S. 397, 405.
558 *Kiem* AG 2009, 301, 309.
559 *Kiem* AG 2009, 301, 309.

dessen besteht dann die Möglichkeit, dass die in der Restrukturierungsvereinbarung benannten Personen vom Gericht eingesetzt werden. Das Gericht entscheidet zwar über die jeweilige Person des Aufsichtsratsmitglieds grundsätzlich nach eigenem, pflichtgemäßem Ermessen, ohne an die Vorschläge der Antragsteller gebunden zu sein.[560] Liegen jedoch keine Bestellungshindernisse vor, entscheidet das Gericht indessen in aller Regel im Sinne des Antragstellers.[561] Die Gesellschaft kann also namens des Vorstands verpflichtet werden, dafür zu sorgen, dass auf diese Weise die in der Restrukturierungsvereinbarung zugunsten des *Distressed Investors* verabredeten Personen in den Aufsichtsrat gelangen. Hierzu ist dann weder die Zustimmung der Hauptversammlung noch diejenige des Aufsichtsrats erforderlich, da die Umsetzung der Verpflichtung in die herausgehobene Leitungskompetenz des Vorstandes fällt, vgl. § 104 AktG, mithin keine Einschränkung der Entschließungsfreiheit der Hauptversammlung oder des Aufsichtsrats und daher auch kein Kompetenzübergriff zu besorgen ist. Wird zugleich die Handlungspflicht des Vorstands konkret genug festgelegt, bestehen auch keine Bedenken im Hinblick auf einen tatbestandlichen Eingriff in § 76 AktG.[562]

Bestimmungen in Restrukturierungsvereinbarungen hinsichtlich der Besetzung des Aufsichtsrats können ferner mit § 136 Abs. 2 AktG in Konflikt geraten. Zum einen werden die von den Altaktionären gegenüber der Gesellschaft übernommenen Verpflichtungen, die vom Investor präferierten Personen in der Hauptversammlung in den Aufsichtsrat zu wählen, tatbestandlich von der Norm erfasst. Werden die Stimmbindungen jedoch derart konkret festgelegt, dass dem Vorstand kein Ermessen hinsichtlich der Besetzung der einzelnen Aufsichtsratssitze zukommt, sind diese vielmehr im Einzelnen in der Restrukturierungsvereinbarung festgelegt, kann es zu keiner eigenen, originären Entscheidung des Vorstands anstelle derjenigen der Hauptversammlung, mithin zu keinem Kompetenzübergriff durch den Vorstand kommen. Zum anderen sind auch Verpflichtungen des Investors gegenüber der Gesellschaft dahingehend, dass dieser nach Beteiligungsübernahme nur eine bestimmte Anzahl an Personen in den Aufsichtsrat wählt, an § 136 Abs. 2 AktG zu messen. Wird nämlich in der Restrukturierungsvereinbarung zugunsten des *Distressed Investors* ein Benennungsrecht hinsichtlich einer bestimmten Anzahl an Personen festgelegt, bedeutet dies zugleich, dass der Investor auf der entsprechenden Hauptversammlung nur die festgelegten Personen in den Aufsichtsrat wählen darf. Es würde nämlich keinen Sinn machen, dem Investor auf der einen Seite ein Benennungsrecht hinsichtlich einer bestimmten Anzahl an Aufsichtsratssitzen zu gewähren, ihm auf der anderen Seite jedoch gleichzeitig zu gestatten, auf der Hauptversammlung eine beliebig darüber hinausgehende Anzahl an Personen in den Aufsichtsrat zu wählen.[563] Er hat sich vielmehr insoweit

560 Vgl. *Hüffer* Aktiengesetz § 104 Rn. 5; *Kiem* AG 2009, 301, 309 Fn. 54.
561 So ausdrücklich *Kiem* AG 2009, 301, 309 Fn. 54.
562 Hierzu siehe ausführlich oben Kapitel 2 C. I. 1. a).
563 *Kiem* AG 2009, 301, 310.

seiner Stimme zu enthalten, als seinem Benennungsrecht schon durch die Wahl der entsprechenden Personen genüge getan wurde. Eine solche (durch Auslegung ermittelte) Unterlassungspflicht gegenüber der Gesellschaft stellt gleichsam eine vom Einflussnahmeverbot des § 136 Abs. 2 AktG grundsätzlich untersagte Stimmbindung dar. Wird jedoch auch hier in der Restrukturierungsvereinbarung konkret der Umfang der zu unterlassenden Stimmrechtsausübung festgelegt, kommt es zu keinem Kompetenzübergriff durch den Vorstand.[564]

2. *Abreden zur Besetzung des Vorstands*

Abreden zur Zusammensetzung des Vorstands können in Restrukturierungsvereinbarungen mit *Distressed Hedge Funds* vor allem in der Form anzutreffen sein, dass es dem Investor nach der Beteiligungsübernahme untersagt sein soll, den amtierenden Vorstand abzuberufen. Hierzu wird ein *Distressed Investor* allerdings nur bereit sein, wenn sich der amtierende Vorstand namens der Gesellschaft im Gegenzug verpflichtet, die künftige Unternehmensstrategie nach den Vorstellungen des Investors umzusetzen. Die Abrede stellt damit eine Art Nichtabberufungspakt[565] zwischen amtierendem Vorstand und Investor dar. Darüber hinaus sind allerdings auch Abreden sinnvoll, wonach sich die Parteien auf eine teilweise Neubesetzung des Vorstandgremiums einigen, etwa dass schon für den Zeitraum vor *Closing* der finanziellen Restrukturierung ein sog. *Chief Restructuring Officer* (CRO) den amtierenden Vorstand bei der Umsetzung der Restrukturierung unterstützt.

a) Abreden zur Nichtabberufung des amtierenden Vorstands

Abreden in Restrukturierungsvereinbarungen zwischen Gesellschaft und *Distressed Investor* hinsichtlich der Nichtabberufung des amtierenden Vorstands für den Zeitraum nach *Closing* der finanzielle Restrukturierung können einerseits als Unterlassungsklauseln, andererseits als Einwirkungsklauseln ausgestaltet sein.[566]

aa) Unterlassungsklauseln

Sind sie als Unterlassungsklauseln ausgestaltet, verpflichtet sich der *Distressed Investor* für den Zeitraum nach *Closing* der finanziellen Restrukturierung, d.h. nach Beteiligungsübernahme[567], von allen Handlungen Abstand zu nehmen, die dazu geeignet sind, den Aufsichtsrat zu einer Abberufung des amtierenden Vorstands

---

564 A.A. im Zusammenhang mit Investorenvereinbarungen *Kiem* AG 2009, 301, 309, der in solchen Abreden einen Verstoß gegen § 136 Abs. 2 Satz 2 AktG sieht.

565 Begriff von *Reichert/Ott*, FS Goette, S. 397, 408.

566 Vgl. *Reichert/Ott*, FS Goette, S. 397, 399 im Zusammenhang mit Investorenvereinbarungen.

567 Dies setzt natürlich die Verabredung und Implementierung eines Debt to Equity Swap voraus.

zu veranlassen. Eine solche Klausel verstößt nicht gegen § 136 Abs. 2 AktG. Der *Distressed Investor* verpflichtet sich zwar gegenüber der Gesellschaft als künftiger Aktionär, bestimmte Handlungen nicht vorzunehmen, hierbei ist er jedoch nicht in seiner Funktion als Teil des Organs Hauptversammlung betroffen, so dass es zu keinem Kompetenzübergriff durch den Vorstand kommt.[568] Der Investor verpflichtet sich nämlich nicht, in der Hauptversammlung von seinem Stimmrecht in einer bestimmten Weise Gebrauch zu machen, sondern lediglich zu Maßnahmen, die ihn als einzelnen Aktionär unabhängig von den anderen Aktionären und auch losgelöst von der Willensbildung der Gesamtheit der Aktionäre in der Hauptversammlung betreffen. Dies kann sich allenfalls dann anders darstellen, wenn die Klausel den Investor als künftigen Aktionär auch derart verpflichtet, dass er auf künftigen Hauptversammlungen dem amtierenden Vorstand nicht das Vertrauen entziehen darf, vgl. § 119 Abs. 1 Nr. 3 AktG. Erreicht die Klausel jedoch einen Konkretisierungsgrad, der eine originäre Entscheidung des Vorstands ausschließt, liegt kein tatbestandlicher Eingriff in § 136 Abs. 2 AktG vor. Weiterhin scheint ein Eingriff in die Norm dort gerechtfertigt zu sein, wo außer Frage steht, dass nur der amtierende Vorstand dazu in der Lage ist, die Gesellschaft dauerhaft aus der Krise zu führen.

Es stellt sich jedoch die Frage, ob eine solche Unterlassungsklausel mit dem Grundsatz der unabhängigen und weisungsfreien Amtswahrnehmung von Aufsichtsratsmitgliedern vereinbar ist. Nach § 111 Abs. 5 AktG können die Aufsichtsratsmitglieder ihre Aufgaben nicht durch andere wahrnehmen lassen.[569] Diese sind ihnen vielmehr zur höchstpersönlichen Erledigung zugewiesen.[570] Der Grundsatz der höchstpersönlichen Amtswahrnehmung umfasst nach einhelliger Auffassung das Gebot, das Aufsichtsratsmandat unabhängig, frei und eigenverantwortlich auszuüben, wobei die Mitglieder des Aufsichtsrats verpflichtet sind, stets kraft eigener Willensbildung zu handeln.[571] Überdies kann diese gesellschaftsrechtliche Verpflichtung nicht durch Weisungen überwunden werden; vielmehr schließt § 111 Abs. 5 AktG ein „imperatives", weisungsgebundenes Aufsichtsratsmandat

568 A.A. *Otto* AG 1991, 369, 377, der § 136 Abs. 2 AktG (wohl) auch außerhalb der Hauptversammlung für anwendbar erachtet: „Man wird überdies das Verbot des § 136 Abs. 2 sinngemäß auch auf eine Bindung bezüglich aller sonstigen, der Mitgliedschaft entspringenden Herrschaftsrechte wie insbesondere Einberufungs-, Antrags- und Klagerechte zu erstrecken haben, soweit man diesbezüglich ein Bindungsverbot gegenüber der Verwaltung nicht schon aus dem allgemeinen Gesichtspunkt der abschließenden aktienrechtlichen Kompetenzordnung ableitet."

569 BGH, Urteil v. 29.01.1962 – II ZR 1/61, BGHZ 36, 296, 306; BGH, Urteil v. 26.03.1984 – II ZR 171/83, BGHZ 90, 381, 198; BGH, Urteil v. 18.09.2006 – II ZR 137/05 = ZIP 2006, 2077, 2079; MünchKommAktG-*Habersack* § 111 Rn. 136; KölnKommAktG-*Mertens* § 111 Rn. 90; GroßkommAktG-*Hopt/Roth* § 111 Rn. 745; Ulmer/Habersack/Henssler/*Ulmer/Habersack*, MitbestG, § 25 Rn. 78; *Reichert/Ott*, FS Goette, S. 397, 399.

570 *Reichert/Ott*, FS Goette, S. 397, 399.

571 *Reichert/Ott*, FS Goette, S. 397, 399.

zwingend aus.[572] Ferner haben Aufsichtsratsmitglieder ihre Entscheidungen am Unternehmensinteresse zu orientieren, vgl. § 116 AktG. Auf den ersten Blick scheinen Unterlassungsklauseln mit § 111 Abs. 5 AktG nicht in Konflikt zu geraten, da diese unmittelbar nur den Investor binden. Fraglich ist jedoch, ob die Unterlassungsverpflichtungen zulasten des Investors mittelbar auch Bindungswirkung für die unabhängigen Aufsichtsratsmitglieder entfalten können. Dies scheint deshalb nicht fernliegend zu sein, weil die Aufsichtsratsmitglieder in aller Regel vom Investor – ggf. über eine zuvor erfolgte rechtsgeschäftliche Absicherung in der Restrukturierungsvereinbarung[573] – in den Aufsichtsrat gewählt wurden und daher mit diesem in einem Loyalitätsverhältnis stehen. Im Ergebnis ist jedoch auch eine mittelbare Bindungswirkung auszuschließen. Dies deshalb, weil die faktische Beeinflussung durch ein Loyalitätsverhältnis auf die Entscheidungsfindung nicht verboten, sondern vielmehr vom Gesetzgeber gewünscht ist. Die einzelnen Aufsichtsratsmitglieder als Anteilseignervertreter dürfen sich durchaus von den Interessen des Anteilseigners leiten lassen. Die Grenze ist erst dann überschritten, wenn sie im Konfliktfall die Interessen des Anteilseigners über das Unternehmensinteresse stellen. Das Prinzip der Eigentümerkontrolle, das auch im faktischen Konzern gilt, vgl. 311 AktG, basiert gerade auf der (faktischen) Einflussnahme des herrschenden Unternehmens über den Aufsichtsrat.[574]

bb) Einwirkungsklauseln

Um sicherzustellen, dass der amtierende Vorstand nach Beteiligungsübernahme durch den *Distressed Investor* nicht abberufen wird, können ferner Einwirkungsklauseln dergestalt in die Restrukturierungsvereinbarung Eingang finden, dass der Investor sich verpflichtet, auf den Aufsichtsrat einzuwirken, so dass dieser wiederum den amtierenden Vorstand nicht abberuft. Einwirkungsklauseln konfligieren dann mit der unabhängigen Amtswahrnehmung von Aufsichtsratsmitgliedern nach § 111 Abs. 5 AktG, wenn durch sie die Entschließungsfreiheit des Aufsichtsrats eingeschränkt wird. Dies ist vor allem dann der Fall, wenn auf die Aufsichtsratsmitglieder unzulässiger Entscheidungsdruck ausgeübt wird. Ein solcher kann dadurch entstehen, dass sich die mit dem Investor regelmäßig in besagtem Loyalitätsverhältnis stehenden Aufsichtsratsmitglieder aufgrund dieses Loyalitätsverhältnisses genötigt fühlen, den Vorstand nicht abzuberufen, weil andernfalls der Investor seine Einwirkungspflicht nicht erfüllen und die Restrukturierungsvereinbarung verletzen würde. Dies ist insbesondere dann zu befürchten, wenn die Einwirkungspflicht des Investors an einen bestimmten Erfolg geknüpft wird, wie etwa, dass im Falle der Abberufung des Vorstands der Investor das „nicht loyale" Aufsichtsratsmitglied abberuft oder dass bei Abberufung des amtierenden Vorstands

572 *Reichert/Ott*, FS Goette, S. 397, 399.
573 Siehe hierzu oben Kapitel 2 C. VI. 1.
574 *Reichert/Ott*, FS Goette, S. 397, 401.

vom Investor Vertragsstrafen zu entrichten sind. Solche drohenden Vertragsstrafen sind auch dazu geeignet, den Investor zur übermäßigen Druckausübung auf den Aufsichtsrat zu veranlassen, um eben die Zahlung der Vertragsstrafe zu vermeiden. Dadurch kann dann ebenso die Entschließungsfreiheit des Aufsichtsrats beeinträchtigt werden. Eine derartige mit einer Vertragsstrafe kombinierte Einwirkungsklausel wäre nach § 187 Abs. 2 AktG analog schwebend unwirksam.[575]

Desweiteren besteht bei Einwirkungsklauseln ebenso wie bei Unterlassungsklauseln die Gefahr, dass sie gegen das Einflussnahmeverbot aus § 136 Abs. 2 AktG verstoßen. Ein tatbestandlicher Eingriff ist jedoch nur dann zu besorgen, wenn der Investor in Bezug auf die Ausübung seines Stimmrechts in der Hauptversammlung gebunden wird. Verpflichtet er sich zu Handlungen, die nicht im Gebrauchmachen von seinem Stimmrecht im Sinne des Vorstands bestehen, kann es von vornherein nicht zu einem Kompetenzübergriff durch den Vorstand kommen. Dies deshalb nicht, weil die zwingende aktienrechtliche Entscheidungskompetenz nicht einzelnen Aktionären, sondern nur allen Aktionäre in ihrer Gesamtheit in der Hauptversammlung zugeordnet ist. Verpflichtet sich demnach ein individueller Aktionär gegenüber der Gesellschaft zur Vornahme einer bestimmten Handlung, namentlich zur Einwirkung auf die Mitglieder des Aufsichtsrats, nicht den amtierenden Vorstand abzuberufen, bleibt die zwingende aktienrechtliche Kompetenz- und Organisationstruktur unberührt.[576] Ferner wäre ein tatbestandlicher Eingriff in § 136 Abs. 2 AktG nur dann zu besorgen, wenn nicht der Konkretisierungsgrad der Einwirkungsklausel ein derart hohes Maß annimmt, dass nicht mehr von einer eigenen, originären Entscheidung und damit von einer kompetenzwidrigen Einflussnahme des Vorstands gesprochen werden kann. Ein Verstoß gegen § 136 Abs. 2 AktG würde also nur dann vorliegen, wenn sich der Investor in der Restrukturierungsvereinbarung verpflichten würde, in der Hauptversammlung gegen einen Vertrauensentzug zulasten des Vorstands zu stimmen.[577]

b) Abreden zur Neubesetzung des amtierenden Vorstands

Ein *Distressed Investor* hat – insbesondere dann, wenn es sich bei ihm um einen Hedgefonds handelt, der nur eine Minderheitsbeteiligung an der Gesellschaft anstrebt – durchaus ein Interesse, bereits in der Restrukturierungsvereinbarung auf rechtsgeschäftlichem Wege festzulegen, dass der amtierende Vorstand durch einen (erfahrenen) CRO ausgewechselt bzw. unterstützt wird. Zugleich wird die Gesellschaft daran interessiert sein, dass sich der *Distressed Investor* bereits vorab

---

575 Hierbei ist allerdings im Gegensatz zu oben zu beachten, dass die Einschränkung der Entschließungsfreiheit durch den Investor und nicht durch den Vorstand namens der Gesellschaft erfolgt.

576 A.A. *Otto* AG 1991. 369, 377, der § 136 Abs. 2 AktG auch außerhalb der Hauptversammlung für anwendbar erachtet und auch in dieser Konstellation einen Kompetenzübergriff annimmt.

577 *Reichert/Ott*, FS Goette, S. 397, 408.

auf eine bestimmte Person festlegt und diese Entscheidung nicht nach Beteiligungsübernahme zugunsten einer anderen Person verwirft. Hinsichtlich ihrer rechtlichen Zulässigkeit ergeben sich bei Abreden zur Neubesetzung des amtierenden Vorstands im Grundsatz keine Unterschiede zu den oben unter a) untersuchten Abreden zur Nichtabberufung des amtierenden Vorstands. Klauseln, die den Investor verpflichten, auf den Aufsichtsrat einzuwirken, eine von ihm (und auch der Gesellschaft) präferierte Person als CRO zu bestellen, sind an § 136 Abs. 2 AktG sowie an § 111 Abs. 5 AktG zu messen. Gegen § 136 Abs. 2 AktG verstoßen sie nicht, weil sie dem Investor in der Regel kein bestimmtes Stimmverhalten in der Hauptversammlung abverlangen. Sie verpflichten ihn lediglich zur faktischen Einflussnahme auf den Aufsichtsrat, beispielsweise etwa dazu, die Aufsichtsratsmitglieder in einem Gespräch sowie offener Diskussion von einer bestimmten Vorstandspersonalie zu überzeugen. Überdies gelten hinsichtlich der inhaltlichen Offenheit der Klausel (dann verbotenes Weisungsrecht) und einer im Voraus konkretisierten Festlegung des Stimmverhaltens des Investors (dann keine eigene, originäre Entscheidung des Vorstands und daher kein Kompetenzübergriff) die gleichen Maßstäbe wie oben. Gegen die gesetzlich garantierte Unabhängigkeit der Aufsichtsratsmitglieder gemäß § 111 Abs. 5 AktG verstoßen Einwirkungsklauseln mit dem Ziel der Einsetzung eines CRO auf Vorstandsebene dann, wenn der Nichteintritt des Erfolgs, namentlich die Nichteinsetzung des CRO, entweder an durch den Investor zu entrichtende Vertragsstrafen gekoppelt wird oder wenn sie auf andere Weise, etwa durch die Verpflichtung des Investors, das nicht den CRO bestellende Aufsichtsratsmitglied abzuberufen, geeignet sind, unzulässigen Entscheidungsdruck auf die Aufsichtsratsmitglieder auszuüben und damit ihre Entschließungsfreiheit einzuschränken.

Kapitel 3: Zustimmungspflicht zu Restrukturierungsvereinbarungen

In diesem Kapitel soll gezeigt werden, dass die verschiedenen Kapitalgeber einer Gesellschaft sowie deren Geschäftsleitung unter bestimmten Voraussetzungen eine Pflicht zum Abschluss einer Restrukturierungsvereinbarung haben. Es wird zu sehen sein, dass eine solche Pflicht bereits *de lege lata* besteht, wenn das in der Restrukturierungsvereinbarung festgelegte Restrukturierungskonzept die Befriedigungsrangfolge, der sich die Kapitalgeber schon im Zeitpunkt der Gewährung ihrer jeweiligen Kapitalform (Eigen- oder Fremdkapital) unterworfen haben und die auch durch das Kapitalgesellschafts-, Insolvenz- und Bilanzrecht vorgezeichnet ist, strikt einhält. Im Folgenden wird daher zunächst die Zustimmungspflicht der Geschäftsleitung hergeleitet, begründet und konkretisiert werden (*sub* A), sodann diejenige der verschiedenen Kapitalgeber (*sub* B und C).

Außergerichtliche Restrukturierungssituationen sind in aller Regel dadurch gekennzeichnet, dass der Faktor Zeit sehr knapp bemessen ist. Missachten die einzelnen *Stakeholder* ihre Zustimmungspflicht, wird deren gerichtliche Durchsetzung selbst im einstweiligen Rechtsschutzverfahren nicht die nötige Transaktionssicherheit bieten. In Sanierungssituationen bleibt regelmäßig keine Zeit, Prozesse zu führen.[578] Unwägbarkeiten im Transaktionsprozess verursachen insbesondere bei den stets alle Eventualitäten einplanenden und einkalkulierenden *Distressed Hedge Funds* Bauchschmerzen. Daher ist, um nicht trotz einer bestehenden Zustimmungspflicht die Zustimmung einzelner *Stakeholder* zur Restrukturierungsvereinbarung „erkaufen" zu müssen, *de lege ferenda* über eine außergerichtliche Zustimmungsfiktion hinsichtlich solcher Restrukturierungsvereinbarungen nachzudenken, die die gesetzlich sowie vertraglich begründete Befriedigungs- und Interessenrangfolge der Kapitalgeber respektieren und abbilden.[579]

---

578 Vgl. *Schmidt/Schlitt* Der Konzern 2009, 279, 282.

579 Inwieweit das von der EU-Kommission geplante und als Richtlinienentwurf am 22. November 2016 veröffentlichte vorinsolvenzliche Sanierungsverfahren (C (2016) 723) diesem Problemkomplex gerecht wird, bleibt abzuwarten. Im Rahmen der Bestrebungen zur Schaffung einer Kapitalmarktunion hat die Europäische Kommission am 12. März 2014 ihre Empfehlung „für einen neuen Ansatz im Umgang mit unternehmerischem Scheitern und Unternehmensinsolvenzen" abgegeben (C (2014) 1.500 final). Diese Empfehlung enthält detaillierte Maßgaben zur Ausgestaltung eines vorinsolvenzlichen Sanierungsverfahrens (sog. präventiver Restrukturierungsrahmen). Am 30. September 2015 hat die EU-Kommission in ihrem Aktionsplan einen „Legislativentwurf über Unternehmensinsolvenzen" angekündigt basierend auf der aus ihrer Sicht unzureichenden Umsetzung der Empfehlung aus dem Jahre 2014. Die Evaluation der ESUG-Neuregelungen war zwar erst 2017 geplant, der Vorstoß auf europäischer Ebene sorgte jedoch vorzeitig für

A. Zustimmungspflicht der Geschäftsleitung

Bevor allgemein die Pflichten der Geschäftsleitung, insbesondere diejenigen des Vorstands einer AG, konturiert und hergeleitet werden – ein Schwerpunkt wird dabei auf der Bestimmung des Wohls der Gesellschaft i.S.d. § 93 Abs. 1 Satz 2 AktG, an dem der Vorstand sein unternehmerisches Handeln auszurichten hat, liegen – sollen zunächst in Form von Thesen die zu untersuchenden Problemkomplexe vorangestellt werden.

I. Zu prüfende Thesen

1. Absolute Priority Rule als Teil des zu verfolgenden Unternehmensinteresses

Das von der Geschäftsleitung zu verfolgende Unternehmensinteresse ist das gebündelte Kapitalinteresse aller Kapitalgeber. Die Geschäftsleitung hat sich daher nicht allein an den Wertsteigerungsinteressen der Gesellschafter als Eigenkapitalgeber zu orientieren. Sie hat vielmehr ihr unternehmerisches Handeln an den Kapitalinteressen aller Kapitalgeber, einschließlich der Sicherungsinteressen der Gläubiger als Fremdkapitalgeber, auszurichten. Die Kapitalinteressen stehen allerdings nicht gleichrangig nebeneinander. Sie unterliegen vielmehr einer Rangfolge, die die Geschäftsleitung bei all ihren unternehmerischen Entscheidungen zu berücksichtigen hat: Zunächst sind die Sicherungsinteressen der Fremdkapitalgeber zu befriedigen. Erst bei deren vollständiger Befriedigung dürfen die Wertsteigerungsinteressen der Eigenkapitalgeber verfolgt werden. Die Kapitalinteressen unterliegen insbesondere deshalb einer Rangfolge, weil die einzelnen Kapitalgeber bei ihrer jeweiligen Kapitalinvestition sowohl untereinander als auch gegenüber der Gesellschaft (konkludent) ein Versprechen dahingehend abgeben, dass zunächst

---

Bewegung. Die Diskussion um ein vorinsolvenzliches Sanierungsverfahren ist nun nicht nur in Brüssel, sondern auch in Berlin neu entfacht. Eine erste Anhörung zur Notwendigkeit und Ausgestaltung eines vorinsolvenzlichen Sanierungsverfahrens hat am 18. Februar 2016 stattgefunden. Inwieweit das von der EU-Kommission ins Auge gefasste vorinsolvenzliche Sanierungsverfahren bzw. der von ihr empfohlene sog. präventive Restrukturierungsrahmen auch in Deutschland die punktuelle Restrukturierung einzelner Finanzverbindlichkeiten einer Unternehmensgruppe ermöglichen und die Schwierigkeiten, die mit außergerichtlichen Restrukturierungen einhergehen, beseitigen wird, bleibt abzuwarten. Der Richtlinienentwurf der EU-Kommission vom 22. November 2016 basiert zum einen auf der Empfehlung der EU-Kommission vom 12. März 2014, zum anderen lässt er sich aus denjenigen nationalen Regelungen der einzelnen Mitgliedstaaten ableiten, die sich bewährt haben. Siehe hierzu *Schlegel* Der Betrieb 2016, 819 f. sowie ferner *Lürken* NZI 2015, 3 ff. Zu einem vorinsolvenzlichen Sanierungsverfahren de lege ferenda siehe auch *Westpfahl* ZGR 2010, 385 ff.

die Sicherungsinteressen der Fremdkapitalgeber zu verfolgen sind und erst bei deren vollständiger Befriedigung die Wertsteigerungsinteressen der Eigenkapitalgeber (*Absolute Priority Rule*)[580]. Dieses grundlegende Versprechen findet – wie noch zu sehen sein wird – an verschiedenen Stellen des Gesetzes seinen Ausfluss, erfährt mithin gesetzlichen Schutz.

2. Orientierung an den vorrangigen Sicherungsinteressen der Fremdkapitalgeber in Restrukturierungssituationen

Die *Absolute Priority Rule* wirkt sich gerade in Restrukturierungssituationen aus, weil dort das Vermögen der notleidenden, zu restrukturierenden Gesellschaft regelmäßig ihre bestehenden Verbindlichkeiten nicht mehr deckt und daher die Sicherungsinteressen der Fremdkapitalgeber am Rückerhalt ihres eingesetzten Kapitals regelmäßig in Gefahr sind. Bei einer „Verteilung" der noch vorhandenen wirtschaftlichen Werte sind daher zunächst die Fremd- und erst dann die Eigenkapitalgeberinteressen zu berücksichtigen. Wird die Gesellschaft restrukturiert anstatt liquidiert bedeutet das, dass die Geschäftsleitung nachrangigen Kapitalgebern höhere Restrukturierungsbeiträge abverlangen muss als vorrangigen, damit die *Absolute Priority Rule* eingehalten und nicht auf den Kopf gestellt wird. Andernfalls finanzieren die vorrangigen Kapitalgeber die Verluste der nachrangigen. Die Gesellschaft würde auf Kosten der vorrangigen Kapitalgeber saniert. Die Geschäftsleitung hat im Rahmen ihrer Sanierungspflicht[581] allerdings nicht nur dafür zu sorgen, dass die Restrukturierungsbeiträge unverbindlich unter

580 Der Begriff ist an die in § 245 Abs. 1 Nr. 2 i.V.m. Abs. 2 Nr. 2 InsO kodifizierte und aus dem U.S-amerikanischen Reorganisationsrecht übertragene Absolute Priority Rule angelehnt (11 U. S. C. § 1129 (b) (2) (B) (ii)). Vgl. auch *Seibt* ZHR 171 (2007), 282, 393, der unter Absolute Priority Rule das dem Kapitalgesellschaftsrecht immanente Gläubigerschutzprinzip versteht.

581 Bereits sehr früh *K. Schmidt* ZIP 1988, 1497, 1505; ebenso *Seibt* ZIP 2013 1597, 1599; *Seibt* ZHR 171 (2007), 282, 309 f.; *Veil* ZGR 2006, 374, 376 ff.; *Bork* ZIP 2011, 101, 107; Grigoleit/*Grigoleit/Tomasic* AktG § 91 Rn. 9; Nerlich/Kreplin/*Kreplin*, Münchener Anwaltshandbuch InsO, § 9 Rn. 5; *Prütting* ZIP 2013, 203, 205; Müller/Rödder/*Schmidt-Hern*, Beck'sches Handbuch AG, § 17 Rn. 78; Theiselmann/*Redeker*, Praxishandbuch des Restrukturierungsrechts, Kapitel 13 Rn. 101; Gottwald/*Uhlenbruck/Gundlach*, Insolvenzrechts-Handbuch, § 7 Rn. 45; Römermann/*Wellensiek/Schluck-Amend*, Münchener Anwaltshandbuch InsO, § 23 Rn. 25; *Winnefeld*, Bilanz-Handbuch, Kapitel M Rn. 2; Nirk/Ziemons/Binnewies/*Ziemons*, Handbuch AG, Rn. 8.763; *Lutter/Hommelhoff/Timm* BB 1980, 737, 739; zum Vereinsvorstand: Schauhoff/*Gotthard*, Handbuch der Gemeinnützigkeit, § 20 Rn. 4; LG München NZI 2007, 609, 611 (zur unterlassenen Mitwirkung einer die Insolvenz abwendenden Kapitalerhöhung), dazu EWiR 2008, 3 (*von der Linden/Ogorek*); LG Düsseldorf AG 1991, 70, 71 (zur Erstellung von Sanierungsvorschlägen), dazu EWiR 1990, 119 (*Timm*).

den Kapitalgebern abgestimmt werden.[582] Sie ist ferner verpflichtet dafür Sorge zu tragen, dass sich die einzelnen Kapitalgeber in einer Restrukturierungsvereinbarung rechtsverbindlich zu ihrer Umsetzung verpflichten. Überdies ist sie selbst zur Entwicklung, zur Verhandlung und zum Abschluss einer Restrukturierungsvereinbarung verpflichtet, die den auf ihrer Grundlage im Vergleich zu einer Einzel- oder Gesamtliquidation generierten wirtschaftlichen Mehrwert gemäß der *Absolute Priority Rule* an die einzelnen Kapitalgeber „verteilt". Schließlich trifft sie die Pflicht, auf die einzelnen Kapitalgeber nach besten Kräften einzuwirken, so dass diese eine die *Absolute Priority Rule* respektierende Restrukturierungsvereinbarung abschließen und umsetzen.

Dies ergibt sich aus der Pflicht der Geschäftsleitung, ihr Handeln stets am Wohle der Gesellschaft bzw. am Unternehmensinteresse auszurichten, das sich als das gebündelte, jedoch nach der Befriedigungsrangfolge abgestufte Kapitalinteresse aller Kapitalgeber darstellt. Das insbesondere dem Vorstand einer AG grundsätzlich bei unternehmerischen Entscheidungen zustehende Ermessen i.S.d. § 93 Abs. 1 Satz 2 AktG kann sich in Sanierungssituationen folglich auf Null reduzieren, mithin zu einer Handlungspflicht i.S.d. Legalitätsprinzips verdichten. Dies ist insbesondere hinsichtlich des Abschlusses solcher Restrukturierungsvereinbarungen der Fall, die die *Absolute Priority Rule* exakt abbilden, mithin den auf ihrer Grundlage generierten wirtschaftlichen Wert nach ihrer Maßgabe „verteilen". Alle anderen Handlungsalternativen außer dem Abschluss einer die *Absolute Priority Rule* reflektierenden Restrukturierungsvereinbarung wären dann ermessensfehlerhaft, weil sie gegen die vom Vorstand bei unternehmerischen Entscheidungen zu berücksichtigende Befriedigungsrangfolge verstoßen würden.

3. *Kein shift of fiduciary duties in Sanierungssituationen*

In Unternehmenskrisen kommt es zu keinem sog. *shift of fiduciary duties* wie im angloamerikanischen Rechtskreis, insbesondere wie im Gesellschaftsrecht des Vereinigten Königreichs[583], in dem Sinne, dass die Geschäftsleitung ihr Handeln grundlegend neu an den Sicherungsinteressen der Gläubiger und nicht mehr an den Wertsteigerungsinteressen der Gesellschafter auszurichten hätte. Denn die Geschäftsleitung hat auch außerhalb einer Krise stets zunächst die Sicherungsinteressen der Gläubiger zu wahren und sich erst dann am Wertsteigerungsinteresse

---

582 Nach *Seibt* ZIP 2013 1597, 1599 konkretisiert sich die Pflicht des Vorstands zur angemessenen Unternehmensfinanzierung, die Grundlage der Bestandssicherung des Unternehmens ist, dahingehend, „im Falle einer – sich wenigstens ernsthaft abzeichnenden – Finanzkrise der Gesellschaft, geeignete Gegenmaßnahmen, insbesondere die Aufstellung und konsistente Umsetzung eines Sanierungskonzepts, zu ergreifen."

583 Ausführlich *Mallon/Waisman*, The Law and Practice of Restructuring in the UK and US, 2011, Rn. 5.13; *Klöhn* ZGR 2008, 110, 127 f.

der Gesellschafter zu orientieren.[584] Dies folgt aus der *Absolute Priority Rule.* Wenn die Vermögens- und Kapitalverhältnisse einer Gesellschaft jedoch denjenigen entsprechen, die eine sanierte Gesellschaft i.S. eines IDW S6-Gutachtens[585] aufweist, sind die Sicherungsinteressen der Gläubiger auf Rückerhalt ihres gesamten Kapitals einschließlich der zu entrichtenden Zinsen regelmäßig nicht (mehr) gefährdet. Die Geschäftsleitung darf ihr Handeln dann an den Wertsteigerungsinteressen der Aktionäre ausrichten. Das bedeutet indes jedoch nicht, dass sie außerhalb einer Krise die Gläubigerinteressen nicht vorrangig zu verfolgen hätte. Diese sind jedoch bei Vorliegen von branchenüblichem Eigenkapital in aller Regel schon zu Genüge berücksichtigt, d.h. erfüllt, so dass der Vorstand sich (sekundär) den Wertsteigerungsinteressen der Aktionäre widmen kann.

In einer Krisen- und Sanierungssituation sind hingegen die Sicherungsinteressen der Gläubiger bzw. vorrangigen Kapitalgeber regelmäßig gefährdet oder gar schon beeinträchtigt. Dies ganz einfach deshalb, weil das Reinvermögen der Gesellschaft oft nicht mehr alle Verbindlichkeiten abdeckt. Die Geschäftsleitung muss daher aufgrund ihrer Bindung an das die *Absolute Priority Rule* beinhaltende Unternehmensinteresse primär die Sicherungsinteressen der Gläubiger verfolgen, indem sie wieder angemessene Kapitalverhältnisse herstellt und hierbei zunächst den nachrangigen Kapitalgebern Restrukturierungsbeiträge abverlangt. In Unternehmenskrisen findet daher weniger ein *shift of fiduciary duties* statt. Vielmehr wirkt sich nur die stets geltende Befriedigungsrangfolge aus, die besagt, dass die Interessen der vorrangigen Kapitalgeber vor denjenigen der nachrangigen zu berücksichtigen sind. Letztendlich ist es gerade vornehmlicher Sinn und Zweck der *Absolute Priority Rule* dann, wenn nicht mehr genügend Kapital vorhanden ist, um den Interessen aller Kapitalgeber gerecht zu werden, Verteilungs- bzw. Zuordnungsregeln hinsichtlich der noch vorhandenen Haftungsmasse zu schaffen. Dass die Gläubigerinteressen in Unternehmenskrisen primär zu berücksichtigen sind, gründet sich daher nicht auf einer grundlegenden Neuausrichtung des Handelns der Geschäftsleitung im Sinne einer Verlagerung oder eines Wechsels ihrer Pflichten (*shift of fiduciary duties*), sondern ist lediglich Auswirkung bzw. Reflex der stets geltenden Befriedigungsrangfolge, der sich die Kapitalgeber im Rahmen ihrer

---

584 A.A. *Klöhn* ZGR 2008, 110, 146 ff.; *Seibt* ZIP 2013, 1597, 1599.

585 IDW (Institut der Wirtschaftsprüfer), Anforderungen an die Erstellung von Sanierungskonzepten (IDW S 6) (Stand: 20.08.2012). Mithilfe eines IDW S6-Gutachtens soll zum einen geprüft werden, ob das Unternehmen überhaupt sanierungsfähig ist, zum anderen welche Instrumente für die Sanierung des Unternehmens geeignet sind. Die Sanierungsfähigkeit eines Unternehmens ist zu bejahen, wenn die Durchführung von zweckmäßigen Sanierungsmaßnahmen die Zahlungsschwierigkeiten beseitigt und eine angemessene Rentabilität erreicht werden kann, *Groß*, Sanierung durch Fortführungsgesellschaften, II. Kapitel Rn. 5; eingehend zu Verfahren und Kriterien einer Sanierungsprüfung *Buth/Herrmanns*, Restrukturierung, Sanierung, Insolvenz, § 7 Rn. 14 ff., vgl. ferner Theiselmann/*deBra*, Praxishandbuch des Restrukturierungsrechts, Kapitel 14 Rn. 210.

Privatautonomie unterworfen haben. Die Rangfolge wird sozusagen in Krisensituationen erst „sichtbar".

II. Pflichten der Geschäftsleitung in der Unternehmenskrise

1. Konturierung und Herleitung

a) Ausgangspunkt: Ausrichtung des unternehmerischen Handelns am Wohl der Gesellschaft

Der Vorstand einer Aktiengesellschaft hat sein Handeln stets am Wohl der Gesellschaft auszurichten. Dies ergibt sich aus der in § 93 Abs. 1 Satz 2 AktG normierten *Business Judgement Rule.* Der Gesetzgeber des UMAG versteht hierunter die langfristige Stärkung des Ertrags und der Wettbewerbsfähigkeit, einschließlich der Tochtergesellschaften und des Gesamtkonzerns.[586] Dabei sei der Vorstand unmittelbar nur der Gesellschaft gegenüber verpflichtet, nicht den Aktionären oder bestimmten Aktionärsgruppen, wie außenstehenden Aktionären.[587] Aufgrund der Unbestimmtheit des Rechtsbegriffs „Wohl des Unternehmens", der inhaltlich mit demjenigen des „Unternehmensinteresses" gleichzusetzen ist[588], kommt dem Vorstand bei unternehmerischen Entscheidungen grundsätzlich ein weiter Ermessensspielraum zu. Da jedoch insbesondere in Unternehmenskrisen die Gefahr besteht, dass die Interessen der verschiedenen Kapitalgeber miteinander in Konflikt geraten, ist spätestens zu diesem Zeitpunkt eine eingehende Auseinandersetzung mit dem Begriff des „Unternehmensinteresses" geboten. Von grundlegender Bedeutung ist dabei, ob der Vorstand bei der Verfolgung des Unternehmensinteresses vornehmlich oder gar ausschließlich die Interessen der Aktionäre zu berücksichtigen (*Shareholder Value*-Ansatz[589]) hat[590] oder ob bei der Auswahl seiner Handlungs- und Entscheidungsalternativen auch die Interessen

---

586 Begr. RegE BT-Drucks. 15/5092 S. 11; *Horn,* FS Westermann, 2008, S. 1053, 1058; krit. *Gehb/Heckelmann* ZRP 2005, 145, 147; MünchKommAktG-*Spindler* § 93 Rn. 46.

587 OLG Frankfurt ZIP 2011, 2008, 2010; MünchKommAktG-*Spindler* § 93 Rn. 47; *Meilicke* AG 2007, 261, 269 für außenstehende Aktionäre bei einem Squeeze-out.

588 MünchKommAktG-*Spindler* § 93 Rn. 47 m.w.N.

589 Das Shareholder Value-Konzept bedeutet letztlich, den Interessen der Aktionäre Vorrang vor denjenigen der anderen sog. Stakeholder (dieses sind neben den Aktionären auch Arbeitnehmer, Management, Gläubiger, Kunden, die Öffentlichkeit etc.) einzuräumen und den Ertragswert des Unternehmens so weit wie möglich zu steigern, so ausdrücklich MünchKommAktG-*Spindler* § 76 Rn. 71 m.w.N.

590 *Ulmer* AcP 202 (2002), 143, 158 f.; *Schilling* BB 1997, 373, 375 f.; ausführlich *Mülbert* ZGR 1997, 129, 158 ff.; *ders.,* FS Röhricht, 2005, S. 421, 440 f.; wohl auch *Zöllner* AG 2003, 2, 11 f.; zum Shareholder Value-Ansatz in Großbritannien s. *Keay/Adamopoulou* EBOR 2012, 1 ff.

der anderen *Stakeholder*, insbesondere diejenigen der Gläubiger, eine Rolle spielen (pluralistischer Ansatz[591]).

aa) Einbeziehung der Gläubigerinteressen

Für die Einbeziehung nicht nur der Aktionärs-, sondern auch der Gläubigerinteressen könnte zum einen sprechen, dass in Restrukturierungssituationen häufig das vorhandene Vermögen die Verbindlichkeiten nicht mehr deckt und folglich nicht die Aktionäre als Eigenkapitalgeber, sondern die Gläubiger als Fremdkapitalgeber die neuen Residualberechtigten und wirtschaftlichen Eigentümer des Unternehmens sind, mithin sich das Unternehmensinteresse in der Verfolgung ihrer Kapitalsicherungsinteressen erschöpft (Gedanke des *Debtholder Value*). Zum anderen könnte die Berücksichtigung der Fremdkapitalgeberinteressen auch deshalb geboten sein, weil die Umsetzung einer Restrukturierung in aller Regel von Sanierungsbeiträgen der Fremdkapitalgeber abhängen wird und diese nur dann bereit sein werden, eine Restrukturierung zu unterstützen, wenn ihre Interessen vor denjenigen der Eigenkapitalgeber, deren Rechtsposition in einer Restrukturierungssituation wirtschaftlich meist ohnehin wertlos sein wird, vom Vorstand verfolgt werden.

Den Vorstand einer AG trifft nämlich (unstreitig) die Pflicht zur Bestandserhaltung und -sicherung, die sich in der Krise zu einer Sanierungspflicht konkretisiert[592]. Zur Erfüllung dieser Sanierungspflicht hat der Vorstand aufgrund angemessener Informationsgrundlage alle Maßnahmen zu ergreifen, die objektiv von seiner Warte aus betrachtet zur Sanierung der Gesellschaft bzw. Unternehmensgruppe geeignet sind, vgl. § 93 Abs. 1 Satz 2 AktG. Ist daher für ihn absehbar, dass die Gläubiger nur dann zu Sanierungsbeiträgen bereit sind, wenn sie vom

---

591 Nach der Definition in Ziffer 4.1.1 DCGK hat der Vorstand die Belange der Aktionäre, seiner Arbeitnehmer und der sonstigen dem Unternehmen verbundenen Gruppen (Stakeholder) mit dem Ziel nachhaltiger Wertschöpfung zu berücksichtigen, ausführlich MünchKommAktG-*Spindler* § 76 Rn. 67.

592 *K. Schmidt* ZIP 1988, 1497, 1505; ebenso *Seibt* ZIP 2013 1597, 1599; *Seibt* ZHR 171 (2007), 282, 309 f.; *Veil* ZGR 2006, 374, 376 ff.; *Bork* ZIP 2011, 101, 107; Grigoleit/*Grigoleit/Tomasic* AktG § 91 Rn. 9; Nerlich/Kreplin/*Kreplin*, Münchener Anwaltshandbuch InsO, § 9 Rn. 5; *Prütting* ZIP 2013, 203, 205; Müller/Rödder/*Schmidt-Hern*, Beck'sches Handbuch AG, § 17 Rn. 78; Theiselmann/*Redeker*, Praxishandbuch des Restrukturierungsrechts, Kapitel 13 Rn. 101; Gottwald/*Uhlenbruck/Gundlach*, Insolvenzrechts-Handbuch, § 7 Rn. 45; Römermann/*Wellensiek/Schluck-Amend*, Münchener Anwaltshandbuch InsO, § 23 Rn. 25; *Winnefeld*, Bilanz-Handbuch, Kapitel M Rn. 2; Nirk/Ziemons/Binnewies/*Ziemons*, Handbuch AG, Rn. 8.763; *Lutter/Hommelhoff/Timm* BB 1980, 737, 739; zum Vereinsvorstand: Schauhoff/*Gotthard*, Handbuch der Gemeinnützigkeit, § 20 Rn. 4; LG München NZI 2007, 609, 611 (zur unterlassenen Mitwirkung einer die Insolvenz abwendenden Kapitalerhöhung), dazu EWiR 2008, 3 (*von der Linden/Ogorek*); LG Düsseldorf AG 1991, 70, 71 (zur Erstellung von Sanierungsvorschlägen), dazu EWiR 1990, 119 (*Timm*).

Vorstand als die neuen wirtschaftlichen Eigentümer und Residualberechtigten behandelt und ihre Interessen vorrangig gegenüber denjenigen der Aktionäre verfolgt werden, dann könnte man durchaus den Standpunkt einnehmen, dass der Vorstand aufgrund seiner Sanierungspflicht auch außerhalb eines Insolvenzverfahrens bei seinen Entscheidungen zunächst die Sicherungsinteressen der Gläubiger und erst anschließend die Wertsteigerungsinteressen der Aktionäre zu beachten hat. Hält der Vorstand diese Reihenfolge nämlich bei der Konzipierung eines Restrukturierungskonzeptes nicht ein, dann werden die Fremdkapitalgeber aller Voraussicht nach die Insolvenz, in der unstreitig ihre Interessen vor denjenigen der Eigenkapitalgeber verfolgt werden, vgl. §§ 1, 199 Satz 2 InsO, einer außergerichtlichen Restrukturierung vorziehen, womit der Vorstand seiner Pflicht zur vorrangigen außergerichtlichen Sanierung nicht nachgekommen wäre. Denn aufgrund der direkten[593] und vor allem auch indirekten Insolvenzkosten, also dem durch die Insolvenzantragsstellung bzw. Verfahrenseröffnung eintretenden Wertverlust des Unternehmens, hat der Vorstand im Rahmen seiner Sanierungspflicht zunächst eine außergerichtliche Restrukturierung anzustreben.

bb) Zwischenergebnis

Die vorrangige bzw. alleinige Berücksichtigung von Aktionärsinteressen bei der Ausrichtung des unternehmerischen Handelns des Vorstands scheint daher insbesondere in der hier interessierenden Unternehmenskrise und bei der Vereinbarung und Umsetzung von Restrukturierungen nicht angebracht. Es stellt sich allerdings die weitergehende Frage, ob die Interessen der Gläubiger nicht nur mit einzubeziehen sind[594], sondern, ob der Vorstand einer AG darüber hinaus auch außerhalb eines Insolvenzverfahrens sein Handeln vorrangig an ihren Sicherungsinteressen auszurichten hat. Das Unternehmensinteresse bzw. das Wohl der Gesellschaft könnte sich nämlich in der Unternehmenskrise zum Wohl der Gläubiger verdichten. Zugleich ist bei der Konkretisierung des Unternehmensinteresses zu berücksichtigen, dass sich moderne Unternehmensfinanzierungen nicht mehr nur aus Eigen- und Fremdkapital zusammensetzen, sondern auch Hybridformen beider Kapitalgattungen beinhalten können. Es ist daher möglicherweise bei der

---

593 Beispielsweise etwa die Vergütung des Insolvenzverwalters oder die Gerichtskosten, vgl. § 54 InsO.

594 Nach der in Deutschland wohl h.M. müssen Vorstände die in der Gesellschaft und ihrem Unternehmen zusammentreffenden Interessen im Sinne einer „praktischen Konkordanz" (*Hopt* ZGR 1993, 534, 536; *ders.*, ZGR 2002, 333, 360; KölnKommAktG-*Mertens* 2. Aufl. 2988, § 76 Rn. 19) ausgleichen, siehe hierzu *Klöhn* ZGR 2008, 111, 118 m.w.N. Ausdrückliche Erwähnung findet die Berücksichtigung der Gläubigerinteressen bei *Goette*, FS 50 Jahre BGH, S. 123; MünchKommAktG-*Spindler* § 76 Rn. 65 f.; *Henze* BB 2000, 209, 212; GroßkommAktG-*Kort* § 76 Rn. 40; *M. Roth*, Unternehmerisches Ermessen und Haftung des Vorstands, 2001, S. 23; *v. Werder* DB 2002, 801, 804.

Bestimmung des Unternehmensinteresses nicht allein von Aktionärs- und Gläubigerinteressen auszugehen, sondern vielmehr übergreifend von Stakeholderinteressen, die sich nach dem Rang und dem damit zusammenhängenden Risikoprofil der von den *Stakeholdern* dem Unternehmen gewährten Kapitalinstrumente unterscheiden.

b) Das Wohl der Gesellschaft als das gebündelte Kapitalinteresse aller Stakeholder

Das Wohl der Gesellschaft ist das gebündelte, nach der *Absolute Priority Rule* abgestufte Interesse aller Kapitalgeber. Dies soll im Folgenden begründet werden.

aa) Koexistenz von Eigen- und Fremdkapital

Grundlegende Voraussetzung für die Existenz einer Kapitalgesellschaft ist ihre Ausstattung mit Kapital. Sie erfolgt durch die Kapitalgeber. Ohne Kapitalgeber ist eine Kapitalgesellschaft daher nicht denkbar. Bei der Art der Kapitalausstattung bzw. der Finanzierung der Gesellschaft sind die Kapitalgeber frei. Sie können die Gesellschaft mit Eigen- oder auch mit Fremdkapital ausstatten. Daneben steht es ihnen im Rahmen ihrer Privatautonomie auch zu, die Gesellschaft mit Misch- bzw. Hybridformen aus Eigen- und Fremdkapital zu finanzieren. Die Unterscheidung zwischen Eigen- und Fremdkapital ist grundlegend. Während Eigenkapital den Gesellschaftern vor Liquidation der Gesellschaft nicht wieder zurückgezahlt und daher auch als „gebundenes" Kapital bezeichnet wird, verbleibt Fremdkapital nur vorübergehend in der Gesellschaft und muss den Gläubigern zu den vereinbarten Zeitpunkten und Konditionen wieder zurückgewährt werden. Damit ist aber auch die Haftungsrangfolge vorgegeben: Eigenkapital haftet vor Fremdkapital. Reduziert sich der Wert des bilanziellen Aktivvermögens einer Gesellschaft, dann verringert sich zunächst auch das bilanzielle Eigenkapital. Erst wenn das bilanzielle Eigenkapital vollständig „verbraucht" ist, reduziert sich auch das Fremdkapital. Es liegt dann negatives Eigenkapital vor, die Gesellschaft ist bilanziell überschuldet.

Bei der Entscheidung über die Art des zu gewährenden Kapitals (Eigen- oder Fremdkapital) trifft der jeweilige (potentielle) Kapitalgeber daher auch inzident eine Entscheidung über die mit seiner gewählten Kapitalart untrennbar verbundene Rangfolge. Gewährt er der Gesellschaft Eigenkapital, erklärt er somit, dass er sein Kapital nur dann zurückerhalten möchte, wenn die Gesellschaft einen entsprechenden Gewinn erwirtschaftet, mithin das Eigenkapital mehrt. Er erklärt sich also bereit, auch etwaige Verluste zu tragen. Dies tut er deshalb, weil er im Gegenzug die Möglichkeit erhält, an einer unbegrenzten Wertsteigerung des Eigenkapitals (*Equity Upside)* teilzunehmen. Eigenkapitalgeber verfolgen daher mit der Kapitalgewährung reine Wertsteigerungsinteressen. Fremdkapitalgeber treffen bei Zurverfügungstellung ihres Kapitals hingegen eine grundlegend andere Entscheidung. Sie erklären sich nur zur Kapitalgewährung bereit, wenn sie ihr Kapital auch unabhängig von einer Kapitalmehrung (Gewinn) zurückerhalten. Sie nehmen gerade nicht an Verlusten teil, erhalten im Gegenzug allerdings auch nicht die Möglichkeit, an einer unbegrenzten Wertsteigerung zu partizipieren. Fremdkapitalgeber sind vorrangig am Rückerhalt ihres Investments interessiert, verfolgen daher vornehmlich Sicherungsinteressen, wobei die Höhe des Risikos, ihr Kapital doch nicht zurückzuerhalten, mithin die Höhe des Ausfallrisikos, durch entsprechende Zinsmargen ausgeglichen wird. Eigenkapitalgeber gehen bei der Kapitalgewährung ein maximales Risiko ein, Fremdkapitalgeber ein minimales, insbesondere dann, wenn ihnen für ihre Rückzahlungsforderungen werthaltige Sicherheiten bestellt werden. Dass sich eine Kapitalgesellschaft gleichzeitig durch beide Kapitalarten finanzieren kann, ist allein der grundlegenden Rangfolge geschuldet, der sich die Kapitalgeber im Zeitpunkt der Kapitalgewährung durch die Entscheidung für die eine oder andere Kapitalart unterworfen haben: Eigenkapital haftet vor Fremdkapital. Auf der einen Seite ist das Sicherungsinteresse der Fremdkapitalgeber nur dann gewährleistet, wenn genügend Kapital in der Gesellschaft vorhanden ist, das die Höhe des Rückzahlungsanspruchs der Fremdkapitalgeber abdeckt. Auf der anderen Seite kann dem Wertsteigerungsinteresse der Eigenkapitalgeber nur dann vollumfänglich entsprochen werden, wenn das Kapital, das die Fremdkapitalgeber zurückerhalten auf einen von vornherein festgelegten Betrag begrenzt ist. Der Nachteil der einen Kapitalart ist der Vorteil der anderen. Die Koexistenz von Eigen- und Fremdkapital ist nur aufgrund der vorrangigen Haftung von Eigenkapital möglich.

bb) Sicherungs- und Wertsteigerungsinteressen

Finanziert sich eine Kapitalgesellschaft nun durch beide Kapitalformen, haben auch beide Arten von Kapitalgebern ein Interesse am Gesamtkapital der Gesellschaft: Die Eigenkapitalgeber ein Wertsteigerungsinteresse, die Fremdkapitalgeber ein Sicherungsinteresse. Es ist daher kein Grund ersichtlich, warum der Vorstand einer Aktiengesellschaft nur die Interessen der einen und nicht auch die der anderen Gruppe bei seinen unternehmerischen Entscheidungen i.S.d. § 93 Abs. 1 Satz 2 AktG berücksichtigen sollte. Es wird teilweise vertreten, dass der Vorstand außerhalb eines Insolvenzverfahrens sein Verhalten lediglich am Wertsteigerungsinteresse der Aktionäre, also der Eigenkapitalgeber auszurichten habe (Gedanke des *Shareholder Value*).[595] Es gibt zwar auch Stimmen, die sich v.a. in Insolvenznähe gleichsam für eine Berücksichtigung der Gläubigerinteressen aussprechen. Jedoch behalten auch ihnen zufolge die Interessen der Aktionäre einen Gewichtsvorsprung.[596] Dem ist nicht zuzustimmen. Der Vorstand hat vielmehr bei

---

595 *Ulmer* AcP 202 (2002), 143, 158 f.; *Schilling* BB 1997, 373, 375 f.; ausführlich *Mülbert* ZGR 1997, 129, 158 ff.; *ders.*, FS Röhricht, 2005, S. 421, 440 f.; wohl auch *Zöllner* AG 2003, 2, 11 f.; zum Shareholder Value-Ansatz in Großbritannien siehe etwa *Keay/Adamopoulou* EBOR 2012, 1 ff.

596 *Seibt* ZIP 2013 1597, 1599.

jeder unternehmerischen Entscheidung die Kapitalinteressen aller Kapitalgeber zu berücksichtigen, denn das Unternehmensinteresse ist das gebündelte Kapitalinteresse sowohl der Eigen- als auch der Fremdkapitalgeber. Der Vorstand hat stets zu berücksichtigen, dass die Kapitalgeber sich bei der Entscheidung für die eine oder andere Kapitalart einer zwingenden Rangfolge unterworfen haben, nämlich dass Eigen- vor Fremdkapital haftet. Anders gewendet: Der Vorstand hat zunächst das Sicherungsinteresse der Gläubiger zu befriedigen, bevor er das Wertsteigerungsinteresse der Gesellschafter verfolgen kann.

Der Vorstand hat daher bei seinen Entscheidungen den Willen aller Kapitalgeber zu respektieren, den diese bei der Gewährung der jeweiligen Kapitalform getätigt haben. Diese haben sich bei ihrer Investition einem bestimmten Kapitalrisiko unterworfen. Daraus leitet sich ihr Interesse an der Haftungsmasse der Gesellschaft, dem Unternehmen, ab. Eigenkapitalgeber haben vornehmlich ein Interesse an der Steigerung des Unternehmenswerts (Wertsteigerungsinteresse), Fremdkapitalgeber an dessen Erhaltung (Sicherungsinteresse). Außerhalb einer Unternehmenskrise geraten diese Interessen häufig nicht in Konflikt, so dass der Vorstand bei Maßnahmen, die der Maximierung des Unternehmenswertes dienen, in der Regel sowohl dem Wertsteigerungsinteresse der Aktionäre als auch dem Sicherungsinteresse der Gläubiger gerecht wird. Dies stellt sich in Restrukturierungssituationen jedoch regelmäßig anders dar. Hier konfligieren die Sicherungsinteressen mit den Wertsteigerungsinteressen, denn die Haftungsmasse reicht regelmäßig nicht aus, um sowohl die Aktionäre als auch die Gläubiger zu befriedigen. Ist für die Maximierung der Haftungsmasse die Erhaltung und Restrukturierung des Unternehmensträgers außerhalb einer Insolvenz gegenüber einer Verwertung durch eine übertragende Sanierung oder gegenüber der Restrukturierung des Unternehmensträgers mithilfe eines Insolvenzplans innerhalb einer Insolvenz die bessere Alternative, dann stellt sich regelmäßig die Frage, ob allein die Interessen der Gläubiger bei der Festlegung der außergerichtlichen Restrukturierungsbeiträge oder auch diejenigen der Aktionäre zu berücksichtigen sind.

cc) Vergleich mit der Interessenlage innerhalb einer Insolvenz

Bei der Verwertung der Haftungsmasse innerhalb eines Insolvenzverfahrens ist in den §§ 1, 199 Satz 2 InsO klargestellt, dass der erzielte Erlös zunächst zur Befriedigung der Gläubiger verwendet werden muss. Ein etwaiger Übererlös ist erst danach an die Gesellschafter auszuschütten. Diese Regelung entspricht dem oben dargestellten Prinzip, dass Eigen- vor Fremdkapital haftet bzw. das Sicherungsinteresse der Gläubiger Vorrang vor dem Wertsteigerungsinteresse der Gesellschafter hat. Bei einer Restrukturierung innerhalb einer Insolvenz mithilfe eines Insolvenzplans ist nun durch das Obstruktionsverbot des § 245 InsO und die Einbeziehung der Anteilseigner gewährleistet, dass die Interessen der Gläubiger vor denjenigen der Gesellschafter berücksichtigt werden. So können im Plan im Rahmen eines *Debt to Equity Swap*, vgl. § 225a Abs. 2 InsO, durch einen Kapitalschnitt mit (vollständigem) Bezugsrechtsausschluss die Anteilseigner zugunsten der Gläubiger

„hinausgedrängt" werden, wenn ihre Anteile wirtschaftlich wertlos sind. § 225a Abs. 2 InsO i.V.m. dem Obstruktionsverbot des § 245 InsO bestätigt daher den Vorrang der Gläubigerinteressen. Denn würden bei einer Restrukturierung des Unternehmensträgers nicht die Gläubiger-, sondern die Gesellschafterinteressen Vorrang genießen, den Gläubigern vor den Gesellschaftern Restrukturierungbeiträge, etwa in Form von Forderungsverzichten, Rangrücktritten oder der Zuführung neuen Kapitals abverlangt werden, während die Gesellschafter ihre Anteile „behalten" dürften, würden die Gesellschafter auf Kosten der Gläubiger ein saniertes Unternehmen erhalten. Die Gläubiger würden durch ihre Beiträge die Kapitalverhältnisse der Gesellschaft „wiederherstellen". Bei einer anschließenden Veräußerung des restrukturierten Unternehmensträgers würde jedoch den Gesellschaftern aufgrund ihrer weiterbestehenden Beteiligung am Eigenkapital ein Teil des Veräußerungserlöses zufließen, den sie bei einer Restrukturierung in Form einer übertragenden Sanierung aufgrund des in den §§ 1, 199 Satz 2 InsO klargestellten Vorrangs der Gläubigerinteressen nicht erhalten hätten. Diesem Wertungswiderspruch ist u.a. mit der Einführung des § 225a Abs. 2 InsO durch das ESUG[597] nun abgeholfen worden.

dd) Interessenlage bei außergerichtlichen Restrukturierungen

Möchte der Vorstand[598] seiner sich aus § 93 Abs. 1 Satz 1 und 2 AktG ergebenden Sanierungspflicht nachkommen, muss er grundsätzlich zunächst eine außergerichtliche Restrukturierung anstreben.[599] Soll diese nicht von vornherein zum Scheitern verurteilt sein, dann hat er auch bei Konzipierung eines außergerichtlichen Restrukturierungskonzepts die Gläubiger- vor den Gesellschafterinteressen zu berücksichtigen. Würde er dies etwa bei der Festlegung und Erstellung einer außergerichtlichen *Debt to Equity Conversion* nicht tun und den Gesellschaftern ihre Anteile „belassen", dann gelänge man zum oben dargestellten Ergebnis, dass die Gesellschafter unzulässigerweise auf Kosten der vorrangigen Gläubiger wirtschaftliche Werte erhielten. Der Vorstand hat daher aufgrund seiner Sanierungspflicht schon vor Insolvenzantragsstellung bei außergerichtlichen Restrukturierungen nicht nur neben den Aktionärsinteressen die Gläubigerinteressen zu berücksichtigen, sondern darüber hinaus die Gläubigerinteressen auch vorrangig zu verfolgen.

Die Ansicht, dass vor Insolvenzantragsstellung das Unternehmensinteresse sich allein im Wertsteigerungsinteresse der Aktionäre, mithin in der Maximierung des *Shareholder Value* erschöpft[600], kann daher nicht geteilt werden. Ebenso wenig

---

597 Gesetz zur weiteren Erleichterung der Sanierung von Unternehmen.

598 Den GmbH-Geschäftsführer trifft gleichermaßen eine Sanierungspflicht, vgl. beispielsweise Römermann/*Wellensiek/Schluck-Amend*, Münchener Anwaltshandbuch InsO, § 23 Rn. 25. Die folgenden Ausführungen gelten daher ebenso bei einer GmbH.

599 Vgl. etwa *Seibt* ZIP 2014, 1597, 1599 m.w.N.

600 *Ulmer* AcP 202 (2002), 143, 158 f.; *Schilling* BB 1997, 373, 375 f.; *Mülbert* ZGR 1997, 129, 158 ff.; *ders.*, FS Röhricht, 2005, S. 421, 440 f.; wohl auch *Zöllner* AG 2003, 2, 11 f.

kann der Auffassung zugestimmt werden, dass zwar außerhalb eines Insolvenzverfahrens neben den Wertsteigerungsinteressen der Aktionäre auch die Sicherungsinteressen der Gläubiger vom Vorstand zu berücksichtigen sind, den Interessen der Aktionäre jedoch ein Gewichtsvorsprung[601] zukomme. Diese Ansicht verkennt, dass gerade in insolvenznahen, außergerichtlichen Restrukturierungen nicht die Aktionäre, sondern in aller Regel die Gläubiger die Residualberechtigten bzw. neuen wirtschaftlichen Eigentümer des Unternehmens sind und daher außergerichtlichen Restrukturierungskonzepten nur dann zustimmen werden, wenn diese wirtschaftliche Vorrangposition vom Vorstand respektiert wird. Das Insolvenzverfahren, vor dessen Hintergrund eine außergerichtliche Restrukturierung in aller Regel verhandelt wird, erkennt die Vorrangstellung der Gläubiger und deren Residualrecht hinsichtlich der noch vorhandenen Haftungsmasse – wie gezeigt – jedoch unzweifelhaft an, so dass die Gläubiger, die aufgrund der ihnen in Krisensituationen regelmäßig zustehenden außerordentlichen Kündigungsrechte[602] „am längeren Hebel (*Leverage*) sitzen", daher dann eine Restrukturierung innerhalb eines Insolvenzverfahrens einer außergerichtlichen vorziehen werden, wenn der Vorstand entgegen der dargestellten Rangfolge (*Absolute Priority Rule)* vorrangig die Interessen der Aktionäre bei seinen unternehmerischen Entscheidungen berücksichtigt.[603]

Sofern die Gesellschaft noch nicht bilanziell überschuldet, d.h. insolvenzreif im weiteren Sinne ist, und daher das Sicherungsinteresse der Gläubiger noch nicht beeinträchtigt ist, weil zu diesem Zeitpunkt bei einer Verwertung des gesamten Vermögens die Forderungen der Gläubiger in Gänze erfüllt werden könnten, so ist das Sicherungsinteresse der Gläubiger dennoch gefährdet. Denn gerade in insolvenznahen Restrukturierungssituationen ist ohne eine schnelle Umsetzung von dringend gebotenen Restrukturierungsmaßnahmen eine komplette Aufzehrung des noch vorhandenen Eigenkapitals nur eine Frage der Zeit, so dass in derartigen Situationen die Gefahr einer bilanziellen Überschuldung und damit eine definitive Beeinträchtigung der Sicherungsinteressen der Gläubiger stets latent vorhanden ist. Um dem Sicherungsinteresse der Fremdkapitalgeber gerecht werden zu können, hat der Vorstand daher auch schon vor dem Zeitpunkt der materialen Insolvenz vorrangig die Gläubigerinteressen zu verfolgen.[604]

601 *Seibt* ZIP 2014, 1597, 1599.

602 Konsortialkreditverträge enthalten regelmäßig einen ganzen Katalog von Kündigungsgründen (Events of Default), die die Kreditgeber zur Kündigung der Kredite berechtigen, siehe hierzu ausführlich *Diem* Akquisitionsfinanzierungen § 23 Rn. 40 ff. Vgl. ferner die Beispielklausel in Ziff. 28 (Events of Default) LMA Leveraged Finance Facility Agreement.

603 Die Konzipierung und der Abschluss einer Restrukturierungsvereinbarung stellen grundsätzlich unternehmerische Entscheidungen i.S.d. § 93 Abs. 1 Satz 2 AktG dar.

604 Zum genauen Zeitpunkt, wann der „shift of fiduciary duties" sichtbar wird, siehe unten Kapitel 3 A. II. 2.

ee) Wettbewerbsfähigkeit als Teil des Unternehmensinteresses

Wie eingangs bereits dargestellt, versteht der Gesetzgeber des UMAG unter dem Wohl der Gesellschaft i.S.d. § 93 Abs. 1 Satz 2 AktG die langfristige Stärkung des Ertrags und der Wettbewerbsfähigkeit der Gesellschaft. Wettbewerbsfähigkeit setzt aber immer voraus, dass die Gesellschaft mit einer branchenüblichen Eigenkapitalquote ausgestattet, durchfinanziert und renditefähig ist.[605] Nur dann ist sie für potentielle Investoren attraktiv und in der Lage, neue Kredite aufzunehmen. Nur dann gilt sie als *bankable*. Charakteristisch für Restrukturierungssituationen ist jedoch, dass gerade kein ausreichendes und branchenübliches Eigenkapital mehr vorliegt und dieses erst wieder „hergestellt" werden muss. Banken sind aufgrund von Haftungsrisiken[606] in der Regel nur dann bereit, Gesellschaften mit derartigen Vermögensverhältnissen neues Kapital auszureichen, wenn ihnen von einer unabhängigen Wirtschaftsprüfungsgesellschaft durch ein Sanierungsgutachten, das den Anforderungen des BGH entsprechen muss (IDW S6-Gutachten), bestätigt wird, dass die Gesellschaft subjektiv sanierungswillig und objektiv durch entsprechend im Gutachten aufgezeigte, vorzunehmende Restrukturierungsmaßnahmen sanierungsfähig ist. Die Gesellschaft wird die Restrukturierungsmaßnahmen in aller Regel nicht alleine leisten können und ist auf die Mitwirkung ihrer Kapitalgeber angewiesen, um die im Sanierungsgutachten festgelegte Zielkapitalstruktur zu erreichen. Fremdkapitalgeber werden regelmäßig nur dann bereit sein, die zur Wiederherstellung der Wettbewerbsfähigkeit notwendigen Sanierungsbeiträge zu leisten, wenn die Eigenkapitalgeber „höhere" Sanierungsbeiträge leisten als sie. Zur Umsetzung der im Gutachten festgelegten Zielkapitalstruktur und zur Wiederherstellung einer branchenüblichen, wettbewerbsfähigen Eigenkapitalquote hat der Vorstand daher in faktischer Hinsicht die Fremd- vor den Eigenkapitalgeberinteressen zu verfolgen. Andernfalls missachtet er seine Pflicht, stets zum Wohle der Gesellschaft i.S.d. § 93 Abs. 1 Satz 2 AktG zu handeln.

ff) Privatautonome Gewichtung der Interessen

Das Unternehmensinteresse, dem der Vorstand stets verpflichtet ist, kristallisiert sich folglich als das gemeinsame Interesse aller Kapitalgeber am Gesamtkapital bzw. an der Haftungsmasse Unternehmen heraus. Die einzelnen Interessen der Kapitalgeber sind dabei auf das von ihnen im Rahmen ihrer Privatautonomie mit der jeweiligen Investition eingegangene Risiko zurückzuführen, grundsätzlich also auf ihren freien Willensentschluss. Das Risiko (und damit auch ihre jeweilige Stellung in der Rangfolge) haben sie sich letztlich selbst auferlegt. Untechnisch

---

605 So die Anforderungen eines IDW S6-Gutachtens (das die Vorgaben des BGH umsetzt) an die Sanierungsfähigkeit eines Unternehmens.

606 Banken können sich bei der Ausreichung von Sanierungskrediten nach § 826 BGB wegen Gläubigerbenachteiligung schadensersatzpflichtig machen, siehe hierzu Theiselmann/*Waldburg*, Praxishandbuch des Restrukturierungsrechts, Kapitel 10 Rn. 98.

gesprochen wollen Eigenkapitalgeber „viel“, gehen ein hohes Risiko ein und haben daher lediglich ein Interesse an einer Wertsteigerung ihres eingesetzten Kapitals. Fremdkapitalgeber hingegen wollen „weniger“, gehen dementsprechend ein geringeres Risiko ein und sind eher am sicheren Rückerhalt ihres Kapitals interessiert. Beiden Interessenbedürfnissen in ein und derselben Unternehmung kann nur deshalb entsprochen werden, weil sich die Kapitalgeber mit der Gewährung des Kapitals, d.h. bei ihrer Investition, zumindest konkludent einer Rangfolge unterwerfen. Diese Rangfolge, die beinhaltet, dass die Wertsteigerungsinteressen der nachrangigen Kapitalschichten erst dann bedient werden, wenn die der vorrangigen vollständig gesichert sind (*Absolute Priority Rule*), hat der Vorstand als Sprachrohr und Treuhänder der Kapitalgeber stets bei seinen Entscheidungen zu respektieren und zu beachten. An der Rangfolge der Kapitalinteressen hat er sein Handeln bei jeder unternehmerischen Maßnahme auszurichten.

Das bedeutet, dass er dann, wenn sich die Gesellschaft in der Krise befindet und Kapitalverhältnisse ausweist, die nicht mehr denen eines sanierten Unternehmens i.S. eines IDW S6 Gutachtens entsprechen, und daher wiederhergestellt werden müssen, im Rahmen der Wiederherstellung, d.h. bei der (finanziellen) Restrukturierung, vornehmlich den nachrangigen Kapitalgebern „Opfer“ abverlangen muss. Andernfalls richtet er sein Handeln nicht an den (Sicherungs-)Interessen der vorrangigen Kapitalgeber aus. Die Rangfolge würde umgekehrt werden. Ist die Gesellschaft dagegen „gesund“, weil branchenübliches Eigenkapital vorliegt, sie durchfinanziert und renditefähig ist, dann ist Konsequenz aus der Rangfolge der Kapitalinteressen, dass der Vorstand diesen „Zustand“ im Sicherungsinteresse der Fremdkapitalgeber zu konservieren hat. Er hat also bei seinen unternehmerischen Entscheidungen zunächst die Sicherungsinteressen der vorrangigen Kapitalgeber dahingehend zu berücksichtigen, dass diese selbst im schlechtesten Fall nicht beeinträchtigt werden. Diesem Anspruch wird er immer dann gerecht, wenn er bei jeder unternehmerischen Maßnahme die *Downside*, d.h. den *worst case*, als solchen Vermögens- und Kapitalzustand festlegt, der mindestens noch demjenigen eines sanierten Unternehmens i.S. eines IDW S6-Gutachtens entspricht. Denn dann besteht in aller Regel für die vorrangigen Fremdkapitalgeber noch die Möglichkeit, im Rahmen einer Refinanzierung oder über den Sekundärmarkt zu par aus ihrem Investment auszusteigen und den Exit zu sichern.

gg) Zwischenergebnis

Im Zwischenergebnis kann daher festgehalten werden, dass das Wohl der Gesellschaft auch außerhalb eines Insolvenzverfahrens nicht allein in der Verfolgung der Wertsteigerungsinteressen der Aktionäre (*Shareholder Value*) liegt, sondern auch die Berücksichtigung der Sicherungsinteressen der Gläubiger beinhaltet. Da in insolvenznahen Restrukturierungssituationen häufig ebenso wie innerhalb eines Insolvenzverfahrens die Gläubiger und nicht mehr die Aktionäre die Residualberechtigten sind und regelmäßig ihre Sicherungsinteressen hinsichtlich der Erfüllbarkeit ihrer Forderungen stark gefährdet sind, verdichtet sich das Wohl der

Gesellschaft i.S.d. § 93 Abs. 2 Satz 1 AktG in Sanierungssituationen zum Wohl der Gläubiger bzw. Fremdkapitalgeber. Dies entspricht auch dem im Kapitalgesellschafts- und Bilanzrecht geltenden Prinzip, dass Eigenkapital vor Fremdkapital haftet. Darüber hinaus wird durch eine vorrangige Verfolgung der Gläubigerinteressen auch die grundlegende Rangfolge respektiert, der sich die Kapitalgeber einer Gesellschaft bei Gewährung ihrer jeweiligen Kapitalform unterworfen haben. Der Vorstand hat daher bei der Verfolgung des Wohls der Gesellschaft die Kapitalinteressen sowohl der Eigen- als auch der Fremdkapitalgeber zu berücksichtigen, sich jedoch in insolvenznahen Situationen vornehmlich am Sicherungsinteresse der Gläubiger zu orientieren, folglich nicht am *Shareholder Value*, sondern am *Debtholder Value*. Im Übrigen schließt das Wohl der Gesellschaft als das Wohl der gebündelten Kapitalinteressen aller *Stakeholder* auch die Interessen von Hybridkapitalgebern, wie etwa *Mezzanine*-Fremd- oder *Mezzanine*-Eigenkapitalgebern, ein.[607]

Nachfolgend soll nun gezeigt werden, dass das sich aus der Grundentscheidung der Kapitalgeber für eine Art der Kapitalform ergebende Prinzip, dass die Sicherungsinteressen der vorrangigen Kapitalgeber den Wertsteigerungsinteressen der nachrangigen Kapitalgeber vorzugehen haben (*Absolute Priority Rule*), nicht nur in der Insolvenzordnung, sondern auch schon außerhalb eines Insolvenzverfahrens im Gesetz verankert ist. Es werden daher diejenigen Normen und Rechtsinstitute näher beleuchtet werden, die Ausfluss der *Absolute Priority Rule* sind bzw. deren Sinn und Zweck es ist, jene zu schützen.

c) Begründung der Befriedigungs- und Interessenrangfolge

Das Wohl der Gesellschaft als das gebündelte, abgestufte Kapitalinteresse aller Kapitalgeber als allgemeines Prinzip findet seinen Ausfluss zum einen in den sowohl ausdrücklichen als auch konkludent geschlossenen Abreden der Kapitalgeber untereinander, zum anderen an verschiedenen Stellen im Gesetz. Nachfolgend sollen daher dementsprechend die vertraglichen Abreden und Rechtsinstitute untersucht werden, aus denen sich die Befriedigungsrangfolge ableiten lässt sowie darüber hinaus auch die Normen aufgezeigt werden, deren Zweck der Schutz dieser Interessen- und Befriedigungsrangfolge ist. Dabei wird zu sehen sein, dass dieser Schutz aus einem engmaschigen Netz aus Vorschriften verschiedener Rechtsgebiete besteht, dem das allgemeine Prinzip zugrunde liegt, dass Eigen- vor Fremdkapital haftet bzw. die Wertsteigerungsinteressen nachrangiger Kapitalgeber in

---

607 Mezzanine-Kapital ist eine Mischform aus Eigen- und Fremdkapital, da es Elemente beider Kapitalformen aufweist. Wird das Finanzierungsinstrument sehr eigenkapitalnah ausgestaltet, wie beispielsweise bei einer stillen Beteiligung mit Gewinn- und Verlustbeteiligung, so wird es als Equity Mezzanine bezeichnet. In Konsortialkreditverträgen übliche Mezzanine-Kredite sind allerdings eher fremdkapitalnah ausgestaltet und werden daher als Debt Mezzanine bezeichnet. Siehe hierzu ausführlich *Diem* Akquisitionsfinanzierungen § 38 Rn. 1 ff.

Konfliktsituationen den Sicherungsinteressen vorrangiger Kapitalgeber zu weichen haben. Aus dem Zusammenspiel vertraglicher Abreden und gesetzlicher Normen wird dann im Ergebnis geschlossen werden können, dass die Befriedigungs- und Interessenrangfolge ein allgemeines Prinzip unserer Rechts- und Wirtschaftsordnung ist, dem auch der Vorstand einer AG sein unternehmerisches Handeln unterzuordnen hat und das auch insbesondere bei außergerichtlichen Restrukturierungen und der Konzipierung von Restrukturierungsvereinbarungen zu berücksichtigen ist.

Die Rangfolge ist dabei allgemeines Prinzip, das Ausfluss in den einzelnen Normen findet. Daraus, dass die einzelnen Normen jeweils nur bestimmte Tatbestände regeln, ist nicht *e contrario* zu entnehmen, dass außerhalb der geregelten Tatbestände die Rangfolge nicht gilt.[608] Eine solche Sichtweise verkennt, dass ein Insolvenzverfahren stets nur eine „Verlängerung" des normalen Marktgeschehens ist, in dem die Spielregeln zum Schutze der vorrangigen Gläubigerinteressen lediglich klargestellt, (leicht) modifiziert und nicht grundlegend geändert werden. Die vorrangige Berücksichtigung der Sicherungsinteressen der Gläubiger vor den Wertsteigerungsinteressen der Gesellschafter, vgl. §§ 1, 199 Satz 2, 245 Abs. 1 Nr. 2 i.V.m. Abs. 2 Nr. 2, Abs. 3 InsO, ist der wirtschaftlichen Interessenlage geschuldet, dass spätestens ab einer bilanziellen Überschuldung die Gläubiger die neuen Residualberechtigten und wirtschaftlichen Eigentümer des Unternehmens sind, was durch die Insolvenzordnung klargestellt, anerkannt und nicht erst begründet wird. Ein Insolvenzverfahren hat daher vielmehr deklaratorische als konstitutive Wirkung, anerkennt die (neuen) ökonomischen Verhältnisse und begründet sie nicht. Daher haben die Sicherungsinteressen der Gläubiger nicht erst mit Insolvenzantragsstellung und Verfahrenseröffnung Vorrang, sondern vielmehr schon bei Entstehung einer wirtschaftlichen Finanz- und Vermögenslage, die die Sicherungsinteressen der vorrangigen Kapitalgeber gefährdet bzw. beeinträchtigt. Eine Beeinträchtigung liegt dabei spätestens im Falle einer bilanziellen Überschuldung vor, die nicht zwingend mit einer Insolvenzantragspflicht nach § 15a InsO einhergehen muss, vgl. § 19 Abs. 2 InsO, eine Gefährdung jedoch oft schon dann, wenn die Vermögens- und Kapitalverhältnisse einer Gesellschaft nicht mehr denjenigen eines sanierten Unternehmens i.S. eines IDW S6-Gutachtens entsprechen.

aa) Rechtsgeschäftliche Begründung der Befriedigungsrangfolge aus dem Intercreditor Agreement und aus dem Equity Subordination Agreement

Bei Konsortialkrediten ist es allgemein üblich, dass sich die Konsortialkreditgeber untereinander einer Rangfolge hinsichtlich der Befriedigung ihrer Forderungen aus dem Konsortialverhältnis unterwerfen. Hierzu schließen sie zusammen mit

608 Vgl. *Klöhn* ZGR 2008, 110, 132.

dem Kreditnehmer und anderen Parteien, wie etwa dem *Security Agent*[609], ein *Intercreditor Agreement*[610] ab, in dem rechtsverbindlich festgelegt wird, dass im Falle der gleichzeitigen Fälligkeit der Forderungen aus dem Konsortialkredit zunächst vollständig die Forderungen der vorrangigen Kreditgeber zu befriedigen sind, bevor diejenigen der nachrangigen Kreditgeber abgelöst werden dürfen.[611] Regelungs- und vertragstechnisch wird dabei vorab in einer allgemeinen Klausel[612] die grundsätzliche Rangfolge der verschiedenen Kapitalgeber vereinbart (Rangrücktritt)[613], bevor diese dann für einzelne Fälle, wie etwa die Erlösverteilung bei Verwertung der Sicherheiten durch den *Security Agent*[614], konkretisiert wird.

In der Praxis ist zunehmend zu beobachten, dass auch die Inhaber grundsätzlich nachrangiger Kapitalinstrumente, wie etwa Anleihen, in Vertretung eines gemeinsamen Vertreters nach dem SchVG [2009] Vertragspartei des *Intercreditor Agreements* werden.[615] Der Grund hierfür liegt darin, dass die Emittenten von Anleihen versuchen, den Forderungen (potentieller) Anleiheinvestoren nachzukommen, ebenso wie die Konsortialkreditgeber besichert und mit diesen gleichrangig gestellt zu werden.[616] Da es in der Konsortialkreditpraxis üblich ist, dass die

609 Dem Security Agent obliegt das treuhänderische Halten, Verwalten und ggf. Verwerten der ihm teilweise treuhänderisch übertragenen Sicherheiten zugunsten der Mitglieder des Sicherheitenpools. Ausführlich zum Security Agent *Diem* Akquisitionsfinanzierungen § 54 Rn. 1 ff. Der Unterschied eines Security Agents nach angloamerikanischem Vorbild und einem deutschen Sicherheitentreuhänder besteht darin, dass Letzterem hinsichtlich seiner Aufgaben und Befugnisse im Sicherheitentreuhandvertrag ein (relativ weitreichendes) Ermessen eingeräumt wird, wohingegen der Security Agent meist auf Weisung der Kreditgeber- bzw. Poolmehrheit (i.d.R. eine Zweidrittelmehrheit) handelt.

610 Ausführlich zum Intercreditor Agreement *Diem* Akquisitionsfinanzierungen § 40 Rn. 16 ff.

611 Vgl. *Diem* Akquisitionsfinanzierungen § 40 Rn. 23 f.

612 Siehe hierzu insbesondere die Beispielsklauseln in Ziff. 2.1 (Primary Creditor Liabilities) und 2.3 (Subordinated, Intra-Group and Parent Liabilities) des LMA Intercreditor Agreements.

613 Zu diesem allgemeinen Rangrücktritt siehe *Diem* Akquisitionsfinanzierungen § 40 Rn. 21.

614 Die Rangfolge bei der Verteilung der Erlöse aus der Verwertung von Sicherheiten durch den Security Agent wird üblicherweise als Waterfall bezeichnet. Siehe hierzu die Beispielklausel in Ziff. 14.1 (Order of application) des LMA Intercreditor Agreements. Die allgemeine Rangfolge (Rangrücktritt) kann somit als Waterfall im weiteren Sinne und diejenige bei der konkreten Erlösverteilung als Waterfall im engeren Sinne bezeichnet werden.

615 Siehe insbesondere Habersack/Mülbert/Schlitt/*Hutter*, Unternehmensfinanzierung am Kapitalmarkt, § 18 Rn. 57.

616 Vgl. hierzu etwa Habersack/Mülbert/Schlitt/*Hutter*, Unternehmensfinanzierung am Kapitalmarkt, § 18 Rn. 31 ff., 40 f. und insbesondere 57 f. Vgl. ferner *Schlitt/Hekmat/Kasten* AG 2011, 429, 437 ff.

Sicherheiten grundsätzlich nicht den einzelnen Kreditgebern übertragen werden, sondern treuhänderisch von einem *Security Agent* verwaltet und verwertet werden und die Regelungsmechanismen hinsichtlich der Voraussetzungen der Verwertung sowie hinsichtlich der Erlösverteilung im *Intercreditor Agreement* festgelegt werden, ist es erforderlich, dass auch die Anleihegläubiger Vertragspartei werden. Sie unterwerfen sich daher gleichsam den Konsortialkreditgebern der vertraglichen Befriedigungsrangfolge. Hervorzuheben ist, dass die Befriedigungsrangfolge auch und gerade den Kreditnehmer und Schuldner bindet, mithin auch dessen Geschäftsleitung.

Die Gesellschafter des Kreditnehmers nehmen grundsätzlich nicht am *Intercreditor Agreement* teil. Das Rangverhältnis zu ihnen wird in der Konsortialkreditvertragspraxis in aller Regel in einem separaten *Equity Subordination Agreement* geregelt. Hierin verpflichten sich die Gesellschafter des Kreditnehmers gegenüber dem Kreditnehmer mit all ihren Forderungen hinter die Forderungen der anderen Kapitalgeber zurückzutreten. Ihre Forderungen auf die Auszahlung einer Dividende, auf Rückzahlung gegebenenfalls gewährter Gesellschafterdarlehen, auf Auszahlung eines etwaigen Liquidationsüberschusses sowie auf sonstige Leistungen dürfen erst befriedigt werden, wenn die Forderungen aller anderen Kapitalgeber vollständig befriedigt wurden.[617]

Gerade aus den allgemeinen Klauseln eines *Intercreditor Agreements* bzw. *Equity Subordination Agreements*, die die Rangfolge der verschiedenen Kapitalgeber nicht auf bestimmte Fälle münzen, geht durch Auslegung nach den §§ 133, 157 BGB hervor, dass sich die Kapitalgeber und der durch die Geschäftsleitung vertretene Kreditnehmer auch im Grundsatz einer bestimmten Befriedigungs- und Interessenrangfolge unterwerfen wollen, die nicht nur in den konkretisierten Einzelfällen gelten soll, mithin nicht nur dann, wenn Zahlungen auf die Zins- und Tilgungsforderungen geleistet werden oder ein Erlös aus der Verwertung von Sicherheiten oder sonstiger Haftungsmasse verteilt wird, sondern vielmehr auch dann, wenn der Kreditnehmer restrukturiert wird. Denn durch die festgelegte Rangfolge manifestieren sowohl die Eigen- als auch die Fremdkapitalgeber ihren rechtsgeschäftlichen Willen dahingehend, dass der Kreditnehmer und Schuldner zunächst den Sicherungsinteressen der vorrangigen und erst dann den Wertsteigerungsinteressen der nachrangigen Kapitalgeber nachzukommen hat. Da auch der Kreditnehmer jeweils Vertragspartei ist, ist auch er an diesen *Waterfall* i.w.S.[618] gebunden. Damit hat auch die Geschäftsleitung die Rangfolge stets bei ihren unternehmerischen Entscheidungen zu berücksichtigen. Soll die Rangfolge nicht konterkariert werden, hat sie auch dann zu gelten, wenn die Kapitalgeber Restrukturierungsbeiträge

---

617 Vgl. hierzu *Diem* Akquisitionsfinanzierungen § 40 Rn. 45 ff.

618 Auch hinsichtlich des Equity Subordination Agreements kann die dort geregelte allgemeine Rangfolge (Rangrücktritt) als Waterfall im weiteren Sinne und diejenige bei der konkreten Erlösverteilung als Waterfall im engeren Sinne bezeichnet werden.

im Rahmen einer außergerichtlichen Sanierung zu leisten haben. Aus den allgemeinen Klauseln des *Intercreditor Agreements* und des *Equity Subordination Agreements* ergibt sich daher die Pflicht der nachrangigen Kapitalgeber, zuerst bzw. höhere Sanierungsbeiträge zu leisten als die vorrangigen. Andernfalls würde die vereinbarte Rangfolge auf den Kopf gestellt. Ein Gesellschafter kann daher insbesondere aus den allgemeinen Klauseln der Vereinbarungen positiv verpflichtet sein, im Rahmen einer *Debt to Equity Conversion* zugunsten der vorrangigen Kapitalgeber einem Kapitalschnitt mit (ggf. vollständigem) Bezugsrechtsausschluss zuzustimmen bzw. bei einem *Debt to Asset Swap* seine Altanteile „entgeltlos" auf die vorrangigen Kapitalgeber zu übertragen.

Da auch der Kreditnehmer an diese in den *Agreements* festgelegte Rangfolge gebunden ist, hat dessen Vorstand aufgrund der Vereinbarungen die Pflicht, darauf hinzuwirken, dass die Rangfolge eingehalten wird. So wie er beispielsweise aus dem *Intercreditor Agreement* gegenüber den vorrangigen Kreditgebern verpflichtet ist, keine Zahlungen nachrangiger Kapitalgeber entgegenzunehmen, bevor nicht die vorrangigen Kapitalgeber vollständig befriedigt sind[619], so ist er auch bei Konzipierung eines Restrukturierungskonzepts verpflichtet, bei der Festlegung der Sanierungsbeiträge der einzelnen Kapitalgeber in der Restrukturierungsvereinbarung den nachrangigen Kapitalgebern keine Werte zukommen zu lassen, bevor nicht der Verlust der vorrangigen Kapitalgeber vollständig ausgeglichen ist. Ein vollständiger Verlustausgleich in diesem Sinne liegt dann vor, wenn derjenige Teil der Forderung der vorrangigen Kapitalgeber, der nicht mehr vom Vermögen der Gesellschaft gedeckt wird, mithin der Teil der Forderung, mit dem sie *out of the money* sind, bestmöglich durch (neue) Werte gedeckt wird. Diese Werte können dabei – um der im *Intercreditor Agreement* und im *Equity Subordination Agreement* festgelegten Interessenrangfolge gerecht zu werden – von den nachrangigen Kapitalgebern in Form der Zuführung neuen (Eigen-)Kapitals an die Gesellschaft, in der Abtretung ihrer Gesellschaftsanteile an die vorrangigen Kapitalgeber oder aber in der Zustimmung zu einer Kapitalherabsetzung auf Null mit anschließender, bezugsrechtsfreier Kapitalerhöhung liegen, so dass die vorrangigen Kapitalgeber nach erfolgter Restrukturierung (nach *Closing*) allein bzw. vorrangig an einer möglichen Wertsteigerung des Eigenkapitals (*Equity Upside)* teilnehmen können.

Bei Bestehen eines *Intercreditor* und *Equity Subordination Agreements* ist daher die Gesellschaft und damit auch der Vorstand, der die Verpflichtungen der Gesellschaft umzusetzen hat, vertraglich verpflichtet, die Interessen- und Befriedigungsrangfolge, der sich die einzelnen Kapitalgeber unterworfen haben, bei seinen unternehmerischen Entscheidungen zu berücksichtigen. Die Interessenrangfolge, die typischerweise im *Intercreditor* und im *Equity Subordination Agreement* vorzufinden ist, orientiert sich dabei ebenso an dem oben dargestellten Risiko, das die Kapitalgeber bei Gewährung der jeweiligen Kapitalform einzugehen bereit waren: Vorrangig besicherte *Senior Lender* gehen ein geringeres Risiko ein als nicht

---

619 Vgl. etwa *Diem* Akquisitionsfinanzierungen § 40 Rn. 23.

oder nur nachrangig besicherte *Junior Lender*, wie etwa *Mezzanine-* oder Anleihegläubiger, erhalten allerdings auch eine geringere Zinsmarge. Gesellschafter gehen das höchste Risiko ein, nehmen allerdings in der Regel unbegrenzt an einer möglichen Wertsteigerung des Eigenkapitals teil (*Equity Upside*). Das *Intercreditor* und das *Equity Subordination Agreement* bilden dieses Risikogefälle ab, indem sie festlegen, dass die Forderungen aus den Kapitalinstrumenten mit dem geringsten Risiko vorrangig gegenüber denjenigen mit dem höchsten Risiko sind. Dieses vertraglich festgelegte Risikogefälle gibt dann auch die Interessenrangfolge der Kapitalgeber vor, die der Vorstand bei seine Entscheidungen stets zu berücksichtigen hat: Zunächst sind die Sicherungsinteressen der vorrangigen Kapitalgeber, dann erst die Wertsteigerungsinteressen der nachrangigen zu verfolgen.

Daraus folgt, dass die durch den Vorstand vertretene Schuldnergesellschaft in einer Unternehmenskrise, also dann wenn die Erfüllbarkeit der Gläubigerforderungen gefährdet oder beeinträchtigt ist, vertraglich verpflichtet ist, die Gläubigerinteressen den Gesellschafterinteressen voran zu stellen. Sollte der Vorstand daher in einer Unternehmenskrise, die unbestritten auch außerhalb eines Insolvenzverfahrens vorliegen kann, die Interessen der Gesellschafter, insbesondere bei der Festlegung der Sanierungsbeiträge in der Restrukturierungsvereinbarung, denjenigen der Gläubiger vorziehen, kann hierin eine Pflichtverletzung durch den Schuldner bzw. Kreditnehmer zu sehen sein. Bei Vorliegen eines *Intercreditor* und *Equity Subordination Agreements*[620], das die Interessenrangfolge der Kapitalgeber in der oben dargestellten Weise festlegt, wird also die ohnehin geltende Vorrangigkeit der Sicherungsinteressen der vorrangigen Fremdkapitalgeber auf eine (schriftliche) vertragliche Grundlage gestellt, die verletzt werden würde, würde die Geschäftsleitung bei außergerichtlichen Sanierungen ihr Handeln allein an den Wertsteigerungsinteressen der Gesellschafter orientieren.

bb) Gesetzliche Begründung

Dass die Wertsteigerungsinteressen der Eigenkapitalgeber (auch außerhalb eines Insolvenzverfahrens) vom Vorstand bzw. der Geschäftsleitung erst dann berücksichtigt werden dürfen, wenn die Sicherungsinteressen der Fremdkapitalgeber vollständig befriedigt sind, findet seine Stütze auch an verschiedenen Stellen im Gesetz.

(1) § 57 AktG

Nach § 57 Abs. 1 Satz 1 AktG dürfen die Einlagen den Aktionären nicht zurückgewährt werden. Die Vorschrift bestimmt, dass das Kapital, das der Gesellschaft von den Eigenkapitalgebern gewährt wurde, diesen nicht zurückgezahlt werden

620 Dies wird meist bei der Restrukturierung von LBO-Finanzierungen der Fall sein, da dort die Konsortialkreditvertragsdokumentation derartige Vereinbarungen typischerweise beinhaltet.

darf, es sei denn es wird ein Bilanzgewinn verteilt, vgl. § 57 Abs. 3 AktG. Damit bestimmt die Vorschrift aber zugleich, dass das Eigenkapital den Fremdkapitalgebern unbeschränkt als Haftungsmasse zur Verfügung steht. Die Fremdkapitalgeber dürfen also immer auf das Kapital der Gesellschaft zugreifen (vorausgesetzt natürlich sie sind hierzu vertraglich berechtigt), die Eigenkapitalgeber nur bei Verteilung eines Bilanzgewinns, mithin also nur bei einer Mehrung bzw. Wertsteigerung des Eigenkapitals. Der Regelungsgehalt des § 57 AktG besagt folglich, dass das Kapital einer Gesellschaft zunächst dazu dient, die Interessen der Fremdkapitalgeber am Rückerhalt ihres investierten Kapitals zu sichern und erst in zweiter Linie zur Befriedigung der Wertsteigerungsinteressen der Aktionäre bestimmt ist. § 57 AktG schützt also die Rangfolge, dass Eigen- vor Fremdkapital haftet, mithin dass die Sicherungsinteressen der Gläubiger vor den Wertsteigerungsinteressen der Gesellschafter zu berücksichtigen sind.

(aa) § 57 AktG als Ausdruck des Nachrangs der Eigen- gegenüber den Fremdkapitalgebern

§ 57 AktG respektiert den im Zeitpunkt der Gewährung der bestimmten Kapitalform (Eigen- oder Fremdkapital) manifestierten Willen des jeweiligen Kapitalgebers sowie das damit verbundene, von ihm übernommene Risiko am Rückerhalt seines eingesetzten Kapitals, jedoch auch die damit einhergehenden Chancen einer Wertmaximierung. § 57 AktG reflektiert auf der einen Seite die Entscheidung der Aktionäre als Eigenkapitalgeber, nur dann einen wirtschaftlichen Wert zurückzuerhalten, wenn der ursprünglich investierte Wert einen Zuwachs erfährt, auf der anderen Seite diejenige der Fremdkapitalgeber, unabhängig von einem Wertzuwachs den eingesetzten, ursprünglichen Wert zurückzuerhalten unter gleichzeitiger Inkaufnahme, nicht an einer potentiellen Wertsteigerung des Gesamtkapitals zu partizipieren. Damit beiden privatautonomen Entscheidungen bzw. Finanzierungsformen (Eigen- und Fremdkapital) innerhalb einer Gesamtfinanzierung entsprochen werden kann, ist, wie bereits oben ausgeführt, erforderlich, dass die verschiedenen Interessen der Kapitalgeber einer Rangfolge unterliegen. Ohne diese Rangfolge könnten beide Kapitalformen nicht bei ein und derselben Gesellschaft bzw. Unternehmung existieren. Die Koexistenz ist nur aufgrund des Nachrangs von Eigenkapital möglich. Dies ergibt sich bereits aus dem Gesamtsystem von Kapitalgesellschafts- und Bilanzrecht und findet in § 57 AktG für die Kapitalgesellschaftsform der Aktiengesellschaft seinen zentralen Ausfluss. § 57 AktG konstituiert den Vorrang der Sicherungsinteressen der vorrangigen Kapitalgeber vor den Wertsteigerungsinteressen der nachrangigen Kapitalgeber jedoch nicht, sondern bestätigt ihn nur. § 57 AktG hat letztendlich daher für die Begründung der Befriedigungsrangfolge deklaratorische und keine konstitutive Bedeutung. § 57 AktG ist lediglich Ausfluss des allgemeinen Prinzips, dass die Sicherungsinteressen der Fremdkapitalgeber denjenigen der Eigenkapitalgeber vorzugehen haben.

Die hier vertretene Auffassung, dass die aktienrechtliche Vermögensbindung des § 57 AktG Ausdruck der Vorrangstellung der Fremdkapitalgeber- vor den

Eigenkapitalgeberinteressen ist, wird von gewichtigen Stimmen in der Literatur gestützt: *Cahn/v. Spannenberg* sowie *Fleischer* sehen den tragenden Grund für die aktienrechtliche Vermögensbindung ausschließlich im Gläubigerschutz.[621] Ebenso wie § 271 Abs. 1 AktG sei § 57 Abs. 1 Satz 1 AktG Ausdruck des Rangverhältnisses zwischen Eigen- und Fremdkapital. Das Gesellschaftsvermögen diene vorrangig zur Befriedigung der Fremdkapitalgeber, während die Gesellschafter als solche nur Residualansprüche haben. Die Kapitalerhaltung sichere diesen Befriedigungsvorrang des Fremdkapitals gegenüber dem Eigenkapital. Die damit verbundene Sicherung der Gleichbehandlung der Aktionäre, der Kompetenzordnung und eines unverfälschten Gewinnausweises sei lediglich Reflex des Gläubigerschutzes. Anliegen des § 57 AktG sei nicht die Erhaltung des Kapitals als einer Rechnungsgröße auf der Passivseite der Bilanz, die von Ausschüttungen und Verlusten ohnehin unberührt bleibe, sondern der Schutz des Vermögens der Gesellschaft vor Auskehr an die Aktionäre.[622] Da nach § 57 AktG Zuwendungen von Vermögensvorteilen an Aktionäre untersagt sind, soweit sie sich nicht als Verteilung von Bilanzgewinn in dem dafür vorgesehenen Verfahren darstellen oder durch eine besondere gesetzliche Bestimmung gestattet sind, sei die Regelung Ausdruck des Nachrangs der Eigenkapitalgeber gegenüber den Fremdkapitalgebern.[623] Wenn aber der vornehmliche Sinn und Zweck des § 57 AktG im Schutz des Befriedigungsvorrangs der Fremdkapitalgeber auch außerhalb einer Insolvenz zu sehen ist, dann wird damit gleichzeitig bzw. im Umkehrschluss bestätigt, dass ein solcher Befriedigungsvorrang der Fremd- gegenüber den Eigenkapitalgeberinteressen gerade auch außerhalb einer Insolvenz existiert. Denn würde er nicht existieren, bedürfte es auch nicht seines Schutzes.

(bb) § 93 Abs. 3 Nr. 1 AktG als Konkretisierung der Pflicht des Vorstands, sich vorrangig an den Sicherungsinteressen der Fremdkapitalgeber zu orientieren

Der Vorstand einer Aktiengesellschaft hat als Treuhänder aller Kapitalgeber sein Handeln an deren Interessen auszurichten, dabei jedoch, wie oben dargestellt, stets die Interessenrangfolge zu beachten, der sich die Kapitalgeber (konkludent) bei ihrer Investition unterworfen haben. Vor diesem Hintergrund ist auch die Vorschrift des § 93 Abs. 3 Nr. 1 AktG zu sehen. Denn missachtet der Vorstand die Interessenrangfolge, indem er entgegen § 57 AktG Einlagen an die Aktionäre zurückgewährt, ist er gemäß § 93 Abs. 3 Nr. 1 AktG der Gesellschaft gegenüber zum Ersatz verpflichtet. § 93 Abs. 3 Nr. 1 AktG flankiert folglich die Vermögensbindung

621 Spindler/Stilz/*Cahn/v. Spannenberg* § 57 Rn. 6; Schmidt/Lutter/*Fleischer* § 57 Rn. 3; *ders.* WM 2007, 909, 919.

622 Spindler/Stilz/*Cahn/v. Spannenberg* § 57 Rn. 9; eingehend dazu *Joost* ZHR 148 (1984), 27 ff.

623 Spindler/Stilz/*Cahn/v. Spannenberg* § 57 Rn. 10 m.w.N.

des § 57 AktG und ist ebenso Ausfluss des allgemeinen Prinzips, dass die Wertsteigerungsinteressen der Eigenkapitalgeber auch außerhalb eines Insolvenzverfahrens den Sicherungsinteressen der Fremdkapitalgeber untergeordnet sind.

Aus den §§ 57, 93 Abs. 3 Nr. 1 AktG folgt allerdings auch, dass in Restrukturierungssituationen, mithin dann, wenn der durch § 57 AktG geschützte „Eigenkapitalpuffer" (teilweise) verbraucht ist, die ebenso durch § 57 AktG geschützte Befriedigungsrangfolge nur dann gewahrt wird, wenn bei Wiederherstellung dieses „Eigenkapitalpuffers", d.h. bei einer bilanziellen Restrukturierung, die nachrangigen Kapitalgeber alleinige bzw. höhere Sanierungsbeiträge leisten als die vorrangigen. Würden nämlich die vorrangigen Fremdkapitalgeber höhere Beiträge als die nachrangigen Eigenkapitalgeber erbringen oder beide gleich hohe Beiträge leisten, dann würden, sobald der „Eigenkapitalpuffer" auf diese Weise wiederhergestellt ist, die nachrangigen Kapitalgeber auf Kosten der vorrangigen Werte erhalten, die sie dann, wenn das Vermögen bzw. Unternehmen der Gesellschaft im Gesamten veräußert worden wäre, die Restrukturierung also nicht durch Sanierung des Unternehmensträgers erfolgt wäre, aller Voraussicht nach nicht erhalten hätten. Bei einer Unternehmensveräußerung (etwa durch eine übertragende Sanierung außerhalb eines Insolvenzverfahrens in Form eines *Asset Deals*) nehmen nachrangige Eigenkapitalgeber grundsätzlich nämlich erst dann am Veräußerungserlös teil, wenn die vorrangigen Fremdkapitalgeber bei der Erlösverteilung vollständig befriedigt worden sind. Werden dagegen bei einer Restrukturierung des Unternehmensträgers entgegen der Rangfolge Restrukturierungsbeiträge geleistet, die etwa darin bestehen können, dass es den Eigenkapitalgebern gestattet wird, ihre Beteiligung am Unternehmensträger (teilweise) zu behalten, obwohl die Forderungen der Fremdkapitalgeber nicht vollständig durch den Unternehmenswert gedeckt sind, partizipieren sie bei einer sich an die bilanzielle Restrukturierung anschließenden Unternehmensveräußerung am Veräußerungserlös. Dies würde der durch die §§ 57, 93 Abs. 3 Nr. 1 AktG geschützten Befriedigungsrangfolge eklatant zuwider laufen. Die nachrangigen Kapitalgeber würden auf Kosten der vorrangigen Kapitalgeber ein saniertes Unternehmen erhalten. § 57 AktG möchte jedoch gerade davor bewahren, dass die nachrangigen Eigenkapitalgeber auf Kosten der vorrangigen Fremdkapitalgeber wirtschaftliche Werte erhalten.

Aus der durch die §§ 57, 93 Abs. 3 Nr. 1 AktG geschützten Rangfolge ergibt sich daher die Pflicht des Vorstands, bei der Festlegung von Sanierungsbeiträgen in einer Restrukturierungsvereinbarung sich strikt an die Befriedigungsrangfolge zu halten. Eine Restrukturierungsvereinbarung, die den nachrangigen Kapitalgebern auf Kosten der vorrangigen Kapitalgeber wirtschaftliche Werte zukommen lässt, darf er daher nicht abschließen. Zugleich trifft ihn positiv die Pflicht, Restrukturierungsvereinbarungen abzuschließen, in der die nachrangigen Kapitalgeber zuerst „zur Kasse gebeten" werden. Den Aktionären würden bei einer rangfolgenwidrigen Festlegung von Restrukturierungsbeiträgen in einer Restrukturierungsvereinbarung entgegen § 57 AktG Vermögensvorteile zugewendet werden, die sich nicht als Verteilung von Bilanzgewinn in dem dafür vorgesehenen Verfahren darstellen oder durch eine besondere gesetzliche Bestimmung gestattet sind. Der Vorstand würde daher mit dem Abschluss einer Restrukturierungsvereinbarung, die rechtsverbindlich rangfolgenwidrige Sanierungsbeiträge festlegt, seine Pflichten gegenüber der Gesellschaft verletzen und wäre ihr aus § 93 Abs. 3 Nr. 1 AktG zum Ersatz verpflichtet.

(2) § 30 GmbHG

Die Vorrangstellung der Fremd- gegenüber den Eigenkapitalgeberinteressen kommt ebenso in der Kapitalerhaltungsnorm des § 30 GmbHG zum Ausdruck. Nach § 30 Abs. 1 Satz 1 GmbHG darf das zur Erhaltung des Stammkapitals erforderliche Vermögen an die Gesellschafter nicht ausgezahlt werden. § 30 GmbHG gilt als zentrale Gläubigerschutzbestimmung zur Erhaltung des Stammkapitals[624] und bezweckt den Schutz der Gläubiger durch Kapitalerhaltung, wobei das Auszahlungsverbot verhindern soll, dass den Gesellschaftsgläubigern der Vollstreckungszugriff auf das Gesellschaftsvermögen erschwert oder abgeschnitten wird.[625] § 30 GmbHG schützt die Gläubiger der Gesellschaft jedoch nicht vor einer Verwirtschaftung des Stammkapitals, also nicht vor einer Aufzehrung des Stammkapitals durch Verluste.[626] Das Stammkapital kann also ohne weiteres zur Befriedigung der Fremdkapitalgeber verwendet werden, sofern sie nicht gleichzeitig auch Gesellschafter sind. Dies wiederum bedeutet, dass das Kapital einer GmbH zunächst den Sicherungsinteressen der Fremdkapitalgeber dient und erst dann den Wertsteigerungsinteressen der Eigenkapitalgeber. § 30 GmbHG schützt demnach die Interessenrangfolge, dass die Wertsteigerungsinteressen der Eigenkapitalgeber erst dann verfolgt werden dürfen, wenn die Sicherungsinteressen der Fremdkapitalgeber vollständig befriedigt und nicht mehr in Gefahr sind, also grundsätzlich[627] erst dann, wenn die Stammkapitalziffer überschritten wird. Bei einer Mehrung des Vermögens unterhalb der Stammkapitalziffer sind die Sicherungsinteressen der Fremdkapitalgeber, d.h. die vollständige Erfüllbarkeit der Forderungen der Fremdkapitalgeber, noch nicht vollständig außer Gefahr, so dass keine Auszahlung an die

624 *Roth/Altmeppen* GmbHG § 30 Rn. 1; *Fleck*, FS 100 Jahre GmbHG, 1992, S. 391; *Flume* ZHR 144 (1980) 18; *Joost* ZHR 148 (1984) 27 und GmbHR 1983, 285; *Stimpel*, FS 100 Jahre GmbHG, 1992, S 335; *Ulmer*, FS 100 Jahre GmbHG, 1992, S 363 jeweils m.w.N.; *Spindler/Kramski* NZG 2005, 746.

625 MünchKommGmbHG-*Ekkenga* § 30 Rn. 15.

626 *Roth/Altmeppen* GmbHG § 30 Rn. 6.

627 Vollständige Befriedigung der Sicherungsinteressen bedeutet, dass diese auch vollständig außer Gefahr sein müssen, was sie in aller Regel (ggf. liegt mit dem Stammkapital auch gleichzeitig branchenübliches Eigenkapital vor) nicht schon bei Deckung der Stammkapitalziffer, sondern erst dann sind, wenn die Gesellschaft ein branchenübliches Eigenkapital ausweisen kann, weil sie nur dann bankable ist und die Fremdkapitalgeber entweder ihre Kredite zu par veräußern können oder die Gesellschaft sich am Kredit- oder Kapitalmarkt vollständig refinanzieren und die Kredite ablösen kann.

Eigenkapitalgeber erfolgen darf. Daher geht aus § 30 GmbHG hervor, dass bis zur Erreichung der Stammkapitalziffer, also auch außerhalb eines Insolvenzverfahrens, in jedem Fall die Gläubigerinteressen vor den Gesellschafterinteressen zu berücksichtigen sind.

(aa) § 30 GmbHG als Ausdruck des Vorrangs der Sicherungsinteressen der Fremdkapitalgeber nicht erst bei deren Beeinträchtigung, sondern bereits bei deren Gefährdung

§ 30 GmbHG bestimmt mithin, dass das Kapital schon dann allein den Sicherungsinteressen der Gläubiger vorbehalten ist, wenn noch gar keine bilanzielle Überschuldung eingetreten ist, das Vermögen der Gesellschaft also noch alle verzinslichen Verbindlichkeiten deckt, mithin die Fremdkapitalgeber noch gar nicht *out of the money* sind. § 30 GmbHG schützt die Interessen der Fremdkapitalgeber daher schon dann, wenn sie noch gar nicht die Residualberechtigten und (neuen) wirtschaftlichen Eigentümer der Gesellschaft sind. Durch die Vorschrift wird folglich bestätigt, dass die Interessen der Fremdkapitalgeber gegenüber denjenigen der Eigenkapitalgeber bereits Vorrang genießen, wenn die Fremdkapitalgeberinteressen noch gar nicht beeinträchtigt, sondern erst gefährdet sind. Denn eine Beeinträchtigung der Sicherungsinteressen der Gläubiger liegt grundsätzlich erst dann vor, wenn selbst durch eine Veräußerung der gesamten Haftungsmasse der Gesellschaft, mithin ihres Unternehmens, die Erfüllbarkeit der verzinslichen Forderungen der Gläubiger nicht mehr gewährleistet ist. Dies ist regelmäßig erst der Fall, wenn die Passiva die Aktiva übersteigen, mithin im Falle einer bilanziellen Überschuldung, d.h. bei Vorliegen von negativem Eigenkapital i.S.d. § 268 Abs. 3 HGB. Denn in einer solchen Situation können die Gläubiger selbst bei einer kompletten Verwertung des Haftungsfonds nicht mehr mit einer vollständigen Befriedigung ihrer Forderungen rechnen, weil der Veräußerungserlös die bestehenden Verbindlichkeiten regelmäßig nicht mehr deckt.

Im Falle eines Kapitalverlusts, der keine bilanzielle Überschuldung, sondern lediglich ein „Abrutschen" unter die Stammkapitalziffer zur Folge hat, ist jedoch das Eigenkapital noch nicht negativ, sondern noch werthaltig. Die Gesellschafter sind noch *in the money*. Sie sind noch die Residualberechtigten und wirtschaftlichen Eigentümer des Unternehmens. Dadurch, dass § 30 GmbHG auch schon im Falle einer Unterbilanz bestimmt, dass erst dann wieder Auszahlungen an die Eigenkapitalgeber gemacht werden dürfen, wenn die Stammkapitalziffer erreicht ist bzw. überschritten wird, stellt die Norm als zentrale Gläubigerschutzvorschrift klar, dass auch schon außerhalb eines Insolvenzverfahrens die Sicherungsinteressen der Fremdkapitalgeber vor den Wertsteigerungsinteressen der Eigenkapitalgeber zu berücksichtigen sind. Denn ohne das Hinzutreten weiterer Umstände hat der Geschäftsführer einer GmbH allein bei Vorliegen einer „Unterbilanz" noch nicht die Eröffnung eines Insolvenzverfahrens, das primär dem Schutz der vorrangigen – bereits beeinträchtigten – Sicherungsinteressen der Fremdkapitalgeber dient, vgl. § 1 InsO, zu beantragen, vgl. §§ 17, 19 InsO. Anders gewendet schützt

§ 30 GmbHG nicht nur vor einer Beeinträchtigung der Sicherungsinteressen der Gläubiger am Rückerhalt ihres Kapitals, sondern bereits schon vor einer Gefährdung dieser Interessen. Im Schrifttum wird diese Auslegung des § 30 GmbHG gestützt. Bei § 30 GmbHG stehe nicht die zur Begleichung aller Schulden benötigte Deckungsmasse im Vordergrund, vielmehr solle das Stammkapital als derjenige Teil des Reinvermögens geschützt werden, der das absolute Ausstattungsminimum eines *going concern* ausmache. Es gehe nicht um die Substanzerhaltung in einem Krisen- und Vollstreckungsszenario, sondern um die Vorbeugung gegen Insolvenzrisiken, die aus dem erleichterten Zugriff der Gesellschafter auf das Gesellschaftsvermögen resultieren.[628]

(bb) § 30 GmbHG als Ausdruck und Schutz des Versprechens der Eigenkapitalgeber

§ 30 GmbHG ist Ausdruck und Schutz des Versprechens der Eigen- gegenüber den Fremdkapitalgebern, zunächst deren Sicherungsinteressen zu wahren. Wie eingangs dargestellt, haben die Eigenkapitalgeber bei der Gewährung des Eigenkapitals eingewilligt, erst dann eine Rendite zu erhalten, wenn die Sicherungsinteressen der Gläubiger vollständig gewährleistet sind. Dies sind sie jedoch nur dann, wenn bei vollständiger Veräußerung der Haftungsmasse der Veräußerungserlös ihre Forderungen deckt. Durch eine Einzelverwertung der Haftungsmasse zu Liquidations- und Zerschlagungswerten ist dies jedoch in den seltensten Fällen gewährleistet. Die Befriedigung der gesamten ausstehenden Forderungssumme kann in aller Regel nur bei einer Gesamtverwertung der Haftungsmasse, namentlich bei Verwertung des nicht still gelegten, sondern fortgeführten Unternehmens zu Fortführungswerten erreicht werden. Für eine Fortführung des Unternehmens und eine Bewertung der Haftungsmasse zu Fortführungswerten ist jedoch nach § 252 Abs. 1 Nr. 2 HGB erforderlich, dass der Fortführung der Unternehmenstätigkeit (*going concern*) keine tatsächlichen oder rechtlichen Gegebenheiten entgegenstehen, mithin eine positive Fortführungsprognose erteilt werden kann. Eine positive Aussage über die Fortführung kann in aller Regel allerdings nur dann getroffen werden, wenn zusätzlich zu einer rein liquiditätsbezogenen Fortbestehensprognose, deren Vorliegen eine Insolvenzantragspflicht nach dem geltenden Überschuldungsbegriff des § 19 InsO ausschließt, im Prognosezeitraum auch die Kapitalverhältnisse der Gesellschaft eine (drohende) Überschuldung ausschließen. Dies wiederum setzt jedoch eine Mindestausstattung an Eigenkapital voraus. Da die Eigenkapitalgeber die vorrangigen Sicherungsinteressen der Fremdkapitalgeber nur dann garantieren können, wenn im Falle der Veräußerung des Unternehmens der Veräußerungserlös alle Forderungen der Fremdkapitalgeber abdeckt, dies in der Regel nur bei der Veräußerung eines „lebendigen" Unternehmens der

628 MünchKommGmbHG-*Ekkenga* § 30 Rn. 15; *Engert* BB 2005, 1951; *Mülbert* Der Konzern 2004, 151, 154.

Fall ist, müssen sie gleichsam diesen *going concern* gewährleisten, für den wiederum eine Mindestausstattung an Eigenkapital erforderlich ist. Für einen derartigen „Eigenkapitalpuffer" sorgt § 30 GmbHG.

Durch § 30 GmbHG kommt folglich zum Ausdruck, dass die Eigenkapitalgeber gegenüber den Fremdkapitalgebern bei ihrer Investition ein Versprechen zur vorrangigen Wahrung von deren Sicherungsinteressen abgeben. Denn § 30 GmbHG untersagt den Eigenkapitalgebern den *going concern* durch Kapitalentnahmen zu gefährden. Seine Aufrechterhaltung dient in aller Regel – wie gesehen – primär der Sicherung der Fremdkapitalgeberinteressen, weil diese nur bei einer (hypothetischen) Veräußerung des Unternehmens zu Fortführungswerten vollständig abgedeckt sind. Die Eigenkapitalgeber geben mithin ein Garantieversprechen gegenüber den Fremdkapitalgebern ab, durch die Aufrechterhaltung des *going concern*, vorrangig deren Sicherungsinteressen zu schützen. Dieses Versprechen wiederum schützt § 30 GmbHG.

§ 30 GmbHG als Schutz des Garantieversprechens der Eigenkapitalgeber aufzufassen, die Vorrangstellung der Sicherungsinteressen der Fremdkapitalgeber gegenüber den eigenen Wertsteigerungsinteressen durch die Gewährleistung der Fortführung der Unternehmenstätigkeit (*going concern*) anzuerkennen, findet durchaus Unterstützung im Schrifttum: Nach *Ekkenga* lasse sich das Stammkapital[629] als eine Art Garantieversprechen begreifen, das die Gesellschafter an alle künftigen Gläubiger der GmbH richten. Es dokumentiere die Übernahme einer umfassenden Finanzierungsverantwortung die neben einer nominellen Ausstattungsgarantie die Bereitschaft mit sich bringe, auf Entnahmen der GmbH in Höhe der Stammkapitalziffer künftig zu verzichten.[630] Die Bezeichnungen des geschützten Stammkapitals als „Betriebsvermögensreserve"[631], „kissenähnliches Finanzpolster"[632] und „Risikopufferfunktion des Stammkapitals"[633] veranschaulichen dies.[634]

(cc) Unvollständiger Schutz des Versprechens durch § 30 GmbHG

§ 30 GmbHG schützt das Versprechen der Eigenkapitalgeber jedoch nur unzureichend. Da das Stammkapital regelmäßig nur das für die Annahme eines *going*

---

629 Besser: die Gewährung des Stammkapitals. Denn bei Gewährung unterwirft sich jeder Kapitalgeber konkludent mit Gewährung der Befriedigungs-, Risiko-, und Interessenrangfolge.

630 MünchKommGmbHG-*Ekkenga* § 30 Rn. 15; *Schön* ZGR 2004, 162, 166; ders. ZHR 166 (2002), 1, 4; *Merkt* ZGR 2004, 305, 319 m.w.N.; kritisch etwa *Engert* GmbHR 2007, 337, 340 f..

631 BGH, Entscheidung v. 09.03.1981 – – II ZR 54/80, BGHZ 80, 129, 136; Ulmer/*Habersack* GmbHG § 30§ 30 Rn. 2Rn. 2; *Goette* DStR 2005, 197, 198.

632 *Kübler* ZHR 159 (1995), 550, 555.

633 *Mülbert* Der Konzern 2004, 151, 154; *Kleindiek*, Verhandlungen 66. DJT, 2006, P 45, 46; *Vetter* ZGR 2005, 788, 801.

634 MünchKommGmbHG-*Ekkenga* § 30 Rn. 15.

concern erforderliche Kapitalminimum darstellen wird, sind die Sicherungsinteressen der Gläubiger bei schlichter „Einhaltung der Stammkapitalziffer" meist nicht ausreichend geschützt. Dies sind sie nur dann, wenn die Gesellschaft über das Stammkapital als Ausstattungsminimum hinaus über branchenübliches Eigenkapital verfügt und renditefähig ist. Damit die Sicherungsinteressen der Fremdkapitalgeber (vollständig) gewährleistet sind, muss die Gesellschaft folglich Kapitalverhältnisse aufweisen, die dem eines sanierten Unternehmens i.S. eines IDW S6-Gutachtens entsprechen. Denn nur in einem solchen Fall ist sichergestellt, dass die Gesellschaft kreditwürdig bzw. *bankable* ist und sich jederzeit sowohl an den Kredit- als auch an den Kapitalmärkten refinanzieren kann. Erst dann ist auch sichergestellt, dass die Fremdkapitalgeber bei einem Exit (etwa durch Refinanzierung ihrer Kredite durch (hochverzinsliche) Anleihen) ihr Kapital vollständig zurückerhalten. Da sich Eigenkapitalgeber bei Kapitalgewährung einer Befriedigungsrangfolge unterwerfen[635], sich also damit einverstanden erklären, dass ihre Interessen erst dann Berücksichtigung finden, wenn diejenigen der Fremdkapitalgeber vollständig befriedigt, d.h. gesichert sind, eine vollumfängliche Sicherung jedoch nicht allein schon durch die Bereitstellung eines Eigenkapitalminimums gewährleistet ist, sondern darüber hinaus branchenübliches Eigenkapital erfordert, schützt § 30 GmbHG nur einen Teil des Garantieversprechens der Eigenkapitalgeber.

(dd) Weitergehender Schutz des Versprechens durch § 43 Abs. 1 i.V.m. Abs. 3 GmbHG

Weitergehenden Schutz erfährt das Versprechen jedoch durch die Verhaltenspflichten der Geschäftsführung. Diese hat solange die Interessen der Fremdkapitalgeber denjenigen der Eigenkapitalgeber vorzuziehen, bis die Gesellschaft Kapitalverhältnisse aufweisen kann, die denjenigen eines sanierten Unternehmens i.S. eines IDW S6-Gutachtens entsprechen. Dies ergibt sich aus § 43 Abs. 1 i.V.m. Abs. 3 GmbHG. § 43 Abs. 3 GmbHG stellt nämlich lediglich klar, dass die Geschäftsführung verpflichtet ist, die Rangfolge der gebündelten Kapitalinteressen dadurch zu wahren, dass die von § 30 GmbHG geschützte, für einen *going concern* erforderliche Minimalkapitalausstattung der Gesellschaft nicht an die Gesellschafter ausgezahlt werden darf. Durch die Verwendung von „insbesondere" in § 43 Abs. 3 Satz 1 GmbHG wird deutlich, dass die Pflicht zur Nichtauszahlung des Kapitalstamms nur ein (Regel-)Beispiel für die Pflicht der Geschäftsführung ist, vorrangig die Sicherungsinteressen der Fremdkapitalgeber zu verfolgen. Da die Erfüllbarkeit der Forderungen der Fremdkapitalgeber nur dann vollumfänglich gewahrt ist,

635 Siehe hierzu insbesondere MünchKommGmbHG-*Ekkenga* § 30 Rn. 11: „Finanzwirtschaftlich lässt sich in beiden Fällen von einem nominell definierten Kapitalstrukturschutz sprechen, der die Gesellschafter auf die von ihnen selbst deklarierte Mindestausstattung mit Eigenkapital festlegt."

wenn branchenübliches Eigenkapital vorliegt, hat die Geschäftsführung gemäß § 43 Abs. 1 GmbHG aufgrund ihrer Verpflichtung, ihr Handeln stets am Unternehmensinteresse auszurichten, das sich als das nach der Rangfolge abgestufte Kapitalinteresse aller Kapitalgeber darstellt, die Sicherungsinteressen der Gläubiger auch dann noch den Wertsteigerungsinteressen der Gesellschafter vorzuziehen, wenn sich herausstellen sollte, dass zwar die Stammkapitalziffer gedeckt ist, das Stammkapital sich jedoch nicht als branchenübliches Eigenkapital i.S. eines IDW S6-Gutachtens entpuppt.

(ee) Gefahr eines Wertungswiderspruchs in Restrukturierungssituationen

Wie oben gesehen, sorgt § 30 GmbHG dafür, dass die Gesellschafter sich nicht des zur Erhaltung des Stammkapitals erforderlichen Vermögens der Gesellschaft bedienen, mithin dafür, ihr abgegebenes Versprechen insoweit einzuhalten, als dass sie den *going concern* der Gesellschaft zur Sicherung der Interessen der Fremdkapitalgeber durch Belassung des Stammkapitals aufrecht erhalten. In Sanierungs- und Restrukturierungssituationen kann der *going concern* allerdings regelmäßig nur konserviert, d.h. eine positive handelsrechtliche Fortführungsprognose i.S.d § 252 Abs. 1 Nr. 2 HGB nur gewährt werden, wenn Sanierungsbeiträge geleistet werden. Die Kapitalgeber müssen zur Aufrechterhaltung daher entweder auf den Rückerhalt von Kapital verzichten oder neues bereitstellen. In Restrukturierungssituationen ist zur Aufrechterhaltung des *going concerns*, d.h. zur Einhaltung des Garantieversprechens der Eigenkapitalgeber, also weniger ein Unterlassen (in Form einer Nichtentnahme des zur Erhaltung des Stammkapitals erforderlichen Vermögens) als vielmehr ein positives Tun vonnöten. Die Garantie der Eigenkapitalgeber muss auch dann Geltung beanspruchen, wenn das für den *going concern* benötigte Eigenkapital nicht durch Nichtentnahmen (Unterlassen) aufrechterhalten, sondern durch Sanierungsbeiträge (positives Tun) „wiederhergestellt" werden muss. Sonst käme es zu einem Wertungswiderspruch mit § 30 GmbHG bzw. zu einem Verstoß gegen das durch § 30 GmbHG geschützte Garantieversprechen der Eigenkapitalgeber. Aufgrund des durch § 30 GmbHG geschützten Garantieversprechens sind die Eigenkapitalgeber in Sanierungssituationen, also dann, wenn es weniger um die Aufrechterhaltung als eher um die „Wiederherstellung" des *going concerns* geht, daher verpflichtet, vorrangig, d.h. vor den Fremdkapitalgebern, Sanierungsbeiträge zu leisten. Mit anderen Worten: Die Eigenkapitalgeber garantieren zur Aufrechterhaltung (bzw. „Wiederherstellung") des *going concerns* zuerst, also vor den Fremdkapitalgebern „Opfer" zu erbringen.

(ff) Schlussfolgerung für die Pflichten der Geschäftsführung

Aus den §§ 43 Abs. 1, Abs. 3, 30 GmbHG ergibt sich daher in Restrukturierungssituationen die Pflicht für die Geschäftsführung, zur Erlangung einer positiven Sanierungsaussage i.S. eines IDW S6-Gutachtens die zur „Wiederherstellung" bzw.

Restrukturierung des Kapitals erforderlichen Sanierungsbeiträge zunächst von den Eigen- und dann erst von den Fremdkapitalgebern einzufordern bzw. die nachrangigen Eigenkapitalgeber stärker „zur Kasse zu bitten" als die vorrangigen Fremdkapitalgeber. Denn allein schon aus § 30 GmbHG folgt, dass, solange der geschützte und von den Gesellschaftern garantierte „Eigenkapitalpuffer" aufgezehrt und nicht „wiederhergestellt" ist, bei seiner „Wiederherstellung" die Gläubigerinteressen Vorrang genießen, mithin die Gesellschafter alleinige bzw. höhere „Wiederherstellungsbeiträge" leisten müssen, soll die durch § 30 GmbHG geschützte Rangfolge nicht auf den Kopf gestellt werden. Andernfalls würden die Gläubiger durch ihre Beiträge das Eigen- bzw. Stammkapital „wiederherstellen" und den Gesellschaftern könnte dann ein nach Restrukturierung das restrukturierte Stammkapital überschießender Betrag früher wieder ausgezahlt werden. Dies hätten dann allein die Gläubiger ermöglicht. Sie würden die Verluste der Gesellschafter tragen. Genau davor will aber die Norm des § 30 GmbHG i.V.m. § 43 Abs. 3 GmbHG schützen.

Aus Voranstehendem folgt, dass die Geschäftsführung eine Ersatzpflicht trifft, wenn sie eine Restrukturierungsvereinbarung im Namen der GmbH abschließt, die entgegen der durch § 30 GmbHG geschützten Interessenrangfolge die Fremdkapitalgeber zu Restrukturierungsbeiträgen verpflichtet, obwohl die Eigenkapitalgeber nicht vollständig die auf sie entfallenden Verluste übernehmen. Eine Verlustübernahme der Eigenkapitalgeber in der Restrukturierungsvereinbarung kann etwa in der Weise erfolgen, dass die Eigenkapitalgeber dadurch zur „Wiederherstellung" der erforderlichen Kapitalverhältnisse verpflichtet werden, dass sie entweder frisches (Eigen-)Kapital zur Verfügung stellen, ihre (Alt-)Gesellschaftsanteile auf die Gläubiger (*Debt to Asset Swap)* übertragen oder aber auch einer Kapitalherabsetzung mit sich daran anschließender, bezugsrechtsfreier Kapitalerhöhung unter Einbringung der notleidenden Forderungen der Fremdkapitalgeber (*Debt to Equity Swap*) zustimmen. Gemäß den obigen Ausführungen sind die nachrangigen Eigenkapitalgeber in der Restrukturierungsvereinbarung nicht nur zur „Wiederherstellung" eines Minimumkapitals zu verpflichten, sondern darüber hinaus zu solchen Sanierungsbeiträgen, die das Vorliegen von branchenüblichem Eigenkapital nach *Closing* der finanziellen Restrukturierung bewirken. Denn nur dann sind die vorrangigen Sicherungsinteressen der Fremdkapitalgeber vollständig befriedigt. Die Geschäftsführung hat gemäß den §§ 43 Abs. 1, Abs. 3, 30 GmbHG daher die Pflicht, zum einen positiv darauf hinzuwirken, dass die Kapitalgeber eine Restrukturierungsvereinbarung abschließen, die die *Absolute Priority Rule* widerspiegelt und zum anderen solche Restrukturierungsvereinbarungen nicht zu unterzeichnen, die die Rangfolge missachten, es sei denn der Abschluss einer rangfolgenwidrigen Restrukturierungsvereinbarung ist ausnahmsweise die günstigste aller zur Verfügung stehenden Restrukturierungsalternativen.[636]

Die Minimumwahrung des Vorrangs der Sicherungsinteressen der Gläubiger wird durch den Schutz des § 43 Abs. 3 Satz 2 GmbHG flankiert. Danach finden

636 Hierzu siehe ausführlich unten Kapitel 3 A. V. 3.

auf den Ersatzanspruch aus § 43 Abs. 3 Satz 1 GmbHG die Bestimmungen in § 9b Abs. 1 GmbHG entsprechende Anwendung. Die Gesellschafterversammlung kann also nicht zulasten der Gesellschaft die Geschäftsführung entlasten, mit der Folge, dass der Ersatzanspruch der Gesellschaft gegen die Geschäftsführung präkludiert wird. Hierdurch wird letztendlich vermieden, dass die Gesellschafter die Interessenrangfolge dadurch umgehen können, dass sie die Geschäftsführung anweisen, vgl. § 37 Abs. 1 GmbHG a.E., ihre eigenen Wertsteigerungsinteressen den Sicherungsinteressen der Gläubiger vorzuziehen und der Gesellschaft aus der Missachtung erwachsende Ersatzansprüche aus § 43 Abs. 3 GmbHG durch einen Entlastungsbeschluss präkludieren.

(3) § 64 Satz 3 GmbHG und § 92 Abs. 2 Satz 3 AktG

Ebenso sind die §§ 64 Satz 3 GmbHG und 92 Abs. 2 Satz 3 AktG Ausfluss des Versprechens der Eigenkapitalgeber, dass die Sicherungsinteressen der Fremdkapitalgeber auch außerhalb eines Insolvenzverfahrens Vorrang gegenüber ihren Wertsteigerungsinteressen genießen.

(aa) § 64 Satz 3 GmbHG

§ 64 Satz 3 GmbHG flankiert das Auszahlungsverbot des § 30 GmbHG. Nach § 64 Satz 3 GmbHG sind die Geschäftsführer der Gesellschaft zum Ersatz von Zahlungen an Gesellschafter verpflichtet, soweit diese zur Zahlungsunfähigkeit der Gesellschaft führen mussten, es sei denn, dies war auch bei Beachtung der in § 64 Satz 2 GmbHG[637] bezeichneten Sorgfalt nicht erkennbar. Der Gesetzgeber des MoMiG[638] und auch der BGH sind mit der Einführung des § 30 Abs. 1 Satz 2 GmbHG zur bilanziellen Betrachtungsweise zurückgekehrt.[639] Die November-Urteil-Rechtsprechung des BGH[640] ist damit obsolet. Nach § 30 Abs. 1 Satz 2 GmbHG gilt die gläubigerschützende Vermögensbindung des § 30 Abs. 1 Satz 1 GmbHG nicht, wenn die Auszahlung an die Gesellschafter durch einen vollwertigen Gegenleistungs- und Rückgewähranspruch gegen die Gesellschafter gedeckt ist. Die Gläubiger sehen sich damit aber nicht schutzlos einer Entziehung von Liquidität der Gesellschaft gegenüber, denn gemäß § 64 Satz 1 und 3 GmbHG sind die Geschäftsführer der

---

637 Nach § 64 Satz 2 GmbHG gilt § 64 Satz 1 GmbHG nicht bei Zahlungen, die nach Insolvenzreife i.e.S. geleistet wurden, jedoch mit der Sorgfalt eines ordentlichen Geschäftsmanns vereinbar sind.

638 Gesetz zur Modernisierung des GmbH-Rechts und zur Bekämpfung von Missbräuchen vom 23. Oktober 2008.

639 Vgl. BegrRegE MoMiG BT-Drucks. 16/6140, S. 41; so auch BGH, Urteil v. 01.12.2008 – II ZR 102/07, BGHZ 179, 71 f. Rn. 12 = Der Konzern 2009, 49, 51.

640 BGH Urteil v. 24.11.2003 – II ZR 171/01, BGHZ 157, 72 = Der Konzern 2004, 196; näher zu dieser Entscheidung etwa *Bayer/Lieder* ZGR 2005, 133; *Cahn* Der Konzern 2004, 235; *Habersack/Schürnbrand* NZG 2004, 698.

GmbH zum Ersatz verpflichtet, wenn sie die Liquidität des Gesellschaftsvermögens durch Zahlungen an Gesellschafter vermindern und die Gesellschaft dadurch in die Zahlungsunfähigkeit treiben.[641] § 64 Satz 3 GmbHG dient der Insolvenzvorbeugung und soll gerade auch Kreditgeschäfte erfassen, die zwar nicht den Vermögens- oder Kapitalumfang, wohl aber die Vermögensstrukturen nachteilig verändern.[642] Die bilanzgestützte Vermögensbindung des § 30 GmbHG soll durch § 64 Satz 3 GmbHG jedoch nicht in Frage gestellt, sondern vielmehr ergänzt werden.[643] Daher flankiert § 64 Satz 3 GmbHG die Ausschüttungssperre des § 30 GmbHG[644], setzt im Unterschied zu dieser aber gerade nicht voraus, dass durch die Auszahlung eine Unterbilanz entsteht oder vertieft wird.[645]

§ 64 Satz 3 GmbHG ist damit ebenso Ausfluss des Eigenkapitalgeberversprechens, die Sicherungsinteressen der Fremdkapitalgeber auch außerhalb eines Insolvenzverfahrens vorrangig gegenüber ihren Wertsteigerungsinteressen zu berücksichtigen. Denn die Veränderung der Vermögensstruktur, d.h. die Verringerung der liquiden Mittel trotz Erhaltung des Kapitalumfangs, zugunsten Dritter wird von § 64 Satz 3 GmbHG ja gerade nicht untersagt. Lediglich der Liquiditätsentzug zugunsten der nachrangigen Eigenkapitalgeber ist verboten. Hier wird der Unterschied zu Satz 1 der Norm deutlich: Dieser ist nicht Ausdruck der allgemeinen Befriedigungsrangfolge der Kapitalgeber (*Absolute Priority Rule*), sondern soll gewährleisten, dass die Gläubiger ab Eintritt der Insolvenzreife gleichmäßig befriedigt werden.

Durch § 64 Satz 3 GmbHG werden die Sicherungsinteressen der Fremdkapitalgeber in besonderer Weise geschützt. Zwar könnte argumentiert werden, dass § 64 Satz 3 GmbHG hinsichtlich der Sicherungsinteressen der Fremdkapitalgeber keinen zusätzlichen Schutz zu § 30 GmbHG biete. Denn entzieht die Geschäftsführung der GmbH derart viel Liquidität, dass – obwohl die Gesellschaft nicht bilanziell überschuldet ist – allein aufgrund von vorliegender Zahlungsunfähigkeit i.S.v. § 17 InsO nach § 15a InsO Insolvenzantrag zu stellen ist, dann würden bei einer Veräußerung des Unternehmens durch den Insolvenzverwalter grundsätzlich die Forderungen der Fremdkapitalgeber durch den erzielten Veräußerungserlös vollständig befriedigt werden können, denn bei Insolvenzantragsstellung lag ja gerade keine bilanzielle Überschuldung vor, die Passiva waren also vollständig durch Aktiva gedeckt. Daher wären theoretisch die allein in der vollständigen Erfüllbarkeit der verzinslichen Forderungen bestehenden Sicherungsinteressen

641 Begr. RegE, BT-Drucks. 16/6140, 105 f.; MünchKommGmbHG-*Ekkenga* § 30 Rn. 13.

642 MünchKommGmbHG-*Ekkenga* § 30 Rn. 13.

643 MünchKommGmbHG-*H.F. Müller* § 64 Rn. 155.

644 Vgl. hierzu Henssler/Strohn/*Verse* § 13 GmbHG Rn. 49: „Bei Verstößen gegen § 64 S. 3 droht überdies auch den nicht geschäftsführenden Gesellschaftern eine verschuldensunabhängige Rückgewährpflicht analog § 31 [GmbHG]“ (dazu *Strohn* ZHR 173 (2009) 589, 594 f.).

645 MünchKommGmbHG-*H.F. Müller* GmbHG § 64 Rn. 155.

der Fremdkapitalgeber vollumfänglich gewährleistet. Denn spätestens durch die Veräußerung des Unternehmens innerhalb eines Insolvenzverfahrens wird die Liquidität zur Erfüllung der Forderungen der Gläubiger ja wieder hergestellt. Eine Veränderung der Vermögensstruktur wäre spätestens ab diesem Zeitpunkt hinsichtlich der Erfüllbarkeit der Forderungen der Fremdkapitalgeber, mithin hinsichtlich deren Sicherungsinteressen irrelevant.

Würde man einen derartigen Standpunkt einnehmen, würde man allerdings verkennen, dass einem Insolvenzverfahren (noch immer[646]) das Stigma des Scheiterns anhaftet und mit Insolvenzantragsstellung regelmäßig ein nicht unwesentlicher Wertverlust des Unternehmens verbunden ist. Diese indirekten Insolvenzkosten sind bei der Frage, ob die Sicherungsinteressen der Gläubiger vollständig gewährleistet sind, in die Kalkulation mit einzubeziehen. Eine Unternehmensveräußerung innerhalb eines Insolvenz(antrags)verfahrens ist regelmäßig mit Unwägbarkeiten verbunden. Es besteht daher die Gefahr, dass selbst dann, wenn die Gesellschaft bei Antragsstellung nicht überschuldet, sondern lediglich zahlungsunfähig ist, die Haftungsmasse Unternehmen innerhalb der Insolvenz derart an Wert einbüßt, dass die vollständige Erfüllbarkeit der Forderungen der Gläubiger selbst durch eine Veräußerung des Unternehmens zu Fortführungswerten nicht mehr gewährleistet ist. § 64 Satz 3 GmbHG trägt dafür Sorge, dass die Sicherungsinteressen der Fremdkapitalgeber nicht nur hinsichtlich der Erhaltung einer bestimmten Kapitalmasse vorrangig sind, sondern auch hinsichtlich der Erhaltung einer liquiden Kapitalstruktur dieser Masse. Die Interessen der Eigenkapitalgeber müssen daher auch dann gegenüber den Sicherungsinteressen der Fremdkapitalgeber zurücktreten, wenn diese Interessen zwar nicht in quantitativer Hinsicht durch eine Verringerung der Haftungsmasse jedoch in qualitativer Hinsicht durch eine Veränderung der Struktur der Haftungsmasse gefährdet werden. Denn aufgrund einer Insolvenzantragstellung und der damit verbundenen indirekten Insolvenzkosten kann die Veränderung der Haftungsmasse eine Verringerung derselben nach sich ziehen.

Der Vorschrift des § 64 Satz 3 GmbHG ist folglich zu entnehmen, dass die Eigenkapitalgeber bei Gewährung ihrer Kapitalform zugleich ein Versprechen dahingehend abgeben, die Vorrangstellung der Gläubiger auch insoweit anzuerkennen, als dass sie nicht einmal eine Veränderung der Struktur der Haftungsmasse zu ihren Gunsten vornehmen (lassen), sofern dies die Interessen der Gläubiger gefährden könnte, was insbesondere dann der Fall ist, wenn die Veränderung eine zur Zahlungsunfähigkeit führende Illiquidität nach sich zieht und in der nachfolgenden Insolvenz ein erheblicher Wertverlust des Unternehmens eintritt. Dieses Versprechen hat der Geschäftsführer bei seinen unternehmerischen Entscheidungen zu berücksichtigen. Dies stellt § 64 Satz 3 GmbHG klar.

646 D.h. auch noch nach Einführung des ESUG.

(bb) § 92 Abs. 2 Satz 3 AktG

§ 92 Abs. 2 Satz 3 AktG ist ebenso wie § 64 Satz 3 GmbHG als Schutz des Versprechens der Eigenkapitalgeber zu begreifen, die Interessen der Fremdkapitalgeber bereits außerhalb einer Insolvenz, d.h. zeitlich vor deren Beeinträchtigung, dadurch zu sichern, dass sie den bestehenden Haftungsfonds auch in qualitativer, struktureller Hinsicht unangetastet lassen.

Gem. § 93 Abs. 2 Satz 3 AktG ist es dem Vorstand einer Aktiengesellschaft untersagt, Zahlungen an Aktionäre zu leisten, soweit diese zur Zahlungsunfähigkeit der Gesellschaft führen mussten, es sei denn, dies war auch bei Beachtung der in § 93 Abs. 1 Satz 1 AktG bezeichneten Sorgfalt nicht erkennbar. Die Vorschrift des § 92 Abs. 2 Satz 3 AktG, die durch das MoMiG eingeführt wurde, verlagert das schon bisher in § 92 Abs. 2 Satz 1 AktG enthaltene Zahlungsverbot zeitlich nach vorne[647], begründet ein neues Insolvenzverursachungsverbot[648] und soll ausweislich der Gesetzesmaterialien Lücken im Bereich des Schutzes der Gesellschaftsgläubiger vor Vermögensverschiebungen zwischen Gesellschaft und Aktionären schließen, die trotz des allgemeinen Verbots der Einlagenrückgewähr nach § 57 Abs. 1 Satz 1 AktG auch im Aktienrecht entstehen können.[649] Dies sind vor allem Zahlungen, die das bilanzielle Vermögen unangetastet lassen, aber durch Liquiditätsentzug zur Zahlungsunfähigkeit der Gesellschaft führen können.[650] § 92 Abs. 2 Satz 3 AktG übernehme daher im Rahmen seines Anwendungsbereichs die Funktion eines Liquiditätsschutzes[651] und weise damit Parallelen zum sog. Solvenztest[652] angelsächsischer Prägung auf. Vereinzelt wird sogar eine vorsichtige Neuorientierung

647 MünchKommAktG-*Spindler* § 92 Rn. 38; KölnKommAktG-*Mertens/Cahn* Rn. 38; Spindler/Stilz/*Fleischer* AktG § 92 Rn. 38; *Cahn* Der Konzern 2010, 7, 8; für die GmbH Baumbach/Hueck/*Haas* § 64 Rn. 2; *Böcker/Poertzgen* WM 2007, 1203, 1205; MünchKommGmbHG-*H. F. Müller* § 64 Rn. 154; Lutter/Hommelhoff/*Kleindiek* § 64 GmbHG Rn. 20; U/H/W/*Casper* GmbHG § 64 Rn. 102.

648 *Cahn* Der Konzern 2010, 7, 8; KölnKommAktG-*Mertens/Cahn* Rn. 38; Spindler/Stilz/*Fleischer* AktG § 92 Rn. 38.

649 Begr. RegE MoMiG BT-Drucks 16/6140 S 52; zustimmend Baumbach/Hueck/*Haas* GmbHG § 64 Rn. 2; MünchKommAktG-*Spindler* § 92 Rn. 70; Spindler/Stilz/*Fleischer* AktG § 92 Rn. 38.

650 *Cahn* Der Konzern 2010, 7, 14; *Hirte* NZG 2008, 761, 765; KölnKommAktG-*Mertens/Cahn* § 92 Rn. 59; Spindler/Stilz/*Fleischer* § 92 Rn. 38.

651 *Cahn* Der Konzern 2010, 7, 8; *Fleischer* NJW 2009, 2337, 2341; KölnKommAktG-*Mertens/Cahn* § 92 Rn. 59; Spindler/Stilz/*Fleischer* § 92 Rn. 38; *Wicke* GmbHG § 64 Rn. 25; allgemein dazu *Röhricht*, FS 50 Jahre BGH, 2000, S 83, 94; *Schön* ZHR 168 (2004) 268, 285 f.

652 Begr. RegE MoMiG BT-Drucks 16/6140 S. 46 zu § 64 Satz 3 GmbHG; Spindler/Stilz/*Fleischer* § 92 Rn. 38; *Fleischer* NJW 2009, 2337, 2341; *Knof* DStR 2007, 1536, 1537; *Seibert* ZIP 2006, 1157, 1167; MünchKommAktG-*Spindler* Rn. 70; *Wicke* GmbHG § 64 Rn. 25; kritisch zum Nebeneinander von Kapitalerhaltungsregeln und Solvenztest *Greulich/Rau* NZG 2008, 284, 286.

des Kapitalgesellschaftsrechts vom präventiv bilanzorientierten zum solvenzbasierten Gläubigerschutz ausgemacht.[653] Zugleich bilde § 92 Abs. 2 Satz 3 AktG ein Gegengewicht zu den Auflockerungen der aktienrechtlichen Vermögensbindung in §§ 57 Abs. 1 Satz 3, 71 a Abs. 1 Satz 3 AktG.[654] Darüber hinaus ergänze § 92 Abs. 2 Satz 3 AktG die sog. Existenzvernichtungshaftung des BGH[655], indem er die „Gehilfenhaftung" des Vorstands bei existenzvernichtendem Liquiditätsentzug zugunsten der Gesellschafter kodifiziere.[656]

Das Insolvenzverursachungsverbot als Flankenschutz der bilanzorientierten Vermögensbindung in § 57 Abs. 1 Satz 1 AktG[657] ist ebenso wie die Parallelvorschrift[658] des § 64 Satz 3 GmbHG Ausfluss des allgemeinen Prinzips, dass die Sicherungsinteressen der Fremdkapitalgeber in einer Kapitalgesellschaft auch außerhalb eines Insolvenzverfahrens vor den Eigenkapitalgeberinteressen zu berücksichtigen sind. Denn wie § 64 Satz 3 GmbHG untersagt auch § 92 Abs. 2 Satz 3 AktG lediglich den Liquiditätsentzug zugunsten der Eigenkapitalgeber, nicht jedoch zugunsten Dritter. Durch § 92 Abs. 2 Satz 3 AktG wird also nicht generell der zur Zahlungsunfähigkeit führende Entzug von Liquidität verboten, sondern vielmehr nur klargestellt, dass ein Liquiditätsentzug zugunsten der Eigenkapitalgeber erst erfolgen darf, wenn die Sicherungsinteressen der Gläubiger nicht mehr akut in Gefahr sind. Ebenso wie die Eigenkapitalgeber einer GmbH versprechen also auch die Aktionäre einer AG bei Gewährung des Eigenkapitals, die Vermögens- und Kapitalstruktur nicht derart zu verändern, dass sie zu einer wertevernichtenden Insolvenz (aufgrund indirekter Insolvenzkosten!) führt, die die Sicherungsinteressen der Fremdkapitalgeber am Rückerhalt ihres Kapitals massiv beeinträchtigen kann. § 92 Abs. 2 Satz 3 AktG ist daher letzten Endes nur eine Klarstellung des allgemeinen Prinzips, dass die Interessen der Eigenkapitalgeber in einer Aktiengesellschaft erst dann Berücksichtigung finden dürfen, wenn die Sicherungsinteressen

---

653 In diesem Sinne *Greulich/Rau* NZG 2008, 284, 286; Spindler/Stilz/*Fleischer* § 92 Rn. 41; zustimmend *Niesert/Hohler* NZI 2009, 345, 349; fragend auch MünchKommAktG-*Spindler* Rn. 70.

654 *Cahn* Der Konzern 2010, 7, 15; KölnKommAktG-*Mertens/Cahn* § 92 Rn. 61; Spindler/Stilz/*Fleischer* § 92 Rn. 38.

655 Vgl. BGHZ 173, 246 – Trihotel; Spindler/Stilz/*Fleischer* § 92 Rn. 38.

656 Vgl. Begr. RegE MoMiG BT-Drucks 16/6140 S. 46 zu § 64 Satz 3 GmbHG; *Knof* DStR 2007, 1536, 1537; Lutter/Hommelhoff/*Kleindieck* GmbHG § 64 Rn. 21; KölnKommAktG-*Mertens/Cahn* § 92 Rn. 60; Spindler/Stilz/*Fleischer* § 92 Rn. 38; MünchKommAktG-*Spindler* § 92 Rn. 70; *Thümmel/Burkhardt* AG 2009, 885,886.

657 Vgl. DAV Handelsrechtsausschuss NZG 2007, 211, 218; *Eidenmüller* ZGR 2007, 168, 190 ff.; *Gehrlein* Der Konzern 2007, 771, 794 ff.; *Hölzle* GmbHR 2007, 729, 731; *Kleindiek*, FS K. Schmidt, 2009, S 893, 907; KölnKommAktG-*Mertens/Cahn* § 92 Rn. 38; MünchKommAktG-*Spindler* § 92 Rn. 70; Spindler/Stilz/*Fleischer* AktG § 92 Rn. 39; *Schall*, Kapitalgesellschaftsrechtlicher Gläubigerschutz, 2009, S 188 ff.; *Thümmel/Burkhardt* AG 2009, 885,890 f.

658 Spindler/Stilz/*Fleischer* § 92 Rn. 40,3.

der vorrangigen Fremdkapitalgeber vollständig befriedigt sind. Da der Vorstand als Treuhänder des gesamten Kapitals, einschließlich des Fremdkapitals, mithin als Treuhänder auch aller Kapitalgeber bereits nach § 93 Abs. 1 AktG sein unternehmerisches Handeln primär an den Sicherungsinteressen der Fremdkaptalgeber zu orientieren hat, ist in § 92 Abs. 2 Satz 3 AktG lediglich eine Klarstellung und Konkretisierung dieser Handlungspflicht des Vorstands zu sehen. § 92 Abs. 2 Satz 3 AktG wird deshalb, weil sich die Pflicht, sich vor allem in Insolvenznähe vorrangig an den Gläubigerinteressen zu orientieren[659], bereits aus der allgemeinen Handlungs- und Sanierungspflicht des Vorstands ergebe, auch als überflüssig angesehen. Insolvenzverursachende Ausschüttungen würden schon von der allgemeinen Organhaftung erfasst werden.[660]

Dem ist nur teilweise zuzustimmen. Da aufgrund der privatautonomen Entscheidung der Kapitalgeber für eine bestimmte Kapitalgattung – die untrennbar mit dem Versprechen einhergeht, die Kapitalinteressen entsprechend der Chancen- und Risikoverteilung, die der jeweils investierten Kapitalgattung immanent ist, zu respektieren – in Kapitalgesellschaften das allgemeine Prinzip vorherrscht, dass die Wertsteigerungsinteressen der nachrangigen Kapitalgeber nicht vor der vollständigen Befriedigung der Sicherungsinteressen der vorrangigen Kapitalgeber verfolgt werden dürfen (*Absolute Priority Rule*), ist letztlich auch das gesamte Kapitalerhaltungsrecht Ausfluss dieses Prinzips. Nicht nur die kapitalerhaltungsrechtlichen Normen des AktG, sondern auch diejenigen des GmbHG wären folglich ebenfalls überflüssig. Eine Rückzahlung verbotswidrig ausgezahlten Kapitals lässt sich nämlich – wie oben gesehen – ebenso aus diesem allgemeinen Prinzip, dass der Vorstand stets die nach der *Absolute Priority Rule* abgestuften Kapitalinteressen aller Kapitalgeber bei seinem Handeln zu berücksichtigen hat, herleiten. Vor dem Hintergrund der persönlichen Haftung des Vorstands sind allein schon aus Rechtssicherheitsgesichtspunkten Konkretisierungen und Klarstellungen geboten und begrüßenswert.

---

659 Aus dem Zusammenspiel der Einzelpflichten des § 92 AktG (Verlustanzeigepflicht (Abs. 1), generelles Zahlungsverbot nach Insolvenzreife (Abs. 2 Satz 1), Verbot der Zahlungen an Aktionäre (Abs. 2 Satz 3) sowie aus der jetzt rechtsformneutral in § 15a InsO (§ 92 Abs. 2 a.F.) geregelten Insolvenzantragspflicht ergebe sich die Kardinalpflicht des Vorstands zur beständigen Prüfung der Vermögens- und Finanzlage der Gesellschaft, die mit fortschreitender Krise an Intensität zunehme und nach Insolvenzreife in eine Massesicherungspflicht übergehe. Siehe hierzu Spindler/Stilz/*Fleischer* § 92 Rn. 1. Diese Einzelpflichten und folglich auch die Kardinalpflicht bestehen jedoch angesichts der Schutzrichtungen vornehmlich im Sicherungsinteresse der Gläubiger und weniger im Wertsteigerungsinteresse der Aktionäre.

660 So *Altmeppen*, FS Hüffer, 2010, S. 1, 2 ff.; *Roth/Altmeppen* GmbHG § 64 Rn. 61 ff.; gegen ihn aber *Thümmel/Burkhardt* AG 2009, 875,891.

(4) § 302 AktG

Die konzernrechtliche Verlustausgleichspflicht aus § 302 AktG könnte weiterer Beleg dafür sein, dass die Kapitalinteressen der Eigenkapitalgeber auch außerhalb eines Insolvenzverfahrens hinter diejenigen der Fremdkapitalgeber zurücktreten.

(aa) Funktion

Nach § 302 AktG hat bei Bestehen eines Beherrschungs- oder eines Gewinnabführungsvertrages der andere Vertragsteil jeden während der Vertragsdauer sonst entstehenden Jahresfehlbetrag auszugleichen, soweit dieser nicht dadurch ausgeglichen wird, dass den anderen Gewinnrücklagen Beträge entnommen werden, die während der Vertragsdauer in sie eingestellt worden sind. § 302 AktG begründet vor allem während der Laufzeit eines Beherrschungs- oder Gewinnabführungsvertrages mit einer AG oder KGaA eine mittelbare Haftung des herrschenden Unternehmens für die Verbindlichkeiten der abhängigen Gesellschaft.[661] Der Normzweck des § 302 AktG und der Rechtsgrund für die Verpflichtung des herrschenden Unternehmens zur Verlustübernahme werden zwar unterschiedlich beurteilt.[662] Bei den Gewinnabführungsverträgen wird jedoch meist der Umstand in den Vordergrund gerückt, dass die Gesellschaft infolge der Verpflichtung zur Abführung ihres gesamten Gewinnes (§ 291 Abs. 1 S. 1 AktG) über den Rahmen des § 300 AktG hinaus zu keiner Rücklagenbildung mehr in der Lage ist, so dass schon deshalb im Interesse des gebotenen Gläubigerschutzes eine Verlustausgleichspflicht des berechtigten Teils unabdingbar erscheint.[663]

Die Rechtsprechung betont heute vor allem den Umstand, dass für Vertragskonzerne ebenso wie für Eingliederungskonzerne das Versagen des gesetzlichen Systems der Kapitalerhaltung kennzeichnend ist (§§ 57 Abs. 1 S. 3, 291 Abs. 3, 323 Abs. 2 AktG, § 30 Abs. 1 S. 2 GmbHG).[664] Mit der Verlustausgleichspflicht sei jedoch nicht ein Ersatz für die Aufhebung der Kapitalbindung im Vertrags- und Eingliederungskonzern bezweckt, § 302 AktG habe vielmehr davon unabhängig ein eigenständiges System des Gläubigerschutzes im Vertragskonzern geschaffen.[665] Die RegBegr. bezeichnet als Zweck der gesetzlichen Vorschrift, „den Kreis der Verträge, die eine Pflicht zur Verlustübernahme auslösen, schärfer zu umschreiben

661 Emmerich/Habersack/*Emmerich*, Aktien- und GmbH-Konzernrecht, § 302 AktG Rn. 1.

662 Emmerich/Habersack/*Emmerich*, Aktien- und GmbH-Konzernrecht, § 302 AktG Rn. 16.

663 K. Schmidt/Lutter/*Stephan* § 302 Rn. 7; Spindler/Stilz/*Veil* § 302 Rn. 6; Emmerich/Habersack/*Emmerich*, Aktien- und GmbH-Konzernrecht, § 302 AktG Rn. 16.

664 BGHZ 168, 285, 288 f. Rn. 8 = NJW 2006, 3279 = AG 2006, 629, 630 = NZG 2006, 664; Emmerich/Habersack/*Emmerich*, Aktien- und GmbH-Konzernrecht, § 302 AktG Rn. 17.

665 BGHZ 168, 285, 288 ff. Rn. 8 ff. = NJW 2006, 3279 = AG 2006, 629, 630; Emmerich/Habersack/*Emmerich*, Aktien- und GmbH-Konzernrecht, § 302 AktG Rn. 17.

(Abs. 1 und 2), den zu übernehmenden Verlust zu bestimmen (Abs. 1 und 2) und Verzichte der Gesellschaft auf den – auch im Interesse ihrer Gläubiger bestehenden – Anspruch auf Verlustübernahme nur unter besonderen Voraussetzungen zuzulassen (Abs. 3)".[666] Die Verlustübernahme stelle daher neben den §§ 300, 301 AktG die wichtigste Sicherung der Gesellschaft und ihrer Gläubiger gegen den Verlust ihrer bilanzmäßigen Vermögenssubstanz dar.[667] Während der Dauer der Verträge verhindere sie eine Überschuldung der Gesellschaft.[668] Den Gläubigern der Gesellschaft gegenüber führe die Verlustübernahme zu einer mittelbaren Haftung des anderen Vertragsteils, sie können den Anspruch der Gesellschaft auf Ausgleich pfänden und sich überweisen lassen.[669] Die Regelung des § 302 AktG ist auf Grund ihres Schutzzwecks in allen ihren Teilen zwingend, sie kann nicht durch vertragliche Vereinbarung abgeändert werden.[670]

(bb) § 302 AktG als konzernrechtlicher Ausfluss der Absolute Priority Rule

§ 302 AktG richtet sich grundsätzlich an die Eigenkapitalgeber des abhängigen Unternehmens. Sie werden verpflichtet, einen etwaigen Jahresfehlbetrag bei diesem auszugleichen. Fraglich ist, ob § 302 AktG deshalb ebenso wie die Kapitalerhaltungsregeln der §§ 57 AktG, 30 GmbHG Ausfluss der *Absolute Priority Rule* ist. Weiter fragt sich, ob die Eigenkapitalgeber auch in einem (Vertrags-)Konzern die vorrangige Berücksichtigung der Fremdkapitalgeberinteressen garantieren oder ob sich in Konzernkonstellationen die Kapitalgeber des Konzernverbundes einer anderen Befriedigungsrangfolge unterwerfen und § 302 AktG daher eine andere Wertung zu entnehmen ist. Möglicherweise hat ein Konzernvorstand sein unternehmerisches Handeln an anderen Maximen auszurichten. Denn bei Vorliegen eines Unternehmensvertrages i.S.d. § 291 AktG können die Eigenkapitalgeber aufgrund der Nichtgeltung des Auszahlungsverbotes durch das vollständige Abführen von Gewinn beim abhängigen Unternehmen ihre Wertsteigerungsinteressen zunächst vor den Sicherungsinteressen der Fremdkapitalgeber des abhängigen Unternehmens befriedigen und daher deren Interessen hinsichtlich der vollständigen Rückzahlung ihres eingesetzten Fremdkapitals substantiell gefährden. Denn der Verlustausgleichsanspruch des § 302 AktG entsteht im Gegensatz zum Anspruch aus den §§ 57, 62 AktG nicht sofort, sondern nach h.M. erst zum Bilanzstichtag.[671]

---

666 Siehe RegBegr. *Kropff* S. 390 f.; MünchKommAktG-*Altmeppen* § 302 Rn. 1.

667 MünchKommAktG-*Altmeppen* § 302 Rn. 2.

668 MünchKommAktG-*Altmeppen* § 302 Rn. 2.

669 MünchKommAktG-*Altmeppen* § 302 Rn. 2.

670 KölnKommAktG-*Koppensteiner* § 302 Rn. 15; *Hüffer Aktiengesetz* § 302 Rn. 1; Spindler/Stilz/*Veil* § 302 Rn. 3; MünchKommAktG-*Altmeppen* § 302 Rn. 3.

671 BGHZ 142, 382, 384 f. = NJW 2000, 210 = DB 1999, 2457; BGH ZIP 2005, 854, 855 = AG 2005, 397; OLG Dresden ZIP 2006, 1773, 1775 = AG 2006, 672; *Hüffer*

Eine vorrangige Berücksichtigung von Eigenkapitalgeberinteressen erscheint bei Bestehen eines (Vertrags-)Konzerns zumindest auf den ersten Blick gerechtfertigt, denn von einer rein wirtschaftlichen Warte aus betrachtet, stellt ein Konzern häufig eine ökonomische Einheit dar, die von einer Konzernobergesellschaft gelenkt wird und der es möglich sein muss, ihr Kapital dort bereit zu stellen und einzusetzen, wo es am dringendsten benötigt wird. Daher scheint es unter ökonomischen Effizienzgesichtspunkten – man denke an konzernweite *Cash Pooling*-Systeme – gerechtfertigt, wenn Kapital im Rahmen eines Gewinnabführungsvertrages vollständig aus einer abhängigen Tochtergesellschaft abgezogen wird, um es an anderer Stelle im Konzern zu verwenden. Schließlich haben auch die Gläubiger und Fremdkapitalgeber der abhängigen Tochtergesellschaft ein Interesse an einem effizient wirtschaftenden und funktionierenden Gesamtkonzern.

Nähme man einen solchen Standpunkt uneingeschränkt ein, würde man jedoch verkennen, dass spätestens ab Eröffnung eines Insolvenzverfahrens die ökonomische Einheit des Konzerns durchbrochen wird, da nur die einzelnen Rechtsträger des Konzernverbundes insolvenzfähig sind, vgl. § 11 InsO, nicht jedoch der Konzern selbst. Ein materielles Konzerninsolvenzrecht im Sinne einer *Substantive Consolidation*[672] nach U.S.-amerikanischem Recht existiert in Deutschland *de lege lata* nicht noch lässt sich ein konsolidierendes Insolvenzverfahren über die

---

Aktiengesetz § 302 Rn. 15; Emmerich/Habersack/*Emmerich*, Aktien- und GmbH-Konzernrecht § 302 AktG Rn. 40; KölnKommAktG-*Koppensteiner* § 302 Rn. 52; MünchKommAktG-*Altmeppen* § 302 Rn. 69; Spindler/Stilz/*Veil* § 302 Rn. 20; GroßkommAktG-*Hirte* § 302 Rn. 36; *Kleindiek* ZGR 2001, 479, 485 ff.; *Lwowski/Groeschke* WM 1994, 613, 614; *Meister* WM 1976, 1182, 1183; *K. Schmidt* ZGR 1983, 513, 521; *Schatz*, Die Sicherung des Gesellschaftsvermögens, S. 127; *Krieger*, Münchener Handbuch der AG, § 70 Rn. 74; *K.* Schmidt/Lutter/*Stephan* § 302 Rn. 41; *Eschenbruch* Konzernhaftung Rn. 3019; a.A. wohl OLG Schleswig AG 1988, 382 = ZIP 1987, 1448. Ebenso sind nach BGH Fälligkeit und Höhe des Verlustausgleichsanspruches bereits auf den Abrechnungsstichtag zu beziehen, der i.d.R mit dem Bilanzstichtag übereinstimmt, BGHZ 142, 382, 385 f. = NJW 2000, 210 = DB 1999, 2457; bestätigt durch BGH ZIP 2005, 854, 855 = AG 2005, 397; näher dazu *Altmeppen* DB 1999, 2453 sowie MünchKommAktG-*Altmeppen* § 302 Rn. 70. Allerdings kann nach MünchKommAktG-*Altmeppen* § 302 Rn. 71 und *Altmeppen* DB 1999, 2453, 2455 f. schon während des laufenden Geschäftsjahres ein Anspruch auf Abschlagszahlungen bestehen, wenn die abhängige Gesellschaft anderenfalls nicht mehr lebensfähig wäre. Dies deshalb, weil sich aus dem Sinn der Verlustausgleichspflicht eine garantieartige Verpflichtung des herrschenden Unternehmens ergebe, das Überleben der abhängigen Gesellschaft während der Dauer des Vertrages zu gewährleisten und ggf. auch den Insolvenzgrund der Zahlungsunfähigkeit zu beseitigen.

672 Vgl. Sampsell v. Imperial Paper & Color Corp., 313 U.S. 215 (1941); Chemical Bank New York Trust Co. v. Kheel, 396 F.2 d 845 (2 d Cir. 1996).

Unternehmensgruppe *in toto* verwirklichen.[673] Würde man nun zulassen, dass das herrschende Unternehmen ohne Verlustausgleichspflicht dem abhängigen Unternehmen vollständig das Kapital entziehen könnte, wären die Gläubiger des abhängigen Unternehmens im Falle dessen Insolvenz der kompletten Haftungsmasse beraubt und würden leer ausgehen. Die Eigenkapitalgeberin der Tochtergesellschaft, d.h. die Muttergesellschaft, könnte jedoch bei Insolvenz der Tochter durchaus noch über Haftungsmasse verfügen, die jedoch ihren eigenen Gläubigern und Gesellschaftern vorbehalten wäre und nicht gleichmäßig allen Gläubigern der ökonomischen Einheit des Konzerns zur Verfügung stehen würde. Da es kein materielles Konzernrecht in Deutschland gibt, die ökonomische Einheit Konzern – wie stark sie im Einzelfall auch immer ausgeprägt sein mag – spätestens ab Insolvenzeröffnung durchbrochen wird, wäre jede andere Annahme als diejenige, dass auch die Kapitalgeber eines Konzerns sich der *Absolute Priority Rule* unterwerfen fernliegend. § 302 AktG hat daher vornehmlich den Zweck, im Konzernverbund das Vorrangversprechen der Eigenkapitalgeber zu schützen. Da jedoch zugleich außerhalb der Insolvenz der ökonomischen Einheit (Vertrags-)Konzern Rechnung zu tragen ist, ist der Schutz weniger stark ausgeprägt – der Anspruch entsteht nicht sofort – als außerhalb eines Konzernverbunds. Ohne die Verlustausgleichspflicht des § 302 AktG bestünde mithin die Gefahr, dass die grundlegende Rangfolge, dass die Interessen der Eigenkapitalgeber erst dann berücksichtigt werden dürfen, wenn die vorrangigen Fremdkapitalgeberinteressen vollständig gesichert sind, im Konzern unterlaufen werden würde, da die Kapitalerhaltungsregeln aufgrund der Ermöglichung der Bildung einer ökonomischen Einheit dort gerade nicht gelten, vgl. §§ 57 Abs. 1 S. 3, 291 Abs. 3, 323 Abs. 2. AktG. § 302 AktG ist daher konzernrechtlicher Ausfluss des allgemeinen und insbesondere auch vorinsolvenzlichen Vorrangs der Fremd- gegenüber den Eigenkapitalgeberinteressen.

(cc) Auswirkung in Restrukturierungssituationen

Dies hat zur Folge, dass bei Bestehen eines Unternehmensvertrages die von § 302 AktG geschützte Befriedigungsrangfolge (*Absolute Priority Rule*) gerade auch in Restrukturierungssituationen vom Vorstand der Tochtergesellschaft zu berücksichtigen ist. Wird daher eine Restrukturierungsvereinbarung mit der Tochtergesellschaft als abhängigem Unternehmen geschlossen – Restrukturierungsvereinbarungen können im Gegensatz zu einem Insolvenzplan die gesamte Unternehmensgruppe umfassen –, hat dessen Vorstand darauf zu achten, dass für die Einhaltung der Rangfolge der Mutter- bzw. Holdinggesellschaft als Gesellschafterin höhere Restrukturierungsbeiträge abverlangt werden als den Fremdkapitalgebern des abhängigen Unternehmens. Andernfalls wird der *Absolute Priority Rule*

673 *K. Schmidt* KTS 2010 1, 13, *Ehricke*, Kölner Schrift zur Insolvenzordnung, Kapitel 32 Rn. 9 ff.; *Eidenmüller*, Finanzkrise, Wirtschaftskrise und das deutsche Insolvenzrecht (2009), S. 40 ff.; *Rotstegge*, Konzerninsolvenz (2007), S. 148 f.

nicht entsprochen. Im Rahmen einer *Debt to Equity Conversion* hat der Vorstand der Tochtergesellschaft daher gegebenenfalls darauf hinzuwirken, dass die Holdinggesellschaft zugunsten der Gläubiger des abhängigen Unternehmens einem Kapitalschnitt mit der Folge des (vollständigen) „Verlustes" ihrer Beteiligung an der Tochtergesellschaft zustimmt, sofern nur dadurch den vorrangigen Interessen der Gläubiger des abhängigen Unternehmens entsprochen, d.h. deren Verbindlichkeiten wertmäßig gedeckt werden können. Alternativ kann die Holdinggesellschaft den Sicherungsinteressen der Fremdkapitalgeber der Tochtergesellschaft beispielsweise auch dadurch nachkommen, dass in der Restrukturierungsvereinbarung Ausgleichszahlungen an die Gläubiger des abhängigen Unternehmens festgelegt werden. Eine weitere Möglichkeit, die *Absolute Priority Rule* in Restrukturierungssituationen umzusetzen, besteht darin, dass die Holdinggesellschaft die Erlöse eines von ihr aufgenommenen Darlehens (gegebenenfalls auch die Erlöse aus von ihr oder einer weiteren Gruppengesellschaft[674] emittierten Anleihen) als Gesellschafterdarlehen an das abhängige Unternehmen weiterreicht (*Downstream Loan*[675])[676], um so dort die Kapitalstruktur zugunsten der Fremdkapitalgeber wiederherzustellen. Dies kann auch mittels einer bei der Tochtergesellschaft durchzuführenden und vorab in der Restrukturierungsvereinbarung festzulegenden Kapitalerhöhung geschehen.

Den Vorstand der Tochtergesellschaft trifft mithin die Pflicht, darauf hinzuwirken, dass eine Restrukturierungsvereinbarung unter Teilnahme der Tochtergesellschaft abgeschlossen wird, die die Sanierungsbeiträge entsprechend der *Absolute Priority Rule* festlegt. Hierfür hat er dann im Rahmen seiner rechtlichen und tatsächlichen Möglichkeiten auf die Organe der Holdinggesellschaft einzuwirken. Solange die Sicherungsinteressen der Fremdkapitalgeber der Tochtergesellschaft nicht vollständig gedeckt sind, ist es ihm aufgrund der *Absolute Priority Rule* ebenso gestattet, Weisungen der Holdinggesellschaft aufgrund eines Beherrschungsvertrages nicht zu befolgen. Die Sicherungsinteressen der Gläubiger der Tochtergesellschaft gehen auch insoweit den (Eigenkapitalgeber-)Interessen der Muttergesellschaft an einer Befolgung ihrer Weisungen vor.

Darüber hinaus lässt sich aus § 302 AktG die Pflicht der Holdinggesellschaft herleiten, einer Restrukturierungsvereinbarung zuzustimmen, die die *Absolute Priority Rule* widerspiegelt und sie verpflichtet, zugunsten der Gläubiger des abhängigen Unternehmens Sanierungsbeiträge zu leisten. Diese Sanierungsbeiträge können etwa in der Verpflichtung zur Durchführung eines *Debt to Equity Swap* bei der Tochtergesellschaft unter teilweisem oder vollständigem Ausschluss ihres gesetzlichen Bezugsrechts liegen, möglicherweise auch in der Verpflichtung

674 Die emittierende Gesellschaft ist häufig eine Zweckgesellschaft nach Luxemburger Recht oder holländischem Recht.

675 Dieses wird in der Insolvenz der Tochtergesellschaft regelmäßig aufgrund § 39 Abs. 1 Nr. 5 InsO nachrangig sein.

676 Ggf. als sog. Profit Participation Loan (PPL).

zur Übertragung ihrer Anteile an der Tochtergesellschaft auf deren Gläubiger (*Debt to Asset Swap*)[677]. Denn § 302 AktG ist Ausdruck des allgemeinen Versprechens der Eigenkapitalgeber des abhängigen Unternehmens, diesem die durch die Entziehung von Kapital entstandenen Nachteile auszugleichen, mithin das Versprechen, die Nachteile, die für die Sicherungsinteressen der Gläubiger aufgrund der vorrangigen Befriedigung der eigenen Wertsteigerungsinteressen entstanden sind, zu kompensieren. Kann die Holdinggesellschaft als Eigenkapitalgeberin des abhängigen Unternehmens diesem Versprechen nur dadurch nachkommen, dass sie die Gläubiger der Tochtergesellschaft im Rahmen eines *Debt to Equity Swap* oder eines *Debt to Asset Swap* an deren Eigenkapital teilhaben lässt, weil sie etwa selbst nicht mehr über ausreichend Kapital verfügt, um es der Tochtergesellschaft zur Verfügung zu stellen, oder dadurch dass sie die Gläubiger der Tochtergesellschaft gar an ihrem eigenen Eigenkapital (ggf. ebenso mittels einer *Debt to Equity Conversion*) partizipieren lässt, dann ist der Ausgleichsanspruch der Tochtergesellschaft aus § 302 AktG auch darauf gerichtet.

(5) Existenzvernichtungshaftung

(aa) Absolute Priority Rule als Voraussetzung der Existenzvernichtungshaftung

Die durch Rechtsprechung und Literatur entwickelte Existenzvernichtungshaftung[678] ist ebenso Ausdruck der *Absolute Priority Rule*. Durch diese Haftung wird bestätigt, dass die Eigenkapitalgeber bei Kapitalgewährung nicht nur ein Versprechen dahingehend abgeben, dass ihre Interessen erst Berücksichtigung finden, sobald die Sicherungsinteressen der Fremdkapitalgeber vollständig befriedigt worden sind, sondern dass sie darüber hinaus dafür einstehen, bei Verletzung dieses Versprechens den Schaden, der den Fremdkapitalgebern durch die Gefährdung bzw. Beeinträchtigung ihrer Sicherungsinteressen durch die rangfolgenwidrige Verfolgung der Eigenkapitalgeberinteressen entstanden ist, auszugleichen. Die Existenzvernichtungshaftung geht über die sich aus den §§ 30, 31 GmbHG bzw. 57, 62 AktG ergebende Rückzahlungspflicht der Gesellschafter hinaus, indem durch sie – im Gegensatz zu den Kapitalerhaltungsregeln – auch Kollateralschäden erfasst werden[679], die den Fremdkapitalgebern dadurch entstehen, dass die Eigenkapitalgeber entgegen ihrem Versprechen zunächst ihre eigenen Interessen

---

677 Ein Debt to Asset Swap kann auch dadurch umgesetzt werden, dass nicht die Beteiligungen der Gesellschaft an ihren Tochtergesellschaften an die Gläubiger übertragen werden, sondern die Anteile der Holdinggesellschaft an ihr selbst.

678 BGH, Urteil v. 17.09.2001, BGHZ 149, 10, 16 f. = NJW 2001, 3622 – Bremer Vulkan; BGH, Urteil v. 24.06.2002, BGHZ 151, 181, 186 ff. = NJW 2002, 3024 – KBV; Henssler/Strohn/*Verse* Gesellschaftsrecht § 13 GmbHG Rn. 44 m.w.N.

679 Henssler/Strohn/*Verse* Gesellschaftsrecht § 13 GmbHG Rn. 44.

verfolgen. Die Existenzvernichtungshaftung ist insbesondere deshalb Ausfluss der *Absolute Priority Rule*, weil sie gerade die Verletzung der den Eigenkapitalgebern obliegenden Pflicht, zunächst die Sicherungsinteressen der Fremdkapitalgeber und dann erst ihre eigenen Wertsteigerungsinteressen zu verfolgen, voraussetzt. Dass die Existenzvernichtungshaftung Ausfluss der Festlegung einer Rangfolge zwischen Eigen- und Fremdkapitalgebern ist, ergibt sich schon daraus, dass sich der Anspruch aus der Existenzvernichtungshaftung zum einen gerade gegen die Eigenkapitalgeber richtet[680] und nicht gegen Gläubiger und sonstige Dritte, die der Gesellschaft Haftungssubstanz entziehen und damit die Sicherungsinteressen der (anderen) Fremdkapitalgeber gefährden und beeinträchtigen, und zum anderen – unabhängig davon, ob man die Existenzvernichtungshaftung als Innen- oder Außenhaftung einordnet[681] – gerade die Fremdkapitalgeber begünstigt.

Wenn schon die Regeln über die Kapitalerhaltung Ausdruck des Vorrangs von Fremd- gegenüber Eigenkapital (gerade auch außerhalb eines Insolvenzverfahrens!) sind, dann sie es diejenigen, die der Existenzvernichtungshaftung zugrunde liegen, erst recht. Denn die Existenzvernichtungshaftung ist eine Ergänzung im Sinne einer „Verlängerung" der Kapitalerhaltungsregeln[682], die dort bestehende Schutzlücken schließen soll.[683] Der Grundgedanke der Rechtsprechung des BGH zur Existenzvernichtungshaftung[684] bestehe darin, dass die Gesellschafter die Zweckbindung des Gesellschaftsvermögens zur vorrangigen Befriedigung der Gesellschaftsgläubiger zu respektieren haben und ihnen deshalb Zugriffe auf das Gesellschaftsvermögen verwehrt sein müssen, welche die aufgrund dieser Zweckbindung gebotene angemessene Rücksichtnahme auf die Erhaltung der Fähigkeit

680 Henssler/Strohn/*Verse* Gesellschaftsrecht § 13 GmbHG Rn. 62 m.w.N.

681 Henssler/Strohn/*Verse* Gesellschaftsrecht § 13 GmbHG Rn. 48 ff.

682 Während in den anfänglichen Entscheidungen des BGH wiederholt § 826 BGB als Rechtsgrundlage für die Existenzvernichtungshaftung herangezogen wurde (vgl. etwa BGH, Urteil v. 24.06.2002, BGHZ 151, 181, 185 = NJW 2002, 3024; BGH, Urteil v. 20.09.2004 = NJW 2005, 145) und noch als Außenhaftungstatbestand angesehen wurde, gestaltet die „Trihotel"-Entscheidung die Existenzvernichtungshaftung als Innenhaftung aus. Der BGH sieht darin die folgerichtige Verlängerung des ebenfalls auf eine Innenhaftung ausgerichteten Schutzsystems der §§ 30 f. GmbHG auf der Ebene des Deliktsrechts (BGH, Urteil v. 16.07.2007, BGHZ 173, 246 = NJW 2007, 2689 Rn. 33); siehe hierzu im Einzelnen Henssler/Strohn/*Verse* Gesellschaftsrecht § 13 GmbHG Rn. 47.

683 Zu diesen Schutzlücken siehe Henssler/Strohn/*Verse* Gesellschaftsrecht § 13 GmbHG Rn. 44.

684 BGH, Urteil v. 17.09.2001, BGHZ 149, 10, 16 f. = NJW 2001, 3622 – Bremer Vulkan; BGH, Urteil v. 24.06.2002, BGHZ 151, 181, 186 ff. = NJW 2002, 3024 – KBV; BGH, Urteil v. 16.07.2007, BGHZ 173, 246 = NJW 2007, 2689 – Trihotel; BGH, Urteil v. 28.04.2008, BGHZ 176, 204 = NJW 2008, 2437 – Gamma; BGH, Urteil v. 09.02.2009, BGHZ 179, 344 = NJW 2009, 2127 – Sanitary; BGH, Urteil v. 23.04.2012 = NZG 2012, 667 Rn. 13 ff.; BGH, Urteil v. 24.07.2012 = NZG 2012, 1069.

der Gesellschaft zur Bedienung ihrer Verbindlichkeiten vermissen lassen.[685] Das Schrifttum befürwortet ebenso wie der BGH eine Haftung der Gesellschafter wegen Existenzvernichtung[686] (bzw. Insolvenzverursachung und -vertiefung[687]) stützt diese jedoch nicht einheitlich auf die deliktische Rechtsgrundlage des § 826 BGB.[688] Ein Teil der Stimmen sieht den rechtlichen Grund der Existenzvernichtungshaftung richtigerweise in der Verletzung der mitgliedschaftlichen Sonderverbindung zwischen Gesellschafter und Gesellschaft. Nach diesen Stimmen resultiert die Existenzvernichtungshaftung aus der Verletzung einer aus der mitgliedschaftlichen Sonderverbindung abzuleitenden gläubigerschützenden Pflicht des Gesellschafters auf die Fähigkeit der Gesellschaft zur Gläubigerbefriedigung Rücksicht zu nehmen.[689]

Dieser Auffassung ist zuzustimmen. Denn eine mitgliedschaftliche Sonderverbindung[690] zwischen den Eigenkapitalgebern und der Gesellschaft entsteht gerade

685 Henssler/Strohn/*Verse* Gesellschaftsrecht § 13 GmbHG Rn. 46.

686 *Ulmer* ZHR 148 (1984) 391, 416 ff.; *M. Winter*, Treuebindungen, S. 202 ff.; Emmerich/Habersack/*Habersack* Anhang § 318 Rn. 33 m.w.N.; kritisch *Wazlawik* NZI 2009, 291, 292.

687 Henssler/Strohn/*Verse* Gesellschaftsrecht § 13 GmbHG Rn. 46.

688 Während Einzelne an dem ursprünglichen Konzept der Durchgriffshaftung festhalten wollen (*Lieder* DZWiR 2008, 145, 147 f.; Scholz/*Bitter* GmbHG § 13 Rn. 129, 156, 164), trifft die Einordnung als Fallgruppe des § 826 BGB mehrheitlich auf Zustimmung (*Paefgen* DB 2007, 1907, 1912; *Weller* ZIP 2007, 1681, 1683; *Dauner-Lieb* ZGR 2008, 34 ff.; schon vor „Trihotel" *Wagner*, FS Canaris, 2007, S. 473, 489 ff.), wobei allerdings die Ausgestaltung als Innen- statt als Außenhaftung verbreitet auf Kritik stößt. Wieder andere wollen in den Fällen einer „kalten Liquidation" der Gesellschaft auf eine bereits bei Fahrlässigkeit eingreifende Außenhaftung aus § 823 Abs. 2 BGB i.V.m § 73 Abs. 1 GmbHG analog zurückgreifen (*M. Schwab* ZIP 2008, 341, 345 ff.); siehe im Einzelnen Henssler/Strohn/*Verse* Gesellschaftsrecht § 13 GmbHG Rn. 48.

689 *K. Schmidt* NJW 2001, 3577, 3579 f.; *Ulmer* ZIP 2001, 2021, 2026 ff.; *Zöllner*, FS Konzen, 2006, S. 999, 1018 f., 1021; *Habersack* ZGR 2008, 533, 558; unter Rückgriff auf die Zweckförderungspflicht des Gesellschafters und eine daraus resultierende gläubigerschützende Pflicht zu „dezentraler Gewinnverfolgung" *Grigoleit*, Gesellschafterhaftung, S. 317 ff. Diese Stimmen gelangen zu einer Innenhaftung ggü. der GmbH aus § 280 Abs. 1 BGB und damit zu einer – durch den Ermessensspielraum bei unternehmerischen Entscheidungen abgemilderten (*Zöllner*, FS Konzen, 2006, S. 999, 1019 f.; *Grigoleit*, Gesellschafterhaftung, S. 386 ff.) – Haftung für einfache Fahrlässigkeit (§§ 280 Abs. 1 S. 2, 276 BGB; für bloße Vorsatzhaftung auch auf Grundlage des § 280 Abs. 1 BGB aber *Osterloh-Konrad* ZHR 172 (2008) 274, 295); ausführlich hierzu Henssler/Strohn/*Verse* Gesellschaftsrecht § 13 GmbHG Rn. 50.

690 Henssler/Strohn/*Verse* Gesellschaftsrecht § 13 GmbHG Rn. 50: „Nach dem in „Trihotel" vollzogenen Übergang zu einer Innenhaftung spricht mehr denn je dafür, von einer gläubigerschützenden Pflicht aus der mitgliedschaftlichen Sonderverbindung auszugehen. Wenn der BGH an eine Rücksichtnahmepflicht des Gesellschafters ggü. seiner GmbH anknüpft (BGH, Urteil v. 16.07.2007, BGHZ 173, 246 = NJW 2007, 2689 Rn. 25, bezeichnenderweise unter Bezugnahme auf *Zöllner*, FS Konzen, 2006, S. 999,

durch das gegenüber der Gesellschaft (aber auch gegenüber den Fremdkapitalgebern) abgegebene Versprechen der Eigenkapitalgeber, ihre Wertsteigerungsinteressen erst dann zu verfolgen bzw. durch die Geschäftsleitung verfolgen zu lassen, wenn die Sicherungsinteressen der Fremdkapitalgeber vollständig befriedigt sind (*Absolute Priority Rule*). Die Eigenkapitalgeber (und auch die sonstigen (nachrangigen) Kapitalgeber) haben sich bei der Gewährung ihrer jeweiligen Kapitalform einer Befriedigungsrangfolge unterworfen, die die Chancen- und Risikoverteilung der verschiedenen Kapitalgeberinstrumente abbildet. Daher haben sie zum einen die positive Pflicht, die vorrangigen Sicherungsinteressen der Fremdkapitalgeber dadurch zu gewährleisten, dass sie einen bestimmten „Eigenkapitalpuffer" bereitstellen, den sie im Falle der „Wegnahme" nach den §§ 30, 31 GmbHG bzw. 57, 62 AktG wieder einräumen müssen, zum anderen aber auch über diese Wiedereinräumungspflicht hinausgehend die Pflicht, bei Gefährdung und Beeinträchtigung der Sicherungsinteressen der Gläubiger durch rangfolgenwidrige Verfolgung ihrer eigenen Interessen einen der Gesellschaft und dadurch auch den Gläubigern entstehenden (Folge-)Schaden zu ersetzen.

Da sich eine moderne Unternehmensfinanzierung aus verschiedenen Kapitalinstrumenten zusammensetzt, die sowohl Eigen- und Fremdkapital als auch zu Hybriden beider Kapitalformen zusammengesetzte Instrumente beinhalten kann, geben nicht nur die Eigenkapitalgeber bei Kapitalgewährung ein Versprechen ab. Vielmehr unterwerfen sich alle Kapitalgeber einer Befriedigungsrangfolge dahingehend, dass die Interessen von nachrangigen Kapitalgebern erst dann berücksichtigt werden, wenn die vorrangigen vollständig befriedigt wurden. Nur auf diese Weise ist eine Koexistenz aller Kapitalformen im Rahmen einer Unternehmensfinanzierung möglich. Das Versprechen, sich einer *Absolute Priority Rule* zu unterwerfen, geben die Kapitalgeber dabei nicht nur gegenüber der Gesellschaft ab, sondern auch gerade untereinander, so dass eine Sonderverbindung unmittelbar auch zu den anderen Kapitalgebern entsteht, bei deren Verletzung die geschädigten Kapitalgeber konsequenterweise auch einen direkten Anspruch gegen die verletzenden Kapitalgeber haben, so dass im Ergebnis nach hier vertretener Auffassung nicht nur eine Existenzvernichtungshaftung der Eigenkapitalgeber im Innenverhältnis gegenüber der Gesellschaft, sondern auch im Außenverhältnis unmittelbar gegenüber den Fremdkapitalgebern bestehen kann. Der Schadensersatzanspruch ist dabei konsequenterweise nicht auf eine deliktsrechtliche Grundlage, sondern auf die §§ 280 Abs. 1, 249 BGB zu stützen.

1021, der diese Pflicht aus der mitgliedschaftlichen Sonderverbindung ableitet), ist schwer einzusehen, warum der Gesellschafter mit einem existenzvernichtenden Eingriff nicht jedenfalls auch eine Pflicht aus der mitgliedschaftlichen Sonderverbindung verletzt (*Gehrlein* WM 2008, 761, 767 f.; *Osterloh-Konrad* ZHR 172 (2008) 274, 290 ff.; *K. Schmidt* ZGR 2011, 108, 119 f.; *Vetter* BB 2007, 1965 f.; *Henzler,* Haftung der GmbH-Gesellschafter wegen Existenzvernichtung, 2009, S. 88 f.).

(bb) Auswirkung in Restrukturierungssituationen

Aus den Regeln über die Existenzvernichtungshaftung kann sich daher in Restrukturierungssituationen sowohl ein Anspruch der Gesellschaft als auch einer vorrangiger Kapitalgeber auf Zustimmung zu einer Restrukturierungsvereinbarung ergeben, die die vereinbarte Befriedigungsrangfolge abbildet. Denn aus der unmittelbaren mitgliedschaftlichen Sonderverbindung leitet sich nicht nur die negative Pflicht nachrangiger Kapitalgeber her, die Sicherungsinteressen vorrangiger Kapitalgeber nicht durch den Entzug von Kapital und Liquidität zu gefährden und zu beeinträchtigen, sondern auch die positive Pflicht, bei Verletzung dieser Unterlassungspflicht der Gesellschaft sowie den vorrangigen Kapitalgebern einen dadurch entstandenen Schaden zu ersetzen, wobei für das Vertretenmüssen nach 276 BGB einfache Fahrlässigkeit genügt. Nach den allgemeinen Regeln des Schadensersatzrechtes ist nach § 249 Abs. 1 BGB im Wege der Naturalrestitution derjenige Zustand herzustellen, der ohne das schädigende Ereignis bestünde. Erst wenn dies nicht möglich ist, kann eine Schadenskompensation in Geld verlangt werden, vgl. § 251 Abs. 1 BGB.

Haben es die nachrangigen Kapitalgeber, insbesondere die Eigenkapitalgeber, aufgrund der Verletzung ihres Versprechens, ihre Interessen erst dann zu verfolgen, wenn zunächst die Sicherungsinteressen der vorrangigen Kapitalgeber vollständig befriedigt sind, daher zugelassen, dass diese Interessen dadurch beeinträchtigt wurden, dass etwa eine bilanzielle Überschuldung bei der Gesellschaft eingetreten ist und deren Kapital dringend restrukturiert werden muss, dann sind sie aufgrund der Existenzvernichtungshaftung zur „Naturalrestitution" der in Mitleidenschaft gezogenen Kapitalstruktur, d.h. zur Restrukturierung derselben, verpflichtet. Ihnen obliegt es dann, eine Kapitalstruktur „herzustellen", die derjenigen eines sanierten Unternehmens i.S. eines IDW S6-Gutachtens entspricht. Denn die Kapitalverhältnisse eines sanierten Unternehmens schließen eine Gefährdung der Sicherungsinteressen vorrangiger Fremdkapitalgeber – zu deren Sicherung sind die Eigenkapitalgeber aus der mitgliedschaftlichen Sonderverbindung verpflichtet – regelmäßig aus.[691] Sie müssen jedoch aufgrund der Naturalrestitution nur denjenigen „Kapitalzustand" herstellen, der ohne Pflichtverletzung vorliegen würde. Sie haben also nur einen Sanierungsbeitrag zu leisten, der der Höhe des auf sie entfallenden Kapitalverlustes entspricht. Spiegelt daher eine Restrukturierungsvereinbarung diese von den Kapitalgebern, insbesondere den nachrangigen Eigenkapitalgebern, zu leistenden Restrukturierungsbeiträge exakt wider und ist durch sie gewährleistet, dass die *Absolute Priority Rule* eingehalten, also kein vorrangiger Kapitalgeber zu Restrukturierungsbeiträgen verpflichtet wird, bevor

691 Zum einen, weil sie sich dann regelmäßig relativ leicht refinanzieren oder ihre Forderungen auf dem Sekundärmarkt zu par verkaufen können, zum anderen, weil bei einer hypothetischen Veräußerung des gesamten Unternehmens, d.h. bei einer Veräußerung der gesamten Haftungsmasse, ihre Verbindlichkeiten samt Zinsen grds. vollständig befriedigt werden können.

nicht die nachrangigen Kapitalgeber zu Restrukturierungsbeiträgen verpflichtet werden, die der vollen Höhe des auf sie entfallenden Verlustes entsprechen, dann sind die nachrangigen Kapitalgeber aufgrund der Verursachung der misslichen Kapitalstruktur (d.h. aufgrund der „Vernichtung" der ursprünglichen, „gesunden" Kapitalstruktur) und der Gefährdung der Interessen der vorrangigen Kapitalgeber, diesen sowie der Gesellschaft gegenüber zum Abschluss einer solchen Restrukturierungsvereinbarung verpflichtet.

Dadurch, dass sich die Kapitalgeber nicht nur der Gesellschaft gegenüber der Befriedigungsrangfolge unterworfen haben, sondern auch gegenüber den anderen Kapitalgebern, besteht die mitgliedschaftliche Sonderverbindung nicht nur zwischen den Gesellschaftern und der Gesellschaft, sondern auch zwischen den einzelnen vor- und nachrangigen Kapitalgebern[692]. Den Anspruch auf Zustimmung zur Restrukturierungsvereinbarung aus der Existenzvernichtungshaftung können daher auch vorrangige Fremdkapitalgeber gegenüber nachrangigen geltend machen. Auch die Fremdkapitalgeber haben sich als Kapitalgeber untereinander der *Absolute Priority Rule* unterworfen. Nachrangige Fremdkapitalgeber garantieren ebenso wie Eigenkapitalgeber für die Sicherungsinteressen der vorrangigen Fremdkapitalgeber. Verletzen sie dieses (Garantie-)Versprechen, haften sie den vorrangigen Fremdkapitalgebern aus Existenzvernichtung. Vorrangige Fremdkapitalgeber können daher nachrangige Kapitalgeber aufgrund der Existenzvernichtungshaftung zur Zustimmung zu einem in der Restrukturierungsvereinbarung festgelegten, den *Waterfall* i.w.S. abbildenden Restrukturierungskonzept zwingen, so dass auf diese Weise auch *Hold-out Value*-Strategien[693] nicht nur nachrangiger Eigen-, sondern auch nachrangiger Fremdkapitalgeber begegnet werden kann.

(6) § 91 Abs. 2 AktG

Ebenso schützt § 91 AktG den Vorrang der Sicherungsinteressen der Gläubiger gegenüber den Wertsteigerungsinteressen der Aktionäre. Nach Abs. 2 der Norm hat der Vorstand geeignete Maßnahmen zu treffen, insbesondere ein

---

692 Vereinzelt wird auch versucht, die Existenzvernichtungshaftung auf ein Sonderrechtsverhältnis zwischen Gesellschaftern und Gläubigern gem. § 311 Abs. 2 Nr. 3 BGB zu stützen und daraus eine Außenhaftung aus §§ 241 Abs. 2, 280 Abs. 1 BGB für einfache Fahrlässigkeit abzuleiten (*Schober*, Die Haftung des GmbH-Gesellschafters für die Verursachung der Unternehmensinsolvenz, 2009, S. 131 ff.).

693 Hold-out Value-Strategien werden von nachrangigen Kapitalgebern zum einen dadurch verfolgt, dass sie eine Restrukturierung nur gegen Zahlung einer „Lästigkeitsprämie" unterstützen, zum anderen dadurch, dass sie darauf setzen, dass ihre Forderungen nach Umsetzung der Restrukturierung, an der sie nicht teilnehmen, voll befriedigt werden. Zu der letztgenannten Variante vgl. etwa das Vorgehen verschiedener Distressed Hedge Funds im Zusammenhang mit argentinischen Staatsanleihen, siehe hierzu etwa The Wall Street Journal vom 11. Februar 2014 9:55 am: „Hedge Funds Clash Over Argentina Debt".

Überwachungssystem einzurichten, damit den Fortbestand der Gesellschaft gefährdende Entwicklungen früh erkannt werden. § 91 Abs. 2 AktG bezieht sich nur auf derartige Risiken, die auch zu einer Bestandsgefährdung führen, nicht aber andere Entwicklungen oder „normale" Risiken, daher muss nicht jede nachteilige Entwicklung frühzeitig erkannt werden.[694] Nach der Vorstellung des Gesetzgebers kann es nur bei potentiell wesentlichen Auswirkungen infolge nachteiliger Veränderungen auf die Vermögens-, Ertrags- oder Finanzlage der Gesellschaft zu einer Bestandsgefährdung kommen.[695] Der Begriff der Bestandsgefährdung wird unterschiedlich ausgelegt. Unabhängig davon, ob man darunter lediglich die erhebliche Steigerung oder Hervorrufung des Insolvenzrisikos verstehen will[696] oder schon früher ansetzt und auch andere nachteilige Auswirkungen auf die Vermögens- und Kapitalverhältnisse mit einbezieht, kann eine Bestandsgefährdung nur dann vorliegen, wenn in erster Linie die Sicherungsinteressen der Fremdkapitalgeber und nicht die Wertsteigerungsinteressen der Eigenkapitalgeber gefährdet sind. Denn bei alleiniger Gefährdung der Wertsteigerungsinteressen, d.h. im Falle, dass kein Eigenkapitalzugewinn vorliegt bzw. ein solcher Zugewinn gefährdet ist, sind die Verbindlichkeiten der Fremdkapitalgeber in der Regel vollumfänglich durch das Vermögen der Gesellschaft gedeckt, folglich auch die Erfüllbarkeit deren Forderungen – zumindest im hypothetischen Falle der Veräußerung des Unternehmens zu Fortführungswerten – sichergestellt. Wenn aber kein negatives Eigenkapital vorliegt, mithin die Aktiva durch die Passiva gedeckt sind, dann ist auch der Bestand der Gesellschaft i.S.d. § 91 Abs. 2 AktG nicht gefährdet. Der Fortbestand der Gesellschaft i.S.d § 91 Abs. 2 AktG kann also nur dann gefährdet sein, wenn die vorrangigen Sicherungsinteressen der Gläubiger gefährdet oder beeinträchtigt sind.

694 GroßkommAktG-*Kort* § 91 Rn. 30; MünchKommAktG-*Spindler* § 91 Rn. 21; Spindler/Stilz/*Fleischer* § 91 Rn. 32; *Baums* ZGR 2011, 218, 272.

695 Begr. RegE BT-Drucks. 13/9712 S. 15; GroßkommAktG-*Kort* § 91 Rn. 38; MünchKommAktG-*Spindler* § 91 Rn. 21; Fleischer/*Spindler*, Handbuch des Vorstandsrechts, § 19 Rn. 9; *Füser/Gleißner/Meier* DB 1999, 753; Schitag/*Scharpf*, Risikomanagement und Überwachungssystem im Treasury – Darstellung der Anforderungen nach dem KonTraG, 1998, S. 3; *Becker/Janker/Müller* DStR 2004, 1578, 1579; *Liese* BB 2008, Beil. 005, 17, 18; *Sethe* ZBB 2008, 421, 423.

696 MünchKommAktG-*Spindler* § 91 Rn. 21 Fn. 82; *Götz* NJW-Sonderheft H. Weber, 2001, 21, 22; GroßkommAktG-*Kort* § 91 Rn. 36; Spindler/Stilz/*Fleischer* § 91 Rn. 32; KölnKommAktG-*Mertens/Cahn* § 91 Rn. 23; Grigoleit/*Grigoleit/Tomasic* § 91 Rn. 6; Wachter/*Eckert* § 91 Rn. 7; Hölters/*Müller-Michaels* § 91 Rn. 6; Marsch-Barner/Schäfer/*Arnold*, Handbuch börsennotierte AG, § 18 Rn. 16; neben Liquiditätsbeschränkungen *Bunting* ZIP 2012, 357, 359 f.; ähnlich *Lachnit/Müller*, FS Strobel, 2001, S. 363, 367; *Becker/Janker/Müller* DStR 2004, 1578, 1579; *Baums* ZHR 175 (2011) 160, 198; *ders.* ZGR 2011, 218, 251 f.; *Hemeling* ZHR 175 (2011) 368, 371; noch etwas enger *Seibert*, FS Bezzenberger, 2000, S. 427, 437 („zur Insolvenz führende"); a.A. *von Holleben/Menz* CR 2010, 63, 64; *Passarge* DStR 2010, 1675, 1676.

§ 91 Abs. 2 AktG ist daher vor allem eine gläubigerschützende Vorschrift, aus der hervorgeht, dass der Vorstand insbesondere solche Maßnahmen zu treffen hat, die geeignet sind, eine Gefährdung und Beeinträchtigung der vorrangigen Sicherungsinteressen der Gläubiger an der Erfüllbarkeit ihrer Forderungen frühzeitig zu erkennen. Die Einrichtung eines Risikoüberwachungssystems dient daher in erster Linie der Vermeidung und Überwachung von Risiken für die vorrangigen Sicherungsinteressen der Gläubiger. Dass dadurch reflexartig auch die nachrangigen Wertsteigerungsinteressen der Aktionäre geschützt werden, ist lediglich Folge der *Absolute Priority Rule*. Denn sobald die Sicherungsinteressen der Gläubiger vollständig befriedigt sind, d.h. dann wenn die Verbindlichkeiten der Gläubiger vollständig durch den Unternehmenswert gedeckt sind (und darüber hinaus die Gesellschaft Kapitalverhältnisse aufweist, die denjenigen eines sanierten Unternehmens i.S. eines IDW S6-Gutachtens entsprechen), beginnt die (eigentliche) Wertsteigerung des Eigenkapitals. Werden daher zunächst Beeinträchtigungen und Gefährdungen der Sicherungsinteressen der Gläubiger frühzeitig erkannt und vermieden, kann sich in der Folge dann auch derjenige Teil des Eigenkapitals mehren, der nicht als „Eigenkapitalpuffer" im Sicherungsinteresse der Gläubiger steht, sondern darüber hinaus geht und allein im Wertsteigerungsinteresse der Aktionäre an diese ausbezahlt oder zur weiteren Wertsteigerung ihrer Anteile reinvestiert wird.

Weil sich § 91 Abs. 2 AktG gerade am Fortbestand des Unternehmens orientiert, dieser aber immer nur dann garantiert ist, wenn vor allem die Interessen der Gläubiger sichergestellt sind, vgl. § 252 Abs. 1 Nr. 2 HGB, ist er Ausfluss der allgemeinen Befriedigungsrangfolge der Kapitalgeberinteressen, mithin der *Absolute Priority Rule*. Darüber hinaus ist die Einzelpflicht des § 91 Abs. 2 AktG die Konkretisierung der Pflicht des Vorstandes aus § 93 AktG, sein Handeln am Wohl des Unternehmens auszurichten und daher eine Ausprägung seiner von ihm verlangten Leitungs- und Sorgfaltspflichten.[697] Das Wohl des Unternehmens ist aber gerade im gebündelten, jedoch nach der *Absolute Priority Rule* abgestuften Kapitalinteresse aller Kapitalgeber zu sehen. Wenn also die Pflicht aus § 91 Abs. 2 AktG nur eine Ausprägung dieser allgemeinen Leitungs- und Sorgfaltspflicht des Vorstandes ist, sein Handeln stets am Unternehmensinteresse auszurichten, dann muss auch sie Ausfluss des grundlegenden, bereits außerhalb eines Insolvenzverfahrens geltenden Vorrangs der Fremd- vor den Eigenkapitalgeberinteressen sein.

In Restrukturierungssituationen, mithin in Situationen, in denen sich regelmäßig den Fortbestand der Gesellschaft gefährdende Entwicklungen bereits verwirklicht haben, ein Überwachungs- und Früherkennungssystem daher versagt hat, ergibt sich aus § 91 Abs. 2 AktG die Pflicht des Vorstandes zur Einrichtung von Systemen, die den Implementierungsvorgang der Restrukturierung überwachen und dabei sicherstellen, dass die Interessen der Fremdkapitalgeber bei Umsetzung der verabredeten Restrukturierung vor denjenigen der Eigenkapitalgeber von allen

697 MünchKommAktG-*Spindler* § 91 Rn. 17.

am Restrukturierungsprozess Beteiligten berücksichtigt werden. Der Vorstand ist also aus § 91 Abs. 2 AktG ebenso zur Einrichtung von Überwachungssystemen verpflichtet, die die Restrukturierung unterstützen, mithin den Fortbestand der Gesellschaft, d.h. den *going concern*, „wiederherstellen" und dort ansetzen, wo die ursprünglichen Überwachungssysteme versagt haben. Dies ergibt sich letztlich aus der Pflicht zur Naturalrestitution aus den §§ 91 Abs. 2 AktG, 280 Abs. 1, 249 BGB, die sich in Restrukturierungssituationen, mithin im Falle der Verletzung des § 91 Abs. 2 AktG, dahingehend konkretisiert, Überwachungssysteme einzurichten, die nicht nur der Früherkennung von bestandsgefährdenden Risiken dienen – denn diese haben sich in Restrukturierungssituationen gerade verwirklicht –, sondern die die Umsetzung der „Wiederherstellung" der Kapitalstruktur, die für die Fortführung und den Fortbestand der Gesellschaft erforderlich ist, d.h. die Umsetzung der Restrukturierung, überwachen.[698]

(7) §§ 39 Abs. 1 Nr. 5, 135 InsO

Die §§ 39 Abs. 1 Nr. 5 und 135 InsO sind Ausprägungen des grundlegenden Vorrangs der Fremd- gegenüber den Eigenkapitalgeberinteressen. Trotz der Verortung in der InsO ergibt sich aus diesen Normen, dass die von der Geschäftsleitung bei ihren unternehmerischen Entscheidungen zu berücksichtigende *Absolute Priority Rule* auch außerhalb eines Insolvenzverfahrens gilt. Um dies zu veranschaulichen, ist es zunächst erforderlich, sich den Normzweck und die Legitimationsgrundlage der Nachrangregeln der §§ 39 Abs. 1 Nr. 5, 135 InsO und die sich daraus ergebende Gleichstellung von Fremd- mit Eigenkapital zu vergegenwärtigen. Dieser wird zum Teil in der Finanzierungsfolgenverantwortung[699] gesehen, zum Teil in der missbräuchlichen Ausnutzung des Prinzips der Haftungsbeschränkung[700]. Teilweise wird der Grund der Gleichsetzung von Gesellschafterdarlehen mit Haftkapital auch im Informationsvorsprung gesehen, den ein Eigenkapitalgeber aufgrund seiner Gesellschafterstellung und der damit verbundenen Nähe zur Gesellschaft im Gegensatz zu einem Fremdkapitalgeber habe.[701] Allen Auffassungen kann nicht zugestimmt werden.

698 Und somit einer erneuten Bestandsgefährdung vorbeugen.

699 *Altmeppen* NJW 2008, 3601, 3602 f.; *Bork* ZGR 2007, 250, 257; vgl. auch *Haas* ZInsO 2007, 617, 618; a.A. *Kampshoff* GmbHR 2010, 897, 898.

700 *Habersack* ZIP 2007, 2145, 2147; *Gehrlein* BB 2008, 846, 849; *ders.* BB 2011, 3, 5; HamKommInsO-*Lüdtke* § 39 Rn. 19; zu Recht kritisch in Bezug auf einen pauschalen Missbrauchsvorwurf *Kampshoff* GmbHR 2010, 897, 899.

701 *Kampshoff* GmbHR 2010, 897, 899; vgl. auch *K. Schmidt* ZIP 2006, 1925, 1932; wohl auch MünchKommInsO-*Ehricke* § 39 Rn. 38; anders BGH NZI 2011, 257, 259; *Noack* DB 2007, 1395, 1398; MünchKommInsO-*Gehrlein* § 135 Rn. 7 Fn. 22; in diese Richtung auch BT-Drucks. 12/2443 S. 161 bezüglich der Anfechtung der Rückgewähr einer stillen Beteiligung; vgl. auch *Thole*, Gläubigerschutz durch Insolvenzrecht, 2010, S. 388 ff., der auf den Informationsvorsprung des Gesellschafters abstellt.

Die Auffassung, die eine Gleichsetzung mit Eigenkapital deshalb befürwortet, weil ein Darlehensgeber, der bei Abschluss des entsprechenden Darlehensvertrages aufgrund seiner Gesellschafterstellung einen Informationsvorsprung gegenüber den anderen Gläubigern habe, vermag deshalb nicht zu überzeugen, weil ein Ausgleich dieses Informationsvorsprungs – sofern ein solcher denn überhaupt gegeben ist[702] – nicht gerechtfertigt erscheint. Gesellschafter und Eigenkapitalgeber erhalten nach dem AktG und GmbHG umfassende Verwaltungs-, insbesondere Stimm- und Informationsrechte, damit sie in der Lage sind, die grundlegende Ausrichtung der Gesellschaft mitzubestimmen. Dies ist deshalb notwendig, weil Gesellschafter als Eigenkapitalgeber nur dann eine Rendite auf ihr eingesetztes Kapital erhalten, wenn es der Gesellschaft möglich ist, den Wert ihres Vermögens bzw. Kapitals zu steigern. Die Wertsteigerung des Eigenkapitals der Gesellschaft bedingt dabei die Wertsteigerung des Anteils des Gesellschafters. Erfolgt keine Wertsteigerung des Vermögens bzw. des Unternehmens der Gesellschaft, erhalten Eigenkapitalgeber grundsätzlich auch keine Rendite und der Wert ihres Anteils stagniert oder schmälert sich. Eigenkapitalgebern muss es daher möglich sein, Einfluss auf die Wertsteigerung des Kapitals zu nehmen. Hierzu erhalten sie Stimmrechte sowie mit diesen korrespondierende Informationsrechte. Fremdkapitalgeber haben grundsätzlich kein Interesse an einer Wertsteigerung des Kapitals der Gesellschaft, sie sind lediglich an der Erfüllbarkeit ihrer Zins- und Tilgungsforderungen interessiert. Die Wertsteigerung des Vermögens der Gesellschaft interessiert sie nur insoweit, als damit auch ihr Sicherungsinteresse an der rechtzeitigen Erfüllbarkeit ihrer Forderungen mit abgedeckt ist. Dem Sicherungsinteresse der Fremdkapitalgeber wird im Grundsatz[703] aber bereits dadurch Rechnung getragen, dass im Darlehensvertrag feste Zeitpunkte hinsichtlich der Erbringung der Zins- und Tilgungsleistungen vereinbart sind. Informationsrechte, die der Entscheidungsfindung zur Ausübung von Stimmrechten dienen, um Einfluss auf die Geschäftspolitik und damit Einfluss auf eine potentielle Wertsteigerung nehmen zu können, benötigen Fremdkapitalgeber gerade nicht.

Verfügen nun (potentielle) Fremdkapitalgeber aufgrund ihrer gleichzeitigen Eigenkapitalgeberstellung im Gegensatz zu anderen Fremdkapitalgebern, die nicht gleichzeitig Gesellschafter sind, über derartige Informationsrechte, dann ist das allein dem Umstand geschuldet, dass die Informationsrechte zur Verfolgung ihrer Wertsteigerungsinteressen hinsichtlich des von ihnen investierten Eigenkapitals

---

702 Ob auch den Gesellschaftern großer Publikumsgesellschaften wie einer AG oder SE ein Informationsvorsprung zukommt, erscheint fragwürdig. So auch MünchKommInsO-*Ehricke* § 39 Rn. 38.

703 In der Praxis sichern die Fremdkapitalgeber ihre Rückzahlungsinteressen darüber hinaus durch die Einräumung (zum Teil umfangreicher) Financial Covenants und sonstiger Auflagen in der Kreditvertragsdokumentation und teilweise auch in den Anleihebedingungen (Indenture) ab. Hierzu siehe bereits oben Kapitel 2 C. I. 1. b) aa) (2) sowie Fn. 345.

dienen. Dass sie tiefere Einblicke in die Vermögens-, Ertrags-, und Finanzlage der Gesellschaft haben als andere Fremdkapitalgeber ist also dadurch gerechtfertigt, dass sie diese Einblicke benötigen, um über den bestmöglich einzuschlagenden Weg der Gesellschaft zur Mehrung des Eigenkapitals entscheiden zu können. Die ihnen zustehenden Informationsrechte, die ihnen das AktG und das GmbHG verleihen, dienen ihnen also allein zur Verfolgung ihrer Wertsteigerungsinteressen als Eigenkapitalgeber. Dass ihnen diese Informationsrechte auch bei der Verfolgung ihrer Sicherungsinteressen als Fremdkapitalgeber zugutekommen, ist lediglich unausweichliche Folge des Umstands, dass sie gleichzeitig auch Eigenkapitalgeber sind. Schließlich können sie sich den Informationen nicht verschließen.

Allein aufgrund dieses Reflexes, dass nun die zur Verfolgung von Wertsteigerungsinteressen der Eigenkapitalgeber konzipierten Informationsrechte ihnen auch gleichzeitig als Fremdkapitalgeber zur Verfolgung ihrer Sicherungsinteressen zur Verfügung stehen, das von ihnen zusätzlich investierte Fremdkapital in nachrangiges Eigenkapital umzuqualifizieren, erscheint nicht gerechtfertigt. Gesellschafter, die der Gesellschaft zusätzliches Kapital in welcher Form auch immer gewähren, dürfen nicht allein deshalb gegenüber anderen Kapitalgebern schlechter gestellt werden, weil sie aufgrund ihres „Doppelengagements" die ihnen ohnehin zustehenden Informationsrechte nun auch hinsichtlich der Verfolgung ihrer Sicherungsinteressen wahrnehmen können. Allein zum Ausgleich dieser zusätzlichen Wahrnehmungsmöglichkeit ihre Kapitalposition ohne ihr Einverständnis durch das Umqualifizieren in Eigenkapital an das Ende der Befriedigungsrangfolge zu platzieren, würde einen unverhältnismäßigen und daher nicht gerechtfertigten Eingriff in ihre Rechtsposition darstellen. Diesen „Vorteilsausgleichsgedanken"[704] als Legitimationsgrundlage für die Nachrangregeln der §§ 39 Abs. 1 Nr. 5, 135 InsO heranzuziehen, ist daher entschieden abzulehnen.

Im Übrigen lassen sich Fremdkapitalgeber ohnehin häufig umfangreiche Zusicherungen in Bezug auf einzuhaltende Finanzkennzahlen (*Financial Covenants*) und sonstige Verhaltenspflichten (*Undertakings*) hinsichtlich der Geschäftsausrichtung der Gesellschaft zusichern, um ihre Sicherungsinteressen optimal verfolgen zu können. Diese Klauseln sind dabei mit umfangreichen *Reporting*- und Informationspflichten verbunden, so dass in der Praxis – zumindest bei großvolumigeren Unternehmensfinanzierungen – die Fremdkapitalgeber, die nicht auch gleichzeitig Eigenkapitalgeber sind, ohnehin auf dem gleichen Informationsstand hinsichtlich der Vermögens-, Ertrags- und Finanzlage der Gesellschaft sein werden wie die Eigenkapitalgeber, so dass ein Informationsvorsprung, der ausgeglichen werden müsste, in diesen Fällen nicht besteht.

Ebenso ist die Auffassung abzulehnen, die die Legitimationsgrundlage der Nachrangregeln darin sieht, einer missbräuchlichen Ausnutzung der bei Kapitalgesellschaften bestehenden Haftungsbeschränkung entgegenzusteuern. Nach dieser Ansicht soll der Haftungsgrund der Vorschriften in der mit einem

---

704 MünchKommInsO-*Ehricke* § 39§ 39 Rn. 3Rn. 38.

Gesellschafterdarlehen als verdächtiger, bei Insolvenzeintritt missbräuchlicher Finanzierungsform verbundenen Gefahr der Benachteiligung der anderen Gesellschaftsgläubiger liegen.[705] Denn würde man diese Ansicht vertreten, würde man den Gesellschaftern in der Tat pauschal vorwerfen, eine Kapitalgesellschaft allein zu dem Zweck zu gründen oder Gesellschafter an ihr zu werden, um die Gesellschaftsform und die Beschränkung der Haftung auf das Gesellschaftsvermögen im Wirtschaftsverkehr zu missbrauchen.[706]

Die Ansicht, die den Legitimationsgrund der Nachrangregeln auch nach Inkrafttreten des MoMiG in der Finanzierungsfolgenverantwortung[707] sieht, ist zwar grundsätzlich abzulehnen, der entscheidende Gedanke der Auffassung, der den Legitimationsgrund in der (Finanzierungs-)Entscheidung der Gesellschafter sieht, ist jedoch zutreffend. Allerdings mit der wesentlichen Einschränkung, dass es nicht auf die Entscheidung der Eigenkapitalgeber ankommt, der Gesellschaft in der Krise (frisches) Fremd- anstatt Eigenkapital zu gewähren, sondern vielmehr auf deren ursprüngliche Entscheidung, die Gesellschaft mit Eigenkapital zu finanzieren und Gesellschafter zu werden sowie auf das damit einhergehende Versprechen, die eigenen Eigenkapital- bzw. Wertsteigerungsinteressen den Sicherungsinteressen der (potentiellen) Fremdkapitalgeber hinten anzustellen. Denn gerade deshalb, weil § 39 Abs. 1 Nr. 5 InsO jegliches von Eigenkapitalgebern gewährtes Fremdkapital (im Insolvenzfall) in nachrangiges Eigenkapital umqualifiziert, unabhängig davon, ob das Fremdkapital in Zeiten einer Unternehmenskrise gewährt wurde oder nicht[708], kann nicht der Zeitpunkt der Krise der Gesellschaft – wie er auch immer definiert sein mag – auschlaggebend sein. Denn wenn das Umqualifizieren in Eigenkapital von der Finanzierungsentscheidung im Zeitpunkt der Krise abhängig sein soll, dann erklärt sich nicht, warum auch Fremdkapital, das vor dem Krisenzeitpunkt gewährt wurde, (im Insolvenzfall) als nachrangiges Eigenkapital behandelt wird. Auf die Entscheidung der Eigenkapitalgeber und die daraus abzuleitende Folgenverantwortung im Zeitpunkt der Gewährung von Fremdkapital kann es folglich nicht ankommen.

Die Finanzierungsfolgenverantwortung und das damit einhergehende Umqualifizieren von vorrangigem Fremd- in nachrangiges Eigenkapital resultiert vielmehr aus der ursprünglichen Entscheidung der Eigenkapitalgeber, die Gesellschaft mit

---

705 MünchKommInsO-*Gehrlein* § 135 Rn. 10.

706 So MünchKommInsO-*Ehricke* § 39 Rn. 38.

707 Nach den Grundsätzen der Finanzierungsfolgenverantwortung ist das Umqualifizieren in Eigenkapital Folge der Entscheidung des jeweiligen Kapitalgebers, gerade in der wirtschaftlichen Krise der Gesellschaft Fremd- anstatt Eigenkapital investiert zu haben.

708 Dies steht im Gegensatz zur Rechtslage vor Inkrafttreten des MoMiG. Hier wurde verlangt, dass die Darlehen einen eigenkapitalersetzenden Charakter aufweisen, mithin von den Gesellschaftern der Gesellschaft in einer Krisensituation gewährt wurden.

Eigenkapital finanzieren und an den damit verbundenen Wertsteigerungsmöglichkeiten (*Equity Upside*) teilnehmen zu wollen. Bei ihrer Entscheidung für die Finanzierungsform Eigenkapital haben die Eigenkapitalgeber bekanntlich gleichzeitig ein Versprechen bzw. eine Garantie gegenüber der Gesellschaft und allen anderen (potentiellen) Kapitalgebern dahingehend abgegeben, ihre eigenen Wertsteigerungsinteressen erst dann zu verfolgen bzw. von der Geschäftsleitung der Gesellschaft verfolgen zu lassen, wenn die Sicherungsinteressen der vorrangigen Kapitalgeber vollständig befriedigt sind. Dieses Versprechen beinhaltet nicht nur, zur vorrangigen Sicherstellung der Fremdkapitalgeberinteressen die Gesellschaft mit einem bestimmten „Eigenkapitalpuffer" auszustatten und diesen der Gesellschaft auch in einer entsprechend liquiden Struktur zu belassen, vgl. §§ 30 GmbHG, 57 AktG sowie §§ 64 Satz 3 GmbHG, 92 Abs. 2 Satz 3 AktG, sondern darüber hinaus, die vorrangigen Sicherungsinteressen der Fremdkapitalgeber auch dadurch nicht zu gefährden, dass durch zusätzliche, aus einer Darlehensgewährung resultierende Zins- und Tilgungsforderungen die Passivseite der Gesellschaft belastet wird. Um diesem Versprechen nachkommen zu können, haben die Eigenkapitalgeber daher die Gesellschaft auch weiterhin im Rahmen von Kapitalerhöhungen mit Eigenkapital auszustatten. Sollten sie dies nicht tun und anstatt dessen der Gesellschaft durch Gesellschafterdarlehen Fremdkapital zukommen lassen, dann ist dies solange legitim, bis sie dadurch nicht ihr ursprüngliches Versprechen verletzen, zunächst die vorrangigen Sicherungsinteressen der Fremdkapitalgeber zu befriedigen und dann erst ihre Wertsteigerungsinteressen zu verfolgen. Führt die Gewährung des Gesellschafterdarlehens allerdings dazu, dass die Sicherungsinteressen der anderen Fremdkapitalgeber dadurch gefährdet oder gar beeinträchtigt werden, dass aufgrund der Mehrung der Passivseite der Bilanz[709] die Haftungsmasse der Gesellschaft nicht mehr ausreicht, um die vorrangigen (Allein- bzw. Nur-)Fremdkapitalgeber vollständig zu befriedigen bzw. im Wert zu decken, dann verletzen die Gesellschafter ihr ursprüngliches Versprechen als Eigenkapitalgeber.

Spätestens ab Eröffnung eines Insolvenzverfahrens sind die vorrangigen Interessen der Fremdkapitalgeber an der Erfüllbarkeit ihrer verzinslichen Forderungen beeinträchtigt. Sie sind in der Regel *out of the money*, weil der Unternehmenswert (*Enterprise Value*) nicht mehr alle Verbindlichkeiten deckt. Das Vorrangversprechen der Eigenkapitalgeber ist daher in jedem Fall verletzt. Der Gesellschaft und den Fremdkapitalgebern steht dann aufgrund der Verletzung dieses Versprechens gegen die Eigenkapitalgeber ein Anspruch aus §§ 280 Abs. 1, 249 BGB zu, mit ihren Forderungen aus dem jeweils gewährten Gesellschafterdarlehen hinter die Forderungen der Fremdkapitalgeber zurückzutreten. Denn im Wege der Naturalrestitution müssen die Eigenkapitalgeber denjenigen Zustand herstellen, der bestehen würde, wenn nicht entgegen der versprochenen Rangfolge die Sicherungsinteressen

709 Forderungen aus Gesellschafterdarlehen sind nicht nur in einer Handelsbilanz, sondern auch in einer insolvenzrechtlichen Überschuldungsbilanz zu passivieren, sofern nicht ausdrücklich ein Rangrücktritt nach § 39 Abs. 2 InsO erklärt wird.

der Fremdkapitalgeber im Interesse der Eigenkapitalgeber durch Gewährung von Fremd- anstatt Eigenkapital verletzt worden wären. Dann hätten die Gesellschafter eine Kapitalerhöhung durchgeführt mit der Folge, dass die Eigenkapitalposition der Gesellschafter nachrangig gegenüber den Fremdkapitalgebern gewesen wäre. Diesen Zustand gilt es im Wege der Naturalrestitution durch § 249 BGB wieder herzustellen. Aus den §§ 280 Abs. 1, 249 BGB ergibt sich daher ein Anspruch auf Rangrücktritt hinter die Forderungen aus den Fremdkapitalinstrumenten. Die gerichtliche Durchsetzung eines solchen Anspruchs auf Rangrücktritt würde für die Umsetzung einer Restrukturierung aufgrund der zeitlichen Verzögerung erhebliche Gefahren bergen. Daher ordnet § 39 Abs. 1 Nr. 5 InsO an, dass die Forderungen auf Rückzahlung eines Gesellschafterdarlehens nach den übrigen Forderungen der Insolvenzgläubiger berichtigt werden. Dies ist deshalb gerechtfertigt, weil ab Insolvenzeröffnung bei Gewährung von Fremd- anstatt Eigenkapital das Vorrangversprechen der Eigenkapitalgeber in jedem Fall verletzt ist.

Darüber hinaus vermutet der Gesetzgeber unwiderleglich, dass bei Gewährung von Fremd- anstatt Eigenkapital die Sicherungsinteressen der vorrangigen Kapitalgeber ein Jahr vor Insolvenzantragsstellung bereits derart gefährdet bzw. beeinträchtigt sind, mithin dass die Eigenkapitalgeber spätestens ein Jahr vor Insolvenzantragsstellung ihr Vorrangversprechen verletzt haben, so dass nach § 135 Abs. 1 Nr. 2 InsO Rückzahlungen auf Gesellschafterdarlehen durch den Insolvenzverwalter bzw. den Sachwalter anfechtbar und nach § 143 Abs. 1 InsO zur Insolvenzmasse zurückzugewähren sind. Die Verletzung des Versprechens der Eigenkapitalgeber liegt also zum einen in der Gewährung von Fremd- anstatt Eigenkapital, zum anderen in der dadurch eintretenden Gefährdung der Sicherungsinteressen der Fremdkapitalgeber aufgrund des Zuwachses auf der Passivseite. Aus § 135 Abs. 1 Nr. 2 InsO ergibt sich daher lediglich, dass ein Jahr vor Antragstellung unwiderleglich vermutet wird, dass die Interessen der Fremdkapitalgeber gefährdet bzw. beeinträchtigt sind. Das erste Teilelement der Verletzungshandlung liegt in der Gewährung des Gesellschafterdarlehens, die auch außerhalb des Zeitraumes liegen kann. Das zweite Teilelement liegt in der Gefährdung bzw. Beeinträchtigung der Sicherungsinteressen, die grundsätzlich ebenso außerhalb des Jahreszeitraumes gefährdet sein können, jedoch innerhalb des Zeitraumes unwiderleglich als gefährdet bzw. beeinträchtigt vermutet werden. Da der Gesetzgeber § 135 InsO insolvenzanfechtungsuntypisch, vgl. §§ 129 ff. InsO, nicht an subjektive Voraussetzungen knüpft, vermutet er zugleich, dass den nachrangigen Eigenkapitalgebern bewusst war, dass sie durch die Gewährung von Fremd- anstatt Eigenkapital die vorrangigen Fremdkapitalgeberinteressen durch Mehrung der Passivmasse gefährden bzw. beeinträchtigen. Er geht daher davon aus, dass dem Gesellschafter bei der ursprünglichen Gewährung seines Eigenkapitals durchaus bewusst war, dass die Sicherungsinteressen von Fremdkapitalgebern vorrangig zu berücksichtigen sind. Es kommt daher für die Legitimierung der Nachrangregeln nicht auf eine Finanzierungsentscheidung in einem wie auch immer gearteten Krisenstadium an. Die Folgenverantwortung für die Finanzierung der Gesellschaft mit einer bestimmten Kapitalform knüpft vielmehr schon an der vorgelagerten, ursprünglichen Finanzierungsentscheidung und dem damit einhergehenden Versprechen an, die Sicherungsinteressen vorrangiger Fremdkapitalgeber vor den Wertsteigerungsinteressen nachrangiger Eigenkapitalgeber zu berücksichtigen.

Die §§ 39 Abs. 1 Nr. 5, 135 Abs. 1 Nr. 2 InsO bestätigen daher die Geltung bzw. Existenz der *Absolute Priority Rule* auch außerhalb eines Insolvenzverfahrens bzw. sind Ausfluss derselben, indem sie die Folgen der Missachtung der Interessenrangfolge, namentlich die Beeinträchtigung vorrangiger Sicherungsinteressen durch die Gewährung von Fremd- anstatt Eigenkapital, ausgleichen.

(8) Insolvenzrechtliche Befriedigungs- und Verteilungsrangfolge der §§ 1, 199 Satz 2 InsO

Die insolvenzrechtliche Befriedigungs- und Verteilungsrangfolge der §§ 1, 199 Satz 2 InsO legt fest, dass der innerhalb eines Insolvenzverfahrens durch Verwertung des Vermögens des Schuldners erzielte Liquidationserlös zunächst zur vorrangigen und gemeinschaftlichen Befriedigung der Gläubiger zu verwenden ist und nur dann ein verbleibender Überschuss an die Gesellschafter herauszugeben ist, wenn bei der Schlussverteilung die Forderungen aller Insolvenzgläubiger in voller Höhe berichtigt werden. § 1 InsO bestimmt darüber hinaus, dass bei einer Restrukturierung, die nicht im Wege einer übertragenden Sanierung, also nicht im Wege einer Gesamtliquidation bzw. -veräußerung erfolgt, sondern durch Reorganisation des Unternehmensträgers in einem Insolvenzplan, ebenso die Interessen der Gläubiger Vorrang vor den Gesellschafterinteressen genießen. Gleichgültig, ob durch das Insolvenzverfahren eine Marktbereinigung durch Einzelliquidation, eine übertragende Sanierung oder eine Fortführung des Unternehmens(-trägers) erreicht werden soll, es dient allein der Maximierung der Haftungsmasse des Schuldners mit dem Ziel der bestmöglichen (und gleichmäßigen) Befriedigung der Gläubiger. Diese grundlegende Ausrichtung und Zielsetzung hat der Gesetzgeber unmissverständlich an markanter Stelle[710] in § 1 Satz 1 InsO angeordnet. Dabei kann der Insolvenzordnung, insbesondere den §§ 38, 39, 49 ff., 53 ff. InsO, weitergehend entnommen werden, dass auch innerhalb der verschiedenen Gläubigerinteressen eine Abstufung dahingehend zu erfolgen hat, dass zunächst die Interessen der Massegläubiger, dann diejenigen der absonderungsberechtigten Gläubiger und zuletzt diejenigen der ungesicherten Insolvenzgläubiger zu berücksichtigen sind, wobei die Interessen letzterer auch untereinander einer Rangfolge unterliegen, die § 39 InsO näher bestimmt. Spätestens ab Eröffnung eines Insolvenzverfahrens haben daher die Interessen nachrangiger Eigenkapitalgeber denjenigen vorrangiger Fremdkapitalgeber zu weichen. Die Befriedigungs- und Verteilungsrangfolge der Insolvenzordnung ist daher Ausdruck des Grundsatzes, dass die Kapitalinteressen nachrangiger Kapitalgeber erst dann zu berücksichtigen sind, wenn diejenigen vorrangiger Kapitalgeber vollständig befriedigt wurden.

---

710 MünchKommInsO-*Drukarcyk* § 245 Rn. 75.

Dass die Insolvenzordnung die Rangfolge, nach der die Interessen der Kapitalgeber zu berücksichtigen sind, eindeutig festlegt, bedeutet jedoch keineswegs, dass die Interessen außerhalb eines Insolvenzverfahrens keiner bzw. einer anderen Rangfolge unterliegen würden. Daraus, dass die Insolvenzordnung eine genaue Befriedigungsrangfolge vorgibt, kann *e contrario* nicht der Schluss gezogen werden, dass diese nur bei Anwendbarkeit der Insolvenzordnung und Vorliegen insolvenzspezifischer Umstände, wie etwa einer Insolvenzantragsstellung oder Verfahrenseröffnung, gilt. Vielmehr wird durch die genaue Festlegung der Interessenrangfolge in den §§ 1, 199 Satz 2 InsO lediglich zum Ausdruck gebracht, dass die auch außerhalb eines Insolvenzverfahrens geltende Rangordnung nun mithilfe eines besonderen Schutzverfahrens, namentlich eines Insolvenzverfahrens, im (Sicherungs-)Interesse der vorrangigen (Fremd-)Kapitalgeber gezielt verfolgt wird, sei es durch die Einsetzung eines Insolvenzverwalters oder sei es dadurch, dass der Schuldner selbst (unter Aufsicht eines Sachwalters) die Rangfolge verwirklicht. Das Insolvenzverfahren dient daher der Verwirklichung der grundsätzlichen Rangfolge, dass die Wertsteigerungsinteressen nachrangiger Kapitalgeber erst dann Berücksichtigung finden, wenn diejenigen vorrangiger Kapitalgeber vollständig befriedigt wurden. Es ist Mittel zum Schutz dieser Rangfolge. Es setzt diese Rangfolge im Interesse vorrangiger, in der Regel bereits in ihren Sicherungsinteressen beeinträchtigter Kapitalgeber um, begründet sie jedoch nicht. Die Insolvenzordnung stellt ein Regime bereit, das die beeinträchtigten Sicherungsinteressen vorrangiger Kapitalgeber schützt, indem es das „normale“ zivilrechtliche Haftungsregime modifiziert. Ein Insolvenzverfahren ist daher ein Instrument, das die Sicherungsinteressen vorrangiger Kapitalgeber, die regelmäßig ab Vorliegen eines Insolvenzgrundes beeinträchtigt sind, mit Hilfe zu diesem Zweck modifizierter Rechtsvorschriften im schlechtesten Falle vor weiterer Beeinträchtigung schützt und im besten Falle vollständig wiederherstellt. Es dient daher gerade der Umsetzung der Rangfolge, der sich die Kapitalgeber bei Kapitalgewährung unterworfen haben. Die Umsetzung der Rangfolge ist sein Ziel, nicht ihre Konstituierung.

Ein Insolvenzverfahren kann daher als „Verlängerung des Marktes“ begriffen werden, in dem die gleichen ökonomischen Gesetzmäßigkeiten gelten wie außerhalb. Der Umstand, dass die Sicherungsinteressen vorrangiger Kapitalgeber gefährdet sind, wenn der Unternehmenswert nicht mehr den Nominalwert aller Forderungen abdeckt, ist ein ökonomischer und kein rechtlicher. Das bedeutet, dass nicht die Anwendbarkeit einer Rechtsordnung darüber entscheidet, ob die Interessen vorrangiger Kapitalgeber beeinträchtigt sind oder nicht, sondern dies allein auf ökonomische Gegebenheiten zurückzuführen ist, die unabhängig von einer Insolvenzantragsstellung bzw. der Anwendbarkeit der Insolvenzordnung vorliegen. Daher können die Sicherungsinteressen vorrangiger Kapitalgeber genauso auch außerhalb eines Insolvenzverfahrens gefährdet bzw. beeinträchtigt sein. Diese Gefahr bzw. Beeinträchtigung ist daher von der Geschäftsleitung und den nachrangigen Kapitalgebern unabhängig davon zu beseitigen, ob in ein Insolvenzverfahren eingetreten wurde. Diese Pflicht ergibt sich für die Geschäftsleitung aus den §§ 93 Abs. 1 AktG, 43 Abs. 1 GmbHG und für die nachrangigen

Kapitalgeber aus der gesellschaftsrechtlichen Treuepflicht bzw. dem Versprechen, das diese gegenüber der Gesellschaft und den anderen Kapitalgebern bei ihrer Investition abgegeben haben, nämlich zunächst die Sicherungsinteressen der vorrangigen Kapitalgeber zu berücksichtigen und erst bei deren vollständiger Befriedigung diejenigen der nachrangigen. Die Insolvenzordnung stellt in den §§ 1, 199 Satz 2 InsO klar, dass es ihre primäre Aufgabe ist, diese Rangfolge umzusetzen. Die insolvenzrechtliche Verteilungsrangfolge ist daher keine besondere Befriedigungs- und Interessenrangfolge, die nur bei Vorliegen der insolvenzspezifischen Tatumstände gilt, sondern Ausfluss der allgemeinen *Absolute Priority Rule.*

Innerhalb eines Insolvenzverfahrens gelten die gleichen ökonomischen Gegebenheiten wie außerhalb. Ein Insolvenzverfahren ist daher keine eigenständige „Welt" mit abgegrenzten ökonomischen Gesetzmäßigkeiten. Es finden lediglich rechtliche Modifikationen statt, um die Interessen der Gläubiger als neue wirtschaftliche Eigentümer zu schützen. Gläubiger sind in insolvenznahen Situationen anerkanntermaßen deshalb die neuen Residualberechtigten, weil der Unternehmenswert nicht mehr die gesamten Verbindlichkeiten deckt und bei Veräußerung des Unternehmens ihre Forderungen vor denen der Gesellschafter aus dem Veräußerungserlös bedient werden. Diese Rangfolge wird regelmäßig auch in den vorinsolvenzlichen Treuhandabreden abgebildet, die zwischen den Gesellschaftern als Treugeber und einer doppelnützigen Treuhand(-gesellschaft) vereinbart werden.[711] Die Rangfolge gilt dabei gerade auch bei einer Veräußerung des Unternehmens außerhalb eines Insolvenzverfahrens. Denn würde sie nicht gelten, würden die Gläubiger einer Veräußerung außerhalb eines Insolvenzverfahrens regelmäßig nicht „zustimmen", vielmehr bei Nichtleistung auf ihre Forderungen, ihre Kredite mit dem Schuldner kündigen und dadurch eine – wenn auch aufgrund indirekter Insolvenzkosten ungünstigere – Veräußerung innerhalb eines Insolvenzverfahrens initiieren, allein um in den „Genuss" der für sie vorteilhaften, insolvenzrechtlichen Verteilungsregel der §§ 1, 199 Satz 2 InsO zu kommen.

Die Veräußerung eines Unternehmens in einer insolvenznahen Situation, jedoch außerhalb eines Insolvenzverfahrens, ist daher faktisch nur möglich, wenn von der Geltung der insolvenzrechtlichen Verteilungsregel (die ja wie oben gezeigt nur eine Bestätigung des allgemeinen Prinzips ist) auch außerhalb einer Insolvenz ausgegangen wird. Eine Insolvenz stellt daher keinen Bruch mit dem Marktgeschehen dar, sondern ist lediglich seine Verlängerung und Fortführung, bei der jedoch der Schutz der vorrangigen Sicherungsinteressen der Gläubiger nicht mehr allein durch das „normale" zivilrechtliche Haftungsregime erreicht werden kann, sondern der gesetzlichen und gerichtlichen Anordnung durch ein Insolvenzverfahren bedarf. Ein Insolvenzverfahren stellt daher eine Art Notbremse für die Sicherungsinteressen der vorrangigen Kapitalgeber dar, weil die Sicherungsinteressen der Gläubiger in einem nicht mehr zumutbaren Maß beeinträchtigt sind. Da die Sicherungsinteressen der Gläubiger schon außerhalb eines Insolvenzverfahrens

711 Siehe hierzu oben Kapitel 1 C. II. 1.

gefährdet und beeinträchtigt sein können, gilt die Interessenrangfolge daher gerade auch dort. Innerhalb wird sie jedoch aufgrund der sich zuspitzenden ökonomischen Begebenheiten besonders sichtbar. Denn das Vermögen der Gesellschaft reicht dort in der Regel nicht mehr aus, um allen Interessen nachzukommen. Die Insolvenzordnung sorgt daher lediglich dafür, dass die auch außerhalb eines Insolvenzverfahrens geltende Rangfolge in jedem Fall eingehalten wird. Die Insolvenzordnung schafft diese Rangfolge jedoch nicht selbst; die *Stakeholder* haben sie vielmehr privatautonom selbst begründet, als sie sich für die Gewährung von Eigen- oder Fremdkapital entschieden haben.

(9) § 245 Abs. 1 Nr. 2 i.V.m Abs. 2 Nr. 2, Nr. 3 InsO i.V.m. der insolvenzrechtlichen Verteilungsrangfolge

§ 245 Abs. 1 Nr. 2 i.V.m. Abs. 2 Nr. 2, Nr. 3 InsO ist (unmittelbarer) Ausfluss der *Absolute Priority Rule.* Der Norm ist der Grundsatz zu entnehmen, dass in Restrukturierungssituationen eine Pflicht der *Stakeholder* zur Zustimmung zu Verträgen besteht, die die Befriedigungsrangfolge exakt abbilden. Dies ergibt sich aus folgenden Überlegungen:

§ 245 Abs. 2 InsO bestimmt, dass eine angemessene Beteiligung am Mehrwert, der durch einen Insolvenzplan im Vergleich zu einer übertragenden Sanierung oder einer Einzelliquidation geschaffen wird, für eine Gruppe der Gläubiger dann vorliegt, wenn (i) kein anderer Gläubiger wirtschaftliche Werte erhält, die den vollen Betrag seines Anspruchs übersteigen, (ii) weder ein Gläubiger, der ohne einen Plan mit Nachrang gegenüber den Gläubigern der Gruppe zu befriedigen wäre, noch der Schuldner oder eine an ihm beteiligte Person einen wirtschaftlichen Wert erhält und (iii) kein Gläubiger, der ohne einen Plan gleichrangig mit den Gläubigern der Gruppe zu befriedigen wäre, bessergestellt wird als diese Gruppe. § 245 Abs. 2 Nr. 2 und 3 InsO nehmen Bezug auf die insolvenzrechtliche Verteilungsregel der §§ 1, 199 Satz 2 InsO, indem sie die im Plan abgebildete Rangfolge hinsichtlich der Verteilung und Zuordnung der auf Grundlage des Plans geschaffenen wirtschaftlichen (Mehr-)Werte derjenigen Rangfolge gegenüberstellen, die in einem hypothetischen Restrukturierungs- oder Liquidationsszenario hinsichtlich der Verteilung des durch eine Einzel- oder Gesamtverwertung des schuldnerischen Vermögens erzielten Liquidationserlöses Anwendung finden würde („ohne einen Plan") und bestimmen, dass sich die Rangfolgen in den verschiedenen Szenarien decken müssen. Die durch die insolvenzrechtliche Verteilungsregel eindeutig klargestellte Rangfolge, dass die Interessen nachrangiger Kapitalgeber erst dann zu berücksichtigen sind, wenn die Interessen vorrangiger Kapitalgeber vollständig befriedigt sind, soll durch einen Insolvenzplan nicht auf den Kopf gestellt werden. Die Norm konkretisiert letztlich § 1 InsO, der bestimmt, dass ein anstelle eines Regelinsolvenzverfahrens durchzuführendes Insolvenzplanverfahren ebenso wie dieses allein der Haftungsmaximierung im Interesse der vorrangigen Gläubiger zu dienen hat.

Da wie oben gezeigt ein Insolvenzverfahren allein der vorrangigen Befriedigung der Sicherungsinteressen der Gläubiger dient und dieses Ziel einzelfallabhängig sowohl durch Einzel- oder Gesamtverwertung (übertragende Sanierung) als auch durch Reorganisation des Unternehmensträgers erreicht werden kann, muss auch gewährleistet sein, dass die verschiedenen Verfahrensarten (Regelinsolvenz, Planverfahren) von denselben Motiven und Leitgedanken beherrscht werden, namentlich der vorrangigen Erfüllung bzw. „Wiederherstellung" der Sicherungsinteressen der Gläubiger. Im Ergebnis bedeutet dies, dass beispielsweise auch bei der Reorganisation des Unternehmensträgers durch eine *Debt to Equity Conversion* die Kapitalgeber entsprechend der *Absolute Priority Rule* am durch den Plan geschaffenen Mehrwert, also am durch die Reorganisation geschaffenen (neuen) Eigenkapital und damit am Fortführungswert teilnehmen. Nachrangige Kapitalgeber, insbesondere nachrangige Gläubiger wie etwa unbesicherte Anleihegläubiger sowie Altgesellschafter, dürfen also nur dann Anteile an der durch die *Debt to Equity Conversion* restrukturierten Gesellschaft erhalten, wenn sie auch einen Anteil am Verwertungserlös im Rahmen einer Regelinsolvenz erhalten würden bzw. wenn die Nominalforderungen der vorrangigen Kapitalgeber durch die Zuteilung der (neuen) Gesellschaftsanteile an der restrukturierten Gesellschaft (wertmäßig) vollständig befriedigt werden können. Das ist grundsätzlich dann der Fall, wenn der Unternehmenswert des mithilfe der im Plan festgelegten Maßnahmen restrukturierten Unternehmens die Nominalforderungen der (vorrangigen) Gläubiger deckt. Erhielten die Altgesellschafter (bzw. die nachrangigen Gläubiger) auch dann Anteile an der restrukturierten Gesellschaft[712], wenn der Unternehmenswert die Nominalforderungen nicht (vollständig) deckt, würde die Interessenrangfolge missachtet werden und die nachrangigen Kapitalgeber würden auf Kosten der vorrangigen Kapitalgeber – diese verzichten im Rahmen der *Debt to Equity Conversion* auf ihre Forderungen oder bringen sie in die Gesellschaft ein, wodurch sie durch Konfusion untergehen – wirtschaftliche Werte erhalten.

Da ein Insolvenzverfahren und damit auch ein Insolvenzplanverfahren der Verwirklichung der privaten Interessen der vorrangigen Gläubiger dienen, ein Insolvenzverfahren mithin ein Privatverfahren ist, ist Rechtsfolge einer Missachtung der Interessenrangfolge nicht die Unwirksamkeit des Plans. Verzichten vorrangige Kapitalgeber auf ihren Schutz, der ihnen aufgrund der in § 245 Abs. 2 Nr. 2, 3 InsO festgelegten *Absolute Priority Rule* zukommt, indem sie einem Plan zustimmen, der die auf Grundlage des Plans geschaffenen (Mehr-)Werte entgegen der *Absolute Priority* Rule verteilt, dann ist das ihr „gutes" Recht. Ihnen ist es jedoch verwehrt, einem Plan nicht zuzustimmen, der den geschaffenen Mehrwert[713] gemäß

712 Als Grundlage der Bewertung ist der Unternehmenswert des restrukturierten Unternehmens heranzuziehen.

713 Dass es sich beim in § 245 Abs. 2 InsO genannten Wert um einen Mehrwert im Vergleich zu demjenigen, der auf Grund einer Verwertung im Rahmen eines Regelinsolvenzverfahrens geschaffen wird, handeln muss, ergibt sich aus der Regel des § 245 Abs. 1 Nr. 1 InsO. Danach gilt die Zustimmung einer Abstimmungsgruppe u.a.

der *Absolute Priority Rule* verteilt. Stimmen sie einem solchen Insolvenzplan nicht zu, d.h. obstruieren sie gegen einen solchen Plan, dann vermutet der Gesetzgeber (bei Vorliegen der übrigen, in § 245 Abs. 1 Nr. 1 und Nr. 3 InsO genannten Voraussetzungen), dass sie mit der Nichtzustimmung strategische Eigeninteressen zum Nachteil der anderen Gläubiger verfolgen. Solches Strategieverhalten kann beispielsweise darin liegen, einem Insolvenzplan nur deshalb nicht zuzustimmen, um nach erfolgter Restrukturierung den vollen Forderungsbetrag zurückzuerhalten (*Free Rider*-Problematik bzw. Problem der rationalen Apathie[714]) oder darin, dass durch Blockadeverhalten versucht wird, sich die Zustimmung zum Plan durch Leistung einer Zustimmungsprämie „abkaufen" zu lassen. Der Gesetzgeber vermutet derartiges Strategieverhalten dann, wenn Gläubiger oder Gesellschafter einem Plan nicht zustimmen, obwohl er die *Absolute Priority Rule* reflektiert und der auf seiner Grundlage geschaffene Mehrwert den Kapitalgebern im gleichen Verhältnis zukommt wie der in einem Regelinsolvenzverfahren erzielte Verteilungserlös. Für einen Kapitalgeber gebe es keinen rationalen Grund, einem Plan nicht zuzustimmen, der die Rangfolge, dass zunächst die Interessen der nachrangigen Kapitalgeber erst dann berücksichtigt werden, wenn diejenigen der vorrangigen vollständig befriedigt wurden, einhält (§ 245 Abs. 1 Nr. 2 i.V.m. Abs. 2) und zudem hin den nicht zustimmenden Kapitalgeber auch (voraussichtlich[715]) nicht schlechter stellt als er ohne den Plan stehen würde, mithin bei Einzel- oder Gesamtverwertung[716] in

als erteilt, wenn die Angehörigen dieser Gruppe voraussichtlich nicht schlechter gestellt werden, als sie ohne einen Plan stünden. Da § 245 Abs. 1 Nr. 2 i.V.m. Abs. 2 InsO kumulativ mit § 245 Abs. 1 Nr. 1 InsO vorliegen muss, um die Zustimmungsfiktion in Gang zu setzen, und durch § 245 Abs. 1 Nr. 1 InsO die Mindestposition bestimmt wird, die der entsprechende Gläubiger auch bei Verteilung des Liquidationserlöses im Rahmen eines Regelinsolvenzverfahrens erhielte, kann es sich beim wirtschaftlichen Wert i.S.d. § 245 Abs. 1 Nr. 2 InsO, der gemäß der Absolute Priority Rule angemessen zu verteilen ist, nur um eine Mehrwert handeln, den ein Insolvenzplan im Vergleich zu einer Einzel- oder Gesamtliquidation im Rahmen eines Regelinsolvenzverfahrens generiert. Im Übrigen werden die von einer Insolvenz Betroffenen in aller Regel auch kein im Vergleich zu einem Regelinsolvenzverfahren aufwändigeres Planverfahren durchführen, wenn hierdurch nicht ein Mehrwert gegenüber diesem generiert werden könnte. Vgl. hierzu ausführlich MünchKommInsO-*Drukarcyk* § 245 Rn. 40 ff.

714 *Bredow/Vogel* ZBB 2008, 221, 222; ausführlich zum Problem der rationalen Apathie Theiselmann/*Lürken*, Praxishandbuch des Restrukturierungsrechts, Kapitel 5 Rn. 11 ff.

715 Vgl. hierzu MünchKommInsO-*Drukarcyk* § 245 Rn. 42. Eine vergleichbare Formulierung findet sich in § 18 Abs. 2 InsO. Dort geht es darum, eine drohende Zahlungsunfähigkeit durch eine Zustandsbeschreibung zu präzisieren. Vgl. § 18 InsO (MünchKommInsO-*Drukarcyk* § 245 Rn. 42 Fn. 71).

716 Bezugspunkt ist stets die „bessere" der beiden Alternativen, also die, die (hypothetisch) mehr Wert generiert. Der Mehrwert ist dabei die Differenz zwischen demjenigen Wert, der durch den Plan generiert wird und demjenigen, den die „bessere"

einem Regelinsolvenzverfahren unter Anwendung der insolvenzrechtlichen Verteilungsregel der §§ 1, 199 Satz 2 InsO.

Die Rechtsfolge besteht bei einem derartigen Obstruktionsverhalten dann gemäß § 245 Abs. 1 InsO in einer Fiktion der Zustimmung der betreffenden Kapitalgeber- und Abstimmungsgruppe (vorbehaltlich, dass auch noch die dritte, jedoch umstrittene[717] Voraussetzung des § 245 Abs. 1 Nr. 3 InsO vorliegt, wonach eine gerichtliche Überprüfung der ersten beiden Ziffern nur dann stattfindet, wenn die Mehrheit der abstimmenden Gruppen dem Plan mit den erforderlichen Mehrheiten zugestimmt hat). Mit Anordnung einer solchen (einschneidenden) Rechtsfolge bringt der Gesetzgeber aber gleichzeitig zum Ausdruck, dass dann eine Pflicht sowohl der vor- und nachrangigen Gläubiger als auch der Gesellschafter zur Zustimmung zu einem Insolvenzplan besteht, wenn dieser die *Absolute Priority Rule* einhält, also den durch ihn geschaffenen Mehrwert entsprechend dem Grundsatz verteilt, dass die Interessen nachrangiger Kapitalgeber erst dann berücksichtigt werden dürfen, wenn diejenigen vorrangiger vollumfänglich befriedigt wurden. Denn die Fiktion der Zustimmung ist gegenüber der Pflicht zur Zustimmung ein rechtliches Mehr. § 245 InsO beinhaltet daher auch die Pflicht der Kapitalgeber zur Zustimmung zu einem die *Absolute Priority Rule* einhaltenden Insolvenzplan. Dies lässt sich zugleich der amtlichen Überschrift des § 245 InsO entnehmen, die „Obstruktionsverbot" lautet. Ein Verbot ist in rechtlicher Hinsicht nichts anderes als eine Pflicht zur Unterlassung. Im Sinne des § 245 InsO bedeutet dies: Eine Pflicht zur Unterlassung der Nichtzustimmung, mithin eine Pflicht zur Zustimmung zu einem die *Absolute Priority Rule* respektierenden Insolvenzplan.

Da überdies ein Insolvenzplan unter materiell-rechtlichen Gesichtspunkten nichts anderes als ein privatautonomer Vertrag ist, der lediglich unter insolvenzspezifischen Verfahrensvorschriften zustande kommt[718], und da wie oben gezeigt

---

Alternative in einem hypothetischen Regelverfahren generieren würde. Vgl. hierzu MünchKommInsO-*Drukarcyk* § 245 Rn. 41.

717 Gottwald/*Braun*, Der Ablauf des Insolvenzplanverfahrens, Insolvenzrechts-Handbuch, § 68 Rn. 59 hält § 245 Abs. 1 Nr. 3 InsO für systemwidrig; zur Diskussion vgl. MünchKommInsO-*Drukarcyk* § 245 Rn. 24 ff.

718 Nach MünchKommInsO-*Eidenmüller* § 217 InsO Rn. 14 ff., 24 qualifiziert der Insolvenzplan richtigerweise nicht nur als prozessrechtlicher, sondern vor allem auch als materiell-rechtlicher Vertrag. Aufgrund ihrer unmittelbar rechtsgestaltenden Wirkung bzgl. der materiellen Rechtslage (§ 254 Abs. 1 InsO) handele es sich bei Insolvenzplänen jedenfalls auch um materiellrechtliche Verträge. Vgl. hierzu auch *Eidenmüller*, Der Insolvenzplan als Vertrag, Jahrbuch für Politische Ökonomie, 1996, S. 164 ff. A.A. BGH WM 2006, 44 = NZI 2006, 100 = ZInsO 2006, 38 = EWiR 2006, 87 (*Bähr/Landry*), der den Insolvenzplan für ein „spezifisch insolvenzrechtliches Instrument" hält, bei dem es sich gerade nicht um einen Vertrag im herkömmlichen Sinne handele, da der Wille des einzelnen Gläubigers durch Mehrheitsentscheidung überwunden werden könne und der überstimmte Gläubiger dennoch an den Plan gebunden sei.

die insolvenzrechtliche Verteilungsregel, auf die § 245 InsO Bezug nimmt, lediglich eine Klarstellung der auch außerhalb eines Insolvenzverfahrens geltenden Rangfolge ist, dass die Sicherungsinteressen vorrangiger Kapitalgeber stets Vorrang gegenüber den Wertsteigerungsinteressen nachrangiger Kapitalgeber haben, kann § 245 InsO der allgemeine Grundsatz entnommen werden, dass eine Pflicht sowohl der Gläubiger als auch der Gesellschafter einer zu restrukturierenden Gesellschaft besteht, solchen Verträgen zuzustimmen, die die *Absolute Priority Rule* exakt abbilden. Diese Zustimmungspflicht besteht also insbesondere zu außerhalb eines Insolvenzverfahrens abzuschließenden Restrukturierungsvereinbarungen, sofern der auf ihrer Grundlage generierte Mehrwert gemäß der *Absolute Priority* Rule an die Kapitalgeber verteilt wird.

Da § 245 InsO unmittelbar jedoch nur auf einen Insolvenzplan Anwendung findet, kann die Fiktion der Zustimmung auch nur dort gelten und nicht auch bei außergerichtlichen Restrukturierungsvereinbarungen. Da wie oben festgestellt in insolvenznahen Restrukturierungssituationen die gleichen ökonomischen Gegebenheiten vorliegen können wie innerhalb eines Insolvenzverfahrens und ein Insolvenzplan ebenso wie eine Restrukturierungsvereinbarung ein privatautonomes mehrseitiges Rechtsgeschäft darstellt, das lediglich unter besonderen, der starken Beeinträchtigung der Gläubigerinteressen in einer Insolvenz Rechnung tragenden Verfahrens- und Schutzvorschriften zustande kommt, ist die Wertung des § 245 InsO auch auf außergerichtliche Restrukturierungsvereinbarungen zu übertragen. Dies scheint umso angebrachter zu sein, wenn man berücksichtigt, dass es sowohl bei einem Insolvenzplan als auch bei einer Restrukturierungsvereinbarung zum gleichen Obstruktionsverhalten nachrangiger Kapitalgeber kommen kann. Die ökonomische Interessenlage ist bei Restrukturierungen außerhalb und innerhalb einer Insolvenz in aller Regel dieselbe. Daher kann aus § 245 InsO die Pflicht der Gläubiger und Gesellschafter abgeleitet werden, einer Restrukturierungsvereinbarung zuzustimmen, sofern sie die *Absolute Priority Rule* exakt reflektiert. Die Geschäftsleitung trifft dabei als Treuhänder der Kapitalgeber dieselbe Pflicht, nämlich namens des Schuldners solche Restrukturierungsvereinbarungen abzuschließen bzw. nicht zu obstruieren. Zur Beantwortung der Frage, ob eine Zustimmungspflicht zu einer außergerichtlichen Restrukturierungsvereinbarung besteht, ist auf die Regelungen und Wertungen des § 245 InsO zurückzugreifen, insbesondere § 245 Abs. 1 Nr. 2 i.V.m. Abs. 2 Nr. 2, 3 InsO, da diese Regeln einen Mechanismus enthalten, der die Einhaltung der insolvenzrechtlichen Verteilungsregel der §§ 1, 199 S. 2 InsO auf den Insolvenzplan gewährleistet. Dieser Mechanismus eignet sich daher ebenso zur Bestimmung, ob die Verteilungsrangfolge auch bei einer Restrukturierungsvereinbarung als außergerichtlichem „Insolvenzplan" eingehalten wurde und damit eine Zustimmungspflicht zu ihr besteht.

2. *Konkretisierung und Auswirkung*

a) *Konfliktsituationen*

Aus den dargestellten Rechtsnormen und -instituten lässt sich folglich die grundlegende Pflicht der Geschäftsleitung ableiten, im Rahmen ihrer unternehmerischen Entscheidungen nicht nur die Interessen der Eigenkapitalgeber zu berücksichtigen, sondern vielmehr diejenigen aller Kapitalgeber. Diese Interessen sind dabei jedoch – wie gezeigt – einer Rangfolge unterworfen, die sich die Kapitalgeber im Rahmen ihrer Privatautonomie selbst auferlegt haben und die an den gezeigten Stellen im Gesetz ihren Ausdruck findet. Nach dieser Rangfolge sind zunächst die Sicherungsinteressen vorrangiger Fremdkapitalgeber und erst dann, wenn diese vollständig befriedigt sind, die Wertsteigerungsinteressen nachrangiger Eigenkapitalgeber zu berücksichtigen (*Absolute Priority Rule*).

Die Interessen der verschiedenen Kapitalgeber stehen jedoch nicht in einem ständigen Konflikt, so dass die *Absolute Priority Rule* im „Normalfall" keine Auswirkungen zeitigt. Ein Interessenwiderstreit ergibt sich vielmehr nur in bestimmten Konfliktsituationen. Im Regelfall werden sowohl die Sicherungs- als auch die Wertsteigerungsinteressen dadurch befriedigt, dass das Reinvermögen einer Gesellschaft maximiert wird. Durch einen möglichst hohen Eigenkapitalanteil am Gesamtvermögen wird zum einen dem Sicherungsinteresse vorrangiger Kapitalgeber an der Erfüllbarkeit ihrer Forderungen Rechnung getragen, weil das Eigenkapital als „Puffer" dient, bei dessen Vorhandensein die Forderungen der Fremdkapitalgeber durch eine Verwertung des gesamten Vermögens der Gesellschaft stets vollständig befriedigt werden könnten. Zum anderen wird durch einen hohen Eigenkapitalanteil zugleich auch dem Wertsteigerungsinteresse nachrangiger Kapitalgeber entsprochen, da das Eigenkapital maßgeblicher Bezugspunkt für die Bewertung der Gesellschaftsanteile der Eigenkapitalgeber ist. Darüber hinaus können Auszahlungen an die Gesellschafter nur dann erfolgen, wenn die Grund- bzw. Stammkapitalziffer gedeckt ist oder ein Bilanzgewinn ausgewiesen wird, was ebenso nur bei Vorliegen von entsprechendem Eigenkapital der Fall ist. Daher könnte man voreilig den Schluss ziehen, die Geschäftsleitung verfolge bei alleiniger Fokussierung auf die Maximierung des (Rein-)Vermögens der Gesellschaft nicht nur die Wertsteigerungsinteressen der Gesellschafter, sondern stets auch die Sicherungsinteressen der Gläubiger. Eine Rangfolge, nach der die Interessen der Kapitalgeber zu verfolgen sind, wäre (außerhalb einer Insolvenz) also gar nicht vonnöten.

Eine solche Schlussfolgerung wäre jedoch zu kurzsichtig und würde verkennen, dass in bestimmten unternehmerischen Situationen die Geschäftsleitung entweder nur die Interessen der einen oder der anderen Kapitalgebergruppe verfolgen kann.[719] Konfliktlagen, in denen die Geschäftsleitung den Interessen der einen oder

719 Und darüber hinausgehend die Interessen der einen Gruppe auch nur auf Kosten der anderen.

der anderen Gruppe den Vorrang einräumen muss und in denen die zu beachtende Interessenrangfolge überhaupt erst zur Geltung kommt, ergeben sich zum einen im Kontext von Sanierungen und Restrukturierungen, d.h. zu einem Zeitpunkt, in dem sich die Gesellschaft bereits in einer wirtschaftlichen Krise befindet, zum anderen dann, wenn im Zeitpunkt der Vornahme der unternehmerischen Maßnahme aus einer *ex ante*-Perspektive die Möglichkeit besteht, dass durch die Vornahme die Gesellschaft in eine wirtschaftliche Krise gerät, mithin die Position der Fremdkapitalgeber zugunsten derjenigen der Eigenkapitalgeber derart gefährdet oder beeinträchtigt werden kann, dass die Kapitalstruktur der Gesellschaft aller Voraussicht nach restrukturiert werden muss.

aa) Konfliktsituation innerhalb einer Krise

Restrukturierungssituationen sind regelmäßig dadurch gekennzeichnet, dass der Unternehmenswert die ausstehenden Verbindlichkeiten der Gläubiger nicht mehr deckt und in bilanzieller Hinsicht negatives Eigenkapital vorliegt. Die Haftungsmasse reicht dann nicht mehr aus, um allen Kapitalgeberinteressen gerecht zu werden. Im Falle einer Verwertung des noch vorhandenen Vermögens, etwa durch Veräußerung des Unternehmens, ist ein etwaig erzielter Erlös unter den Kapitalgebern zu verteilen. Ohne dass sich die Geschäftsleitung bei der Verteilung des Veräußerungserlöses an einer Befriedigungsrangfolge orientierte, wäre eine gerechte Verteilung nicht möglich. Die Insolvenzordnung löst diesen Konfliktfall, indem sie für die Einzel- und Gesamtverwertung (übertragende Sanierung) in den §§ 1, 199 Satz 2 InsO sowie für eine Restrukturierung im Rahmen eines Insolvenzplans mit § 245 InsO eindeutig klarstellt, dass zunächst die beeinträchtigten Interessen der Gläubiger und erst dann diejenigen der Gesellschafter zu berücksichtigen sind.

Die Interessen von Gläubigern und Gesellschaftern geraten jedoch nicht nur innerhalb eines Insolvenzverfahrens, sondern gerade auch im Rahmen außergerichtlicher Restrukturierungen in Konflikt. Besonders deutlich wird dies bei einer – im Rahmen einer modernen, innovativen finanziellen Restrukturierung nicht mehr wegzudenkenden – *Debt to Equity Conversion* hinsichtlich der Frage, ob und inwieweit die Altgesellschafter auf Kosten der Neugesellschafter bzw. Altgläubiger am durch die Restrukturierung ermöglichten Fortführungswert bzw. am Eigenkapital der restrukturierten Gesellschaft partizipieren dürfen. Die Geschäftsleitung ist hierbei, insbesondere bei der Festlegung der einzelnen Restrukturierungsbeiträge in der Restrukturierungsvereinbarung, gezwungen, die Interessen der einen Kapitalgebergruppe auf Kosten der anderen zu verfolgen. Andernfalls würde eine Restrukturierung scheitern. Das bedeutet, dass die Interessen von Fremd- und Eigenkapitalgebern immer dann konfligieren, wenn der Unternehmenswert die Passiva nicht mehr deckt und entweder der Erlös aus einer etwaigen Veräußerung des Unternehmens unter den Kapitalgebern verteilt werden oder in einer Restrukturierungsvereinbarung die Art und die Höhe der von den Kapitalgebern zu leistenden Sanierungsbeiträge festgelegt werden muss, mithin der durch die Restrukturierung neu zu schaffende Unternehmenswert auf die Kapitalgeber verteilt wird.

bb) Konfliktsituation außerhalb einer Krise

Darüber hinaus kommt es dann zu einer Konfliktsituation, wenn zwar die ausstehenden Forderungen der Gläubiger noch durch den Unternehmenswert gedeckt sind, die Geschäftsleitung jedoch bei verschiedenen, ihr zur Auswahl stehenden Handlungsalternativen entweder nur die Interessen der Eigenkapitalgeber auf Kosten der Fremdkapitalgeber oder nur die Interessen der Fremdkapitalgeber auf Kosten der Eigenkapitalgeber verfolgen kann. Die Geschäftsleitung verfolgt dann die Wertsteigerungsinteressen der Eigenkapitalgeber auf Kosten der Sicherungsinteressen der Fremdkapitalgeber, wenn durch die Geschäftsleitungsmaßnahme der Wert des Eigenkapitals zwar potentiell wesentlich gesteigert werden kann, bei ihrer Vornahme jedoch zugleich ein erhöhtes Risiko besteht, dass das Eigenkapital derart geschmälert wird, dass sich die Ausfallwahrscheinlichkeit der Forderungen der Fremdkapitalgeber wesentlich erhöht.

Fremdkapitalgeber haben grundsätzlich kein Interesse daran, dass zur Wertsteigerung des Eigenkapitals Vermögen bzw. Kapital riskiert wird.[720] Sind nämlich aufgrund angemessener Eigenkapitalverhältnisse ihre Interessen an der Erfüllbarkeit ihrer Forderungen vollständig gesichert, haben sie – im Gegensatz zu den Eigenkapitalgebern – keinen zusätzlichen Vorteil, wenn das Eigenkapital weiterhin gemehrt bzw. im Wert gesteigert wird. Bei vollständiger Sicherung ihrer Interessen stehen sie eigenkapitalsteigernden Maßnahmen aufgrund des für sie damit verbundenen Risikos ohne zusätzliche Renditechance daher eher ablehnend gegenüber. Sie sind dementsprechend grundsätzlich nicht an einer Veränderung des *status quo* interessiert. Fraglich ist daher, ob bei vollständiger Sicherung der Interessen der Fremdkapitalgeber, d.h. bei Vorliegen von Eigenkapitalverhältnissen, die denjenigen eines sanierten Unternehmens im Sinne eines IDW S6-Gutachtens entsprechen, die Geschäftsleitung auch dann die (nachrangigen) Wertsteigerungsinteressen der Eigenkapitalgeber, die aufgrund vollständiger Sicherung der Fremdkapitalgeberinteressen nun eigentlich „an der Reihe" wären, verfolgen darf, wenn eine gewisse Wahrscheinlichkeit dafür besteht, dass die anvisierte eigenkapitalsteigernde Maßnahme nicht von Erfolg gekrönt sein wird, das Eigenkapital geschmälert und damit die Sicherungsinteressen der Fremdkapitalgeber gefährdet oder sogar dadurch beeinträchtigt werden, dass der Unternehmenswert die Verbindlichkeiten nicht mehr abdeckt und die Gesellschaft restrukturiert werden muss. Darauf wird zurückzukommen sein.

720 Vgl. hierzu auch die anschaulichen Fallbeispiele bei *Klöhn* ZGR 2008 110, 113 ff.

b) *Fester Zeitpunkt für eine Änderung der Ausrichtung des unternehmerischen Handelns der Geschäftsleitung?*

Entgegen einigen Stimmen in der Literatur[721] gibt es jedoch keinen fest fixierten Zeitpunkt, der für die Ausrichtung des Handelns der Geschäftsleitung einen Wendepunkt darstellen würde. Das heißt, die Geschäftsleitung hat sich nicht vor Insolvenzantragstellung ausschließlich oder mit einem (leichten) Gewichtsvorsprung[722] an den Wertsteigerungsinteressen der Eigenkapitalgeber zu orientieren und erst danach am Sicherungsinteresse der Gläubiger. Vielmehr haben die Sicherungsinteressen der Gläubiger stets Vorrang vor den Wertsteigerungsinteressen der Gesellschafter, unabhängig von einer Insolvenzantragsstellung und unabhängig vom Vorliegen bestimmter Kapitalverhältnisse, wie etwa einer handelsbilanziellen Überschuldung[723] oder einer Unterbilanz[724]. Der einzig relevante Zeitpunkt für die Änderung bzw. Neuorientierung des Geschäftsleiterhandelns ist derjenige, in dem sichergestellt ist, dass die Interessen der vorrangigen Gläubiger vollständig befriedigt sind (bzw. umgekehrt derjenige, ab dem sie es nicht mehr sind). Erst dann ist es der Geschäftsleitung gestattet, die nachrangigen Wertsteigerungsinteressen der Eigenkapitalgeber zu verfolgen. Die Geschäftsleitung hat also zunächst dafür zu sorgen, dass das Interesse der Gläubiger an der Erfüllbarkeit ihrer gesamten Nominalforderung (einschließlich der zu entrichtenden Zinsen) sichergestellt ist, bevor sie Maßnahmen vornimmt, die dem Wertsteigerungsinteresse nachrangiger Kapitalgeber dienen. Das Vorliegen einer Unterbilanz oder einer darüber hinaus gehenden Überschuldung ist daher lediglich (unwiderlegliche) Vermutung dafür, dass die Sicherungsinteressen der Gläubiger gefährdet bzw. beeinträchtigt sind. Denn bei Vorliegen einer bilanziellen Überschuldung können selbst bei Verwertung der gesamten Aktiva die Forderungen der Gläubiger nicht vollständig erfüllt werden, so dass deren Sicherungsinteressen beeinträchtigt sind.

Bei Vorliegen lediglich einer Unterbilanz sind zwar die ausstehenden Forderungen in der Regel noch vom Unternehmenswert gedeckt, es besteht jedoch dennoch die Gefahr, dass der noch vorhandene „Eigenkapitalpuffer" angesichts der sich in einer Krise regelmäßig zuspitzenden Verschlechterung der Finanzlage der Gesellschaft nicht mehr lange ausreicht. Bei Vorliegen einer Unterbilanz besteht daher zumindest latent die Gefahr der Beeinträchtigung der Sicherungsinteressen der

---

721 Im Rahmen eines vorinsolvenzlichen Sanierungsverfahrens de lege ferenda sprechen sich *Eidenmüller*, Unternehmenssanierung zwischen Markt und Gesetz, 1999, S. 698 und *Westpfahl* ZGR 2010, 385, 418 f. dafür aus, dass im Zeitpunkt des Eintritts einer Unterbilanz (*Eidenmüller*) bzw. im Zeitpunkt des Vorliegens einer handelsbilanziellen Überschuldung (*Westpfahl*) die Gläubigerinteressen derart gefährdet sind, dass die Geschäftsleitung die Pflicht trifft, ein solches vorinsolvenzliches Verfahren einzuleiten.

722 So aber *Seibt* für den Vorstand einer AG, ZIP 2013 1597, 1598.

723 *Westpfahl* ZGR 2010, 385, 418 f.

724 *Eidenmüller*, Unternehmenssanierung zwischen Markt und Gesetz, 1999, S. 698.

Gläubiger.[725] Diese sind also bei Vorliegen einer Unterbilanz trotz eines gegebenenfalls noch vorhandenen, wenn auch bereits geschmälerten „Eigenkapitalpuffers" nicht vollständig befriedigt. Die Geschäftsleitung hat sich daher auch außerhalb einer Insolvenz, wenn noch keine bilanzielle Überschuldung eingetreten ist, also dann, wenn das Eigenkapital (noch) positiv ist und lediglich eine Unterbilanz vorliegt, vornehmlich um die Sicherungsinteressen der Gläubiger zu kümmern. Überdies können die Sicherungsinteressen – wie gesehen – auch dann in Gefahr sein, wenn zwar keine Unterbilanz vorliegt, jedoch ebenso wenig Eigenkapitalverhältnisse, die denjenigen eines sanierten Unternehmens i.S. eines IDW S6-Gutachtens entsprechen. Denn dann bestehen sowohl an den Kredit- als auch an den Kapitalmärkten verschlechterte Refinanzierungsmöglichkeiten für die Gesellschaft und damit zusammenhängend auch verschlechterte Exitmöglichkeiten für die Fremdkapitalgeber.[726] Solange die Sicherungsinteressen der Gläubiger daher nicht vollständig außer Gefahr sind, kommt eine Orientierung an den Wertsteigerungsinteressen der Eigenkapitalgeber nicht in Betracht.

Mit den §§ 1, 199 Satz 2, 245 InsO stellt der Gesetzgeber klar, dass ab Insolvenzantragsstellung die Sicherungsinteressen der Gläubiger stets in Gefahr und in der Regel auch beeinträchtigt sind. Ein vom Gericht eingesetzter (vorläufiger) Insolvenzverwalter hat daher sein Handeln immer am Gläubigerinteresse auszurichten. Ist es dem Schuldner gestattet, sich im Rahmen eines Eigenverwaltungsverfahrens selbst zu verwalten und zu restrukturieren, hat die Geschäftsleitung ihr Handeln ebenso an § 1 InsO, mithin an den Gläubigerinteressen auszurichten.[727] Das Unternehmensinteresse i.S.d. §§ 93 AktG, 43 GmbHG erschöpft sich daher im Gläubigerinteresse i.S.d. § 1 InsO. Dies bedeutet jedoch – wie eben gezeigt – keineswegs, dass die Sicherungsinteressen nicht auch schon vor Insolvenzantragsstellung gefährdet bzw. beeinträchtigt sein können. Ab Insolvenzantragsstellung stellt der Gesetzgeber lediglich klar, dass die Geschäftsleitung (im Falle der Eigenverwaltung) ihr Handeln nun zwingend am Gläubigerinteresse zu orientieren hat. Ein sog. *shift of fiduciary duties* geht jedoch mit der Insolvenzantragsstellung nicht einher, da in aller Regel auch schon vor Insolvenzantragsstellung die Sicherungsinteressen der Gläubiger in Gefahr und daher nicht vollständig befriedigt waren. Konstellationen, in denen dies nicht der Fall ist, sind schwer vorstellbar.

Es erscheint allerdings ebenfalls nicht ganz richtig, einen *shift of fiduciary duties* zwingend mit einer Unterbilanz oder einer handelsrechtlichen Überschuldung festlegen zu wollen. Zwar werden bei einer handelsbilanziellen Überschuldung und auch bei einer Unterbilanz die Interessen der Fremdkapitalgeber nicht

725 A.A. *K. Schmidt*, Gutachten D zum 54. Deutschen Juristentag, 1982, D 100, der der Ansicht ist, ein Unternehmen könne bei Vorliegen einer Unterbilanz oder rechnerischen Überschuldung noch prospektiv kerngesund sein.

726 Hierzu siehe sogleich.

727 Bei einem Eigenverwaltungsverfahren handelt es sich um eine modifizierte Form eines regulären Insolvenzverfahrens, auf die ebenso § 1 InsO anzuwenden ist.

vollständig befriedigt sein, so dass die Geschäftsleitung ihr Handeln ab Vorliegen einer Unterbilanz und ggf. einer handelsbilanziellen Überschuldung vornehmlich an ihren Interessen auszurichten hat. Daraus darf jedoch nicht voreilig der Schluss gezogen bzw. das Prinzip abgeleitet werden, dass ab einem bestimmten Zeitpunkt eine Kehrtwende eintritt und nun nicht mehr die Wertsteigerungsinteressen der Eigenkapitalgeber, sondern diejenigen der Fremdkapitalgeber zu verfolgen sind. Denn auch bei Nichtvorliegen einer Unterbilanz können – wie eben gesehen – die Sicherungsinteressen der Gläubiger in Gefahr sein. Weder das Vorliegen von Insolvenzgründen noch eine handelsbilanzielle Überschuldung[728] oder eine Unterbilanz vermögen daher einen geeigneten Zeitpunkt für einen Wechsel der Ausrichtung des unternehmerischen Handelns der Geschäftsleitung darzustellen. Vielmehr verhält es sich so, dass die Geschäftsleitung stets die Interessen der Fremdkapitalgeber denjenigen der Eigenkapitalgeber vorzuziehen hat, jedoch nur insoweit, als dass die Fremdkapitalgeberinteressen noch nicht vollständig befriedigt sind. Dass dies bei Vorliegen einer Unterbilanz oder einer Überschuldung in aller Regel der Fall ist, ist dann lediglich Folge des allgemeinen Vorrangprinzips (*Absolute Priority Rule*). Die Geschäftsleitung hat daher nicht die Pflicht, bei Vorliegen bestimmter Kapitalverhältnisse die Interessen einer bestimmten Kapitalgebergruppe zu verfolgen. Sie hat sich vielmehr fortwährend an der *Absolute Priority Rule* zu orientieren.

Als Orientierungshilfe (und nicht als fest fixierter Zeitpunkt eines Wechsels (*shifts*)) hinsichtlich der Frage, wann die Sicherungsinteressen der vorrangigen Fremdkapitalgeber vollständig befriedigt sind und die Geschäftsleitung sich den Wertsteigerungsinteressen der nachrangigen Eigenkapitalgeber widmen kann, können diejenigen Kapitalverhältnisse herangezogen werden, die ein saniertes Unternehmen i.S. eines IDW S6-Gutachtens aufweisen sollte. Weist eine Gesellschaft eine entsprechende Kapitalstruktur auf, dann sollte in der Regel gewährleistet sein, dass die Sicherungsinteressen der Fremdkapitalgeber vollständig befriedigt sind. Denn kann eine Gesellschaft ein branchenübliches Eigenkapital ausweisen, ist ihre Zahlungsfähigkeit sichergestellt, sie mithin durchfinanziert und renditefähig, dann ist sie *bankable*, daher sowohl für potentielle Fremd- als auch Eigenkapitalgeber attraktiv und erhält in der Regel die Möglichkeit, sich an den Kredit- und Kapitalmärkten zu angemessenen Konditionen refinanzieren zu können. Dies wiederum ermöglicht den Fremdkapitalgebern, sich von ihrem finanziellen Engagement jederzeit zu trennen, indem ihre Forderungen entweder im Rahmen einer Refinanzierung vollständig abgelöst werden oder sie aufgrund der Vermögens-, Ertrags- und Finanzverhältnisse der Gesellschaft ihre Kredite auf dem Sekundärmarkt zu par, d.h. zum vollen Nominalbetrag, veräußern können.

---

728 Zum Unterschied zwischen einer insolvenzrechtlichen Überschuldung i.S.d. § 19 Abs. 2 InsO und einer handelsrechtlichen siehe oben Kapitel 1 C. II. 1.

c) *Pflicht der Geschäftsleitung zur Wiederherstellung von angemessenen Kapital- und Vermögensverhältnissen*

Die Geschäftsleitung kommt ihrer Pflicht zur vorrangigen Befriedigung der Sicherungsinteressen der Fremdkapitalgeber daher zum einen dann nach, wenn Kapital- und Vermögensverhältnisse, die denjenigen eines sanierten Unternehmens i.S. eines IDW S6-Gutachtens entsprechen, erhalten werden, zum anderen dann, wenn solche Vermögensverhältnisse im Falle, dass sie nicht (mehr) vorliegen, wiederhergestellt werden. Die Geschäftsleitung hat also die Pflicht zur Erhaltung und (etwaigen) Wiederherstellung von Vermögens- und Kapitalstrukturen, die denjenigen eines sanierten Unternehmens i.S. eines IDW S6-Gutachtens entsprechen. Derartige Kapitalverhältnisse liegen insbesondere dann nicht mehr vor, wenn die Gesellschaft kein branchenübliches Eigenkapital mehr aufweist. Die Geschäftsleitung kann in einem solchen Fall ihre vorrangige Pflicht zur Sicherstellung der Fremdkapitalgeberinteressen daher nur dadurch erfüllen, dass sie dafür Sorge trägt, dass kurzfristig wieder branchenübliches Eigenkapital vorliegt, mithin die bilanzielle Passivseite der Gesellschaft restrukturiert wird. Steht ihr der hierzu erforderliche Sachverstand intern nicht zur Verfügung, ist sie verpflichtet, externen Sachverstand hinzuzuziehen, der ihr die Handlungsalternativen zur Wiederherstellung branchenüblicher Eigenkapitalverhältnisse aufzeigt.[729]

Die zur Herstellung branchenüblicher Eigenkapitalverhältnisse erforderlichen Maßnahmen können dabei die verschiedensten Formen annehmen, jedoch in der Regel nicht allein von der Gesellschaft bzw. Unternehmensgruppe selbst erbracht werden, so dass die Kapitalgeber zur Wiederherstellung des branchenüblichen Eigenkapitals selbst Sanierungsbeiträge zu leisten haben. Der Geschäftsleitung obliegt dann die Koordinierung dieser Sanierungsbeiträge, wobei sie insbesondere darauf zu achten hat, dass die Kapitalgeber bei der Art und Höhe der Leistung der Sanierungsbeiträge die *Absolute Priority Rule* einhalten. Dies bedeutet, dass der Geschäftsleitung als Treuhänder aller Kapitalgeber die Pflicht zukommt, darauf zu achten, dass zunächst die nachrangigen Kapitalgeber Sanierungsbeiträge leisten und erst dann, wenn die Interessen der vorrangigen Fremdkapitalgeber vollständig befriedigt sind, diese zur Beitragsleistung herangezogen werden. Andernfalls würden die nachrangigen Kapitalgeber auf Kosten der vorrangigen entgegen der *Absolute Priority Rule* wirtschaftliche Werte erhalten. Ist es nachrangigen Kapitalgebern dabei nicht möglich, Sanierungsbeiträge in Form der Bereitstellung frischer (Eigen-)Kapitalmittel zu erbringen, haben sie in der Höhe, in der ihr die Zurverfügungstellung von Bar- oder Sachmitteln nicht möglich ist, auf ihre Rechte „zu verzichten", was beispielsweise dadurch erfolgen kann, dass die nachrangigen Kapitalgeber einem Kapitalschnitt zustimmen (bzw. sich in der

729 Dies geschieht in der Praxis regelmäßig durch hierauf spezialisierte Rechtsanwaltskanzleien, Investmentbanken sowie durch die Restrukturierungsabteilungen großer Wirtschaftsprüfungsgesellschaften.

Restrukturierungsvereinbarung hierzu verpflichten), bei dem die sich an die Kapitalherabsetzung anschließende Kapitalerhöhung unter (vollständigem) Ausschluss des gesetzlichen Bezugsrechts durchgeführt wird, die nachrangigen Kapitalgeber somit keine (neuen) Anteile an der restrukturierten Gesellschaft erhalten, mithin auch nicht an einer „Erholung" des Eigenkapitals teilnehmen.

Im Ergebnis muss die Geschäftsleitung darauf hinwirken, dass an dem neuen, durch die Sanierungsbeiträge der Kapitalgeber wieder hergestellten Unternehmenswert nachrangige Kapitalgeber nur insoweit beteiligt werden, als die Forderungen der vorrangigen Kapitalgeber vollständig befriedigt sind. Diese Befriedigung kann dabei etwa dadurch erfolgen, dass den vorrangigen Kapitalgebern Barzahlungen in der Restrukturierungsvereinbarung versprochen werden, die die Gesellschaft künftig zu leisten hat (etwa im Rahmen einer *Reinstated Debt*, namentlich einer Neuvereinbarung der alten (Konsortial-)Kredite), dass sie neu auszugebende Anteile an der Gesellschaft im Gegenzug für einen Verzicht auf den nicht mehr werthaltigen Teil ihrer Forderung erhalten oder dass die nachrangigen Kapitalgeber der Gesellschaft frische Bar- oder Sachmittel zur Verfügung stellen, die den vorrangigen Kapitalgebern zumindest mittelbar zugutekommen. Diese Sanierungsleistungen sind dabei auf die Nominalforderungen der vorrangigen Fremdkapitalgeber „anzurechnen". Die Geschäftsleitung trifft weiterhin die Pflicht, diese „Befriedigungsmaßnahmen" gemäß der *Absolute Priority Rule* in einem Restrukturierungskonzept zu vereinen sowie darauf hinzuwirken, dass es in einer Restrukturierungsvereinbarung rechtsverbindlich verankert wird.[730] Die Geschäftsleitung ist also dergestalt zur Wiederherstellung branchenüblichen Eigenkapitals bzw. von Kapitalverhältnissen i.S. eines IDW S6-Gutachtens verpflichtet, dass sie ein Restrukturierungskonzept konstruiert, das rechtsverbindlich in einer Restrukturierungsvereinbarung niedergelegt wird und auf die einzelnen Kapitalgeber in der Weise einwirkt, dass diese eine solche Restrukturierungsvereinbarung abschließen, wobei die Restrukturierungsvereinbarung dabei stets die *Absolute Priority Rule* widerspiegeln muss, d.h. der auf ihrer Grundlage geschaffene wirtschaftliche Wert muss in der Weise an die Kapitalgeber verteilt werden, dass die nachrangigen Kapitalgeber erst dann Werte erhalten, wenn die Forderungen der vorrangigen Kapitalgeber vollständig befriedigt wurden. Nur dann entspricht das Handeln der Geschäftsleitung dem Unternehmensinteresse bzw. dem Wohle der Gesellschaft i.S.d. §§ 93 AktG, 43 GmbHG.

d) Pflicht der Geschäftsleitung zur Erhaltung von angemessenen Kapital- und Vermögensverhältnissen

Weist die Gesellschaft Kapitalverhältnisse i.S. eines IDW S6-Gutachtens auf, dann sind die Sicherungsinteressen der vorrangigen Fremdkapitalgeber (zunächst) vollständig befriedigt, so dass die Geschäftsleitung ihr Handeln nun vornehmlich an den Wertsteigerungsinteressen der nachrangigen Eigenkapitalgeber auszurichten

730 Hierzu siehe unten Kapitel 3 A. III – V.

hat. Dennoch können die Fremdkapitalgeberinteressen auch bei Vorliegen branchenüblichen Eigenkapitals und damit bei ihrer vollständigen Sicherung von der Geschäftsleitung bei deren vorzunehmenden Maßnahmen nicht völlig ausgeblendet werden. Denn bei unternehmerischen Entscheidungen kann mitunter das Risiko bestehen, dass die Kapitalstruktur der Gesellschaft derart negativ verändert wird, dass die Kapitalverhältnisse nicht mehr denjenigen eines sanierten Unternehmens i.S. eines IDW S6-Gutachtens entsprechen, mithin die Sicherungsinteressen der Gläubiger wieder gefährdet sind. Jede unternehmerische Entscheidung birgt neben der Chance einer Wertsteigerung des Eigenkapitals zugleich auch das Risiko einer Vergrößerung des Ausfallrisikos hinsichtlich der Forderungen der Fremdkapitalgeber. Wie oben gezeigt, sind Fremdkapitalgeber dann, wenn ihre Sicherungsinteressen vollständig befriedigt sind, d.h. bei Vorliegen branchenüblichen Eigenkapitals, nicht an einer Veränderung der Eigenkapitalverhältnisse interessiert. Bei vollständiger Sicherung ihrer Interessen profitieren sie nicht von einer Mehrung des Eigenkapitals. Jede Maßnahme, mit der das Risiko einhergeht, dass sich das Eigenkapital verringert, erhöht hingegen bei gleichbleibenden Renditechancen das Ausfallrisiko hinsichtlich ihrer Forderungen.

Die Pflicht der Geschäftsleitung zur vorrangigen Berücksichtigung der Fremdkapitalgeberinteressen geht jedoch nicht soweit, als dass jede Erhöhung eines (auch noch so geringen) Ausfallrisikos vermieden werden müsste. Dies ginge zulasten der Wertsteigerungsinteressen der Eigenkapitalgeber und letztendlich auch zulasten der Sicherungsinteressen der Fremdkapitalgeber. Denn bei Verfolgung einer allzu konservativen und vorsichtigen Geschäftsstrategie bestünde das Risiko, dass das Unternehmen Marktchancen nicht angemessen wahrnimmt und an Wettbewerbsfähigkeit verliert, was letzten Endes dann doch zu Verlusten und einer Gefährdung der Fremdkapitalgeberinteressen führen würde. Ferner muss auch berücksichtigt werden, dass Fremdkapitalinvestitionen nicht frei jeden Risikos sind. Das Risiko eines Ausfalls wird in der Regel schon in der vereinbarten Zinsmarge reflektiert, d.h. die jeder unternehmerischen Entscheidung i.S.d. §§ 93 AktG, 43 GmbHG immanente Möglichkeit einer Erhöhung des Kreditausfallrisikos wird bereits durch den vereinbarten Zinssatz ausgeglichen. Bei vollständiger Befriedigung der Fremdkapitalgeberinteressen, mithin bei Vorliegen branchenüblichen Eigenkapitals, ist es der Geschäftsleitung daher bei ihren unternehmerischen Entscheidungen i.S.d. *Business Judgement Rule*, § 93 Abs. 1 Satz 2 AktG, gestattet, zur Verfolgung der Wertsteigerungsinteressen der Eigenkapitalgeber Risiken einzugehen, die die Ausfallwahrscheinlichkeit hinsichtlich der Forderungen der Fremdkapitalgeber erhöhen.

Dies findet jedoch dort seine Grenze, wo die vorrangigen Sicherungsinteressen der Fremdkapitalgeber durch die unternehmerische Entscheidung der Geschäftsleitung i.S.d. § 93 Abs. 1 Satz 2 AktG einschneidend gefährdet oder gar beeinträchtigt werden, d.h. dort, wo die unternehmerische Entscheidung das Risiko in sich birgt, die Kapitalstruktur der Gesellschaft derart negativ zu verändern, dass der Bestand branchenüblichen Eigenkapitals gefährdet ist. Mit anderen Worten: Die Geschäftsleitung ist im vorrangigen Sicherungsinteresse der Fremdkapitalgeber aus den §§ 93 AktG, 43 GmbHG verpflichtet, jedwede Maßnahmen zu unterlassen, die im Falle ihres Misserfolgs die Kapitalverhältnisse der Gesellschaft unter diejenigen „abrutschen" lassen, die eine Gesellschaft aufweisen muss, um als saniertes Unternehmen i.S. eines IDW S6-Gutachtens zu qualifizieren. Denn dann sind die Sicherungsinteressen der Fremdkapitalgeber in der Regel gefährdet. Eine unternehmerische Maßnahme der Geschäftsleitung darf daher nicht derart riskant sein, dass die vorrangigen Fremdkapitalgeberinteressen unmittelbar gefährdet werden. Solche Maßnahmen würden der *Absolute Priority Rule* und damit dem Unternehmensinteresse als dem abgestuften Kapitalinteresse aller Kapitalgeber widersprechen. Der Vorstand bzw. die Geschäftsführung würde sich nach § 93 Abs. 2 AktG bzw. § 43 Abs. 3 GmbHG gegenüber der Gesellschaft haftbar machen. Um dies zu vermeiden und um die *Absolute Priority Rule* einzuhalten, hat die Geschäftsleitung bei der Abwägung ihrer unternehmerischen Entscheidungsfindung zu berücksichtigen, dass die von ihr beabsichtigte Maßnahme zwar ein gewisses Risiko mit sich bringen darf, jedoch nicht ein solches, das das branchenübliche Eigenkapital i.S. eines IDW S6-Gutachtens antasten könnte. Die Einbeziehung dieser Möglichkeit ist als *Downside Protection* von der Geschäftsführung bei all ihren unternehmerischen Entscheidungen daher zu beherzigen, d.h. selbst im ungünstigsten prognostizierten Szenario, das durch Misslingen der unternehmerischen Maßnahmen eintreten kann, darf die Gesellschaft keine Kapitalstruktur aufweisen, die die Sanierungsaussage i.S. eines IDW S6-Gutachtens negativ werden ließe.

III. Pflicht zur Entwicklung eines Restrukturierungskonzepts und zur Verhandlung einer Restrukturierungsvereinbarung

Die sich aus den §§ 93 Abs. 1 AktG, 43 Abs. 1 GmbHG ergebende Pflicht der Geschäftsleitung, im Interesse der vorrangigen Fremdkapitalgeber dafür zu sorgen, dass die Gesellschaft stets eine Kapitalstruktur aufweist, die derjenigen eines sanierten Unternehmens i.S. eines IDW S6-Gutachtens entspricht, konkretisiert sich in Restrukturierungssituationen zur Pflicht, ein Restrukturierungskonzept zu entwickeln[731] und dieses mit den verschiedenen Kapitalgebern der Gesellschaft zu verhandeln.[732] Der Geschäftsleitung steht bei der Entwicklung zwar ein gewisses unternehmerisches Ermessen zu, da auch die Konzipierung eines Restrukturierungskonzepts eine unternehmerische Entscheidung i.S.d. § 93 Abs. 1 Satz 2 AktG darstellt. Ihr kommt daher bei der Entwicklung die Haftungsprivilegierung des § 93 Abs. 1 Satz 2 AktG zugute. Sie ist jedoch verpflichtet, ihr Handeln stets am

731 Siehe hierzu bereits oben Kapitel 3 A. II.

732 Die Geschäftsleitung kann auch verpflichtet sein, im Rahmen eines sog. Dual Track-Verfahrens mehrere Restrukturierungsalternativen und Restrukturierungskonzepte gleichzeitig zu planen und zu entwickeln, um so schnell auf Marktgegebenheiten, wie etwa ein günstiges Angebot eines potentiellen Eigen- oder Fremdkapitalinvestors, reagieren zu können.

Unternehmensinteresse auszurichten. Dieses erschöpft sich allerdings dann, wenn kein branchenübliches Eigenkapital mehr vorliegt, mithin in Sanierungssituationen, in der Sicherung der gefährdeten und gegebenenfalls bereits beeinträchtigten Fremdkapitalgeberinteressen. Eigenkapitalgeberinteressen darf sie erst berücksichtigen, wenn die Sicherungsinteressen vollständig befriedigt sind. Insoweit steht ihr also kein unternehmerisches Ermessen zu.

Für den konkreten Inhalt der Pflicht zur Entwicklung eines Restrukturierungskonzepts bedeutet dies, dass der auf Grundlage des entwickelten Konzepts geschaffene wirtschaftliche Wert derart an die Kapitalgeber verteilt wird, dass die nachrangigen Eigenkapitalgeber nur insoweit Werte erhalten, als die Nominalforderungen der vorrangigen Fremdkapitalgeber vollständig befriedigt sind. Ist ein nachrangiger Eigenkapitalgeber bereit, neue Eigenmittel beizusteuern, ist dieser Betrag auf die Forderungen der Fremdkapitalgeber „anzurechnen", wenn er zumindest mittelbar auf absehbare Zeit der Befriedigung der Forderungen der Fremdkapitalgeber zugutekommt. Sind die Eigenkapitalgeber hingegen nicht zur Bereitstellung neuer Mittel bereit oder in der Lage, dann hat die Geschäftsleitung das Konzept derart zu konstruieren, dass die Altgesellschafter ihre Anteile an der Gesellschaft auf die vorrangigen Fremdkapitalgeber übertragen oder dass bei einer möglichen Ausgabe neuer Anteile diese insofern den Fremdkapitalgebern zugeteilt werden, als es zur (vollständigen) Befriedigung ihrer Forderungen nötig ist. Als Bewertungsgrundlage ist dabei der auf Grundlage des Konzepts geschaffene, neue Unternehmenswert heranzuziehen. Die Geschäftsleitung ist also im Unternehmensinteresse, das sich in der Krise im Gläubigerinteresse erschöpft bzw. verdichtet, verpflichtet, ein Sanierungskonzept zu entwickeln, das die *Absolute Priority Rule* exakt widerspiegelt.

Für die Frage, wann das Restrukturierungskonzept die Befriedigungsrangfolge, der sich die Kapitalgeber gegenüber der Gesellschaft und untereinander unterworfen haben, abbildet, kann auf die Wertungen des § 245 Abs. 1 Nr. 2 i.V.m. Abs. 2 Nr. 2, 3 InsO zurückgegriffen werden.[733] Als Bezugspunkt kann dabei ebenso wie in § 245 InsO die in den §§ 1, 199 Satz 2 InsO normierte insolvenzrechtliche Verteilungsregel herangezogen werden, da diese lediglich Ausfluss des allgemeinen, oben dargestellten und auch außerhalb eines Insolvenzverfahrens geltenden Prinzips ist, dass die Interessen nachrangiger Kapitalgeber nur insoweit zu berücksichtigen sind, als dass vorrangige vollständig befriedigt sind. Primär ist jedoch auf eine ggf. vertraglich vereinbarte oder strukturell begründete Befriedigungsrangfolge[734] Bezug zu nehmen. Vertraglich festgelegte Befriedigungsrangfolgen bzw. *Waterfall*-Regelungen sind im Rahmen von Konsortialfinanzierungen insbesondere in *Intercreditor Agreements* sowie *Equity Subordination Agreements*[735] vorzufinden.

---

733 Siehe hierzu bereits oben Kapitel 3 A. II. 1. c) bb) (9).

734 Vgl. zur strukturellen und vertraglichen Subordination etwa *Diem* Akquisitionsfinanzierungen § 40 Rn. 7 ff., Rn. 14 ff.; *Schrell/Kirchner* BKR 2004, 212.

735 Siehe hierzu oben Kapitel 3 A. II. 1. c) aa).

Strukturell können bestimmte Kapitalgeber deshalb als nachrangig zu behandeln sein, weil sie nicht mit der über die werthaltigen Vermögensgegenstände verfügenden Konzerntochtergesellschaft kontrahiert haben, sondern mit der Muttergesellschaft oder möglicherweise sogar mit einer über diese „geschalteten“, weiteren Holdinggesellschaft. Soll das Restrukturierungskonzept die gesamte Unternehmensgruppe umfassen, hat die Geschäftsleitung (der Holding- bzw. Muttergesellschaft) nicht nur die vertragliche Befriedigungs- und Verteilungsrangfolge, sondern auch die strukturell begründete bei der Entwicklung eines konzernweiten Restrukturierungskonzepts zu berücksichtigen. Um ihrer Pflicht, ein Restrukturierungskonzept zu entwickeln, das die *Absolute Priority Rule* exakt abbildet, auch in Konzernsachverhalten gerecht werden zu können, hat die Geschäftsleitung zunächst – als „Vorpflicht“ – die vertraglich vereinbarte und strukturell begründete Befriedigungsrangfolge zu ermitteln und zu bestimmen. Sie ist daher bei Konzernrestrukturierungen in erster Linie verpflichtet, sog. *Entity Priority Models*[736] zu erstellen. Mit solchen Plan- und Vergleichsrechnungen kann die Erlösverteilung an die Kapitalgeber in verschiedenen Liquidations- und Restrukturierungsszenarien für jede einzelne Konzerngesellschaft ermittelt werden. Auf Grundlage dieser Vergleichsrechnungen hat die Geschäftsleitung dann ein die *Absolute Priority Rule* reflektierendes Restrukturierungkonzept zu entwickeln, mit den verschiedenen Kapitalgebern zu verhandeln und in einer Restrukturierungsvereinbarung rechtsverbindlich festzulegen.

Im Falle eines bestehenden genehmigten Kapitals nach den §§ 202 ff. AktG, 55a GmbHG kann die Geschäftsleitung dazu verpflichtet sein, ein Restrukturierungskonzept zu entwickeln, das dieses genehmigte Kapital als „Baustein“ des Konzepts vorsieht. Hierzu ist sie insbesondere dann verpflichtet, wenn Altgesellschafter oder aber auch neue, potentielle Investoren ihre Bereitschaft signalisiert haben, die durch Ausübung des genehmigten Kapitals geschaffenen, neuen Anteile übernehmen zu wollen, um der Gesellschaft auf diese Weise Eigenmittel zur Verfügung zu stellen.

---

736 Siehe hierzu *Seibt* ZIP 2013, 1597, 1600, Fn. 28: „Mit einem Entity Priority Model wird auf der Basis eines oder mehrerer bestimmter Liquidationsszenarien (zumeist mit verschiedenen Annahmen zur Vermögensbewertung, zu Verwertungsstrukturen und zur Wirksamkeit von Sicherheiten) die Erlösbedienung verschiedener Interessengruppen, insbesondere von besicherten und unbesicherten Gläubigergruppen sowie der Anteilseigner, modelliert. Dabei erfolgt die Analyse – dem Insolvenzrecht folgend – rechtsträgerbezogen („entity for entity“) und berücksichtigt die dort jeweils bestehenden Sicherungsrechte; es werden aber daneben auch die rechtlichen Rahmenbedingungen bei den einzelnen Rechtsträgern und zwischen ihnen (z.B. Ergebnisabführungsverträge) in die Analyse einbezogen.“ Vgl. hierzu auch die Ad hoc-Mitteilung der IVG Immobilien AG vom 12. Juli 2013.

IV. Pflicht zur Einwirkung auf die Stakeholder

Da die Gesellschaft in aller Regel nicht dazu in der Lage sein wird, eine (finanzielle) Restrukturierung aus eigenen Kräften zu stemmen, ist es für deren Gelingen entscheidend, dass sich die verschiedenen *Stakeholder* zu Restrukturierungsbeiträgen bereit erklären. Wird der durch das in einer Restrukturierungsvereinbarung festgelegte Restrukturierungskonzept geschaffene Mehrwert gemäß der *Absolute Priority Rule* verteilt, sind die *Stakeholder* zwar grundsätzlich zur Zustimmung zu einer solchen Restrukturierungsvereinbarung verpflichtet, die gerichtliche Durchsetzung dieser Pflicht wird jedoch regelmäßig nicht mit der für Sanierungssituationen erforderlichen Geschwindigkeit erreicht werden können, so dass eine freiwillige Zustimmung für die erfolgreiche Umsetzung einer Restrukturierung ausschlaggebend sein kann. Der Geschäftsleitung obliegt es deshalb, das von ihr entwickelte Restrukturierungskonzept zu bewerben, die verschiedenen Kapitalgeber davon zu überzeugen und derart auf sie einzuwirken, dass sie einer die *Absolute Priority Rule* reflektierenden Restrukturierungsvereinbarung zustimmen und diese auch umsetzen.

1. *Pflicht zur Einwirkung auf die Eigenkapitalgeber*

Im Einzelnen kann dies bedeuten, dass die Geschäftsleitung nach den §§ 93 Abs. 1 AktG, 43 Abs. 1 GmbHG verpflichtet ist, derart auf die (Alt-)Gesellschafter einzuwirken, dass diese sich in der Restrukturierungsvereinbarung verpflichten, den für eine *Debt to Equity Conversion* erforderlichen Kapitalmaßnahmen zuzustimmen und diese dort festgelegte Zustimmungspflicht auch durch die Zustimmung zu den einzelnen Kapitalmaßnahmen erfüllen. Hierzu hat dann der Vorstand einer AG das Gespräch mit Groß- und Ankeraktionären zu suchen sowie diese vom Restrukturierungskonzept zu überzeugen[737], sie über eine Zustimmungspflicht aufgrund der *Absolute Priority Rule*, d.h. des Vorrangs der Fremd- gegenüber den Eigenkapitalgeberinteressen, aufzuklären und gegebenenfalls auch die gerichtliche Durchsetzung der Zustimmungspflicht anzudrohen. Gegebenenfalls hat der Vorstand auch dahingehend auf die Altgesellschafter einzuwirken, dass diese ihre Anteile im Rahmen eines *Debt to Equity Swap* – idealerweise unentgeltlich – an die Fremdkapitalgeber abtreten und dass eine solche Abtretungspflicht in einer Restrukturierungsvereinbarung verankert wird. Hierzu ist der Vorstand insbesondere dann verpflichtet, wenn die Altgesellschafter ohnehin *out of the money* sind, d.h. ihre Anteile wirtschaftlich wertlos sind, und sie gemäß der *Absolute Priority Rule* nicht mehr am durch eine Restrukturierung neu geschaffenen Unternehmenswert partizipieren dürfen. In einem solchen Fall muss der Vorstand im Unternehmensinteresse die

737 Auch hier wird deutlich, dass eine (vermeintliche) Neutralitätspflicht in Restrukturierungssituationen der Pflicht des Vorstands, stets das Unternehmensinteresse zu verfolgen, zuwiderlaufen würde.

Altgesellschafter dazu bewegen, ihre wertlosen Anteile an die Fremdkapitalgeber im Gegenzug für einen (Teil-)Verzicht auf deren Forderungen abzutreten. Im Falle vinkulierter Aktien ist der Vorstand verpflichtet, schon vorab in der Restrukturierungsvereinbarung im Namen der Gesellschaft die nach § 68 Abs. 2 Satz 1 AktG erforderliche Zustimmung zur Aktienübertragung zu erteilen, § 68 Abs. 2 Satz 2 AktG. Steht nicht ihm, sondern dem Aufsichtsrat oder der Hauptversammlung die Entscheidungskompetenz hinsichtlich der Übertragung zu, § 68 Abs. 2 Satz 3 AktG, dann ist der Vorstand verpflichtet, dafür Sorge zu tragen bzw. sich nach besten Kräften zu bemühen, dass der Aufsichtsrat bzw. die Hauptversammlung die Zustimmung zur Aktienübertragung erteilt.

Ist im Restrukturierungskonzept vorgesehen, dass die Fremdkapitalgeber im Rahmen eines *Debt to Asset Swap* nicht am Eigenkapital der Holdinggesellschaft partizipieren sollen, sondern am Eigenkapital deren Tochtergesellschaften, ihnen also die Anteile der Holdinggesellschaft an deren Tochtergesellschaften übertragen werden sollen und hierzu entweder nach § 179a AktG oder nach den Grundsätzen der Holzmüller-Doktrin die Zustimmung der Hauptversammlung der Holdinggesellschaft erforderlich ist, dann trifft den Vorstand die Pflicht, sowohl etwaige Groß- und Ankeraktionäre als auch die Inhaber sich in Streubesitz befindlicher Aktien der Holdinggesellschaft zur Zustimmung zur Übertragung zu motivieren[738] und eine Zustimmungsverpflichtung zulasten der Aktionäre bereits in der Restrukturierungsvereinbarung festzulegen. Der Vorstand ist jedoch nur dann zur Festlegung einer solchen Zustimmungspflicht verpflichtet, wenn die Anteilsübertragung Teil eines in der Restrukturierungsvereinbarung festgelegten Restrukturierungskonzepts ist, dessen Regelungskomplexe exakt die Interessen- und Befriedigungsrangfolge der *Absolute Priority Rule* abbilden, d.h. kein nachrangiger Kapitalgeber wirtschaftliche Werte zugeteilt bekommt, bevor nicht die Interessen, d.h. die Nominalforderungen, vorrangiger Kapitalgeber vollständig befriedigt werden. Denn nur dann entspricht das festgelegte Restrukturierungskonzept dem Unternehmensinteresse, mithin dem abgestuften Interesse aller Kapitalgeber. Der Vorstand ist dann aufgrund seiner Verpflichtung, stets das Unternehmensinteresse zu verfolgen, auch zur Hinwirkung auf die Festlegung einer Übertragungspflicht in der Restrukturierungsvereinbarung verpflichtet. Die Übertragung der Anteile an den Tochtergesellschaften muss also gerade der vorrangigen Befriedigung der Sicherungsinteressen der Fremdkapitalgeber dienen. Gleiches gilt, wenn beabsichtigt ist, die Aktien bzw. sonstigen Vermögensgegenstände (*Assets*) auf einen außenstehenden Investor zu übertragen und die vorrangigen Fremdkapitalgeber aus dem Veräußerungserlös zu befriedigen.

Die sich aus den §§ 93 Abs. 1 AktG, 43 Abs. 1 GmbHG ergebende Pflicht der Geschäftsleitung, auf die nachrangigen *Stakeholder*, insbesondere die Eigenkapitalgeber der Gesellschaft, einzuwirken und diese zu Sanierungsbeiträgen zu

738 Hinsichtlich der Inhaber sich in Streubesitz befindlicher Aktien kann dies durch entsprechende PR-Maßnahmen geschehen.

bewegen, ist immer dann von besonderem Interesse, wenn die Umsetzung eines Restrukturierungskonzepts nicht ohne deren Mitwirkung erreicht werden kann. Insbesondere bei der Umsetzung außergerichtlicher *Debt to Equity Swap* wird ihre Zustimmung zum Kapitalherabsetzungs- und -erhöhungsbeschluss benötigt. Im Falle, dass der Wert des Vermögens der Gesellschaft selbst bei Fortführung des Unternehmens nicht ausreicht, um auch die Interessen der Altgesellschafter mit abzudecken, diese mithin *out of the money* sind, wird es jedoch auch der Geschäftsleitung nicht gelingen, diese davon zu überzeugen, einem Kapitalschnitt zuzustimmen, bei dem sie ihre Anteile „verlieren" werden, oder sie dazu zu bewegen, ihre Anteile entgeltlos den Fremdkapitalgebern oder einem Investor zu übertragen. Hierzu gibt es aus ihrer Perspektive, selbst bei Bestehen einer Zustimmungspflicht, keinen ökonomischen Grund. Denn sowohl im Falle der Liquidation als auch bei Fortführung des Unternehmens verlieren sie ihren „Einsatz". Im Gegensatz zu den *Cram Down*-Mechanismen eines Insolvenzplanes nach § 245 InsO, kann ihre Zustimmung außergerichtlich *de lege lata* nicht – bzw. nicht in zufriedenstellendem Maße – fingiert werden. Eine gerichtliche Durchsetzung der Zustimmungspflicht mit anschließender Vollstreckung ist der Zustimmungsfiktion i.S.d. § 245 InsO nicht gleichzusetzen. In diesen Fällen vermögen daher regelmäßig auch die Überzeugungsanstrengungen der Geschäftsleitung wenig auszurichten. Die Altgesellschafter werden in aller Regel nur durch eine „Zustimmungsprämie"[739] dazu bewegt werden können, eine Restrukturierung zu unterstützen. Gerade dies widerspricht jedoch der *Absolute Priority Rule*. Die Altgesellschafter würden wirtschaftliche Werte erhalten, obwohl die Forderungen der vorrangigen Fremdkapitalgeber noch nicht vollständig befriedigt sind.

Die Altgesellschafter können jedoch gegebenenfalls dann von der Geschäftsleitung auch ohne die Zahlung einer „Zustimmungsprämie" überzeugt werden, einem Kapitalschnitt oder einer Übertragung ihrer Anteile zuzustimmen, wenn ihre Anteile vom Unternehmenswert noch (teilweise) mit erfasst sind. Dann nämlich kann es der Geschäftsleitung gelingen, die Altgesellschafter davon zu überzeugen, dass derjenige Teil ihrer Altanteile, der noch werthaltig ist, durch einen Verzicht auf den nicht mehr werthaltigen Teil zugunsten der vorrangigen Fremdkapitalgeber „gerettet" werden kann. Sind die Anteile der Altgesellschafter daher noch teilweise werthaltig, ist die Geschäftsleitung verpflichtet, dafür Sorge zu tragen, dass die Altgesellschafter zwar den nicht mehr werthaltigen Teil ihrer Rechte „aufgeben", jedoch zugleich am aufgrund der Restrukturierung geschaffenen Fortführungswert – neben den vorrangigen Fremdkapitalgebern – beteiligt werden. Alternativ hat die Geschäftsleitung zu versuchen, die Eigenkapitalgeber

739 Die „Zustimmungsprämie" kann etwa auch in einem vergünstigten Wiedereinstieg der Altgesellschafter in die Gesellschaft liegen bzw. in der Absicherung dieses Einstiegs durch (vergünstigte) Optionsrechte auf die (neuen) Anteile an der restrukturierten Gesellschaft. Bisweilen ist in diesem Zusammenhang auch von einer „Restrukturierungsförderungsprämie" die Rede.

zur Bereitstellung neuen Kapitals zu bewegen und im Erfolgsfalle diese dann entsprechend am Fortführungswert unter Belassung ihrer Altanteile oder durch Zusicherung neu auszugebender Gesellschaftsanteile zu beteiligen.

2. *Pflicht zur Einwirkung auf die (nachrangigen) Fremdkapitalgeber*

Die Geschäftsleitung ist aus den §§ 93 Abs. 1 Satz 1 AktG, 43 Satz 1 GmbHG ferner verpflichtet, auf die Fremdkapitalgeber einzuwirken und diese zur Zustimmung zu einer Restrukturierungsvereinbarung zu bewegen, auf deren Grundlage der Unternehmenswert entsprechend der *Absolute Priority Rule* an die Kapitalgeber verteilt wird. Denn es sind typischerweise nicht nur die nachrangigen Altgesellschafter, die aufgrund der wirtschaftlichen Wertlosigkeit ihrer Anteile gegen ökonomisch sinnvolle Restrukturierungen obstruieren, sondern auch nachrangige Fremdkapitalgeber, wie etwa beispielsweise unbesicherte Anleihe- oder *Mezzanine*-Darlehensgläubiger[740]. Bei außergerichtlichen Restrukturierungen besteht aufgrund des Fehlens einer Zustimmungsfiktion gem. § 245 InsO daher stets die Gefahr, dass Nachranggläubiger eine *Hold-out-Value*-Strategie verfolgen, d.h. darauf spekulieren, dass die Gesellschaft auch ohne ihre Mitwirkung restrukturiert wird und dann nach der Restrukturierung in der Lage ist, ihre Forderungen in Gänze zu befriedigen. Möglicherweise beabsichtigen sie auch, sich schlicht ihren Lästigkeitswert „abkaufen" zu lassen. Der Geschäftsleitung kommt dann die Pflicht zu, derartige Kapitalgeber von einem Restrukturierungskonzept zu überzeugen, das die *Absolute Priority Rule* einhält. Sind die anzusprechenden Kapitalgeber dabei derart nachrangig, dass sie – aufgrund der strikten Einhaltung der *Absolute Priority Rule* – nicht damit rechnen können, am Eigenkapital des fortgeführten Unternehmens beteiligt zu werden, mithin „leer" ausgehen und ihre Position einbüßen müssen, wird es der Geschäftsleitung aus den gleichen Gründen wie bei nachrangigen Eigenkapitalgebern trotz einer auch für nachrangige Fremdkapitalgeber bestehenden Zustimmungspflicht[741] in aller Regel nicht gelingen, diese zur Unterzeichnung einer Restrukturierungsvereinbarung zu motivieren, die für sie keinerlei wirtschaftlichen Anreiz bietet.

Die Geschäftsleitung muss hier abwägen, ob es Sinn macht, entgegen der *Absolute Priority Rule* die nachrangigen Fremdkapitalgeber durch Zahlung einer „Zustimmungsprämie" zum Abschluss der Restrukturierungsvereinbarung zu bewegen oder ob sie versucht, die Restrukturierung ohne eine rangfolgenwidrige

740 An den Kapitalmärkten wird sowohl Mezzanine-Fremd- als auch Mezzanine-Eigenkapital angeboten. Wird das Finanzierungsinstrument sehr eigenkapitalnah ausgestaltet, wie beispielsweise bei einer stillen Beteiligung mit Gewinn- und Verlustbeteiligung, so wird es als Equity Mezzanine bezeichnet. In Konsortialkreditverträgen übliche Mezzanine-Kredite sind allerdings eher fremdkapitalnah ausgestaltet und werden daher als Debt Mezzanine bezeichnet. Siehe hierzu ausführlich *Diem* Akquisitionsfinanzierungen § 38 Rn. 1 ff.

741 Hierzu siehe unten Kapitel 3 B. und C.

Beteiligung nachrangiger Kapitalgeber umzusetzen, was allerdings deren Scheitern möglich macht und damit den Bestand der Gesellschaft gefährden kann. Die Geschäftsleitung ist in derartigen Konfliktsituationen daher verpflichtet, Restrukturierungsalternativen auszuloten, die darin bestehen können, Insolvenzantrag zu stellen, um mithilfe eines Insolvenzplanverfahrens – idealerweise in Eigenverwaltung – die Fiktion der Zustimmung der obstruierenden, nachrangigen Fremdkapitalgeber gemäß § 245 InsO herbeizuführen. Hierbei ist die Geschäftsleitung jedoch verpflichtet, abzuwägen, gegebenenfalls mithilfe der Durchführung von Vergleichsplanrechnungen, welches der verschiedenen Restrukturierungsszenarien sich im Einzelfall für die Maximierung des Unternehmenswerts am günstigsten darstellt: Eine außergerichtliche Restrukturierung ohne die Beteiligung der obstruierenden Gläubiger mit der Gefahr der vollen Befriedigung deren Forderungen nach der Restrukturierung, die Zahlung einer Lästigkeits- bzw. Zustimmungsprämie oder aber die Durchführung eines Insolvenzplanverfahrens mit der Möglichkeit der Überstimmung der Nachranggläubiger aber auch mit der Gefahr erheblicher Werteinbußen des Unternehmens allein aufgrund der Insolvenzantragsstellung (indirekte Insolvenzkosten). Es ist zu berücksichtigen, dass trotz der Einführung eines vorläufigen Eigenverwaltungsverfahrens nach den § 270a und § 270b InsO durch das ESUG einem Insolvenzverfahren noch immer das Stigma des Scheiterns anhaftet und sowohl Kunden als auch Lieferanten, insbesondere dann, wenn es sich um ausländische handelt, regelmäßig stark verunsichert und die Geschäftsbeziehungen mit ihnen gefährdet.

Die Pflicht der Geschäftsleitung zur Einwirkung auf die Fremdkapitalgeber kann auch darin bestehen, dass diese zur Bereitstellung eines Sanierungs- oder Überbrückungskredites motiviert werden. Da Fremdkapitalgeber in der Regel nur dann zur Gewährung frischen Kapitals bereit sind, wenn sie hinsichtlich ihrer Forderungen aus dem Sanierungskredit vorrangig gegenüber den anderen Kreditgebern behandelt werden, hat die Geschäftsleitung bei einer Signalisierung, dass die Bereitschaft zur Kapitalgewährung besteht, gegebenenfalls darauf hinzuwirken, dass eine solch vorrangige *Super Senior*-Behandlung gewährleistet und umgesetzt wird. Problematisch ist jedoch, dass dadurch die Forderungen und Sicherheiten der übrigen *Senior*-Kreditgeber zumindest teilweise entwertet werden können. Die Geschäftsleitung kann daher verpflichtet sein, einen Kompromiss zwischen den *Senior*- und *Super Senior*-Kreditgebern herbeizuführen, der darin bestehen kann, dass die *Senior*-Kreditgeber mit einem Teil ihrer Forderungen, die aus den ursprünglichen *Senior*-Krediten und nicht aus dem *Super Senior*-Sanierungskredit entstammen, an der *Super Senior*-Behandlung teilnehmen (sog. *Roll-up*). Voraussetzung hierfür ist allerdings, dass sich die Senior-Kreditgeber am Sanierungskredit beteiligen. Auf diese Weise können die *Senior*-Kreditgeber durch das Bereitstellen neuen Fremdkapitals ihre gesamte Position aufwerten. Die Geschäftsleitung kann daher in Restrukturierungssituationen verpflichtet sein, den Fremdkapitalgebern derartige wirtschaftliche Anreize, d.h. eine *Super Senior*-Behandlung auch für einen Teil derjenigen Forderungen, die sich nicht aus dem *Super Senior*-Sanierungskredit ergeben, in Aussicht zu stellen, wenn dadurch die für eine erfolgreiche Restrukturierung dringend erforderliche Kapitalzufuhr erleichtert wird und durch die *Super Senior*-Behandlung nicht entgegen der *Absolute Priority Rule* nachrangigen Kapitalgebern Werte zugeteilt werden.[742]

V. Pflicht zum Abschluss und zur Umsetzung einer Restrukturierungsvereinbarung

Die Geschäftsleitung ist aufgrund ihrer sich aus den §§ 93 Abs. 1 Satz 1 AktG, 43 Abs. 1 GmbHG ergebenden Pflicht, ihr Handeln stets am Wohle der Gesellschaft auszurichten, verpflichtet, eine Restrukturierungsvereinbarung abzuschließen und umzusetzen, die die *Absolute Priority Rule* reflektiert.

1. Pflicht der Geschäftsleitung zum Abschluss einer Restrukturierungsvereinbarung

Das Wohl der Gesellschaft ist das gebündelte Interesse aller Kapitalgeber. Die Interessen der Kapitalgeber existieren jedoch nicht gleichrangig nebeneinander. Vielmehr haben sich die Kapitalgeber im Rahmen ihrer Privatautonomie bekanntlich einer Rangfolge unterworfen, nach der die Wertsteigerungsinteressen nachrangiger Eigenkapitalgeber erst dann zu berücksichtigen sind, wenn die Sicherungsinteressen vorrangiger Fremdkapitalgeber vollständig befriedigt sind. Diese Rangfolge prägt das Wohl der Gesellschaft bzw. das Unternehmensinteresse. Die Geschäftsleitung, die ihr Handeln am Unternehmensinteresse ausrichten möchte, ist also verpflichtet, die Interessen der Kapitalgeber stets nur nach dieser Rangfolge zu beachten. Dass diese Rangfolge, namentlich die *Absolute Priority Rule*, auch außerhalb eines Insolvenzverfahrens Geltung beansprucht und als allgemeines Prinzip der gesamten Wirtschaftsordnung zu Grunde liegt und an verschiedenen Stellen im Gesetz ihren Ausfluss findet, wurde bereits oben gezeigt.

Die Geschäftsleitung hat daher dann, wenn die Sicherungsinteressen vorrangiger Kapitalgeber gefährdet bzw. beeinträchtigt sind, Maßnahmen zu ergreifen, um zunächst diesen Sicherungsinteressen nachzukommen. Eine Vereinbarung, die derartige Maßnahmen in einer Weise festlegt, dass der durch die Maßnahmen geschaffene wirtschaftliche Wert zunächst zur Befriedigung der Sicherungsinteressen und erst in zweiter Linie bei vollständiger Befriedigung dieser Sicherungsinteressen nachrangigen Kapitalgebern zur Befriedigung ihrer Interessen zugeteilt wird, verkörpert daher das Unternehmensinteresse als das Kapitalinteresse aller Kapitalgeber. Da die Geschäftsleitung zur Verfolgung dieses Unternehmensinteresses nach den §§ 93 Abs. 1 Satz 1, 43 Abs. 1 GmbHG verpflichtet ist, hat sie aufgrund derselben Normen eine Restrukturierungsvereinbarung, die dieses Unternehmensinteresse exakt abbildet, abzuschließen und umzusetzen. Unternehmerisches

742 Siehe zu dieser „Anhebung" in den Super Senior-Status, Theiselmann/*Blöcker/Schäfer/Schlitt*, Praxishandbuch des Restrukturierungsrechts, Kapitel 2 Rn. 113 ff.

Ermessen und die Haftungsprivilegierung der *Business Judgement Rule* i.S.d. § 93 Abs. 1 Satz 2 AktG kommen ihr dabei insoweit zu, als sie es selbst in der Hand hat, die Art der Sanierungsbeiträge der Kapitalgeber mitzubestimmen und festzulegen. Voraussetzung ist lediglich, dass die *Absolute Priority Rule* eingehalten wird. Ob beispielsweise die Sicherungsinteressen der Fremdkapitalgeber dadurch befriedigt werden, dass diese neu auszugebende Anteile im Rahmen einer Kapitalerhöhung erhalten oder ihnen die bestehenden Anteile der Altgesellschafter übertragen werden, ist – vorbehaltlich, dass die auszugebenden bzw. zu übertragenden Anteile gleich bewertet werden – für die Einhaltung der *Absolute Priority Rule* ohne Belang.

Eine Restrukturierungsvereinbarung reflektiert die *Absolute Priority Rule* dann, wenn der auf ihrer Grundlage im Vergleich zu einer Einzel- oder Gesamtliquidation geschaffene Mehrwert[743] zunächst an die vorrangigen Kapitalgeber und erst bei deren vollständiger Befriedigung an die nachrangigen Kapitalgeber verteilt wird. Ob das im Einzelfall in einer Restrukturierungsvereinbarung niedergelegte Restrukturierungskonzept die *Absolute Priority Rule* widerspiegelt, wird häufig deshalb nicht einfach zu beurteilen sein, weil der durch die Restrukturierung neu geschaffene Unternehmenswert und die diesen verkörpernden, an die Kapitalgeber im Rahmen einer *Debt to Equity Conversion* zu verteilenden Gesellschaftsanteile gerade in Sanierungssituationen nicht immer einfach zu bewerten sein werden. Ebenso unterliegt die Bewertung des Barwerts künftiger Zins- und Tilgungszahlungen auf Grundlage neu vereinbarter Kredite (*Reinstated Debt*), die Teil eines in der Restrukturierungsvereinbarung festgelegten Restrukturierungskonzepts sind, deshalb gewissen Schwierigkeiten, weil diese Bewertung nur auf Grundlage künftiger Zahlungsströme (*Cash Flows*) erfolgen kann. Diese zu prognostizieren ist jedoch gerade bei „frisch" restrukturierten Gesellschaften, deren künftige Vermögens-, Ertrags-, und Finanzentwicklung äußerst unsicher ist, schwierig. Die Geschäftsleitung hat daher vor Abschluss einer Restrukturierungsvereinbarung den künftigen Unternehmenswert, der sich auf Grundlage der in der Restrukturierungsvereinbarung festgelegten Sanierungsmaßnahmen ergibt, genau, gegebenenfalls durch Hinzuziehung externen Sachverstands, zu analysieren.

Zur Beurteilung, ob das in der Restrukturierungsvereinbarung festgelegte Konzept die *Absolute Priority Rule* abbildet und daher die Pflicht der Geschäftsleitung zur Zustimmung zu einer solchen Restrukturierungsvereinbarung besteht, kann auf die Wertung des § 245 Abs. 1 Nr. 2 i.V.m. Abs. 2 Nr. 2, Nr. 3 InsO zurückgegriffen werden. Denn diese Norm ist Ausfluss des allgemeinen Prinzips der Vorrangigkeit der Sicherungsinteressen der Fremdkapitalgeber, mithin der *Absolute Priority Rule.* Wird daher in einer Restrukturierungsvereinbarung beispielsweise festgelegt, dass

743 Der Mehrwert ist dabei die Differenz des Unternehmenswertes, der auf Grundlage der Restrukturierungsvereinbarung geschaffen wird, und dem höheren Wert einer Einzel- oder Gesamtliquidation, vgl. hierzu MünchKommInsO-*Drukarcyk*, § 245 Rn. 41.

die Gesellschaft im Rahmen eines *Debt to Equity Swap* entschuldet werden soll und die Fremdkapitalgeber neben den bisherigen Eigenkapitalgebebern an der künftigen (potentiellen) Wertsteigerung des restrukturierten Eigenkapitals teilhaben sollen, dann ist die *Absolute Priority Rule* nur dann eingehalten, wenn durch den Wert der neuen Anteile, die die Fremdkapitalgeber im Rahmen des *Debt to Equity Swap* erhalten, der Nominalbetrag ihrer verzinslichen Forderungen vollständig abgedeckt ist. Ist er dies nicht, bleibt also der Unternehmenswert der restrukturierten Gesellschaft hinter den Nominalforderungen zurück, dürfen die Altgesellschafter nicht am Eigenkapital partizipieren, d.h. sie dürfen ohne Gewährung frischen Eigenkapitals ihre Anteile nicht behalten.

Da der neu geschaffene Fortführungs- oder Unternehmenswert in der Regel nicht ausreichen wird, um sämtliche Forderungen vorrangiger Fremdkapitalgeber zu befriedigen bzw. wertmäßig abzudecken, müssen den Fremdkapitalgebern – sollen die Eigenkapitalgeber neben ihnen an der restrukturierten Gesellschaft beteiligt werden – weitere Werte auf Grundlage der Restrukturierungsvereinbarung zugeteilt werden. Dies kann etwa dadurch geschehen, dass die „alten" Kredite neu vereinbart und gegebenenfalls auch neu besichert werden, so dass die Befriedigung der vorrangigen Sicherungsinteressen der Fremdkapitalgeber neben der Zuteilung neuer Gesellschaftsanteile im Rahmen des *Debt to Equity Swap* durch den (diskontierten) Barwert künftiger Zins- und Tilgungsleistungen erfolgt. Reicht auch dies nicht aus, um den Nominalforderungsbetrag der Fremdkapitalgeber abzudecken und den Altgesellschaftern ihre Beteiligung zu belassen, können sie diese nur dadurch „retten", dass sie der Gesellschaft neues Eigenkapital zur Verfügung stellen. Der Eigenkapitalanteil muss dabei, um der *Absolute Priority Rule* zu genügen und damit die Altgesellschafter an ihrer Beteiligung (zumindest teilweise) festhalten können, zusammen mit dem Wert der an die Fremdkapitalgeber im Rahmen des *Debt to Equity Swap* neu auszugebenden Anteile und zusammen mit dem Barwert der künftigen Zins- und Tilgungszahlungen aus der *Reinstated Debt* den Nominalbetrag der Forderungen der vorrangigen Fremdkapitalgeber übersteigen. Dabei ist zu berücksichtigen, dass dadurch, dass den Altgesellschaftern ein Teil ihrer Anteile belassen wird, der Wert der den Fremdkapitalgebern im Rahmen des *Debt to Equity Swap* zu verschaffenden Anteile geschmälert wird, so dass die Altgesellschafter diese Werteinbuße mit ihrer Eigenkapitalgewährung zu kompensieren haben. Schließlich muss das „frische" Eigenkapital zumindest mittelbar den vorrangigen Fremdkapitalgebern zugutekommen.

2. *Pflicht der Geschäftsleitung zur Umsetzung einer Restrukturierungsvereinbarung*

Die Geschäftsleitung trifft neben der Pflicht zum Abschluss einer die *Absolute Priority Rule* abbildenden Restrukturierungsvereinbarung selbstverständlich auch die Pflicht zur Umsetzung der in der Vereinbarung festgelegten Regelungskomplexe.

Überdies ist die Geschäftsleitung auch verpflichtet, den gesamten Implementierungsprozess[744] bis hin zum *Closing* zu koordinieren und zu überwachen. Insbesondere hat sie eine sog. *Closing*-Agenda, in der die einzelnen Umsetzungsschritte sowie die hierfür abzuschließenden Verträge und abzugebenden Erklärungen aufgelistet werden, zu erstellen und deren Erfüllung durch die jeweiligen *Stakeholder* bzw. durch die jeweils zur Umsetzung verpflichtete Partei zu kontrollieren. Im Übrigen hat sie die Implementierung nach besten Kräften zu fördern und alles zu unterlassen, was die Umsetzung gefährden könnte. Hierzu gehört auch, dass die Geschäftsleitung während des Umsetzungsprozesses den Parteien der Restrukturierungsvereinbarung sämtliche Informationen hinsichtlich der Entwicklung der Vermögens-, Ertrags-, und Finanzsituation der zu restrukturierenden Unternehmensgruppe in angemessener Weise zur Verfügung stellt, diese Informationen bei Bedarf erläutert und die diesbezüglichen Planrechnungen ständig fortschreibt, um den am Implementierungsprozess beteiligten Kapitalgebern auf diese Weise stets ein umfassendes Bild über den Stand der Restrukturierung zu verschaffen.

In Bezug auf die einzelnen in der Restrukturierungsvereinbarung festgelegten Implementierungsmaßnahmen ist die Geschäftsleitung verpflichtet, alle hierfür erforderlichen Erklärungen abzugeben und Verträge zu unterzeichnen. So ist sie im Falle, dass eine *Debt to Equity Conversion* Teil des Restrukturierungskonzeptes sein sollte, verpflichtet, die für die Durchführung der Kapitalmaßnahmen erforderliche Haupt- bzw. Gesellschafterversammlung einzuberufen. Sollte auch die Restrukturierung von Anleihen in der Restrukturierungsvereinbarung als Teil des Entschuldungskonzeptes vorgesehen sein, hat sie ebenso die hierfür erforderlichen Anleihegläubigerversammlungen nach dem SchVG [2009] einzuberufen und zu leiten. Ist im Restrukturierungskonzept festgelegt, dass nicht alle Forderungen der Fremdkapitalgeber aus den (Konsortial-)Krediten in Anteile „umgetauscht" werden, sondern dass derjenige Teil des Forderungsvolumens, der nicht im Rahmen der Kapitalerhöhung als Einlage eingebracht wird, im Kontext eines *Reinstated Debt*-Konzepts neu kreditiert und besichert wird, dann hat die Geschäftsleitung an den Verhandlungen zu den neuen (Konsortial-)Krediten teilzunehmen und diese im Namen der Gesellschaft abzuschließen, wenn die in der Restrukturierungsvereinbarung vorgegebenen Parameter und Bedingungen erfüllt sind. Darüber hinaus hat sie alle sonstigen in der Restrukturierungsvereinbarung festgelegten Maßnahmen umzusetzen, sofern die Entscheidung hierüber in ihrer Organkompetenz steht. Hierzu kann etwa die Ausübung eines gegebenenfalls bestehenden genehmigten Kapitals nach den §§ 202 AktG, 55a GmbHG gehören sowie die Zuteilung der dadurch entstehenden neuen Gesellschaftsanteile an die ihre Forderungen einbringenden Fremdkapitalgeber. Die Lieferung der jungen Gesellschaftsanteile aus der Ausübung eines genehmigten Kapitals ist insbesondere dann sinnvoll, wenn zum einen die Fremdkapitalgeber ihre Forderungen nur in geringem Umfang in

744 Siehe hierzu oben Kapitel 1 C. V.

Anteile „tauschen“ wollen[745], zum anderen die Altgesellschafter nicht bereit sind, den für einen *Debt to Equity Swap* erforderlichen Kapitalmaßnahmen zuzustimmen. Darüber hinaus kann im Einzelfall der Vorstand auch verpflichtet sein, zur Umsetzung eines *Debt to Equity Swap* vom Ausschluss des Bezugsrechts nach den §§ 203 Abs. 1 Satz 1, 186 Abs. 3 Satz 4 AktG Gebrauch zu machen.

3. *Befugnis der Geschäftsleitung zum Abschluss und zur Umsetzung von Restrukturierungsvereinbarungen, die der Absolute Priority Rule zuwiderlaufen*

Die Geschäftsleitung ist also gem. den §§ 93 Abs. 1 Satz 1 AktG, 43 GmbHG verpflichtet, eine Restrukturierungsvereinbarung abzuschließen und umzusetzen, die die *Absolute Priority Rule* exakt widerspiegelt. Sie kann die Zustimmung nicht mit dem Einwand verweigern, das in der Restrukturierungsvereinbarung festgelegte Restrukturierungskonzept sei nicht mit ihrer Pflicht, ihr Handeln stets am Wohle der Gesellschaft bzw. Unternehmensinteresse auszurichten, in Einklang zu bringen. Denn im Falle, dass das Restrukturierungskonzept die *Absolute Priority Rule* widerspiegelt, reflektiert sie gerade das Unternehmensinteresse. Fraglich ist jedoch insoweit, ob es der Geschäftsleitung untersagt ist, eine Restrukturierungsvereinbarung abzuschließen und umzusetzen, die die *Absolute Priority Rule* nicht exakt wiedergibt, weil sie etwa Zahlungen an die Altgesellschafter oder sonstige nachrangige Kapitalgeber vorsieht, mithin Zustimmungsprämien festlegt. Man könnte daher vertreten, dass der Abschluss und die Umsetzung einer der *Absolute Priority Rule* entgegen laufenden Restrukturierungsvereinbarung dem Unternehmensinteresse als das abgestufte Interesse aller Kapitalgeber widerspricht und es der Geschäftsleitung daher untersagt ist, derartige Restrukturierungsvereinbarungen zu unterzeichnen und umzusetzen.

Nichtsdestotrotz muss es ihr gestattet sein, ohne dass sie sich nach den §§ 93 Abs. 2 AktG, 43 Abs. 2 GmbHG haftbar macht, eine Restrukturierungsvereinbarung abzuschließen, die die *Absolute Priority Rule* missachtet, jedoch dennoch von allen Kapitalgebern befürwortet wird. Wollen nämlich sämtliche Kapitalgeber eine Restrukturierung umsetzen, die entgegen der *Absolute Priority Rule* nachrangigen Kapitalgebern wirtschaftliche Werte zuteilt[746], obwohl die Forderungen vorrangiger Kapitalgeber noch nicht vollständig befriedigt sind, dann muss ihnen dies im Rahmen ihrer Privatautonomie möglich sein. Schließlich ist das Unternehmensinteresse nichts anderes als das gebündelte Interesse all ihrer Einzelinteressen. Wollen sie einvernehmlich eine Abweichung vom Grundsatz, dass zunächst die

745 Nach den §§ 202 Abs. 3 Satz 1 AktG, 55a Abs. 1 Satz 2 GmbHG darf der Nennbetrag des genehmigten Kapitals die Hälfte des Grund- bzw. Stammkapitals, das zur Zeit der Ermächtigung vorhanden ist, nicht übersteigen.

746 Letztendlich geht es bei (finanziellen) Restrukturierungen um eine Neuverteilung wirtschaftlicher Werte.

vorrangigen Fremdkapitalgeberinteressen zu befriedigen sind, bevor die nachrangigen Wertsteigerungsinteressen der Eigenkapitalgeber zu berücksichtigen sind, erklären, dann hat die Geschäftsleitung als mit der Wahrnehmung der Kapitalgeberinteressen beauftragter Treuhänder diesen gemeinsamen Willen, mithin die Abweichung von der *Absolute Priority Rule* zu respektieren und hinzunehmen, so dass es ihr im Ergebnis nicht untersagt ist, einer Restrukturierungsvereinbarung zuzustimmen, die zwar die *Absolute Priority Rule* unterläuft, jedoch von allen Kapitalgebern gewünscht ist. Berücksichtigt werden muss auch, dass ohne Zustimmungs- bzw. Restrukturierungserleichterungsprämie die außergerichtliche Restrukturierung gegebenenfalls scheitert und der Bestand der Gesellschaft gefährdet ist, weil auch eine sich daran anschließende Restrukturierung innerhalb eines Insolvenzverfahrens aller Voraussicht nach nicht den gewünschten Erfolg verspricht, weil sie eher Werte vernichtet als erhält.

VI. Pflicht zur Einleitung und Durchführung ausländischer Restrukturierungsverfahren

Fraglich ist darüber hinaus, ob die Geschäftsleitung in Restrukturierungssituationen die Pflicht treffen kann, die Restrukturierung mit Hilfe ausländischer Sanierungsinstrumente, wie beispielsweise einem *Company Voluntary Arrangement* (CVA) oder einem *Scheme of Arrangement* (SoA) nach englischem Recht durchzuführen, mithin die Restrukturierung bzw. Teile hiervon[747] einer ausländischen Jurisdiktion zu unterwerfen und hierfür den Sitz der Gesellschaft bzw. den Mittelpunkt der hauptsächlichen Interessen (*Centre of Main Interests* (CoMI)) i.S.d Art. 3 EuInsVO ins Vereinigte Königreich zu verlagern.[748] Dies könnte insbesondere dann der Fall sein, wenn absehbar ist, dass eine außergerichtliche Restrukturierung in Deutschland am Widerstand nachrangiger Eigen- oder Fremdkapitalgeber scheitert und ein durchzuführendes Insolvenzplanverfahren zwar aufgrund des in § 245 InsO normierten *Cram Down*-Mechanismus die Möglichkeit bereit hielte, solche widerspenstigen Kapitalgeber auch ohne ihren Willen an ein ausgehandeltes Restrukturierungskonzept zu binden, jedoch ebenso absehbar ist, dass das anvisierte

747 Vgl. hierzu insbesondere Juve vom 27. Januar 2014: „Refinanzierung: ATU gelingt Schuldenschnitt mit großem Berateraufgebot"; Global Turnaround December 2013 issue 167, 4: "ATU is Europe's first big high yield bond restructuring"; Financial Times vom 5. Dezember 2013, 6:35 pm: "KKR faces €500m loss as lenders take control of Germany's ATU".

748 Für die Durchführung eines SoA ist eine Verlagerung des CoMI allerdings nicht zwingend erforderlich. Um ihre Zuständigkeit bejahen zu können, verlangen die englischen Gerichte in der Regel eine hinreichend enge Verbindung („sufficient connection") zum englischen Recht. Eine solche sufficient connection kann bereits dann vorliegen, wenn die wesentlichen, mit Hilfe des SoA zu restrukturierenden Kreditverträge der Unternehmensgruppe englischem Recht unterliegen. Hierzu siehe sogleich.

deutsche Insolvenzplanverfahren mit erheblichen indirekten Insolvenzkosten, d.h. erheblichen Minderungen des Unternehmenswertes allein aufgrund der Insolvenzantragsstellung, verbunden ist. Kann der Unternehmenswert, d.h. der Wert der den vorrangigen Fremdkapitalgebern zur Verfügung stehenden Haftungsmasse – trotz aller damit verbundenen Kosten – voraussichtlich mit einem SoA oder einem CVA im Vergleich zu einer außergerichtlichen deutschen Restrukturierung oder einem deutschen Insolvenzplanverfahren gesteigert werden[749], dann ergibt sich daraus, dass die Geschäftsleitung ihr Handeln stets am Unternehmensinteresse

749 Ein SoA eignet sich insbesondere für die Restrukturierung komplexer Finanzierungen, wie etwa Leveraged Buy-outs (LBOs). Unternehmen, denen im Rahmen eines LBOs zu viel Fremdkapital aufgebürdet wurde und deren überdimensionierte Passivseite verringert werden muss (sog. Deleveraging), sind in der Regel dadurch gekennzeichnet, dass sie zwar nicht in der Lage sind, die aus der hohen Fremdfinanzierung resultierenden Tilgungs- und Zinslasten zu bedienen, grundsätzlich jedoch positive Erträge erwirtschaften. Zur Überwindung einer solchen LBO-Krise ist daher typischerweise nur erforderlich, dass die Finanzverbindlichkeiten restrukturiert werden, nicht jedoch der operative Geschäftsbetrieb. Um diesen nicht zu beeinträchtigen, wird bei der Restrukturierung von LBOs daher in aller Regel versucht, bestimmte Forderungen, wie etwa diejenigen von Lieferanten vollumfänglich zu bedienen. Dadurch soll vermieden werden, dass diese nur noch gegen Vorkasse zur Lieferung bereit sind, was den gesunden operativen Kern des Unternehmens nachhaltig beschädigen könnte. Im Gegensatz zu einem deutschen Insolvenzplanverfahren, bei dem stets sämtliche Gläubiger einzubinden sind, eröffnet die Gruppenbildung im Rahmen eines SoA die Möglichkeit zur Ungleichbehandlung bestimmter Gläubiger und zur punktuellen Restrukturierung von Finanzverbindlichkeiten, indem bestimmte Gläubiger, wie etwa Lieferanten, bei der Bildung der Gläubigerklassen unberücksichtigt bleiben. Deren Forderungen werden dann nicht von der Bindungswirkung des SoA erfasst und müssen vollumfänglich befriedigt werden. Daneben können allerdings auch nachrangige Finanzgläubiger, deren Schuldinstrumente nicht mehr vom Unternehmenswert gedeckt sind, die mit ihren Forderungen mithin out of the money sind, mithilfe eines SoA majorisiert werden, indem diese bei der Gruppenbildung außen vor gelassen werden und folglich keine Möglichkeit haben, gegen ein SoA zu stimmen, das ihren (ohnehin wertlosen) Forderungen keine wirtschaftlichen Werte mehr zuteilt. Siehe zum Ganzen *Westpfahl/Knapp* ZIP 2011, 2033, 2034, 2037 f. Inwieweit das von der EU-Kommission ins Auge gefasste vorinsolvenzliche Sanierungsverfahren bzw. der von ihr empfohlene sog. präventive Restrukturierungsrahmen auch in Deutschland die punktuelle Restrukturierung einzelner Finanzverbindlichkeiten einer Unternehmensgruppe ermöglichen und die Schwierigkeiten, die mit außergerichtlichen Restrukturierungen einhergehen, beseitigen wird, bleibt abzuwarten. Der Richtlinienentwurf der EU-Kommission vom 22. November 2016 basiert zum einen auf der Empfehlung der EU-Kommission vom 12. März 2014, zum anderen lässt er sich aus denjenigen nationalen Regelungen der einzelnen Mitgliedstaaten ableiten, die sich bewährt haben. Siehe hierzu *Schlegel* Der Betrieb 2016, 819 f. sowie ferner *Lürken* NZI 2015, 3 ff. Zu einem vorinsolvenzlichen Sanierungsverfahren de lege ferenda siehe auch *Westpfahl* ZGR 2010, 385 ff.

auszurichten hat, §§ 93 Abs. 1 Satz 1 AktG, 43 Abs. 1 GmbHG, die Pflicht der Geschäftsleitung, den Satzungssitz oder die faktische Geschäftstätigkeit der Gesellschaft ins Vereinigte Königreich zu verlegen und dafür zu sorgen, dass – ggf. unter Zuhilfenahme externen Sachverstands – das entsprechende Sanierungsverfahren[750] eingeleitet und durchgeführt wird. Ebenso trifft die Geschäftsleitung die Pflicht, die verschiedenen Kapitalgeber „mit ins Boot" zu holen und den ausländischen Restrukturierungsprozess mit diesen abzustimmen.[751]

Denn in Restrukturierungssituationen hat sich das Handeln der Geschäftsleitung, wie oben gezeigt, stets am vorrangigen Sicherungsinteresse der Fremdkapitalgeber zu orientieren. Bauen daher nachrangige Altgesellschafter oder sonstige nachrangige Fremdkapitalgeber, wie etwa *Mezzanine*-Kreditgeber, Anleihegläubiger oder auch *Second lien*-Kreditgeber (*Subordinated Creditors*) gegen eine außergerichtliche Restrukturierungsvereinbarung eine Blockadehaltung auf und lassen nur durch Zahlung einer erheblichen, die Haftungsmasse wesentlich schmälernden Zustimmungsprämie davon ab, dann hat die Geschäftsleitung dies einerseits zu unterbinden, andererseits auch darauf zu achten, dass durch das Überwinden der Blockadehaltung, etwa mithilfe eines Planverfahrens unter Anwendung der *Cram Down*-Regelung des § 245 InsO, der Unternehmenswert nicht durch indirekte Insolvenzkosten aufgezehrt wird. Kann dieser Konflikt – voraussichtlich[752] – nur mithilfe der Durchführung eines SoA, eines CVA oder eines sonstigen ausländischen Sanierungsverfahrens, wie etwa eines Reorganisationsplanes nach Chapter 11 des U.S.-amerikanischen Bankruptcy Codes (BC), gelöst werden, weil insbesondere mithilfe eines SoA und eines CVA außergerichtlich obstruierende Kapitalgebergruppen überstimmt werden können[753] und auch aufgrund der Verlagerung ins

750 Ein SoA kann im Einzelfall – insbesondere bei der Restrukturierung komplexer Finanzierungen, für die LBOs paradigmatisch sind – gegenüber einem deutschen Insolvenzplanverfahren vorzuziehen sein, weil ihm als rein gesellschaftsrechtlichem Instrument – es ist im englischen Companies Act verankert (Sections 895 – 901) – keine Stigmatisierung anhaftet und es auch aufgrund seines fehlenden Universalcharakters – eine Ungleichbehandlung von Forderungen ist möglich – das flexiblere Instrument ist.

751 Siehe hierzu sogleich sowie *Westpfahl/Knapp* ZIP 2011, 2033, 2038 f.

752 D.h. mit überwiegender Wahrscheinlichkeit (mehr als 50 %). Vgl. hierzu MünchKommInsO-*Drukarcyk* § 245 Rn. 42. Eine vergleichbare Formulierung findet sich in § 18 Abs. 2 InsO. Dort geht es darum, eine drohende Zahlungsunfähigkeit durch eine Zustandsbeschreibung zu präzisieren. Vgl. § 18 InsO (MünchKommInsO-*Drukarcyk* § 245 Rn. 42 Fn. 71). Hier ist anerkannt, dass der Begriff „voraussichtlich" eine überwiegende Wahrscheinlichkeit, d.h. eine solche, die mehr als 50 % beträgt, voraussetzt.

753 Ein CVA setzt im Gegensatz zu einem SoA ein (englisches) Insolvenzverfahren voraus. Eingriffe in die Rechte der Anteilseigner sind ebenso nur durch ein CVA möglich. Durch ein SoA kann daher nur dann gleichzeitig in die Rechte von Anteilseignern eingegriffen werden, wenn dieses mit einem englischen Insolvenzverfahren

Ausland eine Restrukturierung im Vergleich zu einem Insolvenzplanverfahren, zu dessen Durchführung ein Insolvenzantrag zu stellen ist, in der Regel geräuschloser erfolgen kann, dann hat die Geschäftsleitung die Durchführung eines solchen ausländischen Sanierungsverfahrens im vorrangigen Sicherungsinteresse der Fremdkapitalgeber ins Auge zu fassen. Dies deshalb, weil Orientierungspunkt für das Handeln der Geschäftsleitung allein die vorrangige und vor allem auch bestmögliche Befriedigung des Sicherungsinteresses der Fremdkapitalgeber ist. Kann der Wert des Unternehmens bzw. die Haftungsmasse dadurch gesteigert werden, dass die Restrukturierung im Ausland durchgeführt wird, dann ist eine solche vorzuziehen. Allein die bestmögliche Befriedigung der vorrangigen Fremdkapitalgeberinteressen, mithin die Maximierung der Haftungsmasse, ist entscheidend. Der rechtliche Rahmen hierfür ist sekundär.

Allerdings hat die Geschäftsleitung sorgfältig zu prüfen, ob eine Restrukturierung im Ausland auch tatsächlich die erhofften Vorteile bietet und der Unternehmenswert im Vergleich zu einer inländischen Restrukturierung auch tatsächlich gesteigert werden kann. Nur wenn der Unternehmenswert mit überwiegender Wahrscheinlichkeit gesteigert werden kann, besteht die Pflicht für die Geschäftsleitung, ein ausländisches Sanierungsverfahren einzuleiten. Insoweit ist nämlich einerseits zu berücksichtigen, dass die Kosten für die Durchführung eines SoA oder eines CVA erheblich ins Gewicht fallen können, andererseits, dass Rechtsunsicherheit hinsichtlich der Bindungswirkung der besagten Sanierungsverfahren in Deutschland besteht. Zwar erstreckt sich die Wirkung eines ausländischen Insolvenzverfahrens nach Art. 16, 17 EuInsVO automatisch auch nach Deutschland, fraglich ist jedoch, ob auch die (Bindungs-)Wirkungen, die von einem SoA ausgehen, von der automatischen Wirkungserstreckung der *lex fori concursus* umfasst sind. Dies ist deshalb problematisch, weil ein SoA als außergerichtliches Sanierungsverfahren nicht ohne weiteres als Insolvenzverfahren i.S.d. EuInsVO einzuordnen ist.[754]

Im Übrigen ist auch danach zu differenzieren, ob die Einleitung eines SoA oder eines CVA überhaupt in die Entscheidungskompetenz der Geschäftsleitung,

---

kombiniert wird. Ein solches Administration-Verfahren setzt allerdings voraus, dass sich der CoMI in England befindet, vgl. *Westpfahl/Knapp* ZIP 2033, 2038.

754 Das SoA ist kein Insolvenzverfahren nach Anhang A der EuInsVO. Der das SoA bestätigende Gerichtsbeschluss ist allerdings nach h.M. nach Art. 33 EuGVVO als Urteil oder nach Art. 58 EuGVVO als Prozessvergleich anzuerkennen (Offen BGH, Urteil v. 15.02.2012 – IV ZR 194/09 = ZIP 2012, 740, Tz. 26: „für die gerichtliche Genehmigung eines Vergleichsplans als eine Entscheidung im Sinne von Art. 32 EuGVVO sprechen insbesondere das insoweit gebotene weite Verständnis und die kontradiktorischen Züge dieses Verfahrens"; *Eidenmüller/Frobenius* WM 2011, 1210; *Mankowski* WM 2011, 1201; *Paulus* ZIP 2011, 1077; *Maier* NZI 2011, 305; *Petrovic* ZInsO 2010, 265; *Mankowski* EWiR 2009, 711; a.A. *Lüke/Scherz* ZIP 2012, 1101), siehe hierzu auch Theiselmann/*Lürken*, Praxishandbuch des Restrukturierungsrechts, Kapitel 5 Rn. 182 ff. und Fn. 306; *Westpfahl/Knapp* ZIP 2011, 2033, 2044 ff.

insbesondere in die herausgehobene Leitungskompetenz des Vorstands einer Aktiengesellschaft, fällt. Für die Durchführung eines CVA ist erforderlich, dass sich der Sitz der Gesellschaft im Vereinigten Königreich befindet. Eine Sitzverlegung ist jedoch – vor allem in einer Aktiengesellschaft – (zwingend) den Gesellschaftern zur Entscheidung zugewiesen, so dass die Geschäftsleitung bei Beabsichtigung der Durchführung eines CVA zunächst eine Haupt- oder Gesellschafterversammlung einzuberufen hätte. Insbesondere das Ergebnis einer Hauptversammlung ist dann, wenn sich die Aktien in Streubesitz befinden, nicht mit Gewissheit vorhersehbar, so dass im Ergebnis auch die Durchführbarkeit eines CVA mit Unwägbarkeiten belastet ist. Dies ist ebenso in die Waagschale zu werfen hinsichtlich der Frage, ob eine Restrukturierung mittels eines CVA tatsächlich günstiger für das Unternehmensinteresse ist als eine inländische Restrukturierung.

Ein SoA kann hingegen auch dann durchgeführt werden, wenn sich allein die wesentlichen, faktischen Geschäftsaktivitäten der Gesellschaft im Vereinigten Königreich befinden. Zur Verlagerung der wesentlichen Geschäftsaktivitäten ist im Gegensatz zur Sitzverlegung die Geschäftsleitung selbst entscheidungskompetent. Darüber hinaus ist nach englischer höchstrichterlicher Rechtsprechung auch eine *sufficient connection* zur englischen Rechtsordnung ausreichend, was etwa dann der Fall ist, wenn die wesentlichen Kreditverträge, deren Forderungen nach dem SoA restrukturiert werden sollen, englischem Recht unterliegen.[755] Unterliegen die Kreditvertragsdokumentation oder die Anleihebedingungen der zu restrukturierenden Anleihen englischem Recht, dann könnte im Einzelfall bei Vorliegen auch sonstiger überwiegender Vorteile im Sicherungsinteresse der vorrangigen Fremdkapitalgeber eine Pflicht der Geschäftsleitung bestehen, die Kapitalstruktur der Gesellschaft bzw. Unternehmensgruppe (zumindest teilweise[756]) mithilfe eines SoA zu restrukturieren. Die Geschäftsleitung kann in diesem Zusammenhang auch die Pflicht treffen, darauf hinzuwirken, die Rechtswahlklausel in den Kreditverträgen zugunsten der englischen Rechtsordnung zu ändern[757], sofern nur dadurch das SoA

---

755 Vgl. etwa Primacom Holding GmbH and others v Credit Agricole and others [2012] EWHC 164(Ch).

756 Hier kann beispielhaft die Restrukturierung der A.T.U-Gruppe genannt werden. Vgl. Juve vom 27. Januar 2014: „Refinanzierung: ATU gelingt Schuldenschnitt mit großem Berateraufgebot"; Global Turnaround December 2013 issue 167, 4: "ATU is Europe's first big high yield bond restructuring"; Financial Times vom 5. Dezember 2013, 6:35 pm: "KKR faces €500m loss as lenders take control of Germany's ATU".

757 Nach dem englischen High Court of Justice soll nunmehr auch die nachträgliche vertragliche Änderung des anwendbaren Rechts und die Verlagerung des Gerichtsstandes bei einem ursprünglich deutschrechtlichen Kreditvertrag offenbar ausreichend sein, um ein Scheme of Arrangement auf deutsche Gesellschaften anzuwenden. Diese Entscheidung ist im Zusammenhang mit der Restrukturierung der Apcoa Parking Holdings GmbH ergangen, vgl. Apcoa Parking (UK) Ltd and others – [2014] All ER (D) 49 (Apr). Vgl. hierzu auch Juve vom 17. Dezember 2014: „Apcoa: Centerbridge übernimmt mit Kirkland, Clifford und Linklaters handeln Refinanzierung aus"; Global Turnaround November 2014 issue 178, 1, 3: "Apcoa: The largest

implementiert werden kann und dies nach umfassender Abwägung die günstigste, d.h. die werterhaltendste, der verschiedenen Restrukturierungsalternativen darstellt.

In einem solchen Fall sollte jedoch dennoch in einer Restrukturierungsvereinbarung, die deutschem Recht unterliegt, rechtsverbindlich festgelegt werden, dass die Implementierung der Restrukturierung (zum Teil) nach einem englischen SoA erfolgt.[758] Die Restrukturierungsvereinbarung sollte dabei die einzelnen Umsetzungsschritte genau beschreiben und die Kapitalgeber sollten sich in der Restrukturierungsvereinbarung hinsichtlich der Ausübung ihres Stimmrechts im Rahmen der Abstimmung des SoA binden. Die Restrukturierungsvereinbarung (bzw. das *Lock-up Agreement*) qualifiziert dann als sog. *Plan Support Agreement*[759]. An einer solchen als *Plan Support Agreement* qualifizierenden Restrukturierungsvereinbarung nehmen dann – selbstverständlich – nur diejenigen Kapitalgeber teil, die nicht mithilfe des SoA überstimmt werden sollen.

VII. Pflicht zur Herbeiführung eines Insolvenzgrundes und zur Insolvenzantragsstellung?

Fraglich ist desweiteren, ob die Geschäftsleitung dann, wenn absehbar ist, dass nachrangige Kapitalgeber aufgrund fehlender wirtschaftlicher Anreize einer außergerichtlichen Restrukturierungsvereinbarung nicht zustimmen werden, im Unternehmensinteresse, d.h. im Interesse vorrangiger Fremdkapitalgeber, aufgrund der §§ 93 Abs. 1 AktG, 43 Abs. 1 GmbHG verpflichtet ist, ein Insolvenzplanverfahren, ggf. als (vorläufiges) Eigenverwaltungsverfahren nach den §§ 270, 270a, 270b, herbeizuführen, um dort die dissentierenden Kapitalgebergruppen mithilfe des *Cram Down*-Mechanismus des § 245 InsO überstimmen zu können. Zwar sind auch außerhalb einer Insolvenz nachrangige Kapitalgebergruppen aufgrund ihres Versprechens, das sie gegenüber der Gesellschaft sowie gegenüber den anderen

---

Scheme challenge in English legal history"; Debtwire vom 30. Oktober 2014: "Apcoa amended scheme sanctioned; FMS refused permission to appeal, granted 15 % cost consolation". Die Loan Market Association (LMA) hat bereits reagiert und Ziff. 41.3 (h) des LMA Leveraged Facilities Agreement erweitert. Die (nachträgliche) Änderung des anwendbaren Rechts sowie die Festlegung der Zuständigkeit der (englischen) Gerichte bedürfen nun einer einstimmigen Entscheidung der Gläubiger. Siehe hierzu *Schulz* ZIP 2015, 1912, 1913.

758 Siehe hierzu auch *Westpfahl/Knapp* ZIP 2011, 2033, 2038 f.

759 Vgl. zu Plan Support Agreements *Rapisardi/Douglas* The Deal, January 2003, Special Report: "Lockup lockout?"; *Mayr* Norton Journal of Bankruptcy Law and Practice, Vol. 15, 729: "Unlocking the Lockup: The Revival of Plan Support Agreements Under New § 1125(g) of the Bankruptcy Code"; *DeFranceschi* ABI Journal 2003, 16: "Delaware Bankruptcy Court Announces Brightline Rule for Use of Lock-up Agreements in Chapter 11 Cases". Siehe zur Qualifikation einer Restrukturierungsvereinbarung als Plan Support Agreement auch unten Kapitel 3 A. VII. 3.

(potentiellen) Kapitalgebern bei Kapitalgewährung abgegeben haben, verpflichtet, einer Restrukturierungsvereinbarung zuzustimmen, die die *Absolute Priority Rule* reflektiert[760]. Die gerichtliche Durchsetzung dieser Zustimmungspflicht wird jedoch – auch wenn sie im einstweiligen Rechtsschutzverfahren erfolgt – in aller Regel zu viel Zeit in Anspruch nehmen, so dass bis zur gerichtlichen Entscheidung über die Zustimmungspflicht möglicherweise der Unternehmenswert derart gesunken ist, dass selbst eine positive Entscheidung über die Zustimmung zur Restrukturierungsvereinbarung einer sich daran anschließenden Restrukturierung nicht mehr zum Erfolg verhelfen kann. Denn außerhalb eines Insolvenzplanverfahrens besteht lediglich eine Zustimmungspflicht. Eine Zustimmungsfiktion, wie sie § 245 InsO vorsieht, besteht *de lege lata* indes nicht.

Da die Geschäftsleitung ihr Handeln stets am Unternehmensinteresse auszurichten hat und dieses sich in Restrukturierungssituationen im Sicherungsinteresse der Fremdkapitalgeber verdichtet, hat sie dann, wenn eine außergerichtliche Restrukturierung allein am Widerstand der Inhaber wertloser, weil nicht mehr vom Unternehmenswert gedeckter Kapitalinstrumente zu scheitern droht und dieser Widerstand aller Voraussicht nach, d.h. mit überwiegender Wahrscheinlichkeit, mithilfe der Durchführung eines Insolvenzplanverfahrens aufgrund dort vorgesehener Überstimmungsregeln (§ 245 InsO) überwunden werden kann, ein solches Verfahren einzuleiten. Die Geschäftsleitung trifft diese Pflicht jedoch nur, wenn die Befriedigung der vorrangigen Sicherungsinteressen der Fremdkapitalgeber mit einer außergerichtlichen Restrukturierung nicht erreicht werden kann bzw. wenn diese Interessen innerhalb eines Insolvenzplanverfahrens effizienter, sicherer und vor allem auch im Einklang mit der *Absolute Priority Rule*, d.h. im Einklang mit dem Unternehmensinteresse, befriedigt werden können. Das ist insbesondere dann der Fall, wenn bereits vor den Verhandlungen zu einer außergerichtlichen Restrukturierungsvereinbarung absehbar ist, dass nachrangige Kapitalgebergruppen, wie etwa Altgesellschafter oder nachrangige *Mezzanine*-Kreditgeber (*Junior Creditors*), nicht bereit sind, ohne die Zahlung einer Zustimmungs- bzw. Restrukturierungserleichterungsprämie einer Restrukturierungsvereinbarung zuzustimmen. Die Zustimmungsprämie muss dabei nicht immer die Form einer Barzahlung annehmen. Sie kann vielmehr auch dadurch erfolgen, dass Altgesellschaftern bzw. sonstigen nachrangigen Kapitalgebern im Rahmen eines *Debt to Equity Swap* eine zu hohe Beteiligung an der Gesellschaft zukommt bzw. belassen wird. Gegebenenfalls wird Altgesellschaftern auch die Option eingeräumt, sich an der restrukturierten Gesellschaft zu einem im Voraus festgelegten Preis zu beteiligen, der nicht den tatsächlichen Wert der Anteile widerspiegelt, nur um ihre Zustimmung zu den für die Umsetzung des in der Restrukturierungsvereinbarung festgelegten Konzepts erforderlichen Kapitalmaßnahmen zu „erkaufen". Durch die Zahlung einer Zustimmungsprämie bzw. die Festlegung einer solchen in der

760 Hierzu siehe bereits oben Kapitel 3 A. II. 1. a) und b) sowie noch eingehend unten Kapitel 3 B. und C.

Restrukturierungsvereinbarung verletzt die Geschäftsleitung nämlich grundsätzlich die Pflicht, die nachrangigen Kapitalgeberinteressen erst dann zu berücksichtigen, wenn die vorrangigen Kapitalgeberinteressen vollständig befriedigt sind, mithin die *Absolute Priority Rule.* Sie missachtet folglich dadurch grundsätzlich ihre Pflicht aus den §§ 93 Abs. 1 AktG, 43 Abs. 1 GmbHG, ihr Handeln stets am Unternehmensinteresse auszurichten.

Eine Missachtung ist ausnahmsweise gerechtfertigt, wenn trotz der Zahlung einer Zustimmungsprämie, also trotz der Nichteinhaltung der *Absolute Priority Rule,* die Sicherungsinteressen der vorrangigen Fremdkapitalgeber bestmöglich befriedigt werden. Das heißt im Alternativszenario eines Insolvenzplanverfahrens müssten die vorrangigen Kapitalgeber trotz der dortigen Einhaltung der *Absolute Priority Rule* aller Voraussicht nach schlechter gestellt sein. Eine solche Schlechterstellung trotz Einhaltung der *Absolute Priority Rule* kann insbesondere dann vorliegen, wenn der Unternehmenswert, der auf Grundlage des Insolvenzplans „verteilt" wird – d.h. der Unternehmenswert, der sich ergibt und den einzelnen Kapitalgebern durch Barzahlungen, durch den Barwert von Zahlungsversprechen aufgrund neu vereinbarter Kredite oder durch Gesellschaftsanteile zugeordnet wird, sobald die im gestaltenden Teil eines Plans festgelegten Restrukturierungsmaßnahmen umgesetzt sind – allein durch den Umstand der Einleitung eines Insolvenzverfahrens – auch das Planverfahren ist ein Insolvenzverfahren – derart an Wert einbüßt, dass den vorrangigen Fremdkapitalgebern bei einer außergerichtlichen Restrukturierung mit bzw. trotz der Zustimmungsprämie größere wirtschaftliche Werte zugeteilt werden könnten als auf Grundlage eines Planverfahrens ohne Zustimmungsprämie. Die Werteinbuße aufgrund des Umstandes der Insolvenzantragsstellung, namentlich die indirekten Insolvenzkosten, ist ein häufig zu beobachtendes Phänomen in der Restrukturierungspraxis, das eher marktpsychologische und emotionale als rein rationale Gründe hat. Durch die Insolvenzantragsstellung werden sowohl Kunden als auch Lieferanten einer Unternehmensgruppe zum Teil mehr zum Teil weniger stark verunsichert, was im Ergebnis in der Regel mit (weiteren) Umsatzeinbußen des zu restrukturierenden Unternehmens einhergeht. Letzten Endes sind also der Wert der Zustimmungsprämie und die indirekten Insolvenzkosten miteinander zu vergleichen. Ist derjenige der Zustimmungsprämie höher, ist die Geschäftsleitung aus den §§ 93 Abs. 1, 43 Abs. 1 GmbHG verpflichtet, ein Insolvenzplanverfahren zu initiieren, um den Widerstand der Inhaber nachrangiger und daher oftmals wirtschaftlich wertloser Kapitalinstrumente zu überwinden.

1. Verengung des unternehmerischen Ermessens zur Legalitätspflicht

Dabei darf die Geschäftsleitung nicht erst abwarten, bis die Verhandlungen zu einer außergerichtlichen Restrukturierungsvereinbarung tatsächlich gescheitert sind, wenn ohnehin offensichtlich ist, dass ohne Zustimmungsprämie eine außergerichtliche Einigung nicht zustande kommt. Denn durch zu langes Hinauszögern einer dringend erforderlichen Restrukturierung hat zum einen die Gesellschaft die Last einer nicht mehr adäquaten Kapitalstruktur noch länger zu tragen, was weitere Kosten verursacht. Zum anderen wächst zugleich die Verunsicherung des Marktes, namentlich diejenige von Lieferanten und Kunden. Ebenso darf die Geschäftsleitung auch nicht abwarten, bis ein Insolvenzgrund vorliegt. Sie muss diesen vielmehr selbst schaffen, sofern absehbar ist, dass sich ein Insolvenzplanverfahren aller Voraussicht nach für die Fremdkapitalgeber günstiger darstellt als eine außergerichtliche Restrukturierung.

Die Schaffung eines Insolvenzgrundes und das Einleiten einer derartigen strategischen Insolvenz[761] ist auch nicht rechtsmissbräuchlich, sofern die Einleitung des Verfahrens allein zu dem Zweck der bestmöglichen Verfolgung der Unternehmensinteressen geschieht, die sich in einer Restrukturierungssituation zu den Interessen vorrangiger Fremdkapitalgeber verdichtet haben. Kann der Unternehmenswert bzw. der wirtschaftliche Wert, der den Fremdkapitalgebern zur Befriedigung ihrer vorrangigen Sicherungsinteressen durch die Restrukturierung zukommt, dadurch gesteigert bzw. nur dadurch erhalten werden, dass unter Inkaufnahme indirekter Insolvenzkosten eine im Vergleich zu einer außergerichtlichen Restrukturierung für die Sicherungsinteressen der Fremdkapitalgeber günstigere Lösung – weil im Einklang mit der *Absolute Priority Rule* erfolgend – innerhalb eines Insolvenzplanverfahrens umgesetzt wird, dann wären alle anderen Handlungsalternativen als die Einleitung eines Insolvenzplanverfahrens rechtswidrig, weil die Pflicht aus §§ 93 Abs. 1 AktG, 43 Abs. 1 GmbHG verletzend. Das unternehmerische Ermessen der Geschäftsleitung i.S.d. *Business Judgement Rule* des § 93 Abs. 1 Satz 2 AktG ist insoweit auf Null reduziert. Das unternehmerische Ermessen der Geschäftsleitung hat sich folglich in einem solchen Fall mit der Pflicht zur Einleitung eines Insolvenzplanverfahrens zur Legalitätspflicht verengt.

2. Einleitung des Verfahrens

Da ein Insolvenzplanverfahren jedoch lediglich ein durch die Gläubiger im Rahmen ihrer Privatautonomie modifiziertes Insolvenzverfahren darstellt, ist hierfür ebenso wie für die Eröffnung eines Regelinsolvenzverfahrens einerseits die Stellung eines entsprechenden Antrags ans zuständige Insolvenzgericht, andererseits das Vorliegen eines Insolvenzgrundes notwendig. Ein Insolvenzgrund liegt dann vor, wenn die Gesellschaft gem. § 19 InsO überschuldet und/oder gem. § 17 InsO zahlungsunfähig ist, wobei auch dann, wenn lediglich drohende Zahlungsunfähigkeit i.S.d. § 18 InsO vorliegt, ein Antrag auf Eröffnung eines Eigenverwaltungsverfahrens nach § 270 InsO gestellt werden kann. Dieser Antrag auf Eröffnung eines Eigenverwaltungsverfahrens kann mit dem Antrag, dass das Gericht eine Frist von höchstens drei Monaten zur Vorlage eines Insolvenzplanes bestimmt, verbunden werden, § 270b Abs. 1 Satz 1, 2 InsO (sog. „Schutzschirmverfahren"). Auf weiteren Antrag des Schuldners hat es dabei nach § 21 Abs. 2 Nr. 3 InsO anzuordnen, dass

761 Begriff von *Eidenmüller* ZIP 2014, 1197.

Einzelvollstreckungen während der Zeit des vorläufigen (Eigenverwaltungs-)Verfahrens untersagt werden, § 270b Abs. 2 Satz 3 HS 2 InsO, sowie, dass der Schuldner Masseverbindlichkeiten begründet, § 270b Abs. 3 InsO.

Um im vorrangigen Fremdkapitalgeberinteresse obstruierende Kapitalgeber mithilfe eines Insolvenzplanverfahrens überstimmen zu können, ist daher zunächst das Vorliegen eines Insolvenzgrundes erforderlich. In Restrukturierungssituationen liegt ein solcher häufig bereits in Form der drohenden Zahlungsunfähigkeit i.S.d. § 18 InsO vor, da in derartigen Situationen der Schuldner meist mit überwiegender Wahrscheinlichkeit nicht in der Lage sein wird, die bestehenden Zahlungspflichten im Zeitpunkt der Fälligkeit zu erfüllen. Das bedeutet, dass die Geschäftsleitung dann, wenn der Widerstand obstruierender Gläubiger nur durch die Einleitung eines Insolvenzplanverfahrens überwunden werden kann und die indirekten Insolvenzkosten den Wert einer zu zahlenden Zustimmungsprämie in einem hypothetischen außergerichtlichen Restrukturierungsverfahren nicht übersteigen, zur Stellung eines Antrags nach den §§ 270, 270b InsO gemäß den §§ 93 Abs. 1, 43 Abs. 1 GmbHG verpflichtet ist, sofern die Gesellschaft bereits drohend zahlungsunfähig i.S.d. § 18 InsO ist. Ist noch keine drohende Zahlungsunfähigkeit eingetreten, dann hat die Geschäftsleitung im Rahmen ihrer oben hergeleiteten Pflicht, ein Insolvenzplanverfahren einzuleiten, dafür zu sorgen, dass alsbald ein Insolvenzgrund vorliegt, wobei dieser nicht zwingend derjenige des § 18 InsO sein muss. Vielmehr kann ein Antrag auf Eröffnung eines Insolvenz(plan)verfahrens auch auf die §§ 17, 19 InsO gestützt werden. Lediglich für das vorläufige Eigenverwaltungsverfahren des § 270b InsO („Schutzschirmverfahren“) ist das Vorliegen von nur drohender Zahlungsunfähigkeit i.S.d. § 18 InsO zwingend. Gegebenenfalls kommt der Geschäftsleitung jedoch die Pflicht zu, das Insolvenzplanverfahren in Form eines vorläufigen Eigenverwaltungsverfahrens nach § 270b InsO einzuleiten, weil diese Verfahrensvariante möglicherweise geringere indirekte Insolvenzkosten verursacht. Bisweilen ist in der Praxis nämlich zu beobachten, dass ein „Schutzschirmverfahren“ – allerdings unrichtigerweise – nicht als Insolvenzverfahren wahrgenommen wird und daher auch die mit Antragsstellung einhergehende Minderung des Unternehmenswertes geringer ist.

Zur Herbeiführung eines Insolvenzgrundes kann es daher möglicherweise erforderlich sein, dass die Geschäftsleitung in Abstimmung mit bestimmten Kreditgebern die Voraussetzungen für das Vorliegen eines Kündigungsgrundes (*Event of Default*) hinsichtlich der Kreditverträge (bzw. hinsichtlich sonstiger Rechtsverhältnisse wie z.B. der Anleihebedingungen) schafft. Erhalten nämlich die Kreditgeber die Möglichkeit, den gesamten Betrag ihres Kreditengagements zur Rückzahlung fällig zu stellen, dann wird dies zumindest für die Begründung einer für die Einleitung eines Schutzschirmverfahrens erforderlichen drohenden Zahlungsunfähigkeit i.S.d. § 18 InsO ausreichend sein. Denn bei Vorliegen eines Kündigungsgrundes hinsichtlich der wesentlichen Kreditverträge besteht in Sanierungssituationen in aller Regel die überwiegende Wahrscheinlichkeit, dass der Kreditnehmer nicht in der Lage sein wird, die bestehenden Zahlungspflichten im Zeitpunkt der Fälligkeit zu erfüllen. Kündigen die Kreditgeber – idealerweise in Abstimmung mit der

Geschäftsleitung des Kreditnehmers – an, ihre Kredite zu kündigen, dann wird darüber hinaus der Kreditnehmer voraussichtlich auch mittelfristig seine bestehenden Finanzverbindlichkeiten nicht mehr erfüllen, ihm somit keine positive Fortbestehensprognose mehr erteilt werden können und daher bei einer bereits eingetretenen bilanziellen Überschuldung ein Insolvenzgrund i.S.d. § 19 InsO vorliegen. Bedient die Geschäftsleitung schlicht fällige Zins- oder Tilgungsforderungen nicht mehr, dann ist gem. § 17 Abs. 2 Satz 2 InsO in aller Regel der Insolvenzgrund der Zahlungsunfähigkeit anzunehmen. Zu berücksichtigen ist, dass im Falle der Schaffung des Insolvenzgrundes des § 17 InsO die Geschäftsleitung sich die Möglichkeit nimmt, einen Antrag nach § 270b InsO zu stellen, da hierfür negative Voraussetzung ist, dass (noch) keine Zahlungsunfähigkeit eingetreten ist.

Die Voraussetzungen eines Kündigungsgrundes wiederum können durch die Geschäftsleitung etwa dadurch herbeigeführt werden, dass sie bestehenden *Reporting*-Pflichten des Kreditnehmers hinsichtlich der Einhaltung der in den Kreditverträgen typischerweise festgelegten *Financial Covenants* nicht nachkommt und die Kreditgeber ihm gegenüber auch keinen Verzicht (*Waiver*) bezüglich ihres aus der Nichteinhaltung resultierenden Kündigungsrechts erteilen. Bei einem derartigen Vorgehen besteht allerdings die Gefahr, dass ein solcher Sachverhalt bereits genügt, um das Vorliegen von Zahlungsunfähigkeit i.S.d. § 17 InsO zu begründen, was ein „Schutzschirmverfahren" i.S.d. § 270b InsO als prozessuale Vorstufe eines Insolvenzplanverfahrens ausschließen würde. Dies kann etwa dann problematisch sein, wenn nur bei Durchführung eines Schutzschirmverfahrens nach § 270b InsO die nötige Planungssicherheit für die vorrangigen Fremdkapitalgeber hinsichtlich der Umsetzung der Restrukturierung geschaffen werden kann, weil etwa nur im Verfahren nach § 270b InsO absolute Rechtssicherheit hinsichtlich der Frage besteht, ob auch der eigenverwaltende Schuldner im vorläufigen Verfahren Masseverbindlichkeiten begründen kann, vgl. § 270b Abs. 3 InsO, und die Fortführung des Unternehmens nur bei einer bestehenden Masseschuldbegründungskompetenz[762] gewährleistet ist.

Im Übrigen konfligiert die Schaffung der Voraussetzungen für das Vorliegen eines Kündigungsgrundes, um einen Insolvenzgrund herbeizuführen, auch nicht mit der sich aus den §§ 93 Abs. 1 AktG, 43 Abs. 1 GmbHG ergebenden Sanierungspflicht der Geschäftsleitung. Dies deshalb nicht, weil die Herbeiführung des Insolvenzgrundes ja gerade den Zweck hat, die Gesellschaft zu sanieren und fortzuführen. Das Ziel der Herbeiführung ist eine im Vergleich zu einer außergerichtlichen Restrukturierung aufgrund der dort fehlenden Zustimmungsfiktion für die vorrangigen Sicherungsinteressen der Fremdkapitalgeber günstigere Sanierung innerhalb eines Insolvenzplanverfahrens. Da sich das Unternehmensinteresse in Restrukturierungssituationen im Gläubigerinteresse verdichtet, erfolgt die Herbeiführung eines Insolvenzgrundes mit dem Zweck der bestmöglichen Sanierung und daher auch Maximierung der Haftungsmasse gerade im Unternehmensinteresse

762 Begriff von *Marotzke* DB 2013, 1283.

bzw. zum Wohle der Gesellschaft, verletzt also nicht die Sanierungspflicht der Geschäftsleitung, sondern erfüllt sie.

Die Pflicht der Geschäftsleitung, einen solchen *Insolvency* bzw. *Restructuring Trigger* herbeizuführen und ein Insolvenzplanverfahren einzuleiten, ist dabei aus Gründen der Planungssicherheit im Interesse der Fremdkapitalgeber in einer Restrukturierungsvereinbarung rechtsverbindlich festzuschreiben. Dort sind die einzelnen Schritte zur Implementierung der Restrukturierung mithilfe eines Insolvenzplanverfahrens genau festzulegen und die einzelnen Handlungspflichten der Geschäftsleitung von der Herbeiführung des Kündigungsgrundes über die Insolvenzantragsstellung bis hin zur Unterstützung bei der Ausarbeitung des Insolvenzplanes, ggf. auch dessen Einreichung beim Insolvenzgericht, konkret festzulegen. Darüber hinaus kann auch die Pflicht der Geschäftsleitung in der Restrukturierungsvereinbarung derart konkretisiert werden, dass sie den Markt nach einem geeigneten *Chief Restructuring Officer* (CRO) sondiert, der die Implementierung der Restrukturierung via Insolvenzplan auf Organebene (ggf. auch als Generalbevollmächtigter) mit seinem insolvenzspezifischen Fachwissen unterstützt. Die Bestellung eines Sanierungsexperten in die Geschäftsleitung ist auch deswegen sinnvoll, weil nach § 270 InsO Abs. 2 Nr. 2 InsO für die Anordnung der Eigenverwaltung keine Umstände bekannt sein dürfen, die erwarten lassen, dass die Anordnung zu Nachteilen für die Gläubiger führen wird. Die Hinzuziehung von externem Insolvenzsachverstand kann derartig nachteilhafte Umstände beseitigen.

Darüber hinaus sollte im Rahmen der Herbeiführung eines *Event of Default* (Kündigungsgrundes) auch sichergestellt werden, dass die Gläubiger der Gesellschaft gerade keinen *Waiver Letter* erteilen, d.h. gerade nicht auf ihr Kündigungsrecht verzichten. Dies würde nämlich zur Folge haben, dass ein Insolvenzgrund wieder entfallen würde. Die Geschäftsleitung hat daher neben der positiven Herbeiführung eines Insolvenzgrundes die Pflicht, dafür zu sorgen, dass auch in negativer Hinsicht keine Umstände vorliegen, die die Einleitung des Insolvenzplanverfahrens mit dem Ziel der Überstimmung nachrangiger Gesellschafter oder sonstiger Kapitalgeber hindern könnten. Sie hat daher davon abzusehen, die Gläubiger durch sog. *Waiver Request Letter* dazu anzuhalten, auf ihre Kündigungsrechte zu verzichten oder mit diesen Stillhalteabkommen hinsichtlich der (Nicht-)Geltendmachung ihrer Forderungen abzuschließen. Diese Unterlassungspflichten, die sich im Zusammenhang mit der Pflicht, die Voraussetzungen für ein Insolvenzplanverfahren zu schaffen, aus den §§ 93 Abs. 1 AktG, 43 Abs. 1 GmbHG ergeben, sollten rein deklaratorisch ebenso in der Restrukturierungsvereinbarung festgelegt werden.

Im Übrigen kommt einem in einer außergerichtlichen Restrukturierungsvereinbarung verorteten Restrukturierungskonzept – insbesondere im Vergleich mit einem in einem Insolvenzplan festgelegten – nur geringer Bestandsschutz zu. Teilweise können die damit verbundenen Risiken zwar auch in einer außergerichtlichen Restrukturierungsvereinbarung auf schuldrechtlichem Wege auf andere Vertragsparteien umgelegt und dadurch abgefedert werden. Nachrangrisiken in einer Folgeinsolvenz können etwa auf andere Parteien abgewälzt werden, indem in der Restrukturierungsvereinbarung festgelegt wird, dass beispielsweise etwa Gesellschafter oder nachrangige Gläubiger, vorrangigen Gläubigern denjenigen Forderungsbetrag zu erstatten haben, mit dem diese aufgrund der durch § 39 Abs. 1 Nr. 5 InsO bedingten Nachrangigkeit in einem möglichen Folgeinsolvenzverfahren ausfallen. Fraglich dürfte allerdings sein, ob sich (nachrangige) Kapitalgeber auf solche Zugeständnisse einlassen. In jedem Fall dürfte einem derartigen Entgegenkommen nachrangiger Kapitalgeber ein wirtschaftlicher Wert gegenüberzustellen sein, der im Rahmen der Frage, ob die Restrukturierungsvereinbarung die *Absolute Priority Rule* reflektiert, zu berücksichtigen ist.

3. Restrukturierungsvereinbarung als Plan Support Agreement[763]

Im Zusammenhang mit der Pflicht, das Insolvenzplanverfahren strategisch zur Restrukturierung der Kapitalstruktur einzusetzen und zu nutzen, hat die Geschäftsleitung im Unternehmensinteresse bzw. im Interesse der vorrangigen Fremdkapitalgeber ein möglichst in sich geschlossenes und konsistentes Konzept zu entwerfen, das insbesondere den vorrangigen Fremdkapitalgebern bestmögliche Planungssicherheit gewährleistet. Dabei hat sie darauf hinzuwirken, dass dieses Konzept von allen Kapitalgebern unterstützt, hierzu in einer Restrukturierungsvereinbarung festgelegt und diese sodann von sämtlichen Kapitalgebern vor Einleitung des Insolvenzplanverfahrens (ggf. in Verbindung mit einem „Schutzschirmverfahren") unterzeichnet wird. Die nachrangigen Kapitalgeber, die durch den *Cram Down*-Mechanismus des § 245 InsO überstimmt werden sollen, werden jedoch – selbstredend – nicht Partei der außergerichtlichen Restrukturierungsvereinbarung. Wesentlicher Regelungsgegenstand einer solchen Restrukturierungsvereinbarung, die durch einen Insolvenzplan umgesetzt bzw. implementiert wird, ist, dass sich die Kapitalgeber bereits in dieser hinsichtlich ihres künftigen Stimmverhaltens bei der Abstimmung nach den §§ 235 ff. InsO binden (*Plan Support Agreement*).

In der Restrukturierungsvereinbarung muss daher die Pflicht jedes Kapitalgebers festgelegt werden, im Abstimmungstermin i.S.d § 235 InsO von seinem ihm zustehenden Stimmrecht im Geiste des festgelegten Restrukturierungskonzepts Gebrauch zu machen. Die Geschäftsleitung trifft dabei einerseits die Pflicht, die zustimmungswilligen Kapitalgeber dazu anzuhalten, sich in ihrem eigenen (Planungs-)Interesse bereits vor Insolvenzantragsstellung hinsichtlich ihres künftigen Stimmverhaltens zu binden, andererseits dafür Sorge zu tragen, dass das in der außergerichtlichen Restrukturierungsvereinbarung festgelegte Konzept in identischer Weise Einzug in den den einzelnen Gruppen i.S.d. § 244 InsO zur Abstimmung vorzulegenden Insolvenzplan hält. Ihr kommt dabei im Sicherheits- und Planungsinteresse der vorrangigen Fremdkapitalgeber die Pflicht zu, zusammen bzw. in Abstimmung mit den zustimmungswilligen Kapitalgebern bereits im Vorfeld der

763 Gebräuchlich ist auch der Begriff Restructuring Support Agreement.

Antragsstellung – idealerweise parallel zu den Verhandlungen zur außergerichtlichen Restrukturierungsvereinbarung – den (mit dieser inhaltlich identischen) Insolvenzplan auszuarbeiten und als sog. *Prepackaged Plan* zusammen mit dem Antrag auf Eröffnung des Insolvenz(plan)verfahrens nach § 218 Abs. 1 Satz 2 InsO beim zuständigen Insolvenzgericht einzureichen.

Ob eine Bindung hinsichtlich der Stimmausübung im Abstimmungstermin eines Insolvenzplanverfahrens bereits vor Antragsstellung rechtlich zulässig ist, steht dabei jedoch auf einem anderen Blatt. Eine Stimmbindung könnte insbesondere deshalb unwirksam sein, weil sie die Entscheidungsfreiheit der Verfahrensbeteiligten in unzulässiger Weise einschränkt und nichtzustimmungswillige Kapitalgeber unzumutbar benachteiligt. Ebenso könnten dadurch einzuhaltende Verfahrensvorschriften umgangen werden. Die Entscheidungsfreiheit der am Verfahren beteiligten Kapitalgeber wird durch die verbindliche Festlegung der Stimmrechtsausübung bereits in der außergerichtlichen Restrukturierungsvereinbarung im Ergebnis jedoch nicht in rechtlich unzulässiger Weise eingeschränkt. Denn durch die Bindung wird die (freie) Ausübung des Stimmrechts nur vorverlagert. Im Zeitpunkt des Abschlusses der außergerichtlichen Restrukturierungsvereinbarung können sich die einzelnen Kapitalgeber – vorbehaltlich einer Zustimmungspflicht[764] – frei entscheiden, ob sie das in der Restrukturierungsvereinbarung festgelegte und in identischer Weise in den Insolvenzplan zu übertragende Restrukturierungskonzept befürworten oder nicht. Ihnen steht dabei nicht weniger Entscheidungsfreiheit zu als ihnen bei einem Abstimmungstermin ohne die Stimmbindung zustehen würde. Voraussetzung ist allerdings, dass das in der Restrukturierungsvereinbarung festgelegte Konzept, über das im Rahmen des Vertragsschlusses bereits abgestimmt wurde, inhaltlich in identischer Weise in den Plan übertragen wird. Die inhaltliche Übertragung begegnet dabei keinen besonderen insolvenzplanrechtlichen Bedenken, da nach § 225a Abs. 3 InsO im Plan jede Regelung getroffen werden kann, die (gesellschafts-)rechtlich zulässig ist. Denn bei inhaltlicher Identität der Konzepte besteht nicht die Gefahr, dass die Kapitalgeber durch den Plan hinsichtlich einer Regelung gebunden werden, die sie nicht wollen. Eine Stimmbindung in der Restrukturierungsvereinbarung, die die Ausarbeitung des Plans in das freie Ermessen einzelner Kapitalgeber oder des Schuldners stellt, so dass die Kapitalgeber durch den Plan zur Umsetzung eines Restrukturierungskonzepts gebunden werden, das sie im Zeitpunkt des Abschlusses der Restrukturierungsvereinbarung noch gar nicht gekannt haben, dürfte hingegen auf Bedenken stoßen, weil dadurch möglicherweise die insolvenzplanrechtlichen Verfahrensvorschriften umgangen werden würden.

Die vorinsolvenzliche Bindung der einzelnen Kapitalgeber hinsichtlich der Ausübung ihres Stimmrechts im Abstimmungstermin verstößt auch nicht gegen die Wertung des § 136 Abs. 2 AktG. Nach Satz 1 der Norm ist ein Vertrag, durch den sich ein Aktionär verpflichtet, nach Weisung der Gesellschaft, des Vorstands oder

764 Hierzu siehe unten Kapitel 3 B. und C.

des Aufsichtsrats der Gesellschaft oder nach Weisung eines abhängigen Unternehmens das Stimmrecht auszuüben, nichtig. Nach Satz 2 ist ein Vertrag nichtig, durch den sich ein Aktionär verpflichtet, für die jeweiligen Vorschläge des Vorstands oder des Aufsichtsrats der Gesellschaft zu stimmen. § 136 Abs. 2 erklärt Stimmbindungsverträge, mit denen die Verwaltung der AG in der Hauptversammlung für ihr genehme Abstimmungsergebnisse sorgen möchte, für nichtig (sog. gebundene Aktien).[765] Der durch solche Verträge verstärkte Einfluss der Verwaltung zu Lasten der Kapitalgeber widerspricht dem gesetzlichen Konzept der Organverfassung und ist deshalb zu unterbinden.[766] Da Partei der Restrukturierungsvereinbarung auch die Gesellschaft ist und diese ihre Rechte und Pflichten durch die Geschäftsleitung ausübt, könnte man der Auffassung sein, dass auch die in der Restrukturierungsvereinbarung gebundenen Kapitalgeber im Abstimmungstermin nach § 235 InsO nur ihrer Pflicht nachkommen, der Weisung der Gesellschaft bzw. der Geschäftsleitung aus der Restrukturierungsvereinbarung nachzukommen und diese Vorabbindung der freien Beschlussfähigkeit der Planbeteiligten im Abstimmungstermin widerspricht.

Eine solche Ansicht würde jedoch verkennen, dass es sich bei der Versammlung der an einem Insolvenzplan Beteiligten zur Beschlussfassung nach § 235 InsO zwar möglicherweise um ein Organ des Insolvenz(plan)verfahrens handelt, jedoch nicht um ein Organ der Gesellschaft selbst. Die Stimmbindung berührt daher auch nicht die Macht- und Kompetenzverhältnisse innerhalb der Gesellschaft. Darüber hinaus sind die Regelungen eines Insolvenzverfahrens weitestgehend dispositiv, was sich insbesondere an der Möglichkeit zeigt, die Bestimmungen eines Regelinsolvenzverfahrens durch einen Insolvenzplan, mithin durch Vertrag, abzuändern. Die Bestimmungen des Aktienrechts sind nur dort durch die Satzung abänderbar, wo dies ausdrücklich durch Gesetz bestimmt ist, sog. Satzungsstrenge in der AG, vgl. § 23 Abs. 5 AktG. Das bedeutet, dass selbst dann, wenn die Vorabbindung in der Restrukturierungsvereinbarung nicht dem ursprünglichen Kompetenzverteilungssystem, das der Insolvenzordnung zugrunde liegt, entsprechen sollte, es vor allem die Gläubiger, deren vorrangigen Befriedigung das Insolvenzplanverfahren ja gerade dient, selbst in der Hand haben, diese Regeln so abzuändern, dass ihre vorrangigen Sicherungsinteressen bestmöglich befriedigt werden können. Ob dies nun dadurch geschieht, dass sie bereits vor einer förmlichen Antragsstellung über die Verteilung der im Rahmen der Restrukturierung zu schaffenden bzw. zu erhaltenden wirtschaftlichen Werte entscheiden oder erst danach, muss diesen selbst vorbehalten bleiben, nimmt man das Prinzip, dass es sich bei einem Insolvenzverfahren um ein Privatverfahren im Interesse der Gläubiger handelt, ernst.

Im Übrigen wird die zu überstimmende Plangruppe durch die Bindung der Kapitalgeber hinsichtlich ihrer Stimmrechtsausübung bereits in der

765 MünchKommAktG-*Schröer* § 136 Rn. 74.

766 Hüffer/*Koch* Aktiengesetz § 136 Rn. 25; MünchKommAktG-*Schröer* § 136 Rn. 74. Siehe hierzu ausführlich oben Kapitel 2 C. IV. 3.

Restrukturierungsvereinbarung auch nicht unangemessen benachteiligt. In Bezug auf die Position der zu überstimmenden, nachrangigen Kapitalgeber macht es insoweit keinen Unterschied, ob sich die zustimmungswilligen Kapitalgeber bereits vor Insolvenzantragsstellung hinsichtlich der Ausübung ihres Stimmrechts abstimmen oder erst danach. Eine Abstimmung nach Insolvenzantragsstellung ist aber ohne weiteres rechtlich zulässig und unter dem Gesichtspunkt des Minderheitenschutzes unbedenklich.

Im Ergebnis ist daher eine rechtliche Vorabbindung in der Restrukturierungsvereinbarung dann möglich, wenn das dort festgelegte Konzept in identischer Weise in den abzustimmenden Insolvenzplan übertragen wird. Es bestehen daher auch keine Bedenken hinsichtlich der Pflicht der Geschäftsleitung, auf eine Restrukturierungsvereinbarung in der Form eines *Plan Support Agreements* hinzuwirken und diese mithilfe eines Insolvenzplanverfahrens umzusetzen. Bei der Frage, ob die Geschäftsleitung eine Pflicht zur Umsetzung der Restrukturierung mithilfe eines Insolvenzplanverfahrens trifft, ist jedoch immer auch die Möglichkeit mit einzubeziehen, die Restrukturierung mithilfe eines englischen SoA oder CVA oder eines sonstigen ausländischen Sanierungsverfahrens zu implementieren und hierzu ggf. ein CoMI-Shifting oder eine Migration vorzunehmen.[767] Die Pflicht, die Restrukturierung mit einem Insolvenzplanverfahren umzusetzen, um so die obstruierenden nachrangigen Kapitalgeber „abzuschütteln", besteht immer nur dann, wenn nicht Sanierungsverfahren nach anderen Rechtsordnungen zu günstigeren Ergebnissen für die vorrangigen Fremdkapitalgeber führen würden. Die Geschäftsleitung hat sich daher an derjenigen Lösung zu orientieren, die aus einer *ex ante*-Perspektive die bestmögliche Befriedigung der Sicherungsinteressen der vorrangigen Fremdkapitalgeber ermöglicht.[768] Um die ausländischen Verfahrensmöglichkeiten evaluieren zu können, hat sie dann erforderlichenfalls externen rechtlichen und auch in Finanzfragen erfahrenen Sachverstand hinzuzuziehen.

B. Zustimmungspflicht der Gesellschafter

Die Gesellschafter trifft ebenso die Pflicht zur Zustimmung zu einer Restrukturierungsvereinbarung, die die *Absolute Priority Rule* einhält. Dies ergibt sich aus dem bei Gewährung des Eigenkapitals sowohl gegenüber der Gesellschaft als auch gegenüber den anderen Kapitalgebern abgegebenem Versprechen der

767 Hierzu siehe oben Kapitel 3 A. VI.

768 Bei der Restrukturierung komplexer Finanzierungen, für die LBOs typisch sind, wird die günstigste Restrukturierungsvariante für die vorrangigen Fremdkapitalgeber aus den oben genannten Gründen häufig ein SoA sein. Wie sich das prospektive, von der Europäischen Kommission empfohlene vorinsolvenzliche Sanierungsverfahren mit Blick auf die Restrukturierung von LBOs und ähnlichen komplexen Finanzierungen entwickelt, wird abzuwarten sein. Zu beiden Aspekten siehe oben Kapitel 3 A. VI.

Gesellschafter, das Unternehmensinteresse zu fördern, d.h. dafür Sorge zu tragen, dass zunächst die Sicherungsinteressen der Fremdkapitalgeber und erst dann die Wertsteigerungsinteressen der Eigenkapitalgeber verfolgt und befriedigt werden. Die Entstehung und Konkretisierung dieser Zustimmungspflicht sollen im Folgenden näher beleuchtet werden.

I. Pflichten der (Alt-)Gesellschafter in der Unternehmenskrise

1. Gesellschaftsrechtliche Treuepflicht

Neben den materiellen Beitrags- und Einlagepflichten unterliegen sowohl die Gesellschafter von Personen- als auch diejenigen von Kapitalgesellschaften der gesellschaftsrechtlichen Treuepflicht. Die gesellschaftsrechtliche Treuepflicht ist in der neueren Rechtsprechung und Literatur als allgemeines rechtsformübergreifendes Verbandsprinzip auf vertraglicher Basis mit Gesetzesqualität[769] anerkannt und im Kern als Ausfluss einer Sonderverbindung unumstritten.[770] Sie verpflichtet die Gesellschafter im Rahmen einer Förderungs- und Loyalitätspflicht, die Interessen der Gesellschaft zu wahren und nicht durch gesellschaftsschädliches Verhalten zu beeinträchtigen.[771] Sie besteht darüber hinaus jedoch auch im Verhältnis der Gesellschaft zu den Gesellschaftern und auch im Verhältnis zwischen den Gesellschaftern untereinander.[772] Sie ist der Gesellschafterstellung immanent und bedarf daher keiner gesonderten Begründung durch die Satzung.[773] Bei der Treuepflicht geht es vor allem um die Wahrung der Interessen der Gesellschaft und der Mitgesellschafter und um den Konflikt zwischen diesen Interessen und den Eigeninteressen des Gesellschafters.[774] Das Interesse der Gesellschaft wird dabei grundsätzlich durch das „aggregierte“ Interesse aller Gesellschafter konstituiert und von den Gesellschaftern in ihrer institutionalisierten Willensbildung determiniert.[775] Das Interesse der Gesellschaft bzw. das gesellschaftliche Gesamtinteresse[776] in diesem

769 BGHZ 132, 84, 93, K. Schmidt/Lutter/*Schwab* § 243 Rn. 4; *Hüffer* Aktiengesetz § 243 Rn. 24; KölnKommAktG-*Zöllner* § 243 Rn. 69; Spindler/Stilz/*Würthwein* § 243 Rn. 159.

770 Grundlegend BGHZ 129, 136 ff. = NJW 1995, 1739 ff.; BGHZ 103, 184, 194 ff. = NJW 1988, 1579, 1581 f.; OLG Stuttgart AG 2004, 271; Spindler/Stilz/*Würthwein* § 243 Rn. 159; *Henze* ZHR 162 (1998), 186 ff.; *Lutter* ZHR 162 (1998), 164 ff.

771 Spindler/Stilz/*Würthwein* § 243 Rn. 159.

772 Spindler/Stilz/*Würthwein* § 243 Rn. 159.

773 Rowedder/Schmidt-Leithoff/*Pentz* GmbHG § 13 Rn. 35 ff., 37; Michalski/*Michalski/Funke* GmbHG § 13 Rn. 136.

774 Roth/Altmeppen/*Altmeppen* GmbHG § 13 Rn. 31.

775 So Roth/Altmeppen/*Altmeppen* GmbHG § 13 Rn. 31 hinsichtlich der Treuepflicht der Gesellschafter in der GmbH.

776 Roth/Altmeppen/*Altmeppen* GmbHG § 13 Rn. 31.

Sinne ist dabei also die Bündelung bzw. das Kollektiv der Individualinteressen aller Gesellschafter. Die Gesellschaft ist daher Organisation von Individualinteressen aus gemeinsamer Zweckverfolgungsabsicht.[777] Die Beitragspflicht ist dabei die materielle Ausprägung der durch den Gesellschaftsvertrag begründeten allgemeinen Zweckförderungspflicht.[778] Jeder Gesellschafter schuldet der Gesamtheit aller Gesellschafter deshalb mehr als bloß Beiträge, sondern alles, was allgemein zur Förderung des gemeinsamen Zwecks geboten oder jedenfalls notwendig ist.[779]

Als Anknüpfungspunkt für die Treuepflicht wird meist auf die Förderungspflicht des § 705 BGB[780] und auf Treu und Glauben, § 242 BGB[781], rekurriert.[782] Die gesellschaftsrechtliche Treuepflicht wurde jedoch zu einem eigenständigen Rechtsinstitut ausgebaut, das über die gewöhnlichen Ausprägungen von Treu und Glauben bzw. der guten Sitten hinausgeht.[783] Die gesellschaftsrechtliche Treuepflicht wird als richterrechtliche oder gewohnheitsrechtliche Generalklausel angesehen.[784] Teilweise wird allerdings auch vorgebracht, dass die Konstruktion der Treuepflicht gänzlich verfehlt sei und es sich vielmehr um die bereits durch die Mitgliedschaft in einem Personenverband vermittelten Grenzen der Rechtsausübung handele.[785] Wie unten noch zu zeigen sein wird, handelt es sich bei der

777 *Weipert*, Münchener Handbuch des Gesellschaftsrechts, Band 1, § 6 Rn. 32.

778 *Weipert*, Münchener Handbuch des Gesellschaftsrechts, Band 1, § 6 Rn. 32.

779 *Weipert*, Münchener Handbuch des Gesellschaftsrechts, Band 1, § 6 Rn. 32.

780 Rowedder/Schmidt-Leithoff/*Pentz*, § 13 Rn. 36, der zwischen Verhaltenspflichten und Ausübungsschranken differenziert; für Verhaltenspflichten bilde die Grundlage die Förderungspflicht, die in § 705 BGB als verbindendes übergreifendes Prinzip angesprochen ist, und für die Ausübungsschranken, bei denen es um die Korrelation von Rechtsmacht und Verantwortung geht, bilde § 242 BGB die Grundlage, siehe Michalski/*Michalski/Funke* GmbHG § 13 Rn. 140 Fn. 1.

781 BGH ZIP 1988, 117, 118; *Häsemeyer* ZHR 160 (1996), 109, 113 f.; *K. Schmidt*, Gesellschaftsrecht, § 20 IV 1, S. 587 ff.; Roth/Altmeppen/*Altmeppen* GmbHG § 13 Rn. 30; Scholz/*Winter/Seibt* GmbHG § 14 Rn. 50; Ulmer/Habersack/Löbbe/*Raiser* GmbHG § 14 Rn. 68; Rowedder/Schmidt-Leithoff/*Pentz* GmbHG § 13 Rn. 36; Scholz/*Emmerich* GmbHG § 13 Rn. 38 f.: Treuepflicht i.V.m. Gesellschaftsvertrag; a.A. Lutter/Hommelhoff/*Hommelhoff* § 14 Rn. 18: kein Fall des § 242 BGB, sondern mitgliedschaftliche Hauptpflicht; *Lutter* AcP 180 (1980), 84, 117; a.A. auch Winter, Mitgliedschaftliche Treubindungen im GmbH-Recht, 1988, S. 67 ff.: § 242 BGB würde Vertragsbeziehung voraussetzen (zum Ganzen Michalski/*Michalski/Funke* GmbHG § 13 Rn. 140 Fn. 2).

782 Michalski/*Michalski/Funke* GmbHG § 13 Rn. 140.

783 Scholz/*Winter/Seibt* GmbHG § 14 Rn. 50; Michalski/*Michalski/Funke* GmbHG § 13 Rn. 140.

784 *Henze* ZHR 162 (1998), 186, 191; *Lutter* ZHR 162 (1998) 194, 166; für das Personengesellschaftsrecht *Michalski* NZG 1998, 460 f.; Michalski/*Michalski/Funke* GmbHG § 13 Rn. 140.

785 *Flume* ZIP 1996, 161 ff.; *ders.*, S. 258 ff. lehnt insbesondere eine Treupflicht ab; Roth/Altmeppen/*Altmeppen* GmbHG § 13 Rn. 28 ff.; *Wilhelm*, Kapitalgesellschaftsrecht, Rn. 690, 694.

gesellschaftsrechtlichen Treuepflicht richtigerweise um das bei der Eigenkapitalgewährung bzw. bei Übernahme des Gesellschaftsanteils, d.h. bei der Eigenkapitalinvestition, vom Gesellschafter sowohl gegenüber der Gesellschaft als auch gegenüber den anderen Kapitalgebern, insbesondere Fremdkapitalgebern, abgegebene Versprechen, das Gesellschaftsinteresse als das aggregierte Interesse aller Kapitalgeber zu fördern. Dieses Kollektivinteresse ist dabei derart gewichtet, dass die Wertsteigerungsinteressen der Gesellschafter solange unberücksichtigt bleiben, bis die Sicherungsinteressen der vorrangigen Kapitalgeber, insbesondere aber nicht nur der Fremdkapitalgeber, vollständig befriedigt sind. Die hier vertretene Auffassung kommt dabei derjenigen Ansicht, die die Treuepflicht als eigenständige, sich aus der Gesellschafterstellung an sich ergebende Pflicht ansieht, am nächsten, jedoch mit dem grundlegenden Unterschied, dass das Gesellschaftsinteresse nicht nur die Interessen der Gesellschafter, sondern vor allem auch diejenigen der Gläubiger mit umfasst. Im Übrigen können Treuepflichten den Gesellschafter einerseits zur gezielten Wahrnehmung seines Stimmrechts verpflichten, andererseits können sie von ihm die Vornahme oder die Unterlassung einer sonstigen Handlung fordern.[786] Er kann also auch zur Zustimmung zu einem Vertrag verpflichtet sein. Die in Rechtsprechung und Literatur entwickelte gesellschaftsrechtliche Treuepflicht ist nach hier vertretener Auffassung als Konsequenz bzw. Ausfluss desjenigen Teils der *Absolute Priority Rule* zu begreifen, der die Gesellschafter als Eigenkapitalgeber betrifft.[787]

2. *Auswirkungen der gesellschaftsrechtlichen Treuepflicht in der Unternehmenskrise*

Sofern die Gesellschaft in eine krisenhafte Lage gerät, verdichtet sich aufgrund der Treuepflicht die Bindung der Gesellschafter.[788] Eine notwendige Sanierung darf dann nicht von einem Minderheitsgesellschafter aus eigennützigen Motiven blockiert werden.[789] In der Krise der Gesellschaft können die Gesellschafter daher aufgrund der gesellschaftsrechtlichen Treuepflicht insbesondere verpflichtet sein, einem Kapitalherabsetzungsvorschlag zuzustimmen sowie einer sich an die Kapitalherabsetzung anschließenden bezugsrechtsfreien Kapitalerhöhung, wenn zum einen die Mehrheitsgesellschafter solche Maßnahmen befürworten und zum anderen die Gläubiger der Gesellschaft nur unter diesen Voraussetzungen bereit sind, die Sanierung der Gesellschaft zu begleiten. Nach der Girmes-Rechtsprechung des BGH ist es einem Gesellschafter verboten, eine sinnvolle und mehrheitlich angestrebte Sanierung aus eigennützigen Gründen zu verhindern, sofern

---

786 MünchKommGmbHG-*Merkt* § 13 Rn. 109.
787 Hierzu siehe unten Kapitel 3 B. I. 3.
788 So ausdrücklich MünchKommGmbHG-*Merkt* § 13 Rn. 150 hinsichtlich der Gesellschafter einer GmbH.
789 MünchKommGmbHG-*Merkt* § 13 Rn. 150.

bei einem Scheitern der Sanierungsmaßnahme der Zusammenbruch der Gesellschaft unvermeidlich und im Fall des Zusammenbruchs die Stellung des einzelnen Gesellschafters ungünstiger als bei einem Austritt aus der fortbestehenden Gesellschaft ist, die Umsetzung der Sanierungsmaßnahme die Verfolgung des Gesellschaftszwecks nach objektiver Einschätzung nachhaltig sicherstellt und keine schonendere Sanierung möglich ist.[790] Diese Voraussetzungen seien bei einem *Debt to Equity Swap* insbesondere dann gegeben, wenn es keine realistische Sanierungsalternative gebe, die Gesellschaft kurz vor der Insolvenz stehe und die Altgesellschafter auch nach Umsetzung des *Debt to Equity Swap* noch an der Gesellschaft beteiligt seien.[791] In diesem Fall profitieren sie über den Wertzuwachs ihrer Aktien oder ihres Geschäftsanteiles von einer erfolgreichen Sanierung und ihre Situation sei daher besser als im Fall einer unmittelbaren Liquidation der Gesellschaft.[792] Solange kein Liquidationsbeschluss gefasst sei, dürfe kein Aktionär gegen eine zur Bestandssicherung der Gesellschaft erforderliche und kaufmännisch plausibel ausgestaltete Sanierungsmaßnahme obstruieren, sofern hierdurch sein durch die Aktie verkörperter wirtschaftlicher Vermögenswert nicht verringert werde.[793]

Dass die Gesellschafter durch den Kapitalschnitt ihren Gesellschaftsanteil „verlieren", ist also von ihnen aufgrund der Treuepflicht im übergeordneten Unternehmensinteresse in Kauf zu nehmen. Die Verhinderung einer Kapitalerhöhung ist richtigerweise aufgrund der Treuepflicht selbst dann rechtsmissbräuchlich, wenn der betroffene Gesellschafter sich an dieser nicht beteiligen kann und seine Sperrminorität somit zu verlieren droht.[794] Weiterhin hat der BGH entschieden (*Sanieren oder Ausscheiden*)[795], dass es Minderheitsgesellschaftern in Personengesellschaften

790 BGH, Urteil v. 20.03.1995 – II ZR 205/94 = ZIP 1995, 81, BGHZ 129, 136, 152 = NJW 1995, 1739, 1743 (*Altmeppen*); Roth/Altmeppen/*Altmeppen* GmbHG § 13 Rn. 53; so auch *K. Schmidt*, Gesellschaftsrecht, S. 134; *Schmidt/Schlitt* Der Konzern 2009, 279, 282; *Redeker* BB 2007, 673, 675 f.; *Priester* ZIP 2010, 497, 497; kritisch *Flume* ZIP 1996, 161, 165 ff. Der BGH ging jüngst sogar noch weiter, indem er den Ausschluss von Gesellschaftern aus einer OHG, die die Einbringung eines Sanierungsbeitrages verweigert hatten, als zulässig erachtete, BGH, Urteil v. 19.10.2009 – II ZR 240/08 = ZIP 2009, 2289 ff.; sich für eine Übertragung dieser Rechtsprechung auf die GmbH aussprechend *Priester* ZIP 2010, 497 ff.; *Ulrich* GmbHR 2010, 36, 36; *Wahl/Schult* BB 32010, 10, 12, *Bacina/Redeker* DB 2010, 996, 996 ff.

791 *Redeker* BB 2007, 673, 676; *Schmidt/Schlitt* Der Konzern 2009, 279,282.

792 *Redeker* BB 2007, 673, 676; *Schmidt/Schlitt* Der Konzern 2009, 279,282.

793 *Seibt* ZIP 2014 1909, 1911; Theiselmann/*Seibt*, Praxishandbuch des Restrukturierungsrechts, Kapitel 6 Rn. 7; ähnlich BGH, Urteil v. 19.10.2009 – II ZR 240/08 = ZIP 2009, 2289 (*Holler*, ZIP 2010, 1678) Sanieren oder Ausscheiden (zu Publikums-Immobilienfonds, GmbH & Co. OHG), dazu EWiR 2009, 739 (*Armbrüster*).

794 *Häsemeyer* ZHR 160 (1996) 109 ff.; Michalski/*Michalski* GmbHG § 13 Rn. 170; MünchKommGmbHG-*Merkt* § 13 Rn. 150.

795 BGH, Urteil v. 19.10.2009 – II ZR 240/08 = ZIP 2009, 2289 (*Holler*, ZIP 2010, 1678) Sanieren oder Ausscheiden (zu Publikums-Immobilienfonds, GmbH & Co. OHG), dazu EWiR 2009, 739 (*Armbrüster*).

aufgrund ihrer Treuepflicht gegenüber der Gesellschaft und gegenüber den Mehrheitsgesellschaftern grundsätzlich untersagt sei, eine im Unternehmensinteresse bzw. im Interesse aller *Stakeholder* beabsichtigte Sanierung zu blockieren, um den endgültigen „Verlust" ihrer (ohnehin wertlosen) Gesellschaftsanteile zu verhindern und dadurch einen Lästigkeitswert zu generieren. Die positive Stimmpflicht der Gesellschafter hinsichtlich des Kapitalherabsetzungs- und Kapitalerhöhungsbeschlusses bzw. die Pflicht, die Verhinderung der Sanierung zu unterlassen und stattdessen an ihr mitzuwirken, leitet der BGH dabei aus der gesellschaftsrechtlichen Treuepflicht ab.

Der Strategie nachrangiger Gesellschafter, die (hoffnungslos) *out of the money* sind und darauf setzen, daraus Kapital zu schlagen, dass sie durch den Aufbau einer Blockadehaltung einen Lästigkeitswert generieren, der ihnen von den übrigen *Stakeholdern*, insbesondere von den vorrangigen Fremdkapitalgebern, im Gegenzug für die Zustimmung zur Sanierung „abgekauft" werden soll, wird durch diese Rechtsprechung zwar im Grundsatz ein Riegel vorgeschoben. Da jedoch die aus der Treuepflicht abgeleitete positive Zustimmungspflicht nicht ohne weiteres in der für eine Restrukturierung erforderlichen Zeitspanne im Wege der Leistungsklage oder bei Vorliegen der übrigen Voraussetzungen im Wege einer einstweiligen Anordnung gerichtlich durchgesetzt werden kann, verbleibt den Gesellschaftern dennoch die Möglichkeit, durch die Androhung der Verweigerung der Zustimmung zu dringend erforderlichen Sanierungsmaßnahmen den übrigen *Stakeholdern* eine Zustimmungsprämie abzuringen. Darüber hinaus sind treuwidrig zustande gekommene Beschlüsse zwar nach § 243 AktG (analog) anfechtbar[796] und ggf. im Wege der positiven Beschlussfeststellungsklage „heilbar" bzw. von vornherein nichtig[797] und vom Versammlungsleiter nicht zu berücksichtigen. Ebenso droht Gesellschaftern, die die Treuepflicht durch die Nichtzustimmung verletzt haben, der Ersatz des hierdurch entstandenen Schadens nach den §§ 280 Abs. 1, 249 ff. BGB. Nichtsdestotrotz muss auch in diesen Fällen zunächst der Rechtsweg beschritten werden, was die Implementierung einer außergerichtlichen Restrukturierung aufgrund der damit einhergehenden Rechts- und Transaktionsunsicherheit in aller Regel nicht unwesentlich gefährdet und in der Folge obstruierenden Gesellschaftern ein nicht unwesentliches „Erpressungspotential" zukommen lässt.

In der Praxis ist daher häufig zu beobachten, dass bei außergerichtlichen Restrukturierungen trotz der eindeutigen Rechtsprechung des BGH, die nach hier vertretener Auffassung als ein aus der gesellschaftsrechtlichen Treuepflicht abgeleitetes, außergerichtliches (!) Obstruktionsverbot nachrangiger Gesellschafter begriffen wird, diesen entgegen der *Absolute Priority Rule* auf die eine oder andere

796 K. Schmidt/Lutter/*Schwab* § 243 Rn. 5; Spindler/Stilz/*Würthwein* § 243 Rn. 163.

797 BGHZ 102, 172, 176, BGH ZIP 1991, 23; OLG Stuttgart AG 2000, 369 = DB 1999, 2256; GroßkommAktG-*K. Schmidt* § 243 Rn. 50; *Zöllner*, Die Schranken mitgliedschaftlicher Stimmrechtsmacht bei den privatrechtlichen Personenverbänden, 1963, S. 366.

Art[798] – allein damit sie den außergerichtlichen Restrukturierungsmaßnahmen zustimmen – wirtschaftliche Werte zukommen, die ihnen bei einer Restrukturierung innerhalb einer Insolvenz im Rahmen einer Einzel- oder Gesamtliquidation bzw. im Rahmen eines Insolvenzplanverfahrens nicht zu Teil werden würden. Die Rechtsprechung des BGH bestätigt daher zwar die hier aufgestellte These, dass nachrangige Gesellschafterinteressen zugunsten des (aggregierten) Kollektivinteresses erst dann berücksichtigt werden dürfen, wenn die Interessen vorrangiger Kapitalgeber vollständig befriedigt wurden und dass die Gesellschafter zur Einhaltung dieser Rangfolge aufgrund der sich aus der Mitgliedschaft selbst ergebenden Treuepflicht, d.h. aus dem bei Kapitalgewährung abgegebenen Versprechen, stets nur das Kollektiv- bzw. das Unternehmensinteresse zu fördern, verpflichtet sind. Ihr kommt jedoch aufgrund der Notwendigkeit, diese Treuepflicht entweder im Wege einer Anfechtungs-, Nichtigkeits- oder Leistungsklage bzw. im Wege der einstweiligen Anordnung gerichtlich geltend zu machen, in der Praxis bei in der Regel unter hohem Zeitdruck umzusetzenden Restrukturierungen nur begrenzte Durchschlagskraft zu. Bei insolvenznahen Restrukturierungen bleibt keine Zeit, Prozesse zu führen.

3. Gesellschaftsrechtliche Treuepflicht als Konsequenz der Absolute Priority Rule

Die Zustimmungspflicht der Gesellschafter zu einer Restrukturierungsvereinbarung ergibt sich letztlich aus der gesellschaftsrechtlichen Treuepflicht. Hinsichtlich der Rechtsnatur und des Inhalts der gesellschafsrechtlichen Treuepflicht wird hier in der Folge allerdings eine geringfügig andere, jedoch auch grundlegend unterschiedliche Auffassung zu der oben dargestellten vertreten werden. Die gesellschaftsrechtliche Treuepflicht in obigem Sinne ist die sich aus der Mitgliedschaft selbst ergebende Pflicht sowohl gegenüber der Gesellschaft als auch gegenüber den anderen Gesellschaftern, stets das Unternehmensinteresse zu fördern und alles zu unterlassen, was der Gesellschaft als das aggregierte und organisierte Gesamtinteresse aller Gesellschafter schaden könnte. Der Hauptunterschied dieser Auffassung zu der hier vertretenen besteht darin, dass sich bei der hier vertretenen Auffassung das Unternehmens- bzw. Kollektivinteresse nicht im Gesamtinteresse aller Gesellschafter erschöpft, sondern vielmehr neben den Interessen der Gesellschafter als Eigenkapitalgeber insbesondere auch die Interessen der Fremdkapitalgeber und sonstiger Inhaber von (hybriden) Finanzierungsinstrumenten mit einbezieht. Denn es gibt keinen vernünftigen Grund, warum nur die (Wertsteigerungs-)Interessen der Gesellschafter als Eigenkapitalinvestoren und nicht auch die (Sicherungs-)Interessen der Finanzgläubiger als Fremdkapitalinvestoren vom Gesamtinteresse bzw. Unternehmensinteresse mit umfasst sein sollten.

---

798 Zu den verschiedenen Möglichkeiten, eine „Zustimmungsprämie" umzusetzen siehe oben Kapitel 3 A. VII.

a) *Chancen- und Risikoverteilung bei Eigen- und Fremdkapitalinvestitionen*

Beide Gruppen sind letzten Endes verschiedene Arten von Investoren mit lediglich unterschiedlichem Profil, was die Chancen und Risiken ihrer Investition anbetrifft. Beide Gruppen finanzieren die Unternehmenstätigkeit. Dem höheren (Verlust-) Risiko, das Eigenkapitalgeber eingehen, wird dadurch Rechnung getragen, dass ihnen umfassende Verwaltungs- bzw. Stimmrechte zukommen, mithilfe derer sie die Möglichkeit haben, die Unternehmenspolitik und damit auch die ideale (Re-) Investition und Wertsteigerung ihres eingesetzten Kapitals mit zu beeinflussen. Ebenso können sie durch entsprechende Ausübung ihrer Stimmrechte das Verlustrisiko des von ihnen der Gesellschaft gewährten Eigenkapitals steuern. Fremdkapitalgebern stehen aufgrund des geringeren Risikos, das sie mit ihrer Investition eingehen, zumindest aufgrund Gesetzes keine solchen Verwaltungsrechte zu.[799] Fremdkapitalgeber sind vor allem am Rückerhalt ihres gewährten Kapitals zusätzlich der versprochenen Zinsen interessiert, verfolgen damit im Gegensatz zu Eigenkapitalgebern vornehmlich Sicherungsinteressen.[800]

Die Chancen und Risiken, die mit einer Kapitalgewährung bzw. mit einer Investition verbunden sind, unterliegen grundsätzlich einem Gleichlauf. Je größer die Chance, desto höher das Risiko. Je kleiner die Chance, desto geringer das Risiko. Das erhöhte Risiko der Eigenkapitalgeber wird durch die Gewährung umfassender Verwaltungsrechte kompensiert, die das Gesellschaftsrecht festlegt. Umgekehrt wird die geringere Gewinnchance der Fremdkapitalgeber dadurch kompensiert, dass auch das Risiko gering gehalten wird. Andernfalls würde in die Proportionalität von Chance und Risiko eingegriffen werden. Systematisch wird das Gleichgewicht dadurch aufrechterhalten, dass Fremdkapital nicht als gebundenes Kapital behandelt wird, dass also die Fremdkapitalgeber einen im Voraus (durch den Darlehensvertrag) festgelegten Rückzahlungsanspruch hinsichtlich ihres eingesetzten Kapitals erhalten. Um dem Gleichlauf von Chance und Risiko sowohl hinsichtlich des investierten Eigenkapitals als auch hinsichtlich des investierten Fremdkapitals zu entsprechen, muss also gewährleistet sein, dass Eigen- vor Fremdkapital haftet bzw. dass die Sicherungsinteressen, die die Fremdkapitalgeber am Rückerhalt ihres verzinsten Kapitals haben, den Wertsteigerungsinteressen der Eigenkapitalgeber

799 In (internationalen) Konsortialkreditverträgen wird den Kreditgebern bisweilen das Recht eingeräumt, ähnlich einem Gesellschafter die Geschicke der Gesellschaft mit zu bestimmen und Einfluss auf die Geschäftsführung zu nehmen. Dadurch können sich jedoch Probleme hinsichtlich der Nachrangigkeit der Forderungen aus den Krediten in einer Insolvenz des Kreditnehmers ergeben. Siehe zur Problematik des atypischen Pfandgläubigers insbesondere BGH, Urteil v. 13.07.1992, BGHZ 119, 191 ff. Eine kreditgebende Bank, die zwar nicht Gesellschafterin des Kreditnehmers ist, sich aber dessen Gesellschaftsanteile zur Sicherheit verpfänden lässt, sei unter bestimmten Voraussetzungen einem Gesellschafter gleichzustellen.

800 Hierzu siehe auch oben Kapitel 3 A. II. b) bb).

vorzuziehen sind. Denn die Gewährleistung, dass Fremdkapitalgeber bei geringeren Gewinnchancen auch ein geringeres Risiko auf sich nehmen müssen, kann nur so abgebildet werden, dass ihre Kapitalinteressen vor denjenigen der Eigenkapitalgeber berücksichtigt werden. Daher ist es nicht richtig, bei Konturierung der gesellschaftsrechtlichen Treuepflicht nur die Kapitalinteressen der Eigenkapitalgeber als vom Unternehmensinteresse mit umfasst anzusehen. Dieses muss sich ebenso auf die Kapitalinteressen der Fremdkapitalgeber erstrecken.

Darüber hinaus müssen – um den Gleichlauf zwischen Chance und Risiko zu wahren – bei der Verhaltensausrichtung der Gesellschafter am Unternehmensinteresse die Fremdkapitalgeberinteressen nicht nur mit einbezogen werden, sondern vielmehr auch vorrangig gegenüber denjenigen der Eigenkapitalgeber sein. Das Unternehmensinteresse, zu deren Verfolgung die gesellschafsrechtliche Treuepflicht verpflichtet, muss also als das aggregierte Kapitalinteresse aller Kapitalgeber angesehen werden, wobei jedoch diese kumulierten Kapitalinteressen zur Wahrung der Proportionalität von Chance und Risiko einer Gewichtung unterliegen: Zunächst sind die Sicherungsinteressen der Fremdkapitalgeber zu berücksichtigen und erst bei deren vollständiger Befriedigung diejenigen der Eigenkapitalgeber. Die Gesellschafter verpflichten sich daher durch ihre Mitgliedschaft, die sie im Zeitpunkt der Gewährung des Eigenkapitals „erhalten", nicht nur gegenüber der Gesellschaft – verstanden als das organisierte und aggregierte Interesse aller Kapitalgeber – sowie nicht nur gegenüber den anderen Gesellschaftern, sondern auch gegenüber allen anderen Kapitalgebern, insbesondere auch gegenüber den Fremdkapitalgebern, das Unternehmensinteresse zu fördern. Die Koexistenz verschiedener Kapitalarten mit unterschiedlich ausgeprägtem Chancen- und Risikoprofil kann nur funktionieren, wenn sich die Kapitalgeber einer Rangfolge hinsichtlich der Berücksichtigung ihrer Kapitalinteressen unterwerfen. Diese Rangfolge ist dem Unternehmensinteresse als dem Kapitalinteresse aller Kapitalgeber immanent und daher von den Gesellschaftern bei Ausrichtung ihres (künftigen) Verhaltens stets zu beachten.

b) Auswirkungen der so verstandenen gesellschaftsrechtlichen Treuepflicht in Restrukturierungssituationen

Die Gesellschafter haben daher aufgrund der gesellschaftsrechtlichen Treuepflicht in diesem verstandenen Sinne dafür Sorge zu tragen, dass zunächst die Sicherungsinteressen der Gläubiger befriedigt werden, d.h. sie haben dafür Sorge zu tragen, dass der im Vergleich zu einer Liquidation bei einer außergerichtlichen Restrukturierung entstehende Mehrwert zunächst den Gläubigern zugeteilt wird. Die Gesellschafter sind also im Kontext einer Sanierung aufgrund der Treuepflicht gefordert, sich nach besten Kräften zu bemühen, dass in erster Linie den Gläubigern wirtschaftliche Werte zukommen. Erst wenn deren (ursprüngliche) Nominalforderungen vollständig befriedigt sind, dürfen sie sich selbst wirtschaftliche Werte zuteilen (lassen). Das kann bedeuten, dass die Gesellschafter im Rahmen eines *Debt to Equity Swap* – um den vorrangigen Sicherungsinteressen der

Gläubiger gerecht zu werden – verpflichtet sind, den einzelnen für eine solche *Debt to Equity Conversion* erforderlichen Kapitalmaßnahmen, wie etwa einer Kapitalherabsetzung und einer anschließenden Kapitalerhöhung, auch dann zuzustimmen, wenn sie ihre ursprünglichen Mitgliedschaftsrechte durch den Kapitalschnitt vollständig einbüßen. Ebenso können sie aufgrund der gesellschaftsrechtlichen Treuepflicht verpflichtet sein, einen Beschluss zu fassen, wonach bei der notwendigen Kapitalerhöhung das Bezugsrecht ausgeschlossen wird, so dass sie nach erfolgreich abgeschlossener und umgesetzter Restrukturierung, d.h. nach *Closing* der finanziellen Restrukturierung, nicht mehr an der restrukturierten Gesellschaft beteiligt sind. Denn sind die Gesellschafter nicht in der Lage, die Gesellschaft mit neuen Eigenkapitalmitteln auszustatten, dann verbleibt ihnen nur die Möglichkeit, den Gläubigern zur vorrangigen Befriedigung ihrer Interessen eine (nicht verwässerte) Beteiligung am restrukturierten Unternehmens(-träger) zu verschaffen. Im Gegenzug für die Ausgabe der neuen Gesellschaftsanteile müssen allerdings die Gläubiger den noch werthaltigen Teil ihrer Forderungen im Rahmen einer Sachkapitalerhöhung in die Gesellschaft einbringen bzw. darauf verzichten.

Um den Gläubigern diesen Zukunfts- bzw. Hoffnungswert (*Equity Upside*) zukommen lassen zu können, ist aber in der Regel ein Kapitalschnitt unter vollständigem Ausschluss des Bezugsrechts der Altgesellschafter notwendig. Die Gesellschafter sind daher, wenn ein *Debt to Equity Swap* der einzig gangbare Weg ist, um die vorrangigen Sicherungsinteressen der Gläubiger (zumindest teilweise) befriedigen zu können, aufgrund der gesellschaftsrechtlichen Treuepflicht verpflichtet, sowohl dem hierfür erforderlichen Kapitalherabsetzungs- und Kapitalerhöhungsbeschluss als auch dem Beschluss über den Ausschluss des Bezugsrechts zuzustimmen. Wollen die Altgesellschafter ihre Beteiligung nicht vollständig verlieren, bleibt ihnen nur die Möglichkeit, der Gesellschaft neue Eigen- (ggf. auch Fremdmittel mithilfe eines Gesellschafterdarlehens) zur Verfügung zu stellen. Sind sie hierzu bereit und kommen die zur Verfügung gestellten neuen Mittel zumindest mittelbar den Gläubigern zugute, dann sind die Gesellschafter nicht zu einem vollständigen Kapitalschnitt verpflichtet, sondern nur insoweit, als der Wert der Anteile, die ihnen belassen werden, dem Wert der neuen Mittel entspricht, die sie bereit sind, zur Verfügung zu stellen.

Die Gesellschafter können jedoch aufgrund der Treuepflicht auch dazu angehalten sein, ihre bestehenden Gesellschaftsanteile direkt im Rahmen eines *Debt to Equity Swap* auf die Gläubiger zur Befriedigung von deren vorrangigen Sicherungsinteressen zu übertragen. Unterliegen die zu übertragenden Anteile einer Vinkulierung, sind die Gesellschafter aufgrund der Treupflicht verpflichtet, einer Übertragung zuzustimmen bzw. im Falle, dass sie nicht selbst entscheidungskompetent sind, auf das zuständige Organ einzuwirken, so dass es einen entsprechenden Beschluss fasst. Entscheidend ist, dass die Gesellschafter auch in dieser Variante verpflichtet sind, keine wirtschaftlichen Werte „anzunehmen", solange nicht vorrangige Kapitalgeber vollständig befriedigt sind (*Absolute Priority Rule*). Vielmehr haben sie aufgrund der gesellschaftsrechtlichen Treupflicht dafür zu sorgen, dass die vorrangigen Sicherungsinteressen der Gläubiger alsbald befriedigt werden. Ob dies nun dadurch geschieht, dass die Gesellschafter der Gesellschaft „frisches" Kapital zur Verfügung stellen, was auch – zumindest mittelbar – den Gläubigern zugutekommt, dass sie einem Kapitalschnitt zustimmen, so dass die Gläubiger ihre *Recovery* aus dem Wertsteigerungspotential „unbelasteter" und „nicht verwässerter" durch die Kapitalerhöhung neu entstehender Gesellschaftsanteile schöpfen können (*Equity Upside*) oder dadurch, dass sie ihre bestehenden Altanteile direkt auf die Gläubiger im Gegenzug für einen Forderungsverzicht übertragen, ist sekundär und steht zur Disposition der Gesellschafter. Entscheidend ist, dass an erster Stelle die vorrangigen Gläubiger und nicht die nachrangigen Gesellschafter wirtschaftliche Werte erhalten.

c) Vergleich mit der Ansicht des BGH

Letztlich wird dieses Ergebnis auch durch die Rechtsprechung des BGH[801] gestützt. Denn wenn der BGH die Minderheitsgesellschafter nur dann aufgrund der gesellschafsrechtlichen Treuepflicht zur Zustimmung zu einem Kapitalschnitt unter Bezugsrechtsausschluss verpflichten möchte, wenn dies auch zwingende Bedingung der Gläubiger für eine Fortführung des Unternehmens und für eine Sanierung ist, stellt er damit klar, dass die Gesellschafter aufgrund der Treupflicht nicht nur zugunsten der Mehrheitsgesellschafter zu handeln haben, sondern gerade auch zugunsten der Gläubiger. Das Handeln der Gesellschafter aufgrund der Treuepflicht erfolgt daher insbesondere auch im (vorrangigen) Interesse der Gläubiger. Denn wären die Gläubiger nicht bereit, eine Sanierung zu unterstützen, dann würde auch ein treukonform zustande gekommener Beschluss (beispielsweise hinsichtlich eines Kapitalschnitts) ins Leere gehen, denn ohne den Willen der Gläubiger ist eine Entschuldung und damit eine (finanzielle) Sanierung der Gesellschaft bzw. Unternehmensgruppe in der Regel nicht möglich. Inzident bestätigt der BGH sowohl in der *Girmes*- als auch in der *Sanieren oder Ausscheiden*-Entscheidung, dass die Sicherungsinteressen der Gläubiger in der Krise einer Gesellschaft den Interessen der Gesellschafter am Erhalt (des Wertes) ihrer Beteiligung vorzuziehen sind.

Die Gesellschafter haben sich dies selbst zuzuschreiben, denn durch die Gewährung von Eigen- anstatt Fremdkapital haben sie eine Kapitalvariante gewählt, die bei größeren Gewinnchancen auch höhere Verlustrisiken in sich birgt. Dieses Risiko verwirklicht sich in aller Regel in einer wirtschaftlichen Krise der Gesellschaft, insbesondere dann, wenn der Unternehmenswert (*Enterprise Value*) die

801 BGH, Urteil v. 20.03.1995 – II ZR 205/94 – Girmes = ZIP 1995, 81, BGHZ 129, 136, 152 = NJW 195, 1739, 1743 (*Altmeppen*); Roth/Altmeppen/*Altmeppen* GmbHG § 13 Rn. 53; so auch *K. Schmidt*, Gesellschaftsrecht, S. 134; *Schmidt/Schlitt* Der Konzern 2009, 279, 282; *Redeker* BB 2007, 673, 675 f.; *Priester* ZIP 2010, 497, 497; kritisch *Flume* ZIP 1996, 161, 165 ff. sowie BGH, Urteil v. 19.10.2009 – II ZR 240/08 = ZIP 2009, 2289 (*Holler*, ZIP 2010, 1678) Sanieren oder Ausscheiden (zu Publikums-Immobilienfonds, GmbH & Co. OHG), dazu EWiR 2009, 739 (*Armbrüster*).

bestehenden Verbindlichkeiten nicht mehr deckt. Bei ihrer Eigenkapitalinvestition haben die Gesellschafter zugleich gegenüber den Gläubigern ein Versprechen abgegeben, dieses erhöhte Verlustrisiko zu tragen. Nur dadurch kann den Gläubigern ein in Relation zu den Gesellschaftern geringeres Verlustrisiko überhaupt gewährleistet werden. Würden die Gesellschafter bei Verwirklichung ihres Risikos an ihren Gesellschaftsanteilen festhalten wollen, nur um Kapital aus einer Blockadehaltung zu schlagen, würden sie ihr Versprechen gegenüber den Gläubigern brechen und gegen das Verbot des *venire contra factum proprium* verstoßen.

d) Auswirkungen bei (internationalen) Konsortialfinanzierungen

Bei (internationalen) Konsortialfinanzierungen ist es üblich, dass sich die verschiedenen Kreditgeber in einem *Intercreditor Agreement* (ICA) sowohl untereinander als auch gegenüber dem Kreditnehmer einer Rangfolge hinsichtlich ihrer Zins- und Tilgungsansprüche unterwerfen. In aller Regel sind die Gesellschafter nicht Vertragspartei des ICA. Diese verpflichten sich vielmehr in einem separaten *Equity Subordination Agreement*, mit ihren gesamten gegenwärtigen und künftigen Forderungen gegen den Kreditnehmer im Rang hinter die Forderungen all der anderen Kapitalgeber zurückzutreten und diese nicht geltend zu machen, bevor nicht sämtliche Forderungen vorrangiger Kreditgeber vollständig befriedigt sind. Der Kreditnehmer verpflichtet sich entsprechend, die Forderungen der Gesellschafter erst dann zu bedienen, wenn die Forderungen der vorrangigen Kapitalgeber vollständig abgelöst sind. Der Rangrücktritt der Gesellschafter bezieht sich dabei auf alle denkbaren Sachverhaltskonstellationen, in denen die Forderungen der Gesellschafter mit denen anderer Kapitalgeber konkurrieren könnten. Erfasst sind insbesondere Rückforderungsansprüche aus Gesellschafterdarlehen, Ansprüche auf die Auszahlung von Dividenden sowie Ansprüche auf Auszahlung eines Erlöses, der durch die Verwertung von Vermögen des Kreditnehmers erzielt wird. Im *Equity Subordination Agreement* wird allerdings auch vorab allgemein festgelegt, dass Gesellschafterforderungen den letzten Rang einnehmen.[802]

Gesellschafter, die sich einem *Equity Subordination Agreement* unterwerfen, manifestieren daher ausdrücklich (und vor allem auch schriftlich) den Willen, dass ihre Interessen erst dann berücksichtigt werden, wenn diejenigen vorrangiger Kapitalgeber vollständig befriedigt wurden. In einem *Equity Subordination Agreement* subordinieren die Eigenkapitalgeber ihre Wertsteigerungsinteressen ausdrücklich unter die Sicherungsinteressen der Fremdkapitalgeber. Das bedeutet, dass bei Vorliegen eines *Equity Subordination Agreements* ein Rückgriff auf die gesellschaftsrechtliche Treuepflicht nicht erforderlich ist. Denn das *Equity Subordination Agreement* beinhaltet das der gesellschaftsrechtlichen Treuepflicht

---

802 Ausführlich zum Equity Subordination Agreement *Diem* Akquisitionsfinanzierungen § 40 Rn. 45 ff. Zum Equity Subordination Agreement siehe auch oben Kapitel 3 A. II. 1. c) aa).

zugrunde liegende Versprechen der Gesellschafter, zunächst vollständig die Interessen der Gläubiger zu bedienen und erst dann ihre eigenen Interessen zu verfolgen. Die Gesellschafter sind daher bereits aufgrund ihrer ausdrücklichen Nachrangerklärung im *Equity Subordination Agreement* in einer Restrukturierungssituation verpflichtet, dafür Sorge zu tragen, dass zunächst den vorrangigen Fremd- und Hybridkapitalgebern die durch Umsetzung eines Restrukturierungskonzepts zu generierenden wirtschaftlichen Werte zukommen. Die Gesellschafter sind daher aufgrund der allgemeinen und umfassenden Nachrangerklärung im *Equity Subordination Agreement* verpflichtet, zugunsten der vorrangigen Gläubiger ihre Zustimmung zu einem für eine *Debt to Equity Conversion* erforderlichen Kapitalschnitt und zum Ausschluss ihres gesetzlichen Bezugsrechts zu erteilen, sollten nur auf diese Weise die Sicherungsinteressen der vorrangigen Kapitalgeber befriedigt werden können. Ebenso können sie aus dem *Equity Subordination Agreement* verpflichtet sein, ihre bestehenden Anteile im Wege eines *Debt to Equity Swap* direkt auf die vorrangigen Kapitalgeber zu übertragen.

4. *Gesetzliche Zustimmungspflicht der Gesellschafter gemäß § 245 Abs. 1 Nr. 2 i.V.m. Abs. 3 InsO analog*

Da wie oben festgestellt in insolvenznahen Restrukturierungssituationen die gleichen ökonomischen Gegebenheiten vorliegen können wie innerhalb eines Insolvenzverfahrens und ein Insolvenzplan ebenso wie eine Restrukturierungsvereinbarung ein privatautonomes mehrseitiges Rechtsgeschäft darstellt, das lediglich unter besonderen, der starken Beeinträchtigung der Gläubigerinteressen in einer Insolvenz Rechnung tragenden Verfahrens- und Schutzvorschriften zustande kommt, ist die Wertung des § 245 InsO auch auf außergerichtliche Restrukturierungsvereinbarungen zu übertragen. Dies scheint umso angebrachter zu sein, wenn man berücksichtigt, dass es sowohl bei einem Insolvenzplan als auch bei einer Restrukturierungsvereinbarung zum gleichen Obstruktionsverhalten nachrangiger Kapitalgeber, wie etwa Gesellschaftern, kommen kann. Die ökonomische Interessenlage ist bei Restrukturierungen außerhalb und innerhalb einer Insolvenz in aller Regel dieselbe. Daher kann aus § 245 InsO die Pflicht der Gesellschafter abgeleitet werden, einer Restrukturierungsvereinbarung zuzustimmen, sofern sie die *Absolute Priority Rule* exakt reflektiert. Hinsichtlich des Vorliegens einer planwidrigen Regelungslücke kann auf die untenstehenden Ausführungen zur Begründung einer gesetzlichen Zustimmungspflicht nachrangiger Gläubiger verwiesen werden.

Eine gesetzliche Pflicht von Gesellschaftern, einer Restrukturierungsvereinbarung zuzustimmen, die im Einklang mit der *Absolute Priority Rule* steht, besteht folglich dann, wenn gemäß § 245 Abs. 1 Nr. 2 i.V.m. Abs. 3 InsO analog (i) die obstruierenden Gesellschafter durch die Restrukturierungsvereinbarung voraussichtlich nicht schlechter gestellt werden als sie ohne die Restrukturierungsvereinbarung stünden, (ii) kein anderer Kapitalgeber wirtschaftliche Werte erhält, die den vollen Betrag seines Anspruchs übersteigen und (iii) kein Gesellschafter, der ohne eine Restrukturierungsvereinbarung gleichrangig mit den obstruierenden Gesellschaftern zu befriedigen wäre, bessergestellt wird als die obstruierenden Gesellschafter.

Zur Beantwortung der Frage, ob und wann genau eine Zustimmungspflicht nachrangiger Gesellschafter zu einer außergerichtlichen Restrukturierungsvereinbarung besteht, ist demnach auf den in § 245 Abs. 1 Nr. 2 i.V.m. Abs. 3 InsO enthaltenen Mechanismus zurückzugreifen, der die Einhaltung der insolvenzrechtlichen Verteilungsregel der §§ 1, 199 S. 2 InsO auf den Insolvenzplan gewährleistet. Dieser Mechanismus eignet sich daher ebenso zur Bestimmung, ob die Verteilungsrangfolge auch bei einer Restrukturierungsvereinbarung als außergerichtlichem „Insolvenzplan" eingehalten wurde und damit eine Zustimmungspflicht zu ihr besteht.

5. *Konsequenz einer analogen Anwendbarkeit von § 245 Abs. 1 Nr. 2 i.V.m. Abs. 3 InsO*

Konsequenz der analogen Anwendbarkeit von § 245 Abs. 1 Nr. 2 i.V.m. Abs. 3 InsO ist letzten Endes, dass Gesellschafter – neben den vorrangigen Fremdkapitalgebern – immer dann an einer potentiellen Wertaufholung des restrukturierten Unternehmens partizipieren dürfen, wenn sie bereit sind, dem Unternehmen wirtschaftliche Werte zukommen zu lassen. Diese *Value Contribution* kann vielfältige Formen annehmen, wird in aller Regel allerdings dadurch erfolgen, dass die Gesellschafter dem zu restrukturierenden Unternehmen frisches Eigenkapital bereitstellen. Eine solche *Value Contribution* hat dann in ökonomischer Hinsicht zur Folge, dass der Unternehmenswert ansteigt, den vorrangigen Fremdkapitalgebern mithin höhere künftige Zahlungen, d.h. Zahlungen, die einen höheren Barwert aufweisen, versprochen werden können, was dann wiederum zur Folge hat, dass den (Alt-) Gesellschaftern ein Teil ihrer Altanteile belassen werden kann, ohne dass sie einen wirtschaftlichen Wert i.S.d. § 245 Abs. 1 Nr. 2 i.V.m. Abs. 2 Nr. 2 InsO erhalten. Anders gewendet: Ist der Unternehmenswert durch die *Value Contribution* der Altgesellschafter entsprechend hoch, können Altgesellschafter an ihren Altanteilen (zum Teil) festhalten, ohne dass sie entgegen § 245 Abs. 1 Nr. 2 i.V.m. Abs. 2 Nr. 2 InsO rangwidrig vor vorrangigen Gläubigern am wirtschaftlichen Mehrwert beteiligt werden, d.h. ohne dass die in § 245 Abs. 1 Nr. 2 i.V.m. Abs. 2 Nr. 2 InsO verankerte *Absolute Priority Rule* verletzt wird. Gleiches gilt für nachrangige Gläubiger i.S.d. § 245 Abs. 1 Nr. 2 i.V.m. Abs. 2 Nr. 2 InsO.

II. Pflicht zur Entwicklung eines Restrukturierungskonzepts und zur Verhandlung einer Restrukturierungsvereinbarung

Da in aller Regel eine Gesellschaft bzw. eine Unternehmensgruppe nicht allein durch einzelne Restrukturierungsmaßnahmen saniert werden kann, hierzu vielmehr ein in sich geschlossenes und aufeinander abgestimmtes Restrukturierungs- bzw. Sanierungskonzept vonnöten ist, haben die Gesellschafter aufgrund ihrer Verpflichtung, stets das aggregierte Kapitalinteresse aller Kapitalgeber, mithin das

Unternehmensinteresse zu fördern, ein Restrukturierungskonzept zu entwickeln sowie anschließend auf eine vertragliche Grundlage zu stellen (dazu sogleich), das zum einen geeignet ist, die Gesellschaft bzw. Unternehmensgruppe in absehbarer Zeit wieder wettbewerbsfähig zu machen, zum anderen den prognostizierten, auf Grundlage des Restrukturierungskonzepts zu generierenden Mehrwert gemäß der *Absolute Priority Rule* verteilt. Die Gesellschafter sind also dann aufgrund der gesellschaftsrechtlichen Treuepflicht zur Umsetzung eines Restrukturierungskonzeptes verpflichtet, wenn dieses im Ergebnis – dem Unternehmensinteresse entsprechend – den ökonomischen Mehrwert gemäß der *Absolute Priority Rule* verteilt.

Die Gesellschafter sind darüber hinaus verpflichtet, ein derartiges Konzept, das regelmäßig Regelungskomplexe hinsichtlich verschiedener umzusetzender Restrukturierungsmaßnahmen wie etwa einer *Debt to Equity Conversion* enthalten wird, rechtsverbindlich mit den anderen *Stakeholdern* zu vereinbaren. Denn nur durch eine rechtsverbindliche Festlegung besteht die für eine erfolgreiche Implementierung der Restrukturierung erforderliche Rechts- und Transaktionssicherheit. Weiterhin wird durch die rechtsverbindliche Festlegung der verschiedenen Einzelmaßnahmen zu einem in sich geschlossenen sowie sich gegenseitig bedingenden Konzept in aller Regel (zumindest vorläufig) die Erteilung einer positiven Fortführungsprognose i.S.d. § 252 Abs. 1 Nr. 2 HGB sowie diejenige einer positiven Sanierungsaussage i.S. eines IDW S6-Gutachtens sichergestellt. Die Gesellschafter sind daher aufgrund der gesellschaftsrechtlichen Treuepflicht dazu angehalten, die einzelnen Restrukturierungsmaßnahmen, zu deren Umsetzung sie ohnehin schon verpflichtet sind, aus Gründen der Transaktions- und Rechtssicherheit in einer Restrukturierungsvereinbarung rechtsverbindlich festzulegen. Im Übrigen kann sich die Pflicht zur Entwicklung eines Restrukturierungskonzepts sowie zur Verhandlung einer Restrukturierungsvereinbarung auch direkt aus dem *Equity Subordination Agreement* ergeben, ohne dass der Rückgriff auf die gesellschafsrechtliche Treuepflicht erforderlich ist.[803]

Denn sind die Gesellschafter aufgrund der gesellschaftsrechtlichen Treuepflicht zu einzelnen Maßnahmen, wie etwa zur Zustimmung zu einer Kapitalherabsetzung bzw. Kapitalerhöhung verpflichtet, dann sind sie es erst recht, wenn diese Maßnahmen vorab zu einem in sich geschlossenen Gesamtkonzept zusammengeführt und mit einer Restrukturierungsvereinbarung auf eine vertragliche Grundlage gestellt werden. D.h. dass die Gesellschafter aufgrund der gesellschaftsrechtlichen Treupflicht im Unternehmensinteresse, das sich in der Krise im Sicherungsinteresse der Gläubiger bzw. im *Debtholder Value* verdichtet, zur Zustimmung zu einer Restrukturierungsvereinbarung verpflichtet sind, die rechtsverbindlich ein Restrukturierungskonzept festlegt, das zum einen die Gesellschafter zur Umsetzung von einzelnen Sanierungsmaßnahmen verpflichtet, zu denen sie aufgrund der gesellschaftsrechtlichen Treuepflicht ohnehin verpflichtet wären, zum anderen

803 Hierzu siehe oben Kapitel 3 B. I. 3. d).

den durch die Umsetzung der vereinbarten Maßnahmen generierten wirtschaftlichen Mehrwert gemäß der *Absolute Priority Rule* an die einzelnen Kapitalgeber verteilt. Respektiert das in der Restrukturierungsvereinbarung festgelegte Gesamtkonzept diese Rangfolge nicht, dann steht es nicht im Einklang mit dem Unternehmensinteresse. In der Folge besteht dann aufgrund der gesellschaftsrechtlichen Treuepflicht auch keine Zustimmungsplicht der Gesellschafter zu einem solchen Konzept.

III. Pflicht zum Abschluss und zur Umsetzung einer Restrukturierungsvereinbarung

Liegt ein Entwurf zu einer Restrukturierungsvereinbarung vor und wird der auf Grundlage des in der Vereinbarung festgelegten Restrukturierungskonzepts zu generierende wirtschaftliche Mehrwert gemäß der *Absolute Priority Rule* verteilt, dann sind die (Alt-)Gesellschafter aufgrund der gesellschaftsrechtlichen Treuepflicht bzw. möglicherweise aufgrund eines vorrangig zu berücksichtigenden *Equity Subordination Agreements* verpflichtet, eine solche Restrukturierungsvereinbarung abzuschließen sowie das in ihr rechtsverbindlich festgelegte Konzept umzusetzen.

Ob eine Restrukturierungsvereinbarung die *Absolute Priority Rule* exakt abbildet, lässt sich nicht abstrakt beantworten, sondern ist abhängig vom konkreten Einzelfall. In jedem Fall sind zur Beantwortung dieser Frage Vergleichsrechnungen hinsichtlich verschiedener Liquidations- bzw. Restrukturierungszenarien vorzunehmen. Insbesondere ist zu ermitteln, ob im Vergleich zu einer Einzel- bzw. Gesamtliquidation[804] das in der Restrukturierungsvereinbarung festgelegte Konzept überhaupt einen Mehrwert generiert. Ist dies nicht der Fall, besteht von vornherein schon keine Pflicht der Gesellschafter zum Abschluss der Vereinbarung. Denn ist eine Restrukturierung durch eine Gesamtverwertung des schuldnerischen Vermögens bzw. eine übertragende Sanierung günstiger für die vorrangigen Gläubiger, dann ist nur eine solche im Unternehmensinteresse bzw. in deren vorrangigem Sicherungsinteresse.[805] Kann jedoch auf Grundlage der Restrukturierungsvereinbarung im Vergleich zu einer übertragenden Sanierung ein wirtschaftlicher Mehrwert geschaffen werden, dann ist weiterhin zu prüfen, ob dieser zunächst den vorrangigen und dann erst den nachrangigen Kapitalgebern zufließt.

---

804 Bezugspunkt ist stets die „bessere" der beiden Alternativen, also diejenige, die (hypothetisch) mehr Wert generiert. Der Mehrwert ist dabei die Differenz zwischen demjenigen Wert, der durch den Plan generiert wird und demjenigen, den die „bessere" Alternative in einem hypothetischen Regelverfahren generieren würde. Vgl. hierzu MünchKommInsO-*Drukarcyk* § 245 Rn. 41.

805 Dies stellt sich jedoch wiederum dann anders dar, wenn Inhalt der außergerichtlichen Restrukturierungsvereinbarung eine übertragende Sanierung bzw. ein Asset Deal über das gesamte Anlagevermögen der Gesellschaft ist.

Ist dies der Fall, ist die systemimmanente Rangfolge, dass Eigen- vor Fremdkapital haftet, eingehalten, die Restrukturierungsvereinbarung im aggregierten Kapitalinteresse aller Kapitalgeber und daher zustimmungspflichtig. Denn die verschiedenen Kapitalgeber trifft die Pflicht, zunächst die vorrangigen Sicherungsinteressen der Gläubiger zu wahren, unabhängig von ihrem Willen. Das bedeutet, dass sie in einer Krisensituation auch unabhängig von ihrem Willen verpflichtet sind, das krisenbefangene Unternehmen zunächst außergerichtlich zu sanieren, wenn überwiegend wahrscheinlich ist, dass eine außergerichtliche Restrukturierung mehr Erfolg verspricht, d.h. wohlfahrtssteigernder ist als eine Einzel- oder Gesamtliquidation innerhalb einer Insolvenz.

Eine Restrukturierungsvereinbarung wird grundsätzlich dann der *Absolute Priority Rule* genügen, wenn die nachrangigen Gesellschafter in ihr verpflichtet werden, auf die eine oder andere Art wirtschaftliche Werte bereitzustellen, die sodann an die vorrangigen Gläubiger verteilt werden. Dies kann beispielsweise dadurch geschehen, dass die Gesellschafter in der Restrukturierungsvereinbarung verpflichtet werden, im Rahmen eines zu implementierenden *Debt to Asset Swap* ihre Gesellschaftsanteile direkt auf die vorrangigen Gläubiger bzw. sonstigen vorrangigen Kapitalgeber zur (teilweisen) Befriedigung ihrer Forderungen zu übertragen. Alternativ können den vorrangigen Kapitalgebern dadurch wirtschaftliche Werte verschafft werden, dass die Gesellschafter zur Zustimmung zu einem *Debt to Equity Swap* verpflichtet werden, d.h. zur Zustimmung zu einer Kapitalherabsetzung mit anschließender Kapitalerhöhung unter vollständigem Ausschluss ihres Bezugsrechts als Altgesellschafter, um so die dadurch entstehenden neuen Gesellschaftsanteile den Gläubigern im Gegenzug für die Einbringung ihrer Forderungen liefern zu können.

Wollen die nachrangigen Gesellschafter auch nach erfolgter Restrukturierung an der entschuldeten Gesellschaft und an einer möglichen Wertaufholung partizipieren, mithin ihre Gesellschaftsanteile – zumindest teilweise – behalten, müssen sie – damit die Restrukturierungsvereinbarung der *Absolute Priority Rule* genügt – in ihr verpflichtet werden, den vorrangigen Kapitalgebern auf andere Weise wirtschaftliche Werte zukommen lassen. Eine Neuvereinbarung des bestehenden Kreditverhältnisses und eine Festlegung der bestehenden Tilgungs- und Zinsforderungen der Gläubiger in einem neuen (Konsortial-)Kreditvertrag (*Reinstated Debt*) werden allerdings regelmäßig nicht ausreichen, um die vorrangigen Nominalforderungen der Gläubiger vollständig befriedigen zu können. Denn der Barwert der so „stehen gelassenen" bzw. neu versprochenen Zahlungsleistungen wird in aller Regel nicht ausreichen, um wertmäßig die „alten" Nominalforderungen abzudecken. Es muss nämlich insbesondere berücksichtigt werden, dass die Gläubiger bei einer Neuvereinbarung des alten Kreditverhältnisses (*Reinstated Debt*)[806]

806 Diese „Neuvereinbarung" kann dabei rechtstechnisch durch ein sog. Amendement Agreement erfolgen.

im Gegensatz zu einer Liquidation nicht sofort Barzahlungen bzw. liquide Mittel erhalten[807], sondern lediglich „neue" Forderungen, die erst künftig bedient werden. Daher ist zum einen der Barwert dieser „neuen" Forderungen zu diskontieren, um das aufgrund der zeitlichen Streckung entstehende Ausfallrisiko zu kompensieren. Zum anderen werden die Zinsen auf die Rückzahlungsforderungen zu erhöhen sein, um den Zinsschaden auszugleichen, der den Gläubigern aufgrund der Zahlungsverzögerung entsteht.

Die Gesellschafter werden sich daher zur Erhaltung ihrer Beteiligung in der Restrukturierungsvereinbarung verpflichten müssen, der Gesellschaft bzw. Unternehmensgruppe neue Mittel zur Verfügung zu stellen, sei es durch die Gewährung von Gesellschafterdarlehen, die allerdings mit einem Rangrücktritt nach § 39 Abs. 2 InsO hinsichtlich der Rückzahlungsforderungen zu versehen sind, um so diese Rückforderungen aus den Gesellschafterdarlehen überschuldungsbilanziell als Eigenkapital behandeln zu können, vgl. § 19 Abs. 2 InsO, sei es durch eine Bar- oder Sachkapitalerhöhung. Diese Eigenmittel müssen jedoch den vorrangigen Gläubigern zumindest mittelbar zugutekommen, damit sie hinsichtlich der *Absolute Priority Rule* auf die vorrangige Befriedigung der Nominalforderungen der Gläubiger „angerechnet" werden können. Dies tun sie beispielsweise dann, wenn durch ihre Gewährung der Unternehmenswert insgesamt erhöht wird und in der Folge damit auch eine Werterhöhung des Kapitalinstruments des jeweiligen Gläubigers stattfindet.

Aber selbst durch das Bereitstellen „frischer" Eigenmittel kann nicht gewährleistet werden, dass die Gesellschafter an ihrer Beteiligung festhalten können. Dies insbesondere dann nicht, wenn auch durch die Zuführung neuer Mittel sowie zusätzlich durch die *Reinstated Debt*-Komponente, also durch das Stehenlassen bzw. die Neuvereinbarung der „alten" Kreditforderungen, die Forderungen der Gläubiger nicht (vollständig) befriedigt bzw. wertmäßig gedeckt werden können. Dies wird insbesondere dann der Fall sein, wenn der Unternehmenswert (*Enterprise Value)* von vornherein die Verbindlichkeiten (bei Weitem) nicht abdeckt, mithin die Gesellschafter *out of the money* sind. Dann ist die *Absolute Priority Rule* nur eingehalten, wenn in der Restrukturierungsvereinbarung festgelegt wird, dass den vorrangigen Kapitalgebern zusätzlich zur Kapitalzufuhr der Gesellschafter und zur Vereinbarung einer *Reinstated Debt* die bestehenden Gesellschaftsanteile der (Alt-) Gesellschafter übertragen werden oder dass sie im Rahmen einer Kapitalerhöhung neu zu schaffende Gesellschaftsanteile erhalten.

Muss ein Unternehmen nämlich zu viel Fremdkapital schultern, besteht die Gefahr, dass es zu einer sog. *Zombie Company* verkommt. Unter diesem recht plastischen Begriff versteht man Unternehmen, die einen derart hohen

807 Hiervon können natürlich Ausnahmen gemacht werden. Es kann beispielsweise im Rahmen der Reinstated Debt vereinbart werden, dass die Gläubiger eine sog. Upfront-Cash-Zahlung erhalten, also eine sofort bei Closing der Restrukturierung erfolgende Barzahlung.

Fremdkapitalanteil in ihrer Bilanz ausweisen, dass sie aufgrund ihrer Cash Flow- und Ertragssituation nur noch zur Bedienung der Zins- jedoch nicht mehr der Tilgungsforderungen in der Lage sind.[808] Eine solche Zombie-Kapitalstruktur hat zur Folge, dass nicht nur das Eigenkapital wenig wert ist (und daher auf dem Kapitalmarkt in Form der entsprechenden Gesellschaftsanteile auch nicht mehr gehandelt wird), sondern auch die Schuldinstrumente (*Debt*) auf dem Sekundärmarkt an Wert einbüßen.[809] Zur Werterhaltung des im Rahmen der Restrukturierung neu vereinbarten bzw. refinanzierten Fremdkapitals (*Reinstated Debt*), also zur Werterhaltung der stehen gelassenen Forderungen bzw. der von Art. 14 GG geschützten Gläubigerrechte ist eine Entschuldung durch das Restrukturierungsinstrument des *Debt to Equity Swap* oftmals das einzige, effektiv zur Verfügung stehende Mittel zum Schutz der Gläubigerpositionen.

Den Gesellschaftern mit Blick auf eine Zustimmung zur Restrukturierungsvereinbarung entgegen der *Absolute Priority Rule* wirtschaftliche Werte zukommen zu lassen, d.h. ihnen beispielsweise eine (höhere) Beteiligung am restrukturierten Unternehmensträger zu belassen, allein um ihnen einen Anreiz zur Unterstützung der Restrukturierung zu verschaffen, ist den *Stakeholdern* im Rahmen ihrer Privatautonomie unbenommen. Die Restrukturierungsvereinbarung wird dadurch nicht unwirksam. Berücksichtigt werden muss bei einem solchen Entgegenkommen der vorrangigen *Stakeholder* jedoch, dass dann gerade keine Zustimmungspflicht besteht, so dass das Zustandekommen der Restrukturierungsvereinbarung auch an anderen Gesellschaftern bzw. an sonstigen (nachrangigen) Gläubigergruppen (*Junior Creditors*) scheitern kann, die im Falle der Einhaltung der *Absolute Priority Rule* zur Zustimmung verpflichtet wären. Zwar existiert *de lege lata* bei außergerichtlichen Restrukturierungsvereinbarungen keine Zustimmungsfiktion wie sie beispielsweise § 245 InsO für einen Insolvenzplan, der die *Absolute Priority Rule* einhält, normiert. Ebenso ist bei außergerichtlichen Restrukturierungen zu bedenken, dass eine gerichtliche Geltendmachung der Zustimmung zu einer Restrukturierungsvereinbarung bzw. zu einzelnen Sanierungsmaßnahmen in Form einer Leistungsklage oder einstweiligen Anordnung nicht in der gebotenen Zeit erfolgen können wird.

Trotzdem besteht gerade dann, wenn nachrangigen Gesellschaftern keine wirtschaftlichen Werte in Form von „Zustimmungsprämien" zugeteilt werden, aufgrund der gesellschaftsrechtlichen Treuepflicht bzw. aufgrund des *Equity Subordination Agreements* ein Anspruch gegen den bzw. die obstruierenden Gesellschafter, die Restrukturierung(svereinbarung) zu unterstützen. Bei Zuwiderhandlung bzw. Verletzung dieser sich aus der gesellschaftsrechtlichen Treuepflicht ergebenden Zustimmungspflicht ist der obstruierende Gesellschafter einem Schadensersatzanspruch ausgesetzt, der – abhängig von der Differenz des aufgrund der Umsetzung der außergerichtlichen Restrukturierung (hypothetisch) geschaffenen

808 Sie sind daher bildlich gesprochen weder tot noch lebendig.
809 Bei einer Zombie-Struktur handelt (tradet) weder das Equity noch das Debt.

Werts und desjenigen Wertes, der bei einer Liquidation, die aufgrund des Scheiterns der Restrukturierungsvereinbarung (tatsächlich) durchgeführt wird, erzielt werden kann – für den Gesellschafter empfindliche Auswirkungen haben kann. Im Übrigen können den vorrangigen Kapitalgebern auch dadurch Werte verschafft werden, dass das Vermögen der Kreditnehmerin verwertet wird. Zur Disposition können hier beispielsweise Anteile an Tochtergesellschaften oder sonstige Gegenstände des Anlagevermögens stehen.

Es ist daher festzuhalten: Können die Gesellschafter durch das Bereitstellen neuer Eigenmittel die vorrangigen Forderungen der Gläubiger nicht befriedigen, müssen sie entweder ihre „Altanteile" an diese übertragen oder im Rahmen einer Kapitalherabsetzung mit anschließender Kapitalerhöhung unter Ausschluss des Bezugsrechts auf diese „verzichten", um so den Gläubigern in deren vorrangigem Sicherungsinteresse wirtschaftliche Werte zukommen zu lassen. Denn sie sind aufgrund der gesellschafsrechtlichen Treuepflicht verpflichtet, ihr Handeln stets am Unternehmenssinteresse auszurichten, das sich in der Krise, also dann, wenn der Unternehmenswert die ausstehenden Verbindlichkeiten nicht mehr vollständig deckt, in der Verfolgung des *Debtholder Values* erschöpft bzw. verdichtet. Dieses Ergebnis bestätigt der BGH in seiner *Sanieren oder Ausscheiden*-Rechtsprechung[810], indem er die Gesellschafter in der Krise aufgrund ihrer Treupflicht gegenüber der Gesellschaft in der Pflicht sieht, entweder aus der Gesellschaft auszuscheiden oder diese zu sanieren. Damit bestätigt der BGH, dass die Gesellschafter den vorrangigen Gläubigern entweder dadurch wirtschaftliche Werte zukommen lassen, dass sie ihre Beteiligung zugunsten der Gläubiger aufgeben bzw. ihnen diese übertragen oder dadurch, dass sie die Gesellschaft mit neuen Eigenmitteln ausstatten. Die Gesellschafter können ihre Beteiligung am restrukturierten Unternehmens(-träger) also erst dann „behalten", wenn die „alten" Nominalforderungen (*Pre-Restructuring Debt*) der vorrangigen Kapitalgeber vollständig befriedigt sind.

Die Pflicht der Gesellschafter zur Umsetzung bzw. Implementierung der Restrukturierungsvereinbarung ergibt sich zum einen unmittelbar aus dieser selbst, zum anderen auch aus der gesellschaftsrechtlichen Treuepflicht. Denn mit der Restrukturierungsvereinbarung werden die einzelnen Restrukturierungsmaßnahmen, zu denen die Gesellschafter aufgrund der Treuepflicht (ohnehin) verpflichtet sind, auf eine vertragliche Grundlage gestellt und zu einem in sich geschlossenen und aufeinander abgestimmten Restrukturierungskonzept zusammengeführt. Ein Gesellschafter, der sich nach Unterzeichnung der Restrukturierungsvereinbarung weigert, einzelne oder alle in ihr festgelegten Maßnahmen umzusetzen, beispielsweise den Kapitalmaßnahmen hinsichtlich einer *Debt to Equity Conversion* zuzustimmen, kann daher aus der Restrukturierungsvereinbarung sowie auch aus der gesellschaftsrechtlichen Treuepflicht in Anspruch genommen werden. Sowohl der

810 BGH, Urteil v. 19.10.2009 – II ZR 240/08 = ZIP 2009, 2289 (*Holler*, ZIP 2010, 1678) Sanieren oder Ausscheiden (zu Publikums-Immobilienfonds, GmbH & Co. OHG), dazu EWiR 2009, 739 (*Armbrüster*).

Gesellschaft als auch den übrigen Gesellschaftern und den sonstigen Kapitalgebern steht gegen einen obstruierenden Gesellschafter ein Anspruch auf Umsetzung der festgelegten Maßnahme zu. Bei Nichterfüllung haftet der restrukturierungsunwillige Gesellschafter der Gesellschaft sowie den zustimmenden Kapitalgebern aus den §§ 280 Abs. 1, 249 ff. BGB, sofern er die Nichtumsetzung zu vertreten hat, wobei der Verschuldensmaßstab des § 276 BGB gilt und nicht die Haftungsprivilegierung der *Business Judgement Rule* i.S.d. § 93 Abs. 1 Satz 2 AktG.

C. Zustimmungspflicht der Gläubiger

Ebenso wie die Gesellschafter sind auch die Gläubiger aufgrund ihres mit Kapitalgewährung gegenüber der Gesellschaft sowie gegenüber den anderen Kapitalgebern, einschließlich der Gesellschafter, abgegebenen Versprechens, das aggregierte Gesellschaftsinteresse zu wahren und zu fördern, zur Zustimmung zu einer außergerichtlichen Restrukturierungsvereinbarung verpflichtet, sofern diese die *Absolute Priority Rule* widerspiegelt. Dass nicht nur die Gesellschafter, sondern auch die Gläubiger eine Zustimmungspflicht treffen kann, soll im Folgenden hergeleitet, begründet und konkretisiert werden.

I. Pflichten der Gläubiger in der Unternehmenskrise

1. *Die Obstruktion nachrangiger Gläubiger und die Akkordstörer-Rechtsprechung des BGH*

Moderne Unternehmensfinanzierungen sind regelmäßig dadurch gekennzeichnet, dass sie sich aus einer Vielzahl verschiedener Finanzierungsinstrumente zusammensetzen, die untereinander einer strukturellen oder vertraglichen Rangfolge unterliegen.[811] Nicht nur die Finanzierung börsennotierter Konzerne, sondern zunehmend auch diejenige (international agierender) Mittelständler erfolgt einerseits über zum Teil großvolumige Konsortialkredite, die sich wiederum aus verschiedenen Kredittranchen zusammensetzen und zueinander in einer – meist in einem *Intercreditor Agreement* (ICA) festgelegten – (Befriedigungs-)Rangfolge stehen, andererseits über Kapitalmarktinstrumente, wie etwa hochverzinsliche Anleihen (*High Yield Bonds*). LBO-Finanzierungen[812], von denen zu erwarten ist, dass sie in den kommenden Jahren eine maßgebliche Quelle für finanzielle Restrukturierungen sein werden, aber

811 Vgl. zur strukturellen und vertraglichen Subordination etwa *Diem* Akquisitionsfinanzierungen § 40 Rn. 7 ff., Rn. 14 ff.; *Schrell/Kirchner* BKR 2004, 212.

812 Eine Unternehmensakquisition, bei der neben Eigenkapital auch in erheblichem Umfang Fremdkapital eingesetzt wird, wird als Leveraged Buy-out (LBO) bezeichnet, wobei *Mittendorfer* dafür einen Leverage von mindestens 3,0 bis 3,5 und einen Zinsdeckungsgrad von weniger als 3,5 bis 4,0 voraussetzt, *Mittendorfer*, Praxishandbuch Akquisitionsfinanzierung, S. 13; *Diem* Akquisitionsfinanzierungen § 1 Rn. 6. Zu LBO-Finanzierungen siehe bereits oben Kapitel 1 C. 1 sowie Kapitel 3 A. VI.

auch zum Teil gewöhnliche *Corporate*-Finanzierungen setzen sich typischerweise aus vorrangigen Terminkreditlinien (*Term Loans*), deren Zins- und Tilgungsforderungen an bestimmten, im Voraus festgelegten Zeitpunkten zu bedienen sind und die sich wiederum hinsichtlich ihrer Verzinsung und ihres Ausfallrisikos in A, B, C, gegebenenfalls auch D *Term Loans* untergliedern, *Second lien*-Tranchen sowie regelmäßig auch aus einer revolvierenden Betriebsmittelkreditlinie (*Revolving Credit Facility*) zusammen.

Zu diesen vorrangigen und meist auch besicherten *Senior Facilities* – die *Second lien*-Tranche wird in der Regel nur zweitrangig besichert – tritt häufig eine nachrangige *Mezzanine*-Kreditlinie, die zum Teil von speziellen *Mezzanine*-Providern gewährt wird, unbesichert ist und deren Zins- und Tilgungsforderungen typischerweise erst am Ende ihrer Laufzeit zu befriedigen sind (*Bullet Repayment*). Nachrangige *High Yield Bonds* (*Junior Bonds*), die zunehmend nicht nur durch Garantieerklärungen der über werthaltiges Vermögen verfügenden Tochtergesellschaften, sondern mit deren Vermögen auch dinglich besichert werden und damit mit den Forderungen aus den Konsortialkrediten als gleichrangig zu behandeln sind (*Senior Bonds*) sowie gegebenenfalls Wandelschuldverschreibungen (*Convertible Bonds*), Schuldscheindarlehen, Genussrechte sowie sonstige hybride Kapital(markt)instrumente sind häufig neben den Konsortialkrediten Teil einer ganzheitlichen Unternehmensfinanzierung, die daher zutreffend als „Finanzierungs-Cocktail“[813] bezeichnet werden kann. Die Komplexität wird häufig noch dadurch gesteigert, dass die Schuldinstrumente auf verschiedenen Konzernebenen ausgegeben bzw. von verschiedenen Konzerngesellschaften besichert werden sowie dadurch dass die gewährten Darlehen bzw. Emissionserlöse innerhalb der Unternehmensgruppe im Rahmen von *Upstream*- oder *Downstream-Intercompany Loans* weitergereicht werden. In letzterem Fall handelt es sich dann in aller Regel um (nachrangige) Gesellschafterdarlehen. Es ist daher in der Restrukturierungs- und Finanzierungspraxis nicht ungewöhnlich, dass im Rahmen einer finanziellen Restrukturierung die mannigfachen Interessen all der verschiedenen Inhaber der Schuld- bzw. Kapitalinstrumente zum Ausgleich gebracht werden müssen.[814]

---

813 So *Hoegen*, Vortrag auf der 9. Handelsblatt Jahrestagung Restrukturierung 2013.

814 Eine äußerst heterogene und komplexe Finanzierungsstruktur, die aus syndizierten Krediten, bilateralen Krediten sowie Kapitalmarktprodukten besteht, war etwa bei der durch ein Insolvenzplanverfahren restrukturierten IVG-Gruppe anzutreffen. Vgl. hierzu etwa Juve vom 24. Mai 2013: „Milliardenschwere Refinanzierung: „Beraterlandschaft um IVG formiert sich“; Juve vom 22. August 2013: „IVG-Insolvenz: Sanierung mit Piepenburg und Ziems, Pfleiderer liefert die Vorlage; Juve vom 25. April 2014: „Insolvenzplan angenommen: Freshfields und Görg führen IVG-Konzern durch Entschuldung“. Global Turnaround June 2013 issue 161, 1, 3; Debtwire vom 13. Mai 2013: “IVG to seek up to EUR 1bn debt reduction in jumbo equitisation; converts and hybrids under water – sources”; Debtwire vom 19. April 2013: “Distressed investors dive into real estate with IVG trades galore; Punch Taverns back in the limelight – Distressed Briefing”; Manager Magazin Juli 2013, 70, 72.

Ferner kommt hinzu, dass vor allem in Restrukturierungssituationen der Handel mit den einzelnen Schuldinstrumenten und Kredittranchen (*Debt Trading*) zunimmt. Vor dem Hintergrund strengerer Eigenkapitalvorschriften für europäische Banken – man denke hier etwa an „Basel III" und die Stresstests der Europäischen Zentralbank – sehen sich diese zunehmend gezwungen, die Kredittranchen ihrer notleidenden Schuldner auf den Sekundärmärkten an hierauf spezialisierte *Distressed Hedge Funds* zu veräußern. Restrukturierungssituationen sind daher häufig dadurch gekennzeichnet, dass sich unter den Gläubigern einer Unternehmensgruppe sowohl die originären Kreditgeber, in der Regel Banken (ggf. auch *Collateralised Loan Obligation*-Manager (CLO-Manager)[815]), als auch *Distressed Hedge Funds* befinden. Gemäß der Art und Weise, mit der sie die Schuldtitel erwerben – entweder durch originäre Kreditgewährung zu par oder durch sekundären Erwerb unter par – werden sie auch als *Par* und *Non-Par Lender* bezeichnet. Dass die Interessen von *Par* und *Non-Par Lendern* nicht nur bei außergerichtlichen (finanziellen) Restrukturierungen stark konfligieren können, überrascht daher nicht, wenn man bedenkt, dass *Non-Par Lender*, die beispielsweise die Schuldtitel jeweils zu „40 Cent auf den Euro" erworben haben im Gegensatz zu *Par Lendern*, die den vollen Nominalbetrag ausgereicht haben, (vereinfacht gesagt) schon bei einem Anstieg auf 60 Cent einen 50 %igen Gewinn erwirtschaften, während gleichzeitig die *Par Lender* einen Verlust von 40 % zu verkraften haben. Der zeitliche Horizont, vor dem *Par* und *Non-Par Lender* bereit sind, eine Restrukturierung zu begleiten, kann daher mitunter (massiv) divergieren.

Eine erfolgreiche außergerichtliche Restrukturierung kann durch das Phänomen des *Debt Tradings* sowie durch die unterschiedlichen Strategien von *Distressed Hedge Funds*, die die Schuldinstrumente mit Abschlag auf dem Sekundärmarkt erwerben, sowohl erleichtert als auch erschwert werden. Erleichtert wird eine außergerichtliche Restrukturierung und der Abschluss einer konsensualen Restrukturierungsvereinbarung grundsätzlich dann, wenn die *Distressed Hedge Funds* restrukturierungswillig, d.h. bereit sind, eine Restrukturierung mit ihrer Erfahrung und ihrem Sachverstand zu unterstützen und aktiv voranzutreiben, beispielsweise etwa durch die Einbringung ihrer erworbenen Forderungen im Gegenzug für den Erhalt von Gesellschaftsanteilen zur Entschuldung der Gesellschaft

815 Eine Collateralised Loan Obligation (CLO) ist ein zumeist börsennotiertes fest- oder variabel verzinstes Wertpapier. Es handelt sich hierbei um Verbriefungen, die durch internationale, in aller Regel besicherte Unternehmenskredite (engl. Loan) gedeckt (engl. covered) sind. Oft werden diese in einer Zweckgesellschaft (Special Purpose Vehicle, SPV) verwaltet. Die typische Größenordnung einer Transaktion liegt bei ca. US $ 500 Mio., vgl. etwa die Studie von Babson Capital – Why CLO Managers Matter, Januar 2014; vgl. ferner zur Partizipation von CLO-Managern an LBO-Finanzierungen die Studie der Rechtsanwaltskanzlei Linklaters "Off piste. Negotiating Europe's LBO debt mountain" sowie Finance vom 15. Januar 2015: „Private Equity: „Covenant-Lite-Finanzierungen sind zurück!".

(*Debt to Equity Swap*). Erschwert wird sie regelmäßig dann, wenn die *Distressed Hedge Funds* eine *Hold out Value*-Strategie verfolgen, d.h. dass sie sich weigern, einer Restrukturierung zuzustimmen, mithin diese obstruieren, mit dem Ziel, dass ihre Forderungen von einer auch ohne ihre Teilnahme durchzuführenden Restrukturierung unberührt bleiben, so dass sie sich nach umgesetzter Restrukturierung den vollen Nominalbetrag ihrer Forderung ausbezahlen lassen können.[816] Erschwert wird sie ferner, wenn die *Distressed Hedge Funds* eine Blockadehaltung gegen eine im Grundsatz konsensuale, d.h. von den anderen Restrukturierungsbeteiligten grundsätzlich befürwortete, Restrukturierung aufbauen, um sich ihren Lästigkeitswert „abkaufen" zu lassen. Eine derartige Strategie verfolgen *Distressed Hedge Funds* vornehmlich dann, wenn sie sich in tief nachrangige Kredittranchen „eingekauft" haben, die (bei Weitem) nicht mehr vom Unternehmenswert gedeckt und damit grundsätzlich wirtschaftlich wertlos sind. Wollen die *Distressed Hedge Funds* hingegen eine Restrukturierung unterstützen, versuchen sie sog. *Fulcrum Securities* zu erwerben, die in Gesellschaftsanteile bzw. *Equity* im Rahmen einer *Debt to Equity Conversion* „umgetauscht" werden. Hierbei versuchen sie, im Rahmen eines sog. *Value Investing*-Ansatzes die Wertdifferenz zwischen dem *Fulcrum*-Schuldinstrument und den hierfür zu erhaltenden, höher bewerteten Gesellschaftsanteilen zu realisieren.[817]

Es bleibt mithin festzuhalten, dass das Zustandekommen einer außergerichtlichen Restrukturierung(-svereinbarung) durch den Aufbau von Blockadehaltungen bzw. durch die Verfolgung von *Hold out Value*-Strategien nachrangiger Gläubigergruppen gefährdet sein kann. Diese Gefahr wird dabei noch in dreifacher Hinsicht gesteigert:

Erstens müssen, wie eingangs dargestellt, die aufgrund der unterschiedlichen Ränge der Schuldinstrumente bestehenden unterschiedlichen Interessen der Schuldinstrumenteinhaber zum Ausgleich gebracht werden. Die exakte Bestimmung der zum Ausgleich zu bringenden Interessen wird allerdings aufgrund der Komplexität einer konzernweiten Finanzierung, die sich sowohl aus Konsortialkrediten als auch aus Kapitalmarktinstrumenten zusammensetzt sowie aufgrund der diesen Finanzinstrumenten zugrundeliegenden, teilweise verzweigten Überkreuzbesicherungen deutlich erschwert.

---

816 Hold-out Value-Strategien werden von nachrangigen Kapitalgebern zum einen dadurch verfolgt, dass sie eine Restrukturierung nur gegen Zahlung einer „Lästigkeitsprämie" unterstützen, zum anderen dadurch, dass sie darauf setzen, dass ihre Forderungen nach Umsetzung der Restrukturierung, an der sie nicht teilnehmen, voll befriedigt werden. Zu der letztgenannten Variante vgl. etwa das Vorgehen verschiedener Distressed Hedge Funds im Zusammenhang mit argentinischen Staatsanleihen, siehe hierzu etwa The Wall Street Journal vom 11. Februar 2014 9:55 am: „Hedge Funds Clash Over Argentina Debt".

817 Hierzu siehe oben Kapitel 1 B.

Zweitens findet der Handel der notleidenden Schuldinstrumente meist auf allen Konzernebenen und in allen von der Unternehmensgruppe begebenen Schuldinstrumenten statt. Bei einer konzernweiten Restrukturierung sind daher bisweilen mehrere *Distressed Hedge Funds* involviert[818], die zum einen verschiedene Investmentstrategien verfolgen können, die sie jedoch – zumindest anfangs – nicht offenlegen werden, so dass ihr (künftiges) Verhalten hinsichtlich einer möglichen Unterstützung der Restrukturierung nicht immer leicht einzuschätzen sein wird.

Drittens „gehen" *Hedge Funds* mit den von ihnen erworbenen Positionen sowohl "*long*" als auch "*short*". Eine *long position* einzunehmen bedeutet dabei, dass die *Hedge Funds* auf eine Wertsteigerung der eingegangenen Position bzw. des von ihnen erworbenen Schuldinstruments setzen. Sind sie hingegen mit einer Position "*short*" bedeutet das, dass sie darauf setzen, dass das entsprechende Papier an Wert verlieren wird.[819] Technisch setzen *Distressed Debt Hedge Funds* "*Short*"-Positionen im Restrukturierungskontext insbesondere (aber nicht nur)[820] durch den Erwerb von *Credit Default Swaps* (CDS) oder *Total Return Swaps* (TRS) um. CDS sind dadurch gekennzeichnet, dass der *Hedge Fund* gegen die Entrichtung einer Gebühr bei Eintritt eines bestimmten Ereignisses vom *Swap-Counterpart* eine Zahlung erhält. Das die Zahlung auslösende Ereignis (*Credit Event*) ist dabei häufig die Insolvenzantragsstellung des Kreditnehmers oder die Insolvenzeröffnung über sein Vermögen. Ein *Distressed Hedge Fund*, der CDS erworben hat, die das Kreditereignis derart festlegen, hat naturgemäß kein Interesse an einer außergerichtlichen Restrukturierung und dem Abschluss einer Restrukturierungsvereinbarung, da er in einem solchen Fall keine Zahlung erhält. Er wird daher versuchen, das Zustandekommen einer außergerichtlichen Restrukturierungsvereinbarung zu obstruieren.

Ist die Gesellschaft durch einen Konsortialkredit finanziert, können auch die Majorisierungsmechanismen, die ein auf LMA-Standard basierender Konsortialkredit in aller Regel enthält, eine Obstruktion (nachrangiger) Gläubigergruppen nicht verhindern. Zwar kann beispielsweise bei Vorliegen eines Kündigungsgrundes ein Kündigungsrecht nur mit einer (qualifizierten) Mehrheit[821] geltend gemacht werden und auch geringfügige Vertragsänderungen können bereits auf Grundlage einer (qualifizierten) Mehrheit durchgeführt werden. Allerdings sind

---

818 Bemerkenswert ist vor allen Dingen, mit welcher Geschwindigkeit die Schuldtitel zum Teil ihre Inhaber wechseln. Bei Bekanntwerden der finanziellen Schieflage der IVG-Gruppe wurden innerhalb weniger Tage Papiere im Milliardenbereich an Distressed Hedge Funds veräußert, Debtwire vom 19. April 2013: "Distressed investors dive into real estate with IVG trades galore; Punch Taverns back in the limelight – Distressed Briefing"; Finance vom 19. April 2013: „IVG im Visier der Hedgefonds"; Manager Magazin Juli 2013, 70, 73.

819 Hierzu siehe oben Kapitel 1 B III.

820 Neben dem Erwerb von Derivaten setzen sie dies dadurch um, dass sie bestimmte Indices „shorten". Hierzu siehe oben Kapitel 1 B. III.

821 In der Regel mit einer Zweidrittelmehrheit (66,66 %).

gerade die für eine nachhaltige Restrukturierung der finanziellen Passivseite erforderlichen Maßnahmen, wie etwa eine Verschiebung des Zahlungszeitpunktes, eine Veränderung der Zinshöhe, der Verzicht auf Teilkreditforderungen und auch die Gewährung von Neukrediten, in aller Regel nur bei Einstimmigkeit der Kreditgeber des jeweiligen Kreditkonsortiums[822] möglich.[823] Eine für moderne Restrukturierungen wichtige *Debt to Equity Conversion*, bei der die Gläubiger (teilweise) auf ihre Kreditforderungen verzichten bzw. diese im Gegenzug für die Zuteilung neuer Gesellschaftsanteile in die Gesellschaft oder in eine zur Verringerung des Differenzhaftungs- bzw. Nachrangrisikos eigens hierfür gegründete Zweckgesellschaft (*HoldCo*) einbringen, ist damit grundsätzlich durch die Regelungs- und Majorisierungsmechanismen, die ein auf LMA-Standard basierender (Akquisitions-)Konsortialkredit bereit hält, nicht möglich.

Der BGH sieht jedoch *de lege lata* keine rechtliche Möglichkeit, die Obstruktion sinnvoller außergerichtlicher Restrukturierungen durch nachrangige Gläubiger, deren Forderungen nicht mehr vom Unternehmenswert gedeckt sind, die mithin *out of the money* sind und mit der Obstruktion in aller Regel allein die Durchsetzung ihrer Partikularinteressen bezwecken, zu unterbinden. Im Jahre 1991 hat der BGH in seiner bekannten „Akkordstörer"-Entscheidung festgestellt: „Nach geltendem Recht entfaltet ein außergerichtlicher Sanierungsvergleich eine Bindungswirkung nur für diejenigen Gläubiger, die ihn geschlossen haben. So genannte Akkordstörer sind grundsätzlich auch dann nicht gehindert, ihre Ansprüche gegen den Schuldner uneingeschränkt durchzusetzen, wenn eine ganz überwiegende Mehrheit der Gläubiger einen derartigen Vergleich befürwortet."[824]

Diese Rechtsprechung, die nach wie vor Geltung beansprucht[825], wird jedoch von *Bamberger* und *Eidenmüller* zu Recht in Frage gestellt. Beide[826] sind (im Ergebnis) richtigerweise der Auffassung, dass in Sanierungs- und Restrukturierungssituationen durchaus Mitwirkungspflichten hinsichtlich der Vereinbarung und Umsetzung einer sinnvollen, im Unternehmensinteresse stehenden außergerichtlichen Restrukturierung bestehen. *Bamberger* leitet diese Mitwirkungspflichten aus dem allgemeinen Rechtsgedanken von Treu und Glauben (§ 242 BGB) sowie aus dem Verbot sittenwidrig-vorsätzlicher Schädigung ab.[827] *Eidenmüller* begründet derartige Mitwirkungspflichten mit einer zwischen den Gläubigern bestehenden

822 Bei Akquisitionsfinanzierungen bilden Mezzanine-Kreditgeber in der Regel ein eigenes Konsortium mit einem eigenen Mezzanine-Agenten.

823 Siehe hierzu *Westpfahl* ZGR 2010, 385, 396 f.

824 BGHZ 116, 319 = ZIP 1992, 191 – co-op; vgl. hierzu auch *Westpfahl* ZGR 2010, 385, 395; *Bitter* ZGR 2010, 147, 167 f.

825 *Westpfahl* ZGR 2010, 385, 395.

826 Ebenso *Bitter* ZGR 2010, 147, 172 ff., 184.

827 Knops/Bamberger/Maier-Reimer/*Bamberger*, Recht der Sanierungsfinanzierung, 2005, S. 430 ff. m.w.N.

„gesellschaftsähnlichen" Verbindung.[828] Der Vergleich zwischen dem Girmes- und dem Akkordstörer-Urteil werfe die Frage auf, warum die Gläubiger – anders als die Gesellschafter – zu keinerlei Rücksichtnahme verpflichtet sein sollen.[829] Die Verfolgung von Einzelinteressen durch jeden einzelnen Gläubiger führe häufig zu einem Zustand, der für alle Gläubiger suboptimal sei, nämlich zum Scheitern der Reorganisationsbemühungen.[830] Zwischen den Gläubigern bestehe zwar keine Gesellschaft, weil kein Vertrag zwischen den der Sanierung zustimmenden Gläubigern und den Akkordstörern/Trittbrettfahrern existiere; es sei aber von einer gesellschaftsähnlichen Sonderverbindung auszugehen: zu rekonstruieren sei insoweit der privatrechtliche Kooperationsvertrag, den die Gläubiger miteinander geschlossen hätten, wenn man sich das strategische Verhalten Einzelner und bestehende Informationsdefizite hinwegdenke.[831] Das auf dieser Basis entwickelte umfassende System von Kooperationspflichten soll vor allem auch die Pflicht einer Zustimmung zu einer tragfähigen Sanierungsvereinbarung enthalten[832] und dabei eine Bank auch zur Ausweitung ihres bestehenden Kreditengagements verpflichten können.[833] Fehlende Kooperation soll sanktionierbar sein, um die richtigen Anreizeffekte zu erzielen.[834]

Nach Auffassung des BGH besteht jedoch vor der Eröffnung des Insolvenzverfahrens weder eine gesellschaftliche oder geschäftsähnliche Verbindung zwischen den Gläubigern und ihrer Schuldnerin noch eine „Gefahrengemeinschaft", aus der sich Mitwirkungspflichten herleiten ließen. Eingriffe in bestehende Rechtspositionen von Gläubigern seien *de lege lata* nicht zulässig[835]. Die Verfolgung von Partikularinteressen sowie die Obstruktion außergerichtlicher Restrukturierungen ist daher nach herrschender Auffassung in der Rechtsprechung durchaus möglich und stellt für außergerichtliche Restrukturierungen eine große Gefahr dar, insbesondere dann, wenn – wie eingangs aufgezeigt – die Unternehmensfinanzierung aus einem „Finanzierungs-Cocktail"[836] besteht, sich über verschiedenste Konzerngesellschaften erstreckt, durch diese als Garantiegeber bzw. mit deren Vermögen besichert ist und sich *Distressed Hedge Funds*, die eine *Hold out Value*-Strategie

---

828 *Eidenmüller*, Unternehmenssanierung zwischen Markt und Gesetz, 1999, S. 594 ff.; *Eidenmüller* ZHR 160 (1996) 343 ff., insbesondere S. 367.

829 *Eidenmüller*, Unternehmenssanierung zwischen Markt und Gesetz, 1999, S. 590.

830 *Eidenmüller*, Unternehmenssanierung zwischen Markt und Gesetz, 1999, S. 599 und 609 f.

831 *Eidenmüller*, Unternehmenssanierung zwischen Markt und Gesetz, 1999, S. 608 ff.

832 *Eidenmüller*, Unternehmenssanierung zwischen Markt und Gesetz, 1999, S. 760 ff.

833 *Eidenmüller*, Unternehmenssanierung zwischen Markt und Gesetz, 1999, S. 631 ff., insbesondere S. 639 f. Siehe hierzu auch *Bitter* ZGR 2010, 147, 172 ff.

834 *Eidenmüller* ZHR 160 (1996) 343, 327. Siehe zur Problematik und Auseinandersetzung mit *Eidenmüller* auch *Bitter* ZGR 2010, 147, 172 ff.;

835 BGHZ 116, 319 = ZIP 1992, 191 – co-op; vgl. *Westpfahl* ZGR 2010 385, 427.

836 Begriff von *Hoegen*, Vortrag auf der 9. Handelsblatt Jahrestagung Restrukturierung 2013.

verfolgen, in die emittierten Kredittranchen und Kapitalmarktinstrumente „eingekauft“ haben.

Zwar weist *Westpfahl* zu Recht darauf hin, dass das Dilemma, dass obstruierende Gläubiger sich derzeit ohne erkennbares Haftungsrisiko einem Sanierungsversuch mit dem Ziel verweigern können, für sich ein besseres Ergebnis zu erzielen, als es der Vergleich bzw. die Restrukturierungsvereinbarung für die anderen Beteiligten vorsieht, zumindest dann überwindbar erscheint, wenn die Forderungen des obstruierenden Gläubigers in Relation zu den übrigen Forderungen so gering sind, dass deren vollständige Befriedigung notfalls in Kauf genommen werden kann.[837] Denn Sanierungssituationen seien häufig dadurch gekennzeichnet, dass die Passivseite des betroffenen Unternehmens im Wesentlichen aus Finanzverbindlichkeiten besteht und die übrigen Forderungen einschließlich der Lieferanten demgegenüber weniger ins Gewicht fallen.[838] Paradigmatisch seien insoweit LBOs, die durch sehr hohe Verschuldungsgrade (Verhältnis von Fremd- zu Eigenkapital) gekennzeichnet sind.[839] Demzufolge sei bei LBO-Restrukturierungen durchaus die Bereitschaft von (pragmatischen) Kreditgebern anzutreffen, jene Gläubiger des Unternehmens, die nicht zu den Finanzgläubigern zählen, voll zu befriedigen, solange nur eine Restrukturierung notfalls im Wege einer gleichzeitigen Verringerung der Finanzverbindlichkeiten gelinge.[840] Dem liege nicht zuletzt die Befürchtung zugrunde, dass sich Lieferanten, von denen verlangt wird, auf einen Teil ihrer Forderungen zu verzichten, sofort andere, vermeintlich oder tatsächlich verlässlichere Abnehmer für ihre Produkte suchen.[841]

Allerdings wird eine vollständige Befriedigung von bestimmten Gläubigern nur in Kauf genommen werden können, sofern sich die Restrukturierung auch mit der vollständigen Befriedigung einer Gläubigergruppe insgesamt noch „rechnet“, d.h. dass auch mit der Befriedigung bzw. dadurch, dass die Forderungen dieser Gläubiger nicht an der Restrukturierung teilnehmen, der Gesellschaft dennoch eine positive Sanierungsaussage i.S. eines IDW S6-Gutachtens erteilt werden kann. Es ist für die Umsetzung einer Restrukturierung nämlich nicht immer notwendig, dass alle Kapitalgeber an sie gebunden werden. Überdies kann in Erwägung gezogen werden, bestimmte Kapitalgeber auch schlicht nicht an der Restrukturierung zu beteiligen, d.h. ihnen keine Sanierungsbeiträge abzuverlangen, sondern ihre Forderungen in Gänze zu bedienen. Dies kann, wie oben angerissen, insbesondere hinsichtlich bestimmter, für die Fortführung des operativen Geschäfts unbedingt benötigter Lieferanten sinnvoll sein, die sich im Falle, dass von ihnen verlangt werden sollte, sich beispielsweise in Form eines Schuldenschnitts an der Restrukturierung zu beteiligen, vom Unternehmen abwenden und dieses durch einen

837 *Westpfahl* ZGR 2010, 385, 395 f.
838 *Westpfahl* ZGR 2010, 385, 396.
839 *Westpfahl* ZGR 2010, 385, 396.
840 *Westpfahl* ZGR 2010, 385, 396.
841 *Westpfahl* ZGR 2010, 385, 396 Fn. 30.

anderen Kunden ersetzen. Sollte allerdings in Erwägung gezogen werden, einzelne Fremdkapitalgeber voll zu befriedigen und nicht am Restrukturierungskonzept zu beteiligen, ist darauf zu achten, dass die Finanz-, Ertrags- und Vermögenslage der restrukturierten Gesellschaft bzw. Unternehmensgruppe ab *Closing* der finanziellen Restrukturierung dennoch, d.h. auch mit vollständiger Befriedigung dieser Kapitalgeber, ausreicht, um dem restrukturierten Unternehmen eine positive Sanierungsaussage im Sinne eines IDW S6-Gutachtens erteilen zu können. Es muss also gewährleistet sein, dass trotz der Nichtteilnahme einer Fremdkapitalgebergruppe an der Restrukturierung, mithin trotz deren vollständiger Befriedigung, das Unternehmen nach erfolgter Restrukturierung wettbewerbsfähig ist, d.h. branchenübliches Eigenkapital ausweist, renditefähig und durchfinanziert ist.

Ferner besteht die Gefahr, dass durch die Ungleichbehandlung einer Gläubigergruppe, wie etwa derjenigen der Lieferanten, bei den Finanzgläubigern in dem Sinne Begehrlichkeiten geweckt werden, dass diese nur noch dann zur Unterstützung der Restrukturierung bereit sind, wenn auch ihre Forderungen zumindest teilweise durch Barzahlungen befriedigt werden. Dies kann in der Folge zu einem Trittbrettfahrerverhalten unter den Gläubigern führen, das eine außergerichtliche Restrukturierung insgesamt gefährdet.

Schließlich muss berücksichtigt werden, dass sich *Distressed Hedge Funds* zwar auch in *Trade Claims* (Lieferantenforderungen) engagieren, wobei dies jedoch eher die Ausnahme darstellen dürfte. Sollten sie also eine *Hold out Value*-Strategie verfolgen, dann tun sie dies in aller Regel, indem sie auf dem Sekundärmarkt (nachrangige und damit „billige") Finanzforderungen (bzw. im Wege der Vertragsübernahme auch ganze Kredite) erwerben. Durch eine vollständige Befriedigung allein ihrer Forderungen ohne Berücksichtigung auch der anderen vorrangigen Finanzgläubiger ist es nahezu ausgeschlossen, dass eine konsensuale Restrukturierung gelingt, denn vorrangige Gläubiger werden sich in aller Regel nicht darauf einlassen, dass nachrangige sowie gleichartige Gläubiger, d.h. keine „Lieferantengläubiger", vollständig befriedigt werden, während sie selbst auf ihre Forderungen (teilweise) verzichten sollen. Dadurch würden die vorrangigen Finanzgläubiger den nachrangigen Finanzgläubigern ihre Verluste finanzieren. Die Obstruktion außergerichtlicher Restrukturierungen durch (nachrangige) Finanzgläubiger ist daher vor dem Hintergrund der „Akkordstörer"-Rechtsprechung des BGH, des *Debt Tradings* sowie der Komplexität moderner Unternehmens- und Konzernfinanzierungen eine der zentralen Herausforderungen bei außergerichtlichen Restrukturierungen.[842]

842 Da ein englisches SoA im Gegensatz zu einem deutschen Insolvenzplanverfahren die Ungleichbehandlung von Gläubigern zulässt, kann es ein geeignetes Instrument sein, wenn das „Abschneiden" nachrangiger und vor allem wertloser, weil nicht mehr vom Unternehmenswert gedeckter Forderungen erforderlich ist, um eine finanzielle Restrukturierung umzusetzen.

2. *Pflicht, das aggregierte Gesellschaftsinteresse zu fördern*

Vorliegend soll jedoch eine grundlegend andere Auffassung zu derjenigen des BGH vertreten werden: Es bestehen durchaus Mitwirkungspflichten (vor allem aber nicht nur nachrangiger) Gläubiger hinsichtlich einer außergerichtlichen Restrukturierung und hinsichtlich eines Sanierungsvergleichs bzw. einer Restrukturierungsvereinbarung. Denn nicht nur die Gesellschafter geben bei Kapitalgewährung ein Versprechen ab, ihr Handeln hinsichtlich der Belange der Gesellschaft zunächst an den Sicherungsinteressen der Gläubiger auszurichten. Vielmehr unterwerfen sich alle Kapitalgeber dieser Rangfolge. Das bedeutet, dass auch nachrangige Gläubiger, wie etwa ungesicherte Anleihe- oder *Mezzanine*-Gläubiger, in erster Linie die Interessen vorrangiger Gläubiger zu beachten haben. Dass – entgegen der herrschenden Auffassung – nicht nur die Gesellschafter, sondern auch die Gläubiger verpflichtet sind, stets das Unternehmensinteresse zu verfolgen, kann wie folgt begründet werden:

Das Unternehmensinteresse ist – wie oben dargestellt – als das aggregierte Kapitalinteresse aller Kapitalgeber zu begreifen, wobei die Kapitalinteressen nicht gleichgeordnet nebeneinander stehen, sondern nach den mit der jeweiligen Kapitalinvestition untrennbar verbundenen Chancen- und Risikoerwartungen der Kapitalgeber gewichtet sind. Je größer ein mit der jeweiligen Kapitalinvestition verbundener potentieller Gewinn sein kann, desto höher ist auch das mit der Investition einhergehende Risiko, das eingesetzte Kapital vollständig zu verlieren. Jeder Kapitalgeber, gleichgültig ob Eigen-, Fremd- oder Hybridkapitalgeber verfolgt also mit der Kapitalhingabe einen bestimmten Zweck, der vor allem in der Erzielung einer bestimmten Rendite auf das eingesetzte Kapital besteht. Wird nun eine Gesellschaft bzw. eine Unternehmensgruppe von vielen Kapitalgebern finanziert, deren Investitionen ein unterschiedliches Chancen- und Risikoprofil aufweisen, dann muss auch ein Mechanismus hergestellt werden, um all diesen in einer Unternehmung gebündelten Rendite- bzw. Kapitalinteressen gerecht zu werden. Dies geschieht dadurch, dass (privatautonom durch den Willen der Kapitalgeber) eine Haftungsrangfolge geschaffen wird. Diese, in der deutschen Rechtsordnung letztlich auf die Bilanzierungsvorschriften des HGB zurückzuführende bzw. darin ihren Ausdruck findende und, wie oben dargestellt, durch verschiedene Rechtsinstitute, wie beispielsweise durch die Vorschriften zur Kapitalerhaltung, geschützte Rangfolge legt fest, dass Eigen- vor Fremdkapital haftet. In bilanzieller Hinsicht bedeutet dies, dass immer dann, wenn das Gesamtkapital einer Gesellschaft durch Verluste gemindert wird, sich zunächst der Betrag des Eigenkapitals mindert. Erst wenn das Eigenkapital vollständig aufgebraucht ist, wird das Fremdkapital „angetastet". In der Folge entsteht dann negatives Eigenkapital i.S.d. § 268 Abs. 3 HGB und eine handelsbilanzielle Überschuldung tritt ein.

Die bilanzielle Einteilung des Vermögens einer Kapitalgesellschaft in Eigen- und Fremdkapital bzw. in gebundenes und ungebundenes Kapital erfolgt daher nicht zuletzt, um die Interessen der verschiedenen Kapitalgeber, die diese mit ihrer Investition verfolgen, einer Rangfolge zu unterwerfen. Die Unterwerfung einer

Rangfolge erfolgt dabei wiederum, um die (Rendite-)Interessen aller finanzierenden Kapitalgeber zum Ausgleich bringen zu können. Nur wenn die Eigenkapitalgeber erst dann wirtschaftliche Werte erhalten, wenn zunächst die Kapitalinteressen der Fremdkapitalgeber befriedigt wurden, kann das geringere Risiko, das Fremdkapitalgeber mit ihrer Investition eingehen, reflektiert werden. Umgekehrt haben Fremdkapitalgeber in der Regel – neben den ihnen versprochenen Zinsen – gerade keinen Anspruch im Falle, dass sich das Eigenkapital mehrt bzw. ein Gewinn erwirtschaftet wird. Nur wenn gewährleistet ist, dass die Fremdkapitalgeber nicht an einer (unbegrenzten) Wertsteigerung teilnehmen, kann die Chancen- und Risikostruktur, die Eigenkapitalgeber mit ihrer Investition eingegangen sind, abgebildet werden. Den Interessen von Eigen- und Fremdkapitalgebern kann daher insgesamt nur entsprochen werden, wenn sie sich gegenseitig systematisch bedingen sowie Eigen- und Fremdkapital in einer Art Wechselwirkung stehen. Eigen- und Fremdkapitalgeber müssen daher auf die Interessen der jeweils anderen Kapitalart Rücksicht nehmen. Die Rechtsordnung schützt diese gegenseitige Rücksichtnahme, indem sie das Kapital einer Gesellschaft in risikoreiches, gebundenes und risikoarmes, ungebundenes Kapital einteilt. Außerhalb einer Krisensituation, also immer dann, wenn genügend Kapital vorhanden ist, um allen Kapitalgeberinteressen gerecht zu werden, konfligieren die verschiedenen Interessen nur selten.[843]

Innerhalb einer Krise ist es hingegen gerade der Konflikt zwischen Eigen- und Fremdkapitalgebern bzw. zwischen vor- und nachrangigen Kapitalgebern, an dem außergerichtliche Restrukturierungen häufig scheitern. Die Rangfolge der unterschiedlichen Kapitalinteressen muss jedoch gerade auch hier gelten. Denn nicht nur, wenn Vermögen an die Kapitalgeber ausgezahlt wird, sondern auch dann, wenn zur Sanierung der Gesellschaft bzw. der Unternehmensgruppe Restrukturierungsbeiträge von den Kapitalgebern geleistet werden (müssen), muss die Interessenrangfolge strikt eingehalten werden. Dies ganz einfach deshalb, weil nicht nur die Gewinne, sondern auch die Verluste entsprechend der Rangfolge und entsprechend der mit der Kapitalinvestition verbundenen Chancen- und Risikoverteilung zu tragen sind. Die Verluste werden jedoch nur dann entsprechend der Rangfolge getragen, wenn der „Letzte“ in der Rangfolge als „Erster“ wirtschaftliche Werte zur Restrukturierung bzw. zur Wiederherstellung von Kapitalverhältnissen, die geeignet sind, um den *going concern* zu erhalten bzw. das Unternehmen der Gesellschaft fortzuführen, beiträgt. Andernfalls wird die Interessenrangfolge auf den Kopf gestellt. Vorrangige Kapitalgeber, die bei Kapitalhingabe ein geringeres Risiko

843 Es kann dennoch auch außerhalb einer Krise ein Konflikt entstehen, insbesondere dann, wenn besonders risikoreiche Geschäfte verfolgt werden sollen; die Fremdkapitalgeber haben kein Interesse an risikoreichen Transaktionen, weil ihre Sicherungsinteressen ja ohnehin befriedigt sind; die Eigenkapitalgeber sind dagegen an einer risikoreichen Strategie interessiert, weil sie im Erfolgsfalle – im Gegensatz zu den Fremdkapitalgebern – die Gewinne „einstreichen“ können, vgl. hierzu *Klöhn* ZGR 2008, 110, 112 f.

eingegangen sind, würden mithin das höhere Risiko nachrangiger Kapitalgeber tragen, jedoch nicht an den nach einer erfolgten Restrukturierung (wieder neu hergestellten) Gewinnchancen teilnehmen. Die Proportionalität von Chance und Risiko, die ein Nebeneinander von verschiedenen Kapitalformen in einer Gesellschaft bzw. in einem Unternehmen überhaupt erst möglich macht („Koexistenz verschiedener Kapitalformen") wäre (massiv) gestört. Vorrangige Kapitalgeber, die mit ihrer Investition geringe Risiken eingegangen sind, würden nachrangigen Kapitalgebern, die höhere Risiken bei auch höheren Gewinnchancen[844] eingegangen sind, die Verluste finanzieren. Dies würde der Risikoentscheidung, die die Kapitalgeber bei der Kapitalgewährung getroffen haben, zuwiderlaufen und einen Verstoß gegen das grundlegende Prinzip des *venire contra factum proprium* bedeuten. Die Chancen- und Risikoverteilung, für die sich ein Kapitalgeber bei Kapitalhingabe entschieden hat, darf nicht umgekehrt werden, sobald das Unternehmen restrukturiert werden muss. Denn die Kapitalgeber haben sich für eine unbedingte Chancen- und Risikoverteilung entschieden, die gerade nicht von der jeweiligen Vermögens- und Finanzlage des Unternehmens abhängig ist.

Im Zeitpunkt der Kapitalhingabe bzw. des Erwerbs des entsprechenden Kapitalinstruments auf dem Sekundärmarkt gibt der jeweilige Kapitalgeber zur Aufrechterhaltung der Chancen- und Risikoverteilung, die die anderen Kapitalgeber jeweils bei ihrer eigenen, individuellen Investition festgelegt haben, sowohl gegenüber diesen als auch gegenüber der Gesellschaft das Versprechen ab, eben diese Chancen- und Risikoverteilung all der anderen Kapitalgeber zu wahren. Da das Unternehmensinteresse als der Ausgleich der Chancen und Risiken aller Kapitalgeber zu begreifen ist, gibt der jeweilige Kapitalgeber folglich das Versprechen auch gegenüber der Gesellschaft ab. Er verpflichtet sich also, zur Wahrung der Proportionalität von Chance und Risiko und damit zur Ermöglichung der Koexistenz verschiedener Kapitalformen bei ein und derselben Unternehmung, dass zunächst die Sicherungsinteressen derjenigen Kapitalgeber gewahrt werden, die mit ihrer Investition das geringste Risiko eingegangen sind, und erst bei vollständiger Befriedigung deren Interessen die Interessen derjenigen Kapitalgeber berücksichtigt werden, die die nächst höhere Risikostufe mit ihrer Investition gewählt haben. Das Unternehmensinteresse kann daher auch als optimaler Ausgleich der Renditeinteressen aller Kapitalgeber aufgefasst werden.

Klarzustellen ist, dass die Chancen und Risiken nicht nur zwischen Fremd- und Eigenkapitalgebern unterschiedlich verteilt sind, sondern im Rahmen moderner Unternehmensfinanzierungen auch innerhalb der Gruppe der Fremdkapitalgeber. Wie oben gesehen, kommen gerade bei Konzernfinanzierungen die unterschiedlichsten Fremd- und Hybridkapitalinstrumente[845] zum Einsatz, d.h. es besteht auch unter den Inhabern dieser Kapitalinstrumente eine ausdifferenzierte Chancen und

---

844 Der Gewinn ergibt sich bei einer Fremdkapitalinvestition regelmäßig aus den zu erzielenden Zinsen.

845 Hierzu siehe insbesondere Kapitel 1 A.

Risikoverteilung und daher ein ebenso ausdifferenziertes Rangverhältnis. So wie Eigenkapitalgeber zunächst die vorrangigen Sicherungsinteressen der Fremdkapitalgeber im Allgemeinen zu berücksichtigen haben, sind auch innerhalb der Gruppe der Fremdkapitalgeber die nachrangigen gegenüber den vorrangigen zunächst zur Wahrung deren Interessen verpflichtet. Diese Pflicht ergibt sich dabei daraus, dass jeder Kapitalgeber bei Kapitalhingabe sich zum einen mit einer bestimmten Chancen- und Risikoverteilung hinsichtlich seines eigenen Investments einverstanden erklärt, zum anderen allerdings auch damit, dass die Chancen- und Risikoverteilung seines Investments mit derjenigen der anderen (potentiellen) Kapitalgeber in einen Kontext gesetzt wird. Andernfalls wäre, wie oben dargestellt, eine Koexistenz verschiedener Kapitalformen in ein und derselben Unternehmung nicht möglich. Nur wenn die Interessen bestimmter Kapitalgeber vor denjenigen anderer berücksichtigt werden, die Kapitalgeber sich mithin einer Interessenrangfolge unterwerfen, können überhaupt erst ein geringeres Risiko bestimmter Kapitalgeber bzw. größere Gewinnchancen und Wertsteigerungsmöglichkeiten anderer Kapitalgeber abgebildet werden. Da jedem Kapitalgeber bei Kapitalhingabe diese gegenseitige Bedingung bzw. Verflechtung von Chance und Risiko zumindest erkennbar sein muss, willigt er in diese ein. Im Zeitpunkt seiner Investition bzw. des Erwerbs seiner Beteiligung auf dem Sekundärmarkt hat er seinen Willen daher dahingehend manifestiert, stets die den Kapitalinstrumenten inhärente Interessenrangfolge zu wahren, d.h. die Sicherungsinteressen derjenigen Kapitalgeber, die mit ihrer Investition ein geringeres Risiko eingegangen sind, vor die Interessen derjenigen zu stellen, die ein höheres Risiko eingegangen sind. Diese nach Maßgabe der Chancen- und Risikoverteilung abgestuften und aggregierten Interessen aller Kapitalgeber bilden das Unternehmensinteresse. Jeder einzelne Kapitalgeber, sei er Eigen- oder Fremdkapitalgeber, ist daher aufgrund seines ursprünglichen, bei der Investition abgegebenen Versprechens auf das Unternehmensinteresse als das aggregierte Gesamtinteresse aller Kapitalgeber verpflichtet.

Befindet sich eine Gesellschaft bzw. eine Unternehmensgruppe in der Krise und sind zur Erhaltung des *going concern* i.S.d. § 252 Abs. 1 Nr. 2 HGB Sanierungsbeiträge von allen *Stakeholdern* zu leisten, dann folgt aus diesem Versprechen insbesondere auch die Pflicht nachrangiger Fremdkapitalgeber, dafür Sorge zu tragen, dass zunächst die Interessen vorrangiger Kapitalgeber vollständig befriedigt werden. Dies bedeutet, dass nachrangige Gläubiger dafür zu sorgen haben, dass im Rahmen der Restrukturierung bzw. der Wiederherstellung von Finanz- und Vermögensverhältnissen, die einen *going concern* bzw. die Fortführung des Unternehmens gewährleisten, solange vorrangigen Kapitalgebern wirtschaftliche Werte zukommen, bis deren Nominalforderungen vollständig befriedigt sind. Nachrangige Gläubiger können daher sowohl gegenüber der Gesellschaft als auch gegenüber vorrangigen Gläubigern aus ihrem Versprechen heraus verpflichtet sein, zur Wiederherstellung des *going concern* der Gesellschaft neue Kredite zu gewähren bzw. alternativ im Falle, dass sie dazu nicht in der Lage sind, auf ihre nachrangigen, (gegebenenfalls bereits z.T. wertlosen)[846] Forderungen zu verzichten, um auf diese Weise die für eine positive Sanierungsaussage (*Restructuring Opinion*) i.S. eines IDW S6-Gutachtens[847] erforderliche Eigenkapitalquote zu erreichen. In jedem Fall sind sie verpflichtet, an einem Restrukturierungskonzept, das zur Wiederherstellung des *going concern* geeignet ist, mitzuwirken bzw. dieses nicht zu obstruieren, vorausgesetzt jedoch, dieses Konzept spiegelt die Chancen und Risikoverteilung aller Kapitalgeber, d.h. die *Absolute Priority Rule*, wider.

Eine Zustimmungspflicht nachrangiger Gläubiger zu bestimmten Restrukturierungsmaßnahmen, wie etwa zum Tausch ihrer Forderungen in Gesellschaftsanteile der zu restrukturierenden Gesellschaft (*Debt to Equity Swap*), ergibt sich daher originär aus ihrem bei der Investition abgegebenen Versprechen, das aggregierte Gesellschaftsinteresse zu fördern. Das bei Kapitalgewährung mit den übrigen Kapitalgebern (konkludent) begründete Rechtsverhältnis qualifiziert dabei als Gesellschaftsvertrag i.S.d. §§ 705 ff. BGB. Alle Kapitalgeber einer Gesellschaft, ggf. auch einer ganzen Unternehmensgruppe, bilden eine (reine) Innengesellschaft bürgerlichen Rechts. Der erforderliche gemeinsame Zweck liegt dabei in der Förderung des gemeinsamen Kapitalinteresses aller Kapitalgeber, mithin in der Förderung des aggregierten Gesellschaftsinteresses.[848] Denn den Kapitalgebern kommt es nicht nur auf die Verfolgung ihrer eigenen, individuellen Kapital- und Renditeinteressen an. Sie sind vielmehr gerade auch an der Aufrechterhaltung einer gerechten Chancen und Risikoverteilung in oben dargestelltem Sinne, mithin auch daran interessiert, dass die Proportionalität gegenüber den anderen Kapitalgebern eingehalten wird. Denn nur wenn gewährleistet ist, dass insgesamt die Proportionalität von Chance und Risiko gewährleistet ist, ist sie dies auch hinsichtlich der eigenen Investition. Nur wenn nachrangigen Kapitalgebern die Möglichkeit belassen wird, proportional zu dem von ihnen mit ihrer jeweiligen Investition eingegangenen Risiko entsprechend hohe Renditen zu erzielen, ist auch umgekehrt eine Risikobegrenzung vorrangiger Kapitalgeber gerechtfertigt, die nur dadurch erreicht werden kann, dass die nachrangigen Kapitalgeber vor den vorrangigen haften bzw. in einer Restrukturierungssituation zur Aufrechterhaltung bzw. Wiederherstellung des *going concerns* „an erster Stelle" bzw. höhere Sanierungsbeiträge (*Contributions*) leisten als die vorrangigen. Würden die vorrangigen höhere leisten, würden sie den nachrangigen, die von diesen verursachten Verluste finanzieren und auch deren höheres (ihrer Kapitalform immanentes) Risiko tragen. Die Proportionalität von Chance und Risiko wäre gestört und die Pflicht, den Gesellschaftszweck zu fördern, verletzt.

---

846 Diese können dann wertlos sein, wenn der Nominalbetrag der Forderungen nicht mehr (vollständig) vom Unternehmenswert gedeckt ist, die Kapitalgeber folglich (teilweise) out of the money sind.

847 Ggf. auch im Sinne anderer Business Reports; allerdings genügt in der Regel nur ein Gutachten im Sinne des IDW S6 den Anforderungen des BGH.

848 Die Beitragsleistung liegt in der Kapitalgewährung.

Letztendlich ergibt sich die Pflicht, zunächst die Interessen vorrangiger Kapitalgeber zu berücksichtigen, für alle Kapitalgeber, insbesondere auch für (nachrangige) Gläubiger, aus der gesellschaftsrechtlichen Treuepflicht in oben dargestelltem Sinn. Eine Zustimmungs- und Mitwirkungsflicht bzw. ein (außergerichtliches) Obstruktionsverbot (nachrangiger) Gläubiger aus der gesellschaftsrechtlichen Treuepflicht herzuleiten macht auch deshalb Sinn, weil die Gläubiger ebenso wie die Gesellschafter als Kapitalgeber bzw. Investoren zu begreifen sind, deren Investition lediglich eine andere Chancen- und Risikoverteilung zugrunde liegt. Eigenkapitalgeber verfolgen mit ihrer Investition Wertsteigerungsinteressen bei erhöhtem Verlustrisiko, während Fremdkapitalgeber Sicherungsinteressen bei gemäßigtem bis geringem Verlustrisiko verfolgen. Die einen sind *Debt*-Investoren, die anderen *Equity*-Investoren. Nur der einen Gruppe gesellschaftsrechtliche Treuepflichten aufzuerlegen und der anderen nicht, wie es der BGH tut[849], erscheint daher nicht sachgerecht. Es gibt keinen (vernünftigen) Grund, hinsichtlich der Verpflichtung auf das Unternehmensinteresse nicht bei allen Kapitalgebern die gleichen Grundsätze anzuwenden.

Eine Zustimmungspflicht (nachrangiger) Gläubiger zur Umsetzung bestimmter Restrukturierungsmaßnahmen bzw. ein Verbot, eine mehrheitlich beabsichtigte Restrukturierung zu obstruieren, kann sich ferner auch aus einem zwischen allen Kreditgebern und der Gesellschaft sowie ggf. weiterer Tochtergesellschaften abgeschlossenen *Intercreditor Agreement* ergeben. In einem solchen unterwerfen sich die verschiedenen Kreditgeber(-gruppen)[850] (typischerweise auch unter Teilnahme des *Security Agents*) einer vertraglichen Rangfolge hinsichtlich der Geltendmachung ihrer Forderungen aus dem mit der Kreditnehmergruppe abgeschlossenen Konsortialkredit sowie hinsichtlich der Verwertung der für diese Forderungen bestellten Sicherheiten im Sicherungsfall.[851] Üblicherweise wird dabei zunächst eine allgemeine Rangfolge der Forderungen der verschiedenen Kreditgeber festgelegt, ohne jedoch bereits Pflichten zu konkretisieren.

Diese allgemeine Festlegung des Rangverhältnisses kann dabei – gemäß den §§ 133, 157 BGB – durchaus so ausgelegt werden, dass nicht nur die nachrangigen Kreditgeber zugunsten der vorrangigen im Falle einer Geltendmachung von Forderungen bzw. hinsichtlich der Verteilung des Erlöses aus einer Verwertung

---

849 BGHZ 116, 319 = ZIP 1992, 191 – co-op sowie BGH, Urteil v. 20.03.1995 – II ZR 205/94 – Girmes = ZIP 1995, 81, BGHZ 129, 136, 152 = NJW 195, 1739, 1743 sowie BGH, Urteil v. 19.10.2009 – II ZR 240/08 = ZIP 2009, 2289 – Sanieren oder Ausscheiden.

850 Innerhalb eines Konsortiums sind grundsätzlich nur die Konsortium-GbR-Regeln (§§ 705 ff. BGB) maßgebend; nur zwischen den Konsortien (beispielsweise zwischen den Senior Lendern und den Mezzanine Lendern) sind Rangunterwerfungen in einem Intercreditor Agreement erforderlich.

851 Zum Intercreditor Agreement im Einzelnen siehe oben Kapitel 3 A. II. 1. c). Ausführlich zum Intercreditor Agreement *Diem* Akquisitionsfinanzierungen § 40 Rn. 16 ff.

von Sicherheiten des Kreditnehmers durch den *Security Agent* (*Waterfall* im engeren Sinne) verpflichtet sind, ihre Forderungen solange nicht geltend zu machen, bis nicht diejenigen der vorrangigen Kreditgeber vollständig befriedigt sind, sondern auch, dass ganz allgemein die nachrangigen Kreditgeber verpflichtet sind, zunächst die Interessen der vorrangigen Kreditgeber zu berücksichtigen. In einer Restrukturierungssituation bzw. bei einer Festlegung von Sanierungsbeiträgen zur Wiederherstellung des *going concern* würde dies bedeuten, dass die nachrangigen Kreditgeber aufgrund (dieser allgemeinen Klausel) des *Intercreditor Agreements* verpflichtet sind, zunächst dafür Sorge zu tragen, dass die Interessen der vorrangigen Kreditgeber befriedigt werden, mithin entweder zugunsten der vorrangigen Kreditgeber sowie zur Wiederherstellung des *going concerns* der Gesellschaft auf ihre Forderungen zu verzichten oder der Gesellschaft „frisches" Kapital zur Verfügung zu stellen. Dadurch würden dann die Sicherungsinteressen vorrangiger Kreditgeber zumindest mittelbar durch das Verhalten nachrangiger Kreditgeber befriedigt werden. Im Falle des Vorliegens eines *Intercreditor Agreements* ergibt sich die Zustimmungs- und Mitwirkungspflicht bzw. das Obstruktionsverbot (nachrangiger) Gläubiger daher direkt aus diesem, so dass kein Rückgriff auf die gesellschaftsrechtliche Treuepflicht erforderlich ist. Zustimmungs- und Mitwirkungspflichten nachrangiger Eigenkapitalgeber ergeben sich grundsätzlich jedoch nicht aus einem *Intercreditor Agreement*. Diese sind – wie oben dargestellt – typischerweise in einem *Equity Subordination Agreement* festgelegt.

Im Übrigen treten die Kapitalgeber zu keinem Zeitpunkt nach außen gegenüber Dritten auf und bilden daher lediglich eine reine Innengesellschaft bürgerlichen Rechts (Innen-GbR). Ebenso wollen die einzelnen Kapitalgeber mit ihrer Investition in aller Regel keine persönliche Haftung im Außenverhältnis begründen. Auf eine Innen-GbR sind nach herrschender Auffassung diejenigen Vorschriften der §§ 705 ff. BGB anzuwenden, die nicht das Außenverhältnis betreffen.[852] Die erforderlichen Beiträge i.S.d. § 706 BGB sind in der jeweiligen Kapitalgewährung, d.h. in der jeweiligen Investition, zu sehen.

3. Gesetzliche Zustimmungspflicht der Gläubiger gemäß § 245 Abs. 1 Nr. 2 i.V.m. Abs. 2 Nr. 2, Nr. 3 InsO analog

Liegt kein *Intrecreditor Agreement* vor, ergibt sich die Zustimmungs- und Mitwirkungspflicht bzw. das Obstruktionsverbot (nachrangiger) Gläubiger nicht aufgrund rechtsgeschäftlicher Vereinbarung, sondern aufgrund Gesetzes. Eine Zustimmungspflicht der Gläubiger zu Restrukturierungsvereinbarungen, die die *Absolute Priority Rule* exakt widerspiegeln, kann auf eine Analogie zu § 245 Abs. 1 Nr. 2 i.V.m. Abs. 2 Nr. 2, Nr. 3 InsO gestützt werden. Der Gesetzgeber hat in dieser Vorschrift das Versprechen der Kapitalgeber aufgegriffen, zunächst die Interessen vorrangiger Fremd- und erst dann diejenigen nachrangiger Eigenkapitalgeber (und

852 Vgl. MünchKommBGB-*Ulmer/Schäfer* § 705 Rn. 284 ff.

auch nachrangiger Fremdkapitalgeber) zu berücksichtigen, sofern es eine Chance auf Rettung des Unternehmens gibt, in dem sich die Kapitalgeber engagiert haben und diese Rettung für sie selbst nicht mit Nachteilen verbunden ist, die sie nicht auch im Falle der Zerschlagung des Unternehmens zu tragen hätten. Die Zustimmungspflicht beruht daher auf Gesetz und nicht auf Rechtsgeschäft.

Wie oben bereits dargelegt, ist § 245 Abs. 1 Nr. 2 i.V.m. Abs. 2 Nr. 2, Nr. 3 InsO (unmittelbarer) Ausfluss der *Absolute Priority Rule.* Der Norm ist der Grundsatz zu entnehmen, dass in Restrukturierungssituationen eine Pflicht der *Stakeholder* zur Zustimmung zu Verträgen besteht, die die Befriedigungsrangfolge exakt abbilden.

§ 245 Abs. 2 InsO bestimmt, dass eine angemessene Beteiligung am Mehrwert, der durch einen Insolvenzplan im Vergleich zu einer übertragenden Sanierung oder einer Einzelliquidation geschaffen wird, für eine Gruppe der Gläubiger dann vorliegt, wenn (i) kein anderer Gläubiger wirtschaftliche Werte erhält, die den vollen Betrag seines Anspruchs übersteigen, (ii) weder ein Gläubiger, der ohne einen Plan mit Nachrang gegenüber den Gläubigern der Gruppe zu befriedigen wäre, noch der Schuldner oder eine an ihm beteiligte Person einen wirtschaftlichen Wert erhält und (iii) kein Gläubiger, der ohne einen Plan gleichrangig mit den Gläubigern der Gruppe zu befriedigen wäre, bessergestellt wird als diese Gruppe. § 245 Abs. 2 Nr. 2 und 3 InsO nehmen Bezug auf die insolvenzrechtliche Verteilungsregel der §§ 1, 199 Satz 2 InsO, indem sie die im Plan abgebildete Rangfolge hinsichtlich der Verteilung und Zuordnung der auf Grundlage des Plans geschaffenen wirtschaftlichen (Mehr-)Werte derjenigen Rangfolge gegenüberstellen, die in einem hypothetischen Restrukturierungs- oder Liquidationsszenario hinsichtlich der Verteilung des durch eine Einzel- oder Gesamtverwertung des schuldnerischen Vermögens erzielten Liquidationserlöses Anwendung finden würde („ohne einen Plan") und bestimmen, dass sich die Rangfolgen in den verschiedenen Szenarien decken müssen. Die durch die insolvenzrechtliche Verteilungsregel eindeutig klargestellte Rangfolge, dass die Interessen nachrangiger Kapitalgeber erst dann zu berücksichtigen sind, wenn die Interessen vorrangiger Kapitalgeber vollständig befriedigt sind, soll durch einen Insolvenzplan nicht auf den Kopf gestellt werden. Die Norm konkretisiert letztlich § 1 InsO, der bestimmt, dass ein anstelle eines Regelinsolvenzverfahrens durchzuführendes Insolvenzplanverfahren ebenso wie dieses allein der Haftungsmaximierung im Interesse der vorrangigen Gläubiger zu dienen hat.

Die für eine Analogie notwendige vergleichbare Interessenlage liegt zweifelsohne vor. Wie bereits an verschiedenen Stellen erörtert, besteht auch außerhalb einer Insolvenz stets die Gefahr, dass (nachrangige) Gläubiger nur deshalb nicht einer vom Kollektiv der anderen Kapitalgeber befürworteten Restrukturierungsvereinbarung beitreten, sie mithin obstruieren, weil sie sich einen wirtschaftlichen Vorteil erhoffen, der ihnen im Rahmen eines Plan- oder Regelinsolvenzverfahrens nicht zuteil werden würde. Ob Gläubigerpositionen bzw. die von ihnen gehaltenen Schuldinstrumente noch vom Unternehmenswert gedeckt sind, d.h. noch werthaltig sind, ist nach ökonomischen Parametern zu bestimmen und nicht nach rechtlichen. Mit anderen Worten: Auch außerhalb eines (beantragten)

Insolvenzverfahrens kann in Restrukturierungssituationen erhebliches Obstruktionspotential solcher Kapitalgeber bestehen, deren Positionen wirtschaftlich wertlos sind. Die einer Restrukturierungsvereinbarung zustimmenden Kapitalgeber haben daher ebenso wie die einem Insolvenzplan zustimmenden ein Interesse daran, dass nachrangige Kapitalgeber eine allseits befürwortete Restrukturierungsvereinbarung nicht obstruieren, d.h. ihr nur deshalb nicht zustimmen, weil sie sich im Rahmen der Verfolgung ihrer eigenen Partikularinteressen erhoffen, zu Lasten der anderen Kapitalgeber einen nicht gerechtfertigten wirtschaftlichen Wert zu erlangen.

Die für eine Analogie erforderliche planwidrige Regelungslücke liegt ebenso vor. Der Gesetzgeber hat es – einmal abgesehen von den Majorisierungsmechanismen, die das SchVG [2009] auch vorinsolvenzlich bereithält – offenbar übersehen, dass auch außerhalb eines Insolvenzverfahrens obstruierenden und einen Lästigkeitswert aufbauenden Kapitalgebern das Handwerk gelegt werden muss. Es ist keine gesetzliche Regelung ersichtlich, die bei außergerichtlichen Restrukturierungen dafür Sorge trägt, dass ökonomisch sinnvolle und von der Mehrheit der Kapitalgeber getragene Sanierungen nicht durch restrukturierungsunwillige Kapitalgeber torpediert werden. Da der Gesetzgeber erkannt hat, dass dieses Problem dann besteht, wenn Kapitalgeber keine wirtschaftlich werthaltigen Positionen mehr innehaben und ihr kollektivwidriges Verhalten in einem solchen Fall als Obstruktion zu entlarven ist, er es allerdings nur für den Fall eines Insolvenzplanverfahrens geregelt hat und nicht auch für außerhalb eines Insolvenzverfahrens abzuschließende Restrukturierungsvereinbarungen, die in ökonomischer Hinsicht vergleichbare Sachverhalte zu regeln versuchen, ist auch die Planwidrigkeit der vorhandenen Regelungslücke gegeben. Darüber hinaus handelt es sich wie oben bereits ausführlich erörtert bei einem Insolvenzplan ebenso wie bei einer außergerichtlichen Restrukturierungsvereinbarung um einen mehrseitigen Vertrag. Der Gesetzgeber hat demnach für mehrseitige Verträge, die innerhalb eines Insolvenzplanverfahrens abgeschlossen werden, eine Regelung getroffen und für solche außerhalb eines Insolvenzverfahrens nicht, so dass auch insoweit von einer Planwidrigkeit der Regelungslücke auszugehen ist.

Liegen die tatbestandlichen Voraussetzungen des § 245 InsO Abs. 1 Nr. 2 i.V.m. Abs. 2 Nr. 2, Nr. 3 InsO analog vor, d.h. (i) werden die obstruierenden Kapitalgeber durch die Restrukturierungsvereinbarung voraussichtlich nicht schlechter gestellt als sie ohne die Restrukturierungsvereinbarung stünden, (ii) erhält kein anderer Kapitalgeber wirtschaftliche Werte, die den vollen Betrag seines Anspruchs übersteigen, (iii) erhält weder ein Kapitalgeber, der ohne eine Restrukturierungsvereinbarung mit Nachrang gegenüber den obstruierenden Kapitalgebern zu befriedigen wäre, noch der Schuldner oder eine an ihm beteiligte Person einen wirtschaftlichen Wert und (iv) wird kein Kapitalgeber, der ohne eine Restrukturierungsvereinbarung gleichrangig mit den obstruierenden Kapitalgebern zu befriedigen wäre, bessergestellt als die obstruierenden Kapitalgeber, dann besteht eine Pflicht der obstruierenden Kapitalgeber der Restrukturierungsvereinbarung zuzustimmen bzw. diese abzuschließen. Anzumerken ist, dass eine analoge Anwendung der Vorschrift keine Zustimmungsfiktion zu begründen vermag, sondern aus § 245 InsO allenfalls eine materiellrechtliche Verpflichtung abgeleitet werden kann, einer Restrukturierungsvereinbarung zuzustimmen, die im Einklang mit der *Absolute Priority Rule* steht. Denn § 245 InsO findet unmittelbar nur auf einen Insolvenzplan Anwendung. Die Fiktion der Zustimmung als eine äußerst in die Rechte nachrangiger Kapitalgeber einschneidende Rechtsfolge kann daher auch nur dort gelten und nicht auch bei außergerichtlichen Restrukturierungsvereinbarungen. Zur Beantwortung der Frage, ob eine Zustimmungspflicht insbesondere nachrangiger Fremdkapitalgeber zu einer außergerichtlichen Restrukturierungsvereinbarung besteht, ist demnach auf die Regelungen und Wertungen des § 245 InsO zurückzugreifen, insbesondere § 245 Abs. 1 Nr. 2 i.V.m. Abs. 2 Nr. 2, 3 InsO, da diese Regeln einen Mechanismus enthalten, der die Einhaltung der insolvenzrechtlichen Verteilungsregel der §§ 1, 199 S. 2 InsO auf den Insolvenzplan gewährleistet. Dieser Mechanismus eignet sich daher ebenso zur Bestimmung, ob die Verteilungsrangfolge auch bei einer Restrukturierungsvereinbarung als außergerichtlichem „Insolvenzplan" eingehalten wurde und damit eine Zustimmungspflicht zu ihr besteht.

4. Konsequenz einer analogen Anwendbarkeit von § 245 Abs. 1 Nr. 2 i.V.m. Abs. 2 Nr. 2, Nr. 3 InsO

Konsequenz der analogen Anwendbarkeit von § 245 Abs. 1 Nr. 2 i.V.m. Abs. 2 Nr. 2, Nr. 3 InsO ist, dass neben den (tief) nachrangigen Gesellschaftern auch nachrangige Fremdkapitalgeber (*Junior Creditors*) – neben den vorrangigen Fremdkapitalgebern – immer dann an einer potentiellen Wertaufholung des restrukturierten Unternehmens partizipieren dürfen, wenn sie bereit sind, dem Unternehmen wirtschaftliche Werte zukommen zu lassen, wobei die Partizipation an der potentiellen Wertaufholung für nachrangige Gläubier entweder dadurch erfolgen kann, dass nicht nur den vorrangigen Fremdkapitalgebern (*Senior Creditors*), sondern auch ihnen künftige Zahlungen versprochen werden, ihnen also ein höherer Barwert „ausgezahlt" wird oder dadurch, dass sie an einer im Rahmen eines *Debt to Equity Swap* durchzuführenden Kapitalerhöhung teilnehmen dürfen, sie also die Möglichkeit haben, junge Aktien der restrukturierten Gesellschaft zu zeichnen, um so von deren *Upside* profitieren zu können. Die *Value Contribution* kann dabei ebenso wie bei den Eigenkapitalgebern vielfältige Formen annehmen, wird in aller Regel allerdings dadurch erfolgen, dass die nachrangigen Fremdkapitalgeber dem zu restrukturierenden Unternehmen frisches Fremdkapital bereitstellen, also Überbrückungs- und vor allem Sanierungskredite gewähren. Eine solche *Value Contribution* kann dann in ökonomischer Hinsicht zur Folge haben, dass aufgrund der Ausreichung der Sanierungskredite, den vorrangigen Fremdkapitalgebern höhere künftige Zahlungen, d.h. Zahlungen, die einen höheren Barwert aufweisen, versprochen werden können. Durch die *Value Contribution* der nachrangigen Gläubiger können diese an ihren Schuldpositionen festhalten bzw. diese wieder werthaltig gemacht werden, ohne dass sie entgegen § 245 Abs. 1 Nr. 2 i.V.m. Abs. 2 Nr. 2 InsO rangwidrig vor vorrangigen Gläubigern am wirtschaftlichen Mehrwert beteiligt werden, d.h. ohne dass die in § 245 Abs. 1 Nr. 2 i.V.m. Abs. 2 Nr. 2 InsO verankerte *Absolute Priority Rule* verletzt wird.

II. Pflicht zur Entwicklung eines Restrukturierungskonzepts und zur Verhandlung einer Restrukturierungsvereinbarung

Sind (nachrangige) Gläubiger im Sicherungsinteresse vorrangiger Kapitalgeber aufgrund der oben herausgearbeiteten Grundsätze verpflichtet, einzelne zur Wiederherstellung des *going concerns* geeignete Restrukturierungsbeiträge zu leisten, dann sind sie grundsätzlich ebenso wie (nachrangige) Gesellschafter verpflichtet, die einzelnen Restrukturierungsmaßnahmen nicht zuletzt zur Schaffung von Rechts- und Transaktionssicherheit zu einem Ganzen zusammenzufügen und mit einer Restrukturierungsvereinbarung auf eine vertragliche Grundlage zu stellen. Sowohl eine positive insolvenzrechtliche Fortbestehensprognose i.S.d. § 19 Abs. 2 InsO als auch eine positive handelsrechtliche Fortführungsprognose i.S.d § 252 Abs. 1 Nr. 2 HGB und auch eine in den Anforderungen darüber hinausgehende positive Sanierungsaussage i.S. eines IDW S6-Sanierungsgutachtens wird grundsätzlich nur gewährt werden können, wenn die einzelnen Restrukturierungsschritte rechtsverbindlich festgelegt werden. Nur so können die den Prognosen zugrunde liegenden Annahmen hinsichtlich der Implementierung der einzelnen Restrukturierungsmaßnahmen als wahrscheinlich und plausibel eingestuft werden. Eine rein unverbindliche Abstimmung würde im Zweifel nicht für positive Prognoseaussagen ausreichen, was dann das Vorliegen von Insolvenzgründen zur Folge hätte. Die Gläubiger haben daher ebenso wie die Gesellschafter ein Restrukturierungskonzept zu entwickeln, zu verhandeln sowie dieses zunächst in den Eckpunkten in einem *Term Sheet* und sodann ausführlich und im Detail in einer rechtsverbindlichen Restrukturierungsvereinbarung festzulegen. Diese Pflicht besteht jedoch nur hinsichtlich eines Restrukturierungskonzepts, das im Ergebnis den auf seiner Grundlage geschaffenen wirtschaftlichen Mehrwert derart verteilt, dass zunächst die Kapitalinteressen vorrangiger Kapitalgeber und erst bei deren vollständiger Befriedigung diejenigen nachrangiger bedient werden, folglich nur dann, wenn das beabsichtigte Restrukturierungskonzept die *Absolute Priority Rule* widerspiegelt. Denn eine Restrukturierungsvereinbarung, die den auf Grundlage des in ihr festgelegten Restrukturierungskonzepts erzielten Mehrwert nach Maßgabe dieser Interessenrangfolge verteilt, deckt sich mit dem (konkludent) abgegebenen Versprechen der Kapitalgeber.

III. Pflicht zum Abschluss und zur Umsetzung einer Restrukturierungsvereinbarung

Liegt der Entwurf einer Restrukturierungsvereinbarung vor, der den durch das dort festgelegte Konzept generierten Mehrwert strikt nach der *Absolute Priority Rule* an die *Stakeholder* bzw. Kapitalgeber verteilt, dann sind nicht nur die Gesellschafter sondern auch die (nachrangigen) Gläubiger verpflichtet, einer solchen

Restrukturierungsvereinbarung zuzustimmen und in der Folge dann auch zu implementieren. Die Frage, wann eine Restrukturierungsvereinbarung die *Absolute Priority Rule* exakt abbildet und daher zustimmungspflichtig ist, kann nur bedingt abstrakt beantwortet werden, ist vielmehr vom jeweiligen Einzelfall abhängig und vor allem auch eine Frage der Bewertung der einzelnen, an die *Stakeholder* zu verteilenden Gegenstände bzw. wirtschaftlichen Werte. Grundsätzlich wird es (nachrangigen) Gläubigern jedoch nicht gestattet sein, eine Restrukturierungsvereinbarung zu obstruieren, die nachrangige Gläubiger verpflichtet, den (ggf. bereits ohnehin wertlosen Teil ihrer Nominalforderung) im Rahmen einer *Debt to Equity Conversion* in die Gesellschaft im Gegenzug für die Zuteilung neuer Gesellschaftsanteile einzubringen. Insbesondere kann sie eine Zustimmungspflicht treffen, sollte in der Restrukturierungsvereinbarung der (entgeltlose) Verzicht auf ihre (wertlosen) Forderungen festgelegt werden sowie alternativ die Möglichkeit, zumindest einen Teil ihrer Forderungen nicht durch einen Verzicht „zu verlieren", sondern durch die Gewährung neuer Kredite stehenzulassen, um auf diese Weise ihre „alten" Forderungen (künftig) ggf. wieder werthaltig werden zu lassen. Unter diesen Voraussetzungen kann die Gläubiger daher durchaus die Pflicht treffen, einer Restrukturierungsvereinbarung zuzustimmen, die sie wiederum zur Gewährung neuer Kredite verpflichtet.

Ob ihnen möglicherweise zusätzlich zur Pflicht der Gewährung neuer Kredite in der Restrukturierungsvereinbarung zugleich – um die Restrukturierungsvereinbarung aufgrund der *Absolute Priority Rule* zustimmungspflichtig zu machen – das Recht gewährt werden muss, vorrangige Sicherheiten für die Neukreditgewährung zu erhalten, ist letztendlich eine Frage der Bewertung der „alten" und auch der „neuen" Forderungen. Zu prüfen ist dann, inwieweit durch die Besicherung der „neuen" Forderungen aus dem Sanierungskredit die (nachrangigen) Gläubiger auf ihre „alten" Forderungen hin wirtschaftliche Werte erhalten, so dass die Verteilung des wirtschaftlichen, aufgrund der Restrukturierungsvereinbarung generierten Mehrwerts insgesamt immer noch der *Absolute Priority Rule* entspricht. Ebenso ist der diskontierte Barwert der nicht sofort ausgeglichenen, sondern stehengelassenen Forderungen der Gläubiger in die Berechnung mit einzubeziehen. Sind die Gläubiger Inhaber von Schuldverschreibungen, dann kann sie auch die Pflicht treffen, einer Restrukturierungsvereinbarung zuzustimmen, die die Restrukturierung ihrer Schuldverschreibungen festlegt. D.h. sie kann die Pflicht treffen, einer Restrukturierungsvereinbarung zuzustimmen, in der sie wiederum verpflichtet werden zur Implementierung der Restrukturierung bestimmten, dort festgelegten Beschlüssen nach dem SchVG [2009] zuzustimmen, insbesondere solchen i.S.d. Katalogs des § 5 Abs. 3 SchVG [2009].

Es bleibt also festzuhalten, dass es (nachrangigen) Gläubigern nicht gestattet ist, eine Restrukturierungsvereinbarung zu obstruieren, die den auf ihrer Grundlage generierten wirtschaftlichen Mehrwert gemäß der *Absolute Priority Rule* an die *Stakeholder* verteilt. Darüber hinaus kann eine Pflicht nachrangiger Gläubiger zur Zustimmung zu einer Restrukturierungsvereinbarung bestehen, die diese

Gläubiger als Teil des Restrukturierungskonzepts[853] zu einer Kreditgewährung an die zu restrukturierende Gesellschaft bzw. Unternehmensgruppe verpflichtet. Sind die nachrangigen Gläubiger von vornherein nicht dazu bereit, „frisches" Kapital zur Verfügung zu stellen, dann haben sie in der (vorgeschlagenen) Neukreditvolumenhöhe auf ihre Nominalforderungen zu verzichten, ggf. unter der auflösenden Bedingung i.S.d. § 158 Abs. 2 BGB, dass sich die Finanz- und Vermögenslage der Kreditnehmergruppe bessert (sog. Besserungsschein). Sie sind nämlich aufgrund ihres bei der ursprünglichen Kapitalgewährung abgegebenen Versprechens verpflichtet, zur Aufrechterhaltung der proportionalen Verteilung der Chancen und Risiken, die allen Kapitalinstrumenten in ihrer Gesamtheit inhärent ist, dafür Sorge zu tragen, dass zunächst die Sicherungsinteressen vorrangiger Kapitalgeber befriedigt werden und erst dann diejenigen nachrangiger. Um dieser Pflicht nachzukommen, müssen sie daher dafür sorgen, dass den vorrangigen Kapitalgebern auf die eine oder andere Art wirtschaftliche Werte zukommen. Dies kann dabei etwa durch die Gewährung eines Sanierungskredites an das Unternehmen erfolgen oder aber auch durch einen Verzicht in entsprechender Höhe. Auf die eine oder andere Art müssen sie allerdings den vorrangigen Kapitalgebern zumindest mittelbar zur Befriedigung ihrer vorrangigen Sicherungsinteressen wirtschaftliche Werte zukommen lassen.

853 Dieses Konzept muss den auf seiner Grundlage geschaffenen wirtschaftlichen Wert nach Maßgabe der Absolute Priority Rule verteilen.

Kapitel 4: Zusammenfassung in Thesen

1. Nicht nur die (finanzielle) Restrukturierung großer internationaler Unternehmensgruppen, sondern auch diejenige global agierender Mittelständler gestaltet sich zunehmend schwieriger. Dies ist zum einen auf ihre immer komplexer werdenden Konzern- und Kapitalstrukturen, ihre sich aus den verschiedensten Kapitalinstrumenten zusammensetzende Unternehmensfinanzierung sowie darauf zurückzuführen, dass spätestens mit Beginn der außergerichtlichen Restrukturierungsverhandlungen ein sog. *Debt Trading* einsetzt und sich *Distressed Hedge Funds* in die notleidenden Schuldinstrumente der Unternehmensgruppe einkaufen, um als *Non-Par Lender* aktiv auf den Prozess und das Ergebnis der Restrukturierung Einfluss zu nehmen. Gemein ist *Non-Par Lendern* in der Regel, dass sie aufgrund der Gefahr indirekter Insolvenzkosten, d.h. der Gefahr einer (massiven) Verringerung des Unternehmenswertes ausgelöst durch das einem Insolvenzverfahren auch nach Einführung des ESUG noch immer anhaftende Stigma des Scheiterns, eine außergerichtliche Sanierung einer solchen vorziehen, die innerhalb eines Insolvenzverfahrens implementiert wird. Für das Gelingen einer außergerichtlichen Restrukturierung ist allerdings erforderlich, dass die heterogenen Interessen der verschiedenen *Stakeholder* zum Ausgleich gebracht werden können. In Anbetracht der Insolvenznähe, in der sich außergerichtliche Restrukturierungen regelmäßig abspielen, ist eine informelle Abstimmung hinsichtlich der von den einzelnen *Stakeholdern* zu leistenden Restrukturierungs- und Sanierungsbeiträge (*Restructuring Contributions*) grundsätzlich nicht ausreichend. Vielmehr ist entscheidend, dass das zwischen den *Stakeholdern* und der zu restrukturierenden Gesellschaft bzw. Unternehmensgruppe ausgehandelte Restrukturierungskonzept sowie die einzelnen, von den restrukturierungswilligen Parteien zu leistenden Sanierungsbeiträge in einer sog. Restrukturierungsvereinbarung (*Restructuring Agreement*) rechtsverbindlich fixiert werden. Inhalt einer Restrukturierungsvereinbarung ist daher das zwischen den *Stakeholdern* und der Gesellschaft ausverhandelte Restrukturierungskonzept, das bei der Teilnahme eines oder mehrerer *Distressed Hedge Funds* insbesondere die eine oder andere Art einer *Debt to Equity Conversion* festlegen wird. Eine Restrukturierungsvereinbarung qualifiziert daher als mindestens dreiseitig verpflichtender Vertrag zwischen Gesellschaft, Altgesellschaftern und Gläubigern/Neugesellschaftern, stellt aus der Perspektive des *Distressed Hedge Funds* mithin eine Vereinbarung hinsichtlich seiner Einstiegs- und Beteiligungsmodalitäten dar, kann darüber hinausgehend auch dessen künftiges Verhältnis als Neugesellschafter zur Gesellschaft regeln und ist im Falle, dass eine (börsennotierte) AG restrukturiert werden soll, geeignet, aktienrechtliche Implikationen hervorzurufen.

2. *Distressed Hedge Funds* versuchen als *Value Investoren* Preisineffizienzen am Markt auszunutzen und investieren daher vornehmlich in Marktkonstellationen, in denen es aufgrund rechtlicher und betriebswirtschaftlicher Komplexität zu

Fehlbewertungen einzelner Unternehmenseinheiten (*Legal Entities*) sowie der von diesen Einheiten emittierten Schuldinstrumente kommt. Da sie als *Value Investoren* in besonderem Maße darauf Wert legen, das ihnen anvertraute Kapital möglichst risikoarm zu investieren und zu erhalten (*Capital Preservation*), halten sie in erster Linie nach solchen Investitionsgelegenheiten Ausschau, die ein asymmetrisches Verhältnis von Chance und Risiko aufweisen. Fündig werden sie dabei vor allem in Restrukturierungs- und Insolvenzsituationen (*Distressed Situations*), da dort die Diskrepanz zwischen dem Marktpreis des zu erwerbenden Fremd- oder Eigenkapitalinstruments und seinem intrinsischen Wert (*Intrinsic Value*) im Vergleich zu anderen Situationen, in denen es regelmäßig zu Unterbewertungen kommt (*Special Situations*), wie etwa Unternehmenszusammenschlüsse und Übernahmen (*Mergers & Acquisitions*) sowie Konzernabspaltungen (*Spin Offs*), überdurchschnittlich groß sein kann.

3. Die Wertsteigerung ihres Investments (*Upside*), d.h. die Angleichung des Marktpreises an den intrinsischen Wert, geschieht in aller Regel nicht von selbst, sondern wird durch einen sog. *Catalyst*, d.h. ein besonderes Unternehmens- oder Marktereignis, ausgelöst. Der *Catalyst*, der für die Wertangleichung sorgt und den „versteckten" Wert freisetzt (*Unlocking Value*), kann insbesondere darin liegen, dass die finanzielle Passivseite der Gesellschaft restrukturiert wird und der *Distressed Hedge Fund* im Zuge dieser finanziellen Restrukturierung Anteile an ihr erhält, indem er seine auf dem Sekundärmarkt unter par erworbenen, notleidenden Forderungen im Wege einer Sachkapitalerhöhung in sie einbringt (*Debt to Equity Swap*). Diejenigen Schuldinstrumente, die nicht mehr vom Unternehmenswert (*Enterprise Value*) gedeckt sind, jedoch dennoch bei der finanziellen Restrukturierung in Eigenkapital (*Equity*) „gewandelt" werden, weisen gerade das o.g. asymmetrische Verhältnis von Chance und Risiko auf. Vornehmliche Aufgabe eines *Distressed Hedge Funds* ist es daher, den sog. *Value Break* zu bestimmen und das *Fulcrum Security* in der Kapitalstruktur des Unternehmens bzw. der Unternehmensgruppe ausfindig zu machen.

4. *Distressed Hedge Funds* warten entweder passiv ab, bis der von ihnen avisierte *Catalyst* von selbst eintritt oder sie führen ihn aktiv herbei. Dementsprechend verfolgen sie zum einen eine passive, eher kurzfristig orientierte *Trading*-Strategie, zum anderen eine aktive, mittel- bis langfristig orientierte Strategie, indem sie versuchen, einen finanziellen Restrukturierungsprozess auszulösen sowie Einfluss auf dessen Verlauf und Ergebnis zu nehmen. Bei Verfolgung der aktiven Strategie versuchen sie daher, nicht nur verkannte, „versteckte" wirtschaftliche Werte zu finden (*Value Finding*) und aufzudecken (*Value Unlocking*), sondern darüber hinaus auch denjenigen Wert des zu restrukturierenden Unternehmens zu generieren, den es idealerweise im sanierten Zustand hätte (*Value Creating*). Erwerben sie hierzu eine Mehrheitsbeteiligung, verfolgen sie *Private Equity*-ähnlich eine *active control*-Strategie, gehen sie lediglich eine Minderheitsbeteiligung ein, setzen sie konsequenterweise eine *active non-control*-Strategie um. Nachteil der *active control*-Strategie ist, dass die *Hedge Funds* durch den Erwerb einer Mehrheitsbeteiligung ihre *Trading*-Flexibilität einbüßen, weil deren Veräußerung grundsätzlich aufwändiger ist

als diejenige eine Minderheitsbeteiligung. Um sowohl den idealen intrinsischen Wert generieren zu können als sich auch die *Trading*-Flexibilität zu bewahren, streben *Distressed Hedge Funds* im Rahmen eines *Debt to Equity Swap* daher häufig lediglich eine Minderheitsposition an und versuchen, die fehlende, aber notwendige Einflussnahme auf rechtsgeschäftlichem Wege mithilfe einer Restrukturierungsvereinbarung herzustellen. In einer Restrukturierungsvereinbarung, die mit einem *Distressed Hedge Fund* geschlossen wird, können sich daher Regelungsgegenstände wiederfinden, die ihm als (künftigem) (Minderheits-)Aktionär einen gewissen Einfluss auf die Umsetzung der sich an die finanzielle Restrukturierung anschließenden operativen und strategischen Restrukturierung garantieren. Zugleich sind dort regelmäßig die Beteiligungsmodalitäten seines „Einstiegs" ins Eigenkapital, d.h. die Details des *Debt to Equity Swap*, sowie Regelungsmechanismen, die die Beschränkung seines Einflusses auf die Geschicke der Gesellschaft nach Beteiligungsübernahme festsetzen, festgelegt. Restrukturierungsvereinbarungen, die mit *Distressed Hedge Funds* geschlossen werden, können daher sog. *Proxy Contest Settlement Agreements* ähneln, die typischerweise mit *Activist Hedge Funds* – ebenso eine Unterart von *Value Investoren* – vereinbart werden. Im Übrigen gehen *Distressed Hedge Funds* nicht nur *long*- sondern auch *short*-Positionen ein – indem sie etwa in *Credit Default Swaps* investieren –, betreiben sog. *Capital Structure Arbitrage*, können grundsätzlich alle Kapitalinstrumente erwerben, die ein Unternehmen ausgibt, und setzen bei ihren Investitionen im Gegensatz zu klassischen *Private Equity Funds* nahezu kein Fremdkapital (*Leverage*) ein.

5. Außergerichtliche Restrukturierungen (*Out of Court Restructurings*) sind dadurch gekennzeichnet, dass sie im Gegensatz zu Restrukturierungen innerhalb eines Insolvenzverfahrens (*In Court Restructurings*) dem normalen zivilrechtlichen Haftungsregime unterliegen. Da die insolvenzrechtlichen Majorisierungsmechanismen, vgl. etwa § 245 InsO, bei außergerichtlichen Restrukturierungen nicht anwendbar sind, ist es daher grundsätzlich erforderlich, dass sämtliche *Stakeholder* einer außergerichtlichen Restrukturierung zustimmen. Eine außergerichtliche Restrukturierung wird in der Regel von derjenigen Stakeholdergruppe initiiert und vorangetrieben, die (noch) ein ökonomisches Interesse an ihr hat, die mithin noch *in the money* ist, d.h. deren Schuldinstrumente oder Anteile entweder noch (teilweise) vom Unternehmenswert (*Enterprise Value*) gedeckt sind oder deren Eigen- oder Fremdkapitalinstrumente mithilfe der außergerichtlichen Restrukturierung kurz bis mittelfristig wieder werthaltig werden können.

6. Eine Restrukturierungsvereinbarung ist das zentrale Rechtsgeschäft einer außergerichtlichen Restrukturierung. Durch sie werden die einzelnen, von den jeweiligen *Stakeholdern* und der Gesellschaft zur Überwindung ihrer finanziellen, operativen und ggf. auch strategischen Krise zu leistenden Sanierungsbeiträge gebündelt und zu einem Ganzen zusammengefügt, mithin das zur Erlangung einer positiven Sanierungsaussage in einem IDW S6-Gutachten ermittelte, ganzheitliche, idealerweise sich aus finanziellen, operativen und strategischen Restrukturierungsmaßnahmen zusammensetzende Restrukturierungskonzept auf eine vertragliche Grundlage gestellt. In einer Restrukturierungsvereinbarung werden

demnach in rechtsverbindlicher Weise diejenigen Sanierungsbeiträge der einzelnen *Stakeholder* und der Gesellschaft festgelegt, die zur Wiedererlangung ihrer Wettbewerbsfähigkeit, d.h. zur Wiederherstellung von branchenüblichem Eigenkapital sowie zur Wiederherstellung ihrer Rendite- und Kreditfähigkeit, notwendig sind. Inhalt einer Restrukturierungsvereinbarung können folglich sowohl finanzielle als auch operative und strategische Restrukturierungsmaßnahmen sein.

7. Bei finanziellen Restrukturierungen wird ebenso wie bei M&A-Transaktionen zwischen *Signing* und *Closing* unterschieden. *Signing* liegt üblicherweise dann vor, wenn die Restrukturierungsvereinbarung unterzeichnet ist, *Closing* hingegen erst dann, wenn alle finanziellen Restrukturierungsmaßnahmen, zu deren Umsetzung sich die Parteien in der Restrukturierungsvereinbarung verpflichtet haben, vollzogen sind. Sowohl *Signing* als auch *Closing* können bestimmten (aufschiebenden) Bedingungen unterliegen. *Signing*-Bedingungen schieben grundsätzlich die Wirksamkeit einer Restrukturierungsvereinbarung nach § 158 Abs. 1 BGB auf, was zur Folge haben kann, dass bereits mit ihrer Umsetzung begonnen wird, obwohl sie noch gar nicht wirksam ist. Als Rechtsgrundlage für die Umsetzungsmaßnahmen dient dann in aller Regel das sog. *Term Sheet* zur Restrukturierungsvereinbarung, in dem die Parteien die wesentlichen wirtschaftlichen Eckpunkte insbesondere des finanziellen Restrukturierungskonzepts bereits rechtsverbindlich festgelegt haben und das daher schon einklagbare Erfüllungsansprüche hinsichtlich der Umsetzung der einzelnen Maßnahmen begründet.

8. Parteien einer Restrukturierungsvereinbarung sind typischerweise die restrukturierungswilligen *Stakeholder* auf der einen sowie die Gesellschaft und ggf. weitere Gruppengesellschaften auf der anderen Seite. In aller Regel binden sich daher diejenigen *Stakeholder*, deren Sanierungsbeiträge (mindestens) benötigt werden, um die durch das Sanierungsgutachten ermittelte und für die Erlangung einer positiven Sanierungsaussage (i.S. des IDW S6-Gutachtens) als notwendig erachtete Zielkapitalstruktur zu erreichen. An einer Restrukturierungsvereinbarung nehmen daher grundsätzlich sämtliche Finanzgläubiger, die Altgesellschafter sowie die Gesellschaft selbst, ggf. einschließlich weiterer Gruppengesellschaften, teil. Bei Festlegung eines *Debt to Equity Swap* als Teil der finanziellen Restrukturierung sind bestimmte Parteien im Zeitpunkt des Abschlusses der Restrukturierungsvereinbarung Gläubiger, mutieren jedoch mit *Closing* zu Gesellschaftern.

9. Mit der Implementierung einer Restrukturierungsvereinbarung, die ein ganzheitliches finanzielles Restrukturierungskonzept bestehend aus *Debt to Equity Swap* und *Reinstated Debt* beinhaltet, ist aufgrund des hohen Zeitdrucks, der bei (außergerichtlichen) Restrukturierungen regelmäßig vorherrscht, ggf. auch schon vor Unterzeichnung der Restrukturierungsvereinbarung auf Grundlage des *Term Sheets* zu beginnen. Im Einzelnen sind hierzu dann eine Vielzahl von Dokumenten zu entwerfen, zu verhandeln und abzuschließen sowie auch verschiedene sonstige Maßnahmen – wie etwa die Einberufung und Durchführung von Haupt- und Anleihegläubigerversammlungen – umzusetzen.

10. Da eine Restrukturierungsvereinbarung grundsätzlich als ein alle Restrukturierungsparteien bindender Vertrag und nicht nur als bloße informelle Abstimmung

gewollt ist, stellt sich bei der außergerichtlichen Restrukturierung einer Aktiengesellschaft die Frage, ob eine Restrukturierungsvereinbarung mit der zwingenden aktienrechtlichen Kompetenzordnung in Einklang zu bringen ist. Konfliktpotential ergibt sich vor allem daraus, dass sich durch eine Restrukturierungsvereinbarung die nach der zwingenden aktienrechtlichen Organisationsverfassung frei und eigenverantwortlich entscheidenden Organe gegenseitigen Verhaltenspflichten unterwerfen. Durch die gegenseitige Bindung der Organe steht insbesondere eine unzulässige Kompetenzverlagerung im Raum. Denn durch eine Restrukturierungsvereinbarung, die einen *Debt to Equity Swap* festlegt, die Gläubiger mithin nicht nur als solche, sondern vor allem auch als künftige Aktionäre gegenüber der Gesellschaft bindet und die gleichzeitig auch operative und strategische Restrukturierungsmaßnahmen beinhaltet, wird das künftige Verhalten bestimmter (künftiger) Aktionäre sowie dasjenige der zu restrukturierenden Gesellschaft mit gegenseitiger Bindungswirkung im Voraus festgelegt. Dies hat einerseits zur Folge, dass der Vorstand namens der Gesellschaft durch die Restrukturierungsvereinbarung Einfluss auf eigentlich dem Aktionär allein zustehende, in der Hauptversammlung auszuübende Entscheidungsbefugnisse nimmt, andererseits, dass die zu Aktionären gewordenen Gläubiger über die Restrukturierungsvereinbarung Einfluss auf die grundsätzlich dem Vorstand zur eigenen und freien Verantwortung übertragenen Entscheidungsgegenstände nehmen. Da zur Durchführung der für einen *Debt to Equity Swap* erforderlichen Kapitalmaßnahmen die Mitwirkung der Altaktionäre zwingend ist, kann es auch dann, wenn lediglich finanzielle Restrukturierungsmaßnahmen vereinbart werden möglicherweise zu einer kompetenzwidrigen Festlegung künftigen Organverhaltens kommen. Nimmt ein *Distressed Hedge Fund* an der Restrukturierung teil, der im Rahmen einer *loan to own*-Strategie die Kreditforderungen (regelmäßig unter par, d.h. mit Abschlag zum Nominalbetrag der jeweiligen Forderung) auf dem Sekundärmarkt in der Absicht erworben hat, diese in Anteile an der Gesellschaft „zu tauschen", um so von deren potentiellen Wertsteigerung (*Equity Upside*) zu profitieren, stellt sich die Restrukturierungsvereinbarung als bindende Vereinbarung dar, die zum einen die Art und Weise seines Beteiligungserwerbs regelt, zum anderen jedoch auch gewisse Spielregeln hinsichtlich seines künftigen Verhaltens als Aktionär der Gesellschaft sowie hinsichtlich des künftigen Verhaltens der Gesellschaft selbst festlegt. Werden dabei die künftige Besetzung der Gremien der Gesellschaft, insbesondere diejenige des Aufsichtsrats, verabredet sowie Unterlassungspflichten zulasten des *Hedge Funds* festgelegt, ist eine Umkehr des aktienrechtlichen Gewaltenflusses zu besorgen. Ferner gerät eine Restrukturierungsvereinbarung, die eine *Debt to Equity Conversion* beinhaltet, möglicherweise mit einer – in ihrer Existenz jedoch äußerst umstrittenen – gesellschaftsrechtlichen Neutralitätspflicht des Vorstands in Konflikt.

11. Grundsätzlich können sich Gesellschaft und (künftiger) Aktionär ohne weiteres im Rahmen ihrer Privatautonomie gegenseitigen vertraglichen Bindungen unterwerfen. Der Gesetzgeber geht insbesondere im Konzernrecht davon aus, dass sich eine Aktiengesellschaft mit einem bzw. mehrerer ihrer Aktionäre vertraglich

binden kann, vgl. § 291 Abs. 1 AktG. Darüber hinaus bestätigt § 136 Abs. 2 AktG *e contrario* die Zulässigkeit von Verträgen zwischen Aktionär und Gesellschaft.

12. Für die grundsätzliche rechtliche Zulässigkeit von Restrukturierungsvereinbarungen spricht auch, dass bei Aberkennung der rechtlichen Wirksamkeit bereits im Grundsatz strukturierte, außergerichtliche Restrukturierungen von Aktiengesellschaften in der Praxis schlicht nicht möglich wären. Ohne dass das in einem IDW S6-Gutachten erörterte und für die Erlangung einer positiven Sanierungsaussage für erforderlich erachtete Restrukturierungskonzept (und damit auch die Zielkapitalstruktur) rechtsverbindlich zwischen den *Stakeholdern* bzw. restrukturierungswilligen Parteien festgelegt wird, werden die für eine positive Fortführungsprognose bzw. die für eine rein liquiditätsbezogene positive Fortbestehensprognose zu unterstellenden Prämissen und Annahmen nicht als konkretisiert genug angesehen werden können. Folge wäre eine negative Prognose, die in Anbetracht der Haftungsrisiken des Vorstands, vgl. §§ 15a InsO, 93 Abs. 3 Nr. 6 i.V.m. 92 Abs. 2 AktG, regelmäßig eine Insolvenzantragsstellung und damit einen nicht unwesentlichen Wertverlust des Unternehmens nach sich ziehen würde.

13. Obwohl aufgrund der Satzungsstrenge in der Aktiengesellschaft, § 23 Abs. 5 AktG, grundsätzlich nur dort durch die Satzung von den Vorschriften des AktG abgewichen werden kann, wo dies ausdrücklich durch das Gesetz gestattet ist, erscheint es vertretbar, in der gegenseitigen Einflussnahme von Vorstand und Aktionär, keine derart gravierende Kompetenzverletzung zu sehen, als dass sie nicht mehr vom Gesetz gebilligt wäre und daher einer Restrukturierungsvereinbarung den rechtlichen Boden entziehen würde. Dies zum einen deshalb, weil es durch die Festlegungen in einer Restrukturierungsvereinbarung grundsätzlich nicht zu einer völligen Aufgabe der Entscheidungsmacht des einen Organs zugunsten des anderen bzw. zu einer Übertragung derselben auf das anderen kommt. Vielmehr kommt es zu bloßen Kompetenzverschiebungen, die im Einzelfall kompensiert werden. Zum anderen werden diese Kompetenzverschiebungen in Sanierungssituationen häufig durch das Unternehmensinteresse überlagert. In Krisen- und Restrukturierungssituationen überwiegt sowohl das Interesse der Gesellschaft als auch der verschiedenen *Stakeholder* an einer Kompetenzverlagerung bzw. -verschiebung dasjenige an einer strikten Einhaltung der zwingenden aktienrechtlichen Kompetenzordnung. Denn die aktienrechtliche Kompetenzordnung dient der bestmöglichen Verwirklichung des Unternehmensinteresses. Dem Unternehmensinteresse im Sinne einer Maximierung des Unternehmenswerts ist jedoch dann nicht gedient, wenn eine außergerichtliche Restrukturierung scheitert, Insolvenzantrag gestellt und dadurch der Unternehmenswert wesentlich reduziert wird.

14. Aus der Perspektive des Vorstands, der gem. § 93 Abs. 1 AktG sein Handeln stets am Wohle der Gesellschaft zu orientieren, d.h. am Unternehmensinteresse auszurichten hat, ergibt sich kein anderes Bild. Da eine außergerichtliche Sanierung nur dann Erfolg verspricht, wenn sich die restrukturierungswilligen *Stakeholder* in einer Restrukturierungsvereinbarung zur Umsetzung und Förderung eines Sanierungskonzepts verpflichten, was unvermeidbar eine Kompetenzverschiebung nach sich zieht, hat der Vorstand – möchte er seiner Sanierungspflicht

nachkommen und nicht nach § 93 Abs. 2 AktG persönlich haften – eine Restrukturierungsvereinbarung abzuschließen und daher zwangsläufig auch die Einflussnahme eines bzw. mehrerer Aktionäre auf sein grundsätzlich freies (vgl. § 76 AktG) Handeln als Vorstand in Kauf zu nehmen.

15. Die Kompetenzverschiebungen können auch nicht dadurch vermieden werden, dass versucht wird, das Restrukturierungskonzept als reine Aktionärsvereinbarung (oder ggf. auch als gemischte Aktionärs- und Gläubigervereinbarung) festzulegen. Eine Kompetenzverlagerung wäre dadurch zwar von vornherein ausgeschlossen, da die Bindung lediglich innerhalb des Aktionariats, also lediglich innerhalb eines „Organs" und nicht wie bei Restrukturierungsvereinbarungen zwischen Organen stattfinden würde. Denn das AktG trifft innerhalb eines Organs keine weiteren Zuständigkeitsanordnungen. Zur Insolvenzvermeidung genügt es in aller Regel jedoch dennoch nicht, ein ganzheitliches Restrukturierungskonzept einer rechtsverbindlichen Vereinbarung zuzuführen, an der allein die Neu- und Altaktionäre teilnehmen und nicht auch die Gesellschaft selbst, da deren Mitwirkung für die Implementierung der einzelnen Teilschritte eines ganzheitlichen Restrukturierungskonzeptes unerlässlich ist.

16. Der Vorstand verletzt durch den Abschluss einer Restrukturierungsvereinbarung, die einen *Debt to Equity Swap* festlegt und damit die Kapitalstruktur der Gesellschaft, d.h. den Gesellschafterkreis neu ordnet, auch nicht eine – ohnehin streitige – gesellschaftsrechtliche Neutralitätspflicht. Selbst bei Bestehen einer solchen gesellschaftsrechtlichen Neutralitätspflicht in dem Sinne, dass es dem Vorstand verwehrt ist, auf die Zusammensetzung des Aktionariats Einfluss zu nehmen, tritt diese in Restrukturierungs- und Sanierungssituationen hinter die Pflicht des Vorstands, die Gesellschaft außergerichtlich zu sanieren und dadurch den Unternehmenswert zu erhalten und ggf. wieder herzustellen, zurück. Aufgrund seiner Pflicht, zunächst außergerichtliche Sanierungsversuche zu unternehmen, ist der Vorstand gerade dazu angehalten, die Fremd- und Eigenkapitalstruktur der Gesellschaft bzw. der ganzen Unternehmensgruppe zu restrukturieren. Dies geht dann aber denknotwendig mit einer Änderung der bestehenden Zusammensetzung des Aktionärskreises einher. Der Vorstand hat sich daher hinsichtlich der künftigen Zusammensetzung des Aktionariats nicht neutral zu verhalten, sondern ist vielmehr verpflichtet, aktiv auf die Gläubiger zuzugehen, um mit ihnen gemeinsam ihre künftige Rolle als Aktionäre zu erörtern, zu verhandeln und schließlich rechtsverbindlich in einer Restrukturierungsvereinbarung festzulegen. Dies ergibt sich zugleich aus seiner Pflicht, in Sanierungssituationen vorrangig die Interessen der Gläubiger zu verfolgen (*Debtholder Value*-Gedanke).

17. Bei der Frage einer möglichen Abschlusszuständigkeit der Hauptversammlung, d.h. bei der Frage, ob der Abschluss einer Restrukturierungsvereinbarung in die Geschäftsführungs- bzw. (herausgehobene) Leitungskompetenz des Vorstands fällt oder ob er hierzu der Zustimmung der Hauptversammlung bedarf, geht es um die Einbindung der Altaktionäre als Willensbildungsorgan der Gesellschaft und nicht um die Bindung der Altaktionäre als Partei der Restrukturierungsvereinbarung.

18. Eine Restrukturierungsvereinbarung qualifiziert grundsätzlich nicht als Unternehmensvertrag i.S.d. § 291 Abs. 1 Satz 1 AktG, so dass eine Hauptversammlungskompetenz nicht auf diese Norm gestützt werden kann. Im Grundsatz kommt weder die Einordnung einer Restrukturierungsvereinbarung als Gewinnabführungsvertrag i.S.d. § 291 Abs. 1 Satz 1 Alt. 2 AktG noch als Beherrschungsvertrag i.S.d. § 291 Abs. 1 Satz 1 Alt. 1 AktG in Betracht.

19. Eine Einordnung als Gewinnabführungsvertrag scheidet in der Regel aus folgendem Grund aus: Zwar kann sich ein *Distressed Hedge Fund* in der Restrukturierungsvereinbarung das Recht einräumen lassen, nach Beteiligungsübernahme, d.h. nach Implementierung einer *Debt to Equity Conversion*, jederzeit mit Unterstützung der Gesellschaft eine Sonderdividende an sich auszahlen zu lassen. Die Auszahlung einer Sonderdividende erfolgt in aller Regel jedoch durch die Auflösung von Rücklagen, durch eine (effektive) Kapitalherabsetzung oder durch die Aufnahme entsprechenden Fremdkapitals durch die Gesellschaft (*Leverage*), ist mithin gewinnunabhängig. Die Verpflichtung zur Abführung des ganzen Gewinns im Rahmen eines Gewinnabführungsvertrages i.S.d. § 291 Abs. 1 Satz 1 Alt. 2 AktG ist hingegen davon abhängig, ob ein entsprechender Gewinn durch die abhängige Gesellschaft erwirtschaftet bzw. ausgewiesen wurde.

20. Die Einordnung einer Restrukturierungsvereinbarung als Beherrschungsvertrag ist letztlich jedoch einzelfallabhängig: Auch wenn ein *Distressed Hedge Fund* im Rahmen einer *active control*-Strategie eine Mehrheitsbeteiligung an der Zielgesellschaft erwirbt und in der Restrukturierungsvereinbarung festgelegt wird, dass er nach Beteiligungsübernahme berechtigt ist, auf die operative und strategische Unternehmensführung der Gesellschaft Einfluss zu nehmen, qualifiziert eine Restrukturierungsvereinbarung typischerweise nicht als Beherrschungsvertrag, sondern eher als Spezialform eines Entherrschungsvertrages, dessen wirksamer Abschluss aber anerkanntermaßen gerade keines Hauptversammlungsbeschlusses auf der Ebene der „entherrschten" Zielgesellschaft bedarf, da der Entherrschungsvertrag für die Gesellschaft lediglich rechtlich vorteilhaft ist und es daher an einem Eingriff in die Rechtsstellung der Aktionäre der Zielgesellschaft fehlt. Denn mit einer Restrukturierungsvereinbarung soll – ähnlich wie mit einer Investorenvereinbarung bei öffentlichen Übernahmen – grundsätzlich gerade der Einfluss des Investors, den er aufgrund seiner Mehrheitsbeteiligung ausüben kann, begrenzt werden. Dies kann sich jedoch dann anders darstellen, wenn in (außergerichtlichen) Sanierungssituationen ein *Distressed Hedge Fund*, der eine *active non-control*-Strategie verfolgt, beabsichtigt, seinen aufgrund des Erwerbs lediglich einer Minderheitsbeteiligung fehlenden korporationsrechtlichen Einfluss mithilfe einer Restrukturierungsvereinbarung zu kompensieren. Dann steht die Einordnung als Beherrschungsvertrag im Raum. Wiederum anders verhält es sich, wenn mehrere *Distressed Hedge Funds*, die eine *active non-control*-Strategie verfolgen, gemeinsam durch ein sog. *Acting in Concert* Einfluss auf die Gesellschaft ausüben.

21. Eine Abschlusszuständigkeit bzw. ein Zustimmungserfordernis der Hauptversammlung ergibt sich jedoch aus der sog. „Holzmüller/Gelatine"-Doktrin. Bei der Frage, ob der Abschluss einer Restrukturierungsvereinbarung aufgrund dieser

Grundsätze in die ungeschriebene Kompetenz der Hauptversammlung fällt, ist danach zu differenzieren, ob sich die Gesellschaft in der Restrukturierungsvereinbarung verpflichtet, einen *Debt to Equity Swap* zu fördern und mithilfe von Gläubigern und Altaktionären zu implementieren oder ob sie dies hinsichtlich eines *Debt to Asset Swap* tut.

22. Der Abschluss einer Restrukturierungsvereinbarung steht unter dem Vorbehalt der Zustimmung der Hauptversammlung, soweit dort die Verpflichtung der Gesellschaft zur Förderung und Umsetzung eines *Debt to Equity Swap* rechtsverbindlich festgelegt wird. Denn durch die rechtsverbindliche Festlegung der Einzelheiten eines *Debt to Equity Swap*, wie etwa die Höhe der zu beschließenden Kapitalerhöhung, die Bewertung der einzubringenden Forderungen sowie die Anzahl der zuzuteilenden Aktien, ist die Entscheidung über das „Ob“ und „Wie“ des *Debt to Equity Swap* bereits so weit fortgeschritten, dass den Aktionären vor dem Hintergrund der drohenden Insolvenz, in der ihre Aktien in aller Regel wirtschaftlich wertlos sind, vgl. § 199 Satz 2 InsO, von einer ökonomischen Warte aus betrachtet nichts anderes übrig bleibt, als dem von der Gesellschaft mit den Gläubigern ausgehandelten *Debt to Equity Swap* zuzustimmen, indem sie die Umsetzung der einzelnen Teilschritte beschließen. Der eigentliche Entscheidungsprozess über den *Debt to Equity Swap* ist daher demjenigen der Hauptversammlung vorgelagert und findet in den Verhandlungen zur Restrukturierungsvereinbarung zwischen Gesellschaft und Gläubigern statt. Der Mediatisierungseffekt, d.h. die Änderung des Einflusses der Aktionäre in ihrem Organ, entsteht nicht erst durch die Umsetzung der einzelnen Teilschritte, sondern bereits durch die entsprechende Verpflichtung der Gesellschaft in der Restrukturierungsvereinbarung. Insbesondere dann, wenn der *Debt to Equity Swap* einen nahezu vollständigen Kapitalschnitt auf Null sowie den Ausschluss des Bezugsrechts der Altaktionäre vorsieht, mithin ein erheblicher Teil der Altaktien als Folge der eintretenden Verwässerung (faktisch) vernichtet wird, und der Detailgrad der in der Restrukturierungsvereinbarung festgelegten Transaktion derart hoch ist, dass die Hauptversammlung im Rahmen der Beschlussfassung über die Teilschritte nur zwischen dem bereits ausverhandelten sowie rechtsverbindlich festgelegten Restrukturierungskonzept und faktisch einem Insolvenzverfahren über das Vermögen der Gesellschaft zu entscheiden hat, mithin nur eine „Ja- oder-Nein“-Entscheidung trifft, ist der Eingriff in die Mitgliedsrechte der Aktionäre und deren im Anteilseigentum verkörpertes Vermögensinteresse bereits so weit fortgeschritten, dass der Vorstand vernünftigerweise nicht annehmen kann, er dürfe die Restrukturierungsvereinbarung in ausschließlich eigener Verantwortung abschließen, ohne die Hauptversammlung zu beteiligen. Darüber hinaus kann bei Festlegung eines *Debt to Equity Swap* in der Restrukturierungsvereinbarung die Abschlusszuständigkeit der Hauptversammlung auch auf eine Analogie zu § 179a AktG gestützt werden.

23. Im Grundsatz fällt auch eine Restrukturierungsvereinbarung, die einen *Debt to Asset Swap* festlegt und die Gesellschaft zu seiner Umsetzung und Förderung verpflichtet, in die (ungeschriebene) Kompetenz der Hauptversammlung. Werden sämtliche Beteiligungen, die die Gesellschaft an Tochtergesellschaften hält, oder

sämtliche Vermögensgüter im Rahmen eines *Debt to Asset Swap* auf die Gläubiger bzw. auf eine zu diesem Zweck gegründete (Zwischen-)Holding oder auf eine Treuhandgesellschaft übertragen, bedarf bereits die Restrukturierungsvereinbarung, die die Verpflichtung der Gesellschaft zur Umsetzung des *Debt to Asset Swap*, d.h. zur Übertragung der Beteiligungen bzw. des sonstigen Vermögens beinhaltet, eines zustimmenden Beschlusses der Hauptversammlung. Dies folgt direkt aus § 179a Abs. 1 Satz 1 AktG. Der Abschluss einer Restrukturierungsvereinbarung, in der nur eine teilweise Übertragung des Gesellschaftsvermögens rechtsverbindlich festgelegt wird, kann jedoch aufgrund der „Holzmüller/Gelatine"-Doktrin sowie aufgrund des Prinzips, dass keinem Organ Bindungen ohne dessen Zustimmung auferlegt werden dürfen, ebenso eines zustimmenden Beschlusses der Hauptversammlung bedürfen. Dies ist allerdings nur dann der Fall, wenn in der Restrukturierungsvereinbarung festgelegt wird, dass das wesentliche Vermögen der Gesellschaft, d.h. mindestens 80 Prozent, auf eine Zwischenholding übertragen wird, da dies – im Gegensatz zu einer endgültigen Veräußerung – eine Maßnahme darstellt, die einen Mediatisierungseffekt zulasten der Aktionäre zur Folge hat. Denn mit der Übertragung auf eine Zwischenholding wird eine weitere hierarchische Ebene geschaffen und der Einfluss der herrschenden, übertragenden Gesellschaft auf die Führung der Geschäfte der zu Enkelgesellschaften gewordenen Tochtergesellschaften wird durch das Zwischenschalten der Holdinggesellschaft, an der die Gläubiger bzw. der neue Investor ggf. beteiligt werden, erheblich eingeschränkt. Folge ist, dass sich auch der Einfluss der Aktionäre in ihrem Organ der herrschenden, zur Großmutter gewordenen Aktiengesellschaft ändert. Die Übertragung der Beteiligungen bzw. des wesentlichen Vermögens auf die Holding ist dabei als strukturierte Vorbereitungsmaßnahme eines mehrstufigen Veräußerungsprozesses einzuordnen, die mit einer endgültigen, zustimmungsfreien Veräußerung nicht gleichzusetzen ist. Gleiches gilt im Ergebnis, wenn in der Restrukturierungsvereinbarung festgelegt wird, dass Beteiligungen an Tochtergesellschaften bzw. wesentliches Vermögen nicht auf eine Zwischenholding, an der die Muttergesellschaft beteiligt bleibt, sondern auf eine unabhängige Treuhandgesellschaft übertragen werden, da auch dies einen Mediatisierungseffekt zulasten der Aktionäre bewirkt.

24. Grundsätzlich ist zu einem wirksamen Abschluss einer Restrukturierungsvereinbarung auch die Zustimmung des Aufsichtsrats vonnöten. Dies deshalb, weil eine Restrukturierungsvereinbarung, die ein umfassendes Sanierungskonzept festlegt, das finanzielle, operative und ggf. auch strategische Restrukturierungsmaßnahmen enthält, in aller Regel ein Geschäft von grundlegender Bedeutung i.S.d. Empfehlung aus Ziffer 3 Deutscher Corporate Governance Kodex (DCGK) darstellt. Denn allein schon durch die Festlegung der finanziellen Restrukturierungsmaßnahmen, die typischerweise neben der teilweisen Neuvereinbarung der bestehenden (Finanz-)Verbindlichkeiten (*Reinstated Debt*) auch Umsetzungspflichten hinsichtlich einer *Debt to Equity Conversion* beinhalten, wird grundlegend in die Vermögens-, Finanz- und Kapitalstruktur der Gesellschaft eingegriffen, mithin diese nachhaltig verändert.

25. Daneben ergibt sich ein Zustimmungserfordernis des Aufsichtsrats in der Regel auch aufgrund der speziellen, in der Restrukturierungsvereinbarung festgelegten Regelungsgegenstände. Dies ist insbesondere dann der Fall, wenn die Umsetzungsmaßnahmen selbst aufgrund statutarischer oder aktienrechtlicher Einzelbestimmungen einer Zustimmung des Aufsichtsrats bedürfen, da sich die rechtsverbindlichen Festlegungen in der Restrukturierungsvereinbarung dann als vorgelagerter Entscheidungsprozess darstellen, der bedingt durch den Grundsatz, dass keinem Organ ohne dessen Zustimmung Bindungen auferlegt werden dürfen, unter dem Vorbehalt der Zustimmung des Aufsichtsrats steht. Eine Restrukturierungsvereinbarung bedarf daher vor allem dann der Zustimmung des Aufsichtsrats, wenn in ihr eine *Debt to Equity Conversion* festgelegt wird, die mithilfe der Ausübung genehmigten Kapitals umgesetzt werden soll. Denn zum einen hat die Ausübung des genehmigten Kapitals durch den Vorstand, d.h. die Erfüllung der Umsetzungsverpflichtung der Gesellschaft aus der Restrukturierungsvereinbarung, nach den §§ 202 Abs. 3 Satz 2, 204 Abs. 1 Satz 2 AktG mit der Zustimmung des Aufsichtsrats zu erfolgen, zum anderen bedarf auch der im Rahmen einer *Debt to Equity Conversion* in der Praxis zusammen mit der Kapitalerhöhung häufig durchgeführte Ausschluss des Bezugsrechts der Altaktionäre nach § 204 Abs. 2 Satz 2 HS 2 AktG zwingend der Zustimmung des Aufsichtsrats. Ferner kann die Restrukturierungsvereinbarung der Zustimmung des Aufsichtsrats bedürfen, wenn in ihr etwa die Umsetzung einer *Debt to Equity Conversion* in der Weise festgelegt wird, dass die Gläubiger keine jungen Aktien aus einer Kapitalerhöhung, sondern Aktienpakete bestimmter Altaktionäre im Gegenzug für ihren Forderungsverzicht erhalten sollen, deren Übertragung jedoch nach § 68 Abs. 2 Satz 1 AktG durch die Satzung an die Zustimmung der Gesellschaft gebunden ist und der Aufsichtsrat nach § 68 Abs. 2 Satz 3 Alt. 1 AktG diese Zustimmung zu erteilen hat. Gleiches gilt, wenn die Übertragung der Aktien nicht nach § 68 Abs. 2 Satz 1 AktG, sondern schuldrechtlich im Rahmen einer *Lock up*-Vereinbarung an die Zustimmung des Aufsichtsrats gebunden ist. Im Übrigen kann ein Zustimmungserfordernis auch in anderen Fällen bestehen, in denen zu besorgen ist, dass die zwingende aktienrechtliche Kompetenzordnung verletzt wird, weil in der Restrukturierungsvereinbarung Verpflichtungen der Gesellschaft festgelegt werden, zu deren Umsetzung die Zustimmung des Aufsichtsrats aufgrund einer aktienrechtlichen, schuldrechtlichen oder statutarischen Einzelbestimmung zwingend erforderlich ist.

26. Bei der Frage, ob die in einer Restrukturierungsvereinbarung festgelegten Verpflichtungen zulasten der Gesellschaft mit dem sog. Verbot der Vorwegbindung des Vorstands konfligieren, ist zwischen den folgenden beiden Gesichtspunkten zu unterscheiden: Die entsprechenden Klauseln in der Restrukturierungsvereinbarung, die die Gesellschaft und damit auch den Vorstand hinsichtlich seines künftigen Leitungsverhaltens binden, stehen zum einen im Verdacht, die in § 76 Abs. 1 AktG niedergelegte, unveräußerliche Leitungsmacht des Vorstands einzuengen, d.h. in unzulässiger Weise in seine ihm zwingend zugewiesene Kompetenz einzugreifen. Zum anderen kann durch die vertragliche Bindung nicht nur die Kompetenz des Vorstands beschnitten werden, sondern ihm dadurch auch in

unzulässiger Weise eine potentielle Haftung aus § 93 Abs. 2 AktG auferlegt werden, indem er aufgrund der vertraglichen Verpflichtung in der Restrukturierungsvereinbarung in eine Pflichtenkollision mit seinen Pflichten aus § 93 Abs. 1 AktG gerät, die nur durch die gleichzeitige Festlegung von *Fiduciary out*-Klauseln aufgelöst werden kann.

27. § 76 Abs. 1 AktG, der die Leitung des Unternehmens in die Hände des Vorstands legt und Ausfluss einer horizontalen Organstruktur ist, enthält zwei Kernaussagen. Zum einen wird festgelegt, dass die Unternehmensleitung zwingend in die Organkompetenz des Vorstands fällt, zum anderen, dass der Vorstand bei Ausübung der ihm übertragenen Leitungsaufgaben frei und eigenverantwortlich handelt. Das Gebot der freien und eigenverantwortlichen Unternehmensleitung aus § 76 AktG konkretisiert sich daher zum einen im Verbot der Selbstbindung des Vorstands, zum anderen im Verbot der Entäußerung seiner Leitungsmacht. Bei der Verabredung von Restrukturierungsvereinbarungen steht die Verletzung beider Verbotstatbestände im Raum. Zwar wird durch die Restrukturierungsvereinbarung typischerweise nicht das einzelne Vorstandsmitglied und aufgrund mangelnder Rechtsfähigkeit auch nicht das Vorstandsorgan als solches gebunden, sondern vielmehr die Gesellschaft selbst. Die einzelnen Vorstandsmitglieder sind jedoch gegenüber der Gesellschaft verpflichtet, deren Pflichten gegenüber Dritten im Außenverhältnis zu erfüllen. Rechtsgeschäftlich festgelegte Verpflichtungen der Gesellschaft binden daher mittelbar auch die einzelnen Vorstandsmitglieder, so dass durch die vereinbarten Umsetzungsverpflichtungen zulasten der Gesellschaft der Verlust der unternehmerischen Entscheidungsfreiheit des Vorstands sowie der Einfluss Dritter auf seine Geschäftsführung zu besorgen sind.

28. Bei der Frage, ob durch die Verabredung einer Restrukturierungsvereinbarung die beiden Verbotstatbestände des § 76 Abs. 1 AktG verletzt sind, ist zunächst zu prüfen, ob durch die vertraglichen Abreden tatbestandlich überhaupt in die Norm des § 76 Abs. 1 AktG eingegriffen wird, d.h. ob sich der Vorstand dadurch, dass er die Gesellschaft durch die Restrukturierungsvereinbarung vertraglich bindet, einerseits seines Leitungsermessens beraubt und andererseits dem Einfluss Dritter unterwirft und diesen Kompetenzen überträgt. Erst in einem weiteren, nachgelagerten Schritt ist danach zu fragen, ob solche Einschränkungen unter gewissen Umständen – insbesondere im Kontext von Sanierungssituationen – zu rechtfertigen sind und welche Anforderungen an eine Legitimationsgrundlage zu stellen sind.

29. Grundsätzlich wird durch die eingegangenen Bindungen in der Restrukturierungsvereinbarung die unternehmerische Entscheidungsfreiheit des Vorstands von vornherein nicht berührt. Dies deshalb nicht, weil dem Vorstand sowohl bei den Verhandlungen zur Restrukturierungsvereinbarung als auch bei ihrem Abschluss unternehmerisches Ermessen zusteht, so dass die Regelungsgegenstände, die Eingang in eine Restrukturierungsvereinbarung finden, von den verschiedenen Parteien im Rahmen ihrer Privatautonomie vereinbart werden. Das „Ob“ und „Wie“ einer Restrukturierungsvereinbarung steht also zur freien Disposition der potentiellen Vertragsparteien, mithin auch zur freien Disposition der

Gesellschaft bzw. des sie vertretenden Vorstands. Im Zeitpunkt der Festlegung der in Frage stehenden Abrede ist die unternehmerische Entscheidungsfreiheit des Vorstands daher gerade nicht eingeschränkt. Die Erfüllung der entsprechenden Verpflichtung der Gesellschaft aus der Restrukturierungsvereinbarung durch den Vorstand, mithin die Umsetzung der jeweiligen Implementierungsmaßnahme, zu der sich die Gesellschaft verpflichtet hat, stellt sich folglich lediglich als Vollzug des eigenen, bereits zuvor ausgeübten unternehmerischen Leitungsermessens des Vorstands dar. Die Ausübung dieses Leitungsermessens wird daher durch die Bindungen der Gesellschaft in der Restrukturierungsvereinbarung nicht eingeschränkt, sondern nur vorverlagert. Die vermeintliche Einschränkung des Leitungsermessens des Vorstands im Zeitpunkt der Erfüllung der Verpflichtungen der Gesellschaft stellt sich vielmehr als zeitliche Verlängerung seiner zuvor bei den Verhandlungen sowie beim Abschluss der Restrukturierungsvereinbarung ihm in vollem Umfang unstreitig zugewiesenen und idealerweise auch ausgeübten unternehmerischen Entscheidungsfreiheit dar. Darüber hinaus sprechen auch Zweckmäßigkeitserwägungen gegen die Annahme eines tatbestandlichen Eingriffs in die eigenverantwortliche Unternehmensleitung des Vorstands im Falle vertraglich festgelegter Verpflichtungen der Gesellschaft. Denn bei Annahme eines Eingriffs wäre es dem Vorstand faktisch unmöglich, die Gesellschaft mittel- bis langfristig vertraglich zu binden.

30. Mit den in der Restrukturierungsvereinbarung festgelegten Implementierungspflichten zulasten der Gesellschaft kann jedoch eine mit der abschließenden Kompetenzordnung unvereinbare Übertragung der Leitungsmacht des Vorstands, mithin ein tatbestandlicher Eingriff in seine Organkompetenz einhergehen. Da die vom Vorstand umzusetzenden Implementierungspflichten der Gesellschaft typischerweise zugunsten der Gläubiger und künftigen Aktionäre festgelegt werden, besteht die Gefahr, dass durch diese verpflichtenden Regelungen eine unzulässige Einflussnahme Dritter (bzw. (künftiger) Mitglieder eines anderen Organs) auf die Geschäftsführung des Vorstands begründet wird. Es ist zu besorgen, dass die Einflussnahme der Gläubiger und (künftigen) Aktionäre als unzulässige Übertragung von Organkompetenzen des Vorstands qualifiziert und daher in den Tatbestand des § 76 Abs. 1 AktG eingreift.

31. Die Entscheidungsgewalten sind in der Aktiengesellschaft auf deren Organe Vorstand, Hauptversammlung und Aufsichtsrat verteilt. Die horizontale Organstruktur, für die sich der Gesetzgeber des deutschen Aktienrechts entschieden hat, weist der Hauptversammlung im Gegensatz zur hierarchischen Organstruktur keinen übergeordneten Rang zu. Nach § 119 Abs. 1 AktG kann die Hauptversammlung nur in den dort genannten Fällen entscheiden. Ihr ist es nicht gestattet, „von sich aus Entscheidungen an sich zu ziehen oder in die Kompetenzen anderer Organe einzugreifen". Da dieses zwingende, vgl. § 23 Abs. 5 AktG, Einflussnahmeverbot nicht einmal durch die Satzung abgeändert werden kann, ist erst recht eine vertragliche Einflussnahme mittels einer Restrukturierungsvereinbarung fraglich.

32. Es steht daher zu befürchten, dass durch Restrukturierungsvereinbarungen eine Verlagerung der zentralen Machtausübung in der Aktiengesellschaft weg vom

Vorstand hin zu einem bzw. mehreren (künftigen) Aktionären erfolgt. Dies deshalb, weil die Gesellschaft typischerweise in der Restrukturierungsvereinbarung gegenüber den Gläubigern, die im Falle der gleichzeitigen Vereinbarung einer *Debt to Equity Conversion* auch künftige Aktionäre der Gesellschaft sind, zur Implementierung bestimmter (Restrukturierungs-)Maßnahmen verpflichtet wird, die regelmäßig vom Vorstand zu vollziehen sind. Die Gläubiger und künftigen Aktionäre können daher aufgrund der Restrukturierungsvereinbarung von der durch den Vorstand vertretenen Gesellschaft die Umsetzung (bzw. die Nichtvornahme) von Maßnahmen verlangen, die in die originäre und zwingende Organkompetenz des Vorstands fallen. Sie entscheiden daher in erster Linie über das „Ob" und – abhängig davon, wieviel Ermessensspielraum dem Vorstand in der Restrukturierungsvereinbarung eingeräumt bzw. belassen wird – auch über das „Wie" der Umsetzung der Maßnahmen, üben mithin faktischen Einfluss auf das Vorstandsorgan aus. Erschwerend kommt hinzu, dass die (künftigen) Aktionäre diesen Einfluss auch außerhalb der Hauptversammlung und ohne die sonst notwendige Hauptversammlungsmehrheit geltend machen können. Aufgrund entsprechender Regelungen in der Restrukturierungsvereinbarung wäre es demnach möglich, dass die zentrale Machtausübung in der Aktiengesellschaft weg vom Vorstand hin zu einem (bzw. mehreren) einzelnen (künftigen) Aktionären verlagert wird.

33. Ein (unzulässiger) tatbestandlicher Eingriff in die Organkompetenz des Vorstands aus § 76 Abs. 1 AktG kommt jedoch nur dann in Betracht, wenn weitere Voraussetzungen erfüllt sind: Erstens muss sich die Einflussnahme unterhalb der Schwelle eines (verdeckten) (Teil-)Beherrschungsvertrages i.S.d. § 291 AktG bewegen. Zweitens muss der Einflussnehmende auch eine originäre eigene Entscheidung treffen, damit der Tatbestand der Übertragung von Leitungskompetenzen erfüllt ist. Schließlich muss die Maßnahme, zu deren Umsetzung sich die Gesellschaft in der Restrukturierungsvereinbarung verpflichtet hat, überhaupt in die herausgehobene Leitungskompetenz des Vorstands fallen. Ferner liegt ein rechtswidriger, unzulässiger Eingriff mit der Folge der Nichtigkeit bzw. schwebenden Unwirksamkeit der entsprechenden Klausel nur dann vor, wenn die Übertragung der Leitungsmacht nicht vom übergeordneten Unternehmensinteresse gedeckt ist.

34. Die Einflussnahme, die auf die Leitungsautonomie des Vorstands mittels einer Restrukturierungsvereinbarung ausgeübt wird, ist regelmäßig nicht so stark ausgeprägt, dass die Restrukturierungsvereinbarung die Schwelle zum Beherrschungsvertrag i.S.d. § 291 Abs. 1 Satz 1 Alt. 1 AktG überschreiten würde, mithin die dort vereinbarte Kompetenzübertragung auf die (künftigen) Aktionäre mit einem zustimmenden Hauptversammlungsbeschluss und der Eintragung ins Handelsregister (§ 294 AktG) „geheilt" werden könnte. Dies deshalb nicht, weil in Restrukturierungsvereinbarungen vornehmlich einzelne Implementierungspflichten der Gesellschaft hinsichtlich konkret vorzunehmender finanzieller und operativer Restrukturierungsmaßnahmen festgelegt werden, der Vorstand jedoch seine Entscheidungsautonomie hinsichtlich grundlegender strategischer Maßnahmen behält, und daher in aller Regel ein weitreichendes, die zentralen

Leitungsfunktionen umfassendes Weisungsrecht zugunsten der Gläubiger bzw. (künftigen) Aktionäre nicht Gegenstand der Vereinbarung sein wird.

35. In aller Regel stellt eine Restrukturierungsvereinbarung auch keinen sog. Teilbeherrschungsvertrag dar. Zwar kommt die Einordnung einer Restrukturierungsvereinbarung als Teilbeherrschungsvertrag grundsätzlich in Betracht, da ein (mögliches) Weisungsrecht des (künftigen) Aktionärs regelmäßig nur die vereinbarten und umzusetzenden Restrukturierungsmaßnahmen, nicht jedoch sämtliche zentralen Leitungsfunktionen umfasst. Die Erfüllung einzelner konkreter Umsetzungspflichten durch den Vorstand stellt jedoch regelmäßig nicht die Befolgung eines Weisungsrechts i.S.d. § 308 Abs. 1 AktG dar. Denn obwohl im Grundsatz bei der Festlegung rechtsverbindlicher Umsetzungspflichten nach den §§ 133, 157 BGB „bei wirtschaftlicher Betrachtungsweise" aus der Gesamtheit der Abreden in der Restrukturierungsvereinbarung eine rechtlich gesicherte Möglichkeit besteht, auch gegen den Willen bzw. Widerstand des Vorstands der Gesellschaft die entsprechende Restrukturierungsmaßnahme durchzusetzen, ist im Ergebnis eine Weisung dennoch zu verneinen. Eine Weisung i.S.d. § 308 AktG ist nämlich nur dann anzunehmen, wenn der Vorstand die Leitung des Unternehmens bzw. die Leitung eines unternehmerischen Teilbereichs pauschal in die Hände des herrschenden Unternehmens bzw. des Aktionärs legt, so dass dieser eigene, originäre Entscheidungen hinsichtlich der festgelegten Teilbereiche treffen kann und ihm hinsichtlich der umzusetzenden Maßnahme ein gewisser Ermessensspielraum zukommt. Verpflichtet sich die Gesellschaft zur Umsetzung von Maßnahmen, die sich eng und zwingend an den Vorgaben in der Restrukturierungsvereinbarung orientiert, fehlt es an einer solchen inhaltlichen Ermessensentscheidung. Durch eine Restrukturierungsvereinbarung wird daher grundsätzlich nur das „Ob" und nicht auch das „Wie" in die Hände des (künftigen) Aktionärs gelegt. Eine Ausnahme ist nur dort zu machen, wo in einer Restrukturierungsvereinbarung derart viele konkrete Implementierungspflichten hinsichtlich eines unternehmerischen Teilbereichs festgelegt werden, dass die einzelnen Verpflichtungen einer pauschalen Unterwerfung unter die Weisung bzw. unter die Leitungsmacht des Aktionärs gleichkommen. Von einer Weisung i.S.d. § 308 AktG und damit auch von einem Teilbeherrschungsvertrag kann also nur dann gesprochen werden, wenn der (künftige) Aktionär nicht nur das „Ob", sondern vor allem auch das „Wie", d.h. den konkreten Inhalt der Implementierungsmaßnahme im Zeitpunkt der vorzunehmenden Umsetzung verlangen bzw. zum ersten Mal (einseitig) verbindlich festlegen kann und dieser nicht bereits vorab in der Restrukturierungsvereinbarung im Einzelnen fixiert worden ist. Bei konkret im Voraus festgelegten Umsetzungsverpflichtungen ist vielmehr schon fraglich, inwieweit der (künftige) Aktionär über das „Ob" der Umsetzung frei entscheiden kann.

36. Eine Restrukturierungsvereinbarung qualifiziert grundsätzlich auch nicht als verdeckter (Teil-)Beherrschungsvertrag. Denn eine Restrukturierungsvereinbarung, die dem (künftigen) Aktionär zwar kein Weisungsrecht i.S.d. § 308 AktG einräumt, die Gesellschaft aber dennoch auf andere Weise der Herrschaft des (künftigen) Aktionärs unterstellt und diesem ein faktisches Weisungsrecht gegenüber

dem Vorstand einräumt, d.h. nur in faktischer Hinsicht in dessen Leitungskompetenz eingreift und daher die Schwelle eines (Teil-)Beherrschungsvertrages nicht erreicht, ist im Ergebnis nicht anders zu behandeln. Dies deshalb nicht, weil grundsätzlich auch in faktischer Hinsicht nur dann von einer Weisung gesprochen werden kann, wenn der (künftige) Aktionär bzw. *Distressed Hedge Fund* sowohl das „Ob" als auch das „Wie" der vom Vorstand vorzunehmenden Maßnahme „kontrolliert". Dies findet seinen Grund wiederum darin, dass die eigenverantwortliche Leitungsmacht des Vorstands i.S.d. § 76 Abs. 1 AktG gerade diese beiden Elemente enthält. Der Vorstand kann eigenverantwortlich sowohl über das „Ob" als auch das „Wie" der ihm zugewiesenen Maßnahmen entscheiden. Soll diese Leitungsmacht vollumfänglich übertragen werden, müssen daher beide Elemente mit übergehen.

37. Die einem *Distressed Hedge Fund* durch eine Restrukturierungsvereinbarung vermittelte Einflussnahme bewegt sich daher – vorbehaltlich einer Einzelfallprüfung – regelmäßig unterhalb der Schwelle eines (verdeckten) (Teil-)Beherrschungsvertrages i.S.d. § 291 Abs. 1 Satz 1 AktG.

38. Bei Nichtvorliegen eines (verdeckten) (Teil-)Beherrschungsvertrages steht jedoch weiterhin ein tatbestandlicher Eingriff in § 76 Abs. 1 Satz 1 AktG im Raum. Ein Eingriff liegt jedoch nur vor, wenn der *Distressed Hedge Fund* als Einflussnehmender durch die in der Restrukturierungsvereinbarung festgelegten Verpflichtungen der Gesellschaft in die Lage versetzt wird, eine originäre, eigene Entscheidung zu treffen. Denn nur dann ist der Tatbestand der Übertagung von Leitungskompetenzen erfüllt. Für eine Einflussnahme ist maßgeblich, ob die Willensbildung des Vorstands durch diejenige eines Dritten bzw. eines anderen Organs (zumindest teilweise) ersetzt wird. An das Tatbestandsmerkmal des Treffens einer originären, eigenen Entscheidung sind jedoch geringere Anforderungen zu stellen als an ein rechtliches oder faktisches Weisungsrecht im obigen Sinne, d.h. es ist nicht erforderlich, dass sowohl das „Ob" als auch das „Wie" der jeweiligen Leitentscheidung in die Hände des *Distressed Hedge Funds* gelegt wird. Entscheidend ist, dass ihm ein gewisser Entscheidungsspielraum hinsichtlich der vom Vorstand namens der Gesellschaft vorzunehmenden Restrukturierungsmaßnahme zusteht. Typischerweise lassen die in Restrukturierungsvereinbarungen festgelegten Implementierungspflichten der Gesellschaft – insbesondere hinsichtlich finanzieller und operativer Restrukturierungsmaßnahmen – jedoch nur wenig Raum für die Annahme eines Ermessensspielraums auf Seiten des Investors. Anders kann sich dies bei der Festlegung strategischer Restrukturierungsmaßnahmen darstellen.

39. Ein tatbestandlicher Eingriff in den kompetenzrechtlichen Gehalt des § 76 Abs. 1 Satz 1 AktG setzt ferner voraus, dass die Maßnahme, zu deren Umsetzung sich die Gesellschaft in der Restrukturierungsvereinbarung verpflichtet hat, in die herausgehobene Leitungskompetenz des Vorstands fällt. Ein Eingriff kommt daher nur in Betracht, wenn der sachliche Anwendungsbereich der Norm eröffnet ist. Es ist stets danach zu fragen, ob die jeweilige Restrukturierungsmaßnahme, zu deren Umsetzung sich die Gesellschaft in der Restrukturierungsvereinbarung verpflichtet hat, der herausgehobenen Leitungskompetenz des Vorstands zuzuordnen ist. Die üblicherweise in Restrukturierungsvereinbarungen verabredeten

Restrukturierungsmaßnahmen fallen in die herausgehobene Leitungskompetenz des Vorstands, da sie regelmäßig nötig sind, um den Fortbestand des Unternehmens zu sichern und eine Insolvenz der Gesellschaft zu verhindern. Dies trifft insbesondere auf die dort festgelegten finanziellen Restrukturierungsmaßnahmen zu sowie auf die mit diesen vergleichbaren operativen, weniger jedoch auf die strategischen, da diese grundsätzlich nicht geeignet sind, eine akute Insolvenzgefahr abzuwenden. Sie sind in aller Regel jedoch schon deshalb vom herausgehobenen Leitungsbereich umfasst, weil sie die Unternehmenspolitik bzw. die grundlegende Ausrichtung des Unternehmens schlechthin betreffen.

40. Ein rechtswidriger, unzulässiger Eingriff mit der Folge der schwebenden Unwirksamkeit der entsprechenden Verpflichtungsklausel liegt allerdings nur vor, wenn die (teilweise) Übertragung von Leitungsmacht bzw. die Einschränkung der Entscheidungsfreiheit nicht vom übergeordneten Unternehmensinteresse gedeckt ist. Die eigenverantwortliche und freie Leitungsbefugnis des Vorstands aus § 76 AktG gilt nicht uneingeschränkt. Sie findet vielmehr im übergeordneten Unternehmensinteresse ihre Grenze. Dies wird insbesondere in Sanierungssituationen deutlich. Ein Eingriff hat jedoch – um der Befürchtung, ein einmal zugelassener Eingriff könnte eine Aufweichung der grundsätzlich zwingenden aktienrechtlichen Organisationsstruktur nach sich ziehen – *ultima ratio* zu sein. Daher sind strenge Anforderungen an einen solchen Eingriff, d.h. an die Schranke des § 76 AktG, zu stellen. Ein tatbestandlicher Eingriff in die eigenverantwortliche Leitungskompetenz des Vorstands, mithin in das zwingende Kompetenzgefüge der Aktiengesellschaft, ist demzufolge nur gerechtfertigt, wenn mit dem Eingriff ein legitimes Ziel verfolgt wird, er ein zur Verfolgung dieses Ziels geeignetes Mittel darstellt, er erforderlich ist, d.h. keine milderen, gleich effektiven Mittel zur Erreichung des Ziels zur Verfügung stehen und er schließlich unter Berücksichtigung der jeweiligen Interessenlage auch angemessen ist.

41. Durch die in einer Restrukturierungsvereinbarung festgelegten Implementierungsverpflichtungen, d.h. durch den tatbestandlichen Eingriff in die unveräußerliche Leitungskompetenz des Vorstands, soll die außerinsolvenzliche Rettung und Sanierung der Gesellschaft erreicht sowie eine unternehmenswertmindernde Insolvenz vermieden werden. Maxime einer in die Kompetenzordnung der Aktiengesellschaft eingreifenden Restrukturierungsvereinbarung ist daher stets die Erhaltung von wirtschaftlichen Werten. Mit den festgelegten Verpflichtungen der Gesellschaft zur Umsetzung der finanziellen und operativen Restrukturierungsmaßnahmen wird daher in erster Linie ihre Sanierung bezweckt, mithin ein taugliches und legitimes Ziel im Sinne der Rechtfertigungsprüfung verfolgt. Durch die in die herausgehobene Leitungskompetenz des Vorstands eingreifenden Vorwegbindungen in Restrukturierungsvereinbarungen können allerdings durchaus auch Ziele verfolgt werden, die über die reine Sanierung der Gesellschaft hinausgehen. Solche Ziele können insbesondere in der Risikooptimierung und potentiellen Wertsteigerung der von einem *Distressed Hedge Fund* gehaltenen Eigenkapitalposition liegen.

42. Fraglich ist, ob solche Ziele noch als legitim angesehen werden können bzw. ein Eingriff in die herausgehobene Leitungskompetenz zu diesem Zwecke gerechtfertigt ist, da der *Distressed Hedge Fund* als (künftiger) Aktionär diese Ziele grundsätzlich auch über die Instrumente, die ihm das Aktienrecht zur Verfügung stellt, wahrnehmen kann. Es ist also hinsichtlich einer möglichen Rechtfertigung danach zu fragen, ob die Möglichkeiten, die das Gesellschaftsrecht zur Absicherung und Wertsteigerung von Eigenkapitalbeteiligungen bereit hält, abschließend sind, mithin, ob es einen gesellschaftsrechtlichen *numerus clausus* hierfür gibt oder ob daneben Raum für privatautonome Vertragsgestaltungen ist, wie etwa die in Restrukturierungsvereinbarungen verabredeten Vorwegbindungen des Vorstands. Im Ergebnis ist es (künftigen) Aktionären auch auf privatautonomem Wege möglich, das (künftige) Handeln des Vorstands zu beeinflussen. Denn die aktien- und konzernrechtlichen (indirekten) Einflussnahmemöglichkeiten sind für einen optimalen Schutz von Eigenkapitalinvestitionen nicht ausreichend, was besonders deutlich wird, wenn man sich die aktuell vorzufindende Ausgangs- und Interessenlage vergegenwärtigt, die bei Eigenkapitalinvestitionen in (börsennotierte) Aktiengesellschaften besteht. Dass die Risikooptimierung sowie die potentielle Wertsteigerung von Eigenkapitalinvestitionen legitime Ziele im Rahmen der Rechtfertigungsprüfung eines tatbestandlichen Eingriffs in die herausgehobene Leitungskompetenz des Vorstands aus § 76 AktG sein können, ergibt sich auch aus einem Vergleich mit den Kontroll- und Schutzmechanismen, die anerkanntermaßen bei Fremdkapitalinvestitionen zulässig sind.

43. Der Eingriff in den Tatbestand des § 76 AktG, d.h. die in Frage stehende Vorwegbindung des Vorstands, muss ferner auch geeignet sein, um die legitimen Ziele eines Eingriffs, auf der einen Seite die Sanierung der Gesellschaft, auf der anderen Seite die Risikooptimierung und Wertsteigerung der Eigenkapitalinvestition, zu erreichen. Da die Leitung der Aktiengesellschaft vornehmlich in die Hände des Vorstandsorgans gelegt ist, vgl. §§ 76, 119 Abs. 1 AktG, seine Mitwirkung für die Sanierung der Aktiengesellschaft daher unerlässlich ist bzw. diese maßgeblich von seinem Willen abhängt, die Steuerung seines Verhaltens also ausschlagegebend für eine erfolgreiche Umsetzung einer vorinsolvenzlichen Restrukturierung ist, eignen sich die in Restrukturierungsvereinbarungen festgelegten Verpflichtungen der Gesellschaft hervorragend, um einen außergerichtlichen Restrukturierungsprozess planungssicher zu steuern und damit eine ganzheitliche Sanierung zu ermöglichen. Ebenso lässt sich eine Verhaltenssteuerung des Vorstands zum Schutz und zur Wertsteigerung von Eigenkapitalinvestitionen über rechtsverbindliche Abreden zwischen Investor und Gesellschaft erreichen.

44. Ein tatbestandlicher Eingriff in die eigenverantwortliche Leitungskompetenz des Vorstands, mithin in das zwingende Kompetenzgefüge der Aktiengesellschaft, ist nur gerechtfertigt, wenn keine milderen, gleich effektiven Mittel zur Erreichung des Ziels zur Verfügung stehen. Dies ist in Restrukturierungssituationen regelmäßig nicht der Fall. Insbesondere stellt eine rein informelle, unverbindliche Absprache unter den *Stakeholdern* kein solches Mittel dar. Dies deshalb nicht, weil sie weder die gleiche Effektivität wie ein rechtsverbindlich in einer

Restrukturierungsvereinbarung verabredetes Sanierungskonzept aufweist, noch geeignet ist, die Wertentwicklung der Eigenkapitalinvestition des Investors zu steuern.

45. Ein Eingriff kann schließlich nur gerechtfertigt sein, wenn er auch angemessen ist. Dies ist er dann, wenn nach einer Einzelfallprüfung unter Abwägung aller relevanten Gesichtspunkte das Eingriffsinteresse höher zu bewerten ist als das Interesse, das an einer Unversehrtheit der Leitungskompetenz des Vorstands besteht. Gegeneinander abzuwägen sind auf der einen Seite die „Rechtsgüter", deren Schutz mit dem Eingriff bei der Verfolgung der legitimen Ziele bezweckt wird – namentlich die außergerichtliche Sanierung der Gesellschaft, mithin die Erhaltung wirtschaftlicher Werte, und das Interesse des *Distressed Hedge Funds* am Schutz einer optimalen Wertentwicklung seines Eigenkapitalinvestments – sowie auf der anderen Seite die zwingende Organisationsstruktur der Aktiengesellschaft. Keinem der drei Güter bzw. Prinzipien ist in einer Werterangordnung eine derart hohe, absolute Stellung beizumessen, dass ein Eingriff von vornherein als angemessen oder unangemessen einzustufen wäre. Ein Eingriff muss stets auch im engeren Sinne angemessen sein. Dies ist davon abhängig, wie weit und wie intensiv durch die Vorwegbindungen in die Leitungskompetenz des Vorstands eingegriffen wird und ob ihr unantastbarer Kern verletzt wird. Hierfür gilt folgender Leitsatz: Je akuter eine Insolvenz droht und je wichtiger eine außergerichtliche Restrukturierung für die Erhaltung des Unternehmenswertes ist, desto weiter und intensiver kann in die Leitungskompetenz des Vorstands durch Vorwegbindungen eingegriffen werden, desto später wird folglich auch die Wesentlichkeitsschwelle im Sinne eines zu erhaltenden Kerns von Leitungskompetenz überschritten. Für die Bestimmung der Unmittelbarkeit einer Insolvenz ist dabei zwischen drei unterschiedlichen Restrukturierungsstadien, die es mit den Umsetzungsverpflichtungen jeweils zu überwinden gilt, zu unterscheiden: Liquiditätskrise, operative Krise und strategische Krise. Da eine Liquiditätskrise in unmittelbarer Insolvenznähe stattfindet, mithin hier die Gefahr einer massiven Minderung des Unternehmenswertes am größten ist und dieser Gefahr idealerweise durch die Umsetzung finanzieller Restrukturierungsmaßnahmen begegnet wird, stellen Festlegungen, die die Gesellschaft zur Umsetzung solcher Maßnahmen verpflichten, einen im Grundsatz angemessenen und daher gerechtfertigten Eingriff in § 76 AktG dar. Kann ein Insolvenzverfahren nur abgewendet werden, wenn die Gesellschaft zeitnah auch operativ restrukturiert wird, werden Verpflichtungen der Gesellschaft zur Umsetzung operativer Restrukturierungsmaßnahmen deshalb ebenfalls einen im Grundsatz angemessenen und daher gerechtfertigten Eingriff in die herausgehobene Leitungskompetenz des Vorstands darstellen, weil diese Maßnahmen ebenso wie die finanziellen für das Überleben der Gesellschaft und die Erhaltung des Unternehmenswertes unabdingbar sind. Ein Eingriff in die Organisationsstruktur der Aktiengesellschaft in Form der Verabredung strategischer Restrukturierungsmaßnahmen kann hingegen grundsätzlich nur dann als angemessen betrachtet werden, wenn die Verpflichtung der Gesellschaft zur Umsetzung strategischer Restrukturierungsmaßnahmen zwingende Voraussetzung für die Wiedererlangung ihrer Wettbewerbs- und

Renditefähigkeit ist. Hierbei gelten jedoch Ausnahmen. Insbesondere können die Partikularinteressen eines (künftigen) Eigenkapitalinvestors, der bereits in die Fremdkapitalinstrumente investiert ist, zu berücksichtigen sein. Ferner sind im Rahmen der anzustellenden Gesamtschau kompensationsfähige, synallagmatische Gegenleistungen des Investors und/oder der Altaktionäre miteinzubeziehen.

46. Rechtsfolge eines nicht gerechtfertigten Eingriffs in die herausgehobene Leitungskompetenz des Vorstands aus § 76 AktG ist nicht die Nichtigkeit der jeweiligen Klausel nach § 134 BGB, sondern ihre schwebende Unwirksamkeit. Ein nicht gerechtfertigter Eingriff in § 76 AktG kann gemäß § 293 Abs. 1 Satz 1 und Satz 2 AktG analog mithilfe eines qualifizierten Mehrheitsbeschlusses und vorbehaltlich der weiteren Erfüllungsvoraussetzungen der Norm geheilt bzw. nachträglich genehmigt werden. Denn kann ein Eingriff in § 76 AktG selbst dann legitimiert werden, wenn er das stärkste denkbare Ausmaß annimmt – also bei Begründung eines Weisungsrechts zugunsten des herrschenden Unternehmens – dann muss er erst recht durch einen ins Handelsregister einzutragenden, qualifizierten Hauptversammlungsbeschluss legitimiert werden können, wenn die Einflussnahme nicht die Schwelle des Tatbestands einer freien Weisung i.S.d. § 308 Abs. 1 Satz 1AktG erreicht.

47. Von der Frage, ob durch die Vorwegbindung des Vorstands in seine herausgehobene Leitungskompetenz i.S.d. § 76 AktG in unzulässiger Weise eingegriffen wird, scharf zu trennen ist, ob der Vorstand durch die rechtsverbindliche Festlegung der Vorwegbindung seine Pflicht aus § 93 Abs. 1 AktG verletzt. Ein mögliche Pflichtverletzung i.S.d. § 93 Abs. 1 Satz 1 und Satz 2 AktG kann daher darin liegen, dass der Vorstand sich vorab in der Restrukturierungsvereinbarung bindet, obwohl eine erstellte Prognose zum Ergebnis kommt, dass im Vollzugszeitpunkt die Umsetzung der Maßnahme aller Voraussicht nach nicht im Unternehmensinteresse liegt. Eine potentielle Haftung des Vorstands wird jedoch nicht nur durch die Anwendung der *Business Judgement Rule* entschärft, sondern kann auch durch die Verabredung von sog. *Fiduciary out*-Klauseln in der Restrukturierungsvereinbarung abgefedert werden. Soweit indes durch die Vorwegbindung ohnehin kein Eingriff in § 76 AktG begründet wird bzw. dieser Eingriff gerechtfertigt ist, liegt schon keine Pflichtverletzung i.S.d. § 93 Abs. 1 AktG vor. Schließlich wird § 93 Abs. 1 AktG aufgrund der verabredeten (Vor-)Festlegung in Bezug auf die Neuzusammensetzung des Aktionariats in aller Regel nicht verletzt. Grundsätzlich verstößt der Vorstand daher nicht dadurch gegen seine Pflicht aus § 93 Abs. 1 AktG, dass er Vorabfestlegungen vornimmt, sondern, dass er sie unterlässt.

48. Aufgrund des Prinzips, dass keinem Organ einer Aktiengesellschaft ohne dessen Willen (faktische) Bindungen auferlegt werden dürfen, müssen die Hauptversammlung und/oder der Aufsichtsrat einer Restrukturierungsvereinbarung zustimmen, in der sich der Vorstand namens der Gesellschaft zur Implementierung bestimmter (Restrukturierungs-)Maßnahmen verpflichtet, deren Umsetzung nicht allein in seine Kompetenz, sondern zugleich in diejenige der Hauptversammlung und/oder des Aufsichtsrats fällt. Davon sind insbesondere Kompetenzübergriffe des Vorstands unterhalb der Schwelle der „Holzmüller/Gelatine“-Doktrin erfasst.

Ein Kompetenzübergriff kann jedoch durch Vereinbarung von sog. Bemühensklauseln (*best efforts*-Klauseln) abgefedert werden, was sich jedoch anders darstellt, wenn die Bemühensklauseln an Vertragsstrafen geknüpft werden. Wird jedoch das Ausbleiben eines bestimmten Organverhaltens mit einem rechtlichen Erfolg verbunden, dann liegt grundsätzlich kein Kompetenzübergriff durch den Vorstand vor, da dieser (bzw. die Gesellschaft) sich gerade nicht zur Umsetzung bestimmter (Restrukturierungs-)Maßnahmen verpflichtet hat, die nicht in seinen Kompetenzbereich fallen. Das Ausbleiben eines bestimmten Organverhaltens ist jedoch mit einem unerlaubten Kompetenzübergriff gleichzusetzen, wenn mit der Festlegung der gleiche wirtschaftliche Druck auf das zur Umsetzung zuständige Organ ausgeübt wird wie mit einer positiven Umsetzungsverpflichtung. Unerlaubte Kompetenzübergriffe kommen sowohl bei der Festlegung finanzieller und operativer als auch bei der Festlegung strategischer Restrukturierungsmaßnahmen in Betracht.

49. Eine durch den Vorstand namens der Gesellschaft verabredete Pflicht, deren Umsetzung nicht ihm, sondern der Hauptversammlung und/oder dem Aufsichtsrat zur Entscheidung zugewiesen ist, mithin kompetenzwidrig vereinbart wurde, ist nicht von vornherein wegen anfänglicher Unmöglichkeit nach den §§ 311a Abs. 1, 275 BGB gar nicht erst zur Entstehung gelangt. Ebenso wenig überschreitet der Vorstand bei einem Kompetenzübergriff seine (organschaftlichen) Vertretungsbefugnisse im Innenverhältnis zur Gesellschaft. Eine Anwendung von § 134 BGB wegen Verletzung des zwingenden aktienrechtlichen Kompetenzgefüges, mithin eine endgültige Nichtigkeit der entsprechenden Klausel, ist gleichsam abzulehnen. Vielmehr kann ein Kompetenzübergriff durch den Vorstand oder eine mit einem Kompetenzübergriff gleichgesetzte Handlung bzw. Festlegung des Vorstands durch die Zustimmung desjenigen Organs, in dessen Kompetenz durch den Vorstand unerlaubt ein- bzw. übergegriffen wird, (nachträglich) legitimiert werden. Dies lässt sich aus einer Analogie zu § 187 AktG begründen.

50. Eine Restrukturierungsvereinbarung kann insbesondere dann mit § 187 AktG in Konflikt geraten, wenn in ihr zur Überwindung einer finanziellen Krise ein klassischer *Debt to Equity Swap* verabredet wird. Wird die Restrukturierungsvereinbarung erst nach dem hierzu erforderlichen Kapitalerhöhungsbeschluss abgeschlossen, ist eine darin zu Gunsten der Gläubiger und (künftigen) Aktionäre festgelegte Zusicherung von (vertraglichen) Rechten auf den Bezug der neuen Aktien aus der Kapitalerhöhung am Maßstab des § 187 Abs. 1 AktG zu messen, wonach neue Aktien nur unter dem Vorbehalt des Bezugsrechts der (Alt-)Aktionäre zugesichert werden können. Wird die Restrukturierungsvereinbarung vor dem Kapitalerhöhungsbeschluss abgeschlossen, ist § 187 Abs. 2 AktG einschlägig, wonach Zusicherungen vor dem Beschluss über die Erhöhung des Grundkapitals der Gesellschaft gegenüber unwirksam sind. Sie sind jedoch nicht endgültig und in vollem Umfang unwirksam, sondern nach zutreffender Ansicht nur schwebend, weil in § 187 Abs. 2 AktG ein weiterer gesetzlicher Vorbehalt hineinzulesen ist, nämlich derjenige eines zustimmenden Beschlusses der Hauptversammlung über die Kapitalerhöhung. Dieses Ergebnis lässt sich auch aus einer teleologischen Reduktion des § 187 Abs. 2 AktG gewinnen, allerdings in Abweichung zur

herrschenden Auffassung dergestalt, dass lediglich ein qualifizierter und kein einstimmiger Beschluss der Hauptversammlung vonnöten ist. Darüber hinaus ist der Anwendungsbereich des § 187 Abs. 2 AktG nicht nur auf Sachverhalte beschränkt, in denen der Vorstand durch vertragliche Zusicherungen zugunsten Dritter auf die Kompetenz der Hauptversammlung übergreift. Er ist vielmehr auch auf diejenigen Konstellationen auszudehnen, in denen der Vorstand allgemein die Entschließungsfreiheit der Hauptversammlung dadurch einschränkt, dass er der Gesellschaft vertragliche Pflichten aufbürdet, deren Umsetzung nicht (allein) in seine Kompetenz, sondern (zugleich) in diejenige der Hauptversammlung und/oder des Aufsichtsrats fällt. Auch bei einer analogen Anwendung des § 187 Abs. 2 AktG gelten die o.g. Grundsätze einer teleologischen Reduktion.

51. Sofern die Restrukturierungsvereinbarung einen *Debt to Equity Swap* beinhaltet, werden sich die Aktionäre auch gegenseitig zu dessen Umsetzung verpflichten. Die Restrukturierungsvereinbarung stellt sich insoweit dann als grundsätzlich zulässiger Stimmbindungsvertrag unter Aktionären dar. Die grundsätzliche Zulässigkeit ist Ausdruck der Abstimmungsfreiheit des Aktionärs und ergibt sich aus einem Umkehrschluss zu § 136 Abs. 2 AktG. Gegebenenfalls bilden die Aktionäre eine Gesellschaft bürgerlichen Rechts nach den §§ 705 ff. BGB mit der Folge, dass die Restrukturierungsvereinbarung als Konsortial- und Poolvereinbarung einzuordnen ist. Um die Prozessplanungssicherheit zu optimieren, ist es geboten, dass sich die Altaktionäre hinsichtlich der Ausübung ihres Stimmrechts nicht nur untereinander, also nicht nur gegenüber den anderen Altaktionären (sowie gegenüber der Gesellschaft), sondern auch direkt gegenüber den forderungseinbringenden bzw. -verzichtenden Gläubigern dahingehend verpflichten, für die zur Implementierung eines *Debt to Equity Swap* erforderlichen Beschlüsse zu stimmen. Eine Restrukturierungsvereinbarung stellt sich folglich zugleich als Stimmbindungsvertrag zwischen Aktionären und Nichtaktionären dar, der insbesondere in Sanierungssituationen keinen Bedenken begegnet und auch mit den Prinzipien der Machtverteilung in Kapitalgesellschaften vereinbar ist. Eine Restrukturierungsvereinbarung qualifiziert darüber hinaus in aller Regel als Stimmbindungsvertrag zwischen Aktionär und Gesellschaft. Ein solcher Vertrag kann mit der Verbotsnorm des § 136 Abs. 2 AktG konfligieren. Dies ist dann der Fall, wenn ein tatbestandlicher Eingriff in die Norm vorliegt und dieser Eingriff auch nicht gerechtfertigt ist. Ein tatbestandlicher Eingriff in die Verbotsnorm des § 136 Abs. 2 AktG liegt nur vor, wenn (i) die Aktionäre den erforderlichen Rechtsbindungswillen für eine Stimmbindung aufbringen, (ii) einer der Fälle des § 136 Abs. 2 AktG vorliegt, (iii) der Gegenstand der Stimmbindung in die Kompetenz der Hauptversammlung fällt und (iv) der Konkretisierungsgrad der Weisung nicht derart hoch ist, dass schlicht nicht mehr von einer Weisung der Gesellschaft und damit auch nicht mehr von einer originären Entscheidung ihrerseits gesprochen werden kann. Da § 136 Abs. 2 AktG ein Verbotsgesetz i.S.d. § 134 BGB darstellt, ist Rechtsfolge eines der Norm zuwider laufenden Stimmbindungsvertrages seine Nichtigkeit. Abhängig vom jeweiligen Einzelfall kann die Nichtigkeit, sofern die Voraussetzungen nach § 139 BGB vorliegen, auf die gesamte Restrukturierungsvereinbarung durchschlagen.

Ferner ist das Einflussnahmeverbot des § 136 Abs. 2 AktG in solchen Fällen teleologisch zu reduzieren, in denen die Aktionäre die Pflicht trifft, einer Restrukturierungsvereinbarung zuzustimmen. § 136 Abs. 2 AktG ist nicht auf Stimmbindungen analog anzuwenden, die Anleihegläubiger zu Gunsten der Gesellschaft in Restrukturierungsvereinbarungen eingehen.

52. Nur bei der Zusicherung bestimmter, in der Zukunft liegender Unternehmensverhältnisse verstoßen die in Restrukturierungsvereinbarungen häufig anzutreffenden Gewährleistungen und Garantien (*Reps and Warranties*) gegen das Verbot der Einlagenrückgewähr aus § 57 AktG. Bei der Gewährleistung bzw. Garantie gegenwärtiger Zustände besteht hingegen nicht die Gefahr der Umkehr der vorrangigen Haftung von Eigen- gegenüber Fremdkapital, vor der § 57 AktG bewahren möchte. § 57 AktG ist daher bei der Zusicherung der gegenwärtigen Unternehmensverhältnisse nicht verletzt.

53. Ein *Distressed Hedge Fund* hat in der Regel ein großes Interesse daran, dass ihm bereits vor dem Beteiligungserwerb in der Restrukturierungsvereinbarung eine bestimmte Anzahl an Aufsichtsratssitzen rechtsverbindlich seitens der Gesellschaft zugesichert wird. Solche Abreden bedürfen jedoch sowohl der Zustimmung des Aufsichtsrats als auch der Hauptversammlung, da andernfalls der Vorstand durch die Vorabverpflichtung die Willensentschließungsfreiheit der beiden Organe einschränken und in deren Kompetenz eingreifen würde. Derartige Abreden wären gem. § 187 Abs. 2 AktG analog schwebend unwirksam. Verpflichtet der Vorstand hingegen die Gesellschaft, sich lediglich zu bemühen, dass der Investor die zugesicherten Sitze im Aufsichtsrat erhält, bedarf es grundsätzlich nicht der Zustimmung der Hauptversammlung oder des Aufsichtsrats. Bemühensverpflichtungen der Gesellschaft dergestalt, dass der Vorstand in Bezug auf die Zusammensetzung des Aufsichtsrats auf die Hauptversammlung und den Aufsichtsrat einwirkt, können jedoch wegen rechtswidriger Verhaltenssteuerung und Ausübung unzulässigen Entscheidungsdrucks mit „harten" Umsetzungsverpflichtungen der Gesellschaft gleichzusetzen und nach § 187 Abs. 2 AktG analog schwebend unwirksam sein. Bestimmungen in Restrukturierungsvereinbarungen hinsichtlich der Besetzung des Aufsichtsrats können ferner mit § 136 Abs. 2 AktG in Konflikt geraten. Wird jedoch in der Restrukturierungsvereinbarung konkret der Umfang der Stimmrechtsausübung festgelegt, kommt es zu keinem Kompetenzübergriff durch den Vorstand.

54. Abreden zur Zusammensetzung des Vorstands können in Restrukturierungsvereinbarungen mit *Distressed Hedge Funds* vor allem in der Form anzutreffen sein, dass es dem Investor nach der Beteiligungsübernahme untersagt sein soll, den amtierenden Vorstand abzuberufen. Solche Abreden zwischen Gesellschaft und Investor können einerseits als Unterlassungsklauseln, andererseits als Einwirkungsklauseln ausgestaltet sein. Sind sie als Unterlassungsklauseln ausgestaltet, verpflichtet sich der *Distressed Investor* für den Zeitraum nach *Closing* der finanziellen Restrukturierung, d.h. nach Beteiligungsübernahme, von allen Handlungen Abstand zu nehmen, die dazu geeignet sind, den Aufsichtsrat zu einer Abberufung des amtierenden Vorstands zu veranlassen. Eine solche Klausel verstößt

nicht gegen § 136 Abs. 2 AktG und ist auch mit dem Grundsatz der unabhängigen und weisungsfreien Amtswahrnehmung von Aufsichtsratsmitgliedern vereinbar. Einwirkungsklauseln dergestalt, dass sich der Investor verpflichtet, auf den Aufsichtsrat einzuwirken, so dass dieser wiederum den amtierenden Vorstand nicht abberuft, konfligieren dann mit der unabhängigen Amtswahrnehmung von Aufsichtsratsmitgliedern nach § 111 Abs. 5 AktG, wenn dadurch die Entschließungsfreiheit des Aufsichtsrats eingeschränkt wird. Dies ist dann der Fall, wenn auf die Aufsichtsratsmitglieder unzulässiger Entscheidungsdruck ausgeübt wird. Eine mit einer Vertragsstrafe kombinierte Einwirkungsklausel ist grundsätzlich nach § 187 Abs. 2 AktG analog schwebend unwirksam. Desweiteren besteht bei Einwirkungsklauseln die Gefahr, gegen das Einflussnahmeverbot aus § 136 Abs. 2 AktG zu verstoßen. Ein tatbestandlicher Eingriff in § 136 Abs. 2 AktG ist allerdings nur dann zu besorgen, wenn nicht der Konkretisierungsgrad der Einwirkungsklausel ein derart hohes Maß annimmt, dass nicht mehr von einer eigenen, originären Entscheidung und damit von einer kompetenzwidrigen Einflussnahme des Vorstands gesprochen werden kann. Hinsichtlich ihrer rechtlichen Zulässigkeit ergeben sich bei Abreden zur Neubesetzung des amtierenden Vorstands im Grundsatz keine Unterschiede zu den oben untersuchten Abreden zur Nichtabberufung des amtierenden Vorstands.

55. Die *Absolute Priority Rule* ist Teil des von der Geschäftsleitung zu verfolgenden Unternehmensinteresses. Die *Absolute Priority Rule* besagt, dass zunächst die Sicherungsinteressen der Fremdkapitalgeber zu befriedigen sind und erst bei deren vollständiger Befriedigung die Interessen der Eigenkapitalgeber verfolgt werden dürfen. Die Kapitalinteressen unterliegen insbesondere deshalb einer Rangfolge, weil die einzelnen Kapitalgeber sowohl untereinander als auch gegenüber der Gesellschaft ein Versprechen in diese Richtung abgegeben haben. Dieses grundlegende Versprechen findet an verschiedenen Stellen des Gesetzes seinen Ausfluss bzw. erfährt dort gesetzlichen Schutz. In Restrukturierungssituationen hat sich die Geschäftsleitung daher vornehmlich an den Sicherungsinteressen der Fremdkapitalgeber auszurichten. Dass die Gläubigerinteressen in Unternehmenskrisen primär zu berücksichtigen sind, gründet nicht auf einer grundlegenden Neuausrichtung des Handelns der Geschäftsleitung im Sinne einer Verlagerung oder eines Wechsels ihrer Pflichten (*shift of fiduciary duties*), sondern ist lediglich Ausfluss bzw. Reflex der stets geltenden Befriedigungsrangfolge, der sich die Kapitalgeber im Rahmen ihrer Privatautonomie unterworfen haben. Die Rangfolge wird sozusagen in Krisensituationen erst „sichtbar".

56. Im Ausgangspunkt hat sich der Vorstand einer Aktiengesellschaft bei seinem unternehmerischen Handeln stets am Wohle der Gesellschaft zu orientieren. In dieses Unternehmensinteresse sind auch die Interessen der Gläubiger mit einzubeziehen. Insbesondere in Restrukturierungssituationen deckt häufig das vorhandene Vermögen nicht mehr die Verbindlichkeiten, so dass nicht mehr die Aktionäre als Eigenkapitalgeber, sondern die Gläubiger als Fremdkapitalgeber die neuen Residualberechtigten und wirtschaftlichen Eigentümer sind, mithin sich das Unternehmensinteresse in der Verfolgung ihrer Kapitalsicherungsinteressen erschöpft (Gedanke des *Debtholder Value*).

57. Dass das Wohl der Gesellschaft als das gebündelte, nach der *Absolute Priority Rule* abgestufte Interesse aller Kapitalgeber qualifiziert, resultiert vor allem daraus, dass die Koexistenz von Eigen- und Fremdkapital in ein und derselben Unternehmung nur aufgrund der vorrangigen Haftung von Eigenkapital möglich ist. Dies wird besonders deutlich, wenn man die Interessenlage bei außergerichtlichen Restrukturierungen mit derjenigen innerhalb einer Insolvenz vergleicht sowie berücksichtigt, dass die Wettbewerbsfähigkeit eines Unternehmens gleichsam vom durch den Vorstand zu verfolgenden Unternehmensinteresse umfasst ist. Darüber hinaus sind die einzelnen Interessen der Kapitalgeber auf das von ihnen im Rahmen ihrer Privatautonomie mit der jeweiligen Investition eingegangene Risiko zurückzuführen, grundsätzlich also auf ihren freien Willensentschluss. Die Interessen der Kapitalgeber sind privatautonom gewichtet.

58. Das Wohl der Gesellschaft als das gebündelte, abgestufte Kapitalinteresse aller Kapitalgeber als allgemeines Prinzip findet seinen Ausfluss zum einen in den sowohl ausdrücklich als auch konkludent geschlossenen Abreden der Kapitalgeber untereinander, zum anderen an verschiedenen Stellen im Gesetz. In rechtsgeschäftlicher Hinsicht lässt sich die Befriedigungsrangfolge einem ggf. abgeschlossenen (und in Sanierungssituationen zu restrukturierenden) *Intercreditor Agreement* oder *Equity Subordination Agreement* entnehmen. Dass die Wertsteigerungsinteressen der Eigenkapitalgeber auch außerhalb eines Insolvenzverfahrens vom Vorstand bzw. der Geschäftsleitung erst dann berücksichtigt werden dürfen, wenn die Sicherungsinteressen der Fremdkapitalgeber vollständig befriedigt sind, findet seine Stütze auch an verschiedenen Stellen im Gesetz: § 57 AktG ist Ausdruck des Nachrangs der Eigen- gegenüber den Fremdkapitalgeberinteressen. In § 93 Abs. 3 Nr. 1 AktG konkretisiert sich die Pflicht des Vorstands, sich vorrangig an den Sicherungsinteressen der Fremdkapitalgeber zu orientieren. Die Vorrangstellung der Fremd- gegenüber den Eigenkapitalgeberinteressen kommt ebenso in der Kapitalerhaltungsnorm des § 30 GmbHG zum Ausdruck. Allerdings ist der Schutz, den § 30 GmbHG den Interessen der Fremdkapitalgeber gewährt, unzureichend. Weitergehenden Schutz erfährt das Garantieversprechen der Eigenkapitalgeber durch § 43 Abs. 1 i.V.m. Abs. 3 GmbHG. Dieses Versprechen beansprucht jedoch auch dann Geltung, wenn das für den *going concern* benötigte Kapital nicht durch Entnahmen (Unterlassen) aufrechterhalten, sondern durch Sanierungsbeiträge (positives Tun) „wiederhergestellt" werden muss. Andernfalls käme es zu einem Wertungswiderspruch. Ebenso sind die §§ 64 Satz 3 GmbHG und 92 Abs. 2 Satz 3 AktG Ausfluss des Versprechens der Eigenkapitalgeber, dass die Sicherungsinteressen der Fremdkapitalgeber auch außerhalb eines Insolvenzverfahrens Vorrang gegenüber ihren Wertsteigerungsinteressen genießen. Die konzernrechtliche Verlustausgleichspflicht aus § 302 AktG ist weiterer Beleg hierfür. § 302 AktG ist konzernrechtlicher Ausfluss der *Absolute Priority Rule*. Dies hat zur Folge, dass auch bei Bestehen eines Unternehmensvertrages i.S.v. § 291 AktG die von § 302 AktG geschützte Befriedigungsrangfolge (*Absolute Priority Rule*) vor allem in Restrukturierungssituationen vom Vorstand der betroffenen Tochtergesellschaft zu berücksichtigen ist. Die durch Rechtsprechung und Literatur entwickelte

Existenzvernichtungshaftung ist ebenso Ausdruck der *Absolute Priority Rule* bzw. ist diese – anders gewendet – Voraussetzung von jener. Aus den Regeln über die Existenzvernichtungshaftung kann sich daher in Restrukturierungssituationen sowohl ein Anspruch der Gesellschaft als auch einer vorrangiger Kapitalgeber auf Zustimmung zu einer Restrukturierungsvereinbarung ergeben, die die vereinbarte Befriedigungsrangfolge abbildet. Zugleich schützt § 91 Abs. 2 AktG den Vorrang der Sicherungsinteressen der Gläubiger gegenüber den Wertsteigerungsinteressen der Aktionäre. Weiterhin sind die §§ 39 Abs. 1 Nr. 5 und 135 InsO Ausprägungen des grundlegenden Vorrangs der Fremd- gegenüber den Eigenkapitalgeberinteressen. Ferner ist die insolvenzrechtliche Verteilungsrangfolge der §§ 1, 199 Satz 2 InsO keine besondere Befriedigungs- und Interessenrangfolge, die nur bei Vorliegen der insolvenzspezifischen Tatumstände gilt, sondern Ausfluss der allgemeinen *Absolute Priority Rule*. Schließlich ist § 245 Abs. 1 Nr. 2 i.V.m. Abs. 2 Nr. 2, Nr. 3 InsO (unmittelbarer) Ausfluss der *Absolute Priority Rule*. Der Norm ist der Grundsatz zu entnehmen, dass in Restrukturierungssituationen eine Pflicht der *Stakeholder* zur Zustimmung zu Verträgen besteht, die die Befriedigungsrangfolge exakt abbilden.

59. Die Interessen der Kapitalgeber stehen jedoch nicht in einem ständigen Konflikt, so dass die *Absolute Priority Rule* im „Normalfall" keine Auswirkungen zeitigt. Ein Interessenwiderstreit ergibt sich vornehmlich nur in bestimmten Konfliktsituationen. Diesen Situationen, die sowohl innerhalb als auch außerhalb einer Krise vorliegen können, ist gemein, dass die Geschäftsleitung entweder nur die Interessen der einen oder der anderen Kapitalgebergruppe verfolgen kann. Es gibt jedoch keinen fest fixierten Zeitpunkt für eine Änderung des unternehmerischen Handelns der Geschäftsleitung. Als Orientierungshilfe können allerdings diejenigen Kapitalverhältnisse herangezogen werden, die ein saniertes Unternehmen i.S. eines IDW S6-Gutachtens aufweisen sollte. Weist eine Gesellschaft eine entsprechende Kapitalstruktur auf, dann ist in der Regel gewährleistet, dass die Sicherungsinteressen der Fremdkapitalgeber vollständig befriedigt sind. Die Geschäftsleitung trifft daher die Pflicht, zum einen solche Kapital- und Vermögensverhältnisse – im Falle deren Nichtvorliegens – wiederherzustellen, zum anderen, diese zu erhalten.

60. Die sich aus den §§ 93 Abs. 1 AktG, 43 Abs. 1 GmbHG ergebende Pflicht der Geschäftsleitung, im Interesse der vorrangigen Fremdkapitalgeber dafür zu sorgen, dass die Gesellschaft stets eine Kapitalstruktur aufweist, die derjenigen eines sanierten Unternehmens i.S. eines IDW S6-Gutachtens entspricht, konkretisiert sich in Restrukturierungssituationen zur Pflicht, ein Restrukturierungskonzept zu entwickeln und dieses mit den verschiedenen Kapitalgebern der Gesellschaft zu verhandeln. Dabei kann sie die Pflicht treffen, auf die verschiedenen *Stakeholder*, insbesondere auf die (restrukturierungsunwilligen) Eigenkapitalgeber und (nachrangigen) Fremdkapitalgeber, einzuwirken. Darüber hinaus ist die Geschäftsleitung aufgrund ihrer sich aus den §§ 93 Abs. 1 AktG, 43 Abs. 1 GmbHG ergebenden Pflicht, ihr Handeln stets am Wohle der Gesellschaft auszurichten, verpflichtet, eine Restrukturierungsvereinbarung abzuschließen und umzusetzen, die die *Absolute Priority Rule* reflektiert. Die Geschäftsleitung hat allerdings die Befugnis, eine Restrukturierungsvereinbarung abzuschließen und umzusetzen, die zwar der *Absolute*

Priority Rule zuwiderläuft, jedoch dennoch von allen Kapitalgebern befürwortet wird. Die Geschäftsleitung kann in Restrukturierungssituationen auch die Pflicht treffen, die Restrukturierung mithilfe ausländischer Sanierungsinstrumente, wie beispielsweise einem *Company Voluntary Agreement* (CVA) oder einem *Scheme of Arrangement* (SoA) nach englischem Recht, durchzuführen, mithin die Restrukturierung bzw. Teile hiervon einer ausländischen Jurisdiktion zu unterwerfen und hierfür den Sitz bzw. den Mittelpunkt der hauptsächlichen Interessen (*Centre of Main Interests* (*CoMI*)) i.S.d. Art 3 EuInsVO ins Vereinigte Königreich zu verlagern. Schließlich kann sie die Pflicht zur Herbeiführung eines Insolvenzgrundes und zur Insolvenzantragsstellung treffen. Dies insbesondere dann, wenn absehbar ist, dass nachrangige Kapitalgeber aufgrund fehlender wirtschaftlicher Anreize einer außergerichtlichen Restrukturierungsvereinbarung nicht zustimmen werden. Dann kann sie im Unternehmensinteresse, d.h. im Interesse vorrangiger Fremdkapitalgeber, aufgrund der §§ 93 Abs. 1 AktG, 43 Abs. 1 GmbHG verpflichtet sein, ein Insolvenzplanverfahren, ggf. als (vorläufiges) Eigenverwaltungsverfahren nach den §§ 270, 270a, 270b, herbeizuführen, um dort die dissentierenden Kapitalgebergruppen mithilfe des *Cram Down*-Mechanismus des § 245 InsO überstimmen zu können. Das der Geschäftsleitung grundsätzlich hierbei zustehende Ermessen kann sich zur Legalitätspflicht verengen. Der Restrukturierungsvereinbarung kann in einem solchen Fall die Funktion eines *Plan Support Agreements* zukommen.

61. Die Gesellschafter trifft ebenso die Pflicht zur Zustimmung zu einer Restrukturierungsvereinbarung, die die *Absolute Priority Rule* einhält. Dies ergibt sich aus dem bei Gewährung des Eigenkapitals sowohl gegenüber der Gesellschaft als auch gegenüber den anderen Kapitalgebern abgegebenem Versprechen der Gesellschafter, das Unternehmensinteresse zu fördern, d.h. dafür Sorge zu tragen, dass zunächst die Sicherungsinteressen der Fremdkapitalgeber und erst dann die Wertsteigerungsinteressen der Eigenkapitalgeber verfolgt und befriedigt werden. Die in Rechtsprechung und Literatur entwickelte gesellschaftsrechtliche Treuepflicht ist nach hier vertretener Auffassung als Konsequenz bzw. Ausfluss desjenigen Teils der *Absolute Priority Rule* zu begreifen, der die Gesellschafter als Eigenkapitalgeber betrifft. Sofern die Gesellschaft in eine krisenhafte Lage gerät, verdichtet sich aufgrund der Treuepflicht die Bindung der Gesellschafter. Die Zustimmungspflicht der Gesellschafter zu einer Restrukturierungsvereinbarung, die die *Absolute Priority Rule* reflektiert, ergibt sich daher letztendlich aus der gesellschaftsrechtlichen Treuepflicht. Die *Absolute Priority Rule* ist wiederum durch die Chancen- und Risikoverteilung bei Eigen- und Fremdkapitalinvestitionen begründet. Die Gesellschafter haben daher aufgrund der gesellschaftsrechtlichen Treuepflicht im hier verstandenen Sinne dafür Sorge zu tragen, dass zunächst die Sicherungsinteressen der Gläubiger befriedigt werden, d.h. dafür Sorge zu tragen, dass der im Vergleich zu einer Liquidation bei einer außergerichtlichen Restrukturierung entstehende Mehrwert zunächst den Gläubigern zugeteilt wird. Letztlich wird dieses Ergebnis auch durch die Rechtsprechung des BGH gestützt. Bei Vorliegen eines *Equity Subordination Agreements* – dies ist insbesondere bei internationalen, zu restrukturierenden Konsortialfinanzierungen der Fall – ist ein Rückgriff auf die

gesellschaftsrechtliche Treuepflicht allerdings nicht erforderlich. Denn Gesellschafter, die sich einem *Equity Subordination Agreement* unterwerfen, manifestieren ausdrücklich (und vor allem auch schriftlich) den Willen, dass ihre Interessen erst dann berücksichtigt werden, wenn diejenigen vorrangiger Kapitalgeber vollständig befriedigt wurden.

62. Da in insolvenznahen Restrukturierungssituationen die gleichen ökonomischen Gegebenheiten vorliegen können wie innerhalb eines Insolvenzverfahrens und ein Insolvenzplan ebenso wie eine Restrukturierungsvereinbarung ein privatautonomes mehrseitiges Rechtsgeschäft darstellt, das lediglich unter besonderen, der starken Beeinträchtigung der Gläubigerinteressen in einer Insolvenz Rechnung tragenden Verfahrens- und Schutzvorschriften zustande kommt, ist die Wertung des § 245 InsO auch auf außergerichtliche Restrukturierungsvereinbarungen zu übertragen. Dies scheint umso angebrachter zu sein, wenn man berücksichtigt, dass es sowohl bei einem Insolvenzplan als auch bei einer Restrukturierungsvereinbarung zum gleichen Obstruktionsverhalten nachrangiger Kapitalgeber, wie etwa Gesellschaftern, kommen kann. Die ökonomische Interessenlage ist bei Restrukturierungen außerhalb und innerhalb einer Insolvenz in aller Regel dieselbe. Daher kann aus § 245 Abs. 1 Nr. 2 i.V.m. Abs. 3 InsO die gesetzliche Pflicht der Gesellschafter abgeleitet werden, einer Restrukturierungsvereinbarung zuzustimmen, sofern sie die *Absolute Priority Rule* exakt reflektiert. Konsequenz der analogen Anwendbarkeit von § 245 Abs. 1 Nr. 2 i.V.m. Abs. 3 InsO ist letzten Endes, dass Gesellschafter – neben den vorrangigen Fremdkapitalgebern – immer dann an einer potentiellen Wertaufholung des restrukturierten Unternehmens partizipieren dürfen, wenn sie bereit sind, dem Unternehmen wirtschaftliche Werte zukommen zu lassen.

63. Da in aller Regel eine Gesellschaft bzw. Unternehmensgruppe nicht allein durch einzelne Restrukturierungsmaßnahmen saniert werden kann, hierzu vielmehr ein in sich geschlossenes und aufeinander abgestimmtes Restrukturierungs- und Sanierungskonzept vonnöten ist, haben die Gesellschafter aufgrund ihrer Verpflichtung, stets das aggregierte Kapitalinteresse aller Kapitalgeber, mithin das Unternehmensinteresse zu fördern, ein Restrukturierungskonzept zu entwickeln sowie anschließend auf eine vertragliche Grundlage zu stellen, das zum einen geeignet ist, die Gesellschaft bzw. Unternehmensgruppe in absehbarer Zeit wieder wettbewerbsfähig zu machen, zum anderen den prognostizierten, auf Grundlage des Restrukturierungskonzepts zu generierenden Mehrwert gemäß der *Absolute Priority Rule* verteilt. Die Gesellschafter haben aufgrund der gesellschaftsrechtlichen Treuepflicht bzw. aufgrund des *Equity Subordination Agreements* alles in ihrer Macht stehende zu tun, um zunächst die vorrangigen Sicherungsinteressen der Gläubiger zu befriedigen. Liegt ein Entwurf zu einer Restrukturierungsvereinbarung vor und wird der auf Grundlage des in der Vereinbarung festgelegten Restrukturierungskonzepts zu generierende wirtschaftliche Mehrwert gemäß der *Absolute Priority Rule* verteilt, dann sind die (Alt-)Gesellschafter aufgrund der gesellschaftsrechtlichen Treuepflicht bzw. möglicherweise aufgrund eines vorrangig zu berücksichtigenden *Equity Subordination Agreements* verpflichtet, eine

solche Restrukturierungsvereinbarung abzuschließen sowie das in ihr rechtsverbindlich festgelegte Konzept umzusetzen.

64. Ebenso wie die Gesellschafter sind auch die Gläubiger aufgrund ihres mit Kapitalgewährung gegenüber der Gesellschaft sowie gegenüber den anderen Kapitalgebern, einschließlich der Gesellschafter, abgegebenen Versprechens, das aggregierte Gesellschaftsinteresse zu wahren und zu fördern, zur Zustimmung zu einer außergerichtlichen Restrukturierungsvereinbarung verpflichtet, sofern diese die *Absolute Priority Rule* widerspiegelt. Außergerichtliche Restrukturierungen sind aufgrund der Obstruktion nachrangiger Gläubiger sowie aufgrund der diese Obstruktion nicht unterbindenden Akkordstörer-Rechtsprechung des BGH nicht unerheblich gefährdet. Nach hier vertretener Auffassung ergibt sich jedoch eine Zustimmungspflicht nachrangiger Gläubiger, an einem Restrukturierungskonzept, das zur Wiederherstellung des *going concerns* geeignet ist, mitzuwirken bzw. dieses nicht zu obstruieren, vorausgesetzt dieses Konzept spiegelt die Chancen- und Risikoverteilung aller Kapitalgeber, d.h. die *Absolute Priority Rule*, wider. Diese Pflicht ergibt sich letztlich auch für (nachrangige) Gläubiger aus der gesellschaftsrechtlichen Treuepflicht. Denn Gläubiger sind ebenso wie Gesellschafter als Investoren zu begreifen, deren Investition lediglich eine andere Chance- und Risikoverteilung zugrunde liegt. Nur den *Equity*-Investoren und nicht auch den *Debt*-Investoren gesellschaftsrechtliche Treuepflichten aufzuerlegen, erscheint nicht sachgerecht. Ferner kann sich die Zustimmungspflicht (nachrangiger) Gläubiger auch aus einem zwischen allen Kreditgebern und der Gesellschaft sowie ggf. weiterer Tochtergesellschaften abgeschlossenen *Intercreditor Agreement* ergeben.

65. Liegt kein *Intrecreditor Agreement* vor, ergibt sich die Zustimmungs- und Mitwirkungspflicht bzw. das Obstruktionsverbot (nachrangiger) Gläubiger nicht aufgrund rechtsgeschäftlicher Vereinbarung, sondern aufgrund Gesetzes. Eine Zustimmungspflicht der Gläubiger zu Restrukturierungsvereinbarungen, die die *Absolute Priority Rule* exakt widerspiegeln, kann auf eine Analogie zu § 245 Abs. 1 Nr. 2 i.V.m. Abs. 2 Nr. 2, Nr. 3 InsO gestützt werden. Der Gesetzgeber hat in dieser Vorschrift das Versprechen der Kapitalgeber aufgegriffen, zunächst die Interessen vorrangiger Fremd- und erst dann diejenigen nachrangiger Eigenkapitalgeber (und auch nachrangiger Fremdkapitalgeber) zu berücksichtigen, sofern es eine Chance auf Rettung des Unternehmens gibt, in dem sich die Kapitalgeber engagiert haben und diese Rettung für sie selbst nicht mit Nachteilen verbunden ist, die sie nicht auch im Falle der Zerschlagung des Unternehmens zu tragen hätten. Die Zustimmungspflicht beruht daher auf Gesetz und nicht auf Rechtsgeschäft. Konsequenz der analogen Anwendbarkeit von § 245 Abs. 1 Nr. 2 i.V.m. Abs. 2 Nr. 2, Nr. 3 InsO ist, dass neben den (tief) nachrangigen Gesellschaftern auch nachrangige Fremdkapitalgeber (*Junior Creditors*) – neben den vorrangigen Fremdkapitalgebern – immer dann an einer potentiellen Wertaufholung des restrukturierten Unternehmens partizipieren dürfen, wenn sie bereit sind, dem Unternehmen wirtschaftliche Werte zukommen zu lassen, wobei die Partizipation an der potentiellen Wertaufholung für nachrangige Gläubier entweder dadurch erfolgen kann, dass nicht nur den vorrangigen Fremdkapitalgebern (*Senior Creditors*), sondern auch

ihnen künftige Zahlungen versprochen werden, ihnen also ein höherer Barwert „ausgezahlt“ wird oder dadurch, dass sie an einer im Rahmen eines *Debt to Equity Swap* durchzuführenden Kapitalerhöhung teilnehmen dürfen, sie also die Möglichkeit haben, junge Aktien der restrukturierten Gesellschaft zu zeichnen, um so von deren *Upside* profitieren zu können.

66. Sind (nachrangige) Gläubiger im Sicherungsinteresse vorrangiger Kapitalgeber verpflichtet, einzelne zur Wiederherstellung des *going concerns* geeignete Restrukturierungsbeiträge zu leisten, dann sind sie grundsätzlich ebenso wie (nachrangige) Gesellschafter verpflichtet, die einzelnen Restrukturierungsmaßnahmen nicht zuletzt zur Schaffung von Rechts- und Transaktionssicherheit zu einem Ganzen zusammenzufügen und mit einer Restrukturierungsvereinbarung auf eine vertragliche Grundlage zu stellen. Liegt der Entwurf einer Restrukturierungsvereinbarung vor, der den durch das dort festgelegte Konzept generierten Mehrwert strikt nach der *Absolute Priority Rule* an die *Stakeholder* bzw. Kapitalgeber verteilt, dann sind nicht nur die Gesellschafter, sondern auch die (nachrangigen) Gläubiger verpflichtet, einer solchen Restrukturierungsvereinbarung zuzustimmen und in der Folge auch zu implementieren.

Literaturverzeichnis

Altmeppen, Holger: Die rätselhafte Haftung von Geschäftsführern für insolvenzbegründende „Zahlungen" an Gesellschafter, in: Festschrift für Uwe Hüffer zum 70. Geburtstag, herausgegeben von *Kindler*, Peter/*Koch*, Jens/*Ulmer*, Peter/*Winter*, Martin et al., München 2010; zitiert: *Altmeppen*, FS Hüffer

ders.: Das neue Recht der Gesellschafterdarlehen in der Praxis, in: NJW 2008, 3601 ff.

ders.: Zur Entstehung, Fälligkeit und Höhe des Verlustausgleichsanspruchs nach § 302 AktG, in: DB 1999, 2453 ff.

ders.: Anmerkung zum Urteil des BGH vom 20. März 1995 – II ZR 205/94 („Girmes") = ZIP 1995, 81, BGHZ 129, 136, 152, in: NJW 1995, 1739 ff.

Apfelbacher, Gabriele/*Kopp*, Thomas: Pflichtwandelanleihen als sonstiges (hybrides) Kernkapital, in: CFL 2011, 21 ff.

Arens, Tobias: Vertragliche Einflussrechte auf die Geschäftsführung des Vorstandes durch ein Business Combination Agreement – Eine aktienrechtliche Untersuchung am Beispiel eines Unternehmenszusammenschlusses im Wege eines öffentlichen Übernahmeverfahrens, Diss. Siegen 2013

Armbrüster, Christian: Anmerkung zum Urteil des BGH vom 19. Oktober 2009 – II ZR 240/08 = ZIP 2009, 2289 („Sanieren oder Ausscheiden"), in: EWiR 2009, 739 f.

Asimacopoulos, Kon/*Bickle*, Justin: European Debt Restructuring Handbook – leading case studies from the Post-Lehman Cycle, London 2013; zitiert: *Asimacopoulos/Bickle*, European Debt Restructuring Handbook

ders./*Kar*, Partha/*Powles*, Freddie: Court of Appeal in European Directories restructuring clarifies intercreditor release powers, in: Financier Worldwide Januar 2011, 50 f.

Assmann, Heinz-Dieter/*Pötzsch*, Thorsten/*Schneider*, Uwe H.: Wertpapiererwerbs- und Übernahmegesetz, Kommentar, 2. Aufl., Köln 2013; zitiert: Assmann/Pötzsch/Uwe H. Schneider/*Bearbeiter*

Bacina, Denis/*Redeker*, Rouven: „Sanieren oder Ausscheiden" – Die Treuepflicht des Gesellschafters in Sanierungsfällen – Zugleich Besprechung des BGH-Urteils vom 19.10.2009 – II ZR 240/08, DB 2009 S. 2596 („Sanieren oder Ausscheiden"), in: DB 2010, 996 ff.

Bachmann, Gregor/*Veil*, Rüdiger: Grenzen atypischer stiller Beteiligung an einer Aktiengesellschaft, in: ZIP 1999, 348 ff.

Bähr, Biner/*Landry*, Johannes: Anmerkung zum Urteil des BGH vom 6. Oktober 2005 – IX ZR 36/02, in: EWiR 2006, 87 f.

Banerjea, Nirmal Robert: Der Schutz von Übernahme- und Fusionsplänen – Überlegungen zur Zulässigkeit und Gestaltung sog. Deal-Protection-Abreden, in: DB 2003, 1489 ff.

Baumbach, Adolf/*Hueck*, Klaus J.: GmbH-Gesetz, 20. Aufl., München 2013; zitiert: Baumbach/Hueck/*Bearbeiter*, GmbHG

Baums, Theodor: Eigenkapital: Begriff, Aufgaben, Sicherung, in: ZHR 175 (2011), 160 ff.

ders.: Risiko und Risikosteuerung im Aktienrecht, in: ZGR 2011, 218 ff.

Bayer, Walter/*Lieder*, Jan: Darlehen der GmbH an Gesellschafter und Sicherheiten aus dem GmbH-Vermögen für Gesellschafterverbindlichkeiten – Besprechung der Entscheidung BGHZ 157, 72, in: ZGR 2005, 133 ff.

Becker, Bernhard/*Janker*, Bernd/*Müller*, Stefan: Die Optimierung des Risikomanagements als Chance für den Mittelstand, in: DStR 2004, 1578 ff.

Beck'sches Handbuch der AG, Gesellschaftsrecht, Steuerrecht, Börsengang, 2. Aufl., München 2009, herausgegeben von *Müller*, Welf/*Rödder*, Thomas; zitiert Müller/Rödder/*Bearbeiter* Beck'sches Handbuch AG

Bedkowski, Dorothea: Die Geschäftsleiterpflichten. Eine rechtsvergleichende Abhandlung zum deutschen und englischen Kapitalgesellschaftsrecht, Diss. Göttingen 2005

Beisel, Wilhelm/*Klumpp*, Hans-Herrmann: Der Unternehmenskauf. Gesamtdarstellung der zivil- und steuerrechtlichen Vorgänge einschließlich gesellschafts-, arbeits-, und kartellrechtlicher Fragen bei der Übertragung eines Unternehmens, 6. Aufl., München 2009; zitiert: Beisel/Klumpp/*Bearbeiter*, Der Unternehmenskauf

Bitter, Georg: Sanierung in der Insolvenz – Der Beitrag von Treue- und Aufopferungspflichten zum Sanierungserfolg, in: ZGR 2010, 147 ff.

Böcker, Philipp/*Poertzgen*, Christoph: Kausalität und Verschulden beim künftigen § 64 Satz 3 GmbHG, in: WM 2007, 1203 ff.

Bogenschütz, Eugen: Regresslose Schuldübernahme als Sanierungsinstrument, in: Die Unternehmensbesteuerung Ubg 2010, 407 ff.

Bork, Reinhard: Pflichten der Geschäftsführung in Krise und Sanierung, in: ZIP 2011, 101 ff.

ders.: Abschaffung des Eigenkapitalersatzrechts zugunsten des Insolvenzrechts?, in: ZGR 2007, 250 ff.

Brandi, Tim Oliver: Gewährleistungen durch die Aktiengesellschaft bei Anteilserwerb durch Kapitalerhöhung, in: NZG 2004, 600 ff.

Bredow, Günther M./*Sickinger*, Mirko/*Weinand-Härer*, Klaus/*Liebscher*, Finn-Michael: Rückkauf von Mittelstandsanleihen, in: BB 2012, 2134 ff.

ders./Vogel, Hans-Gert: Unternehmenssanierung und Restrukturierung von Anleihen – Welche Verbesserungen bringt das neue Schuldverschreibungsrecht?, in: ZBB 2008, 221 ff.

Bredthauer, Jürgen: Zum Anwendungsbereich des § 179a AktG, in: NZG 2008, 816 ff.

Brinkmann, Moritz: Wege aus der Insolvenz eines Unternehmens – oder: Die Gesellschafter als Sanierungshindernis, in: WM 2011, 97 ff.

Brünkmanns, Christian: Die Unternehmensakquisition über einen Kapitalschnitt im Insolvenzplanverfahren, in: ZIP 2014, 1857 ff.

Buchner, Herbert/*Schlobach*, Klaus: Die Auswirkung der Umwandlung von Gesellschaften auf die Rechtsstellung ihrer Organpersonen, in: GmbHR 2004, 1 ff.

Bürgers, Tobias/*Körber*, Torsten: Aktiengesetz, 3. Aufl., Heidelberg 2014; zitiert: Bürgers/Körber/*Bearbeiter*

Bungert, Hartwin/*Wansleben*, Till: Vertragliche Verpflichtung einer Aktiengesellschaft zur Nichtdurchführung einer Kapitalerhöhung, in: ZIP 2013, 1841 ff.

Bunting, Nikolaus: Das Früherkennungssystem des § 91 Abs. 2 AktG in der Prüfungspraxis – eine kritische Betrachtung des IDW PS 340, in: ZIP 2012, 357 ff.

Buth, Andrea K./*Herrmanns*, Michael: Restrukturierung, Sanierung, Insolvenz, 4. Aufl., München 2014; zitiert: Buth/Herrmanns/*Bearbeiter*, Restrukturierung, Sanierung, Insolvenz

Cahn, Andreas: Das Zahlungsverbot nach § 92 Abs. 2 Satz 3 AktG – aktien- und konzernrechtliche Aspekte des neuen Liquiditätsschutzes, in: Der Konzern 2010, 7 ff.

ders.: Das richterrechtliche Verbot der Kreditvergabe an Gesellschafter und seine Folgen, in: Der Konzern 2004, 235 ff.

Danielewsky, Mike/*Dettmar*, Jasmin Isabel: Instrumente der Vertragsgestaltung zur Übertragung akzessorischer Sicherheiten im Rahmen von Konsortialkreditverträgen, in: WM 2008, 713 ff.

Dauner-Lieb, Barbara: Die Existenzvernichtungshaftung als deliktische Innenhaftung gemäß § 826 BGB – Besprechung der Entscheidung BGH DStR 2007, 1586 (Trihotel), in: ZGR 2008, 34 ff.

Decher, Christian E.: Das Business Combination Agreement – ein verdeckter Beherrschungsvertrag oder sonstiger strukturändernder Vertrag?, in: Festschrift für Uwe Hüffer zum 70. Geburtstag, herausgegeben von *Kindler*, Peter/*Koch*, Jens/*Ulmer*, Peter/*Winter*, Martin et al., München 2010; zitiert: *Decher*, FS Hüffer

ders./Voland, Thomas: Kapitalschnitt und Bezugsrechtsausschluss im Insolvenzplan – Kalte Enteignung oder Konsequenz des ESUG?, in: ZIP 2013, 103 ff.

DeFranceschi, Daniel J.: Delaware Bankruptcy Court Announces Brightline Rule for Use of Lock-up Agreements in Chapter 11 Cases, in: ABI Journal 2003, 16 ff.

DellaCasa, Thomas/*Rechsteiner*, Mark/*Lehman*, Ayako: Hedge Fund investing in distressed securities – Capturing the unique value created by corporate and economic turnarounds, April 2008, Research, Analysis and Strategy Group, Man Investments; zitiert: *DellaCasa/Rechsteiner/Lehman*, Hedge Fund investing in distressed securities

Diem, Andreas: Akquisitionsfinanzierungen – Kredite für Unternehmenskäufe, 3. Aufl., München 2013; zitiert: *Diem* Akquisitionsfinanzierungen

Dreher, Meinrad: Nicht delegierbare Geschäftsleiterpflichten, in: Festschrift für Klaus J. Hopt zum 70. Geburtstag am 24. August 2010, herausgegeben von *Grundmann*, Stefan/*Haar*, Brigitte/*Merkt*, Hanno/et al., Berlin 2010; zitiert: *Dreher*, FS Hopt, 2010

Ederle, Anton: Der verdeckte Beherrschungsvertrag als konzernrechtliches Haftungsinstrument, in: AG 2010, 273 ff.

ders.: Verdeckte Beherrschungsverträge, Diss. Tübingen 2009

Eidenmüller, Horst: Strategische Insolvenz: Möglichkeiten, Grenzen, Rechtsvergleichung, in: ZIP 2014, 1197 ff.

ders.: Leveraged Buyouts und die Effizienz des deutschen Restrukturierungsrechts, in: ZIP 2007, 1729 ff.

ders.: Die GmbH im Wettbewerb der Rechtsformen, in: ZGR 2007, 168 ff.

ders.: Finanzkrise, Wirtschaftskrise und das deutsche Insolvenzrecht. Vortrag, gehalten vor der Juristischen Gesellschaft zu Berlin am 10. Juni 2009, Berlin 2009; zitiert: *Eidenmüller*, Finanzkrise, Wirtschaftskrise und das deutsche Insolvenzrecht (2009)

ders.: Verfahrenskoordination bei Konzerninsolvenzen, in: ZHR 169 (2005), 528 ff.

ders.: Unternehmenssanierung zwischen Markt und Gesetz. Mechanismen der Unternehmensreorganisation und Kooperationspflichten im Reorganisationsrecht, Köln 1999; zitiert: *Eidenmüller*, Unternehmenssanierung zwischen Markt und Gesetz, 1999

ders.: Der Insolvenzplan als Vertrag, in: Jahrbuch für Neue Politische Ökonomie Band 15, Tübingen 1996; zitiert: *Eidenmüller*, Der Insolvenzplan als Vertrag, Jahrbuch für Politische Ökonomie, 1996

ders.: Die Banken im Gefangenendilemma – Kooperationspflichten und Akkordstörungsverbot im Sanierungsrecht, in: ZHR 160 (1996), 343 ff.

ders./*Frobenius*, Tilmann: Die internationale Reichweite eines englischen Scheme of Arrangement, in: WM 2011, 1210 ff.

ders./*Engert*, Andreas: Reformperspektiven einer Umwandlung von Fremd- in Eigenkapital (Debt-Equity Swap) im Insolvenzplanverfahren, in: ZIP 2009, 541 ff.

Eilers, Stephan: Der Debt Equity Swap – Eine Sanierungsmaßnahme für unternehmerische Krisensituationen, in: GWR 2009, 3 ff.

ders./Koffka, Matthias/*Mackensen*, Marcus: Private Equity. Unternehmenskauf, Finanzierung, Restrukturierung, Exitstrategien, 2. Aufl., München 2012; zitiert: Eilers/Koffka/Mackensen/*Bearbeiter*, Private Equity

Emmerich, Volker/*Habersack*, Mathias: Aktien- und GmbH-Konzernrecht, 7. Aufl., München 2013; zitiert: Emmerich/Habersack/*Bearbeiter*, Aktien- und GmbH-Konzernrecht

Engert, Andreas: Die Wirksamkeit des Gläubigerschutzes durch Nennkapital – Überprüfung anhand von Daten der Creditreform Rating AG und weiteren Rechtstatsachen, in: GmbHR 2007, 337 ff.

ders.: Kreditgewährung an GmbH-Gesellschafter und bilanzorientierter Kapitalschutz – Ökonomische Begründbarkeit der BGH-Rechtsprechung und Zukunft des Cash Pooling, in: BB 2005, 1951 ff.

Eschenbruch, Klaus: Konzernhaftung – Haftung der Unternehmen und der Manager, Düsseldorf 1996; zitiert: *Eschenbruch* Konzernhaftung

Exner, Werner: Beherrschungsvertrag und Vertragsfreiheit – Ein Beitrag zur Gestaltung des aktienrechtlichen Beherrschungsvertrages, Diss. Göttingen 1983

Feddersen, Dieter: Nochmals – Die Pflichten des Vorstands zur Unternehmensplanung, in: ZGR 1993, 114 ff.

Feldhaus, Heiner: Der Verkauf von Unternehmensteilen einer Aktiengesellschaft und die Notwendigkeit einer außerordentlichen Hauptversammlung, in: BB 2009, 562 ff.

Fischer, Curt Eduard: Die Reform des Aktienrechts: Grundsätzliche Gesichtspunkte und einige Vorschläge für die Neufassung, in: AcP 154 (1955), 181 ff.

Fischer, Roben: Zulässigkeit und Wirkung von Abstimmungsvereinbarungen, in: GmbHR 1953, 65 ff.

Fleck, Hans-Joachim: Der Grundsatz der Kapitalerhaltung – seine Ausweitung und seine Grenzen, in: Festschrift 100 Jahre GmbHG, herausgegeben von *Lutter*, Marcus/*Ulmer*, Peter/*Zöllner*, Wolfgang, Köln 1992; zitiert: *Fleck*, FS 100 Jahre GmbHG, 1992

Fleischer, Holger: Die Unveräußerlichkeit der Leitungsmacht im deutschen, englischen und US-amerikanischen Aktienrecht, in: Unternehmensrecht zu Beginn des 21. Jahrhunderts – Festschrift für Eberhard Schwark zum 70. Geburtstag, herausgegeben von *Grundmann*, Stefan/*Kirchner*, Christian/*Raiser*, Thomas/et al., München 2009; zitiert: *Fleischer* FS Schwark

ders.: Zulässigkeit und Grenzen von Vereinbarungen im Aktien- und Kapitalmarktrecht, in: AG 2009, 345 ff.

ders.: Aktuelle Entwicklungen der Managerhaftung, in: NJW 2009, 2337 ff.

ders.: Der Zusammenschluss von Unternehmen im Aktienrecht – Aktienrechtliche Problemfelder bei M&A-Transaktionen, in: ZHR 172 (2008) 538 ff.

ders.: Handbuch des Vorstandsrechts, 1. Aufl., München 2006; zitiert: Fleischer/*Bearbeiter*, Handbuch des Vorstandrechts

ders.: Reichweite und Grenzen der unbeschränkten Organvertretungsmacht im Kapitalgesellschaftsrecht, in: NZG 2005, 529 ff.

ders.: Zur Leitungsaufgabe des Vorstands im Aktienrecht, in: ZIP 2003, 1 ff.

Florstedt, Tim: Neue Wege zur Sanierung ohne Insolvenz – Ulrich Seibert zu seinem 60. Geburtstag am 8. August 2014 gewidmet, in: ZIP 2014, 1513 ff.

Flume, Werner: Die Rechtsprechung des II. Zivilsenats des BGH zur Treupflicht des GmbH-Gesellschafters und des Aktionärs, in: ZIP 1996, 161 ff.

ders.: Allgemeiner Teil des Bürgerlichen Rechts: Erster Band Zweiter Teil, Die juristische Person, Berlin, Heidelberg, New York, Tokyo 1983; zitiert: *Flume*, Die juristische Person, 1983

ders.: Der Gesellschafter und das Vermögen der Kapitalgesellschaft und die Problematik der verdeckten Gewinnausschüttung, in: ZHR 144 (1980) 18 ff.

Förl, Thomas: Die Absicherung von Neukonsorten in Share Pledge Agreements, in: RNotZ 2007, 433 ff.

Fox, Thomas/*Scheidle*, Andreas: Steuerliche Aspekte von Gestaltungsmaßnahmen in der Krise, in: GWR 2009, 51 ff.

Frankfurter Kommentar zum Schuldverschreibungsgesetz, herausgegeben von *Friedl*, Marcus J./*Hartwig-Jacob*, Mauricio, Frankfurt 2013; zitiert: FK-SchVG/*Bearbeiter*

Fuchs, Andreas: Selbständige Optionsscheine als Finanzierungsinstrument der Aktiengesellschaft, in: AG 1995, 433 ff.

Füser, Karsten/*Gleißner*, Werner/*Meier*, Günter: Risikomanagement (KonTraG) – Erfahrungen aus der Praxis, in: DB 1999, 753 ff.

Ganter, Hans Gerhard: Vorsatzanfechtung nach fehlgeschlagener Sanierung, in: WM 2009, 1441 ff.

Gehb, Jürgen/*Heckelmann*, Martin: Haftungsfreistellung von Vorständen, in: ZRP 2005, 145 ff.

ders.: Die Existenzvernichtungshaftung im Wandel der Rechtsprechung, in: WM 2008, 761 ff.

Gehrlein, Markus: Das Eigenkapitalersatzrecht im Wandel seiner gesetzlichen Kodifikationen, in: BB 2011, 3 ff.

ders.: Die Behandlung von Gesellschafterdarlehen durch das MoMiG, in: BB 2008, 846 ff.

ders.: Der aktuelle Stand des neuen GmbH-Rechts, in: Der Konzern 2007, 771 ff.

Geibel, Stephan/*Süßmann*, Rainer: Wertpapiererwerbs- und Übernahmegesetz: WpÜG – Kommentar, 2. Aufl., München 2008; zitiert: Geibel/Süßmann/*Bearbeiter*

Goette, Wulf: Neue aktienrechtliche Rechtsprechung des II. Zivilsenats des Bundesgerichtshofes, in: DStR 2009, 2602 ff.

ders.: Wo steht der BGH nach „Centros" und „Inspire Art"?, in: DStR 2005, 197 ff.

ders.: Leitung, Aufsicht, Haftung – zur Rolle der Rechtsprechung bei der Sicherung einer modernen Unternehmensführung, in: Festschrift aus Anlass des fünfzigjährigen Bestehens von Bundesgerichtshof, Bundesanwaltschaft und Rechtsanwaltschaft beim Bundesgerichtshof, herausgegeben von *Geiß*, Karlmann/*Nehm*, Kay/*Brandner*, Hans Erich/*Hagen*, Horst, Köln, Berlin, Bonn, München 2000; zitiert: *Goette*, FS 50 Jahre BGH

Götz, Heinrich: Das Risikofrüherkennungssystem des § 91 II AktG in rechtlicher Sicht, in: NJW-Sonderheft für H. Weber 2001, 21 ff.

ders.: Die Überwachung der Aktiengesellschaft im Lichte jüngerer Unternehmenskrisen, in: AG 1995, 337 ff.

Götz, Jürgen: Der Entherrschungsvertrag im Aktienrecht, Diss. Frankfurt am Main 1991

Gottwald, Peter: Insolvenzrechts-Handbuch, 4. Aufl., München 2010; zitiert: Gottwald/*Bearbeiter*, Insolvenzrechts-Handbuch

Graf-Schlicker, Marie-Luise: InsO – Kommentar zur Insolvenzordnung, 4. Aufl., Köln 2014; zitiert: Graf-Schlicker/*Bearbeiter*, InsO

Greulich, Sven/*Rau*, Thomas: Zur partiellen Insolvenzverursachungshaftung des GmbH-Geschäftsführers nach § 64 S. 3 GmbHG-RegE, in: NZG 2008, 284 ff.

Grigoleit, Hans Christoph: Aktiengesetz – Kommentar, München 2013; zitiert: Grigoleit/*Bearbeiter* AktG

ders.: Gesellschafterhaftung für interne Einflussnahme im Recht der GmbH – Dezentrale Gewinnverfolgung als Leitprinzip des dynamischen Gläubigerschutzes, München 2006; zitiert: *Grigoleit*, Gesellschafterhaftung

Grobecker, Wolfgang: Der Teilbeherrschungsvertrag, in: DStR 2002, 1953 ff.

Groß, Paul Josef: Sanierung durch Fortführungsgesellschaften – Der Weg von der Sanierungsprüfung bis zur Konstituierung und finanziellen Entlastung der Fortführungsgesellschaft in betriebswirtschaftlicher, rechtlicher und steuerlicher Hinsicht, 2. Aufl., Köln 1988; zitiert: *Groß* Sanierung durch Fortführungsgesellschaften

Großkommentar zum Aktiengesetz, herausgegeben von *Hopt*, Klaus J./*Wiedemann*, Herbert, 4. Aufl., Berlin, New York 1992 ff., zitiert: GroßkommAktG-*Bearbeiter*

Guski, Roman: Rechtsprechung auf Irrwegen: Zur Funktion des § 133 Abs. 1 InsO – Zugleich Anmerkung zu BGH, Urt. v. 20.11.2008 = WM 2009, 274, in: WM 2009, 1071 ff.

Haas, Ulrich: Das neue Eigenkapitalersatzrecht nach dem RegE-MoMiG, in: ZInsO 2007, 617 ff.

Habersack, Mathias: Trihotel – Das Ende der Debatte? Überlegungen zur Haftung für schädigende Einflussnahme im Aktien- und GmbH-Recht, in: ZGR 2008, 533 ff.

ders.: Gesellschafterdarlehen nach MoMiG: Anwendungsbereich, Tatbestand und Rechtsfolgen der Neuregelung, in: ZIP 2007, 2145 ff.

ders.: Grenzen der Mehrheitsherrschaft in Stimmrechtskonsortien, in: ZHR 164 (2000), 1 ff.

ders./Mülbert, Peter O./*Schlitt*, Michael: Unternehmensfinanzierung am Kapitalmarkt, 3. Aufl., Köln 2013; zitiert: Habersack/Mülbert/Schlitt/*Bearbeiter* Unternehmensfinanzierung am Kapitalmarkt

ders./Schürnbrand, Jan: Cash Management und Sicherheitenbestellung bei AG und GmbH im Lichte des richterrechtlichen Verbots der Kreditvergabe an Gesellschafter, in: NZG 2004, 689 ff.

Häsemeyer, Ludwig: Obstruktion gegen Sanierungen und gesellschaftsrechtliche Treupflichten, in: ZHR 160 (1996), 109 ff.

Hamburger Kommentar zum Insolvenzrecht, InsO, EUInsVO, InsVV, VbrInsVV, Insolvenzstrafrecht, herausgegeben von *Schmidt*, Andreas, 5. Aufl., Köln 2015; zitiert: HamKommInsO-*Bearbeiter*

Handelsrechtsausschuss des DAV: Stellungnahme zum Referentenentwurf eines Gesetzes zur Modernisierung des GmbH-Rechts und zur Bekämpfung von Missbräuchen (MoMiG), in: NZG 2007, 211 ff.

Harner, Michelle M.: Activist Distressed Debtholders: The New Barbarians at the Gate? (2011), Volume 89/Issue 1, Washington University Law Review 155

dies./Griffin, Jamie Marincic/*Ivey-Crickenberger*, Jennifer-Lynn: Activist Investors, Distressed Companies, and Value Uncertainty (2014), American Bankruptcy Institute Law Review, Volume 22, 2014, p. 167–194, University of Maryland Legal Studies Research Paper No. 2013–62

Hemeling, Peter: Organisationspflichten des Vorstands zwischen Rechtspflicht und Opportunität, in: ZHR 175 (2011) 368 ff.

Henssler, Martin/*Strohn*, Lutz: Gesellschaftsrecht. BGB, HGB, PartGG, GmbHG, AktG, GenG, UmwG, InsO, AnfG, IntGesR, 2. Aufl., München 2014; zitiert: Henssler/Strohn/*Bearbeiter* Gesellschaftsrecht

Hentzen, Matthias: Der Entherrschungsvertrag im Aktienrecht, in: ZHR 157 (1993), 65 ff.

Henze, Hartwig: Leitungsverantwortung des Vorstands – Überwachungspflicht des Aufsichtsrats, in: BB 2000, 209 ff.

ders.: Treupflichten der Gesellschafter im Kapitalgesellschaftsrecht, in: ZHR 162 (1998), 186 ff.

Henzler, Jörg: Haftung der GmbH-Gesellschafter wegen Existenzvernichtung, Diss. Heidelberg 2008

Herrmann, Marcus: Zivilrechtliche Abwehrmaßnahmen gegen unfreundliche Übernahmeversuche in Deutschland und Großbritannien. Eine rechtsvergleichende Untersuchung unter Berücksichtigung des künftigen europäischen Rechts, Diss. Münster 1992

Herwig, Michael: Leitungsautonomie und Fremdeinfluss – Zulässigkeit und Grenzen vertraglicher Einflussnahmemöglichkeiten auf Leitungsentscheidungen des Vorstands einer Aktiengesellschaft, Diss. Mainz 2012

Heß, Dominik: Investorenvereinbarungen: Eine Untersuchung der aktien- und übernahmerechtlichen Zulässigkeit und Schranken von Vereinbarungen zwischen Investor und Aktiengesellschaft, Diss. München 2014

Hinsch, Christian L./*Horn*, Norbert: Das Vertragsrecht der internationalen Konsortialkredite und Projektfinanzierungen, Berlin, New York 1985; zitiert: *Hinsch/Horn*, Das Vertragsrecht der internationalen Konsortialkredite und Projektfinanzierungen

Hirte, Heribert: Kapitalgesellschaftsrecht, 7. Aufl., Köln 2012; zitiert: *Hirte* Kapitalgesellschaftsrecht

ders.: Die „Große GmbH-Reform" – Ein Überblick über das Gesetz zur Modernisierung des GmbH-Rechts und zur Bekämpfung von Missbräuchen (MoMiG), in: NZG 2008, 761 ff.

ders./Schall, Alexander: Zum faktischen Beherrschungsvertrag, in: Der Konzern 2006, 243 ff.

Hölters, Wolfgang: Aktiengesetz – Kommentar, 2. Aufl., München 2014; zitiert: Hölters/*Bearbeiter* Aktiengesetz

Hölzle, Gerrit: Gesellschafterfremdfinanzierung und Kapitalerhaltung im Regierungsentwurf des MoMiG, in: GmbHR 2007, 729 ff.

Hoenig, Klaus Marinus/*Sprado*, Christopher: „Best-Efforts"-Klauseln in Unternehmenskaufverträgen unter deutschem Vertragsstatut, in: NZG 2014, 688 ff.

Hofert, Sebastian/*Möller*, Christian: GmbH-Finanzierung: Debt Mezzanine Swap – der bessere Debt Equity Swap für Unternehmen in der Krise, in: GmbHR 2009, 527 ff.

Hoffmann, Guido: Parallel Debt, in: WM 2009, 1452 ff.

Holler, Lorenz: Sanierung aus wichtigem Grund – Neues zur mehrheitlichen Vertragsänderung und Beschlusskontrolle in (Publikums-)Personengesellschaften – Im Anschluss an BGH, Urteil v. 19.10.2009 – II ZR 240/08 = ZIP 2009, 2289 – Sanieren oder Ausscheiden, in: ZIP 2010, 1678 ff.

Hommelhoff, Peter/*Hopt*, Klaus J./*v. Werder*, Axel: Handbuch Corporate Governance – Leitung und Überwachung börsennotierter Unternehmen in der Rechts- und Wirtschaftspraxis, 2. Aufl., Stuttgart 2010; zitiert: Hommelhoff/vonWerder/Hopt/*Bearbeiter*, Handbuch Corporate Governance

Hopt, Klaus J.: Übernahmen, Geheimhaltung und Interessenkonflikte: Probleme für Vorstände, Aufsichtsräte und Banken, in: ZGR 2002, 333 ff.

ders.: Aktionärskreis und Vorstandsneutralität, in: ZGR 1993, 534 ff.

Horn, Norbert: Unternehmerisches Ermessen und Vorstandshaftung nach § 93 AktG, in: Festschrift für Harm Peter Westermann zum 70. Geburtstag, herausgegeben von *Aderhold*, Lutz/*Grunewald*, Barbara/*Klingberg*, Dietgard/*Paefgen*, Walter G., Köln 2008; zitiert: *Horn*, FS Westermann, 2008

Hüffer, Uwe: Aktiengesetz, 11. Aufl., München 2014; zitiert: *Hüffer* Aktiengesetz

Hüttemann, Rainer: Der Entherrschungsvertrag im Aktienrecht. Zulässiges Gestaltungsinstrument oder Verstoß gegen die aktienrechtliche Kompetenzordnung? in: ZHR 156 (1992), 314 ff.

Jacobi, Ernst: Ein Beitrag zum Bezugsrecht der Aktionäre, in: Beiträge zum Wirtschaftsrecht, herausgegeben von *Klausing*, Friedrich/*Nipperdey*, Hans Carl/-*Nussbaum*, Arthur, Marburg 1931; zitiert: Klausing/Nipperdey/Nußbaum/*Jacobi*, Beiträge zum Wirtschaftsrecht

Jacoby, Florian: Zur Bedeutung des § 133 InsO im System der Insolvenzanfechtungsgründe, in: KTS 2009, 3 ff.

Jaffé, Michael: Insolvenzplan versus außergerichtliche Sanierung, in: Kölner Schrift zur Insolvenzordnung – Das neue Insolvenzrecht in der Praxis, herausgegeben vom Arbeitskreis für Insolvenz- und Schiedsgerichtswesen Köln e.V., 3. Aufl., Bonn 2009; zitiert: *Jaffé*, Kölner Schrift zur Insolvenzordnung

ders./Friedrich, Andreas: Verbesserung der Wettbewerbsfähigkeit des Insolvenzstandorts Deutschland, in: ZIP 2008, 1849 ff.

Jesch, Thomas A./*Striegel*, Andreas/*Boxberger*, Lutz: Rechtshandbuch Private Equity, München 2010; zitiert: Jesch/Striegel/Boxberger/*Bearbeiter*, Rechtshandbuch Private Equity

Joost, Detlev: Grundlagen und Rechtsfolgen der Kapitalerhaltungsregeln in der GmbH, in: ZHR 148 (1984), 27 ff.

ders.: Kapitalbegriff und Reichweite der Bindung des aufgebrachten Vermögens in der GmbH, in: GmbHR 1983, 285 ff.

Kallmeyer, Harald: Pflichten des Vorstands der Aktiengesellschaft zur Unternehmensplanung, in: ZGR 1993, 104 ff.

Kampshoff, Matthias: Behandlung von Bankdarlehen in der Krise der GmbH, in: GmbHR 2010, 897 ff.

Keay, Andrew/*Adamopoulou*, Rodoula: Shareholder Value and UK Companies: A Positivist Inquiry, in: EBOR 2012, 1 ff.

Kessler, Alexander: OLG München: Rechtliche Einheit zwischen Business Combination Agreement und anschließendem Unternehmensvertrag, in: BB 2012, 412 ff.

ders./Rühle, Thomas: Die Restrukturierung von Anleihen in Zeiten des SchVG 2009 – Anmerkung zu OLG Schleswig – 2 W 82/13 und OLG Zweibrücken – 3 W 9/13, in: BB 2014, 907 ff.

Kiem, Roger: Investorenvereinbarungen im Lichte des Aktien- und Übernahmerechts, in: AG 2009, 301 ff.

Kienzle, Philipp: Verdeckte Beherrschungsverträge im Aktienrecht, Diss. Bayreuth 2010

Kiefner, Alexander: Investorenvereinbarungen zwischen Aktien- und Vertragsrecht, in: ZHR 178 (2014), 547 ff.

Kleindiek, Detlef: Geschäftsführerhaftung nach der GmbH-Reform, in: Festschrift für Karsten Schmidt zum 70. Geburtstag, herausgegeben von *Bitter*, Georg/*Lutter*, Marcus et al., Köln 2009; zitiert: *Kleindiek*, FS K. Schmidt 2009

ders.: Reform des gesellschaftsrechtlichen Gläubigerschutzes. Referat auf dem 66. Deutschen Juristentag (DJT) 2006, in: Ständige Deputation des DJT (Hrsg.), Verhandlungen des 66. DJT Stuttgart 2006, Bd. II/1, München 2006, S. P 45 ff.; zitiert: *Kleindiek*, Verhandlungen 66. DJT, 2006

ders.: Entstehung und Fälligkeit des Verlustausgleichsanspruchs im Vertragskonzern, in: ZGR 2001, 479 ff.

Klöhn, Lars: Interessenkonflikte zwischen Aktionären und Gläubigern der Aktiengesellschaft im Spiegel der Vorstandspflichten – Ein Beitrag zur Leitungsaufgabe des Vorstands gemäß § 76 AktG, in: ZGR 2008, 110 ff.

Knof, Béla: Die neue Insolvenzverursachungshaftung nach § 64 Satz 3 RegE-GmbHG (Teil I), in: DStR 2007, 1536 ff.

Knops, Kai-Oliver/*Bamberger*, Heinz Georg/*Maier-Reimer*, Georg: Recht der Sanierungsfinanzierung, Berlin Heidelberg 2005; zitiert: Knops/Bamberger/Maier-Reimer/*Bearbeiter*, Recht der Sanierungsfinanzierung, 2005

Kölner Kommentar zum AktG. Band 1 §§ 1 – 75 AktG, 3. Aufl., Köln 2012, Band 2 Teil 1 §§ 76 – 94 AktG, 3. Aufl., Köln 2009, Band 2 Teil 2 §§ 95 – 117, 3. Aufl., Köln 2012, Band 3 §§ 118 – 178 AktG, 3. Aufl., Köln 2004 ff., Band 4 §§ 179 – 240, 3. Aufl., Köln 2004, Band 5 Teil 3 §§ 241 – 249 AktG, 3. Aufl., Köln 2015, Band 6 §§ 291 – 393 und §§ 15 – 22 AktG, 3. Aufl., Köln 2004, herausgegeben von: *Zöllner*, Wolfgang/*Noack*, Ulrich; zitiert: KölnKommAktG-*Bearbeiter*

Kölner Kommentar zum WpÜG, 2. Aufl., Köln u.a. 2010; herausgegeben von *Hirte*, Heribert/*von Bülow*, Christoph; zitiert: KölnKommWpÜG-*Bearbeiter*

Kölner Schrift zur Insolvenzordnung – Das neue Insolvenzrecht in der Praxis, herausgegeben vom Arbeitskreis für Insolvenz- und Schiedsgerichtswesen, 3. Aufl., Köln 2009; zitiert: *Bearbeiter*, Kölner Schrift zur Insolvenzordnung

König, Ute: Business Combination Agreements in der Rechtsprechung im Fall W.E.T., in: NZG 2013, 452 ff.

König, Wolfgang: Zur Willensbildung im Stimmenpool, in: ZGR 2005, 417 ff.

Koppensteiner, Hans-Georg: Organisationsautonomie und Legitimationswirkungen im Recht der Unternehmensverträge, in: Festschrift für Claus-Wilhelm Canaris zum 70. Geburtstag, Band II, herausgegeben von *Heldrich*, Andreas/*Prölss*, Jürgen/*Koller*, Ingo/et al., München 2007; zitiert: *Koppensteiner*, FS Canaris, Bd. II 2007

Kort, Michael: Anwendung der Grundsätze der fehlerhaften Gesellschaft auf einen „verdeckten" Beherrschungsvertrag?, in: NZG 2009, 364 ff.

Krause, Hartmut: Business Combination Agreements im Spiegel der Rechtsprechung – Selbstbindungen der Zielgesellschaft und Organkompetenzen, in: CFL 2013, 192 ff.

ders.: Prophylaxe gegen feindliche Übernahmeangebote, in: AG 2002, 133 ff.

Krieger, Gerd/*Schneider*, Uwe H.: Handbuch Managerhaftung. Vorstand, Geschäftsführer, Aufsichtsrat. Pflichten und Haftungsfolgen. Typische Risikobereiche, 2. Aufl., Köln 2010; zitiert: Krieger/Uwe H. Schneider/*Bearbeiter*, Handbuch Managerhaftung

Kübler, Bruno/*Prütting*, Hanns/*Bork*, Reinhard: InsO – Kommentar zur Insolvenzordnung, Band I, Stand Juli 2015; zitiert: Kübler/Prütting/Bork/*Bearbeiter*, InsO

Kübler, Friedrich: Institutioneller Gläubigerschutz oder Kapitalmarkttransparenz?, in: ZHR 159 (1995), 550 ff.

Kuhn, Anja: Exklusivvereinbarungen bei Unternehmenszusammenschlüssen, Diss. Jena 2006

Lachnit, Laurenz/*Müller*, Stefan: Risikomanagement nach KonTraG und Prüfung des Systems durch den Wirtschaftsprüfer, in: Die deutsche Rechnungslegung und Wirtschaftsprüfung im Umbruch: Festschrift für Wilhelm Theodor Strobel zum 70. Geburtstag, herausgegeben von *Freidank*, Carl-Christian, München 2001; zitiert: *Lachnit/Müller*, FS Strobel, 2001

Landaw, Jared L./*Genkin*, Barry H./*Gottfried*, Keith E.: The Ten Elements of a Proxy Contest Settlement, in: ACC Docket, April 2008, 74 ff.

Lawall, Arne Christian: Die virtuelle Holding nach deutschem Aktienrecht, Diss. Frankfurt am Main 2005

Liebscher, Thomas: GmbH-Konzernrecht – Die GmbH als Konzernbaustein, München 2006; zitiert: *Liebscher* GmbH-Konzernrecht

Lieder, Jan: Die neue Existenzvernichtungshaftung – Zugleich Besprechung der Urteile des BGH vom 7.1.2008 – II ZR 314/05 und vom 13.12.2007 – IX ZR 116/06, in: DZWiR 2008, 145 ff.

Liese, Jens: Much Adoe About Nothing? In Anlehnung an William Shakespeare: Much adoe about Nothing, London (1600). Die Zuordnung der Protagonisten ist dem Leser überlassen. Oder: Ist der Vorstand einer Aktiengesellschaft verpflichtet, eine Compliance-Organisation zu implementieren?, in: BB Beilage 2008, Nr. 005, 17 ff.

Lim, Jongha: The Role of Activist Hedge Funds in Financially Distressed Firms (2013), Trulaske College of Business University of Missouri – Columbia

Loan Market Association: Senior Multicurrency Term and Revolving Facilities Agreement for Leveraged Acquisition Finance Transactions, Januar 2012; zitiert LMA Leveraged Finance Facility Agreement

Lohse, Andrea: Unternehmerisches Ermessen. Zu den Aufgaben und Pflichten von Vorstand und Aufsichtsrat, Tübingen 2005; zitiert: *Lohse* Unternehmerisches Ermessen

Lübbert, Hartmut: Abstimmungsvereinbarungen in den Aktien- und GmbH-Rechten der EWG-Staaten, der Schweiz und Großbritanniens, Diss Göttingen 1970

Lüke, Wolfgang/*Scherz*, Alexander: Zu den Wirkungen eines Solvent Scheme of Arrangement in Deutschland, in: ZIP 2012, 1101 ff.

Lürken, Sacha: Totgesagte leben länger – Neuer Anstoß aus Brüssel für die Einführung eines vorinsolvenzlichen Sanierungsverfahrens, in: NZI 2015, 3 ff.

Lutter, Marcus (Hrsg.): Umwandlungsgesetz, 5. Aufl., Köln 2014; zitiert: Lutter/*Bearbeiter*, UmwG

ders.: Treupflichten und ihre Anwendungsprobleme, in: ZHR 162 (1998), 164 ff.

ders.: Theorie der Mitgliedschaft, in: AcP 180 (1980), 84 ff.

ders./*Hommelhoff*, Peter: GmbH-Gesetz. Kommentar, 18. Aufl., Köln 2012; zitiert: Lutter/Hommelhoff/*Bearbeiter*

ders./*Grunewald*, Barbara: Zur Umgehung von Vinkulierungsklauseln in Satzungen von Aktiengesellschaften und Gesellschaften mbH, in: AG 1989, 109 ff.

ders./*Hommelhoff*, Peter/*Timm*, Wolfram: Finanzierungsmaßnahmen zur Krisenabwehr in der Aktiengesellschaft, in: BB 1980, 737 ff.

Lwowski, Hans-Jürgen/*Groeschke*, Peer: Die Konzernhaftung der §§ 302, 303 AktG als atypische Sicherheit?, in: WM 1994, 613 ff.

Maidl, Johannes/*Kreifels*, Rainer: Beteiligungsverträge und ergänzende Vereinbarungen, in: NZG 2003, 1091 ff.

Maier, Daniel: Die praktische Wirksamkeit des Scheme of Arrangement in Bezug auf englisch-rechtliche Finanzierungen, in: NZI 2011, 305 ff.

Maier-Reimer, Georg: Zwangswandlungen von Schuldverschreibungen in deutsche Aktien, in: Festschrift für Wulf Goette zum 65. Geburtstag, herausgegeben von *Habersack*, Mathias/*Hommelhoff*, Peter, München 2011; zitiert: *Maier-Reimer* FS Goette

Mallon, Christopher/*Waisman*, Shai Y: The Law and Practice of Restructuring in the UK and US, Oxford 2011

Mankowski, Peter: Anerkennung englischer Solvent Schemes of Arrangement in Deutschland, in: WM 2011, 1201 ff.

ders.: Anmerkung zum Urteil des OLG Celle vom 8. September 2009 – 8 U 46/09, ZIP 2009, 1968, in: EWiR 2009, 711 f.

Marotzke, Wolfgang: Masseschuldbegründungskompetenz des Schuldners im eigenverwalteten Insolvenzeröffnungsverfahren, in: DB 2013, 1283 ff.

Marsch-Barner, Reinhard/*Schäfer*, Frank: Handbuch börsennotierte AG – Aktien- und Kapitalmarktrecht, 3. Aufl., Köln 2014; zitiert: Marsch-Barner/Schäfer/*Bearbeiter*

Martens, Klaus-Peter: Richterliche und gesetzliche Konkretisierungen des Bezugsrechtsausschlusses, in: ZIP 1994, 669 ff.

Maunz, Theodor/*Dürig*, Günter: Grundgesetz – Loseblatt-Kommentar, 72. Ergänzungslieferung Stand Juli 2014; zitiert: Maunz/Dürig/*Bearbeiter* GG 72. Ergänzungslieferung 2014

Mayr, Kurt A.: Unlocking the Lockup: The Revival of Plan Support Agreements Under New § 1125(g) of the Bankruptcy Code, in: Norton Journal of Bankruptcy Law and Practice, Vol. 15, 729 ff.

Meilicke, Wienand: Zur Verfassungsmäßigkeit der Squeeze-out-Regelungen – insbesondere in der Insolvenz des Hauptaktionärs, in: AG 2007, 261 ff.

Meister, Burkhardt W.: Der Ausgleichsanspruch nach § 302 Abs. 1 AktG bei Beherrschungs- und Gewinnabführungsverträgen als Kreditsicherheit, in: WM 1976, 1182 ff.

Merkt, Hanno: Der Kapitalschutz in Europa – ein rocher de bronze?, in: ZGR 2004, 305 ff.

Meyer, Heinrich/*Degener*, Jan-Moritz: Debt-Equity-Swap nach dem RegE-ESUG, in: BB 2011, 846 ff.

Michalski, Lutz: Kommentar zum Gesetz betreffend die Gesellschaften mit beschränkter Haftung (GmbH-Gesetz). Band I Systematische Darstellungen §§ 1 – 34 GmbHG, 2. Aufl., München 2010, Band II §§ 35 – 85 GmbHG §§ 1 – 4 EGGmbHG, 2. Aufl., München 2010; zitiert: Michalski/*Bearbeiter*GmbHG

ders.: Treuepflichten persönlich haftender Gesellschafter (oHG, KG), in: NZG 1998, 460 ff.

Mittendorfer, Roland: Praxishandbuch Akquisitionsfinanzierung – Erfolgsfaktoren fremdfinanzierter Unternehmensübernahmen, Wiesbaden 2007; zitiert: *Mittendorfer*, Praxishandbuch Akquisitionsfinanzierung

Möhlenkamp, Andreas/*Harder* Philipp-Boie: Die umgekehrte Wandelschuldverschreibung (CoCo-Bonds) – ein neues Sanierungsinstrument?, in: ZIP 2016, 1093 ff.

Möslein, Florian: Grenzen unternehmerischer Leitungsmacht im marktoffenen Verband – Aktien- und Übernahmerecht, Rechtsvergleich und europäischer Rahmen, Diss. Hamburg 2007

Mülbert, Peter O.: Marktwertmaximierung als Unternehmensziel der Aktiengesellschaft, in Festschrift für Volker Röhricht zum 65. Geburtstag, Gesellschaftsrecht, Rechnungslegung, Sportrecht, herausgegeben von *Crezelius*, Georg/*Hirte*, Heribert/*Vieweg*, Klaus, Köln 2005; zitiert: *Mülbert*, FS Röhricht

ders.: Zukunft der Kapitalaufbringung/Kapitalerhaltung, in: Der Konzern 2004, 151 ff.

ders.: Shareholder Value aus rechtlicher Sicht, in: ZGR 1997, 129 ff.

ders./Kiem, Roger: Der schädigende Beteiligungserwerb, in: ZHR 177 (2013), 819 ff.

Müller-Erzbach, Rudolf: Das private Recht der Mitgliedschaft als Prüfstein eines kausalen Rechtsdenkens, Weimar, Böhlau 1948

Münchener Anwaltshandbuch Aktienrecht, herausgegeben von *Schüppen*, Matthias/*Schaub*, Bernhard, 2. Aufl., München 2010; zitiert: Schüppen/Schaub/*Bearbeiter*, Münchener Anwaltshandbuch Aktienrecht

Münchener Anwaltshandbuch GmbH-Recht, 3. Aufl., München 2014, herausgegeben von *Römermann*, Volker; zitiert: Römermann/*Bearbeiter* Münchener Anwaltshandbuch GmbH

Münchener Anwaltshandbuch Sanierung und Insolvenz, 2. Aufl., München 2012, herausgegeben von *Nerlich*, Jörg/*Kreplin*, Georg; zitiert: Nerlich/Kreplin/*Bearbeiter*, Münchener Anwaltshandbuch Sanierung und Insolvenz

Münchener Handbuch des Gesellschaftsrechts, Band 1, BGB-Gesellschaft, Offene Handelsgesellschaft, Partnerschaftsgesellschaft, Partenreederei, EWIV, 4. Aufl., München 2014, herausgegeben von *Gummert*, Hans/*Riegger*, Bodo/*Weipert*, Lutz; zitiert: MünchHdbGbR-Bearbeiter

Münchener Handbuch des Gesellschaftsrechts, Band 4, Aktiengesellschaft, 4. Aufl., München 2015, herausgegeben von *Hoffmann-Becking*, Michael; zitiert: *Bearbeiter*, Münchener Handbuch AG

Münchener Handbuch des Gesellschaftsrechts Band 6, Internationales Gesellschaftsrecht, Grenzüberschreitende Umwandlungen, München 2013, herausgegeben von *Leible*, Stefan/*Reichert*, Jochem; zitiert: *Bearbeiter*, Münchener Handbuch Internationales Gesellschaftsrecht

Münchener Kommentar zum Aktiengesetz, 3. Aufl., München 2008 ff., herausgegeben von *Goette*, Wulf/*Habersack*, Mathias; zitiert: MünchKommAktG-*Bearbeiter*

Münchener Kommentar zum Bürgerlichen Gesetzbuch, Band 1, 7. Aufl., München 2015, Allgemeiner Teil, Band 3, 6. Aufl., München 2012; herausgegeben von *Säcker*, Franz Jürgen/*Rixecker*, Roland/*Oetker*, Hartmut/*Limperg*, Bettina; zitiert: MünchKommBGB-*Bearbeiter*

Münchener Kommentar zum Gesetz betreffend die Gesellschaften mit beschränkter Haftung – GmbHG, herausgegeben von *Fleischer*, Holger/*Goette*, Wulf, 2. Aufl., München 2015; zitiert: MünchKommGmbHG-*Bearbeiter*

Münchener Kommentar zum Handelsgesetzbuch, Band II Zweites Buch. Handelsgesellschaften und stille Gesellschaft. Erster Abschnitt. Offene Handelsgesellschaft §§ 105 – 160, herausgegeben von *Schmidt*, Karsten, 3. Aufl., München 2011; zitiert: MünchKommHGB-*Bearbeiter*

Münchener Kommentar zur Insolvenzordnung, herausgegeben von *Kirchhof*, Hans-Peter/*Stürner*, Rolf/*Eidenmüller*, Horst, 3. Aufl., München 2013 ff.; zitiert: MünchKommInsO-*Bearbeiter*

Niesert, Burkhard/*Hohler*, Anne: Die Haftung des Geschäftsführers für die Rückzahlung von Gesellschafterdarlehen und ähnliche Leistungen – Zugleich ein Beitrag zur Auslegung des § 64 S. 3 GmbHG, in: NZI 2009, 345 ff.

Niesse, Susanne: Anmerkung zum Beschluss des OLG Köln vom 13. Januar 2014 – 18 U 175/13 (rechtskräftig) („Solarworld"), in: EWiR 2014, 515 f.

Nirk, Rudolf/*Ziemons*, Hildegard/*Binnewies*, Burkhard: Handbuch der Aktiengesellschaft – Apartwerk, Gesellschafsrecht, Steuerrecht, Grundwerk mit 68. Ergänzungslieferung, Stand Mai 2015; zitiert: Nirk/Ziemons/Binnewies/*Bearbeiter*, Handbuch AG

Noack, Ulrich: Der Regierungsentwurf des MoMiG – Die Reform des GmbH-Rechts geht in die Endrunde, in: DB 2007, 1395 ff.

ders.: Gesellschaftervereinbarungen bei Kapitalgesellschaften, Tübingen 1994

Nomos-Kommentar Aktienrecht und Kapitalmarktrecht, herausgegeben von *Heidel*, Thomas, 4. Aufl., Baden-Baden 2014; zitiert: NK-AktG/*Bearbeiter*

Nordhues, Patrick: Unwirksamkeit eines Business Combination Agreements wegen Verstoßes gegen die aktienrechtliche Kompetenzordnung, in: GWR 2012, 274 f.

Odersky, Walter: Stimmbindungen in Pool und „Unterpool", in: Festschrift für Marcus Lutter zum 70. Geburtstag – Deutsches und europäisches Gesellschafts-, Konzern- und Kapitalmarktrecht, herausgegeben von *Schneider*, Uwe H./-*Hommelhoff*, Peter/*Schmidt*, Karsten, Köln 2000; zitiert: *Odersky*, FS Lutter, 2000

Oelke, Herbert/*Wöhlert*, Helge-Torsten/*Degen*, Stephan: Debt Mezzanine Swap – Königsweg für die Restrukturierungsfinanzierung, in: BB 2010, 299 ff.

Oppenländer, Frank/*Trölitzsch*, Thomas: Praxishandbuch der GmbH-Geschäftsführung, 2. Aufl., München 2011; zitiert: Oppenländer/Trölitzsch/*Bearbeiter*, GmbH-Geschäftsführung

Osterloh-Konrad, Christine: Abkehr vom Durchgriff: Die Existenzvernichtungshaftung des GmbH-Gesellschafters nach „Trihotel", in: ZHR 172 (2008), 274 ff.

Otto, Hans-Jochen: Obligatorische Bindungsverträge zwischen Aktionär und AG-Vorstand über die Ausübung von Mitgliedschaftsrechten und Organkompetenzen, in: NZG 2013, 930 ff.

ders.: Gebundene Aktien: Vertragliche Beschränkungen der Ausübung und Übertragbarkeit von Mitgliedschaftsrechten zugunsten der AG, in: AG 1991, 369 ff.

Overrath, Hans-Jochen: Die Stimmrechtsbindung, Diss. Bochum 1972

Paefgen, Walter G.: Existenzvernichtungshaftung nach Gesellschaftsdeliktsrecht – Besprechung des BGH-Urteils vom 16.7.2007 – II ZR 3/04, DB 2007 S. 1802 –, in: DB 2007, 1907 ff.

Palandt, Otto: Bürgerliches Gesetzbuch, 74. Aufl., München 2015; zitiert: Palandt/*Bearbeiter*

Paschos, Nikolaos, Die Zulässigkeit von Vereinbarungen über künftige Leitungsmaßnahmen des Vorstands, in: NZG 2012, 1142 ff.

Passarge, Malte: Grundzüge eines nachhaltigen Compliance-Programms – Was jeder Steuerberater zum Thema Compliance wissen sollte, in: DStR 2010, 1675 ff.

Paulus, Christoph G.: Das englische Scheme of Arrangement – ein neues Angebot auf dem europäischen Markt für außergerichtliche Restrukturierungen, in: ZIP 2011, 1077 ff.

Peitsmeyer, Philip/*Theusinger*, Ingo: Anmerkung zum Beschluss des OLG München vom 14. Dezember 2011 – 7 AktG 3/11 (rechtskräftig), ZIP 2012, 773, in: EWiR 2012, 333 f.

Peltzer, Martin: Das Mannesmann-Revisionsurteil aus Sicht des Aktien- und allgemeinen Zivilrechts – Besprechung von BGH v. 21.12.2005 – 3 StR 470/04, ZIP 2006, 72, in: ZIP 2006, 205 ff.

Petrovic, Radmila: Die rechtliche Anerkennung von Solvent Schemes of Arrangement in Deutschland – Eine Chance für die Restrukturierungspraxis, in: ZInsO 2010, 265 ff.

Piekenbrock, Andreas: Empfiehlt sich angesichts der Wirtschaftskrise die Einführung eines gesonderten Restrukturierungsverfahrens?, in: ZVglRWiss 108 [2009], 242 ff.

Podewils, Felix: Mehrheitsklauseln in Stimmrechts-Poolgesellschaften: Maßgeblichkeit des Trennungsprinzips, in: BB 2009, 733 ff.

Priester, Hans-Joachim: „Sanieren oder Ausscheiden" im Recht der GmbH, in: ZIP 2010, 497 ff.

ders.: Drittbindung des Stimmrechts und Satzungsautonomie, in: Festschrift für Winfried Werner zum 65. Geburtstag am 17. Oktober 1984 – Handelsrecht und Wirtschaftsrecht in der Bankpraxis, herausgegeben von *Immenga*, Walther/*Mertens*, Ulrich/*Pleyer*, Hans-Joachim/*Schneider*, Uwe H., Berlin u.a. 1984; zitiert: *Priester*, FS Werner, 1984

Prütting, Hanns: Der neue IDW-Standard zur Erstellung von Sanierungskonzepten (IDW S6) in der rechtlichen Beurteilung, in: ZIP 2013, 203 ff.

Püttner, Günter: Das Depotstimmrecht der Banken, Diss. Berlin 1962

Pütz, Markus: EU-Beihilferecht und § 134 BGB, in: NJW 2004, 2199 ff.

Raiser, Thomas/*Veil*, Rüdiger: Recht der Kapitalgesellschaften – Ein Handbuch für Praxis und Wissenschaft. Aktiengesellschaft, Kommanditgesellschaft auf Aktien, Gesellschaft mit beschränkter Haftung, Übernahmerecht, Umwandlungsrecht,

Konzernrecht, Internationales Gesellschaftsrecht, Europäisches Gesellschaftsrecht, 5. Aufl., München 2010; zitiert: *Raiser/Veil*, Recht der Kapitalgesellschaften

Rapisardi, John J./*Douglas*, Mark G.: Lockup lockout? A judge's rulings send a clear warning to companies considering bankruptcy in Delaware as a means of implementing a workout, in: The Deal, January 2003, Special Report

Redeker, Rouven: Kontrollerwerb an Krisengesellschaften: Chancen und Risiken des Debt-Equity-Swap, in: BB 2007, 673 ff.

Reichert, Jochem: Business Combination Agreements – Fallgruppen und Problemkreise, in: ZGR 2015, 1 ff.

ders./Ott, Nicholas: Investorenvereinbarung mit der Zielgesellschaft – Möglichkeiten und Grenzen der Einflussnahme auf Zielgesellschaften, in: Festschrift für Wulf Goette zum 65. Geburtstag, herausgegeben von *Habersack*, Mathias/*Hommelhoff*, Peter, München 2011; zitiert: *Reichert/Ott* FS Goette

Reiner, Günter/*Geuter*, Tanja: Anmerkung zum Urteil des BGH vom 21. Dezember 2005 – 3 StR 470/04 („Mannesmann"), in: EWiR 2006, 187 f.

Rodemann, Carsten: Stimmbindungsvereinbarungen in den Aktien- und GmbH-Rechten Deutschlands, Englands, Frankreichs und Belgiens – Eine vergleichende Untersuchung, Diss. Bonn 1998

Röhricht, Volker: Die GmbH im Spannungsfeld zwischen wirtschaftlicher Dispositionsfreiheit ihrer Gesellschafter und Gläubigerschutz, in: Festschrift aus Anlass des fünfzigjährigen Bestehens von Bundesgerichtshof, Bundesanwaltschaft und Rechtsanwaltschaft beim Bundesgerichtshof, herausgegeben von *Geiß*, Karlmann/*Nehm*, Kay/*Brandner*, Hans Erich/*Hagen*, Horst, Köln, Berlin, Bonn, München 2000; zitiert: *Röhricht*, FS 50 Jahre BGH

Rosewater, David E./*Tomasetti*, Nicholas: Proxy Contest Settlement Agreements: An Overview, in: activist investing developments, winter 2009, herausgegeben von Schulte Roth & Zabel

Roth, Günter H./*Altmeppen*, Holger: Gesetz betreffend die Gesellschaften mit beschränkter Haftung (GmbHG) – Kommentar, 8. Aufl., München 2015; zitiert: *Roth/Altmeppen* GmbHG

Roth, Markus: Unternehmerisches Ermessen und Haftung des Vorstands – Handlungsspielräume und Haftungsrisiken insbesondere in der wirtschaftlichen Krise, Diss. Hamburg 2000

Rotstegge, Jochen P.: Die verfahrensrechtliche Behandlung von verbundenen Unternehmen nach der Insolvenzordnung, Diss. Köln 2005

Rowedder, Heinz/*Schmidt-Leithoff*, Christian: Gesetz betreffend die Gesellschaften mit beschränkter Haftung: GmbHG – Kommentar, 5. Aufl., München 2013; zitiert: Rowedder/Schmidt-Leithoff/*Bearbeiter* GmbHG

Rusch, Konrad/*Brocker*, Till: Debt Mezzanine Swap bei Unternehmensfinanzierungen – rechtliche und steuerliche Rahmenbedingungen, in: ZIP 2012, 2193 ff.

Sassenrath, Gerd: Der Eingriff in Anteilseignerrechte durch den Insolvenzplan – Ein Beitrag zur Reform des Insolvenzrechts, in: ZIP 2003, 1517 ff.

Schall, Alexander: Business Combination Agreements und Investorenvereinbarungen, in: Übernahme- und Kapitalmarktrecht in der Reformdiskussion, herausgegeben von *Kämmerer*, Jörn Axel/ *Veil*, Rüdiger, Tübingen 2013; zitiert: Kämmerer/ Veil/*Schall*, Übernahme- und Kapitalmarktrecht in der Reformdiskussion 2013

Schall, Alexander: Kapitalgesellschafsrechtlicher Gläubigerschutz – Grund und Grenzen der Haftungsbeschränkung nach Kapitaldebatte, MoMiG und Trihotel, München 2009

Scharpf, Paul: Risikomanagement und Überwachungssystem im Treasury – Darstellung der Anforderungen nach dem KonTraG, herausgegeben von Schitag, Ernst & Young, Stuttgart 1998; zitiert: Schitag/*Scharpf*, Risikomanagement und Überwachungssystem im Treasury – Darstellung der Anforderungen nach dem KonTraG, 1998

Schatz, Stefan: Die Sicherung des Gesellschaftsvermögens und der Gläubigerinteressen im deutschen Konzernrecht, Diss. Göttingen 1980

Schauhoff, Stephan: Handbuch der Gemeinnützigkeit, Verein, Stiftung, GmbH. Recht, Steuern, Personal, 3. Aufl., München 2010; zitiert: Schauhoff/*Bearbeiter*, Handbuch der Gemeinnützigkeit

Schiessl, Maximilian: Auf der Suche nach dem „Ankeraktionär" – "PIPE"-Transaktionen und Organpflichten, in: AG 2009, 385 ff.

Schilling, Wolf Ulrich: Shareholder Value und Aktiengesetz, in: BB 1997, 373 ff.

Schimansky, Herbert/*Bunte*, Hermann-Josef/*Lwowski*, Hans Jürgen: Bankrechts-Handbuch, Band 1 und 2, 4. Aufl., München 2011; zitiert: Schimansky/Bunte/ Lwowski/*Bearbeiter*, Bankrechts-Handbuch

Schlegel, Ursula: Harmonisierung des Rechtsrahmens für effiziente (vorinsolvenzliche) Unternehmenssanierung – EU-Kommission arbeitet an Richtlinienvorschlag, in: Der Betrieb 2016, 819 f.

Schlitt, Michael/*Hekmat*, Sina R./*Kasten*, Roman A.: Aktuelle Entwicklungen bei High-Yield Bonds, in: AG 2011, 429 ff.

Schlitt, Michael/*Seiler*, Oliver: Einstweiliger Rechtsschutz im Recht der börsennotierten Aktiengesellschaften, in: ZHR 166 (2002), 544 ff.

Schmidt, Karsten: Das Recht der Mitgliedschaft – Ist „korporatives Denken" passé?, in: ZGR 2011, 108 ff.

ders.: Konzern-Insolvenzrecht – Entwicklungsstand und Perspektiven –, in: KTS 2010, 1 ff.

ders.: „Schutzgemeinschaftsvertrag II": ein gesellschaftsrechtliches Lehrstück über Stimmrechtskonsortien – Rechtssystematisches und Rechtspraktisches zum Urteil des BGH v. 24.11.2008 – II ZR 116/08, ZIP 2009, 216, in: ZIP 2009, 737 ff.

ders.: Eigenkapitalersatz, oder: Gesetzesrecht versus Rechtsprechungsrecht? Überlegungen zum Referentenentwurf eines GmbH-Reformgesetzes (MoMiG) von 2006, in: ZIP 2006, 1925 ff.

ders.: Gesellschaftsrecht – Unternehmensrecht II, 4. Aufl., Köln, Berlin, Bonn, München 2002

ders.: Gesellschafterhaftung und „Konzernhaftung" bei der GmbH, in: NJW 2001, 3577 ff.

ders.: Konkursverschleppungshaftung und Konkursverursachungshaftung, in: ZIP 1988, 1497 ff.

ders.: Die konzernrechtliche Verlustübernahmepflicht als gesetzliches Dauerschuldverhältnis, in: ZGR 1983, 513 ff.

ders.: Möglichkeiten der Sanierung von Unternehmen durch Maßnahmen im Unternehmens-, Arbeits-, Sozial- und Insolvenzrecht, in: Gutachten D zum 54. Deutschen Juristentag Band I, München 1982; zitiert: *K. Schmidt*, Gutachten D zum 54. Deutschen Juristentag, 1982

ders./Lutter, Marcus: Aktiengesetz – Kommentar, I. Band §§ 1 – 149, 3. Aufl., Köln 2015, II. Band §§ 150 – 410, 3. Aufl., Köln 2015; zitiert: K. Schmidt/Lutter/*Bearbeiter*

ders./Uhlenbruck, Wilhelm: Die GmbH in Krise, Sanierung und Insolvenz, 4. Aufl., Köln 2009; zitiert: Schmidt/Uhlenbruck/*Bearbeiter*, Die GmbH in Krise, Sanierung und Insolvenz

Schmidt, Lutz/*Hageböcke*, Jens: Schuldübernahmen als Sanierungsinstrument zur Nutzung von steuerlichen Verlustvorträgen im Konzern – Gestaltungsmöglichkeiten nach dem BFH-Beschluss vom 20.12.2001, I B 74/01, in: DStR 2002, 2150 ff.

Schmidt, Mario/*Schlitt*, Michael: Debt Equity Swap, in: Der Konzern 2009, 279 ff.

Schneider, Uwe H./*Hommelhoff*, Peter: Marcus Lutter. Gesammelte Schriften. Aus Anlass seines 80. Geburtstages am 11. Dezember 2010, Berlin, New York 2010; zitiert: Schneider/Hommelhoff/*Bearbeiter*, Marcus Lutter. Gesammelte Schriften, 2010

Schober, René: Die Haftung des GmbH-Gesellschafters für die Verursachung der Unternehmensinsolvenz, Diss. Tübingen 2007

Schockenhoff, Martin/*Culmann*, Johannes: Shareholder Activism in Deutschland, in: ZIP 2015, 297 ff.

Schön, Wolfgang: Die Zukunft der Kapitalaufbringung/-erhaltung, in: Der Konzern 2004, 162 ff.

ders.: Die „Existenzvernichtung" der juristischen Person, in: ZHR 168 (2004), 268 ff.

ders.: Wer schützt den Kapitalschutz?, in: Editorial ZHR (2002) 166, 1 ff.

Scholz, Franz: GmbHG – Kommentar, 10. Aufl., Köln 2010; zitiert: Scholz/*Bearbeiter* GmbHG

Schrell, Thomas/*Kirchner*, Andreas: Strukturelle und Vertragliche Subordination – Vorstellung und Vergleich der beiden Konzepte zur Subordinierung von Gläubigern bei der Finanzierung von Unternehmensübernahmen, in: BKR 2004, 212 ff.

Schürnbrand, Jan: „Verdeckte" und „atypische" Beherrschungsverträge im Aktien- und GmbH-Recht, in: ZHR 169 (2005), 35 ff.

Schulz, Dietmar: Apcoa – Grenzen der Anerkennung des Scheme of Arrangement nach Änderung der Rechtswahlklausel, in: ZIP 2015, 1912 ff.

Schwab, Martin: Die Neuauflage der Existenzvernichtungshaftung: Kein Ende der Debatte!, in: ZIP 2008, 341 ff.

Seibert, Ulrich: Die Entstehung des § 91 Abs. 2 AktG im KonTraG – „Risikomanagement" oder „Frühwarnsystem"?, in: Festschrift für Gerold Bezzenberger zum 70. Geburtstag am 13. März 2000 – Rechtsanwalt und Notar im Wirtschaftsleben, herausgegeben von *Westermann*, Harm Peter/*Mock*, Klaus, Berlin, New York 2000; zitiert: *Seibert*, FS Bezzenberger, 2000

ders.: GmbH-Reform: der Referentenentwurf eines Gesetzes zur Modernisierung des GmbH-Rechts und zur Bekämpfung von Missbräuchen (MoMiG), in: ZIP 2006, 1157 ff.

Seibt, Christoph H.: Sanierungsgesellschaftsrecht: Mitgliedschaftliche Treuepflicht und Grenzen der Stimmrechtsausübung in der Aktiengesellschaft, in: ZIP 2014, 1909 ff.

ders.: Investoren- und Zusammenschlussvereinbarungen im Zusammenhang mit öffentlichen Kaufangeboten, in: Übernahme- und Kapitalmarktrecht in der Reformdiskussion, herausgegeben von *Kämmerer*, Jörn Axel/*Veil*, Rüdiger, Tübingen 2013; zitiert: Kämmerer/Veil/*Seibt*, Übernahme- und Kapitalmarktrecht in der Reformdiskussion 2013

ders.: Pflichten der Geschäftsleitung bei Eingehung von Finanzierungsgeschäften – in Normal- und Krisenzeiten des Unternehmens, in: ZIP 2013, 1597 ff.

ders.: Dekonstruktion des Delegationsverbots bei der Unternehmensleitung, in: Festschrift für Karsten Schmidt zum 70. Geburtstag, herausgegeben von *Bitter*, Georg/-*Lutter*, Marcus et al., Köln 2009; zitiert: *Seibt*, FS K. Schmidt, 2009

ders.: Gläubigerschutz bei Änderung der Kapitalstruktur durch Erhöhung des Fremdkapitalanteils (Leveraged Recapitalization/Leveraged Buy Out), in: ZHR 171 (2007), 282 ff.

ders.: Investorenvereinbarungen und Business Combination Agreements, in: Tagungsband zum Sechsten Hamburger Forum zum Übernahme- und Kapitalmarktrecht am 8. Juni 2012 an der Bucerius Law School, Hamburg

ders./*Wunsch*, Oliver: Investorenvereinbarungen bei öffentlichen Übernahmen, in: Der Konzern 2009, 195 ff.

Semler, Johannes/*Peltzer*, Martin/*Kubis*, Dietmar, Arbeitshandbuch für Vorstandsmitglieder, 2. Aufl., München 2015; zitiert: Semler/Peltzer/*Bearbeiter*, Arbeitshandbuch für Vorstandsmitglieder

ders.: Leitung und Überwachung der Aktiengesellschaft – Die Leitungsaufgabe des Vorstands und die Überwachungsaufgabe des Aufsichtsrats, 2. Aufl., Köln, Berlin, Bonn, München 1996; zitiert: *Semler*, Leitung und Überwachung der Aktiengesellschaft

Sethe, Rolf: Die Pflicht zum Risikomanagement im Gesellschafts-, Konzern- und Bankaufsichtsrecht, in: ZBB 2012, 357 ff.

Sieger, Jürgen J./*Hasselbach*, Kai: Die Übernahme von Gewährleistungen durch die Aktiengesellschaft bei Kapitalerhöhung und Aktientausch, in: BB 2004, 60 ff.

Spindler, Gerald: Vorstandsvergütungen und Abfindungen auf dem aktien- und strafrechtlichen Prüfstand – Das Mannesmann-Urteil des BGH – Besprechung des BGH Urteils v. 21.12.2005 – 3 StR 470/04, ZIP 2006, 72, in: ZIP 2006, 349 ff.

ders./*Stilz*, Eberhard: Kommentar zum Aktiengesetz. Band 1 §§ 1 – 149, 3. Aufl., München 2015, Band 2 §§ 150 – 410, IntGesR. SpruchG. SE-VO, 3. Aufl., München 2015; zitiert: Spindler/Stilz/*Bearbeiter*

Spindler, Gerald/*Kramski*, Endrik: Der elektronische Bundesanzeiger als zwingendes Gesellschaftsblatt für Pflichtbekanntmachungen der GmbH, in: NZG 2005, 746 ff.

Steinert, Tilmann L.P.: Sicherung der Interessen der Zielgesellschaft mittels einer Investorenvereinbarung, Diss. München 2013

Stimpel, Walter: Zum Auszahlungsverbot des § 30 Abs. 1 GmbHG, in: Festschrift 100 Jahre GmbHG, herausgegeben von *Lutter*, Marcus/*Ulmer*, Peter/*Zöllner*, Wolfgang, Köln 1992; zitiert: *Stimpel*, FS 100 Jahre GmbHG, 1992

Strohn, Lutz: Existenzvernichtungshaftung, §§ 30, 31, 43 GmbHG und § 64 S. 3 GmbHG – Koordinierungsbedarf?, in: Editorial ZHR 173 (2009), 589 ff.

Technau, Konstantin: Rechtsfragen bei der Gestaltung von Übernahmeverträgen ("Underwriting Agreements") im Zusammenhang mit Aktienemissionen, in: AG 1998, 445 ff.

Theiselmann, Rüdiger: Praxishandbuch des Restrukturierungsrechts, 2. Aufl., Köln 2013; zitiert: Theiselmann/*Bearbeiter*, Praxishandbuch des Restrukturierungsrechts

Thoelke, Ulrich/*Kropff*, Bruno: Aktiengesetz: Textausgabe des Aktiengesetzes vom 6.9.1965 (Bundesgesetzbl. I S. 1089) und des Einführungstextes zum Aktiengesetz vom 6.9.1965 (Bundesgesetzbl. I S. 1185), 2. Aufl., Schöneiche bei Berlin 2005; zitiert: *Kropf* Aktiengesetz 1965

Thole, Christoph: Der Debt Equity Swap bei der Restrukturierung von Anleihen, in: ZIP 2014, 2365 ff.

ders.: Gläubigerschutz durch Insolvenz – Anfechtung und verwandte Regelungsinstrumente in der Unternehmensinsolvenz, Tübingen 2010; zitiert: *Thole*, Gläubigerschutz durch Insolvenzrecht, 2010

Thümmel, Roderich C/*Burkhardt*, Anastasia: Neue Haftungsrisiken für Vorstände und Aufsichtsräte aus § 57 Abs. 1 AktG und § 92 Abs. 2 Satz 3 AktG in der Neufassung des MoMiG, in: AG 2009, 885 ff.

Timm, Wolfram: Anmerkung zum Urteil des LG Düsseldorf vom 7. Juli 1989 – 32 O 39/89, in: EWiR 1990, 119 f.

Uhlenbruck, Wilhelm: Insolvenzordnung – Kommentar, 14. Aufl., München 2015; zitiert: Uhlenbruck/*Bearbeiter*, InsO

Ulmer, Peter: Aktienrecht im Wandel, in: AcP 202 (2002), 143 ff.

ders.: Von „TBB" zu „Bremer Vulkan" – Revolution oder Evolution? – Zum Bestandsschutz der abhängigen GmbH gegen existenzgefährdende Eingriffe ihres Alleingesellschafters, in: ZIP 2001, 2021 ff.

ders.: Gesellschafterhaftung gegenüber der GmbH bei Vorteilsgewährung unter Verstoß gegen § 30 Abs. 1 GmbHG, in: Festschrift 100 Jahre GmbHG, herausgegeben von *Lutter*, Marcus/*Ulmer*, Peter/*Zöllner*, Wolfgang, Köln 1992; zitiert: *Ulmer*, FS 100 Jahre GmbHG, 1992

ders.: Der Gläubigerschutz im faktischen GmbH-Konzern beim Fehlen von Minderheitsgesellschaftern, in: ZHR 148 (1984), 391 ff.

ders./Habersack, Mathias/*Henssler*, Martin: Mitbestimmungsrecht. Kommentierung des MitbestG, des DrittelbG, des SEBG und des MgVG, 3. Aufl., München 2013; zitiert: Ulmer/Habersack/Henssler/*Bearbeiter*, MitbestG

ders./Habersack, Mathias/*Winter*, Martin: GmbHG – Gesetz betreffend die Gesellschaften mit beschränkter Haftung: GmbH Großkommentar, 2. Aufl., Tübingen 2014; zitiert: Ulmer/*Bearbeiter* GmbHG

Ulrich, Stephan: Anmerkung zum Urteil des BGH vom 19. Oktober 2009 – II ZR 240/08 („Sanieren oder Ausscheiden"), in: GmbHR 2010, 36 f.

Veil, Rüdiger: Krisenbewältigung durch Gesellschafsrecht – Verlust des halben Kapitals, Pflicht zu ordnungsgemäßer Liquidation und Unterkapitalisierung, in: ZGR 2006, 374 ff.

ders.: Unternehmensverträge – Organisationsautonomie und Vermögensschutz im Recht der Aktiengesellschaft, Tübingen 2003

Vetter, Jochen: Die neue dogmatische Grundlage des BGH zur Existenzvernichtungshaftung, in: BB 2007, 1965 ff.

ders.: Grundlinien der GmbH-Gesellschafterhaftung, in: ZGR 2005, 788 ff.

Voigt, Hans-Christoph: Haftung aus Einfluss auf die Aktiengesellschaft (§§ 117, 309, 317), München 2004; zitiert: *Voigt*, Haftung aus Einfluss

von der Linden, Klaus/*Ogorek*, Markus: Anmerkung zum Urteil des LG München I vom 31. Mai 2007 – 5 HK O 11977/06 („Kloster Andechs"), in: EWiR 2008, 3 f.

v. Falkenhausen, Joachim/*Bruckner*, Volkmar: Share for Share-Transaktionen – Kann sich der Vorstand einer Aktiengesellschaft vertraglich verpflichten, Aktien auszugeben?, in: AG 2009, 732 ff.

v. Godin, Reinhard/*Wilhelmi*, Hans: Gesetz über Aktiengesellschaften und Kommanditgesellschaften auf Aktien (Aktiengesetz) vom 30. Jan. 1937, Berlin 1950; zitiert: *v. Godin/Wilhelmi* § 136

v. Holleben, Kevin Max/*Menz*, Monika: IT-Risikomanagement – Pflichten der Geschäftsleitung, in: CR 2010, 63 ff.

v. Werder, Axel: Der Deutsche Corporate Governance Kodex – Grundlagen und Einzelbestimmungen, in: DB 2002, 801 ff.

Wachter, Thomas: AktG – Kommentar zum Aktiengesetz, 2. Aufl., Köln 2014; zitiert: Wachter/*Bearbeiter*

Wagner, Gerhard: Existenzvernichtung als Deliktstatbestand – Einordnung Ausgestaltung und Anknüpfung der Haftung wegen „existenzvernichtenden Eingriffs" in: Festschrift für Claus-Wilhelm Canaris zum 70. Geburtstag, Band II, herausgegeben von *Heldrich*, Andreas/*Prölss*, Jürgen/*Koller*, Ingo/et al., München 2007; zitiert: *Wagner*, FS Canaris, 2007

Wahl, Axel/*Schult*, Ludger: BGH: Treuepflicht von Gesellschaftern eines Immobilienfonds in Sanierungsfällen („Sanieren oder Ausscheiden"), in: BB 2010, 10 ff.

Wansleben, Till: Negative schuldrechtliche Verpflichtungen einer Aktiengesellschaft durch ihren Vorstand über Kapitalmaßnahmen, in: Der Konzern 2014, 29 ff.

ders.: Werthaltigkeitsprüfung und Offenlegung beim Debt Equity Swap, in: WM 2012, 2083 ff.

Wazlawik, Thomas: Existenzvernichtung und kein Ende – Ein Nachruf auf die Konzernhaftung und andere offengebliebene Fragen, in: NZI 2009, 291 ff.

Weber, Jens/*Schneider*, Petra: Die nach dem Gesetz zur weiteren Erleichterung der Sanierung von Unternehmen (ESUG) vorgesehene Umwandlung von Forderungen in Anteils- bzw. Mitgliedschaftsrechte (Debt-Equity-Swap), in: ZInsO 2012, 374 ff.

Weber-Rey, Daniela/*Reps*, Markus: Ankerbeteiligungen: Chancen für die Corporate Governance, Rechtsrahmen und Investorenvereinbarungen – Ein Beitrag zu der rechtspolitischen Debatte um verantwortungsbewusste Aktionäre, in: ZGR 2013, 597 ff.

Weller, Marc-Philippe: Die Verlegung des Center of Main Interest von Deutschland nach England, in: ZGR 2008, 835 ff.

ders.: Die Neuausrichtung der Existenzvernichtungshaftung durch den BGH und ihre Implikationen durch die Praxis – Zugleich Besprechung BGH v. 16.7.2007 – II ZR 3/04, ZIP 2007, 1552 („Trihotel")

Wertenbruch, Johannes: Beschlussfassungen und Pflichtverletzungen im Stimmrechtskonsortium, in: NZG 2009, 645 ff.

Westpfahl, Lars: Vorinsolvenzliches Sanierungsverfahren, in: ZGR 2010, 385 ff.

ders./Knapp, Marvin: Die Sanierung deutscher Gesellschaften über ein englisches Scheme of Arrangement, in: ZIP 2011, 2033 ff.

Wicke, Hartmut: Gesetz betreffend die Gesellschaften mit beschränkter Haftung (GmbHG) – Kommentar, 2. Aufl., München 2011; zitiert: *Wicke* GmbHG

Widmann, Siegfried/*Mayer*, Dieter (Hrsg.): Umwandlungsrecht: Umwandlungsgesetz, Umwandlungssteuergesetz, Spruchverfahrensgesetz, Einbringung, Realteilung, Umsatzsteuer, Grunderwerbssteuer, Vertragsmuster – Kommentar, Loseblattausgabe, 150. Ergänzungslieferung Mai 2015; zitiert: Widmann/Mayer/ *Bearbeiter*, Umwandlungsrecht

Wiedemann, Herbert: Verantwortung in der Gesellschaft – Gedanken zur Haftung der Geschäftsleiter und der Gesellschafter in der Kapitalgesellschaft, in: ZGR 2011, 183 ff.

ders.: Anmerkung zum Urteil des BGH vom 7. Juli 1994 – II ZR 52/93 („Deutsche Bank"), in: EWiR 1994, 45 f.

Wieneke, Laurenz: Der Einsatz von Aktien als Akquisitionswährung, in: NZG 2004, 61 ff.

Wilhelm, Jan: Kapitalgesellschaftsrecht – Recht der Kapitalgesellschaften und das Kapitalmarktrecht, 3. Aufl., Berlin New York 2009; zitiert: *Wilhelm*, Kapitalgesellschaftsrecht

Winnefeld, Robert: Bilanz-Handbuch, Handels- und Steuerbilanz, Rechtsformspezifisches Bilanzrecht, Bilanzielle Sonderfragen, Sonderbilanzen, IAS/IFRS-Rechnungslegung, 5. Aufl., München 2015; zitiert: *Winnefeld*, Bilanz-Handbuch

Winter, Martin: Mitgliedschaftliche Treuebindungen im GmbH-Recht – Rechtsformspezifische Aspekte eines allgemeinen gesellschaftsrechtlichen Prinzips, Diss. Heidelberg 1987

Wittig, Arne: Financial Covenants im inländischen Kreditgeschäft, in: WM 1996, 1381 ff.

Wolff, Max: Einklagbarkeit und Erzwingbarkeit von Abstimmungsverpflichtungen, in: JW 1929, 2115 ff.

Zöllner, Wolfgang: Gläubigerschutz durch Gesellschafterhaftung bei der GmbH, in Festschrift für Horst Konzen zum siebzigsten Geburtstag, herausgegeben von *Dauner-Lieb*, Barbara/*Hommelhoff*, Peter/*Jacobs*, Matthias/*Kaiser*, Dagmar/ *Weber*, Christoph, Tübingen 2006; zitiert: *Zöllner*, FS Konzen, 2006

ders.: Die Zulässigkeit von Mehrheitsregelungen in Konsortialverträgen, in: Festschrift für Peter Ulmer zum 70. Geburtstag am 2. Januar 2003, herausgegeben von *Habersack*, Mathias, Berlin 2003; zitiert: *Zöllner*, FS Ulmer, 2003

ders.: Unternehmensinnenrecht – Gibt es das?, in: AG 2003, 2 ff.

ders.: Zu Schranken und Wirkung von Stimmbindungsverträgen, insbesondere bei der GmbH, in: ZHR 155 (1991), 168 ff.

ders.: Die Schranken mitgliedschaftlicher Stimmrechtsmacht bei den privatrechtlichen Personenverbänden, München 1963

Zutt, Jürgen: Einstweiliger Rechtsschutz bei Stimmbindungen, in: ZHR 155 (1991), 190 ff.

www.ingramcontent.com/pod-product-compliance
Ingram Content Group UK Ltd.
Pitfield, Milton Keynes, MK11 3LW, UK
UKHW021827290926
8980IPUK00004B/306

9 783631 792483